Reinhard Otto

Wehrmacht, Gestapo und sowjetische Kriegsgefangene
im deutschen Reichsgebiet 1941/42

Schriftenreihe
der Vierteljahrshefte für Zeitgeschichte
Band 77

Im Auftrag des Instituts für Zeitgeschichte

Herausgegeben von

Karl Dietrich Bracher, Hans-Peter Schwarz, Horst Möller

Redaktion: Jürgen Zarusky

R. Oldenbourg Verlag München 1998

Wehrmacht, Gestapo und sowjetische Kriegsgefangene im deutschen Reichsgebiet 1941/42

Von Reinhard Otto

R. Oldenbourg Verlag München 1998

Die Deutsche Bibliothek – CIP-Einheitsaufnahme

[Vierteljahrshefte für Zeitgeschichte / Schriftenreihe]
Schriftenreihe der Vierteljahrshefte für Zeitgeschichte / im Auftr. des
Instituts für Zeitgeschichte hrsg. – München : Oldenbourg
  Früher Schriftenreihe
  Schriftenreihe zu: Vierteljahrshefte für Zeitgeschichte

Bd. 77. Otto, Reinhard: Wehrmacht, Gestapo und sowjetische
Kriegsgefangene im deutschen Reichsgebiet 1941/42. –
1998

Otto, Reinhard:
Wehrmacht, Gestapo und sowjetische Kriegsgefangene im
deutschen Reichsgebiet 1941/42 / Reinhard Otto. – München :
Oldenbourg, 1998
  (Schriftenreihe der Vierteljahrshefte für Zeitgeschichte ; Bd. 77)
  Zugl.: Paderborn, Univ., Diss., 1996
  ISBN 3-486-64577-3

© 1998 R. Oldenbourg Verlag GmbH, München
Rosenheimer Straße 145, D-81671 München
Internet: http://www.oldenbourg.de

Das Werk einschließlich aller Abbildungen ist urheberrechtlich geschützt. Jede Verwertung außerhalb der Grenzen des Urheberrechtsgesetzes ist ohne Zustimmung des Verlages unzulässig und strafbar. Dies gilt insbesondere für Vervielfältigungen, Übersetzungen, Mikroverfilmungen und die Einspeicherung und Bearbeitung in elektronischen Systemen.

Gesamtherstellung: R. Oldenbourg Graphische Betriebe GmbH, München
Gedruckt auf säurefreiem, alterungsbeständigem Papier (chlorfrei gebleicht).

ISBN 3-486-64577-3

Inhalt

Vorwort 7

Einleitung 9

    Die Aussonderungen in der bisherigen historischen Forschung 10
    Die Quellenlage 17
    Methodischer Zugriff 24

I. *Organisatorische Voraussetzungen* 27

    Das Kriegsgefangenenwesen im Frühjahr 1941 27
    Die Planung und Einrichtung besonderer „Russenlager" 33
    Die Aussonderungen innerhalb des Aufgabenbereiches der Gestapo .. 46
    Die Einsatzbefehle Nr. 8 und 9 als gemeinsames Vernichtungskonzept
    von Reichssicherheitshauptamt und Wehrmachtführung 48

II. *Die Aussonderung und Ermordung der sowjetischen Kriegs-*
    gefangenen im Zusammenwirken von Stapo und Wehrmacht 59

    Die Aufstellung der Einsatzkommandos 59
    Das Aufspüren und die Einvernahme „verdächtiger" Gefangener 63
    Das weitere Schicksal der Ausgesonderten 69

III. *Die Durchführung der Aussonderungen und dabei auftretende*
    Probleme an ausgewählten Beispielen 87

    Der geplante „Normalfall": Stationäre Einsatzkommandos in den
    „Russenlagern" von Juli 1941 bis zum Sommer 1942 87
    Die Gefährung des Ausgangskonzepts im August 1941 und die
    Schaffung mobiler Einsatzkommandos 114
    Routineüberprüfungen von Kriegsgefangenenlagern am Beispiel der
    Stalags XI A Altengrabow und XII A Limburg/Lahn 138
    Übersicht über die Aussonderungen im Deutschen Reich 142

IV. Die Aussonderungen im Konfliktfeld von ideologischen Prämissen, wirtschaftlichen Zwängen und traditionellem militärischen Selbstverständnis 149

Das Problem des Arbeitseinsatzes der sowjetischen Kriegsgefangenen 149
Aussonderungen und militärischer Ehrenkodex 200
Die Änderung des Vernichtungskonzepts und der Verzicht auf die Aussonderungen im Reichsgebiet 229

V. Zur Zahl der Opfer 263

Schluß 269

Quellen- und Literaturverzeichnis 273

Abkürzungen 283

Personenregister 286

Verzeichnis der Karten und Tabellen 288

Vorwort

Anfang November 1982 bat mich ein Schüler, ihm bei einer Arbeit zum Schülerwettbewerb der Körber-Stiftung zu helfen. Er wolle über das Stalag 326 Senne schreiben, doch habe man ihm bei den zuständigen Stellen bedeutet, es gebe zu dem Thema so gut wie nichts, und eigenen Erkundigungen zufolge sei wohl auch in der Zukunft nichts zu erwarten. Nichtsdestoweniger hatten wir binnen kurzem in den umliegenden Archiven so viel Material gefunden, daß er eine später preisgekrönte Arbeit schreiben konnte und ich bei dem Thema blieb. 1988 beauftragten das Land Nordrhein-Westfalen und die Gemeinde Schloß Holte-Stukenbrock, auf deren Gebiet das ehemalige Kriegsgefangenenlager liegt, Herrn Prof. Dr. Karl Hüser (Paderborn) und mich, zu diesem Lager eine Dokumentation zu erstellen. Da eine vergleichbare, wissenschaftlichen Ansprüchen genügende Untersuchung nicht vorlag, bewegten wir uns inhaltlich und methodisch weitgehend auf Neuland und bezogen deshalb von Anfang an alle Lager und das gesamte Kriegsgefangenenwesen in unsere Recherchen mit ein.

Die grundsätzlichen Fragen, die dabei vor allem für die Zeit bis zum Sommer 1942 auftauchten, verfolgte ich nach Fertigstellung der Dokumentation (1992) weiter; einige werden in der Einleitung formuliert. Ermittlungsverfahren, die bundesdeutsche Staatsanwaltschaften zu fast sämtlichen Kriegsgefangenenlagern wegen des Verdachts des Mordes an sowjetischen Kriegsgefangenen eingeleitet hatten, schienen die einzige Quelle für neue Informationen über den genannten Zeitraum zu sein; ihre Auswertung zeigte jedoch zugleich Probleme auf, die mit der gängigen Forschungsmeinung nicht mehr in Einklang zu bringen waren. Dazu zählt beispielsweise die Frage nach der vollständigen Erfassung der sowjetischen Kriegsgefangenen, ein Sachverhalt, der von Historikern bislang entschieden in Abrede gestellt wurde. Eine systematische Suche nach einschlägigem Material wies dann den Weg zu den Beständen der ehemaligen Wehrmachtauskunftstelle (WASt), 1996 zunächst nach Berlin, 1997 schließlich in das Archiv des Russischen Verteidigungsministeriums in Podolsk bei Moskau. In neuer Fassung lege ich daher hier eine Arbeit vor, die im Wintersemester 1995/96 von der Universität/Gesamthochschule Paderborn als Dissertation angenommen wurde.

Bei dieser langen Vorgeschichte liegt es auf der Hand, daß ich sehr vielen Personen und Institutionen zu Dank verpflichtet bin. Die meisten, die für mich in den einzelnen Archiven Akten in zumeist großer Zahl herausgesucht haben, habe ich weder persönlich noch mit Namen kennengelernt; ihnen danke ich zuallererst. Von den vielen mir namentlich bekannten kann ich – die anderen mögen es mir verzeihen – nur einige stellvertretend aufführen; genannt seien für die Archive Herr Archivoberinspektor Friedrich vom Staatsarchiv Nürnberg, der meine vielen Anfragen schnell und geduldig beantwortete, für die Justiz der frühere Leiter des Amtsgerichts Lemgo, Herr Amtsgerichtsdirektor Prof. Dr. Becker, und seine Mitarbeiter Frau Lilienthal, Herr Brand und Herr Haas, die mir in ihren Räumen die Einsichtnahme in die vielen Ermittlungsakten ermöglichten, sowie Frau Staatsanwältin Solf von der Zentralen Stelle in Ludwigsburg.

In der Deutschen Dienststelle in Berlin unterstützte mich maßgeblich Herr Stefan Lüdtke, der Leiter des Referats III; ihm verdanke ich wesentliche Einblicke in die Arbeitsweise der Wehrmachtauskunftstelle. Daß die Arbeit in Podolsk in einer für ausländische Historiker ungewohnt freizügigen Weise ablaufen konnte, ist ein Verdienst des dortigen Leiters, Herrn Oberst Luschkin, und seines Stellvertreters, Herrn Oberst Tschuwaschin, sowie der Leiter der Abteilung 9, Herrn Oberstleutnant Sergej Ilienkow, und Abteilung 11, Herrn Oberstleutnant Zacharow, ebenso meiner Freunde und Dolmetscher Olga, Micha, Sergej und Wiktor, die mir die beiden bisherigen Aufenthalte zu einem unvergeßlichen Erlebnis werden ließen. Ohne die freundschaftliche Hilfe von Herrn Oberst Wiktor W. Muchin vom Generalstab der Streitkräfte der Russischen Föderation wäre mir freilich der Weg nach Podolsk wohl verschlossen geblieben; es ist mir ein wesentliches Anliegen, das an dieser Stelle besonders hervorzuheben.

Mit Rolf Keller (Hannover) arbeite ich seit 1990 eng zusammen; gemeinsam haben wir die WASt-Bestände in Podolsk und Berlin aufgefunden und einer ersten Sichtung unterzogen; viele Gedanken in diesem Buch sind ohne Zweifel auf Anregungen von seiner Seite zurückzuführen. Ihm danke ich ebenso herzlich für seine Unterstützung wie Dr. Christian Streit (Heidelberg), der mich durch Gespräche und Diskussionen vor mancher Fehleinschätzung bewahrte. Von Herrn Prof. Dr. Karl Hüser schließlich habe ich bei der gemeinsamen Arbeit an der Dokumentation zum Stalag Senne und durch die freundschaftlich-wohlwollende, aber stets kritische Betreuung der Dissertation sehr viel gelernt; ihm bin ich zu ganz besonderem Dank verpflichtet. Erwähnen möchte ich noch meine Freunde und Kollegen Gottfried Kleines und Carlo Strehle, die durch vielfältige technische und logistische Hilfen die Arbeit wesentlich gefördert haben. Dem Institut für Zeitgeschichte danke ich für die Aufnahme der Studie in die „Schriftenreihe der Vierteljahrshefte für Zeitgeschichte", Herrn Dr. Jürgen Zarusky für die redaktionelle Betreuung dieser Untersuchung.

Lemgo, im Juni 1998　　　　　　　　　　　　　　　　　　　　　Reinhard Otto

Einleitung

Mitte September 1941 trafen im Konzentrationslager Sachsenhausen mehrere Transporte sowjetischer Kriegsgefangener ein. Emil Büge, politischer Häftling in diesem KZ seit 1939, notierte dazu unter Lebensgefahr in seinem Tagebuch:[1]
„Am 9. September kommen von Stalag 315: 139 Kgf., von Stalag 321: 30 und von Stalag X D – oder auch 315: 223, zusammen also 392 Mann, einer davon ist tot, scheinbar verhungert. Alle sind sehr magere, verhungerte Soldaten, Kaukasier, Tartaren, Tscherkessen, sehr zerlumpt, gute Gebisse, exakte Kommandos und Disziplin. Auf einer mitgebr. Liste heißt es: ‚Liste IV der verdächtigen Kgf. im Stalag X D in Wietzendorf.' Am selben Abend werden noch etwa 30 von ihnen unter freiem Himmel erschossen, die Schüsse können wir alle hören. Am 10. rauchen die Blechschornsteine der Krematorien schon am Nachmittag, um die am Abend vorher Erschossenen zu verbrennen ...
Die ersten 139 werden am 10. September getötet. Es gelingt mir endlich, von diesen drei Listen je den ersten und letzten Namen der Leute zu notieren (...) Alle sind in wenigen Tagen erledigt.
Die nächsten kommen am 19. September: 264 und 199, zusammen 463. Die ersten sind 250 vom Stalag 315, 13 v. Stalag 330 und einer ist tot. Die 199 werden mir nicht bekannt."

Büge beschreibt hier ein Verbrechen, das vom Sommer 1941 bis zum Sommer 1942 zum Alltag der Konzentrationslager gehörte und dem Zehntausende sowjetischer Soldaten zum Opfer gefallen sind. Einsatzkommandos des Chefs der Sicherheitspolizei und des SD hatten in Kriegsgefangenenlagern, den sogenannten Stalags,[2] nach bestimmten Kriterien „verdächtige" Rotarmisten herausgesucht und in Konzentrationslager gebracht, wo sie umgehend ermordet wurden.

Pseudojuristische Grundlage dieses Verbrechens waren die Einsatzbefehle Nr. 8 und 9 des Chefs der Sicherheitspolizei und des SD, Reinhard Heydrich, vom 17. bzw. 21. Juli 1941. Mit diesen Befehlen legte Heydrich fest, durch eine Überprüfung aller sowjetischen Gefangenen diejenigen herauszufinden, die nach nationalsozialistischer Auffassung als weltanschaulich gefährlich anzusehen wa-

---

[1] Büge notierte sich seine Beobachtungen auf winzige Zettel, die er in Brillenetuis klebte und 1944 aus dem KZ schmuggeln konnte. Informationen zu Büge in: Sachsenhausen. Stärker als der Tod. H. 4, S. 76. Das nach dem Krieg erstellte Manuskript Büges umfaßt hinsichtlich der sowjet. Kgf. 19 Seiten und ist u. a. enthalten im Verf. Heidelager, Dok. Bd. III, das folgende Zitat ebenda, Bl. 15. Zu den Verfahren allgemein Abschnitt 2 der Einleitung, bes. Anm. 55.
[2] Stalag war die in der deutschen Wehrmacht gebräuchliche Abkürzung für „Kriegsgefangenen-Mannschafts-Stammlager". Bei den von Büge genannten Stalags handelte es sich um die Stalags 310 (X D) Wietzendorf, 321 (XI D) Fallingbostel-Oerbke, beide in der Lüneburger Heide, und Stalag 315 (II F) Hammerstein in Ostpommern. Stalag 330 läßt sich für diesen Zeitpunkt nicht lokalisieren. Genaueres zu den Bezeichnungen s. u. S. 36.

ren, um sie anschließend liquidieren zu lassen, ein Vorgang, der bürokratisch-verharmlosend mit den Begriffen „Aussonderung" und „Sonderbehandlung"[3] umschrieben wurde. Während der Einsatzbefehl Nr. 8 derartige Aussonderungen auf die Lager in Ostpreußen und in den besetzten Gebieten östlich der Reichsgrenze von 1937 beschränkte, ermöglichte der Einsatzbefehl Nr. 9 der SS den Zugriff auch auf diejenigen Gefangenen, die sich in den Kriegsgefangenenlagern des Reichsgebietes selbst befanden.[4]

Der Charakter des deutsch-sowjetischen Krieges als Vernichtungsfeldzug gegen die verschiedenen Völker der Sowjetunion ist inzwischen unbestritten, ebenso, daß die Aussonderungen unter den sowjetischen Kriegsgefangenen einen wesentlichen Bestandteil dieser systematischen Ausrottungspolitik ausgemacht haben. Für die Gebiete östlich der alten Reichsgrenze haben das Christian Streit, Alfred Streim und Helmut Krausnick in aller Deutlichkeit herausgearbeitet. In welcher Form, mit welcher Intensität und mit welcher erbarmungslosen Konsequenz jedoch auch mitten im Deutschen Reich der Weltanschauungskrieg weitergeführt worden ist, ist bis in die jüngste Zeit nahezu unbekannt geblieben, wie ein Überblick über die bisherige Forschung zeigt.

Die Aussonderungen in der bisherigen historischen Forschung

Während die Vernichtung der europäischen Juden seit Kriegsende Gegenstand intensiver historischer Untersuchungen gewesen ist, ist das Schicksal der sowjetischen Kriegsgefangenen in deutscher Hand über lange Jahre hinweg so gut wie überhaupt nicht beachtet worden,[5] obwohl es an Hinweisen auf die an ihnen begangenen Verbrechen nicht gemangelt hat. Dies gilt in besonderem Maße für die ausschließlich ideologisch motivierten Aussonderungen sogenannter „untragbarer" Gefangener gemäß den Einsatzbefehlen Nr. 8 und 9. Auf Grund der zahlreichen Untersuchungen zum KZ-System ist allerdings deren Ergebnis, die Ermordung in den Konzentrationslagern, seit langem bekannt. So hat bereits 1946 Eugen Kogon in seinem Buch über den SS-Staat auf die Genickschußanlage im KZ Buchenwald hingewiesen, in der „fast durchweg russische Kriegsgefangene" unmittelbar nach ihrem Eintreffen erschossen worden seien. Die Hintergründe erwähnt Kogon an anderer Stelle eher beiläufig, ohne jedoch die Aussonderun-

---

[3] „Aussonderung" und „Sonderbehandlung" werden von jetzt an als historische Begriffe zur Umschreibung konkreter Sachverhalte ohne Anführungsstriche verwendet, wobei man sich ihrer inhaltlichen Problematik bewußt sein muß, denn sie sind im heutigem Sprachgebrauch nicht unbedingt negativ besetzt. Christian Streit verwendet statt Aussonderung den von Auschwitz her eindeutig definierten Begriff der „Selektion". Ders., Die Behandlung der sowjetischen Kriegsgefangenen, S. 164f. Literaturangaben werden verkürzt wiedergegeben und erscheinen vollständig in der Bibliographie.
[4] IfZ, Nürnbg. Dok. NO 3414 und NO 3415.
[5] Vgl. Streit, Keine Kameraden, S. 9–24. Noch in der 4. Auflage (1997) nennt Streit keine neuen Forschungen bezüglich der Aussonderungen, ebensowenig Osterloh, Sowjetische Kriegsgefangene 1941–1945, sowie ders., Verdrängt, vergessen, verleugnet. Eine ältere Forschungsübersicht bei Schulenburg, Sowjetische Kriegsgefangene in Deutschland.

gen als grundsätzliches Element der ideologischen Auseinandersetzung mit der Sowjetunion zu erkennen.[6]

Die Kritik gilt für alle seither über die Konzentrationslager erschienenen Arbeiten. Den Autoren lagen über Ankunft, Unterbringung und Hinrichtung der kriegsgefangenen Rotarmisten oftmals eine Vielzahl von Zeugenaussagen vor, so daß die jeweiligen Fakten als gesichert gelten können. Trotz der großen Anzahl von Ermordeten, die Streim z. B. allein für das KZ Sachsenhausen bis Kriegsende auf wenigstens 18 000[7] beziffert, fehlt bei ihnen aber eine Darstellung der Zusammenhänge, die zum Verständnis dieser Taten notwendig wäre; ein Hinweis auf den Einsatzbefehl Nr. 8 wird für gewöhnlich als ausreichend erachtet.

Dies ist eigentlich um so erstaunlicher, als schon 1964[8] Hans-Adolf Jacobsen eine Einordnung in den historischen Zusammenhang vorgelegt hat.[9] In einem Gutachten für den Frankfurter Auschwitz-Prozeß weist er erstmals auf Massenexekutionen sowjetischer Kriegsgefangener auf Grund des Einsatzbefehls Nr. 8 hin und untermauert seine Ausführungen mit einer großen Anzahl von Dokumenten, auf die in der Folgezeit die weitere Forschung[10] und die Justiz[11] immer wieder zurückgegriffen haben. Er beschreibt zwar ausführlich die Tätigkeit der Einsatzgruppen in der Sowjetunion, die dort in Zusammenarbeit mit der Wehrmacht Zehntausende sowjetischer Kriegsgefangener liquidierten, berücksichtigt aber die Verhältnisse im Deutschen Reich selbst so gut wie überhaupt nicht. Wie wenig diese Jacobsen bekannt sind, zeigen einige von ihm veröffentlichte Quellen, die Aussonderungen im Wehrkreis (WK) XIII Nürnberg zum Gegenstand haben, auf die er jedoch in seinem Gutachten ebensowenig eingeht wie auf den gleichfalls publizierten Einsatzbefehl Nr. 9, der die Überprüfungen in den Kriegsgefangenenlagern des Reiches erst ermöglichte.[12]

Ebenfalls 1964 hat der polnische Historiker Szymon Datner eine umfangreiche Untersuchung über die Verbrechen der Wehrmacht an Kriegsgefangenen während des Zweiten Weltkrieges veröffentlicht, in deren Verlauf er auch auf den Kommissarbefehl und die Tätigkeit der Einsatzgruppen bzw. -kommandos eingeht. Auf der Basis umfangreichen Materials aus den Nürnberger Prozessen schildert er an einem Beispiel aus dem WK VII München, dem sogenannten „Fall Meinel", den Ablauf und die Problematik von Aussonderungen, an anderer Stelle wiederum die Vernichtung ausgesonderter sowjetischer Kriegsgefangener in den Konzentrationslagern. Wie Jacobsen verkennt er aber die Bedeutung des

---

[6] Kogon, SS-Staat, S. 168–170, Zitat S. 168; zu den Hintergründen ebenda, S. 236–241.
[7] Streim, Behandlung, S. 233. Zur Problematik dieser Zahl s. Kap. V.
[8] Dallin, Deutsche Herrschaft in Rußland, vor allem S. 428–432, erwähnt 1958 die Tätigkeit der Einsatzgruppen in der Sowjetunion nur am Rande, ohne einen Zusammenhang mit der Vernichtung der Kriegsgefangenen zu erkennen.
[9] Jacobsen, Kommissarbefehl, S. 135–232.
[10] Nahezu dieselben Dokumente bei Uhlig, Der verbrecherische Befehl, S. 289–347.
[11] Das Gutachten Jacobsens hat die Ludwigsburger Zentralstelle den bzgl. der Aussonderungen ermittelnden Staatsanwaltschaften zur Verfügung gestellt.
[12] Jacobsen, Kommissarbefehl, Dok. Nr. 38 (Aussage Schemmel) und 39 (Aussage Ohler), S. 225–228. Bezeichnenderweise hat Jacobsen beim Abdruck des Einsatzbefehls Nr. 9 (ebenda, S. 205f.) zwar das Verzeichnis der Lager im WK I Königsberg und im Generalgouvernement mitpubliziert, nicht aber die ebenfalls dazugehörende Übersicht über die Lager im Reich.

Einsatzbefehls Nr. 9, so daß der innere Zusammenhang beider Bereiche nicht deutlich wird.[13]

In den folgenden Jahren hat sich lediglich die Justiz mit diesem Themenkomplex befaßt. Die dabei gewonnenen Erkenntnisse dienten der Strafverfolgung und waren der historischen Forschung lange unzugänglich. Seit Mitte der sechziger Jahre hat die Zentralstelle zur Verfolgung von NS-Verbrechen in Ludwigsburg unter anderem Ermittlungen über Verbrechen an sowjetischen Kriegsgefangenen eingeleitet, so auch zu den Aussonderungen auf Grund der Einsatzbefehle Nr. 8 und 9. Das Protokoll einer Arbeitsbesprechung der mit solchen Ermittlungsverfahren beauftragten Staatsanwälte aus dem Jahr 1966 zeigt deutlich den gegenüber 1964 erheblich erweiterten Erkenntnisstand der Strafverfolgungsbehörden,[14] die in diesen zwei Jahren nicht nur die wesentlichen Befehle hinsichtlich der Aussonderungen festgestellt,[15] sondern auch schon etwa 85 Ermittlungsverfahren gegen mögliche Tatbeteiligte eingeleitet hatten.[16]

Die erste systematische Untersuchung[17] zum Schicksal der sowjetischen Kriegsgefangenen in deutscher Hand hat Christian Streit in seiner 1978 erschienenen Dissertation vorgelegt, in der er die Genese der sogenannten verbrecherischen Befehle und der Einsatzbefehle sowie deren Umsetzung im Rahmen der „Vernichtung einer Weltanschauung" herausarbeitet und zugleich überzeugend die Mitverantwortung der Wehrmacht für die an den Sowjets begangenen Untaten belegt. Während er jedoch ausführlich Beispiele aus der Sowjetunion zitiert, geht er auf die Verhältnisse im Reich nur am Rande ein. Hier beläßt er es bei einer kurzen Darstellung des formalen Ablaufs des Aussonderungsprozesses und des schon von Datner und Brodski geschilderten „Falles Meinel", den er als Beispiel dafür anführt, daß die Wehrmacht durchaus Widerstand gegen die Tätigkeit der Einsatzkommandos hätte leisten können.[18]

Nur wenig später stellte Alfred Streim, der damalige Leiter der Ludwigsburger Zentralstelle, in einer umfassenden Studie „die Behandlung sowjetischer Kriegsgefangener im ‚Fall Barbarossa'" aus juristischer Sicht dar. Unter der Überschrift „Vernichtung sogenannter potentieller Gegner" äußert er sich zu den Einsatzbefehlen Nr. 8 und 9. Streim schildert detailliert die Durchführung

---

[13] Datner, Crimes against POWs, S. 81–92, S. 248–257 und S. 286–321. Der „Fall Meinel" erneut bei Brodski, Kampf gegen den Faschismus, S. 240–250.

[14] Niederschrift über die Arbeitsbesprechung der in der Bundesrepublik mit der Strafverfolgung von NS-Gewaltverbrechen an Kriegsgefangenen beauftragten Staatsanwälte (Aussonderungen auf Grund der Einsatzbefehle Nr. 8, 9 und 14) vom 22.–24.3.1966 in Ludwigsburg. In: Verf. Stalag 341, Bd. II.

[15] Dasselbe Verfahren enthält eine 75 Seiten umfassende Übersicht über einen Teil der in Ludwigsburg vorliegenden einschlägigen Quellen.

[16] Verf. Stalag 341, Bl. 72. Darunter fielen allerdings auch Tatorte im Generalgouvernement und in der UdSSR.

[17] Roswitha Gatterbauer, Arbeitseinsatz und Behandlung der Kriegsgefangenen in der Ostmark, untersucht schon 1975 die Situation sämtlicher Kgf. in der damaligen Ostmark. Dabei schildert sie auch die Ermordung sowjetischer Gefangener im KZ Mauthausen, ohne aber näher auf die Gründe einzugehen. Ebenda, S. 198–214.

[18] Streit, Keine Kameraden, S. 93–99. Nachdem das Thema aus politischen Gründen jahrelang tabu war, mußte er in seiner Einleitung noch ausführlich begründen, warum er sich damit befaßte. Ebenda, S. 23.

der Exekutionen in den Konzentrationslagern auf der Basis des Einsatzbefehls Nr. 9, beschränkt aber wie Streit seine Ausführungen zum Aussonderungsvorgang selbst auf dessen organisatorische Durchführung seitens des Reichssicherheitshauptamtes (RSHA) und auf eine erneute, um Nachkriegsaussagen erweiterte Wiedergabe des „Falles Meinel".[19] Erstmals jedoch veröffentlicht er Quellen, die die Überstellung Ausgesonderter in ein KZ belegen.[20]

Die Tätigkeit der Einsatzgruppen in der Sowjetunion ist Gegenstand einer eingehenden Untersuchung von Helmut Krausnick.[21] Er beschreibt darin umfassend deren Auftrag, Aufstellung und Arbeitsweise. Zwar bleiben die Einsatzkommandos in den Kriegsgefangenenlagern des Reiches außerhalb seiner Betrachtung, doch waren diese mit den Einsatzgruppen personell so eng verzahnt, daß seine Arbeit wertvolle Hintergrundinformationen zum Verständnis der Vorgänge im Deutschen Reich selbst liefern kann.

Über die Erkenntnisse von Streit, Streim und Krausnick gehen die seither veröffentlichten Publikationen zum Weltanschauungskrieg gegen die Sowjetunion kaum hinaus, soweit sie die Aussonderungen überhaupt erwähnen.[22] Der entsprechende Band der vom Militärgeschichtlichen Forschungsamt herausgegebenen Geschichte des Zweiten Weltkrieges, der wohl immer noch als das Standardwerk angesehen werden kann, geht nicht näher darauf ein,[23] und selbst das gründlich recherchierte Buch des amerikanischen Historikers Arno J. Mayer, dessen deutscher Titel „Der Krieg als Kreuzzug" den ideologischen Charakter des Rußlandfeldzuges betont, behandelt den Einsatzbefehl Nr. 8 und seine Folgen für die gefangenen Rotarmisten nur am Rande.[24]

1993 hat der Journalist Jörg Friedrich eine sehr ausführliche Analyse der Akten des Nürnberger OKW-Prozesses vorgelegt. Doch auch bei ihm bietet sich das inzwischen schon fast gewohnte Bild: eine ausführlichere Darstellung der Morde der Einsatzgruppen im Osten, der Hinweis auf die aktive Mitarbeit der Wehrmacht an den Verbrechen und eine Wiedergabe des „Falles Meinel".[25] Verschiedene Autoren haben schließlich jüngst unter dem Titel „Vernichtungskrieg" die Verbrechen der Wehrmacht in den Jahren 1941 bis 1945 analysiert, ohne dabei die Aussonderungen in den Kriegsgefangenenlagern zu berücksichtigen.[26]

---

[19] Streim, Behandlung, S. 99–119; der „Fall Meinel" ebenda, S. 60–69.
[20] Ebenda, S. 121f. und S. 329ff. am Beispiel der Stalags XXI C Wollstein und III B Fürstenberg/Oder. Beide Überstellungen gingen in das KZ Groß-Rosen. Streim macht allerdings keinen Unterschied zwischen den bereits bestehenden Kriegsgefangenenlagern, zu denen die genannten gehörten, und den neuen, speziell für die sowjet. Kgf. eingerichteten.
[21] Krausnick, Einsatzgruppen. Zu den Verbrechen der Einsatzgruppen an Kriegsgefangenen im Baltikum s. Müller/Vestermanis, Verbrechen der faschistischen Wehrmacht.
[22] Vgl. etwa Rürup, Der Krieg gegen die Sowjetunion. Auch hier wird die Vernichtung der Kgf. in Auschwitz nur mit dem Einsatzbefehl Nr. 8, nicht aber mit Nr. 9 in Verbindung gebracht (S. 109–115); für das Reich werden die Aussonderungen nur mit zwei Sätzen erwähnt (S. 195).
[23] Boog, Angriff auf die Sowjetunion. Das Deutsche Reich und der Zweite Weltkrieg, Bd. 4, S. 413–447 und S. 1062–1070. Zur Kritik an der Reihe vgl. Bartov, Wem gehört die Geschichte?, vor allem S. 608–614.
[24] Mayer, Der Krieg als Kreuzzug, S. 328f. und S. 383–386.
[25] Friedrich, Gesetz des Krieges, S. 356–381 und S. 771f.
[26] Heer/Naumann, Vernichtungskrieg. Auch die Aufsatzsammlung von Volkmann, Das Rußlandbild im Dritten Reich, geht nicht darauf ein, ebensowenig Bartov, Hitlers Wehrmacht.

Streim und vor allem Streit haben jedoch eine Anzahl von regional- und lokalgeschichtlichen Arbeiten zu den Lebensverhältnissen der gefangenen Rotarmisten angeregt, die durchweg die schlechte Behandlung und das Massensterben der Gefangenen hervorheben und damit die obengenannten Forschungen bestätigen. So liegen inzwischen mehr oder weniger umfangreiche Untersuchungen und Dokumentationen zu verschiedenen Kriegsgefangenenlagern vor, beispielsweise zu den Stalags VI A Hemer,[27] VI B Neu Versen und VI C Bathorn, beide im Emsland,[28] IX B Bad Orb[29] und X B Sandbostel bei Bremervörde,[30] dazu kürzere Aufsätze über die Stalags IV B Mühlberg/Sachsen[31] und X A Schleswig.[32] Doch obwohl diese Forschungen eine Fülle von Einzelheiten hinsichtlich der Situation der sowjetischen Kriegsgefangenen zu Tage fördern, enthalten sie keinerlei Hinweise auf die Tätigkeit von Einsatzkommandos in den Lagern und legen dadurch die Vermutung nahe, Aussonderungen seien dort nicht vorgekommen.

Lediglich für das Stalag 304 (IV H) Zeithain bei Dresden weist Ulrich Krause in einer 1984 erschienenen Ost-Berliner Diplomarbeit die Existenz eines Gestapokommandos nach.[33] Diesem habe eine besondere Baracke innerhalb des Lagers zur Verfügung gestanden, und wer dort hineingekommen sei, sei nicht wieder herausgekommen, demzufolge liquidiert worden. Grundlage der Feststellungen Krauses sind allerdings einzig und allein Teile des Berichts einer sowjetischen Untersuchungskommission zur Aufklärung der Verbrechen in Zeithain aus dem Jahre 1946, deren Ergebnissen im beginnenden kalten Krieg eine große politische Bedeutung zukam und deren sachliche Korrektheit insofern problematisch ist.[34] Edmund Nowak hat noch vor kurzem am Beispiel der sowjetischen Untersuchungskommission zum Stalag 318 (VIII F) Lamsdorf/Oberschle-

---

[27] Stopsack/Thomas, Stalag VI A Hemer.
[28] Kosthorst/Walter, Konzentrations- und Strafgefangenenlager im Dritten Reich – Beispiel Emsland.
[29] Schönborn, Kriegsgefangene und Fremdarbeiter in unserer Heimat 1939–1945. Im Gegensatz zu den anderen Arbeiten gibt Schönborn keine Quellen an, was den Wert für den Benutzer erheblich mindert.
[30] Borgsen/Volland, Stalag X B Sandbostel.
[31] Kilian, NKWD-Speziallager Mühlberg/Elbe 1945–1948, S. 39–65.
[32] Schwarz, Das Stammlager X A.
[33] Krause, Das sowjetische Kriegsgefangenenstammlager 304-Zeithain; Sachverhalt S. 40–43. Weitere Untersuchungen aus den früheren Ostblockstaaten scheinen nicht vorzuliegen. Neu zu Stalag 304 Zeithain: Osterloh, Ein ganz normales Lager. Die Arbeit basiert hinsichtlich der Aussonderungen (S. 43–54) bereits auf der vorliegenden Studie; Quelle war ein schon hier benutztes Ermittlungsverfahren der Staatsanw. Göttingen.
[34] Das Untersuchungsergebnis liegt zum großen Teil vor im – nach dem Leiter der deutsch-sowjetischen Kommission benannten und seit der Wiedervereinigung zugänglichen – „Chorun-Bericht" (HStA Dresden, Ministerium d. Inneren Bestand Nr. 4, Band 042). Bei dessen Lektüre wird allerdings deutlich, daß Krause seinerzeit offensichtlich nur die politisch „genehmen" Teile eines Berichtes nutzte, der ansonsten in weiten Teilen durchaus um eine sachliche Aufklärung der Verhältnisse in Zeithain bemüht war und ein etwas anderes Bild bietet, als es der DDR-Öffentlichkeit vermittelt wurde. Krause muß im übrigen eine andere Version der Quelle vorgelegen haben; die mir zur Verfügung stehende Kopie stimmt weder mit seinen Zitaten überein, noch geht sie näher auf die Aussonderungen ein.

sien nachdrücklich auf die inhaltlichen Schwächen derartiger Berichte aufmerksam gemacht.[35]

Vor dem Hintergrund der politischen Veränderungen in Osteuropa hat die Forschung in jüngerer Zeit ihr Augenmerk vermehrt auf die Geschichte der speziell für die sowjetischen Gefangenen eingerichteten „Russenlager" gerichtet, zu denen auch Zeithain und Lamsdorf gehörten. Für die in der Lüneburger Heide gelegenen sog. Heidelager Stalag 310 (X D) Wietzendorf, 311 (XI C) Bergen-Belsen und 321 (XI D) Fallingbostel-Oerbke hat Rolf Keller Aussonderungen eindrucksvoll, u.a. mit Fotos, nachgewiesen und die Vernichtung der betreffenden Gefangenen im KZ Sachsenhausen belegt.[36] Allein aus Bergen-Belsen sind nach einem unveröffentlichten Forschungsbericht Kellers wenigstens 500, wahrscheinlich aber weit mehr Gefangene dorthin überstellt worden.[37] Grundlage seiner Aussagen sind Ermittlungen der Staatsanwaltschaft Lüneburg sowie Augenzeugenberichte sowohl aus den Kriegsgefangenenlagern als auch aus Sachsenhausen.

Für ein weiteres „Russenlager", das Stalag 326 (VI K) Senne, sind die Vorgänge relativ gut erforscht. Seit 1992 liegt eine umfangreiche Dokumentation zu diesem Lager vor, die sich auch mit den dortigen Aussonderungen befaßt.[38] Quelle ist ein mehrere Bände umfassendes diesbezügliches Ermittlungsverfahren der Staatsanwaltschaft Münster. Die Dokumentation schildert die Ankunft des Einsatzkommandos im Stalag 326 und die Überstellung der Gefangenen nach Buchenwald, doch läßt sich der Überprüfungsvorgang selbst nicht aus den Akten rekonstruieren. Als Ergebnis halten die Autoren fest, daß „sicherlich von einer erheblich über 1 000 liegenden Zahl von Todesopfern aus der Senne ausgegangen werden" müsse. Dasselbe Verfahren hatte kurz zuvor Volker Schockenhoff zu der These veranlaßt, es könne „als relativ sicher angesehen werden, daß die ‚Aussonderungsaktionen' im WK VI nur im Stalag 326, nicht aber in den anderen Stalags durchgeführt" worden seien,[39] demnach also nur in dem Russenlager Senne, nicht aber andernorts ausgesondert worden sei.

Abschließend sind hier noch Publikationen zu nennen, die Sachverhalte beschreiben, die auf Aussonderungen rückschließen lassen. Benigna Schönhagen hat bei ihren Recherchen zum Tübinger Gräberfeld X etliche Belege für die Überführung von Leichen hingerichteter sowjetischer Soldaten von den Truppenübungsplätzen Heuberg und Münsingen in die Anatomie der Universität Tübingen gefunden, wobei freilich die Gründe für die Exekutionen im unklaren liegen.[40] Seit langem bekannt ist in der Forschung die Ermordung von etwa 70

---

[35] Nowak, Sowjetische Kriegsgefangene im Kriegsgefangenenlager Lamsdorf 1941–1945. Auch seine Funde werfen freilich Probleme auf. So vermerken die Moskauer Akten für Lamsdorf von 1941–1945 nur 15 Fälle von Erschießen. Vgl. dagegen bei Streim, Behandlung, S. 389, den Lagerbericht für das Stalag VIII B Teschen für Juni 1944 mit dem Vermerk, es seien dort in diesem Monat 17 Sowjets erschossen worden. Der Widerspruch kann hier nicht weiter verfolgt werden.
[36] Keller, „Russenlager".
[37] Keller, Bergen-Belsen 1940–1945.
[38] Hüser/Otto, Stalag 326, S. 54–63, Zitat S. 63.
[39] Schockenhoff, Eine Tragödie.
[40] Schönhagen, Gräberfeld X.

als „Kommissare" deklarierten Rotarmisten[41] im September oder Oktober 1941 im KZ Hinzert bei Trier. Diese kamen aus einem Kriegsgefangenenlager auf dem Truppenübungsplatz Baumholder und wurden unmittelbar nach ihrer Ankunft liquidiert. Marcel Engel und André Hohengarten sehen einen direkten Zusammenhang mit dem Kommissarbefehl und den Einsatzbefehlen, doch ist der Sachverhalt insofern fragwürdig, als Baumholder wenigstens offiziell an keiner Stelle als Kriegsgefangenenlager geführt wurde und insofern die Umstände einer weiteren Klärung bedürfen.[42]

Die vorangegangene Übersicht macht einerseits deutlich, daß Aussonderungen sowjetischer Gefangener im Reichsgebiet zwar als Faktum bekannt sind, genauere inhaltliche Kenntnisse dagegen ebensowenig vorliegen wie eine fundierte Bewertung dieser Vorgänge vor dem Hintergrund der nationalsozialistischen Vernichtungspolitik gegenüber der Sowjetunion.[43]

Daraus ergeben sich die wichtigsten Fragestellungen dieser Arbeit. Ihr Ziel ist zunächst die Rekonstruktion des eigentlichen Aussonderungsvorgangs in den Kriegsgefangenenlagern, zu der auch die Klärung des gesamten organisatorischen Ablaufs von der Aufstellung der Einsatzkommandos durch Reichssicherheitshauptamt und Stapostellen über die Einbindung der Wehrmacht in die Aktionen bis hin zur Durchführung der Exekutionen in den Konzentrationslagern gehört. In dem Zusammenhang stellt sich dann sofort die Frage nach der Verantwortung der Wehrmacht für die ausschließlich ihr anvertrauten gegnerischen Soldaten, deren Leben zu schützen sie die Genfer Konvention von 1929 zwar grundsätzlich verpflichtete, an die sie sich aber wenigstens teilweise nicht hielt mit der Begründung, die Sowjetunion habe das Abkommen nicht ratifiziert.[44] Schließlich muß noch untersucht werden, welcher Stellenwert den Aussonderungen im Rahmen der NS-Ideologie zukommt und wie weit es möglich gewesen ist, auch innerhalb des Reiches die Vernichtungspolitik durchzuführen, ohne auf Widerstand zu stoßen. Die vorliegende Studie ist insofern als Ergänzung zu den grundlegenden Arbeiten von Streit, Streim und Krausnick zu verstehen.

---

[41] Zeugen wandten den Begriff „Kommissar" in ihren Nachkriegsaussagen sehr oft pauschal und in apologetischer Absicht auf die gesamte Gruppe der Ausgesonderten an und hielten sich so die Möglichkeit offen, über den Kommissarbefehl einen Befehlsnotstand für sich zu reklamieren; er ist insofern mit Vorsicht zu benutzen. In den Augen vieler waren allerdings der Kommissarbefehl vom 6.6. und der Einsatzbefehl Nr. 8 vom 17.7.1941 identisch, anfänglich auch für die ermittelnden Staatsanwälte und gelegentlich sogar die Historiker. Die Verwendung des Wortes macht aber auch deutlich, wie sehr die Begrifflichkeit noch in den Köpfen verhaftet war.
[42] Engel/Hohengarten, Hinzert, S. 82–85.
[43] Sehr deutlich wird das noch im Begleitband zur Ausstellung über sowjetische und deutsche Kriegsgefangene im Haus der Geschichte in Bonn (1995). Dass. (Hg.), Sowjet. Kgf. in Deutschland. Deutsche Kgf. in der Sowjetunion.
[44] Abkommen über die Behandlung der Kriegsgefangenen vom 27.7.1929; RGBl. 1934 II, S. 207ff. Die Verpflichtung zum Schutz der Kgf. ergab sich freilich nicht nur aus dem Abkommen, sondern aus dem für Deutschland in jedem Fall bindenden allgemeinen Kriegsvölkerrecht. Vgl. dazu auch Streit, Die Behandlung der sowjetischen Kriegsgefangenen, S. 161, sowie die zeitgenössische Argumentation Admiral Canaris' vom 15.9.1941 gegenüber dem OKW-Befehl vom 8.9.1941; StA N, Nürnb. Dok. 338-EC.

Die vor allem auf Streit aufbauende regionalgeschichtliche Literatur weist jedoch für das Jahr 1941 durchgängig einen eigentümlichen Widerspruch auf.[45] Einerseits betont sie, daß die deutsche Führung bis in den Herbst 1941 sowohl der Anwesenheit als auch dem Arbeitseinsatz der sowjetischen Kriegsgefangenen im Deutschen Reich aus ideologischen Gründen ablehnend gegenübergestanden habe und letzterer daher höchstens vereinzelt erfolgt sei. Andererseits wird jedoch gerade dort immer wieder auf Quellen verwiesen, aus denen sich eindeutig entnehmen läßt, wo überall im Reich bereits ab Mitte Juli Gefangene eintrafen und man Arbeitskommandos einrichtete. Kurz läßt sich der Widerspruch so formulieren: Gefangene kamen im Sommer 1941 zu Hunderttausenden nach Deutschland, obwohl sie von dort ferngehalten werden sollten; sie wurden ab Ende Juli in Wehrkreise weitergeleitet, die für ihre Aufnahme weder vorgesehen noch vorbereitet waren, und sie wurden trotz gegenteiliger Äußerungen unverzüglich zur Arbeit selbst im zivilen Bereich eingesetzt. War – unter weltanschaulichen Aspekten – allein schon die Anwesenheit von „Bolschewisten" im Reich äußerst heikel, so mußte ein Arbeitseinsatz das Problem aus nationalsozialistischer Sicht potenzieren, es sei denn, man sortierte zuvor alle „gefährlichen Elemente" unter den Gefangenen aus. Daher soll die Untersuchung noch der Frage nachgehen, ob ein Zusammenhang zwischen dem frühen Arbeitseinsatz und den Aussonderungen bestand, und in diesem Rahmen auch versuchen, die eben aufgezeigten Widersprüche aufzulösen.

Da, abgesehen von einer Fehleinschätzung des Einsatzbefehls Nr. 9, bisher Quellenprobleme eine ausführliche Bearbeitung dieses Themenkomplexes verhindert haben, soll im folgenden Abschnitt eine Übersicht über das vorhandene Quellenmaterial gegeben werden.

Die Quellenlage

Sichtet man die vorhandene Überlieferung, so zeigt sich rasch, daß durchaus genügend Material für eine wissenschaftliche Untersuchung der Aussonderungen vorliegt. Aus der Kriegszeit selbst sind entsprechende Unterlagen in deutschen Archiven allerdings nur bruchstückhaft vorhanden. Quellen, an Hand derer sich der Vorgang in den Stalags selbst nachweisen ließe, gibt es allem Anschein nach überhaupt nicht mehr, doch existieren in einigen wenigen Fällen Teile des Schriftverkehrs zwischen den Stalags bzw. Einsatzkommandos und den Konzentrationslagern, aus denen sich Rückschlüsse auf die Aussonderungsaktionen ableiten lassen; dies gilt vor allem für das KZ Groß-Rosen in Niederschlesien. Für Groß-Rosen sind auch etliche Listen mit Transporten von ausgesonderten Rotarmisten aus den Stalags Fürstenberg/Oder, Neuhammer und Wollstein überliefert, die Aussagen über Art und Umfang der Transporte ermöglichen. Stärkemeldungen einzelner Konzentrationslager wie etwa Buchenwald schließ-

---

[45] Das gilt auch für die Arbeit von Streit selbst, ebenso für Herbert, Fremdarbeiter. Den OKW-Befehl über das Kriegsgefangenenwesen vom 16.6.1941 (BA/MA, RW 4/v. 578, Bl. 91–98; s. u. S. 39), der für das Reich die Anwesenheit von immerhin 790 000 Gefangenen plante, hat man in dieser Hinsicht nicht wahrgenommen.

lich belegen mittelbar die Liquidierung bzw. den Arbeitseinsatz sowjetischer Gefangener.

Die für die Behandlung dieser Kriegsgefangenen grundlegenden Befehle, die u. a. die Zusammenarbeit von Einsatzkommandos und Wehrmachtsangehörigen bei den Aussonderungen regelten, sind dagegen weitgehend erhalten, vor allem deshalb, weil sie damals den staatlichen Stellen bis hinunter zur Landrats- und Oberbürgermeisterebene zugingen und somit in den Beständen vieler Staats-, Kreis- und Stadtarchive zu finden sind.[46] Vorrangig zu erwähnen sind hier die Akten des Reichssicherheitshauptamtes und des Reichsarbeitsministeriums im Koblenzer Bundesarchiv sowie die Unterlagen der Abteilung Kriegsgefangene im OKW und der einzelnen Wehrkreise im Militärarchiv in Freiburg.

Eine zweite Quellengruppe bilden die Erinnerungen und Aussagen von Zeitzeugen, vor allem ehemaliger KZ-Häftlinge, die kurz nach dem Krieg detailliert Auskunft über Exekutionen sowjetischer Gefangener gegeben und diesbezüglich z. T. sogar genaue Zahlenangaben gemacht haben, so etwa für die Konzentrationslager Buchenwald, Sachsenhausen und Auschwitz.[47] Auch der Kommandant des Konzentrations- und Vernichtungslagers Auschwitz, Rudolf Höß, geht in seinen autobiographischen Aufzeichnungen ausführlich auf die dortigen Liquidierungen ein.[48] Von Wehrmachtsangehörigen liegen ebenfalls einige Berichte zu den Aussonderungen in den Lagern vor, desgleichen von ehemaligen Kriegsgefangenen.[49]

In den verschiedenen Nürnberger Prozessen spielen die Aussonderungen zwar nur eine untergeordnete Rolle, gleichwohl sind sie mehrfach zur Sprache gebracht worden.[50] Das publizierte Beweismaterial der Anklage im Hauptkriegsverbrecherprozeß enthält die ausführliche Dokumentation eines Streits um ausgesonderte Kriegsgefangene zwischen Wehrmacht und SS im WK VII München, bis heute die umfangreichste zeitgenössische Quelle zu dem Komplex.[51] In den Unterlagen des Einsatzgruppenprozesses findet man Befragungen des späteren Chefs des Einsatzkommandos 6a, Biberstein, der zuvor als Leiter der Stapostelle Oppeln für die Überprüfung der sowjetischen Soldaten im Stalag 318 (VIII F) Lamsdorf zuständig war,[52] und außerhalb der eigentlichen Verhandlungen hat

---

[46] Einige der Befehle sind veröffentlicht, etwa bei Jacobsen, Kommissarbefehl, und Streim, Behandlung, ebenso bei Ueberschär/Wette, Der deutsche Überfall auf die Sowjetunion, S. 244–264 und S. 292–309.
[47] Bestes Beispiel dafür ist der neunzehnseitige Bericht Emil Büges. Vgl. oben Anm. 1.
[48] Broszat, Kdt in Auschwitz, S. 105–107 und S. 159f.
[49] Vgl. z.B. Hüser/Otto, Stalag 326, S. 59, Anm. 73.
[50] Zur Kennzeichnung der verschiedenen Nürnberger Dokumentenserien siehe Henke, Das Schicksal deutscher zeitgeschichtlicher Quellen in Kriegs- und Nachkriegszeit, S. 570–577.
[51] Nahezu vollständig veröffentlicht in: Der Prozeß gegen die Hauptkriegsverbrecher (im Folgenden abgekürzt als „IMT") Bd. XXXVIII, S. 419–498, Dok. 178-R. Im Folgenden zitiert als „178-R". Im OKW-Prozeß sagte auch Oberst Erwin Lahousen vom Amt Ausland/Abwehr ausführlich zu den Aussonderungen aus. IMT Bd. II, S. 499–509.
[52] StA N, Interrogation Biberstein, sowie Aff. Biberstein, ebenda, Nürnbg. Dok. NO 4314. Im Prozeß wurde Biberstein jedoch nicht mehr in dieser Hinsicht vernommen. StA N, KV-Prozesse Fall 9, A 32–38, S. 2734–3053.

die Anklagebehörde eine Reihe von Offizieren und Stapoangehörigen aus dem WK XIII Nürnberg zu den dortigen Aussonderungen vernommen.⁵³

Während die bisher genannte Überlieferung weithin „zufällig" ist, liegt in den von der Ludwigsburger Zentralstelle eingeleiteten und dann an die zuständigen Staatsanwaltschaften abgegebenen Ermittlungsverfahren seit Mitte der sechziger Jahre eine systematische juristische Aufarbeitung der Aussonderungen in den Kriegsgefangenenlagern vor, die von der historischen Forschung noch in keiner Weise genutzt worden ist. Auch wenn die Juristen um die Klärung individueller Schuld bemüht waren, steht dem Historiker hier eine Quellengruppe von unschätzbarem Wert zur Verfügung. Dieser Wert liegt zunächst darin, daß die einzelnen Verfahren miteinander vergleichbar sind, da sie den gleichen Vorgang in verschiedenen Lagern untersuchen. Sie richten sich zudem gegen den gleichen Beteiligtenkreis, der Soldaten und Polizeibeamte bzw. SS-Angehörige aller Dienstgrade umfaßt. In allen Fällen galten dieselben Befehle und Richtlinien. Gerade deswegen lassen sich die Aussagen verallgemeinern, d. h., daß die an mehreren Kriegsgefangenenlagern gewonnenen Erkenntnisse auf andere Lager, bei denen – aus welchen Gründen auch immer – die Überlieferung schlechter ist, übertragen werden können. Für den Historiker eröffnet sich aber damit über die Klärung des reinen Sachverhalts hinaus die Möglichkeit, durch das Studium verschiedener Einzelfälle Strukturen zu erschließen, die ein tieferes Verständnis der nationalsozialistischen Vernichtungsmaschinerie ermöglichen.

Da die vorliegende Untersuchung zum überwiegenden Teil auf derartige Ermittlungsverfahren zurückgreift, erscheint es notwendig, sie zuvor kurz zu charakterisieren und auf einige methodische Probleme hinzuweisen.

Zunächst einmal werden Akten herangezogen, die in einem Zeitraum von etwa 25 Jahren entstanden sind. Am Anfang standen die Ermittler wegen der ihnen nahezu unbekannten Materie dem Tatkomplex fast hilflos gegenüber, denn Historiker hatten sich mit derartigen NS-Verbrechen noch so gut wie überhaupt nicht befaßt, so daß von ihnen keine Hilfe zu erwarten war. Dadurch hatten Polizeibeamte und Staatsanwälte vor allem zu Beginn ihrer Nachforschungen nur selten Material an der Hand, mit dem sie die Befragten konfrontieren und eventuelle Widersprüche aufdecken konnten. Ein einfacher Katalog von gelegentlich sich sogar überschneidenden Fragen war oft das einzige Hilfsmittel, das eine Staatsanwaltschaft bei einem Vernehmungsersuchen an eine Polizeidienststelle übermittelte: welche Stellung hatte der Zeuge in einem Stalag oder bei einer Stapostelle innegehabt, was wußte er über Befehlswege und die Kompetenzverteilung in einem Lager, hatte er Kenntnisse von den Einsatzbefehlen oder Aussonderungen besessen, oder konnte er Namen und Adressen weiterer Personen angeben. Unter diesen Umständen war es für viele Befragte ein leichtes, ihre völlige Unkenntnis zu behaupten oder den Fragen auszuweichen.⁵⁴

---

⁵³ Alle Aussagen liegen vor als sog. „KV-Anklage-Interrogations" im Staatsarchiv Nürnberg. Im Folgenden abgekürzt als „Interrog.". Nähere Informationen dazu im StA N, Rep. 502, Bl. 1f.
⁵⁴ Zu den sachlichen, methodischen und politischen Problemen bei der Aufarbeitung der NS-Vergangenheit vor allem in den fünfziger und sechziger Jahren siehe Grabitz, NS-Prozesse; Rückerl,

Langsam jedoch gewann die Justiz festeren Boden unter den Füßen. Die Gründung der „Zentralen Stelle der Landesjustizverwaltungen zur Aufklärung nationalsozialistischer Verbrechen" (Zentrale Stelle) in Ludwigsburg im Jahre 1958 ermöglichte eine systematische Erfassung von NS-Gewalttaten, und im Zuge der jetzt verstärkt betriebenen Ermittlungen förderten Archivstudien etwa im Rahmen der KZ- und Einsatzgruppenprozesse bisher unbekannte Quellen zutage. So ermöglichten z. B. im Falle der Aussonderungen neu aufgefundene Geschäftsverteilungspläne genaue Aussagen zu Aufbau und Arbeitsweise der Stapostellen und Einsatzkommandos.[55] Mit ihnen konfrontiert, war es für einen ehemaligen Angehörigen einer solchen Stelle in der Regel schwer, bei seiner vorgeblichen Unkenntnis zu bleiben, wenn ihm nach diesen Plänen Informationen über die Aussonderungen hätten zugeleitet werden müssen.

Auf Grund der Koordination durch die Ludwigsburger Zentralstelle konnten die Staatsanwaltschaften vermehrt Ergebnisse anderer Verfahren in die eigene Beweisführung mitaufnehmen. Als Beispiel sei ein Ermittlungsverfahren der Staatsanwaltschaft Schweinfurt aus dem Jahre 1970 zu den Aussonderungen im Oflag 62 (XIII D) Hammelburg angeführt. Diese griff zur Absicherung ihrer Erkenntnisse auf Zeugenaussagen von Angehörigen der Stapoleitstelle Dresden zum Stalag 304 (IV H) Zeithain sowie auf Befragungen einiger Soldaten zurück, die in den Stalags 311 (XI C) Bergen-Belsen und XI A Altengrabow gedient hatten. Darüberhinaus enthält das Schweinfurter Verfahren die umfangreiche Abschlußverfügung des Verfahrens der Zentralstelle Dortmund u. a. gegen den Leiter der Stapo Breslau hinsichtlich der Aussonderungen im Stalag 308 (VIII E) Neuhammer/Niederschlesien. Die Dortmunder Staatsanwälte wiesen darin dem Beschuldigten präzise die Kenntnis der Einsatzbefehle Nr. 8 und 9 nach, eine Feststellung, die sich dann auf Grund des Verteilers der Erlasse auf alle in ihm aufgeführten Stapostellenleiter übertragen ließ.[56]

Im Laufe der Zeit wurde somit wegen des fortschreitenden Erkenntnisstandes die Beweisführung der Staatsanwälte hinsichtlich eines individuellen Schuldvorwurfs fundierter und genauer, so daß in dieser Hinsicht die Verfahren der siebziger Jahre aussagekräftiger sind als die der fünfziger und frühen sechziger. In diesen dagegen äußerten sich die Befragten, z. T. nur wenige Jahre nach Kriegsende, ausführlich und bis in Einzelheiten hinein zum Ablauf der Aussonderungen und zu den Verhältnissen in den Kriegsgefangenenlagern.[57]

Damit wird das zweite Problem angesprochen: das Alter und die zufällige Auswahl der Befragten. In mühsamer Kleinarbeit ermittelten Polizei und Staatsanwaltschaften zuallererst die noch lebenden Angehörigen des Lagerpersonals,

---

NS-Verbrechen vor Gericht, S. 220–288; Streim, Behandlung, S. 287ff., sowie ders., Saubere Wehrmacht?

[55] Vgl. dazu Verf. Altengrabow, Dok. Bd. II. Die Verfahren werden im Folgenden abgekürzt zitiert lediglich mit einem Hinweis auf das betreffende Lager oder den jeweiligen Wehrkreis. Siehe dazu auch die Übersicht über die benutzten Ermittlungsverfahren am Schluß der Arbeit.

[56] Verf. Neuhammer, Abschlußvfg., S. 31.

[57] Die politischen Verhältnisse in den fünfziger Jahren haben die seinerzeitigen Ermittlungen erheblich erschwert. Erkenntnissen „ostzonaler" Gerichte kam häufig nur ein geringer oder überhaupt kein Beweiswert zu. Vgl. das Urteil des Landgerichts Würzburg Ks 3/53 vom 31.12.1953

die zu diesem Zeitpunkt oft weit über 70 Jahre alt waren, vor allem diejenigen, die sich in Führungspositionen befunden hatten. Die Beamten trafen dann Männer an, die, oft genug krank, mit tatsächlich oder vorgeblich eingeschränkten Erinnerungsvermögen, z. T. überhaupt nicht mehr vernehmungsfähig waren. Von den insgesamt sechs Kommandanten des Stalag 326 (VI K) Senne beispielsweise konnte die Polizei Ende der sechziger Jahre nur noch einen einzigen, inzwischen 88jährigen Greis vernehmen. Der erste Kommandant ließ sich gar nicht mehr ermitteln, die vier anderen waren nachweislich gestorben. Bei den stellvertretenden Kommandanten sah es kaum anders aus. Auf Grund der Mitteilungen der Deutschen Dienststelle in Berlin und der Zentralnachweisstelle des Bundesarchivs in Aachen konnten die Behörden fünf von ihnen feststellen, von denen zwar drei noch lebten, kein einziger aber sein Amt vor Mai 1943 angetreten hatte. Auch die wenigen ermittelten Mitglieder des Lagerpersonals vermochten kaum neue Erkenntnisse zu liefern, lediglich sieben wußten etwas von den Aussonderungen.[58]

Oft genug waren die Befragten auch nicht willens auszusagen, eine Unwilligkeit, die bis hin zur bewußten Falschaussage ging.[59] Dabei spielte weniger die zeitliche Distanz eine Rolle als die Befürchtung, möglicherweise selbst strafrechtlich zur Verantwortung gezogen werden zu können. Sogar bei eindeutiger Beweislage stritten häufig Beschuldigte und Zeugen ihr Wissen um die Aussonderungen kategorisch ab oder beteuerten, mit der Angelegenheit nichts zu tun gehabt zu haben. Das Gegenteil nachzuweisen, erwies sich für die ermittelnden Staatsanwälte als außerordentlich schwierig, und selbst ein solcher Nachweis reichte meist nicht zu einer endgültigen Verurteilung. Nach Fertigstellung der Anklageschrift bescheinigte beispielsweise im Jahr 1973 der Amtsarzt dem Leiter des Einsatzkommandos im Stalag XXI C Wollstein, Kriminalkommissar Ditges, eine dauernde Verhandlungsunfähigkeit.[60] Insofern ist Vernehmungen, die die Aussonderungen direkt bestätigen, ein besonderer Wert beizumessen.

Zumindest gerüchteweise aber waren letztere vielen SS-Angehörigen und den meisten Soldaten bekannt. Beispielhaft sei eine Aussage aus dem Verfahren zu Stalag IX C Bad Sulza in Thüringen zitiert; sie könnte jedem anderen Verfahren

---

gegen E. wegen Tötung sowjet. Kgf. in Groß-Rosen, in: Justiz und NS-Verbrechen, Bd. XII, S. 238f.

[58] Verf. Senne, Abschlußvfg., S. 18–24. Laut Kriegsstärkenachweisung (KStN) Nr. 7805 betrug die Personalstärke eines Stalags am 1.9.1938 insgesamt 98 Soldaten und 33 Militärbeamte; BA/MA, RHD 11. Näher dazu Kap. I, S. 32.

[59] Ein extremes Beispiel beinhaltet das Verf. Thorn, Bd. III, Bl. 396. Nach einem Vermerk des Hessischen Landeskriminalamtes vom 22.7.1970 simulierte der Zeuge bei seiner Vernehmung einen „Vollidioten", der „wirres Zeug" stammelte und „angeblich nicht einmal seinen Namen schreiben" konnte. Auf dem Flur habe er sich dann aber fließend mit seinem ehemaligen Vorgesetzten unterhalten.

[60] Ditges stritt bei den Vernehmungen jede Beteiligung an den Aussonderungen ab. In einem Fernschreiben an den Kdten des KZ Groß-Rosen hatte er aber am 10.12.1941 mitgeteilt, daß dem KZ am 12.12. 25 Kgf. zur Verfügung gestellt werden sollten. Zu Beginn heißt es dort: „Betrifft: Exekution von sowjet-russischen Kgf.". Ditges bescheinigte weiter die Übergabe von 26 Kgf. an das KZ. Verf. Senne, Bd. I, Bl. 37–42; vgl. auch unten S. 75f. Zu Ditges s. Streim, Behandlung, S. 121, Anm. 118.

entnommen sein: „Wenige Wochen nach Beginn des Rußlandfeldzuges kamen die ersten Transporte russischer Kriegsgefangener. Ich kann mich noch erinnern, daß die Leute teilweise in einem jämmerlichen Zustand waren. Ich habe dann auch gesprächsweise erfahren, daß die Gefangenen nach bestimmten Gruppen aussortiert wurden, und daß die sogenannten ‚Politruks' aus dem Lager geschafft wurden. Nach welchen Gesichtspunkten die Aussortierung erfolgte, und wer sie durchführte, habe ich nicht erfahren. Ich weiß und wußte auch nicht, wo diese Leute verblieben. Gerüchteweise habe ich gehört, daß die russischen Gefangenen die in ihren Reihen befindlichen ‚Politruks' selbst bezeichneten und an einer Absonderung dieser Leute interessiert waren."[61]

Im juristischen Sinne ist eine solche Äußerung zweifellos unbrauchbar, dem Historiker bietet sie jedoch insbesondere in der Zusammenschau mit anderen Quellen die einzige Möglichkeit, für ein Kriegsgefangenenlager die Aussonderungen als Faktum nachzuweisen und über dieses überlieferungsbedingte, beispielsorientierte Vorgehen dann zu generalisierenden Aussagen zu gelangen.

Über die genannten Quellen hinaus steht seit 1997 ein Aktenbestand zur Verfügung, der hinsichtlich der sowjetischen Kriegsgefangenen Aussagen in einem Umfang und mit einer Genauigkeit erlaubt, wie sie noch ein Jahr zuvor undenkbar schienen. Es ist dem Autor zusammen mit Rolf Keller (Hannover) gelungen, die diesbezüglichen Karteiunterlagen der ehemaligen Wehrmachtauskunftstelle des OKW (WASt), die bislang als verschollen, wenn nicht gar vernichtet galten, aufzufinden; sie liegen – allem Anschein nach weitgehend komplett – im Zentralen Archiv des Verteidigungsministeriums der Russischen Föderation (ZAMO) in Podolsk nahe Moskau, zu einem geringen Teil in der Deutschen Dienststelle (DD) in Berlin, der Nachfolgerin der WASt. Zweck beider Einrichtungen ist allerdings ausschließlich die Auskunft an Angehörige, so daß derzeit ein systematischer, auf bestimmte Lager oder Sachverhalte abzielender Zugriff nicht möglich ist. Für Historiker sind die Bestände somit noch völlig unerschlossen, das Archiv in Podolsk war darüber hinaus bis vor kurzem unzugänglich.[62] Ihre Auswertung setzt freilich solide Kenntnisse des Kartei- und Registrierungswesens

---

[61] Aussage H. H., Mannschaftsdienstgrad in der Postüberwachung, Verf. Bad Sulza, Bl. 57. Es sei daran erinnert, daß viele Zeugen die Ausgesonderten undifferenziert als „Kommissare" und „Politruks" bezeichneten. Namen von Beschuldigten und Zeugen werden in dieser Arbeit aus Datenschutzgründen anonymisiert, soweit sie nicht in der bisher veröffentlichten Literatur genannt werden. Dazu werden hier auch die der Öffentlichkeit ohne weiteres zugänglichen Unterlagen der Nürnberger Prozesse gezählt.

[62] In Berlin liegen allerdings nur Splitterbestände. Die ca. 370 000 Karten umfassende, nach dem Krieg auf Grund von Gräberlisten usw. erstellte Kartei der sowjet. Kgf. in der DD enthält nur eine geringe Zahl an Original-Personalkarten, dazu noch etwa 15 000 Sterbefallnachweise, vorwiegend aus dem WK VI; diejenigen aus den Stalags VI A Hemer und 326 Senne und bezgl. des Landes Niedersachsen habe ich bereits erschlossen und den zuständigen Stellen (Stadtarchiv Hemer, Dokumentationsstätte Stalag 326 in Stukenbrock und Zentralnachweis bei der Niedersächsischen Landeszentrale für polit. Bildung in Hannover) zur Verfügung gestellt. Soweit überhaupt Material zu anderen Lagern vorliegt, ist es fragmentarisch und so verstreut, daß der Suchaufwand in keinem Verhältnis mehr zum Ergebnis steht. Die ebenfalls personenbezogenen Akten des Internationalen Suchdienstes in Arolsen sind Wissenschaftlern leider unzugänglich. Dem Vernehmen nach liegen dort wohl auch keine Unterlagen betr. Kgf.

der Wehrmacht voraus, eines Bereiches also, den die bisherige Forschung vernachlässigen zu können glaubte, da ihrer Meinung nach die sowjetischen Gefangenen aus ideologischen Gründen ohnehin nicht durchgängig registriert worden seien.[63]

Die verschiedenartigen Karteimittel – Personalkarten, Lazarettkarten und -bücher, Sterbefallnachweise und Zu- bzw. Abgangslisten, um nur einige zu nennen – dokumentieren jedoch die äußerst genaue Erfassung sämtlicher sowjetischer Gefangener zumindest innerhalb des Reichsgebietes von Anfang an.[64] Mit Hilfe der Personalkarten lassen sich schon heute ganze Gefangenentransporte rekonstruieren, Versetzungsmechanismen erkennen und Arbeitseinsätze an den unterschiedlichsten Orten beschreiben. Sie geben Auskunft über Herkunft und Familienverhältnisse der gefangenen Rotarmisten, über Fluchten, Bestrafungen oder Lazarettaufenthalte. Auch die Verstorbenen wurden genau registriert. Die Auffassung, ein großer Teil der sowjetischen Soldaten sei vor allem 1941/42 in den Lagern unbekannt verstorben, läßt sich nicht mehr aufrechterhalten; im Gegenteil, es ist jetzt möglich, ganze Namenslisten für Friedhöfe zu erstellen, die bis heute offiziell als Massengrabanlagen namenlos beigesetzter Kriegsgefangener ausgewiesen werden.[65]

Auch die Aussonderungen sind in Podolsk und Berlin dokumentiert. Karteikarten sind mit Stempeln „überwiesen an Gestapo" versehen, Erkennungsmarken-Verzeichnisse vermerken bei verschiedenen Männern lapidar „Einsatz-Kdo SS", und für das Stalag XIII A Sulzbach-Rosenberg liegen sogar Listen vor mit den Namen von Gefangenen, die die dortige Kommandantur im Herbst 1941 der Stapo Regensburg in dem sicheren Wissen übergab, daß die Betreffenden nur wenig später im KZ Flossenbürg ermordet würden. Der Arbeitseinsatz und das Sterben in den verschiedenen Konzentrationslagern lassen sich ebenfalls durch Eintragungen auf den Personalkarten umfassend nachweisen. Die WASt-Unter-

---

[63] Streit, Keine Kameraden, S. 22, schreibt dazu noch in der neuesten Auflage seines Buches (1997), aus der Tatsache, daß schon im Juli 1941 Gefangene registriert worden seien, dürfe man „nicht den Schluß ziehen, es seien alle Gefangenen und jeder Todesfall dokumentiert worden". Im Stalag Senne (Ebenda, Anm. 74 mit Bezug auf Hüser/Otto, Stalag 326, S. 53f. und S. 68) herrschten „chaotische" Verhältnisse jedoch nur bis in den Herbst 1941, und selbst das verhinderte keineswegs eine ordnungsgemäße Erfassung sämtlicher Gefangener. Die vielen Personalkarten aus diesem Stalag im ZAMO sowie Sterbefallnachweise in der DD belegen das eindeutig.
[64] Genauer dazu Kap. IV, S. 151–157 sowie Keller/Otto, Wehrmachtbürokratie. Bei der DD stammen die Akten aus dem Referat III, beim ZAMO aus der Abteilung 9 (Bestand 58 für Mannschaften und Unteroffiziere; Aktengruppen 2, 7 und 39) sowie der Abteilung 11 (für Offiziere). Wegen des ausschließlich personenbezogenen Zugriffs werden, soweit Personalunterlagen als Belege dienen, in den Anmerkungen neben der Herkunft nur die Namen, Vornamen und Vatersnamen (letztere nur bei ZAMO; zur Begründung s. u. S. 138) sowie die Erkennungsmarkennummern zitiert, es sei denn, es handelt sich um Sammellisten o. ä. Bei den Personalkarten (PK) handelt es sich vor allem um die PK I, in die alle wichtigen persönlichen und militärischen Daten eines Gefangenen eingetragen wurden, nur selten um die PK II (mit allen wirtschaftlichen Eintragungen aus der Zeit der Gefangenschaft).
[65] Der Bestand ermöglicht auch Aussagen darüber, wie viele Gefangene auf den verschiedenen sogenannten Russenfriedhöfen innerhalb des Reichsgebietes beigesetzt wurden; insofern könnte jetzt die unselige und politisch heikle Diskussion um die Zahl der Opfer eigentlich der Vergangenheit angehören. Vgl. dazu etwa Borgsen/Volland, Stalag X B Sandbostel, S. 240–253, für die Senne Hüser/Otto, Stalag 326, S. 183–190, und Schockenhoff, Wer hat schon damals genau gezählt?.

lagen präzisieren daher wesentlich die Erkenntnisse, die die zuvor genannten Quellen von den Aussonderungen vermitteln, zumal hier, wenngleich ungewollt, wenigstens mittelbar die Seite der Opfer ins Gesichtsfeld rückt.

Erste Studien in anderen seit dem Anfang der neunziger Jahre zugänglichen Archiven der ehemaligen Sowjetunion[66] haben demgegenüber bislang keine Funde erbracht, auf Grund derer eine Neubewertung bisheriger Erkenntnisse erfolgen müßte.[67]

Methodischer Zugriff

Die Darstellung ist in fünf Kapitel gegliedert. Zunächst sind die organisatorischen Voraussetzungen für die Aussonderungen sowohl auf seiten der Wehrmacht als auch des RSHA und seiner nachgeordneten Stellen zu klären. Dabei soll herausgearbeitet werden, daß von Anfang an eine von den herkömmlichen Normen abweichende Behandlung der sowjetischen Kriegsgefangenen geplant war, wobei zwei unterschiedliche Auffassungen – Vernichtung des ideologischen Gegners oder Ausnutzung seiner Arbeitskraft – miteinander konkurrierten. Schließlich sind als pseudojuristische Grundlage der Aussonderungen die Einsatzbefehle Nr. 8 und 9 als das von Wehrmachtführung und Reichssicherheitshauptamt gemeinsam erarbeitete Vernichtungskonzept zu analysieren.

Im Anschluß daran wird der „technische Ablauf" der Aussonderungen dargestellt, vorrangig die Aufstellung der Einsatzkommandos, die Vorgänge in den Lagern sowie der weitere Weg der betreffenden Gefangenen bis hin zu ihrer Ermordung in einem Konzentrationslager. Da der Einsatzbefehl Nr. 8 unter „Aussonderung" aber auch die Suche nach auf deutscher Seite verwendbaren Kollaborateuren verstand, ist zum Schluß nach dem weiteren Schicksal derart ausgesuchter sowjetischer Soldaten zu fragen.

Das folgende Kapitel macht an einigen Beispielen die Ereignisse in den Lagern selbst deutlich. Weil die Aussonderungen anfänglich nur für die speziell eingerichteten „Russenlager" vorgesehen und deswegen Einsatzkommandos dort fast ein Jahr lang stationiert waren, wird in einem ersten Unterkapitel deren Tätigkeit untersucht. Stalag 308 (VIII E) Neuhammer, Stalag 312 (XX C) Thorn und das Oflag 62 (XIII D) Hammelburg werden als Beispiele gewählt, weil in diesen Fällen die Quellensituation vergleichsweise gut ist und für Neuhammer und Hammelburg zudem die Überstellung der Ausgesonderten in die Konzentrationslager Groß-Rosen bzw. Auschwitz und Dachau sowie ihre dortige Liquidierung bezeugt ist. Hammelburg war darüber hinaus das einzige Lager für kriegs-

---

[66] Siehe Aly/Heim, Das zentrale Staatsarchiv in Moskau; Zarusky, Bemerkungen zur russischen Archivsituation.

[67] So etwa die Ansicht von Schockenhoff, Neue Quellen zur Geschichte des Stalag 326 (VI K) Senne im Moskauer Staatsarchiv. Seine Funde vertiefen ohne Zweifel das Detailwissen zum Stalag Senne, ändern jedoch nicht das von Hüser/Otto in der Dokumentation zum Stalag 326 entworfene Gesamtbild. Das gilt auch für die Aussonderungen. Im Moskauer Staatsarchiv (GARF) liegt im Bestand 7021 umfangreicheres Material vor allem aus den Stalags 318 Lamsdorf (Findbuch 102) und 326 Senne (Findbuch 105).

gefangene sowjetische Offiziere, eine Gruppe, die auf Grund ihrer Führungsposition in weltanschaulicher Hinsicht als besonders gefährlich galt. Gerade von diesen sind zudem in Podolsk viele Personalkarten erhalten, auf denen die Abgabe an die Stapostelle Nürnberg-Fürth vermerkt ist. Thorn schließlich stellt insofern einen Sonderfall dar, als hier allem Anschein nach die Rotarmisten nicht in ein KZ überstellt, sondern in der Nähe des Stalags exekutiert wurden.

Entgegen der ursprünglichen Absicht gelangten sowjetische Gefangene jedoch ab Ende Juli 1941 über die speziellen Russenlager hinaus in sämtliche Kriegsgefangenenlager im Reichsgebiet. Bevor an Hand der Stalags XI A Altengrabow und XII A Limburg a. d. Lahn eine Darstellung von Routineüberprüfungen derartiger Kriegsgefangenenlager erfolgt, wird nach den Gründen für diese Veränderungen und den Folgen für die Aussonderungspraxis gefragt. Im Zentrum der Ausführungen steht der WK XIII Nürnberg, in dem zum ersten Male sowjetische Kriegsgefangene im zivilen Sektor zur Arbeit eingesetzt wurden. Um den neuen Anforderungen gerecht zu werden, sah sich das RSHA gezwungen, zunächst den Stapostellen Nürnberg und Regensburg und wenig später auf Grund der dort gemachten Erfahrungen allen übrigen Stapostellen trotz personeller Engpässe die Aufstellung mobiler Einsatzkommandos zu befehlen und diese überall, wo inzwischen Rotarmisten eingetroffen waren, zu deren Überprüfung einzusetzen. Für die Stapo Regensburg läßt sich der Weg eines solchen mobilen Einsatzkommandos noch nachzeichnen; er soll deswegen hier ausführlich dokumentiert werden. Wegen der Fülle an Details kann hier außerdem beispielhaft die Frage nach der Glaubwürdigkeit von Nachkriegsaussagen ehemaliger Stapoangehöriger überprüft werden. Nach Klärung der Fakten schließt dieses Kapitel mit einer Übersicht über die Aussonderungen in den Kriegsgefangenenlagern und Arbeitskommandos innerhalb des Reichsgebietes.

Im Kapitel IV schließlich ist die Bedeutung der Aussonderungen im Konfliktfeld von wirtschaftlichen Zwängen, traditionellem militärischem Selbstverständnis und ideologischen Prämissen zu analysieren und zu werten. Dabei ist zunächst zu klären, welche Rolle die Wehrmacht im allgemeinen und das OKW im besonderen bei den Vorgängen gespielt haben. Da das Militär die alleinige Verantwortung für die sowjetischen Kriegsgefangenen besaß, geriet es in zweifacher Hinsicht in ein Dilemma. Sosehr einerseits das OKW die Vernichtung des Gegners aus weltanschaulichen Gründen bejahte, so mußte es doch andererseits alles dafür tun, die Kriegswirtschaft in Gang zu halten und dafür Arbeitskräfte bereitzustellen. Dadurch stand es, als ein Gefangenen-Arbeitseinsatz unausweichlich wurde, zusammen mit dem RSHA vor dem letztlich unlösbaren Problem, Arbeitseinsatz und Aussonderungen miteinander in Einklang bringen zu müssen.

In diesem Zusammenhang ist dann die Frage nach den Handlungsspielräumen der beteiligten Wehrmachtsoffiziere zu stellen, denn weder OKW noch RSHA konnten im Frühsommer 1941 sicher sein, daß diese bereit waren, die aller militärischen Tradition widersprechenden Aussonderungen mitzutragen und damit die partielle Verantwortung für die Liquidierung der sowjetischen Kriegsgefangenen zu übernehmen. Am Beispiel der Wehrkreise VII München und XIII

Nürnberg sollen verschiedene Reaktionsmöglichkeiten aufgezeigt werden. Während die Offiziere in Nürnberg auf strikte Befehlserfüllung bedacht waren und so die Aussonderungen förderten, leisteten die Verantwortlichen in München derart entschiedenen Widerstand, daß daraus sehr schnell ein grundsätzlicher Konflikt zwischen Wehrmacht und SS erwuchs, bei dem die Aussonderungen der letzteren als Vehikel dienten, ihre ideologischen und machtpolitischen Interessen gegenüber dem Militär durchzusetzen. Deswegen ist abschließend zu untersuchen, ob OKW und RSHA nach einer gewissen Zeit nicht doch bereit waren, ihre weltanschaulichen Ziele zugunsten pragmatischer Überlegungen aufzugeben.

Der Zeitraum der Untersuchung beginnt mit den Planungen für den Weltanschauungskrieg gegen die Sowjetunion, und ihr Ende läßt sich mit dem 31. Juli 1942 sehr genau datieren. Mit diesem Tag nämlich zog der Chef der Sicherheitspolizei und des SD seine Einsatzkommandos aus den Kriegsgefangenenlagern ab und stellte damit formal die Aussonderungen ein. Ein Ausblick über dieses Datum hinaus ist gleichwohl unerläßlich, da die Einsatzbefehle Nr. 8 und 9 weiterhin ihre Geltung behielten und deswegen die Stapo nach wie vor und mit Billigung des OKW Zugriffsmöglichkeiten auf die sowjetischen Kriegsgefangenen besaß.

Räumlich wird die Studie auf das Deutsche Reich in den Grenzen von 1941 beschränkt, jedoch ohne den Wehrkreis I Königsberg. Diesem hatte das OKW zusammen mit dem Generalgouvernement in organisatorischer Hinsicht im Kriegsgefangenenwesen des Jahres 1941 eine Sonderrolle zugewiesen, die es rechtfertigt, ihn außerhalb der Betrachtung zu lassen.[68] Die geographische Eingrenzung ist weiterhin vorgegeben durch die Verteiler des Einsatzbefehls Nr. 9 vom 21. Juli bzw. von dessen Ergänzung vom 27. August 1941; Einsatzbefehl und Ergänzung gingen allen Stapostellen im Reich zu und schufen somit überall dieselben formalen Voraussetzungen für die Aussonderungen.[69]

---

[68] Das wird vor allem im ersten grundlegenden Befehl zum Kriegsgefangenenwesen im Fall Barbarossa vom 16.6.1941 deutlich, dessen Verteiler nur die Kdre Kgf. im WK I und im Generalgouvernement aufführt (BA/MA, RW 4/v. 578, Bl. 91–98). Auch der Einsatzbefehl Nr. 8 vom 17.7.1941 (IfZ, Nürnbg. Dok. NO 3414) richtete sich, abgesehen von der Stapoleitstelle Stettin, nur an Stapostellen im WK I und im Generalgouvernement. Vgl. dazu zudem das dem Einsatzbefehl beigefügte Verzeichnis bereits eingerichteter Lager im WK I und im Generalgouvernement.
[69] IfZ, Nürnbg. Dok. NO 3448. Das Protektorat Böhmen und Mähren bleibt allerdings außerhalb der Untersuchung, da es formaljuristisch nicht zum Deutschen Reich gehörte und von der Wehrkreiseinteilung nicht erfaßt wurde.

I. Organisatorische Voraussetzungen

Das Kriegsgefangenenwesen im Frühjahr 1941[1]

Führungsebene und Wehrkreise

Von der Gefangennahme bis zur Entlassung aus der Gefangenschaft unterstanden alle Kriegsgefangenen der Deutschen Wehrmacht.[2] Ministerielle Zentralinstanz der Kriegsgefangenen-Organisation war innerhalb des Oberkommandos der Wehrmacht (OKW) das Allgemeine Wehrmachtsamt (OKW/AWA) unter General Hermann Reinecke (1888–1973), das den ihm unterstehenden Stellen die fachlichen Weisungen erteilte.[3] Im AWA wiederum bearbeitete die Abteilung Kriegsgefangene (OKW/AWA/Kgf.) unter Oberstleutnant Breyer (1889–1945) die die Gefangenen betreffenden Angelegenheiten.

Neben dem AWA befaßten sich im OKW noch weitere Abteilungen mit Kriegsgefangenenfragen:
– der Wehrmachtsführungsstab/Abt. Landesverteidigung (WFSt/L) äußerte sich zu vielen Fragen hinsichtlich der Behandlung von Kriegsgefangenen;
– das Amt Ausland/Abwehr (AAA) war u. a. zuständig für völkerrechtliche Fragen und für die Postüberwachung;[4]
– das Wehrwirtschafts- und Rüstungsamt (WiRüAmt) beschäftigte sich mit Angelegenheiten des Arbeitseinsatzes;[5]
– der Wehrmachtauskunftstelle (WASt) oblag die Registrierung der Gefangenen und die Feststellung von Todesfällen.[6]

Auf der territorialen Ebene war das Deutsche Reich 1941 in insgesamt 17 mit römischen Ziffern gekennzeichnete Wehrkreise (WK) unterteilt. Während das Generalkommando des von einem Wehrkreis gestellten Armeekorps an der Front stand, blieb das Stellvertretende Generalkommando, auch als Wehrkreis-

---

[1] Die Organisation des Kriegsgefangenenwesens ist bereits mehrfach dargestellt worden. Vgl. Streit, Keine Kameraden, S. 67–72; Streim, Behandlung, S. 5–16; Hüser/Otto, Stalag 326, S. 15–19.
[2] Mit Wirkung vom 1.10.1944 übertrug Hitler dem RFSS Heinrich Himmler die Verantwortung für die Kriegsgefangenen im OKW-Bereich. Dazu Streit, Keine Kameraden, S. 289–292, und Streim, Behandlung, S. 16–22.
[3] Zu Reinecke und seiner vorbehaltlosen Bejahung des Nationalsozialismus s. Streit, Keine Kameraden, S. 68. Biographische Daten bei Streim, Behandlung, S. 7f.
[4] Eindringlichstes Zeugnis dafür sind die grundsätzlichen Bedenken des AAA vom 15.9.1941 gegen den Befehl des OKW vom 8.9. betr. Behandlung der sowjet. Kgf. StA N, Nürnbg. Dok. 338-EC. Vgl. auch die Monatsübersichten des AAA betr. Kgf.-Post (Mitte 1942 bis Mitte 1943), BA/MA, RH 49/112.
[5] Thomas, Geschichte der deutschen Wehr- und Rüstungswirtschaft (1918–1943/45). Organisationsschema mit dem Stand 15.7.1941 hinter S. 258.
[6] Zur bislang umstrittenen Frage der Registrierung der Sowjets s. u. Kap. IV.

kommando (WKKdo) bezeichnet, im Wehrkreis zurück und nahm dort die Geschäfte des Befehlshabers im Wehrkreis wahr.[7]

Bei den einzelnen Wehrkreiskommandos waren als Sachbearbeiter für Kriegsgefangenenfragen die Kommandeure der Kriegsgefangenen im Wehrkreis (Kdre Kgf.) eingesetzt, die dem Kommandierenden General unmittelbar unterstanden. Sie waren Vorgesetzte sowohl der Kriegsgefangenenlager als auch der zu deren Bewachung eingesetzten Landesschützenverbände.[8] Für den technischen Aufbau und die Einrichtung der Lager dagegen zeichnete die Wehrkreisverwaltung verantwortlich, ebenso für die Unterkünfte der einzelnen Arbeitskommandos, soweit sie nicht der Unternehmer stellte. Das Wehrkreiskommando konnte alle Planstellen im Kriegsgefangenenwesen nach eigenem Ermessen besetzen bis auf die der Lagerkommandanten und ihrer Stellvertreter, deren Ernennung sich das OKW vorbehielt.[9] Bei diesen handelte es sich zumeist um ältere, nicht mehr frontverwendungsfähige Offiziere, die in mehrwöchigen Lehrgängen im Stalag II D Stargard/Pommern auf ihre Aufgabe vorbereitet wurden.[10]

Die Kriegsgefangenenlager

Anfang 1939 regelte das OKW mit zwei Vorschriften, der „H.Dv. 38/5 Dienstanweisung für den Kommandanten eines Kriegsgefangenen-Mannschaftsstammlagers" sowie der „H.Dv. 38/12 Dienstanweisung über Raumbedarf, Bau und Einrichtung eines Kriegsgefangenenlagers"[11], grundsätzlich den Bau und die Arbeit eines Kriegsgefangenenlagers. Letztere legte als oberste Voraussetzung eine einfache Versorgung des Lagers mit gutem Wasser fest. Weitere Anforderungen waren eine zwar abseitige, aber doch verkehrsgünstige Lage, Versorgung mit elektrischem Strom sowie eine hygienisch einwandfreie Beseitigung des Abwassers. Es sollte sich um regelmäßig begrenzte, übersichtliche und geschützte Grundstücke auf landwirtschaftlich minderwertigen Böden handeln.

Ein Lager bestand nach dieser Vorschrift aus mehreren Teilen. An der Einfahrt befanden sich Wach- und Geschäftszimmerbaracken. Das eigentliche Kriegsgefangenenlager begann mit dem Vorlager mit den sogenannten Funktionsbaracken für Aufnahme, Brennstoff, Krankenversorgung, Handwerker und Desin-

---

[7] Zur Lage der Wehrkreise vgl. die Karte auf S. 40f. Gründe für das Fehlen der WK XIV bis XVI und XIX lassen sich nicht ermitteln. Friedrich, Gesetz des Krieges, schreibt fälschlicherweise, das Heimatheer habe sich auf 21 Wehrkreise verteilt (S. 371).

[8] Der vorgeschriebene Dienstweg lautete: OKW – WKKdo (Kdr Kgf.) – Kriegsgefangenenlager. So angegeben in den „Notizen über Richtlinien pp. zum Abkommen von 1929 vom 4.10.1942". BA/MA, RW 6/v. 487. Zur Unterteilung der Dienststelle vgl. eine Übersicht aus dem Jahr 1941 im Verf. Senne, Bd. II, Bl. 108.

[9] Nahezu alle Ermittlungsverfahren enthalten z.T. umfassende Aussagen hinsichtlich der Organisation der Dienststelle Kdr Kgf., ebenfalls die Unterlagen des Nürnberger OKW-Prozesses.

[10] Die Personalstärke des Kdr Kgf. im WK ist – allerdings nur für den 1.9.1942 – bei Keilig, Das deutsche Heer, S. 44–16 überliefert. Laut Kriegsstärkenachweisung (KStN) 7800 bestand die Dienststelle bei bis zu 150000 Kgf. im Wehrkreis aus 7 Offizieren, 3 Unteroffizieren und 6 Mannschaften.

[11] IfZ, Da 34.12 (H.Dv. 38/5) und BA/MA, RHD 4, 138/12 (H.Dv. 38/12; H.Dv. = Heeresdienstvorschrift).

fektion. Daran schloß sich das Hauptlager für 10 000 Gefangene an, eingeteilt in 10 Gruppen von je 4 Mannschaftsunterkünften für je 250 Mann nebst Abortbaracke, wobei jede Gruppe mit Stacheldraht von der benachbarten abgetrennt war. Ungefähr in der Mitte sollten zwei Küchen- und eine Verkaufsbaracke liegen. Der Aufbau der Baracken war bis in alle Einzelheiten geregelt; für jeden Gefangenen veranschlagte die Planung 2,5, für jeden Wachmann 3 qm. Ein doppelter Stacheldrahtzaun umgab das gesamte Areal.

Für die Errichtung eines Lagers war ein genauer Zeitplan vorgeschrieben. Am 20. Tag nach Beginn der Maßnahmen mußten die Unterkünfte für Kommandantur und Wachmannschaften in baulicher Hinsicht genauso weit gediehen sein wie diejenigen für die Gefangenen. Nach 90 Tagen sollten bewohnte Baracken, Licht-, Be- und Entwässerungsanlagen sowie die Straßen vollständig fertiggestellt sein, nach 120 Tagen alle übrigen Baracken. Für neue, während eines Krieges zu planende Lager galten dieselben Grundsätze.

Die „Dienstanweisung für den Kommandanten eines Kriegsgefangenen-Mannschaftsstammlagers" schränkte die Vorschrift über den Raumbedarf in gewissem Maße ein. Sie bestimmte u. a.: „Der Kdt. übernimmt das Lager in noch unfertigem Zustand. Da die Kr. Gef. je nach den Kampfhandlungen stoßweise eingeliefert zu werden pflegen, ist es notwendig, das Lager vom 1. Tag ab sofort auf seine volle Aufnahmefähigkeit vorzubereiten. Erste Vorbedingung hierfür ist die Einfriedung des Lagers durch den vorgeschriebenen Drahtzaun.

Dauerbaracken in notwendigem Umfang können nicht sofort errichtet werden. Die Kr. Gef. müssen daher zunächst in Zelten oder in behelfsmäßigen Hütten untergebracht werden. Unter Leitung von Baufachleuten und unter Heranziehung der Kr. Gef. selbst entstehen dann die Normalbaracken."

Im übrigen legte diese Dienstanweisung den täglichen Ablauf des Lagerbetriebes und die Befugnisse sowohl der Gefangenen als auch der Wehrmacht fest.[12]

In den Mobilmachungs-Anordnungen für 1939/40 bestimmte dann das Oberkommando des Heeres (OKH) mit den Wehrkreisen I-IV, X und XI erstmals einen konkreten geographischen Raum für die Aufnahme von Kriegsgefangenen, schloß gleichzeitig aber Truppenlager und Übungsplätze als Standorte für Kriegsgefangenenlager ausdrücklich aus und hielt selbst deren Randgelände nur dann für geeignet, wenn die übende Truppe nicht beeinträchtigt wurde und die Gefangenen keinen Einblick in militärische Einrichtungen erhielten.[13]

Die Realität sah im September 1939 freilich etwas anders aus, wie im Folgenden am Beispiel von Stalag VII A Moosburg a. d. Isar gezeigt werden soll.[14] Mitte September 1939 erhielt das Stellvertretende Generalkommando in München einen Anruf vom OKW, es solle, möglichst in der Nähe von Landshut, ein Kriegsgefangenenlager einrichten, wobei die genaue Festlegung des Ortes dem

---

[12] H.Dv. 38/5, S. 16f.
[13] BA/MA, RH 53-7/v.724, Bl. 7-11.
[14] Vorgang im BA/MA, RH 53-7/v. 724, Bl. 5-14. Die Bezeichnung eines Stalags setzte sich zusammen aus der römischen Ziffer des Wehrkreises und einem Großbuchstaben. In der Regel wurde das zuerst eingerichtete Lager mit A gekennzeichnet.

Wehrkreis überlassen blieb.[15] Von diesem Auftrag erhielten verschiedene Stellen innerhalb des Generalkommandos und in der Wehrkreisverwaltung schriftlich Kenntnis; gleichzeitig bildete das Generalkommando ein neues Referat „Kriegsgefangene", ein Zeichen dafür, daß der Wehrkreis VII ursprünglich nicht für die Unterbringung von Kriegsgefangenen vorgesehen war. In seinem Schreiben wies der Chef des Generalstabes in München auf die einschlägigen Bestimmungen hin, die bei der Errichtung eines Kriegsgefangenenlagers zu berücksichtigen waren.[16]

Nur eine Woche später, am 21. September, forderte das OKW die Wehrkreise auf, sämtliche Lager beschleunigt zu voller Belegungsfähigkeit auszubauen und dabei auch geeignete öffentliche und private Gebäude „rücksichtslos" auszunutzen. Eine „vorübergehende engste Belegung" mit Kriegsgefangenen müsse in Kauf genommen werden. Am folgenden Tag bestimmte das Wehrkreiskommando VII in München Moosburg a. d. Isar als Standort für das zukünftige Kriegsgefangenenlager. Eine Fabrik und eine Mühle sollten bis zum „endgültigen Lagerausbau mit Holzbaracken" als Notunterkünfte dienen,[17] obwohl das Gelände ungeeignet war und in keiner Weise den Vorschriften entsprach, wie der zukünftige Kommandant, Oberst Nepf, am 22. September bei seinem ersten Besuch in Moosburg sofort erkannte: „Isarabwärts eine sumpfige Auenlandschaft, stadteinwärts eine Kunstdüngerfabrik und eine Molkerei, ein Wohnhaus und einige Schuppen. Landschaftlich und hygienisch war die Platzwahl zur Errichtung eines Lagers kaum zu befürworten."[18] Darüber hinaus sollte unverzüglich eine neue Einheit „Kommandant Kriegsgefangenen-Mannschafts-Stammlager" aufgestellt[19] werden.

Am selben Tag liefen auch die Bemühungen um die Ausstattung des zukünftigen Stalags an, darunter die Anforderung von 100 km Stacheldraht und 70 Zelten zu 420 qm für je 150 Mann.[20] Als besonders wichtig erachtete der Wehrkreis den Aufbau von Entlausungsanlagen, denn das OKW hatte nicht entseuchte Gefangene in schlechter Kleidung angekündigt. Drei Tage später erging schließlich

---

[15] Für die Wahl des Ortes waren vor allem Aspekte des Arbeitseinsatzes ausschlaggebend. Vgl. dazu das Beispiel des WK VI Münster mit den Stalags VI A Hemer, VI D Dortmund und VI F Bocholt rund um das Ruhrgebiet, VI G Bonn und VI J Krefeld für die Landwirtschaft am Niederrhein (VI J zusätzlich für die Ruhr) sowie VI B Neu Versen und VI C Bathorn für die Emsland-Moore.
[16] Es waren dies die H.Dv. 38/4 Dienstanweisung für den Kdten eines Dulags, die oben genannten H.Dv. 38/5 und H.Dv. 38/12 sowie H.Dv. 38/2 mit der Genfer Konvention von 1929. Als Anlage lag dem Schreiben ein Auszug aus den oben genannten Mobilmachungs-Anordnungen bei.
[17] BA/MA, RH 53-7/v. 724, Bl. 12 und 13.
[18] Stalag VII A 1939–1945, S. 8.
[19] Aufstellung bedeutet die Zusammenstellung des Personalstammes für ein zukünftiges Stalag. Sie wurde mit der sog. Aufstellungsverfügung oder dem Aufstellungsbefehl abgeschlossen, der in einem Organisationsbefehl allgemein bekanntgegeben wurde. Die militärische Einheit hatte dann die Bezeichnung „Stalag XY", letztere wurde auf das gesamte Lager übertragen, so daß der Begriff „Stalag" zweierlei Bedeutung besitzt. In der in Anm. 17 zitierten Akte BA/MA, RH 53-7/v. 724 ist in Bl. 71–73 sehr gut die Aufstellung von Stalag VII B Memmingen im Mai und Juni 1940 dokumentiert.
[20] Siehe die Aussage K. D., Feldwebel im Stalag VII A, der die Aufgabe hatte, für das zu erstellende Stalag das Mobiliar zu beschaffen. Verf. Hammerstein, Bl. 281. Zur Beschaffung von Stacheldraht für die Stalags VI A, B, C und D vgl. StA OS, Rep. 675 Meppen, Nr. 1061.

der offizielle Aufstellungsbefehl von seiten des OKW.[21] Die ersten 1 100 polnischen Kriegsgefangenen kamen am Abend des 19. Oktober 1939 an. In der ersten Nacht konnten jedoch nur 500 von ihnen in der gedeckten Fabrikhalle untergebracht werden, die anderen standen in strömendem Regen im Freien, da noch nicht genügend Unterbringungsmöglichkeiten vorhanden waren.[22]

Gut einen Monat später, am 30. November, teilte das Wehrkreiskommando VII u. a. dem Stalag VII A neue Richtlinien des Führers für die Behandlung und Unterbringung der Kriegsgefangenen mit. In ihnen heißt es unter 1.): „Die Unterbringung hat in erster Linie unter dem Gesichtspunkt der Sicherheit und erst in zweiter Linie unter dem der Unterkunft zu erfolgen." Auf die Einhaltung der Richtlinien im Zusammenhang mit der Genfer Konvention wies das Wehrkreiskommando ausdrücklich hin.[23]

Damit wird deutlich, daß sich im September 1939 die Verhältnisse im Kriegsgefangenenwesen anders entwickelten, als es die zu Friedenszeiten verfaßten Dienstvorschriften eigentlich vorsahen. Die deutsche Führung hatte in der Auseinandersetzung mit Polen nur eine bestimmte Anzahl Kriegsgefangener eingeplant und für deren Unterbringung den Norden und Nordosten des Deutschen Reiches bestimmt. Als wegen der übergroßen Anzahl von Gefangenen die vorhandenen Lager nicht mehr ausreichten, mußten in aller Eile neue Unterbringungsmöglichkeiten an bisher nicht dafür vorgesehenen Orten und in anderen Wehrkreisen geschaffen werden, wobei selbst Truppenübungsplätze nicht ausgespart blieben.[24] Deshalb trafen die Polen in Moosburg und, wie man auf Grund der allgemeinen Formulierung des OKW vermuten darf, an anderen Orten noch kein den Vorschriften entsprechendes Lager an und waren somit für einige Zeit auf Notunterkünfte angewiesen. Diese Notlösungen ließen sich dann nachträglich, wie die Richtlinien vom November zeigen, unter dem Aspekt der Sicherheit rechtfertigen.[25]

Infolge dieser Planungsmängel bildeten die Kriegsgefangenenlager der Jahre 1939/40 in baulicher Hinsicht ein Konglomerat aus bestehenden Gebäuden wie Kasernen, Fabrik- oder Sporthallen und neu errichteten Einheitsbaracken.[26] Le-

---

[21] Mattiello/Vogt, Deutsche Kriegsgefangenen- und Internierteneinrichtungen, Bd. I, S. 19.
[22] Stalag VII A 1939–1945, S. 8. Moosburg war kein Einzelfall. Vgl. die Aussagen polnischer Gefangener zu den Verhältnissen in Stalag II D Stargard/Pommern. Danach wurden die Polen bis in das Jahr 1940 hinein in Zelten für 300 Mann untergebracht und mußten ohne Stroh und Decken auf der nackten Erde schlafen. Verf. Stargard, Bl. 165–191. Ähnliches gilt für die meisten anderen Lager, so Stalag VI A Hemer (Stopsack/Thomas, Stalag VI A, S. 41) oder Stalag X B Sandbostel (Borgsen/Volland, Sandbostel, S. 26–29).
[23] Vfg. des OKW vom 22.11.1939; BA/MA, RH 53-7/v. 724, Bl. 63f. Ergänzung am 25.11.1939.
[24] Nach den Angaben von Mattiello/Vogt, Deutsche Kriegsgefangeneneinrichtungen, Bd. I, wurden die meisten Stalags gegen Ende September 1939 aufgestellt. Auf Truppenübungsplätzen wurden z. B. im WK XI Hannover die Stalags XI A Altengrabow und XI B Fallingbostel eingerichtet.
[25] Wegen des sofortigen Arbeitseinsatzes blieben die Polen auch nur kurze Zeit im eigentlichen Stalag. Im Schreiben des WK VII vom 22.9.1939 heißt es dazu u. a. unter 9): „Sämtliche Maßnahmen sind mit möglichster Beschleunigung durchzuführen, um den Einsatz der Kriegsgefangenen noch für die Einbringung der Kartoffel- und Rübenernte zu gewährleisten". BA/MA, RH 53-7/v. 724, Bl. 14.
[26] Stalag VI A Hemer etwa befand sich in ehemaligen Kasernen, VI D in der Dortmunder Westfalenhalle.

diglich wenn die Gefangenen in zuvor geräumte RAD- oder SA-Lager einzogen,[27] entsprachen die Gegebenheiten von Anfang an weitgehend den Vorgaben der Dienstvorschrift, bei den anderen dauerte es bis dahin unter Umständen einige Monate.

Organisatorisch war ein Stalag gemäß H.Dv. 38/5 in die sechs Gruppen Kommandant, Arbeitseinsatz, Sanitätsoffizier, Abwehr und Postüberwachung, Verwaltung und Fahrbereitschaft gegliedert. Für unseren Zusammenhang sind zwei dieser Gruppen von Bedeutung. Der Gruppe Kommandant gehörte zum einen der Gerichtsoffizier an, in dessen Zuständigkeit Verbrechen und Vergehen der Kriegsgefangenen fielen und der deswegen in engem Kontakt mit den jeweiligen Stapostellen stand, zum anderen der Lagerführer, der für die eigentliche Führung der Gefangenen verantwortlich war. Ihm oblag u. a. der Einsatz eines Wehrmacht-Propaganda-Beauftragten, der die Gefangenen propagandistisch zu betreuen hatte und sie für einen Einsatz auf deutscher Seite oder als Spitzel gewinnen sollte. Beide, Gerichtsoffizier wie Lagerführer, waren auf eine enge Zusammenarbeit mit der Gruppe Abwehr und Postüberwachung angewiesen. Der Abwehroffizier (AO) eines Stalags besaß insofern eine Sonderstellung, als er zwar disziplinarisch dem Lagerkommandanten unterstand, in Abwehrfragen aber seine Weisungen direkt von der Abwehrstelle des Wehrkreises erhielt. Sein Aufgabenbereich umfaßte vor allem die Lagersicherung, die Postüberwachung, die abwehrmäßige Kontrolle der Arbeitskommandos und die Schulung des Personals in Sicherheitsfragen, so daß er wie der Gerichtsoffizier enge Verbindung zur Gestapo hielt.[28]

Für die gesamte Einheit Stalag legte die Kriegsstärkenachweisung Nr. 7805 vom 1. September 1938 bei einer Belegung des Lagers mit 10 000 Kriegsgefangenen eine Personalstärke von 98 Soldaten – 14 Offizieren, 23 Unteroffizieren und 61 Mannschaften – sowie 33 Militärbeamten und -angestellten fest.[29] Die Bewachung der Gefangenen oblag den vom Wehrkreis gestellten Landesschützenbataillonen, zu denen oft, ähnlich wie bei den Stalag-Einheiten, nur ältere oder bedingt verwendungsfähige Männer herangezogen wurden.[30]

Planung und Organisation des Kriegsgefangenenwesens bewegten sich im traditionellen Rahmen; gegenüber dem 1. Weltkrieg gab es keine nennenswerten Unterschiede.[31] Nach wie vor waren die die Kriegsgefangenen betreffenden Angelegenheiten ausschließlich Sache des Militärs, und auch die Vorschriften für die Behandlung der gefangenen gegnerischen Soldaten hatten sich nicht grundlegend

---

[27] So die Stalags VI F Bocholt oder XI B Fallingbostel. Ein Beispiel für ein neu eingerichtetes Lager ist Stalag IV B Mühlberg. Siehe Kilian, Einzuweisen zur völligen Isolierung, S. 39–42.
[28] Siehe auch das Merkblatt für den AO in Kgf.lagern vom Sept. 1938. BAK, R 58/272, Bl. 2–6. Dienstanweisung für den AO in den Kriegsgefangenen- und Interniertenlagern der Wehrmacht war die H.Dv. 38/10.
[29] BA/MA, RHD 11.
[30] Ein Landesschützenbataillon bestand (Anfang 1942) aus drei Landesschützenkompanien zu je 4 Offizieren, 19 Unteroffizieren und 129 Mannschaften, dazu einer Stabskompanie. KStN Nr. 4021, ebenda.
[31] Vgl. Doegen, Kriegsgefangene Völker, Bd. I.

verändert, denn die Genfer Konvention von 1929 war lediglich eine Weiterentwicklung der Haager Landkriegsordnung von 1907.[32] Danach waren alle deutschen Soldaten verpflichtet, die Gefangenen vor Gewalt zu schützen und ihnen mit Menschlichkeit zu begegnen (Genfer Konvention Art. 2), ihrer Person die erforderliche Achtung und Ehre entgegenzubringen (Art. 3) und für ihren Unterhalt zu sorgen (Art. 4). Die Unterbringung mußte in hygienisch einwandfreien festen Häusern oder Baracken erfolgen, für ausreichende Verpflegung gesorgt sein (Art. 10 und 11). Kriegsgefangene Mannschaften konnten in einem genau definierten Rahmen zur Arbeit eingesetzt werden (Art. 27–34). Disziplinarisch unterlagen alle Gefangenen dem deutschen Militärstrafrecht, wobei sie nicht mit anderen Strafen als den in vergleichbaren Fällen für deutsche Soldaten vorgesehenen belegt werden durften (Art. 45–67). Schließlich war das Kriegsgefangenenlager auch dazu verpflichtet, den brieflichen Kontakt zu den Angehörigen zu ermöglichen (Art. 35–41).

Die Planung und Errichtung besonderer „Russenlager"

Die „Russenlager" als strukturelles Element des Vernichtungskrieges

Trotz des Nichtangriffspakts vom August 1939 befahl Hitler im Sommer 1940 der Wehrmachtführung, mit den Planungen für einen Krieg gegen die Sowjetunion zu beginnen, einen Krieg, den er in Unterschätzung des sowjetischen Wirtschaftspotentials und des Widerstandswillens der Bevölkerung als Blitzkrieg führen und gewinnen zu können glaubte. Im Gegensatz zu den bisherigen Feldzügen in Polen, Skandinavien und im Westen war freilich die Auseinandersetzung mit der Sowjetunion von Anfang an als Weltanschauungskrieg gedacht, in dem es den Bolschewismus als Todfeind des Nationalsozialismus zu vernichten galt.

Die Überlegungen hinsichtlich der zu erwartenden Kriegsgefangenen bewegten sich zunächst im konventionellen Rahmen, dessen Normen durch die Genfer Konvention vorgegeben waren. Einen ersten Hinweis darauf, daß deren Bedingungen für die sowjetischen Gefangenen als der Verkörperung der feindlichen Weltanschauung nicht mehr unbedingt gelten mußten, liefert indes ein Befehl des Reichsführers SS Heinrich Himmler, der am 1. März 1941 für das KZ Auschwitz die Errichtung eines Lagers für 100 000 Kriegsgefangene anordnete.[33] Diese wären damit allerdings wenigstens in Teilbereichen der Verfügungsgewalt der Wehrmacht entzogen worden; ohne Abstimmung mit dem OKW war daher ein solcher Befehl undenkbar.

---

[32] Abkommen, betreffend die Gesetze und Gebräuche des Landkrieges vom 18.10.1907; RGBl. 1910, S. 107ff.
[33] Czech, Kalendarium, S. 79; Streit, Keine Kameraden, S. 218f. Für Flossenbürg bestand schon im Februar 1941 der Plan, zur Ausweitung der Steinbrüche ein Lager für sowjetische Gefangene einzurichten. Siegert, Das KL Flossenbürg, S. 448. Auf eine Äußerung Görings gegenüber General Thomas vom WiRüAmt betr. Vernichtung der „bolschewistischen Führer" vom 26.2.1941 weist Streit, Keine Kameraden, S. 28 hin.

In der zweiten Hälfte des März 1941 verfügte das OKW die Aufstellung von insgesamt 60 Kriegsgefangenenlagern, deren Einsatzbereitschaft bis spätestens Ende April gewährleistet sein sollte.[34] Abgesehen von den Wehrkreisen XVII Wien, XX Danzig und XXI Posen hatte jeder Wehrkreis durchschnittlich ebenso viele Lager neu aufzustellen, wie bisher in ihm vorhanden waren; für den WK VI Münster z. B. bedeutete das die Schaffung acht neuer Stalags. Die 60 Lager wurden in eine sog. 1. und 2. Welle unterteilt, von denen die 1. Welle etwa drei Wochen nach der Aufstellungsverfügung einsatzbereit sein mußte, der Zeitpunkt für die 2. Welle dagegen wegen des großen Personal- und Materialbedarfs noch offenblieb. Dabei erhielten die für den Einsatz in der Sowjetunion vorgesehenen Einheiten im Gegensatz zu den Stalags im Deutschen Reich eine Bezeichnung mit arabischen Zahlen aus der 300er Reihe, die Lager der 1. Welle von 301 bis 330, die der 2. Welle von 331 bis 360.[35]

Welche organisatorischen und personellen Probleme diese Planung für das Kriegsgefangenenwesen nach sich zog, zeigt das Beispiel des Wehrkreises VII. Anfang April 1941 befahl das Wehrkreiskommando in München den Stalags VII A Moosburg und VII B Memmingen, am 7. April mit der Aufstellung der Frontstalags 307 und 337 bzw. 317 und 347 zu beginnen. Bis zum 19.4. mußte die Aufstellung abgeschlossen sein, die Einsatzbereitschaft von 307 und 317 war zum 30. April zu melden. Beide Stalags gaben wenigstens 1/3 ihres Personals an die neuen Stämme ab, so daß sie kurzfristig in ihrer Arbeit erheblich eingeschränkt waren, doch sollten die Lücken durch die Einberufung älterer Jahrgänge und bedingt tauglicher Männer bald geschlossen werden.[36] Von Anfang an sah der Befehl einen Unterstellungswechsel vor, d. h. die Abgabe der neuen Lager an einen anderen Wehrkreis oder an den Heeresbereich.[37] Bereits am 13. Mai befand sich Stalag 307 im Generalgouvernement und unterstand dem Kommandeur der Kriegsgefangenen z. b. V. in Lublin, die anderen drei Lager gehörten spätestens am 14. August zum Wehrmachtbefehlshaber Ostland.[38]

Für den Bau dieser Lager erhielten deren zukünftige Kommandanten auf den Vorbereitungslehrgängen im Stalag II D Stargard/Pom. spezielle Handreichungen, die in wesentlichen Punkten von der H.Dv. 38/12 abwichen und klarmachten, „daß es sich um Gefangene handeln mußte, die nicht mit der sonst vor Kriegsgefangenen üblichen Achtung behandelt werden sollten"[39]. Nach den „Maßnahmen bei Baubeginn eines neu zu errichtenden Krgf.-Lagers für 10 000

---

[34] Vgl. den Befehl des WK VII zur Aufstellung verschiedener Frontstalags vom 4.4.1941, BA/MA, RH 53-7/v. 724, Bl. 121–124; sowie die Lagerkartei des AHA im BA/MA.
[35] Stalags mit 100er und 200er Nummern wurden für den Frankreichfeldzug aufgestellt.
[36] Nach der KStN 7805 benötigte ein Stalag insgesamt 131 Mann Personal, d. h., daß für die 60 neuen Stalags mit einem Bedarf von rund 8 000 Mann ca. 2 500 aus den bestehenden Stalags abgezogen wurden.
[37] Stalag 312 z. B. stellte der WK XII im Stalag XII A Limburg/L. auf, von wo es nach einigen Wochen zu seinem endgültigen Standort Thorn im WK XX verlegt wurde.
[38] Nach Mattiello/Vogt, Deutsche Kriegsgefangeneneinrichtungen, Bd. I, und Kartei AHA im BA/MA.
[39] So das Tagebuch der RüIn VI Münster am 30.5.1941. Die WK-Verwaltung VI hatte sich dahingehend geäußert, daß die neuen Gefangenen sich ihre Unterkünfte selbst bauen müßten. Die neuartigen Planungen müssen der Verwaltung bekannt gewesen sein. BA/MA, RW 20-6/3, Bl. 103f.

Russen" im Umfang von 8 Seiten, dazu Plänen und Bauanleitungen,[40] sollte mit einfachen Mitteln ein funktionierendes Kriegsgefangenenlager gebaut werden, wobei die kriegsgefangenen Russen, nachdem sie an einem Musterbau hinreichend technische Erfahrung gesammelt hatten, als Handwerker oder Handlanger einzusetzen waren. In dem Zusammenhang hob die Anleitung die Geschicklichkeit der Russen hervor; es sei wichtig, Altmaterial zu sammeln, da die Russen aus alten Konservenbüchsen brauchbare Eßgeschirre fertigen und aus Holzabfällen Löffel schnitzen könnten, ein Vorgang, der später zum Alltag in den „Russenlagern" gehörte.

Drei Konstruktionspläne zum Bau von Unterkünften führten den Offizieren vor Augen, unter welchen Bedingungen die zukünftigen Gefangenen leben sollten, denn sie waren fast identisch Bestandteil einer Vorschrift des OKW aus dem Jahr 1941 über das „Behelfsmäßige Bauen im Kriege", dort aber ausdrücklich für „Notunterkünfte" vorgesehen. Was der eigenen Truppe wenigstens kurzfristig zugemutet werden konnte, erschien für Gefangene ohne weiteres vertretbar. Für sie legte diese Vorschrift sogar die ausgiebige Verwendung von Erdhütten nahe sowie von Lehmbauten überall dort, wo Lehm vorhanden war. Langfristig sollten die Lager jedoch mit Baracken primitivster Art ausgestattet werden. Lazarette waren so einfach zu halten, wie es sich vom ärztlichen Standpunkt aus noch so eben vertreten ließ.[41]

Über die abweichende Behandlung hinaus sah die deutsche Planung eine räumliche Ausgrenzung der gefangenen Rotarmisten vor, die den üblichen Kriegsgefangenen-Arbeitseinsatz erheblich erschwert hätte. Sehr früh, wenn nicht gar von Anfang an, sollten einige der geplanten Stalags im Deutschen Reich verbleiben. Auf einer Konferenz der Kommandeure der Kriegsgefangenen Ende März 1941 in Berlin unterrichtete General Reinecke die Offiziere vom bevorstehenden Angriff auf die Sowjetunion. Dabei beauftragte er die Vertreter der Wehrkreise I, II, IV, VI, VIII, X, XI, XVIII und XX, entgegen den Mobilmachungs-Anordnungen von 1939/40 in ihrem jeweiligen Zuständigkeitsbereich auf Truppenübungsplätzen Kriegsgefangenenlager einzurichten, die auch nach seiner Ansicht wegen der Kürze der zur Verfügung stehenden Zeit zunächst nur behelfsmäßigen Charakter besitzen konnten.[42]

---

[40] Da es sich um ein Lager für 10 000 Mann handelt, dürften diese leider undatierten Handreichungen etwa vom April 1941 stammen. BA/MA, RH 49/123, Bl. 10–18. Vgl. dazu das Folgende. Auch die Kdten der im Reich verbleibenden Stalags müssen die Handreichungen erhalten haben, denn sie hätten mit ihren Einheiten ebenfalls in der Sowjetunion eingesetzt werden können.
[41] BA/MA, RHD 4/319, 1 und 2. Spätestens hier aber wäre das Deutsche Reich an völkerrechtliche Abmachungen gebunden gewesen, denn die UdSSR hatte die Genfer Verwundeten-Konvention von 1929 unterzeichnet. Näher dazu Streit, Die Behandlung der sowjetischen Kriegsgefangenen, S. 161.
[42] Aussage des Kdr Kgf. WK XX, K. v. Österreich, vom 28.12.1945; IfZ, Nürnbg. Dok. USSR 151. Nach Krause, Stalag Zeithain, S. 24, ging im Frühjahr 1941 ein Rundschreiben an die WKKdos, „ein geeignetes Gelände zur Errichtung eines geräumigen Kriegsgefangenenlagers" anzugeben. K. bezieht sich auf einen Artikel der Sächsischen Zeitung vom 18.8.1946.

Ab Mitte April[43] hielten sich die meisten Einheiten an den für die späteren „Russenlager" vorgesehenen Standorten auf.[44] Am 30. April legte das OKW/ Abt. Kgf. im Organisationsbefehl Nr. 37 erstmals eine Übersicht über die neu eingerichteten Stalags vor. Diese hatte es zwischenzeitlich den Wehrkreisen unterstellt, ihnen dort aber eine Sonderstellung zugewiesen, wie aus der abweichenden Kennzeichnung hervorgeht, einer Kombination der 300er Nummer mit der Bezeichnung, die sie bei einer herkömmlichen Verwendung in ihrem Wehrkreis erhalten hätten.[45] Demgegenüber hielt die Wehrmachtauskunftstelle (WASt) in einer Liste vom selben Tag an der ursprünglichen Benennung der neuen Kriegsgefangenenlager fest; dort legte man – in numerischer Reihenfolge – ein Verzeichnis der „Lager mit arabischen Zahlen" an, bei der lediglich die beiden für den WK XVIII vorgesehenen Stalags 306 und 317 eine Bezeichnung besaßen, die den Vorstellungen des OKW gleichkam.[46]

Geplante „Russenlager" Ende April 1941

OKW Kgf. 30.4.		WASt 30.4.	
331 (I C)	Heydekrug	302	Groß-Born
302 (II G)	Rederitz	306 (XVIII D)	Raum Marburg/Drau
304 (IV H)	Zeithain	308	Neuhammer
326 (VI K)	Senne	311	Bergen
308 (VIII E)	Neuhammer	312	Thorn
318 (VIII F)	Lamsdorf	313	Hammerstein
310 (X D)	Wietzendorf	314	Zeithain
311 (XI C)	Bergen-Belsen	315	Hammerstein
321 (XI D)	Bergen-Oerbke	317 (XVIII C)	Markt Pongau
317 (XVIII C)	Markt Pongau	323	Groß-Born
306 (XVIII D)	Marburg/Drau	326	Senne
312 (XX C)	Thorn		
Oflag 54 (IV E)	Annaburg		
Oflag 55 (V D)	Offenburg		
Oflag 78 (XIII D)	Hammelburg		

---

[43] Bis auf die Stalags 321 Bergen-Oerbke (28.4.) und 326 Senne (21.4.) wurden alle späteren „Russenlager" bis zum 8.4. aufgestellt. Die Kommandierung der Einheit zum Standort erfolgte unmittelbar darauf, wie Hüser/Otto, Stalag 326, S. 20, für die Senne belegen. In der ursprünglichen Planung stand für die Vorbereitung weniger Zeit zur Verfügung, da der Angriff auf die Sowjetunion wegen der Ereignisse auf dem Balkan um knapp zwei Monate hinausgezögert wurde. Vgl. Ueberschär/Wette, Der deutsche Überfall, S. 39.
[44] Das ergibt sich aus einem Befehl des Chef HRüuBdE vom 9.4.1941. Danach sollten auf den TrÜ-Plen Stablack, Hammerstein, Zeithain, Hohenfels, Lamsdorf, Hammelburg und Thorn für serbische Kgf. Unterkünfte zur Vfg gestellt werden. Dort hielten sich „bereits eingesetzte Stalag-Kommandanturen" oder deren Vorkommandos auf. BA/MA, RH 53–7/v. 724, Bl. 138–141. Aus Tarngründen war diese Verwendung u. U. durchaus erwünscht. So glaubten die Offiziere des Stalag 326 bis Ende April an eine Verwendung auf dem Balkan. Vgl. Hüser/Otto, Stalag 326, S. 20.
[45] Befehlsslg. Nr. 12 vom 8.4.1942; BA/MA, RW 6/v. 270, Bl. 76;. der Organisationsbefehl selbst wurde bisher nicht aufgefunden. Die Bezeichnung sorgte bei den Stalags anfänglich für Verwirrung, wie einem Schreiben des Kdten von Stalag 323 (II G) Groß-Born vom 24.9.1941 an den Kdr Kgf. WK II zu entnehmen ist. Verf. Gr.-Born, Bl. 22.
[46] BA/MA, RW 48/v. 12, Bl. 131. Die WASt meldet am 5.6. die Stalags 304, 310, 318 und 321 nach. Ebenda, Bl. 137. Zur Begründung für die unterschiedlichen Bezeichnungen durch OKW und WASt s. u. S. 43.

Die Unterschiede zwischen beiden Listen zeigen, daß sich für die „Russenlager" verschiedene Standorte in der engeren Auswahl befanden, wobei es Überlegungen gab, einige relativ abgelegene Regionen wie die Lüneburger Heide oder Ostpommern bis an die Grenze ihrer Belastbarkeit mit Kriegsgefangenen zu belegen. Dagegen blieb, abgesehen vom WK XVIII Salzburg, der gesamte Süden des Reiches in der Planung ausgespart, obwohl er ebenfalls über große Truppenübungsplätze wie Baumholder oder Grafenwöhr verfügte.

Mit nur wenigen Änderungen ist es bei diesen Standorten geblieben. Ein Verzeichnis der sowjetischen Kriegsgefangenenlager im Reichsgebiet vom 14. August 1941 wich vom Organisationsbefehl Nr. 37 nur insoweit ab, als es für Hammerstein ein zweites Stalag nannte und dem Truppenübungsplatz Groß-Born eine andere Einheit zuwies.[47] Für den WK XVIII sah es überhaupt keine „Russenlager" mehr vor. Als Offizierslager führte es lediglich ein Oflag 62 (XIII D) in Hammelburg auf.[48]

Die genannten Kriegsgefangenenlager wurden nach den Grundsätzen der oben erwähnten Handreichungen spätestens ab Ende April in fast allen Fällen völlig neu,[49] aber mit viel zu geringem Material- und Personalaufwand und z. T. gegen erhebliche Widerstände aufgebaut.[50] Aller Nachdruck reichte jedoch nicht aus, die Kriegsgefangenenlager auch nur ansatzweise für die Gefangenen vorzubereiten. Bis in den Winter hinein war deshalb ein großer Teil der Rotarmisten gezwungen, in Erdlöchern zu hausen, und in einigen Lagern wurden provisorische Erdhütten zur Daueraneinrichtung.[51] Im Zusammenhang mit unzureichender Ernährung und Fleckfieber kostete diese Art der Unterbringung Hunderttausende sowjetischer Soldaten das Leben.

Es war indessen nur die letzte Konsequenz einer Planung, die von Anfang an auf die vollständige Vernichtung des ideologischen Gegners abzielte. Für dieses Ziel setzte die deutsche Führung bewußt ihre bis dahin geltenden eigenen Regeln außer Kraft. Obwohl aus militärischen Gründen Truppenübungsplätze kei-

---

[47] Organisationsbefehl Nr. 40 mit Stalag 315 (II F) Hammerstein und Stalag 302 statt 323 für Groß-Born. Nach einer Randnotiz wurde der Befehl diesbezüglich aber am 18.8. wieder aufgehoben; BA/MA, RH 53-17/42. Ein Verzeichnis der WASt vom 14.8. nennt noch für Groß-Born ein 2. Lager 302 (II H) Barkenbrügge sowie die beiden schon am 30.4. erwähnten Lager im WK XVIII. BA/MA, RW 48/v.12, Bl. 161–163. Vgl. auch die Stammtafel des Stalag 323; Verf. Gr.-Born, Bl. 21.
[48] Dem entsprach schon weitgehend der Verteiler für die Russenlager eines OKW-Befehls vom 23.7. Dieser nannte für Hammerstein jedoch das Stalag 313 und zusätzlich das Stalag 341 Altengrabow. Oflags werden nicht aufgeführt. BA/MA, RW 48/v. 12, Bl. 160.
[49] Stalag 311 wurde im ehemaligen Heeresneubaulager auf dem Truppenübungsplatz Bergen stationiert. Vgl. Keller, Forschungsbericht, S. 19–26.
[50] Im WK XI Hannover versuchten z. B. der Präsident des LAA Niedersachsen und der RAM die Abstellung von 1 200 Serben für den Aufbau der Stalags 311 Bergen-Belsen und 321 Bergen-Oerbke zu verhindern. Schriftwechsel im BAK, R 41/165, Bl. 267–271. Dazu auch Keller, Forschungsbericht, S. 30.
[51] So Keller, „Russenlager", S. 131, zu Stalag 321 (XI D) Oerbke; Streit, Keine Kameraden, S. 172, zu Lagern im WK I; dieser dort auch allg. zur Frage der Unterbringung. Zu Stalag 318 (VIII F) Lamsdorf s. den Bericht einer sowjet. Untersuchungskommission, IfZ, Nürnbg. Dok. USSR 415, sowie Datner, Crimes S. 233f., zum Stalag 326 (VI K) Senne Hüser/Otto, Stalag 326, S. 70–72.

ne Kriegsgefangenen aufnehmen sollten, wurden gerade dort die „Russenlager" errichtet, denn einzig an diesen Stellen war deren strikte Isolierung gewährleistet. In den herkömmlichen Lagern dagegen wäre nach Auffassung der Planer die Gefahr viel zu groß gewesen, daß der „bolschewistische Bazillus" auf die Mitgefangenen und vor allem die deutsche Zivilbevölkerung übergegriffen hätte.[52] Auf dem Truppenübungsplätzen war zudem die Behandlung der Gefangenen einer Kontrolle von außen weitgehend entzogen.[53] Möglichen Einwänden von seiten verantwortlicher Offiziere im Kriegsgefangenenwesen entzog man den Boden, indem man durch neue Vorschriften die Verhältnisse in den „Russenlagern" formal „legalisierte"; wegen des ideologischen Charakters der Auseinandersetzung durfte nach deutscher Auffassung die Genfer Konvention auf die sowjetischen Soldaten ohnehin höchstens partiell angewendet werden.[54]

Wie bewußt aber letztlich der Tod vieler sowjetischer Kriegsgefangener einkalkuliert wurde, erkennt man daran, daß die zur Verfügung stehende Zeit für die Errichtung der „Russenlager" hätte ausreichen müssen. Wie oben dargestellt, sollte ein Kriegsgefangenenlager binnen 90 Tagen fertiggestellt sein, das entspricht etwa dem Zeitraum, der zwischen dem Beginn der Baumaßnahmen Mitte April und der Ankunft der ersten Gefangenen Mitte Juli liegt. Es war nicht nur der Mangel an Material, der den Ausbau der Lager verzögerte, sondern es fehlte vor allem der politische Wille, das für das Überleben der Gefangenen Notwendigste in die Wege zu leiten.[55]

Die sowjetischen Kriegsgefangenen als potentielle Arbeitskräfte

Zwischen dem 30. April und dem 14. August 1941 verlief die Planung allerdings keineswegs so gradlinig, wie es die bisherigen Ausführungen nahelegen. Am 5. Juni vermerkte zunächst die WASt, den Truppenübungsplätzen Senne und Zeithain sei mit den Stalags 328 und 329 jeweils eine zweite Einheit zugewiesen worden.[56] Diese Ergänzung nimmt sich allerdings unerheblich aus gegen-

---

[52] So protestierte der Bürgermeister von Villingen gegen die Erweiterung des dortigen Stalags V B um einen „Russenteil" Mitte September 1941. Conradt-Mach, Fremdarbeiter in Villingen 1939/1949, S. 12.
[53] Das wurde durch Strafandrohungen an die Zivilbevölkerung wirksam abgesichert. Dazu Hüser/Otto, Stalag 326, S. 31 u. 34. Vgl. auch einen diesbezgl. Briefwechsel zwischen dem Landrat des Kreises Soltau und dem Kdten des Stalag 310 Wietzendorf. Der Bürgermeister wehrte sich gegen die Absperrung des Geländes aus ideologischen Gründen; es könne nur von Nutzen sein, wenn die Bevölkerung „diese Tiere in Menschengestalt" ansehe. Im übrigen erwecke das Militär den Eindruck, „als habe man etwas zu verbergen". KA Soltau-Fallingbostel, ohne Signatur.
[54] Das wird in den grundlegenden Befehlen zum Kriegsgefangenenwesen des Jahres 1941 als „Zeichen des guten Willens" der deutschen Führung zwar durchgehend betont, ist allerdings, wie die weitere Entwicklung zeigt, allem Anschein nach nur im Bereich der Registrierung umgesetzt worden.
[55] Anstelle eines zügigen Lagerausbaus erhöhte das OKW die Belegzahlen um das Drei- bis Fünffache, ohne aber das Personal aufzustocken. Nach dem Krieg ließ sich dann dieser selbst herbeigeführte militärische „Notstand" sehr gut als Entschuldigung für die – vorhersehbaren – Verhältnisse in den Kriegsgefangenenlagern vorbringen. Vgl. dazu das Folgende.
[56] BA/MA, RW 48/v. 12, Bl. 137. Vgl. dazu im Organisationsbefehl Nr. 40 vom 14.8. den Punkt „XII. Abänderung früherer Organisationsbefehle"; BA/MA, RW 53–17/42. Stalag 329 mußte vom

über den Änderungen, die das OKW/Abt. Kgf. in seinen umfassenden Befehlen zum Kriegsgefangenenwesen vom 16. bzw. 26. Juni 1941[57] bekanntmachte; denn im Vergleich zum 30. April erhöhte es die Zahl der im Reich eingesetzten Stalags um etwa 50%.

Übersicht über die „Russenlager" vom 16.6.1941

WK	Stalag-Nr.	Einsatzort	WK	Stalag Nr.	Einsatzort
II	313	Hammerstein	VIII	Oflag 58	Neuhammer
	315	Hammerstein		318	Lamsdorf
	302	Groß-Born	X	310	Munster
	323	Groß-Born	XI	311	Bergen
IV	329	Zeithain		321	Bergen
	304	Zeithain		(ohne Nr.)	Bergen
	303	Königsbrück		305	Altengrabow
VI	326	Senne	XX	312	Thorn
	328	Senne	XXI	301	Sieradz
VIII	308	Neuhammer			

Beide Listen lassen im Gegensatz zu dem Organisationsbefehl Nr. 37 eine klare Zuordnung der Einheiten vermissen.[58] Auch wenn die Tage vor dem 22. Juni 1941 zweifellos durch Hektik und Nervosität gekennzeichnet waren,[59] ist eine derartige „Nachlässigkeit" des OKW undenkbar; sie läßt sich nur so erklären, daß die am 30. April ins Auge gefaßte formale Einordnung der Stalags in die Wehrkreise in der Zwischenzeit auf erhebliche Bedenken gestoßen sein muß.

Ein weitere Ungereimtheit kommt hinzu. Während ursprünglich die Masse der Gefangenen überhaupt nicht ins Reich kommen sollte,[60] verfügte der Befehl vom 16. Juni, abgesehen von einer Erhöhung der Anzahl der „Russenlager",

---

WK XIII an den WK IV überstellt werden. Die WASt verwendete nach wie vor nur arabische Zahlen zur Bezeichnung der Stalags.

[57] BA/MA, RW 4/v. 578, Bl. 93 (16.6.), und BA/ZNS, Ordner S 22, Bl. 34f. (26.6.). Die WASt meldete am 21.6. die Stalags 301 Sieradsch, jetzt aber für den WK I, 303 Königsbrück und das Oflag 58 Neuhammer nach, dazu für Altengrabow statt des Stalag 305 das Stalag 341. Gleichzeitig wurde Stalag 314 Zeithain gestrichen. BA/MA, RW 48/v.12, Bl. 138. Stalag 331 (I C) Heydekrug fehlte wegen seiner Lage im WK I, den der Befehl vom 16.6. gesondert behandelte. Zählt man die Lager im WK I und im Generalgouvernement hinzu, wäre fast die gesamte 1. Welle nicht in der Sowjetunion eingesetzt worden!

[58] Ein „Verzeichnis der Russenlager" in den Bestandsmeldungen vom 15.7. verzichtete sogar vollends darauf. Doppelbelegungen von Truppenübungsplätzen wurden nur noch mit den Großbuchstaben A und B kenntlich gemacht, z. B. Senne A = Stalag 326, Senne B = Stalag 328. BA/MA, RW 6/v. 184, Bl. 151.

[59] Vgl. die unterschiedliche Schreibweise und Zuordnung von Stalag Sieradsch im Vergleich zur Meldung der WASt vom 21.6. Stalag 303 wurde erst am Schluß der Liste für den WK IV hinzugefügt, und für den Standort Bergen-Ostenholz war noch nicht einmal eine Einheit bestimmt. Der Befehl des OKW zur Erfassung der sowjet. Kgf. vom 26.6.1941 enthielt eine korrigierte Lagerliste. BA/ZNS, Ordner S 22, Bl. 34f.

[60] So die Anordnung des Chefs des Generalstabs des Heeres, Generaloberst Halder, über die Versorgung der Gefangenen vom 3.4.1941. BA/MA, RH 22/v. 12, Bl. 9.

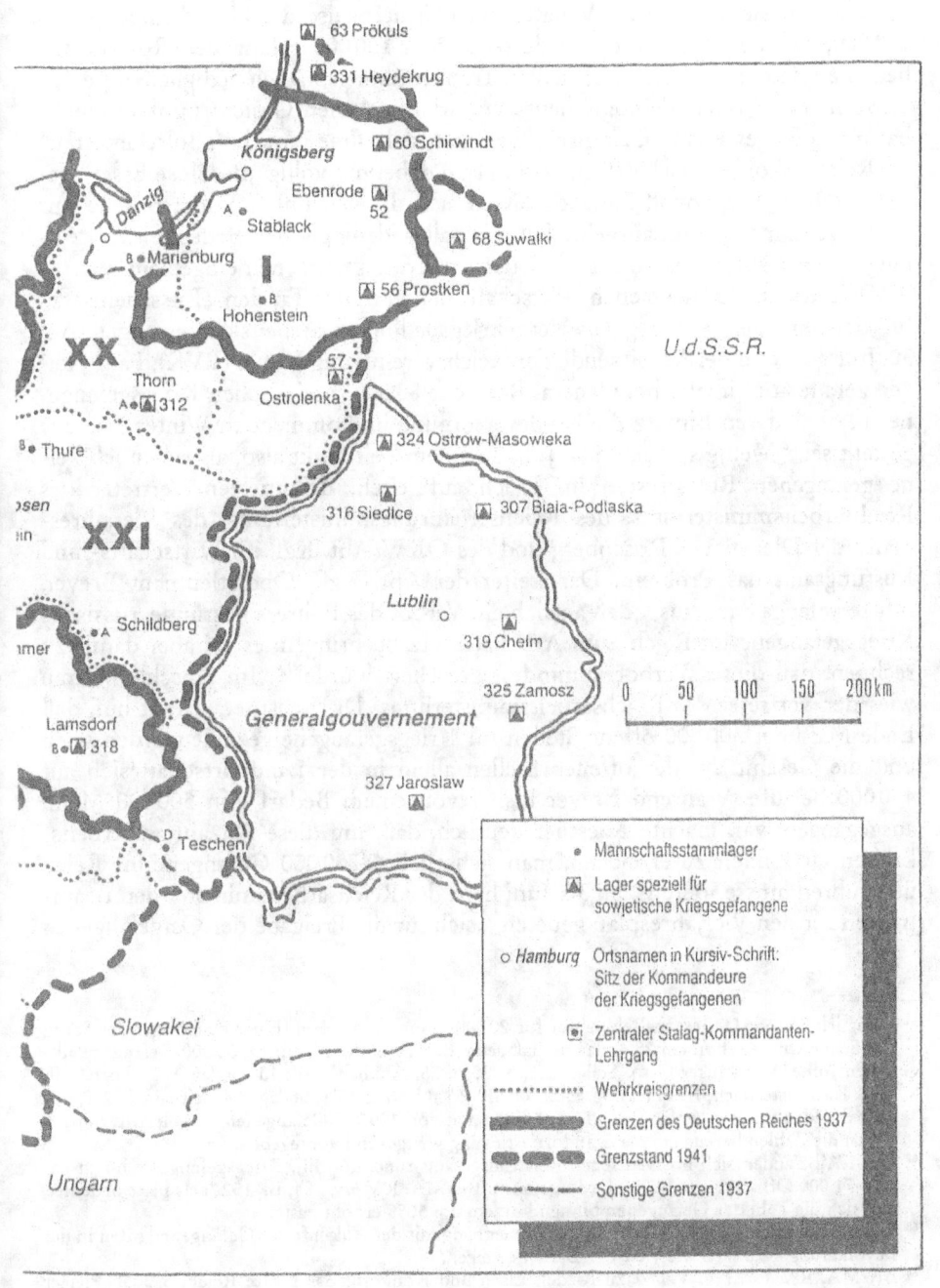

erstmals für diese auch Belegzahlen, die sich zwischen 30 000 und 50 000 Gefangenen pro Lager bewegten;[61] insgesamt handelte es sich um 790 000 Mann.[62] Für den dicht besiedelten WK IV hätte das beispielsweise die Unterbringung von 140 000, für die Lüneburger Heide sogar von 150 000 gefangenen Rotarmisten bedeutet. Diese aber auf deutschen Truppenübungsplätzen lediglich unterzubringen, wäre unter ideologischen wie wirtschaftlichen Gesichtspunkten denkbar unsinnig gewesen; ideologisch, weil man sich ohne Not die „Bolschewisten" ins Reich geholt, wirtschaftlich, weil es sich dabei um völlig „nutzlose Esser" gehandelt hätte.[63] Sinnvoll auflösen lassen sich die genannten Widersprüche nur dann, wenn man davon ausgeht, daß trotz aller ideologischen Bedenken von Anfang an ein Arbeitseinsatz der sowjetischen Kriegsgefangenen eingeplant war.

Weite Kreise der deutschen Wirtschaft hielten in der Tat den „Russeneinsatz" für den einzigen Ausweg aus dem kriegsbedingten Arbeitskräftemangel. Am 30. Juni forderte der Vorsitzende der Reichsvereinigung Kohle (RVK), Paul Pleiger, geradezu ultimativ bei General Reinecke 83 000 sowjetischen Kriegsgefangene an, ohne deren Einsatz die Kohleversorgung im kommenden Winter in Frage gestellt sei.[64] Wenig später, am 4. Juli, zu einem Zeitpunkt also, als sich noch keine gefangenen Rotarmisten im Reich aufhielten, diskutierten Vertreter des Reichsarbeitsministeriums, des Reichsernährungsministeriums, des Vierjahresplans, der Dienststelle Rosenberg und des OKW/Abt. Kgf. im Wirtschafts- und Rüstungsamt das Problem. Der Leiter der Abt. Kgf., Oberstleutnant Breyer, führte anfangs dazu aus, „daß an sich ein Verbot des Führers bestünde, russische Kriegsgefangene im Reich zum Arbeitseinsatz zu bringen; es sei aber damit zu rechnen, daß dieses Verbot zumindest gelockert würde"[65]. Im Anschluß daran wies der Vertreter des Reichsarbeitsministeriums, Dr. Kaestner, darauf hin, daß Ende Mai über 300 000 offene Stellen für Kriegsgefangene gezählt worden seien und die Gesamtzahl der offenen Stellen allein in der Landwirtschaft sich auf 430 000 belaufe. Während Breyer bisher von einem Bedarf von 500 000 Mann ausgegangen war, machte Kaestner deutlich, daß, um diese Anzahl an Arbeitskräften tatsächlich zu erreichen, man sicherlich 6–700 000 Gefangene ins Reich überführen müsse. Bereits am 30. Juni habe der Reichsarbeitsminister den Beauftragten für den Vierjahresplan gebeten, „sich für die Freigabe der Ostgefangenen

---

[61] Lediglich Stalag 311 Bergen-Belsen war für 20 000 Mann vorgesehen. Ein Angehöriger des Stalag 326 Senne wußte schon am 28.4. davon, daß seine Einheit ein Lager für ca. 50 000 Gefangene aufbauen sollte. Vgl. Hüser/Otto, Stalag 326, S. 20 u. 25. Ähnliches gilt für Stalag 312 Thorn. Aff. Gen. K. v. Österreich, IfZ, Nürnbg. Dok. USSR 151. Nach Krause, Stalag 304 Zeithain, S. 24f. war dort die Planung von Anfang an für eine Kapazität von 100 000 Gefangenen ausgelegt. Demnach waren die Zahlen bereits bei der Standortfestlegung weitgehend vorgegeben.

[62] Am 1.7. befanden sich im Deutschen Reich insgesamt rund 1,6 Mill. Kriegsgefangene, hinzu kamen 71 000 Offiziere mit 11 000 Ordonannzen. BA/MA, RW 6/v. 184, Bl. 152. Das hätte bedeutet, daß sich die Zahl der Gefangenen binnen kurzem um 50% erhöht hätte!

[63] Diese Befürchtung wurde gerade im Zusammenhang mit der Ankunft der Gefangenen offen in der Bevölkerung geäußert, wie viele SD-Berichte zeigen.

[64] BA/MA, RW 19/2148. Vgl. dazu Riedel, Eisen und Kohle für das Dritte Reich, S. 303f. Pleiger war ab Frühjahr 1941 an der wirtschaftlichen Planung beteiligt. Zum Arbeitskräftebedarf auf dem Kohlesektor ebenda, S. 289–292, sowie Streit, Keine Kameraden, S. 201f.

[65] IMT Bd. XXVII, S. 63f., 1199-PS.

für den Einsatz im Reich einzusetzen", eine Bitte, die das Wirtschafts- und Rüstungsamt dann am 5. Juli im Anschluß an die Sitzung nachdrücklich unterstützte.[66] Erste Schritte in diese Richtung unternahm das OKW am 8. bzw. 24. Juli.[67]
Anfang August 1941 wiederholte der Reichsarbeitsminister seine Forderung. In einem Schreiben an Reichsmarschall Göring verwies er zunächst darauf, im Reich bestehe ein Sofortbedarf von 200 000 Gefangenen, darüber hinaus seien 400 000 zusätzliche Arbeitsmöglichkeiten für sowjetische Gefangene in kriegswichtigen Vorhaben festgestellt worden, so daß man schon jetzt 600 000 Gefangene anfordern müsse. Auch diese Zahl sei jedoch nicht hinreichend, denn „erfahrungsgemäß fällt ein erheblicher Teil der in die Lager eingelieferten KrGef für den Arbeitseinsatz aus. Bei den russ. KrGef wird dieser Anteil aus volkstumspolitischen und allgemeinpolitischen sowie aus Abwehrgründen besonders hoch sein. Es müßten deshalb zunächst rd. 700 000 russ. KrGef angefordert werden."[68]

Den Teilnehmern der Besprechung vom 4. Juli galt ebenso wie den Vertretern der Wirtschaft als selbstverständlich, daß Gefangene gleich welcher Herkunft in der deutschen Kriegswirtschaft eingesetzt werden mußten. Im Falle der sowjetischen Kriegsgefangenen konnte zwar aus ideologischen Gründen nur ein bestimmter Teil nach vorheriger Überprüfung Verwendung finden, doch ließ sich das bei den Bedarfsberechnungen einkalkulieren. Hier weltanschauliche Überlegungen über wirtschaftliche Erwägungen zu stellen, lag jenseits der Vorstellungskraft aller Beteiligten, und so waren sie sicher, Hitler werde nach einer „ideologischen Schamfrist" diesbezüglich eine positive Entscheidung fällen. Dann allerdings kam es darauf an, unverzüglich sowjetische Soldaten ohne lange Transport- und Quaranänezeiten der Kriegswirtschaft zur Verfügung stellen zu können.[69]

Schon in der Ausgangsplanung hatte das OKW ganz pragmatisch die Einrichtung von Lagern im Reich selbst befohlen, wobei deren Belegung den Ansprüchen der Wirtschaft jedoch bei weitem nicht genügte. Den wachsenden Arbeitskräftemangel vor Augen, stellte es deshalb Ende Mai/Anfang Juni 1941 im Rahmen konkreter Verteilungspläne[70] weitere Einheiten für diesen Zweck frei, legte sich aber in deren Verwendung nicht ausdrücklich fest und hielt sich dadurch einen Einsatz andernorts offen. Mit der Zuordnung zu den Truppenübungsplätzen trug es gleichzeitig, wie oben erörtert, den ideologischen Vorbe-

---

[66] BAK, R 41/168, Bl. 123–125 und Bl. 127.
[67] Richtlinien für den Einsatz russ. Kgf. (8.7.), Arbeitseinsatz der kgf. Russen zur Freimachung anderer Kgf. im Wehrmachteinsatz für die Landwirtschaft (24.7.); BA/MA, RW 19/2109. Allg. dazu Streit, Keine Kameraden, S. 192–196, und Herbert, Fremdarbeiter, S. 137f.
[68] BAK, R 41/168, Bl. 152. Abschriften gingen an WiRü Amt, OKW/Kgf., RMfBuM, RWM, REM.
[69] Schon am 23.4. forderte das Landesforstamt Lippe beim gerade aufgestellten Stalag Senne Gefangene an. Abdruck bei Hüser/Otto, Stalag 326, S. 20f. Ähnlich das Verhalten der Firmen im Ruhrgebiet Ende Juni 1941. Streit, Keine Kameraden, S. 199.
[70] Es ist sicherlich kein Zufall, daß das OKW Lager für 790 000 Kgf. schaffen wollte. Dies entsprach dem von der Wirtschaft angemeldeten Bedarf von 700 000 Mann, denn nach dem OKW-Befehl vom 24.7. sollten pro Lager 1 000 Handwerker zum weiteren Ausbau zurückbleiben, weitere Kgf. fanden in der Verwaltung Verwendung. BA/MA, RW 19/2109.

halten Rechnung.[71] Zudem ließen sich allein dort ohne bürokratische Hemmnisse kurzfristig neue Stalags errichten, doch erschien das Problem der Unterbringung nicht so dringend, da die Gefangenen ohnehin nach kurzem Aufenthalt an die Wirtschaft weitergeleitet werden sollten.

Fiel die Entscheidung wider Erwarten gegen den Einsatz aus, konnten die Einheiten ohne Zögern – wie ursprünglich vorgesehen – im Osten verwendet werden. Eine formale Zuordnung zu den Wehrkreisen im Sinne des Organisationsbefehls Nr. 37 erwies sich bei diesem Vorhaben als hinderlich; der Rückgriff auf die arabischen Ziffern am 16. Juni zeigt deutlich, daß eine solche Festlegung nachträglich als wenig sinnvoll empfunden wurde.

An zwei Beispielen läßt sich das gut verdeutlichen. Die Mannschaft des Stalag 329, seit Ende Mai für einen Einsatz auf dem Truppenübungsplatz Zeithain bei Dresden vorgesehen, befand sich zwar zum Zeitpunkt des Befehls dort, wurde jedoch im WK IV niemals im Kriegsgefangenenwesen eingesetzt. Nach den Aussagen ehemaliger Angehöriger stellte der WK XIII Nürnberg im April 1941 ihre Einheit in Amberg auf und gab sie noch im selben Monat an den WK IV nach Zeithain ab. Dort warteten die Soldaten auf ihre weitere Verwendung; ab August wurden sie dann im Osten eingesetzt. Während dieser Zeit hatte das Stalag nie etwas mit Gefangenen zu tun; es lag lediglich, wie ein Zeuge formulierte, „in Wartestellung".[72] Ähnliches ist für Stalag 341 überliefert. Der WK XI Hannover zog vor Beginn des Angriffs auf die Sowjetunion auf dem Truppenübungsplatz Altengrabow Soldaten zusammen, um ein neues Frontstalag aufzustellen, das dort jedoch nie mit sowjetischen Gefangenen in Berührung kam, sondern noch im August nach Terespol verlegt wurde.[73] Diese gelangten statt dessen wenig später in das Stalag XI A Altengrabow.[74]

Wie sehr selbst das OKW mit einem sofortigen Arbeitseinsatz rechnete, zeigt auch der Befehl vom 16. Juni selbst. Danach sollten die Kommandeure der Kriegsgefangenen im WK I und im Generalgouvernement Kriegsgefangene „bis an die äußerste Grenze der Aufnahmefähigkeit ihrer Lager"[75] in ihrem Zuständigkeitsbereich zurückhalten; eine Vorgabe, die aus heutiger Sicht nur dann einen Sinn ergibt, wenn ein baldiger Weitertransport ins Reich folgte. Das allerdings durfte nur durch „einen besonderen Befehl von OKW" geschehen, der

---

[71] Auch unter arbeitseinsatzmäßigen Gesichtspunkten lagen die „Russenlager" nicht ungünstig. Die Großstädte Hamburg, Bremen und der Großraum Hannover mit dem VW-Werk und den Hermann-Göring-Werken in Salzgitter waren von den Heidelagern aus gut zu erreichen, ebenso die Industriegebiete an der Ruhr, in Sachsen und in Oberschlesien von den dortigen Stalags aus.
[72] Verf. Zeithain, Bd. II, Bl. 250, Aussage K. T. Ebenso H. G., Bl. 256, und H. W., Bl. 260, sowie weitere Aussagen.
[73] Meldung OKW/Abt. Kgf. vom 16.8.1941; BA/MA, RW 41/4.
[74] Verf. Stalag 341, Bd. I, Bl. 28, Aussage K. P.; Bl. 35, Aussage A. L., und weitere Aussagen in Bd. I und II. Stalag 341 war noch am 23.7. im Verteiler für die „Russenlager" im Reich enthalten; BA/MA, RW 48/v. 12, Bl. 160. Zur weiteren Verwendung von Stalag 329 und 341 s. Mattiello/Vogt, Deutsche Kriegsgefangeneneinrichtungen, Bd. I, S. 42 und 45. Vgl. auch Stalag 313 Hammerstein, das ebenda „auf Abruf" bereitlag und dann nach Schaulen und Witebsk versetzt wurde; Verf. Hammerstein, Bl. 72 u. a.
[75] BA/MA, RW 4/v. 578, Bl. 94. Streit, Keine Kameraden, S. 193, deutet das Hinauszögern des Abschubs, allerdings aus der Sicht der Ideologen, ausschließlich als Furcht vor einer bolschewistischen „Verseuchung".

gleichzeitig eine Freigabe des Arbeitseinsatzes bedeutet hätte, denn waren die "Russen" erst einmal in Deutschland, wäre dieser allein aus wirtschaftlichen Gründen unumgänglich gewesen.

Die ideologischen Bedenken siegten jedoch. Unter dem zitierten Schreiben des Reichsarbeitsministeriums von Anfang August heißt es in einem auf den 8. dieses Monats datierten Vermerk: "Inzwischen hat der Führer weitere Zuführung von russ. KrGef. kategorisch verboten. Voraussichtlich können nur die 100 000 schon im Reich vorhandenen Russen eingesetzt werden." Lediglich Speer sollte für den Ausbau Berlins noch einmal 20 000 "Russen" erhalten.[76] Reinecke, der am Zustandekommen des Befehls vom 16.6. maßgeblichen Anteil hatte,[77] betonte dann auch vier Tage später auf einer Besprechung mit allen Sachbearbeitern für den Arbeitseinsatz, daß der Schutz des deutschen Volkes unbedingten Vorrang vor dem Russeneinsatz habe, da dieser in keiner Weise mit dem Arbeitseinsatz anderer Kriegsgefangener zu vergleichen sei.[78] Am 14. August regelte dann das OKW mit dem Organisationsbefehl Nr. 40 den Einsatz der Stalags im Sinne der ursprünglichen Planung vom April 1941. Die anderen potentiellen "Russenlager" wurden dagegen ohne großen Zeitverlust im Osten eingesetzt.[79]

Die vorangegangenen Ausführungen zeigen deutlich, daß die Planung hinsichtlich der sowjetischen Kriegsgefangenen von zwei unterschiedlichen Konzepten bestimmt wurde. Nach traditioneller Auffassung mußte ein Kriegsgefangener unabhängig von seiner Herkunft so bald wie möglich in Industrie oder Landwirtschaft zur Arbeit eingesetzt werden, um dadurch eigene Kräfte für die Front freizumachen und so zum Sieg beizutragen. Weltanschauliche Aspekte waren zwar beim "Russeneinsatz" zu berücksichtigen, erschienen aber gegenüber der Ausnutzung der Arbeitskraft sekundär. Genau das aber verneinten die Vertreter der NS-Ideologie, zu denen hier in erster Linie General Reinecke zu zählen ist. In ihren Augen überstieg die Gefahr, die von den sowjetischen Soldaten ausging, den zu erwartenden Nutzen bei weitem, denn durch sie wäre der "bolschewistische Bazillus", den man im Osten zu vernichten hoffte, in das Deutsche Reich selbst gelangt, und deshalb galt es, die Gefangenen von dort fernzuhalten, selbst wenn das auf Kosten der Produktion ging.

---

[76] BAK, R 41/168, Bl. 153. Vgl. den OKW-Befehl betr. Arbeitseinsatz der sowjet. Kgf. vom 2.8., nach dem nur 120 000 Kgf. zu diesem Zweck ins Reich überführt werden durften. Dort heißt es dann auch: "Demgemäß werden die vorgesehenen Lager erheblich kleiner gehalten werden können", d. h., daß auch die vorherige Größenordnung aus Gründen des Arbeitseinsatzes gewählt worden war. BA/MA, RW 19/2109.
[77] Streit, Keine Kameraden, S. 72–76.
[78] BAK, R 41/168, Bl. 26. Gravierende Folgen dieser Entscheidung hat Oberst Lahousen in Nürnberg eindringlich beschrieben; erst durch die Planungsänderungen sei es zu den unhaltbaren Zuständen in den Lagern im Osten gekommen. IMT Bd. II, S. 507.
[79] BA/MA, RH 53–17/42. Bezeichnenderweise war über Stalag 301 und 341 noch nicht verfügt, 328 und 329 befanden sich beim Verfügungsstab Wien, 313 beim Wehrmachtbefehlshaber Ostland, 302 noch in der Aufstellung, 303 war Norwegen zugewiesen. 301, 303, 313, 328, 329 und 341 sowie das Oflag 58 werden im Zusammenhang mit der Abänderung früherer Organisationsbefehle erwähnt.

Welche Richtung sich durchsetzen würde, war durchaus offen. Die Entscheidung, die Hitler um den 1. August herum traf, war nicht vorhersehbar, und deswegen mußte man sich in einem Akt vorauseilenden Gehorsams auf beide Möglichkeiten vorbereiten. Die Lösung bestand in einem Kompromiß, der einerseits für das Deutsche Reich eine zunächst nur begrenzte, doch leicht zu erhöhende Anzahl Gefangener vorsah, deren Einsatz ohne Verzögerung möglich war. Andererseits aber grenzte er diese durch die Unterbringung auf Truppenübungsplätzen so aus, daß sie aus ideologischer Sicht keine Gefahr für die deutsche Bevölkerung darstellten; jedoch machte das vor einem etwaigen Einsatz eine wie auch immer geartete weltanschauliche Überprüfung notwendig, so daß der Aufenthalt in den „Russenlagern" einer „ideologischen Quarantäne" gleichkam. Ein solcher Kompromiß war freilich unbefriedigend, denn es lagen weder Kriterien für eine Überprüfung vor, noch erfuhr die Frage nach der Priorität von Ideologie oder Pragmatik eine grundsätzliche Klärung. Langfristig waren daher Konflikte zwischen beiden Richtungen unausweichlich.

Spätestens aber in dem Augenblick, in dem es um das Herausfinden des weltanschaulichen Gegners ging, war das Ganze nicht mehr ausschließlich eine Angelegenheit militärischer oder wirtschaftlicher Planer, denn für dessen Bekämpfung hielt sich im NS-Staat allein das Reichssicherheitshauptamt in Berlin für kompetent und zuständig.

Die Aussonderungen innerhalb des Aufgabenbereichs der Gestapo

Die zentrale Instanz der Geheimen Staatspolizei für das gesamte Reichsgebiet war das Geheime Staatspolizeiamt (Gestapa) in Berlin, das im Herbst 1939 unter der Bezeichnung „Amt IV" im neugeschaffenen Reichssicherheitshauptamt unter SS-Obergruppenführer Reinhard Heydrich (1904–1942) aufging.[80] Die Aufgabe dieses Amtes bestand in der Gegnererforschung und -bekämpfung, wozu ab Sommer 1941 auch die Aussonderung sowjetischer Kriegsgefangener gehörte. Zu seinem Leiter wurde SS-Brigadeführer Heinrich Müller (1900–1945) berufen.[81]

---

[80] Zur Entwicklung der Gestapo Delarue, Geschichte der Gestapo, sowie Buchheim, Die SS. In: Anatomie des SS-Staates Bd. I, S. 15–201. Die Bezeichnungen des RSHA variieren. Im internen Geschäftsbereich lautete der Briefkopf „Reichssicherheitshauptamt", im Geschäftsverkehr mit anderen Dienststellen hieß es „Der Chef der Sicherheitspolizei und des SD" oder „Der Reichsführer-SS und Chef der Deutschen Polizei", als Exekutivinstanz trat Amt IV als „Geheimes Staatspolizeiamt" in Erscheinung. Näheres bei Buchheim, Die SS, S. 69.

[81] Zu Müller Seeger, „Gestapo-Müller"; zur Behandlung der sowjet. Kgf. vor allem S. 143–153. Die Rolle Müllers bei den Aussonderungen wird bei Seeger jedoch zu wenig deutlich. Für die Aussonderungen speziell zuständig war – nach Streim, Behandlung, S. 97 – die Gruppe IV A (Leiter SS-Oberführer und Regierungsdirektor Panzinger) mit dem Referat IV A 1 (Leiter SS-Sturmbannführer und Kriminalrat Vogt, ab 1.7.1942 SS-Sturmbannführer und Kriminaldirektor Lindow) und dem Sachgebiet IV A 1c (SS-Sturmbannführer und Regierungsrat Thiedeke, ab Mitte 1942 SS-Hauptsturmführer und Regierungsoberinspektor Königshaus). Thiedeke und Königshaus unterstanden in personeller Hinsicht dem Referatsleiter IV A 1, fachlich dagegen unmittelbar dem Gruppenleiter Panzinger. Aff. Lindow vom 29.7.1947, IfZ, Nürnbg. Dok. NO 5481, sowie Aussage Lindows im OKW-Prozeß am 4.3.1948, StA N, KV-Proz. Fall 12, A 19–22, S. 1130–1136.

Dem RSHA unterstanden sämtliche Gestapo-Dienststellen innerhalb des Reiches. Bei diesen handelte es sich um Staatspolizeileitstellen an den Sitzen der preußischen Oberpräsidenten[82] bzw. der Länderregierungen, ansonsten um Staatspolizeistellen bei fast allen Regierungspräsidenten oder gleichgeordneten Verwaltungsinstanzen Preußens und der übrigen Länder.[83] Die Leitstellen übten jedoch keine Dienstaufsicht gegenüber den Stapostellen aus, sondern ihre Funktion bestand im wesentlichen in der Koordinierung „gemeinsamer Maßnahmen der Staatspolizeistellen" eines Leitbezirks.[84] Im übrigen war, wie die „Dienstanweisung für die Stapoleitstellen" vom 15. Mai 1940 festlegte, jede Stapostelle selbständig und „für die Erfüllung der staatspolizeilichen Aufgaben in ihrem Bezirk (...) voll verantwortlich", hatte dem RSHA unmittelbar zu berichten und erhielt von dort ihre Weisungen, wobei gegenüber der jeweiligen Leitstelle keine direkte Informationspflicht bestand. Nur in dringenden Ausnahmefällen konnte deren Leiter Angelegenheiten von Stapostellen an sich ziehen.[85]

Zur besseren Überwachung ihres Zuständigkeitsbereichs richteten einige Stapostellen auf Befehl des RSHA zusätzlich sog. Außendienststellen ein, deren Leiter allerdings keinerlei eigene Entscheidungsbefugnis besaßen und nur über die zuständige Stapostelle mit der Berliner Zentrale in Kontakt treten konnten.[86]

Insgesamt gab es in den Jahren 1941/42 im Deutschen Reich 20 Leitstellen, denen 40 Stapostellen und 11 Außendienststellen zugeordnet waren. Ihre Zuständigkeitsbereiche waren durch die Verwaltungsgrenzen der Regierungsbezirke bzw. der Länder, denen sie zugeordnet waren, vorgegeben, nur selten aber mit denen der Wehrkreise identisch, so daß etwa im Falle der Aussonderungen eine Stapostelle mit mehreren Wehrkreiskommandos zu tun hatte bzw. ein Wehrkreiskommando mit mehreren Stapostellen.[87] Eine Stapostelle war in drei Abteilungen gegliedert, diese wiederum bestanden aus in Sachgebiete unterteilten Referaten.[88] Abteilung I bearbeitete Fragen von Personal und Organisation, Verwaltung und Recht sowie Haushalt und Wirtschaft. Gegnererforschung und

---

[82] Vgl. die diesbezügliche Aussage des Chefs der Leitstelle Breslau im Verf. Neuhammer, Bd. VIII, Bl. 161, sowie das Inventar archivalischer Quellen des NS-Staates, Teil 1, S. 139f.
[83] In einigen Fällen wurden die Stapostellen allerdings aus praktischen Erwägungen heraus an anderen Orten eingerichtet, so für den Reg. Bez. Arnsberg in Dortmund. Vgl. dazu Hey, Westfälische Staatspolizeistellen.
[84] Im Sommer 1941 ging ein Teil der Befugnisse der Leitstellen auf die Inspekteure der Sicherheitspolizei und des SD (IdS) über. Siehe dazu Buchheim, Die SS, S. 80f. Bei den Aussonderungen traten diese allerdings kaum in Erscheinung. So ging der Einsatzbefehl Nr. 9 den in Frage kommenden IdS nur nachrichtlich zu. Lediglich die Kommandoführer in den Stalags Senne und Zeithain erwähnen Kontakte zu den jeweiligen IdS.
[85] Dienstanweisung des Chefs der Sicherheitspolizei und des SD für die Staatspolizeileitstellen vom 15.5.1940. BAK, R 58/243 Bl. 291. Soweit im Folgenden auf Schreiben Bezug genommen wird, die an sämtliche Stapostellen gingen, wird die seinerzeitige Schreibweise „Stapo(leit)stellen" übernommen. Die Dienstaufsicht hatte in jedem Fall das RSHA. Aussage Dr. G., Leiter der Stapo Breslau, Verf. Neuhammer, Bd. VIII, Bl. 157f. Die Bezeichnung der einzelnen Dienststellen legte der RFSS in einem Erlaß am 28.8.1936 fest. BAP, R 58/241, Bl. 63–66.
[86] Vgl. die Aussage des Leiters der Außendienststelle Würzburg, G., Verf. Hammelburg, Bl. 269f.
[87] Der derzeitige Forschungsstand bei Paul/Mallmann, Die Gestapo – Mythos und Realität. Auf die Aussonderungen gehen die Autoren nur am Rande und nicht ganz korrekt ein (S. 176f. und S. 396f.).
[88] Den Ausführungen liegt der Plan der Stapostelle Köln vom 27.4.1942 zu Grunde. Verf. Altengrabow, Dok. Bd. II, Bl. 107–121. Dort noch Geschäftsverteilungspläne verschiedener Stapostellen.

-bekämpfung fielen in den Aufgabenbereich von Abteilung II, und Abteilung III schließlich befaßte sich mit Ausländer- und Abwehrfragen. Die staatspolizeiliche Überprüfung von Kriegsgefangenen war somit eine Angelegenheit der Abteilung II, doch ließ sich in Ausnahmefällen auch die Abteilung III damit betrauen.[89] Die personelle Ausstattung hing von dem jeweiligen Zuständigkeitsbereich sowie dessen Bevölkerungsdichte und -struktur ab. Während etwa bei der Stapo Nürnberg-Fürth rund 140 Polizeibeamte und -angestellte arbeiteten,[90] konnte es bei kleineren Dienststellen durchaus der Fall sein, daß für verschiedene Referate jeweils nur ein Beamter zur Verfügung stand.[91]

Als Behördenleiter und deren Stellvertreter fungierten in der Regel Beamte des höheren Dienstes im Range von Regierungs- oder Oberregierungsräten,[92] bei denen es sich häufig um promovierte Juristen handelte,[93] für die die Berufung an die Spitze einer Stapostelle einen wichtigen Schritt auf ihrer Karriereleiter bedeutete. Am Chef der Stapoleitstelle Breslau, Dr. G., soll abschließend der typische Werdegang eines solchen Beamten aufgezeigt werden. G., geboren 1909, wurde nach Jurastudium und Referendariat 1935 Polizeireferent insbesondere für politische Angelegenheiten beim Regierungspräsidenten in Hildesheim. Von dort kam er ein Jahr später als Polizeidezernent zum Regierungspräsidium Marienwerder. Ende 1938 übernahm er die Leitung der Stapostelle Chemnitz, am 1. Dezember 1939 die Leitstelle Breslau, am 1. September 1942 schließlich die Leitstelle Prag.[94]

Die Einsatzbefehle Nr. 8 und 9 als gemeinsames Vernichtungskonzept von Reichssicherheitshauptamt und Wehrmachtführung

Am 30. März 1941 erläuterte Hitler in einer langen Rede vor etwa 250 hohen Offizieren seine Vorstellungen von der kommenden Auseinandersetzung mit der Sowjetunion. Im Kriegstagebuch Generalstabschef Halders heißt es dazu stichwortartig:[95]

---

[89] Zur Stapo Braunschweig vgl. Wysocki, Arbeit für den Krieg, S. 306–311. Für Frankfurt/M. geben die Abschlußvfg. des Verf. Stapo Frankfurt sowie Diamant, Gestapo Frankfurt am Main, S. 20f., Auskunft. Die Bezeichnungen der einzelnen Abteilungen variieren allerdings. Informationen über die jeweiligen Stapostellen sind in fast allen für diese Untersuchung herangezogenen Verfahren enthalten.
[90] Geschäftsverteilungsplan der Stapo Nürnberg-Fürth von Jahre 1942. Verf. Altengrabow, Dok. Bd. II, Bl. 64–72.
[91] Beschrieben für Würzburg bei Gellately, Die Gestapo, S. 75–78.
[92] Vgl. Taschenbuch für Verwaltungsbeamte, 1942, S. 102–112: Verzeichnis der Dienststellen der Sicherheitspolizei und des SD. Die Leiter besaßen den Angleichungsdienstgrad eines SS-Sturmbann- oder Obersturmbannführers.
[93] Dazu etwa Hey, Westfälische Staatspolizeistellen, S. 88–90 (für die Zeit 1933–1936), für Braunschweig Wysocki, Arbeit für den Krieg, S. 307, mit den entsprechenden Anmerkungen.
[94] Übersicht nach den verschiedenen Aussagen von Dr. G. im Verf. Neuhammer, Bd. VIII, Bl. 125–163. G. war der erste Leiter der Stapostelle Hildesheim. Vgl. Schmid, Die Staatspolizeistelle Hannover, S. 138.
[95] Halder, Kriegstagebuch Bd. II, S. 336f. Mit GPU wurde ab 1922 die politische Staatspolizei in der Sowjetunion bezeichnet, die dann 1934 im NKWD aufging.

„Kampf zweier Weltanschauungen gegeneinander. Vernichtendes Urteil über Bolschewismus, ist gleich asoziales Verbrechertum. Kommunismus ungeheure Gefahr für die Zukunft. Wir müssen vom Standpunkt des soldatischen Kameradentums abrücken. Der Kommunist ist vorher kein Kamerad und nachher kein Kamerad. Es handelt sich um einen Vernichtungskampf. Wenn wir es nicht so auffassen, werden wir zwar den Feind schlagen, aber in 30 Jahren wird uns wieder der kommunistische Feind gegenüberstehen. Wir führen nicht Krieg, um den Feind zu konservieren ...

Kampf gegen Rußland: Vernichtung der bolschewistischen Kommissare und der kommunistischen Intelligenz. Die neuen Staaten müssen sozialistische Staaten sein, aber ohne eigene Intelligenz ...

Kommissare und GPU-Leute sind Verbrecher und müssen als solche behandelt werden."

Damit sah Hitler in jedem sowjetischen Soldaten einen potentiellen Kommunisten und damit jemanden, von dem seiner Ansicht nach eine permanente Bedrohung ausging, der deswegen rücksichtslos beseitigt werden mußte und auf den gerade deswegen die Genfer Konvention von 1929 keine Anwendung finden durfte. Als besonders bedrohlich empfand er die „bolschewistischen Kommissare und die kommunistische Intelligenz", eine Ansicht, der die Mehrzahl der deutschen Generäle so weit beipflichtete, daß sich kaum Widerstand gegen die von Hitler geforderte Konsequenz, nämlich die Vernichtung dieser beiden Gruppen, erhob.[96]

Im Gegensatz zu ihrer Haltung im „Polenfeldzug" war die Wehrmachtführung von Anfang an bereit, sich gemeinsam mit der SS an der Ausrottung dieses Gegners zu beteiligen.[97] Schon am 28. April 1941 unterzeichnete der Oberbefehlshaber des Heeres, Generalfeldmarschall v. Brauchitsch, eine Vereinbarung mit dem Reichssicherheitshauptamt über die Verwendung von Einsatzgruppen der Sicherheitspolizei und des SD im Rücken des kämpfenden Heeres in der Sowjetunion. Für das rückwärtige Heeresgebiet sahen beide Seiten deren Aufgabe vor allem in der „Erforschung und Bekämpfung der staats- und reichsfeindlichen Bestrebungen" außerhalb der feindlichen Wehrmacht und hielten dafür eine Zusammenarbeit zwischen den militärischen Abwehrstellen und der Gestapo für unabdingbar.[98] Entsprechend dieser Übereinkunft sollten die Polizeiformationen die ihnen gestellten Aufgaben auf Weisungen des Chefs der Sicherheitspolizei und des SD hin in eigener Verantwortung durchführen; dem Militär waren sie lediglich hinsichtlich Marsch, Versorgung und Unterbringung unterstellt.

---

[96] Streit, Keine Kameraden, S. 35f. Zur Entwicklung der Zusammenarbeit von Wehrmacht und SS vor dem Krieg gegen die Sowjetunion sowie zur Genese der verschiedenen Befehle ebenda, S. 31–61, sowie Streim, Behandlung, S. 37–53.
[97] Zum Verhältnis der Wehrmacht zu den Einsatzgruppen in Polen Krausnick, Einsatzgruppen, S. 65–88.
[98] Abgedruckt bei Jacobsen, Kommissarbefehl, S. 171–173, Zitat S. 172. Grundlage waren die am 1.1.1937 gemeinsam aufgestellten „Grundsätze für die Zusammenarbeit zwischen Geheimer Staatspolizei und den Abwehrstellen der Wehrmacht". Verweis darauf ebenda.

Der „Kommissarbefehl" des OKW vom 6. Juni 1941 legte erstmals konkret eine Beteiligung von Einsatzgruppen bzw. Einsatzkommandos der Sicherheitspolizei und des SD an der Beseitigung der Kommissare fest. In ihnen erblickte die deutsche Führung sowohl die „eigentliche(n) Träger des Widerstandes" als auch die „Urheber barbarisch asiatischer Kampfmethoden", verweigerte ihnen deshalb den Kombattantenstatus und befahl der Truppe, die Kommissare, „wenn im Kampf oder Widerstand ergriffen, grundsätzlich sofort mit der Waffe zu erledigen". Soweit sie als „Organe der feindlichen Truppe" kenntlich seien, seien sie noch auf dem Gefechtsfeld von den übrigen Kriegsgefangenen abzusondern, „um ihnen jede Einflußmöglichkeit auf die gefangenen Soldaten" zu nehmen, und anschließend zu erschießen. Würden sie dagegen erst im rückwärtigen Heeresgebiet ergriffen, seien sie den Einsatzgruppen der Sicherheitspolizei zur Exekution zu übergeben. Bei der Entscheidung, ob „schuldig oder nicht schuldig", habe auf jeden Fall „der persönliche Eindruck von der Gesinnung und Haltung des Kommissars höher zu gelten als der vielleicht nicht zu beweisende Tatbestand".[99] Aus der Sicht des OKW bot dieser Befehl hinreichend Gewähr dafür, daß kein sowjetischer Kommissar je die deutschen Reichsgrenzen überschreiten würde. Im grundlegenden Befehl zum Kriegsgefangenenwesen vom 16. Juni 1941[100] erwähnte es deswegen auch die Kommissare überhaupt nicht mehr,[101] sondern ordnete lediglich an, das „kriegsgefangene Führerpersonal" vordringlich abzusondern, ohne sich allerdings zu dessen weiterem Schicksal zu äußern.[102]

Der Kommissarbefehl hatte freilich die Möglichkeit außer acht gelassen, daß Kommissare unerkannt in die Kriegsgefangenenlager gelangen konnten, etwa weil sie sich ihre Rangabzeichen abgerissen hatten[103] und damit äußerlich nicht mehr als politische Offiziere erkenntlich waren.[104] Zudem war mit ihnen allein die Gruppe der – im Sinne des Nationalsozialismus – politisch bzw. ideologisch vermeintlich Gefährlichen unter den sowjetischen Soldaten nicht hinreichend umschrieben. So verlangten etwa die „Richtlinien für das Verhalten der Truppe in Rußland" vom 4. Juni, die auf die Kommissare nicht eingingen, ein ebenso „rücksichtsloses und energisches Durchgreifen gegen *bolschewistische Hetzer,*

---

[99] StA N, Nürnbg. Dok. NOKW 1076. Dazu auch Friedrich, Gesetz des Krieges, S. 287–293.
[100] Befehl zum Kriegsgefangenenwesen im Fall Barbarossa; BA/MA, RW 4/v. 578, Bl. 94.
[101] Streit folgert aus der Tatsache, daß die Kommissare im Befehl vom 16.6. nicht erwähnt werden, der Kommissarbefehl sei allgemein bekannt gewesen und seine Befolgung vorausgesetzt worden (Keine Kameraden, S. 74f.). Gerade weil es sich bei dem Befehl vom 6.6. aber um einen zutiefst völkerrechtswidrigen Befehl handelte, mußte man den Adressatenkreis möglichst klein halten (vgl. ebenda, S. 49). Da die Ermordung der Kommissare außerhalb des Reiches stattfinden sollte, war es auch nicht notwendig, den Kommandeuren der Kriegsgefangenen förmlich davon Kenntnis zu geben.
[102] Der OKW-Befehl zur Erfassung und Behandlung der russischen Kriegsgefangenen vom 26.6. (BA/ZNS, Ordner S 22, Bl. 33–39) legte dann den gesonderten Abtransport der Offiziere und Unteroffiziere ins Reichsgebiet in Sonderlager fest (Bl. 36). Der Befehl vom 16.6. ging nur an die Kdre Kgf. im WK I und im Generalgouvernement, während derjenige vom 26.6. sich an alle Wehrkreise richtete. Näheres in Kap. IV, S. 161.
[103] Der Kommissarbefehl beschrieb noch die Erkennungszeichen der Kommissare als Organe der feindlichen Truppe: „roter Stern mit golden eingewebtem Hammer und Sichel auf den Ärmeln".
[104] Vgl. die Meldungen verschiedener Truppenteile bei Jacobsen, Kommissarbefehl, S. 194.

Freischärler und Juden".¹⁰⁵ Die Erarbeitung eines klaren Konzepts zur Bekämpfung des Bolschewismus unter den Kriegsgefangenen, das eine eindeutige Umschreibung dieser Gruppe enthalten mußte, erschien der deutschen Führung unter diesen Umständen zwingend notwendig, zumal in Teilen des Militärs und der Wirtschaft unverhohlen die Forderung nach einem baldigen Arbeitseinsatz der Rotarmisten im Deutschen Reich gestellt wurde und bereits Eingang in die Planung gefunden hatte.

Spätestens mit Beginn des Angriffs auf die Sowjetunion hatte die Wehrmachtführung erkannt, daß die Truppe hier mit einem Problem konfrontiert wurde, das sich letztlich nur mit polizeilichen Methoden lösen ließ und deshalb das Eingreifen des RSHA erforderlich machte. Bereits am 28. Juni verständigten sich OKW und RSHA dahingehend, besondere Kommandos des Chefs der Sicherheitspolizei und des SD in die Stalags zu schicken, um all diejenigen Kriegsgefangenen auszusondern, die in ihren Augen aus weltanschaulichen Gründen „untragbar" waren. Für das Vorgehen dieser Kommandos formulierte Heydrich, der Chef des RSHA, am selben Tag erste Richtlinien, die drei Wochen später nahezu unverändert in den Einsatzbefehl Nr. 8 übernommen wurden.¹⁰⁶

Eine endgültige Entscheidung fiel am 16. Juli 1941 in einer Besprechung von Vertretern des Oberkommandos der Wehrmacht und des Reichssicherheitshauptamtes, an der Oberstleutnant Breyer als Chef der Abt. Kgf., Oberst Lahousen für das Amt Ausland/Abwehr und Generalleutnant Reinecke als Vertreter des OKW sowie SS-Brigadeführer Müller teilnahmen. Lahousen, ein Befürworter einer an der Genfer Konvention orientierten Behandlung der gefangenen Rotarmisten, erinnerte sich 1947 noch an eine harte Auseinandersetzung mit Müller, in der er, Lahousen, die „ganz eigenartigen und willkürlichen Gesichtspunkte" kritisiert habe, nach denen die Einsatzgruppen in der Sowjetunion bereits Aussonderungen in den Kriegsgefangenenlagern vorgenommen hätten. Müller sei aber nur zu minimalen Zugeständnissen bereit gewesen und habe statt dessen „die Notwendigkeit der Aufrechterhaltung der ergangenen Befehle und Richtlinien für die Behandlung der sowjetruss. Kriegsgefangenen aus Gründen der in Gang befindlichen weltanschaulichen Auseinandersetzung" unterstrichen. Diese Auffassung habe Reinecke voll und ganz geteilt und zudem „die Notwendigkeit rücksichtslosester Härte" gegenüber den sowjetischen Soldaten betont, die gerade in den Maßnahmen zum Ausdruck kommen müsse, „die in den Gefangenenlagern zu treffen seien". Der Chef des Allgemeinen Wehrmachtsamtes äußerte nach Lahousens Darstellung in dem Zusammenhang sein Bedauern darüber, daß die Wehrmacht und insbesondere das Offizierskorps noch nicht genü-

---

¹⁰⁵ Nürnbg. Dok. NOKW 1692; Text bei Jacobsen, Kommissarbefehl, S. 187f. Hervorhebung im Original.
¹⁰⁶ BAK, R 58/272. Die Lagerkommandanten wollte das OKW mit einem eigenen Befehl von dem Vorhaben in Kenntnis setzen. Dieser sowie die Vereinbarung selbst sind nicht mehr erhalten. Vorgesehen waren die Aussonderungen für den WK I und das Generalgouvernement; s. dazu unten Kap. IV, S. 161.

gend Verständnis „für die ‚ideologische Ausrichtung' dieses Kampfes auf Leben und Tod gegen den Bolschewismus" aufbrächten.[107]

Am folgenden Tag, dem 17. Juli 1941, beauftragte Heydrich als Chef der Sicherheitspolizei und des SD mit dem Einsatzbefehl Nr. 8 die Stapoleitstelle Königsberg nebst den ihr zugeordneten Stapostellen Allenstein, Tilsit und Zichenau,[108] besondere Einsatzkommandos in die in ihrem Bereich befindlichen Kriegsgefangenenlager „abzustellen", wies aber vorsorglich darauf hin, von anderen Stapostellen könne dabei wegen des Personalmangels keinerlei personelle Unterstützung erwartet werden. Lediglich die Stapoleitstelle Stettin erhielt den Befehl, einen Kriminalrat als Verbindungsmann zum Kommandeur der Kriegsgefangenen im WK I Königsberg, Generalmajor v. Hindenburg, zu entsenden.[109]

Dem Einsatzbefehl lagen als „Anlage 2" Richtlinien bei, die das Aufgabenfeld dieser Einsatzkommandos genau umschrieben. Jeweils ein SS-Führer sollte zusammen mit 4–6 Mann alle sowjetischen Kriegsgefangenen eines Lagers in politischer Hinsicht überprüfen. Der Schwerpunkt dieser Überprüfung lag auf der Aussonderung

„a) der in politischer, krimineller oder in sonstiger Hinsicht untragbaren Elemente unter diesen,
b) jener Personen, die für den Wiederaufbau der besetzten Gebiete verwendet werden können".

Hinzu kamen „insbesondere alle die höheren Staats- und Parteifunktionäre, die aufgrund ihrer Stellung und ihrer Kenntnisse in der Lage sind, Auskunft über Maßnahmen und Arbeitsmethoden des sowjetrussischen Staates, der Kommunistischen Partei oder der Komintern zu geben".

Die Richtlinien definierten die unter a) genannte Gruppe noch näher: „Vor allem gilt es ausfindig zu machen: alle bedeutenden Funktionäre des Staates und der Partei, insbesondere
– Berufsrevolutionäre,
– die Funktionäre der Komintern,
– alle maßgeblichen Parteifunktionäre der KPdSU und ihrer Nebenorganisationen in den Zentralkomitees, den Gau- und Gebietskomitees,
– alle Volkskommissare und ihre Stellvertreter,
– alle ehemaligen Polit-Kommissare in der Roten Armee,
– die leitenden Persönlichkeiten der Zentral- und Mittelinstanzen bei den staatlichen Behörden,
– die führenden Persönlichkeiten des Wirtschaftslebens,

---

[107] Auf das Datum weist die Anlage 2 des Einsatzbefehls Nr. 8 hin. Vgl. Streim, Behandlung, S. 53f. Zitate nach Aff. Lahousen vom 17.4.1947, StA N, Nürnbg. Dok. NO 2894. Ausführlicher Lahousens Aussage am 30.11.1945 in: IMT Bd. II, S. 499–510. Streit, Keine Kameraden, S. 92, Anm. 50, weist darauf hin, daß Lahousen in seinem Verhör einige Dinge erwähnt, die erst Gegenstand einer Besprechung im September gewesen seien.
[108] Neben diesen Stapostellen führte der Verteiler die Kommandeure der Sipo und des SD in Krakau, Radom, Warschau und Lublin auf.
[109] Streim, Behandlung, S. 69, geht fälschlich davon aus, daß der Einsatzbefehl Nr. 8 auch der Leitstelle Stettin befahl, ein EK aufzustellen. Dem widerspricht, abgesehen vom Text, auch das Lagerverzeichnis, das nur Lager im WK I und im GG aufführte. Für beides war Stettin nicht zuständig.

– die sowjetrussischen Intelligenzler,
– alle Juden,
– alle Personen, die als Aufwiegler oder fanatische Kommunisten festgestellt werden."[110]

Bis auf ein veraltetes Fahndungsbuch besaßen die Kommandos indes keinerlei Hilfsmittel, um den genannten Personenkreis herausfinden zu können. Welch geringen „Wert" dieses Buch besaß,[111] das Heydrich in völliger Unkenntnis der realen Verhältnisse in der Sowjetunion hatte zusammenstellen lassen und das „sich weitgehend auf ‚offene' Quellen, vor allem die sowjetische Presse", stützte, hat Helmut Krausnick sehr sarkastisch kommentiert: „Nach welchen Kriterien es die Prädikate ‚gefährlich' oder ‚weniger gefährlich' verteilte, blieb vollends unerfindlich: da sollte der ‚Pianist' Emil Gilels ebenso ‚gefährlich' sein wie Ilja Ehrenburg, während der international doch ebenfalls schon recht bekannte Geiger David Oistrach nicht einmal als ‚weniger gefährlich' eingestuft wurde." Und gerade hinsichtlich der „unteren Ränge in Partei, Bürokratie, Handel und Industrie, bei den Berufsverbänden und bei den Militärs" war nach Krausnicks Ansicht die „Ausbeute" gering.[112]

Um aber das einmal gesteckte Ziel zu erreichen, forderte Heydrich von seinen Leuten:
– selbständiges Arbeiten gemäß den Richtlinien im Rahmen der Lagerordnung;
– engste Fühlungnahme mit dem Lagerkommandanten und seinem Abwehroffizier, wobei sie sich deren Erfahrungen mit den sowjetischen Kriegsgefangenen zunutze machen sollten;
– die Ermittlung aller aus diesen „auszuscheidenden Elemente" durch den Einsatz von V-Leuten; allerdings mußten letztere noch unter den Gefangenen gewonnen werden.

Die Kommandos waren somit weitgehend auf sich allein gestellt und bei ihrer Arbeit auf die Mithilfe des Stalag-Personals angewiesen.

Hinsichtlich des formalen Ablaufs enthielt der Einsatzbefehl Nr. 8 jedoch klare Vorgaben. Die Leiter der Einsatzkommandos mußten über ihre Tätigkeit wöchentlich dem RSHA Bericht erstatten, das seinerseits dann über das weitere Schicksal der ausgesonderten Kriegsgefangenen entschied. Während aber das Los der „Wiederverwendbaren" nicht näher präzisiert wurde, hieß es bezüglich der als „untragbar" Ausgesonderten, sie sollten außerhalb des Lagers, jedoch

---

[110] Im Herbst 1941 wurden diese Kategorien auf Drängen der Wehrmacht noch um die Gruppe der „Unheilbar Kranken" erweitert. Vgl. Aff. Gen. K. v. Österreich; StA N, Nürnbg. Dok. USSR 151, sowie die Aussage Lindows; Verf. Zeithain, Handakten Lindow, Bl. 18. Ausgesondert wurden Kranke nachweislich in den Stalags II D Stargard/Pommern (Aussage A. S.; Verf. Stargard, Bl. 74f.), VII A Moosburg (Schreiben der Leitstelle München vom 21.1.1942, 178-R, S. 426) und XII A Limburg/L. (Aussage v. Westrem; StA N, KV-Proz. Fall 12, A. 34–37, S. 8138.

[111] Zeugen gehen in ihren Aussagen häufiger auf das Fahndungsbuch ein, betonen jedoch zumeist dessen Nutzlosigkeit. Heydrich selbst bezeichnete es in der Anlage als „wenig verwertbar". In den Richtlinien zum Einsatzbefehl Nr. 14 vom 29.10.1941 entfällt bezeichnenderweise dieser Passus. IfZ, Nürnbg. Dok. NO 3422.

[112] Zitate nach Krausnick, Einsatzgruppen, S. 149. Das EK Hammelburg erhielt zusätzlich eine Liste mit „Namen, nach denen geforscht werden sollte". Die Beamten verglichen – erfolglos – mehrere Wochen die Liste mit den Karteikarten der Gefangenen. Aussage Sch.; Verf. WK XIII, Bl. 38f.

nicht in seiner unmittelbaren Umgebung exekutiert werden. Über diese „Sonderbehandlungen" hatte das Kommando eine Liste zu führen, die neben den persönlichen Daten der Gefangenen auch angeben mußte, warum die Betreffenden ausgesondert worden waren. Vor einer Exekution mußte sich der Einsatzkommandoleiter mit dem Chef der örtlich nächstgelegenen Stapo(leit)stelle in Verbindung setzen, dieser diesbezüglich wiederum dem RSHA Meldung machen.

Abschließend machte Heydrich den Kommandos „Hervorragendes Auftreten in und außer Dienst, bestes Einvernehmen mit den Lagerkommandanten, sorgfältige Überprüfungsarbeit (...) zur besonderen Pflicht" und betonte: „Die Angehörigen der EK's haben sich der besonderen Bedeutung der ihnen gestellten Aufgabe stets bewußt zu sein."

Gegenüber dem Entwurf vom 28. Juni gab es in den Richtlinien des Einsatzbefehls Nr. 8 zwei wesentliche Änderungen. Zum einen hatte das RSHA es in der Zwischenzeit für wichtig gehalten, den Einsatzkommandos eine allwöchentliche präzise Berichtspflicht aufzuerlegen, die ihm eine genaue Kontrolle der Aussonderungen ermöglichte. Wenigstens formal schloß es dadurch die Willkür einzelner Kommandos aus und konnte sich so einer weitaus effektiveren Gegnererfassung und -vernichtung sicher sein. In dieselbe Zielrichtung weist auch der neu eingefügte Satz, wonach die Angaben eines V-Mannes allein nicht ausreichten, „einen Lagerinsassen als verdächtig zu bezeichnen". Zum anderen wies Heydrich am 17. Juli seine Leute mehrfach auf die Notwendigkeit einer guten Zusammenarbeit mit den Stalag-Offizieren hin und machte deutlich, daß ohne deren aktive Mitarbeit die Vernichtung des politischen Gegners nicht durchführbar sei.

Die verantwortlichen Offiziere im Kriegsgefangenenwesen bis hinunter zu den Lagerkommandanten hatten indes ihrerseits vom OKW bereits einen entsprechenden Befehl erhalten, dessen Begleitschreiben dem Einsatzbefehl Nr. 8 als „Anlage 1" unter der Überschrift „Richtlinien für die Aussonderung von Zivilpersonen und verdächtigen Kriegsgefangenen des Ostfeldzuges in den Kriegsgefangenenlagern im besetzten Gebiet, im Operationsgebiet, im Generalgouvernement und in den Lagern im Reichsgebiet" beigefügt war und ohne den sie eine Tätigkeit der Einsatzkommandos in ihren Lagern gar nicht hätten zulassen dürfen.

In dieser Anlage heißt es gleich zu Anfang: „Die Wehrmacht muß sich umgehend von all denjenigen Elementen unter den Kr. Gef. befreien, die als bolschewistische Triebkräfte anzusehen sind. Die besondere Lage des Ostfeldzuges verlangt daher besondere Maßnahmen,[113] die frei von bürokratischen und verwaltungsmäßigen Einflüssen verantwortungsfreudig durchgeführt werden müssen.

Während den bisherigen Vorschriften und Befehlen des Kriegsgefangenenwesens ausschließlich *militärische* Überlegungen zu Grunde lagen, muß nunmehr der *politische* Zweck erreicht werden, das deutsche Volk vor bolschewistischen

---

[113] Hervorhebung im Original.

Hetzern zu schützen und das besetzte Gebiet alsbald fest in die Hand zu nehmen."

Aufgabe der Wehrmacht sei zunächst eine grobe Trennung der Gefangenen in 5 Kategorien. Besondere Einsatzkommandos der Sicherheitspolizei und des SD sollten dann zwei der fünf Gruppen, die „politisch untragbare(n) Elemente" sowie besonders vertrauenswürdige und für den Wiederaufbau in den besetzten Gebieten geeignete Personen, übernehmen und aussondern. Als besonders wichtig erachtete es das OKW, daß die Lagerkommandanten und Abwehroffiziere ihre bereits gewonnenen Erkenntnisse den Kommandos zur Verfügung stellte und eng mit diesen zusammenzuarbeiten. Hinsichtlich des weiteren Schicksals der Ausgesonderten enthielt der Befehl keinerlei Informationen.

Der Befehl selbst ist zwar nicht überliefert, doch hat Christian Streit seine Existenz und damit die Herkunft dieser Richtlinien vom OKW/Abt. Kgf. überzeugend nachgewiesen. Hervorzuheben ist hier die Übereinstimmung seines Ausgabedatums mit dem des Einsatzbefehls Nr. 8.[114] OKW und RSHA informierten demnach zum selben Zeitpunkt auf dem Befehlsweg ihre nachgeordneten Dienststellen über die geplanten Maßnahmen und gaben ihnen zusätzlich die Richtlinien der jeweils anderen Seite mit an die Hand, um von vornherein Schwierigkeiten aus dem Wege zu gehen.[115]

Wie intensiv die Wehrmacht am Zustandekommen des Befehlskomplexes vom 17. Juli 1941 beteiligt war, verdeutlicht ein Schreiben des Chefs der Sicherheitspolizei und des SD vom 26. September desselben Jahres. Unter diesem Datum übersandte Heydrich den OKW-Befehl über „die Behandlung sowjetischer Kriegsgefangener" vom 8. September an alle Stapo(leit)stellen und merkte zuvor an: „Sollten bei Durchführung der Säuberung der mit sowjetrussischen Kriegsgefangenen belegten Lager sowie der Arbeitskommandos Schwierigkeiten irgendwelcher Art auftauchen, empfehle ich, die zuständigen Wehrmachtsstellen auf die gemeinsam mit dem OKW ausgearbeiteten Richtlinien sowie auf den Befehl des OKW vom 8.9.1941 hinzuweisen, der lt. Verteiler allen Wehrkreiskommandos zugegangen ist."[116] Noch eindeutiger kommt die Zusammenarbeit beider Seiten in einem Vortrag zum Ausdruck, in dem zwei Beamte der Stapostelle Weimar im Herbst 1941 vor einem ausgewählten, leider nicht näher zu bestim-

---

[114] Streit, Keine Kameraden, S. 90, bes. Anm. 36. Er bezieht sich auf den Befehl zur Behandlung sowjet. Kgf. vom 8.9.1941 (IMT Bd. XXVII, S. 274–283, 1519-PS), in dem u. a. ein Bezugsbefehl vom 17.7. genannt wird. Der Befehl vom 8.9. galt als „Zusammenfassung bzw. Ergänzung der bisher mit verschiedenen Befehlen gegebenen Richtlinien". Da die drei anderen genannten Bezugsbefehle vom 16.6., 26.6. (s. o. Anm. 100 und 102) und 2.8. (BA/MA, RW 19/2109) keine zusätzlichen Richtlinien besaßen, kann sie nur der Befehl vom 17.7. besessen haben. Genau diese Richtlinien beinhaltete die Anlage 1 des Einsatzbefehls Nr. 8. Der eigentliche Befehl des OKW war demgegenüber für die Empfänger des Einsatzbefehls nebensächlich.

[115] Vgl. die entsprechende Formulierung im Einsatzbefehl selbst, der von RSHA-Richtlinien spricht, „von denen gleichfalls das OKW und damit auch die Befehlshaber und Lagerkommandanten Kenntnis erhalten haben". Auch spätere Befehle hoben die enge Zusammenarbeit mit dem OKW hervor, so etwa in Zusammenhang mit dem „Unternehmen Zeppelin". Siehe Kap. II, S. 84.

[116] IfZ, Nürnbg. Dok. NO 3417. Das Schreiben bezieht sich ausdrücklich auf die Einsatzbefehle Nr. 8 und 9. Vgl. Streit, Keine Kameraden, S. 92, der eine Äußerung Reineckes vom 4.9.1941 zitiert, nach der „sich der S. D. an die ihm vorgeschriebenen Richtlinien zu halten" habe.

menden Gremium über die Einsatzbefehle referierten. Entscheidende Voraussetzung für die Exekution der Ausgesonderten sei, daß die Kriegsgefangenen „vom OKW festgestellt und der Sicherheitspolizei übergeben" würden. Und weiter heißt es dann: „Nach den zwischen den in Frage kommenden Instanzen getroffenen Vereinbarungen ist diese Voraussetzung in jedem Fall gegeben."[117]

Der Einsatzbefehl Nr. 8 war aber schon bei seinem Erscheinen insofern ergänzungsbedürftig, als zu diesem Zeitpunkt bereits die ersten sowjetischen Gefangenen im Reichsgebiet selbst eingetroffen waren.[118] Heydrich reagierte sofort und befahl nur vier Tage später, am 21. Juli 1941, mit dem Einsatzbefehl Nr. 9 den Stapo(leit)stellen Schneidemühl, Dresden, Münster, Breslau, Hamburg, Hannover und Posen, die in ihrem Zuständigkeitsbereich belegten „Russenlager" nach „den zum Einsatzbefehl Nr. 8 gegebenen Richtlinien" zu überprüfen, und legte diesen deswegen mit beiden Anlagen bei.[119] Nach einem ebenfalls beigefügten Lagerverzeichnis des OKW befanden sich Rotarmisten inzwischen auf den Truppenübungsplätzen Hammerstein (WK II), Zeithain (IV), Senne (VI), Neuhammer und Lamsdorf (VIII), Munsterlager (X) und Bergen (XI); Thorn (XX) sollte „lt. Mitteilung des OKW in den nächsten Tagen" belegt werden.[120]

Für die Überprüfung der „Russenlager" im Reichsgebiet verkleinerte Heydrich die Einsatzkommandos auf drei bis vier Mann, legte aber im Unterschied zum Einsatzbefehl Nr. 8 ausdrücklich fest, daß es sich bei diesen um bewährte Polizeibeamte unter der Führung eines Kriminalkommissars handeln mußte. Exekutionen von in den genannten Stalags Ausgesonderten sollten jedoch nicht, wie noch am 17. Juli für den WK I und das Generalgouvernement verfügt, im Lager oder dessen Nähe stattfinden, sondern „unauffällig im nächstgelegenen Konzentrationslager durchgeführt werden".

Mit den Einsatzbefehlen Nr. 8 und 9 bzw. dem entsprechenden OKW-Befehl schufen Heydrich und Reinecke die formalen Grundlagen für die Aussonderungen in den Kriegsgefangenenlagern. Während der Einsatzbefehl Nr. 8 vor allem das Vorgehen der Einsatzkommandos systematisierte, erweiterte Nr. 9 mit geringfügigen Änderungen den Geltungsbereich auf das gesamte Deutsche Reich. Da beide Seiten ihr wichtigstes Ziel in einer allumfassenden Vernichtung des ideologischen Gegners sahen, war diese Ausweitung auch nur konsequent; wenn

---

[117] Kogon, Der SS-Staat, S. 238.
[118] Die erste Belegungsübersicht über die Russenlager im Reich stammt vom 15.7.1941. BA/MA, RW 6/v. 184, Bl. 151. Reinecke war demnach bei dem Gespräch am 16.7. nicht auf dem neuesten Stand.
[119] Welchen Stellenwert Heydrich den Aussonderungen beimaß, zeigt sich daran, daß er den genannten Stapo(leit)stellen den Auftrag erteilte und so einige eigentlich zuständige Stapostellen überging: Bielefeld für Senne, Liegnitz für Neuhammer, Lüneburg für Munsterlager und Bergen; für Lamsdorf wäre die Stapostelle Oppeln zuständig gewesen. Bielefeld, Liegnitz und Lüneburg waren allerdings mit Erlaß des Chefs SipouSD vom 30.5.1941 zu von Münster, Breslau bzw. Hamburg abhängigen Außendienststellen herabgestuft worden (HStA H, Hann 87a Nr. 4). Die Außendienststellen wären auch personell nicht in der Lage gewesen, die Überprüfungen durchzuführen. Siehe unten das Beispiel Oflag Hammelburg.
[120] IfZ, Nürnbg. Dok. NO 3415. Für Thorn war jedoch nicht die Stapoleitstelle Posen, sondern die Stapostelle Bromberg zuständig, die ihrerseits der Stapoleitstelle Danzig zugeordnet war.

in den weiteren Ausführungen häufiger auf den Einsatzbefehl Nr. 8 Bezug genommen wird als auf Nr. 9, so liegt das in erster Linie daran, daß ersterer mit seinen Richtlinien das „Handwerkszeug" für die Kommandos darstellte. Ohne den Befehl vom 21. Juli aber wäre dem RSHA ein Zugriff auf die Kriegsgefangenenlager innerhalb des Reiches verwehrt geblieben, ein Zusammenhang, der in der bisherigen Forschung nicht genügend Berücksichtigung gefunden hat.[121]

Möglich wurden diese Aussonderungen jedoch nur deshalb, weil das Militär am 17. Juli aus ideologischen Gründen auf die ausschließliche Verfügungsgewalt über die sowjetischen Kriegsgefangenen verzichtete und durch die Einrichtung der „Russenlager" „optimale Arbeitsbedingungen" für die Einsatzkommandos schuf. Entscheidend aber war, daß maßgebliche Vertreter des OKW vorbehaltlos das Vernichtungsvorhaben bejahten, wie aus einer Äußerung Keitels vom 23. September 1941 hervorgeht. Dieser merkte zu den grundsätzlichen Bedenken des Amtes Ausland/Abwehr vom 15. des Monats hinsichtlich der Behandlung der Gefangenen an: „Die Bedenken entsprechen den soldatischen Auffassungen vom ritterlichen Krieg! Hier handelt es sich um die Vernichtung einer Weltanschauung. Deshalb billige ich die Maßnahmen und decke sie."[122]

Wie eng die Wehrmacht und das RSHA dann in der Tat bei der Suche nach und der Vernichtung von „untragbaren" sowjetischen Kriegsgefangenen zusammenarbeiteten, soll im folgenden Kapitel gezeigt werden.

---

[121] Eines neuen OKW-Befehls bedurfte es nicht, da sich der Geltungsbereich desjenigen vom 17.7. schon auf sämtliche Lager im Reichsgebiet erstreckte. Vgl. die Überschrift der Anlage 1 des Einsatzbefehls Nr. 8.
[122] StA N, Nürnbg. Dok. 338-EC. Das Amt Ausland/Abwehr kritisierte auch, daß die Entscheidung über das weitere Schicksal der Kriegsgefangenen in den Händen der EK liege. Keitel hielt das allerdings, einer Randbemerkung zufolge, für „sehr zweckmäßig".

II. Die Aussonderung und Ermordung der sowjetischen Kriegsgefangenen im Zusammenwirken von Stapo und Wehrmacht

Die Aufstellung der Einsatzkommandos

Der Einsatzbefehl Nr. 9 erreichte, als Geheime Reichssache eingestuft, Ende Juli 1941 die vorgesehenen Stapostellen.[1] Dort waren allein die Stellenleiter, in ihrer Abwesenheit auch die Stellvertreter, berechtigt, derartige Schreiben entgegenzunehmen, um sie dann den in Frage kommenden Abteilungs- oder Referatsleitern gegen Quittung[2] zur weiteren Ausführung auszuhändigen. Das RSHA hatte es im Fall der Einsatzbefehle allerdings bewußt vermieden, sich auf eine bestimmte Abteilung festzulegen, um den Stapostellen nicht ihre Flexibilität zu nehmen, so daß zwar in der Regel die Abteilung II „Gegnererforschung und -bekämpfung" den Auftrag erhielt, gelegentlich jedoch auch, wie etwa in Breslau, die Abteilung III „Ausländer- und Abwehrfragen".

Befehlsgemäß wurde ein Kriminalkommissar, oft der Leiter des Referats „Kommunismus und Marxismus", mit der Aufgabe betraut, doch zwang ab Herbst 1941 die Personalnot die Stapostellen dazu, auch Rangniedrigere zum Führer eines Einsatzkommandos zu berufen.[3] Der betreffende Beamte war dann dem RSHA zu melden, dessen Zustimmung eingeholt werden mußte. In den Fällen indes, in denen die Stapostelle den Posten nicht aus ihrem eigenen Personalbestand besetzen konnte, befahl Berlin anderen Stellen, Polizisten für diesen Zweck nach dort abzugeben. So erhielt Kriminalkommissar U., der spätere Führer des Einsatzkommandos im Stalag 304 Zeithain, in seiner Dienststelle in Leipzig ein Schreiben des RSHA, er sei für einen Sonderauftrag vorgesehen, über

---

[1] Vgl. das Exemplar des Einsatzbefehls Nr. 8 für die Leitstelle Posen, auf dem der dortige Leiter B. am 21.7. mit seinem Kürzel formale Änderungen bestätigte. Verf. Heidelager, Bd. 1, Bl. 13; dazu auch Verf. Thorn, Bd. II, Bl. 124. In den Vernehmungen gab einzig der Leiter der Stapostelle Oppeln, Biberstein, zu, die Einsatzbefehle erhalten zu haben. Verf. Neuhammer, Bd. VIII, Bl. 179 sowie Interrog. Biberstein und Aff. Biberstein, IfZ, Nürnbg. Dok. NO 4314. Die Einsatzbefehle entstammten dem Sachgebiet IV A 1 c im RSHA.
[2] Aussage L. S., Angestellte bei der Stapo Breslau; Verf. Neuhammer, Bd. XX, Bl. 105–107.
[3] So im Fall der EK Lamsdorf (Aussage Biberstein; ebenda, Bd. VIII, Bl. 181), Hammelburg (s. u.) und Fürstenberg/Oder (Abschlußvfg. Verf. Fürstenberg, Bl. 16 und 18). Durch Erlaß des RFSS war es seit dem 16.2.1942 sogar möglich, vom Dienst suspendierte Beamte zu den EK abzustellen, was aber „nicht zu einer Diskriminierung der wichtigen staatspolizeilichen Tätigkeit in den Gefangenenlagern führen" dürfe. Verf. Senne, Beiheft I Dokumente, Bl. 49f. Vgl. die Aussage von H. B. (EK Stuttgart), der ab Frühjahr 1942 im Generalgouvernement aussonderte: „Im Generalgouvernement waren bereits suspendierte Beamte für diese Aufgabe eingesetzt. Wir Sonderbeamte sollten jene suspendierte Beamte bei den Überprüfungen verstärken bzw. ablösen." Verf. Ludwigsburg, Bl. 105.

dessen Einzelheiten er noch unterrichtet werde. Wenig später teilte ihm dann sein Vorgesetzter die Abordnung zu der für Zeithain zuständigen Leitstelle Dresden mit.[4]

Im Falle des Einsatzkommandos Senne wich das RSHA von diesem Verfahren ab. Nach dem Einsatzbefehl Nr. 9 hätte eigentlich die Stapoleitstelle Münster dieses Kommando aufstellen müssen, doch entsandte statt dessen die Stapostelle Köln im Bereich der Leitstelle Düsseldorf den Kriminalkommissar F. in die Senne.[5] Ein Irrtum schließlich unterlief dem Sachbearbeiter im RSHA hinsichtlich der Kommandos für die Stalags 310 Wietzendorf, gelegentlich auch als Munsterlager bezeichnet, 311 Bergen-Belsen und 321 Fallingbostel-Oerbke in der Lüneburger Heide. Da sie in verschiedenen Wehrkreisen lagen, hielt er zwei Stapoleitstellen für zuständig, nämlich Hamburg und Hannover, doch hatte er übersehen, daß die Wehrkreisgrenzen nicht mit denen der Stapostellen identisch waren. Die Überprüfung der drei Lager war allein Aufgabe Hamburgs, das dann dafür zwei Einsatzkommandos unter Führung der Kriminalkommissare M. bzw. Chr. zusammenstellte.

Bei den Leitern der Einsatzkommandos handelte es sich um bewährte, mit etwa 35 Jahren allerdings zumeist noch relativ junge Polizeibeamte mit z. T. langjähriger Diensterfahrung. Den Hammelburger Einsatzkommandoleiter Kriminalinspektor Paul Ohler beschrieb später ein Vorgesetzter als einen „besonders vertrauenswürdige(n) Charakter", der „dafür bekannt war, daß er in seinem Dienst vollkommen aufging".[6] Die dienstliche Einschätzung des oben genannten U. seitens seiner Vorgesetzten zeigt sich daran, daß er, seinen eigenen Angaben zufolge, unmittelbar nach seinem Einsatz im Stalag Zeithain einer Sonderkommission angehörte, die im Mai 1942 in Prag zur Aufklärung des Mordes an Heydrich eingerichtet wurde und zu deren Aufgabenbereich auch die Sicherung des Trauerzuges gehörte.[7] Mit dem Spezialeinsatz in den Kriegsgefangenenlagern war freilich auch die Hoffnung auf eine vorzeitige Beförderung verbunden, und so scheinen sich manche Beamte nach der Aufgabe geradezu gedrängt zu haben.[8]

Bei der Erteilung des Auftrages übergaben die Vorgesetzten ihren Untergebenen die Einsatzbefehle einschließlich ihrer Anlagen. Zwar bestritten einige Einsatzkommandoführer das nach dem Krieg und behaupteten, die Befehle lediglich

---

[4] Verf. Zeithain, Bd. II, Bl. 347, Vernehmung U. U., geb. 1905, war seit 1933 zunächst bei der Kriminalpolizei, ab 1934 bei der Politischen Polizei, wo er schnell aufstieg.
[5] Verf. Senne, Vernehmungen Bd. I, S. 80–82; Bd. II, S. 103f. Köln blieb zumindest soweit zuständig, daß der Stapoleiter zusammen mit dem Kölner Polizeipräsidenten im Herbst 1941 das Stalag Senne besichtigen konnte. Ebenda. Siehe auch den Geschäftsverteilungsplan der Stapo Köln vom 27.4.1942, Verf. Altengrabow, Dok. Bd. II, Bl. 113. Der Münsteraner Dienststellenleiter fühlte sich übergangen und zeigte sich dementsprechend verärgert. Hüser/Otto, Stalag 326, S. 57f.
[6] Aussage des Stellvertretenden Nürnberger Polizeipräsidenten H.; Verf. WK XIII, Bl. 90. Der Breslauer Stapochef Dr. G. nannte den Einsatzkommando-Leiter in Neuhammer, Kriminalkommissar D., einen gewissenhaften Beamten, auf den man sich habe voll verlassen können. Verf. Neuhammer, Bd. VIII, Bl. 162.
[7] Verf. Zeithain, Bd. II, Bl. 354f.
[8] Biberstein berichtet für Oppeln, daß sich der spätere Führer des EK Lamsdorf, Kriminalkommissar B., zuvor bei ihm über zu geringe Auslastung beklagt habe. Verf. Neuhammer, Bd. VIII, Bl. 179.

vom Hörensagen zu kennen, doch widerlegt das eindeutig ein ergänzender Befehl des Chefs der Sicherheitspolizei und des SD vom 27. August 1941, der den Stapostellen anheimstellte, „Überexemplare der Einsatzbefehle Nr. 8 und 9 für die Führer der Einsatz- und fliegenden Kommandos" anzufordern.[9] Zumindest in einigen Fällen erläuterten die Stellenleiter zusätzlich die Einsatzbefehle und hoben die Notwendigkeit der Aussonderungen hervor. So erinnerte sich Ohler noch 1950, wie der Stellvertretende Leiter der Stapostelle Nürnberg-Fürth, Kriminalrat und SS-Sturmbannführer Ottomar Otto (1892–1945?),[10] den Auftrag begründet hatte:

„Bei dieser Auftragserteilung hat Otto mir erklärt, daß die Aussonderung der sowjetrussischen Kriegsgefangenen von höchster Stelle befohlen sei und durchgeführt werden müsse als Repressalie gegen die Sowjetunion wegen der bestialischen Behandlung und Ermordung deutscher Soldaten, die in sowjetrussische Kriegsgefangenschaft geraten sind. Diese Maßnahme müsse auch deswegen durchgeführt werden, weil die Sowjetunion der Genfer Konvention nicht angehöre und ihre Maßnahmen gegen deutsche Soldaten auf andere Art und Weise nicht unterbunden werden könnten. Otto betonte ausdrücklich, daß die Aussonderung sowj. Kgf. nicht gegen das Völkerrecht verstoße. Ich möchte hier bemerken, daß Otto Offizier war und vom Völkerrecht mehr verstehen mußte als ich."[11]

Auch auf die Zuweisung der übrigen Kommandoangehörigen nahmen die Stapostellenleiter maßgeblichen Einfluß, und nur selten suchte der Führer des Einsatzkommandos seine Leute selbst aus, meist drei oder vier Beamte des mittleren oder einfachen Dienstes, die oft derselben Abteilung entstammten wie ihr zukünftiger Vorgesetzter.[12] Lediglich in Ausnahmefällen wurden Angehörige anderer Dienststellen zu den Kommandos abgeordnet. Hinzu kam noch Hilfspersonal wie Fahrer und Dolmetscher.[13] Die Zusammensetzung der Gruppe blieb in den „Russenlagern" während des gesamten Einsatzes nahezu unverändert; für die übrigen Stalags läßt sich keine generalisierende Aussage treffen.

Einige Kommandos waren kleiner bzw. größer als vorgeschrieben. So waren im Stalag 326 Senne nur drei Mann insgesamt eingesetzt, während die Stapoleitstelle Posen Ende 1941 etwa 15 bis 20 Beamte in das Stalag XXI C Wollstein zu

---

[9] IfZ, Nürnbg. Dok. NO 3448; ausführlich zu diesem Befehl s. unten S. 124.
[10] Seit 1923 in der Polizeidirektion Nürnberg. Nach 1933 Leiter des Referats Bekämpfung Kommunismus und Marxismus; 1938 Kriminalrat und Leiter der Abt. II; im Januar 1942 Kriminaldirektor, seit 1940 Stellvertretender Stapoleiter. Angaben nach Grieser, Himmlers Mann in Nürnberg, S. 310f.
[11] Verf. Zeithain, Handakten, Bl. 306. Vgl. eine Aktennotiz zu einer Besprechung mit dem Allg. Wehrmachtsamt (AWA) über den OKW-Befehl vom 8.9. betr. Behandlung der sowjet. Kgf., nach der man eine Verbesserung der Lage der deutschen Gefangenen nur durch eine Beendigung der Aussonderungen erreichen könne. Die bisherigen Erschießungen ließen sich dann noch als Gegenmaßnahme gegen die Erschießung deutscher Offiziere rechtfertigen. BA/MA, RW 6/v. 279, Bl. 14.
[12] Die Leitstelle Breslau nahm dafür Beamte, deren Sachgebiete „Tschechoslowakei" und „Polen" wegen der Kriegsereignisse überflüssig geworden waren. Aussagen J. und Th.; Verf. Neuhammer, Bd. VIII.
[13] Dolmetscher stellte auch die Wehrmacht. Beispiel für eine Stapo-Dolmetscherin (EK Regensburg) s. Interrog. Lydia Kriwoschkin.

einer einmaligen Überprüfungsaktion abstellte, nachdem dort unerwartet etwa 2 000 Gefangene angekommen waren, deren Transport auf dem Weg vom Baltikum ins Ruhrgebiet unter Fleckfieberverdacht geraten war.[14]

Das Einsatzkommando im Oflag 62 (XIII D) Hammelburg, aufgestellt von der Stapo Nürnberg-Fürth, kann in seiner Zusammensetzung als typisch gelten. Die vier Beamten waren im Durchschnitt 36 Jahre alt. Sie hatten je vier Jahre die Volks- und Realschule und danach eine Berufsschule besucht, waren im Alter von etwa 20 Jahren in den Polizeidienst eingetreten und zwischen 1937 und 1939 zur Gestapo versetzt worden. Drei von ihnen kamen aus Nürnberg, der vierte war Angehöriger der Außendienststelle Würzburg und seinen Kollegen bis dahin unbekannt. Sie standen im Range von Kriminalsekretären bzw. -oberassistenten und besaßen einen SS-Angleichungsdienstgrad, für gewöhnlich den eines Hauptscharführers.[15]

Im Gegensatz zu den Kommissaren erhielten die übrigen Angehörigen der Einsatzkommandos ihre Abordnung manchmal sehr unvermittelt. Th. von der Leitstelle Breslau etwa wurde eines Tages angewiesen, sich am nächsten Morgen im Hof des Polizeipräsidiums einzufinden; mitbringen müsse er allerdings Waschzeug, da er erst am Wochenende nach Breslau zurückkomme.[16] Der Münchener Stapobeamte K. erhielt lediglich die Aufforderung mitzukommen, er werde unterwegs schon erfahren, worum es gehe.[17] In der Regel aber fanden sich die Männer auf einen Befehl des betreffenden Kriminalkommissars in dessen Dienstzimmer ein. Dieser informierte sie darüber, daß ein Sonderauftrag zu erfüllen sei, bei dem es um die Aussonderung sowjetischer Kriegsgefangener gehe, las ihnen die Einsatzbefehle in Auszügen oder insgesamt vor oder paraphrasierte den Text.[18] Am folgenden Tag fuhr die Gruppe dann zu dem zugewiesenen Kriegsgefangenenlager. Die Formation erhielt die offizielle Bezeichnung „Einsatzkommando des Chefs der Sicherheitspolizei und des SD – Stalag ...." und war befugt, sich für diese Funktion einen Dienststempel zuzulegen.[19] Wie sich aus der Formulierung ergibt, war die Gruppe dem Einfluß der aufstellenden Stapostelle weitgehend entzogen und dem RSHA unmittelbar unterstellt.[20]

Wenigstens die Beamten der Stapoleitstellen München und Breslau wurden aber zuvor nach Berlin zum RSHA befohlen.[21] Was dort geschah, hat einer von

---

[14] Vernehmung E. D.; Verf. Senne, Bd. I Vernehmungen, Bl. 56–58. Der Einsatzkommandoführer F. sprach von 2 oder 3 Beamten. Ebenda, Bl. 80ff. Zu Wollstein vgl. die Vernehmung des ehemaligen Kdten A. H.; Verf. Wollstein, Bd. I, Bl. 105–110. Ein anderer ehemaliger Soldat gab 500–700 Kgf. an. Ebenda, Bl. 195.
[15] Zusammenstellung (ohne Einsatzkommandoführer) nach den verschiedenen Verhören in den Verf. WK XIII, Zeithain und Hammelburg.
[16] Verf. Neuhammer, Bd. VIII, Bl. 95.
[17] Verf. WK VII, Bl. 290.
[18] Sehr präzise geschildert von H. B. (EK Stuttgart). Verf. Ludwigsburg, Bl. 101.
[19] Direkt überliefert für das Stalag XXI C Wollstein. Verf. Wollstein, Anklageschrift, S. 29 und Verf. Senne, Bd. I, Bl. 94 und 96. Ähnlich Aussage Ohler für das Oflag Hammelburg; Verf. Stalag 341, Dok. Bd. II, Bl. 394.
[20] So etwa die Aussage von Dr. G., Stapo Breslau; Verf. Neuhammer, Bd. VIII, Bl. 168. Ähnlich für Oppeln Interrog. Biberstein, S. 3. Vgl. auch die Anlage 1 des Einsatzbefehls Nr. 8.
[21] Nach der Aussage Bibersteins war auch der Leiter des EK Lamsdorf, Kriminalkommissar B., vor seinem Dienstantritt zu einer Besprechung in Berlin. Verf. Neuhammer, Bd. VIII, Bl. 182.

ihnen 1975 in seiner Vernehmung wie folgt beschrieben: "Dort bekamen J. und ich eine Uniform der Sipo verpaßt. Ob auch L. eine Uniform bekommen hat, weiß ich nicht, möglicherweise besaß er ebenso wie D. eine. Die Uniform der Sipo war aus grauem Stoff mit schwarzen Spiegeln. Auf den Spiegeln waren SS-Runen, soweit der Träger der Uniform Angehöriger der allgemeinen SS war. Ansonsten blieben die Spiegel frei. Allerdings war auf einem Spiegel ein Dienstrangabzeichen. (...) Nach der Einkleidung sind wir noch am selben Tag nach Neuhammer gefahren."[22] 1950 hatte ein Angehöriger des Einsatzkommandos München schon nahezu das gleiche zu Protokoll gegeben.[23]

Eine Einkleidung hätte allerdings auch vor Ort stattfinden können, so daß es wohl eher darum ging, den Männern klare Anweisungen zu geben. Ziel des RSHA dürfte es gewesen sein, die Einsatzkommandos in den Stalags als Formation der SS und nicht der Polizei in Erscheinung treten zu lassen, dadurch den weltanschaulichen Aspekt der Aussonderungen gegenüber der Wehrmacht in den Vordergrund zu stellen und zugleich Präsenz und Einfluß innerhalb der Kriegsgefangenenlager zu demonstrieren.

Das Aufspüren und die Einvernahme „verdächtiger" Gefangener

Nach der Ankunft im Stalag begab sich der Führer des Einsatzkommandos zum Kommandanten, um sich dort vorzustellen und formell den Zugang zum militärischen Sicherheitsbereich zu erbitten. Den Auftrag näher zu erläutern, erwies sich als unnötig, denn der Kommandant seinerseits hatte, wie bereits erörtert, über den Wehrkreis davon erfahren, daß die Aussonderungen im Einvernehmen mit dem OKW erfolgten; in der Regel hatte er seine Offiziere bereits vor der Ankunft des Kommandos im Rahmen einer Dienstbesprechung nicht nur entsprechend unterrichtet, sondern auch zur Unterstützung des Kommandos im Rahmen der geltenden Befehle aufgefordert.[24]

Gegenstand des für gewöhnlich zwar unpersönlich, aber doch sehr sachlich verlaufenden Gesprächs war die Aufgabenverteilung zwischen Wehrmacht und Stapo beim Aussonderungsvorgang. Während die eigentliche Überprüfung außerhalb des Kompetenzbereichs des Kommandanten lag und deswegen kaum diskutiert wurde, war das Kommando vorher und nachher wegen der großen Anzahl der Gefangenen auf die Mitarbeit des Militärs angewiesen, ohne dessen Hilfe beispielsweise eine sichere Verwahrung der Ausgesonderten nicht möglich war. Von Ausnahmen abgesehen, stieß der Einsatzkommandoleiter mit seinem Anliegen auf keinerlei Schwierigkeiten. Im Anschluß an den Meinungsaustausch stellte der Stalag-Kommandant den Beamten für ihre Vernehmungstätigkeit zu-

---

[22] Verf. Neuhammer, Bd. XX, Bl. 135ff.
[23] Verf. WK VII, Bl. 290. Auch das EK im Oflag Hammelburg begann mit den Aussonderungen erst, nachdem die Beamten neue Uniformen aus Berlin erhalten hatten. Verf. WK XIII, Bl. 39 und 42. Der eigentliche Dienstbeginn zögerte sich dadurch um etwa eine Woche hinaus.
[24] Beispielhaft für den Verlauf sind die Verfahren zu Neuhammer und Hammelburg. Zur Kontaktaufnahme ausführlich Verf. Stargard, Bl. 73f.

meist eine Baracke im Vorlager zur Verfügung,[25] zu der allen Wehrmachtsangehörigen der Zugang verwehrt war. Demgegenüber konnten sich in der Regel die Beamten im gesamten Lagerbereich ungehindert bewegen.

Das Aussortieren der Gefangenen begann, z.T. unter Anwendung von Gewalt, oft unmittelbar bei deren Ankunft nach dem sogenannten „Augenschein".[26] Sowjetische Soldaten, denen ein „jüdisches" Aussehen unterstellt wurde, mußten sich in einem entwürdigenden Akt auf eine etwaige Beschneidung hin untersuchen lassen, ein Vorgang, der sich auch bei den späteren Verhören immer wieder abspielte. Gleichzeitig erfolgte eine Einteilung der Neuankömmlinge nach Volkstumsgruppen[27] sowie ein erstes Aussortieren von „politisch untragbaren" bzw. „besonders vertrauenswürdigen" unter den Gefangenen.[28] Dies wäre ohne die massive Hilfe des Stalagpersonals unter der Aufsicht des Abwehroffiziers freilich unmöglich gewesen,[29] denn dafür war allein die Zahl der Ankommenden viel zu groß. So hielten sich im Stalag 304 Zeithain z. B. Mitte August 1941 bei der Ankunft des Einsatzkommandos knapp 32000, im Stalag 308 Neuhammer 30000 und im Stalag 310 Wietzendorf etwa 28000 Rotarmisten auf, von denen sich ein Teil sogar schon im Arbeitseinsatz befand.

Die „Vorsortierung" erfolgte zumeist auf Hinweise aus den Reihen der Gefangenen hin; eine genauere Überprüfung war dann Sache des Einsatzkommandos, das als Grundlage für seine Arbeit von der Abwehrstelle des Stalags eine Liste mit Namen der Abgesonderten erhielt. Anfänglich standen die Beamten dieser Aufgabe allerdings nahezu hilflos gegenüber, denn es zeigte sich sehr schnell, daß die herkömmlichen polizeilichen Methoden nicht ausreichten, Gefangene herauszufinden, die nach den Vorgaben der Einsatzbefehle tatsächlich als „gefährlich" einzustufen waren.[30] Das RSHA hatte dieses Problem indes vorhergesehen und ihnen eine gewisse „Einarbeitungszeit" zugestanden.

Mit der Hilfe von V-Leuten unter den Gefangenen gelang es dann aber recht schnell, die gemäß Einsatzbefehl Nr. 8 „auszuscheidenden Elemente Zug um Zug zu ermitteln". Immer wieder ist in den Quellen die Rede davon, sowjetische

---

[25] Biberstein, Stapoleiter in Oppeln, fuhr persönlich in das Stalag 318 Lamsdorf, stellte sich bei dessen Kommandanten vor und besichtigte die Räume, die dieser dem Kommando zugewiesen hatte. Verf. Neuhammer, Bd. VIII, Bl. 181.

[26] Eine erste Aussonderung nahmen Wehrmachtseinheiten schon in den Dulags hinter der Front vor. Nach einem Befehl des Generalquartiermeisters Wagner vom 24.7.1941 waren „politisch untragbare und verdächtige Elemente, Kommissare und Hetzer" zu erschießen, Juden sollten auf jeden Fall von Deutschland ferngehalten werden. Streit, Keine Kameraden, S. 99f.

[27] So etwa Aussage L. zu Stalag 310; Verf. Wietzendorf, Bd. 3, Bl. 444.

[28] Die militärische Abwehr stellte eigene Übersichten über sowjet. Offiziere und Kommissare zusammen. Bericht der Abwehrstelle WK IV vom September 1941 an das Amt Ausland/Abwehr. BA/MA, RW 4/v. 320, Bl. 269. Ob und wie oft ein solcher Bericht an die Stapo ging, läßt sich nicht feststellen.

[29] Aussage L.; Verf. Zeithain, Bd. II, Bl. 332; Aussage J.; Verf. Neuhammer, Bd. XX, Bl. 19. Von der militärischen Abwehr direkt übernommen wurden Kriminelle, die nach Zeugenaussagen an einer speziellen Tätowierung zwischen Daumen und Zeigefinger erkenntlich waren, sowie Gefangene, die des Kannibalismus beschuldigt wurden. Verf. Zeithain, Bd. IV, Bl. 876. Auf Kannibalismus stand die Todesstrafe. Im Stalag 318 Lamsdorf z. B. wurde ein Kgf. deswegen gehängt. Verf. Neuhammer, Bd. VI, Bl. 25.

[30] Vgl. Aussage Sch., EK Hammelburg; Verf. WK XIII, Bl. 34: „Ich weiß noch, daß ich für meine erste Vernehmung etwa 6 Seiten benötigte, und dann immer noch so klug war wie zuvor."

Aufspüren und Einvernahme „verdächtiger" Gefangener 65

Soldaten hätten sich freiwillig als Informanten zur Verfügung gestellt, sei es, weil sie aus politischen Gründen das bolschewistische System ablehnten oder weil sie sich, wie etwa die Volksdeutschen oder die Ukrainer, wegen ihrer Nationalität im Vielvölkerstaat Sowjetunion verfolgt gefühlt hatten.[31] Ein Bericht des Abwehroffiziers im Oflag 52 Schützenort (WK I) von Ende August 1941 an die Abteilung Wehrmachtpropaganda im OKW vermittelt einen Eindruck davon, wie sehr sich der jahrelang aufgestaute Druck in Haß und Verrat entladen konnte: „Jetzt, wo die Gewalt gebrochen ist, wo die Kommissare und die GPU den Leuten nicht mehr auf den Hacken sitzen, bricht das ganze kommunistische Gebäude zusammen. – Die Sipo findet unter den Kr.Gef. viele freiwillige Helfer, jetzt ist endlich die Gelegenheit da, wo sie sich an ihren alten Peinigern rächen können."[32] Nichts kennzeichnet die Dramatik der Verhältnisse allerdings so sehr wie ein lapidarer Vermerk im Todesfall-Register des Stalag 308 Neuhammer. Dort ist hinter dem Gefangenen Hudassew, der am 8. August als „verstorben" eingetragen wurde, notiert: „Hudassew war GPU-Kommissar und hat in Gemeinschaft mit der Nr. 8734 die Nr. 10258 erwürgt, da derselbe ihn verraten wollte. Daraufhin ist er mit der Nr. 8734 von den eigenen Leuten erschlagen worden."[33]

In der Erwartung, daß etliche Rotarmisten die Verhältnisse durchaus für eine persönliche Abrechnung nutzen könnten, hatte das RSHA seine Stapobeamten in den Richtlinien vorsorglich angewiesen, sich nicht auf die Aussagen eines V-Mannes allein zu verlassen, sondern nach Möglichkeit eine zusätzliche Bestätigung für die „Schuld" oder „Unschuld" eines Beschuldigten zu suchen, zumindest aber den Vertrauensmann zuvor auf seine Zuverlässigkeit hin zu überprüfen. Wie dies geschah, zeigt eine Meldung des Leiters des Einsatzkommandos München, Kriminalkommissar Schermer, an die dortige Stapoleitstelle vom 15. November 1941: „Besonderer Wert wurde darauf gelegt, daß die Angaben eines Vertrauensmanns durch einen anderen Vertrauensmann bestätigt wurden. Damit wurde von vornherein die Möglichkeit ausgeschaltet, daß ein V-Mann einen russischen Kriegsgefangenen nur aus Gehässigkeit, persönlicher Feindschaft oder aus anderen durchsichtigen Gründen einer besonders aktiven Tätigkeit in der SU beschuldigte."[34] Die Problematik eines derartigen Verfahrens liegt auf der Hand.

Die von den Denunzianten als verdächtig bezeichneten Soldaten forderte das Einsatzkommando bei der Kommandantur des Kriegsgefangenenlagers für den

---

[31] Volksdeutsche fanden vielfach Verwendung als Dolmetscher, Ukrainer als Lagerpolizisten, wobei sie durch besondere Härte auffielen. Grundlegende Befehle dafür ergingen am 16.6., 26.6. und 8.9.1941. Näher dazu Hüser/Otto, Stalag 326, S. 127ff. und Keller, „Russenlager", S. 130. Die Beamten machten sich allerdings die Not der Gefangenen zunutze, indem sie ihnen für ihre Spitzeltätigkeit Sonderrationen an Tabak und Brot anboten.
[32] BA/MA, RW 4/v. 320, Bl. 200. Es war dies jedoch kein Oflag im herkömmlichen Sinne, sondern wie sechs andere Oflags im WK I hatte das OKW diese Einheit am 16.6.1941 vorübergehend als Stalag eingesetzt. BA/MA, RW 4/v. 578, Bl. 92. Vgl. auch das dem Einsatzbefehl Nr. 8 beigefügte Lagerverzeichnis.
[33] ZAMO, A 33948 d. 1. Die Nummern meinen die Erkennungsmarken. Näheres zum Todesfall-Register in Kap. IV, S. 155f.
[34] 178-R, S. 426. Ähnlich Interrog. Ohler.

folgenden Tag zum Verhör an. Meist zu zweit, in Hammelburg sogar allein, vernahmen die Beamten mit Hilfe der Dolmetscher die ihnen Vorgeführten.[35] Sie stellten einige Fragen zur Person und zum militärischen Werdegang, um anschließend eine Überprüfung nach den Vorgaben des Einsatzbefehls Nr. 8 vorzunehmen.

Diese begann mit der Frage danach, ob der Betreffende in der Sowjetunion im zivilen oder militärischen Bereich in irgendeiner Weise als Funktionär gewirkt habe; bestätigte er das, hatte er damit sein Schicksal schon unwissentlich besiegelt. Auch Angehörige anderer auszusondernder Gruppen suchten die Beamten zunächst durch einfaches Befragen herauszufinden, stießen dabei aber sehr schnell an ihre eigenen intellektuellen Grenzen. So konnten viele mit dem Begriff „Intelligenzler" überhaupt nichts anfangen[36] und schufen sich deshalb eigene Kriterien, mit deren Hilfe sie meinten, derartige Leute herausfinden zu können. Sie bestanden im wesentlichen in einer „Wertung" des Berufs bzw. der Vorbildung des Gefangenen. Wenn ein Befragter beispielsweise angab, „Arbeiter" gewesen zu sein, mochte ihm das das Leben retten, die Antwort „Postschaffner" reichte nach der Erinnerung eines Zeugen für die Überstellung ins Konzentrationslager ebenso aus wie an anderer Stelle der Besuch einer zehnklassigen Schule.[37]

Ähnlich lief die Suche nach jüdischen Gefangenen ab. Ein „Jude" war nach Meinung des Einsatzkommandos durch seine Beschneidung eindeutig definiert, und so kam es immer wieder vor, daß ein sowjetischer Soldat während eines Verhörs den Befehl erhielt, die Hose herunterzulassen; der bloße Augenschein reichte dann aus, das Urteil über Leben und Tod zu fällen. Erst eine Ergänzung zu den Richtlinien des Einsatzbefehls Nr. 8 machte am 12. September 1941 die Einsatzkommandos darauf aufmerksam, „daß insbesondere die Turkvölker oftmals ein durchaus jüdisches Aussehen haben, und daß die Beschneidung allein noch nicht ohne weiteres den Beweis einer jüdischen Abstammung darstellt (z. B. Mohammedaner)".[38] Dieser „Irrtum" kostete eine unbekannte Anzahl sowjetischer Kriegsgefangener das Leben.

Bestritt jedoch der Betreffende, Kommissar, Intelligenzler o. ä. zu sein, gab es zwei Möglichkeiten, ihn zu „überführen".[39] Ein Mittel war die Folter. So gaben

---

[35] In einigen Fällen waren auch Angehörige der Wehrmacht zugegen. Verf. Zeithain, Bd. II, Bl. 332.
[36] So Ohler über seine Beamten; ebenda, Handakten, Bl. 307. Auch Aussage Sch.; Verf. WK XIII, Bl. 35.
[37] Aussage S.; Verf. Stargard, Bl. 74. Ähnliche Willkürakte im Verf. Neubrandenburg, Bl. 17. Aussage des Dolmetschers T.; Verf. WK VII, Bl. 271.
[38] BAK, R 58/272, Bl. 99–104 (= Nürnbg. Dok. NO 3416). Allein das Vorhandensein des Befehls weist auf die große Anzahl der Opfer hin. Mit demselben Befehl versuchte Heydrich den Kommandos auch eine „Anleitung" zum Herausfinden der „Intelligenzler" an die Hand zu geben. Der Lagerarzt des Stalags Senne berichtet in seinen undatierten Nachkriegsaufzeichnungen, der Einsatzkommandoführer habe von ihm verlangt, sämtliche Kgf. auf eine Beschneidung hin zu überprüfen; er habe das aber verhindern können. In einem Brief schrieb er am 12.9.1941 über einen russischen Arzt: „Hoffentlich deklariert mir der SD diesen Mann nicht auch noch als Juden, dieweil er Ähnlichkeiten mit dieser Rasse zeigt." Kopien in meinem Besitz.
[39] Das kam jedoch nur selten vor, da die Betreffenden meist von Angehörigen derselben Einheit „identifiziert" wurden. Aussage S.; Verf. WK XIII, Bl. 39.

viele Soldaten bei ihren Aussagen zu Protokoll, gesehen zu haben, daß Gefangene blutend die Vernehmungsbaracke verließen. Einige seien sogar besinnungslos gewesen. Auch Schläge habe man häufig gehört.[40] Die Gefolterten seien dann in der Regel mit unbekanntem Ziel abtransportiert worden. Die andere Möglichkeit bestand in einer Gegenüberstellung mit dem oder den Belastungszeugen. Den Ablauf einer solchen Konfrontation im Stalag XIII A Sulzbach-Rosenberg hat Lydia Kriwoschkin, Dolmetscherin beim Einsatzkommando Regensburg, 1947 bei ihrer Befragung geschildert. Das Protokoll zeigt die ganze Fragwürdigkeit und Brutalität dieses Vorgehens:

„F(rage): Und was sollte bei diesen Vernehmungen herausgefunden werden? A(ntwort): Ich sollte erfahren, ob Kommissare darunter sind. Es war so, wir saßen an einem Tisch, ich und noch drei Dolmetscher, dann wurde gefragt, waren Sie Kommissar usw. Wenn er nein sagte, ging es weiter: wie können Sie das beweisen, daß Sie keiner sind?
F.: Es war doch so organisiert, daß die Leute, die verdächtig waren, vorher von Vertrauensleuten angegeben wurden?
A.: Ja, das hörte ich. Der Russe sagte z. B., ich bin kein Kommissar, der Vertrauensmann sagte, er ist Kommissar, so stritten sich diese beiden zuerst, und dann kam es soweit, daß sie sich schlugen, und wir standen dabei."[41]

Bei diesem Streit, bei dem es, wie allen Anwesenden bewußt war, um Leben oder Tod ging, lag die eigentliche Entscheidung in der Hand der zumeist kriegsgefangenen Dolmetscher,[42] oft Volksdeutsche. Sympathie oder – vielfach – Antipathie, Sprachkenntnis und politische Ausrichtung waren dann entscheidend für das Ergebnis eines Verhörs.[43] Die Stapobeamten, die so gut wie nie Russisch sprachen, saßen lediglich dabei und protokollierten in wenigen Stichworten das, was ihnen die Dolmetscher als Kern des Streites mitteilten, ein Vorgehen, das die „Ermittlungen" zur Farce werden ließ, obwohl es nach außen hin einen formal korrekten Eindruck machte.

Das RSHA hatte nämlich ein eigenes, als „Personalbogen" bezeichnetes Formblatt entworfen, in das die Ermittlungsergebnisse eingetragen werden mußten.[44] Ein Mitglied des Einsatzkommandos Hammelburg hatte 1950 die Formulierung eines solchen „Ergebnisses" noch folgendermaßen in Erinnerung:

---

[40] Das RSHA distanzierte sich von Gewaltanwendung zumindest dann, wenn sie nach außen hin bekannt wurde. FS der Stapo München an die Stapo Regensburg vom 9.2.1942; 178-R, S. 480. Siehe unten S. 127.
[41] Interrog. Kriwoschkin, S. 5. Es ist unwahrscheinlich, daß insgesamt vier Dolmetscher zugegen waren; möglicherweise handelte es sich bei den drei anderen um die Stapobeamten.
[42] Soweit die Dolmetscher der Wehrmacht angehörten, besaßen sie die Dienststellung eines „Sonderführers". Vgl. Verf. Bad Sulza, Bd. I, Bl. 289–305.
[43] Nach H. Metzger (EK Regensburg) wurden die Gefangenen von den Dolmetschern auch mißhandelt. Interrog. Metzger, S. 7. Wegen ihrer Rolle bei den Verhören wurden die Dolmetscher bei den Ermittlungsverfahren mit zum Kreis der Tatverdächtigen gezählt.
[44] Aufgeführt wurden: Erkennungsmarke, Vor- und Zuname, Geburtstag und -ort, Beruf, Familienstand, Wohnort, Dienstgrad und militärische Formation, d. h. die Angaben, die auch die PK I enthielt. Beispiel für ein Formblatt in: 178-R, S. 428. Ähnlich Ohler, Verf. Zeithain, Handakten, Bl. 306, sowie andere Aussagen.

„Es hieß z. B.: ‚Ich war jüngerer Politruk, älterer Politruk, Kommissar.' Meist wurde sein politischer Werdegang in der ‚Ich-Form', wie der Gefangene es eben angegeben hatte, dazugesetzt. Bei den von mir durchgeführten Vernehmungen ließ ich die Gefangenen nachher unterschreiben; wer nicht schreiben konnte, mußte 3 Kreuze machen. Die Ich-Form wurde nicht gewählt, wenn der Gefangene nicht geständig war, dann hieß es: Nach Angaben der Zeugen ... mit Namensnennung der Zeugen ... war der Gefangene dort und dort und dann und dann Kommissar. Die Zeugen brauchten nicht zu unterschreiben."[45]

Ließ sich nach Meinung des vernehmenden Beamten „eindeutig", also durch die Aussage des Gefangenen selbst, dessen Zugehörigkeit zu einer der im Einsatzbefehl Nr. 8 genannten Gruppen „nachweisen", umfaßte ein Verhör nur wenige Minuten, bei Konfrontationen mit Denunzianten konnte es dagegen bis zu einer Stunde dauern. Generell aber läßt sich festhalten, daß die Vernehmungsdauer um so kürzer wurde, je länger das betreffende Einsatzkommando seine Tätigkeit ausübte.[46]

In den meisten Fällen ließ sich jeder verhörende Beamte durchschnittlich pro Tag etwa 20 Gefangene vorführen.[47] Zur besseren Übersicht fertigten sie Listen mit den wichtigsten Informationen über die Ausgesonderten an und übergaben sie zusammen mit den Personalbögen abends ihrem Vorgesetzten oder, bei dessen Abwesenheit, dem Dienstältesten. Der Kommandoleiter erstellte dann, in der Regel am Wochenende, den vorgeschriebenen Bericht für das Reichssicherheitshauptamt.

Bei den Vernehmungen war der Führer des Einsatzkommandos nur selten persönlich anwesend. Seine Aufgabe war es, die Personalbögen zu prüfen, für einen reibungslosen Ablauf der Aktionen zu sorgen und den Schriftverkehr mit den beteiligten Wehrmacht- und Stapostellen zu führen. Aus diesem Grund hielt er sich nur relativ selten – einmal wöchentlich fand für gewöhnlich eine Dienstbesprechung statt – im betreffenden Kriegsgefangenenlager auf. Nachdem er den Kontakt zum Kommandanten hergestellt und den ersten Verhören beigewohnt hatte, fuhr er oftmals wieder zu seiner Dienststelle und regelte im Rahmen der übrigen Dienstgeschäfte auch die Angelegenheiten seines Einsatzkommandos.[48]

Die als „unbrauchbar" ausgesonderten Gefangenen kehrten nicht mehr zu ihren Kameraden zurück, sondern kamen in einen mit Stacheldraht abgetrennten Teil des Lagers, der nach Eingang der Befehle vom 17. Juli überstürzt hatte ein-

---

[45] Aussage Sch. (EK Hammelburg); Verf. WK XIII, Bl. 34. Es sei an dieser Stelle noch einmal darauf hingewiesen, daß die Begriffe „Kommissar" und „Politruk" oft pauschal auf alle Ausgesonderten angewendet wurden.

[46] Laut Anlage 1 des Einsatzbefehls Nr. 8, Ziffer III C war jeder Gefangene zunächst „verdächtig", so daß bei ihm die „Beweislast" für seine „Unschuld" lag. Gelang ihm das, durfte er zu seinen Kameraden im Stalag zurückkehren mit der Folge, daß die anderen Gefangenen wußten, was ihnen bei den Verhören bevorstand, und entsprechend reagierten. So etwa die Aussage des Dolmetschers T. betr. der Vernehmungen im Stalag VII A Moosburg; Verf. WK VII, Bl. 270.

[47] Dabei ist zu bedenken, daß die Wehrmacht schon eine „Vor-Auswahl" getroffen hatte. Eine Überprüfung von mehreren hundert Gefangenen pro Tag, wie sie für das EK Regensburg überliefert ist (s. u. S. 128), ist wegen der zu beachtenden Formalia anders nicht denkbar.

[48] So neben Ohler auch der Leiter des EK Regensburg, Kriminalkommissar Kuhn. Interrog. Kuhn und Aff. Kuhn, IfZ, Nürnbg. Dok. NO 5531.

gerichtet werden müssen. Aus diesem als „Pferch", „Kral" oder „Sonderblock" bezeichneten Bereich[49] erfolgte nach Tagen oder sogar Wochen der Abtransport in das nächstgelegene Konzentrationslager. Unter welchen Verhältnissen freilich diese Männer bis dahin noch leben mußten, ergibt sich aus einem Schnellbrief des Chefs der Sicherheitspolizei und des SD vom 9. November 1941, der u. a. an alle Stapoleitstellen ging: „Die Kommandanten der Konzentrationslager führen Klage darüber, daß etwa 5 bis 15% der zur Exekution bestimmten Sowjetrussen tot oder halbtot in den Lagern ankommen. Es erweckt daher den Eindruck, als würden sich die Stalags auf diese Weise solcher Gefangener entledigen."[50]

Das weitere Schicksal der Ausgesonderten

Die Überstellung in das Konzentrationslager

Von dem Moment an, in dem ein sowjetischer Soldat als „ausgesondert" oder „untragbar" in der Liste des Einsatzkommandos verzeichnet war, setzte sich eine bürokratische Maschinerie in Gang, deren Ablauf vom RSHA pedantisch genau vorgegeben war und aus der es kein Entkommen gab.

Immer dann, wenn eine bestimmte Anzahl an Ausgesonderten erreicht war, sandte der Führer des Einsatzkommandos gemäß den Richtlinien des Einsatzbefehls Nr. 8 per Fernschreiben[51] eine Liste der Betreffenden an das RSHA, Amt IV. Der Schluß des Begleitschreibens lautete nach einer Aussage des ehemaligen Referatleiters IV A 1 SS-Sturmbannführer und Kriminaldirektor Kurt Lindow[52] aus dem Jahr 1950 „sinngemäß: Es wird um Anweisung gebeten, in welches KZ die Genannten zu überführen sind."[53] Über den Chef des Amtes IV, den zuständigen Gruppenleiter IV A und das Referat IV A 1 gelangte der „Vorgang" schließlich auf den Schreibtisch[54] des zuständigen Sachbearbeiters IV A 1c

---

[49] Bild eines solchen Bereichs bei Keller, Russenlager, S. 132 (Stalag 321 Oerbke).
[50] BAK, R 58/272, Bl. 124 (= Nürnbg. Dok. 1165 PS). Zu den andersgearteten Verhältnissen im Stalag 308 Neuhammer s. u. S. 89 u. 95f.
[51] Gemäß Einsatzbefehl Nr. 8, Anlage 1 unterstanden die EK dem Chef SipouSD unmittelbar. Der Schriftverkehr erfolgte deswegen über die nächstgelegene Stapostelle nur aus technischen Gründen, etwa wegen des dort vorhandenen Fernschreibers. Ausführlich dazu Biberstein; Verf. Neuhammer, Bd. VIII, Bl. 182. Zur besonderen Situation der Stapostelle Nürnberg-Fürth s. u. S. 117–120.
[52] Aussage Lindow 1947; StA N KV-Proz. Fall 12, A 19–22, S. 1131f. Auch Aff. Lindow; IfZ, Nürnbg. Dok. NO 5481. Kurt Lindow, geb. 1903, 1928 Eintritt in die Kripo, ab 1933 beim RSHA, ab 1.10.1941 als Stellvertretender Leiter in das Referat IV A 1 versetzt, Referatsleiter am 1.7.1942. Gegen Lindow wurde wegen der Aussonderungen umfassend ermittelt (Staatsanw. Frankfurt/M. 54 Js 344/50), er dann aber mangels Beweises freigesprochen (Urteil im Verf. Zeithain, Handakten Lindow, Bl. 244–251). Angaben nach Streim, Behandlung, S. 97.
[53] Verf. Zeithain, Bd. V., Bl. 1063f. Die Anklageschrift gegen Lindow vom 26.9.1950 stellte dazu fest, „daß die Exekutionsvorschläge der Überprüfungskommandos täglich in großer Zahl bei IV A 1 eingegangen sein müssen". Verf. Zeithain, Handakten Lindow, Bl. 177.
[54] Die weitere Darstellung folgt den Aussagen Lindows. Verf. Zeithain, Handakten Lindow, Bl. 41 und 48. Lindow sagte später aus, er habe seine Paraphe nur aus Versehen oder um seine Mitarbeiter zu entlasten unter die Schreiben gesetzt.

Regierungsrat Thiedeke,[55] ab April 1942 Regierungsoberinspektor Königshaus.[56] Dieser versah das Fernschreiben mit dem Namen eines bestimmten Konzentrationslagers, ließ es von einer Stenotypistin in einen Vordruck übertragen und gab es zusammen mit einem ebenfalls vorformulierten Befehl an den Kommandanten des KZ erneut auf den Dienstweg innerhalb des RSHA. Der Befehl lautete etwa folgendermaßen: „Aus dem Stalag ... werden folgende sowjetische Kriegsgefangene zur Exekution nach dem dortigen Lager überstellt: (Aufzählung der Namen, Vornamen, Geburtsdaten und Gefangenennummern): Die Kriegsgefangenen treffen gegen ... Uhr ein. Die Exekution ist umgehend durchzuführen. Vollzugsmeldung nach hier. gez. Müller."[57]

SS-Brigadeführer Müller als Chef des Amtes IV unterzeichnete das Schreiben, nachdem zuvor die Stenotypistin und die zuständigen Beamten ihre Paraphe in die rechte untere Ecke des Schriftstücks gesetzt hatten. Hatte es dann als Geheime Reichssache die Fernschreibstelle verlassen, kam das Dokument in einer Verschlußmappe in das Referat zurück. Als Sachbearbeiter überprüfte Thiedeke bzw. Königshaus abschließend, ob alles seinen ordnungsgemäßen Gang genommen hatte, und zeichneten dann links unten an der Stelle, die die Verfügung mit „z. d. A." schloß, mit ihrem Kürzel.

Gleichzeitig erhielt das OKW Kenntnis von der Absicht des RSHA, die Herausgabe der Gefangenen beim jeweiligen Stalagkommandanten zu beantragen. Das OKW leitete das Schreiben über den Kommandeur der Kriegsgefangenen weiter an das Stalag[58] mit der Aufforderung, dem Wunsch des Einsatzkommandos nachzukommen und die betreffenden Soldaten zuvor aus der Kriegsgefangenenschaft zu entlassen.[59] Das Einsatzkommando schließlich bekam aus dem RSHA die Anweisung: „Unter Bezugnahme auf den Bericht vom ..... sind die ausgesonderten russ. Kriegsgefangenen in das KZ (...) zu überstellen."[60] Sein Leiter überreichte dem Kommandanten daraufhin ein namentliches Verzeichnis der Ausgesonderten und wiederholte unter Bezug auf den Einsatzbefehl Nr. 8

---

[55] Franz Thiedeke (1893–1945), von 1920–1926 bei der Schupo Berlin, 1933 Polizeiinspektor, 1934 zum Gestapa, 1939 bis Kriegsende im RSHA. Sachgebietsleiter IV A 1 c bis April 1942. Angaben nach Streim, Behandlung, S. 97.

[56] Franz Königshaus, geb. 1906, zunächst Schupo und Verwaltungspolizei, 1934 Inspektor beim Polizeipräsidenten Magdeburg, 1935 Stapo Magdeburg, 1936 Gestapa, dort nacheinander im Kirchenreferat, Schutzhaftreferat, Referat Böhmen und Mähren, etwa ab Mitte April 1942 Übernahme des Sachgebiets IV A 1 c. Angaben nach Streim, Behandlung, S. 97. Ein Ermittlungsverfahren gegen Königshaus wurde wegen dessen Verhandlungsunfähigkeit eingestellt. Staatsanw. bei dem Kammergericht Berlin Az. 1 Js 1/64 (RSHA). Übersicht über die Vorwürfe gegen Königshaus im Verf. Altengrabow, Bl. 559–566 und 573–581.

[57] Aussage Eugen Sch., Fernschreibstelle Buchenwald; zitiert nach Streim, Behandlung, S. 103. Zur Systematik der Zuweisung s. Kap. V.

[58] Nach der Aussage Lindows erhielt auch das Stalag ein entsprechendes Schreiben des RSHA. Verf. Zeithain, Handakten Lindow, Bl. 161.

[59] Das ergibt sich aus einer umfangreichen Vfg. des Kdten von Stalag XIII C Hammelburg betr. der Überstellung eines polnischen Kgf. an die Stapo Würzburg vom 6.8.1941. Er bezog sich dabei auf Vfgen des OKW vom 25. und des Kdr Kgf. WK XIII vom 31.7. Verf. Hammelburg, Bl. 254. Vgl. Interrog. Pirazzi, Abwehroffizier beim Gen. Kdo WK XIII. Laut Ohler war der Kdt durch seine „Vorgesetzten (OKW) allgemein informiert, daß von uns aus die Freigabe erst nach der Entscheidung durch Berlin verlangt würde". Verf. Zeithain, Handakten, Bl. 310.

[60] Ebenda, Bl. 308.

die Bitte um deren formale Entlassung aus dem Gewahrsam der Wehrmacht, ohne die ein Abtransport unmöglich gewesen wäre. Über den Kommandeur der Kriegsgefangenen teilte die Stalagleitung anschließend dem OKW mit, der Stapo eine bestimmte Anzahl gefangener Rotarmisten übergeben zu haben. Bis zu diesem Zeitpunkt waren etwa ein bis zwei Wochen vergangen.

Dem Einsatzkommandoführer oblag die weitere Abwicklung des Verfahrens. Nach der Übernahme der gefangenen Soldaten, die mit diesem Augenblick den Kriegsgefangenenstatus und damit den Schutz durch die Wehrmacht verloren, erfolgte der Abtransport überwiegend in geschlossenen Güterwagen der Deutschen Reichsbahn,[61] seltener mit LKW oder Bussen. Die Wahl des Transportmittels hing davon ab, wie viele Männer in das betreffende Konzentrationslager überführt werden mußten. Die meisten nachweisbaren Transporte bestanden aus ca. 20 Gefangenen, doch berichtet Büge in seinen Aufzeichnungen auch davon, daß in Sachsenhausen mehrfach Ausgesonderte in einer Größenordnung von mehreren hundert Personen eintrafen.[62] In einem anderen Fall dagegen überstellte die Stapoleitstelle Reichenberg/Sudetenland im März 1942 „nur" zwei Russen in das KZ Groß-Rosen zur Liquidierung.[63]

Landesschützen der Wehrmacht begleiteten in der Regel die Transporte,[64] und nur selten handelte es sich um Schutzpolizeibeamte[65] oder, wie im Fall des Oflag 62 (XIII D) Hammelburg, um Angehörige des Einsatzkommandos selbst. Am Bestimmungsort angekommen, rangierte die Deutsche Reichsbahn die Waggons auf einem Stichgleis bis zum Konzentrationslager, wo das Wachpersonal die Gefangenen einem Trupp SS-Leute übergab und dabei die Transportlisten mit dem Verzeichnis abglich, das das KZ vom RSHA erhalten hatte. Anschließend kehrte die Transportbegleitung zu ihrem Standort zurück.

Die Exekution der Gefangenen erfolgte unmittelbar nach ihrer Ankunft oder, bei größeren Transporten, spätestens am folgenden Tag,[66] ohne daß die Männer zuvor in irgendeiner Weise im Konzentrationslager registriert worden wären.[67] Bei Erschießungen, soweit sie nicht in Genickschußanlagen stattfanden, war der Führer des Einsatzkommandos häufig zugegen, gelegentlich auch der Leiter sei-

---

[61] Die Reichsbahndirektion Oppeln stellte einmal wöchentlich einen Zug zum Stalag 318 (VIII F) Lamsdorf ab. Aussage L., Stapobeamter in Oppeln; Verf. Neuhammer, Ordner Protokolldurchschriften, unpag.

[62] Büge-Bericht im Verf. Heidelager, Dok. Bd. III. Vgl. auch die Einleitung Anm. 1.

[63] Verf. Wollstein, Bd. VI, Bl. 76–81. Die Kgf. waren auf einem Arbeitskommando ausgesondert worden.

[64] Detailliert in mehreren Aussagen des Verf. Hammerstein.

[65] Verf. Heidelager, Bd. 1/3, Bl. 289 und 307. In einem Schreiben der Leitstelle Hamburg an die dortige Schutzpolizei vom 30.9.1941 heißt es: „Bisherige Erfahrungen haben ergeben, daß die Angehörigen der Wehrmacht (Landesschützen) es oft an dem notwendigen Interesse und der nötigen Sorgfalt bei den Transporten haben fehlen lassen." Deshalb habe man – zur vollsten Zufriedenheit – die Schupo damit beauftragt. Verf. Wietzendorf, Bd. 1, Bl. 35.

[66] Seit dem 15.11.1941 war es nach einer Anweisung des RFSS an die KZ-Kdten möglich, „zur Exekution überstellte" Kgf. in den KZ vor ihrer Liquidierung zu Steinbrucharbeiten zu verwenden. IMT Bd. XXXV, S. 163f., 569-D.

[67] Die Erkennungsmarken der Opfer wurden allerdings nach übereinstimmenden Berichten aus mehreren KZ gesammelt.

ner Stapostelle.⁶⁸ Selbst Soldaten des Begleitkommandos konnten ohne Schwierigkeiten an den Hinrichtungen als Zuschauer teilnehmen, wurden einige Male sogar regelrecht dazu eingeladen, obwohl der Einsatzbefehl Nr. 9 festgelegt hatte, daß die Exekutionen nicht öffentlich und unauffällig vollzogen werden sollten.

Auch der eben geschilderte Ablauf war mit einem umfangreichen, vom RSHA genau vorgeschriebenen Schriftverkehr verbunden, der in einem Fall erhalten ist und deswegen hier beispielhaft wiedergegeben werden soll:⁶⁹

Ein Einsatzkommando aus Frankfurt/Oder hatte im Stalag III B Fürstenberg/Oder im Laufe des März 1942 insgesamt 30 Kriegsgefangene ausgesondert. Am 28. März schickte sein Leiter, Kriminalsekretär Rüdiger, eine Liste dieser Gefangenen an das KZ Groß-Rosen mit der Aufforderung, diese auf Anordnung des Chefs der Sicherheitspolizei und des SD zu exekutieren. Gleichzeitig bat er darum, über den Tag der Exekution informiert zu werden und sodann die Erkennungsmarken zugesandt zu bekommen. Ein weitgehend gleichlautendes Schreiben ging an den Kommandanten des Stalag III B. Bis zum 1. April waren allerdings von den 30 Gefangenen bereits fünf noch im Stalag verstorben.

Der Stalagkommandant seinerseits regelte nach Rücksprache mit der Deutschen Reichsbahn am 7. April den Abtransport und teilte der Stapo in Frankfurt/Oder anschließend die vereinbarten Termine mit. Da sich der Vorgang bereits häufiger wiederholt hatte, hatte die Kommandantur inzwischen aus Zweckmäßigkeitsgründen ein eigenes Formblatt entworfen, in das nur noch die jeweiligen, hier kursiv gedruckten Daten eingetragen werden mußten.⁷⁰ Es ist nicht nur ein Beleg für die intensive Beteiligung der Wehrmacht an den Aussonderungen, sondern der aufgeführte Verteiler zeigt auch deutlich, wie weit die diesbezüglichen Informationen gingen:⁷¹

„Betr.: Übergabe sowjetischer Kgf. an den Chef des SD
Bezug: Schreiben der Gestapo Staatspolizeistelle Einsatzkommando Tgb. Nr. 31/42 g. vom 28.3.42
Gemäß obigem Schreiben sind *25* ausgesuchte sowjetische Kriegsgefangene lt. anliegender Liste dem Chef des SD zu übergeben und in das Konzentrationslager Gross-Rosen (Schlesien) zu überführen.
Der Abtransport erfolgt unter der Nummer *0573423* am *9.4.42* um *13 Uhr 44 Min.* Die Verladung muss um *13 Uhr* beendet sein. Der Abtransport erfolgt in einem G.-Wagen. Als Transportführer wird der Uffz. *Erich Eisen-*

---

⁶⁸ Laut Einsatzbefehl Nr. 9 mußte sich der Führer des EK vor den Exekutionen mit seinen Vorgesetzten in Verbindung setzen.
⁶⁹ Der gesamte Vorgang im Verf. Wollstein, Bl. 613–615 und 621ff. Teilweise abgedruckt bei Streim, Behandlung, S. 329–333.
⁷⁰ Das Bezugsschreiben des EK vom 28.3.1942 besaß die Tagebuch-Nr. 31/42, so daß man davon ausgehen kann, daß die Aussonderungen vom März 1942 nicht die ersten dieses Jahres waren.
⁷¹ Vgl. die in Anm. 59 genannte umfangreiche Vfg. des Kdten des Stalag XIII C Hammelburg betr. Überstellung eines polnischen Kgf. an die Stapo Würzburg.

Das weitere Schicksal der Ausgesonderten

blätter von der Gruppe Lageroffizier bestimmt. Begleitpapiere von der Abwehr an den Lageroffizier.
Befehl an das Batl. 313. Batl. entsendet als Begleitmannschaft für den vorgenannten Transport *3 Wam.*[72] Meldung um *12* Uhr beim Lageroffizier. Dienstreiseausweis, Wehrmachtfahrschein und Verpflegung regelt die Kommandantur. Der Transportführer und die Begleitmannschaften erhalten für 3 Tage Marschverpflegung.
Die Gefangenen erhalten für einen Tag Marschverpflegung.

gez. Steindamm
Oberstleutnant und Kommandant

Verteiler:
Erfassung, Lageroffizier, Kommandantur, IV a, Küche, Batl. 313, Kommandantur, Gef.-Küche"

Am 8. April um 13.45 teilte das Einsatzkommando dem Kommandanten des Konzentrationslagers Groß-Rosen, SS-Obersturmbannführer Rödl, per Fernschreiben mit: „Am 9.4.42 gegen 12 Uhr wird ein Transport sowjetrussischer Kriegsgefangener von Stalag III B Fürstenberg/Oder nach dort zur Exekutierung in Marsch gesetzt. Der Transport trifft voraussichtlich mit Güterzug am 10.4.42 gegen 10 Uhr vormittags dort ein." Um 16.55 richtete Rödl fernschriftlich die Bitte an die Stapo Frankfurt/Oder, dem Transportführer eine Liste der Gefangenen mitzugeben, sie solle Namen, Vornamen, Geburtsdatum, Stalag- und Kriegsgefangenennummer enthalten.[73]

Der Zug traf am Morgen des 10. April nach einem Fahrtweg von etwa 190 km früher als geplant in Groß-Rosen ein. Der Transportführer Unteroffizier Eisenblätter[74] übergab dem Schutzhaftlagerführer Th. förmlich die Gefangenen: „Ich habe heute, dem 10. April 1942, an den Schutzhaftlagerführer SS-Untersturmführer Th. 25 Sowjet-Russische Kriegsgefangene (in Worten fünfundzwanzig) richtig übergeben." Th. bescheinigte entsprechend die Übernahme.[75] Unmittelbar darauf wurden die Gefangenen exekutiert und im Anschluß daran im Krematorium des Konzentrationslagers eingeäschert.[76] Diesen Sachverhalt übermittelte Rödl noch am selben Tag der Stapo Frankfurt/Oder und legte seinem Schreiben, wie gewünscht, die Erkennungsmarken bei. Gleichzeitig verständigte

---

[72] Abkürzung für Wachmannschaften. Das Landesschützenbataillon 313 bewachte das Stalag III B.
[73] Der Transportführer des Stalag III B hatte dann nur eine „reduzierte" Liste bei sich, die lediglich Namen und Erkennungsmarke der Gefangenen aufführte. Streim, Behandlung, S. 329. Die Anfrage zeigt deutlich, daß Rödl Erfahrungen mit derartigen „Nachlässigkeiten" hatte und Schwierigkeiten mit dem RSHA befürchtete. Vgl. seine unten auf S. 75f. geschilderten Probleme mit dem EK Posen im Stalag XXI C Wollstein.
[74] Vgl. dazu die Abschlußvfg. des Verf. Fürstenberg/Oder.
[75] Der Büge-Bericht bestätigt, daß die Kommandos immer eine Liste der zu Exekutierenden dabeihatten; an Hand dieser Listen notierte Büge sich Namen und Nummern einiger Kgf. Verf. Heidelager, Dok. Bd. III.
[76] Bis in den Spätherbst 1941 mußten die KZ-Kdten vor der Exekution nochmals mit Müller mündliche Rücksprache nehmen. Entsprechend war der Bezug in den Exekutionsmitteilungen formuliert. Verf. Neuhammer, Unterakten, Bd. D.

er SS-Gruppenführer Müller[77] im RSHA Amt IV in der folgenden vorgeschriebenen Form:[78]

„Betrifft: Exekution von russischen Kriegsgefangenen
Bezug: FS-Erlaß des Chefs der Sicherheitspolizei und des SD vom 11.10.41 – IV A 1 c – B. Nr. 639/B/41g und Schreiben der Staatspolizeistelle Frankfurt/O. vom 28.3.42 Tgb. Nr. 31/42 g.Rs.
Anlagen: -2-

An
SS-Gruppenführer Müller
Berlin
Prinz-Albrechtstrasse

Die Kommandantur des Konzentrationslagers Groß-Rosen überreicht in der Anlage eine Liste von denjenigen russischen Kriegsgefangenen, welche am 10.4.1942 in der Zeit von 8–9 Uhr exekutiert und im Anschluß daran eingeäschert wurden. Eine Abschrift des Schreibens der Geheimen Staatspolizei – Staatspolizeistelle Frankfurt/Oder vom 28.3.42 liegt bei. Das SS Wirtschafts- und Verwaltungshauptamt – Amtsgruppe D – Oranienburg wurde von hier aus gesondert verständigt."[79]

Auch das Aussehen der Liste war genau festgelegt:

„Liste

über die am 10.4.1942 im hiesigen Lager exekutierten und
eingeäscherten sowjet-russischen Kriegsgefangenen
(es folgen die Namen, Vornamen, Geburtsdaten, Gefangenen- und Stalagnummern)

Groß-Rosen, den 10.4.1942"

Kommandant und Lagerarzt unterschrieben diese Liste. Im RSHA reichte Müller das Schreiben an das Referat IV A 1 weiter und schloß damit endgültig

---

[77] Müller war am 9.11.1941 vom SS-Brigadeführer zum SS-Gruppenführer befördert worden.
[78] Vgl. sieben gleichlautende Mitteilungen aus Groß-Rosen betr. Exekutionen sowjet. Kgf. aus Stalag 308 Neuhammer vom Oktober 1941; Verf. Neuhammer, Unterakten, Bd. D; desgl., ebenfalls Groß-Rosen betreffend, Exekution von zwei Kgf. aus dem Arb. Kdo Braunau/Sudetenland am 17.3.1942; Verf. Wollstein, Bd. VI, Bl. 79f. Ähnlich KZ Neuengamme am 23.10.1941, in: So ging es zu Ende... Neuengamme, S. 16. Dazu auch Streim, Behandlung, S. 118f. Das RSHA stellte über den Empfang des Schreibens eine Bestätigung aus. Verf. Neuhammer, Unterakten, Bd. D.
[79] Der im Bezug genannte Befehl des Chefs SipouSD vom 11.10.1941 regelte die Transportumstände von den Stalags in die KZ. Verf. Senne, Beiheft I Dokumente, Bl. 32f. Zur Rolle des WVHA kurz Broszat, Nationalsozialistische Konzentrationslager, S. 85 und S. 108ff.

den „Vorgang" ab.[80] Das SS-Wirtschafts- und Verwaltungshauptamt (WVHA) in Oranienburg[81] erhielt ein gleichlautendes Schreiben mit dem Hinweis, SS-Gruppenführer Müller sei gesondert verständigt worden.

In welch makabrer Weise das Schicksal der ausgesonderten sowjetischen Kriegsgefangenen durch diese Vorschriften auf rein formale Belange reduziert wurde, sei abschließend an zwei Beispielen gezeigt. Am 16. April 1942 erreichte erneut ein Transport das KZ Groß-Rosen, diesmal mit 19 ausgesonderten Kriegsgefangenen aus dem Stalag 308 (VIII E) Neuhammer. Auch sie wurden noch am selben Tag exekutiert. Das übliche Schreiben an das RSHA war jedoch nicht korrekt, denn es fehlte unter „Bezug" die Angabe der einweisenden Stapo. Dieses Versäumnis veranlaßte am 8. Mai Regierungsoberinspektor Königshaus im RSHA zu der Anfrage, welche Stapostelle denn überhaupt die Überstellung der Gefangenen veranlaßt habe. Die umgehende Antwort war sicherlich nicht in seinem Sinne und zeigt, daß Rödl gar nicht verstanden hatte, worum es ging: „Auf dortiges FS. wird mitgeteilt, daß es sich um ausgesonderte Kriegsgefangene aus dem Kriegsgefangenenlager Neuhammer handelt. Laut Mitteilung des Kriegsgefangenenlagers Neuhammer handelt es sich um Rest von Ausgesonderten. Wie bereits früher laufend sowjet. Kriegsgefangene zur Exekution vom Lager Neuhammer nach hier überstellt wurden, so handelt es sich auch in diesem Fall um eine gleiche Überstellung." Ob Königshaus sich mit dieser Antwort zufriedengab, ist nicht überliefert.[82]

Das Einsatzkommando im Stalag XXI C Wollstein überstellte am 12. Dezember 1941[83] 26 Rotarmisten ebenfalls nach Groß-Rosen. Da die Exekution erst zwischen 18 und 19 Uhr stattfand, konnte der KZ-Kommandant das Reichssicherheitshauptamt erst am folgenden Tag verständigen. Das Einsatzkommando hatte es allerdings versäumt, eine genaue Liste beizufügen, und sich mit der Angabe der Erkennungsmarkennummern begnügt. Deswegen wartete Rödl mit dem Schreiben nach Berlin ab, sandte statt dessen noch am 13. ein Fernschreiben über die Stapo Posen an das betreffende Einsatzkommando mit der dringenden Bitte um eine genaue Liste mit Namen, Vornamen und Geburtsdaten der Exekutierten und drückte seine Mißbilligung mit dem Hinweis aus, bei zukünftigen Überstellungen doch gleich eine vollständige Liste mitzugeben. Die Liste ließ weiter auf sich warten, so daß er am 18. Dezember nochmals in Posen anfragte, wann er denn nun mit ihrer Zusendung rechnen könne. Am 20. schließlich glaubte er die Meldung an das RSHA nicht mehr hinauszögern zu können, schickte das übliche Schreiben mit dem Zusatz ab: „Eine namentliche Liste ist vom Einsatzkommando des Ch.d.Sipo und des SD nicht erstellt worden", und fügte das Erkennungsmarkenverzeichnis bei. Erst am folgenden Tag, dem

---

[80] Streim, Behandlung, S. 119. Nach den verschiedenen Aussagen Lindows sollte Königshaus aus organisatorischen Gründen die Registratur des Referats IV A 1 mitbenutzen.
[81] Vor der Einrichtung des WVHA der Inspekteur der Konzentrationslager in Oranienburg; Verf. Neuhammer, Unterakten, Bd D, Bl. 9 u. a.
[82] Vorgang im Verf. Wollstein, Bl. 616–620, Zitat Bl. 619. Näheres dazu unten S. 95f.
[83] In dem Übergabeprotokoll zwischen dem Leiter des EK Wollstein, Kriminalkommissar Ditges, und dem Schutzhaftlagerführer Th. heißt es offenbar irrtümlich 13.12. Verf. Senne, Bd. 1, Bl. 39.

21. Dezember, traf die gewünschte Übersicht aus Posen ein.[84] Man darf annehmen, daß Rödl sie umgehend dem RSHA nachgereicht hat.[85]

Durch diesen formal festgelegten Ablauf war es keiner der beteiligten Stellen möglich, anders als vorgeschrieben zu verfahren. Lindow hat dies 1950 auf die Frage, was geschehen wäre, wenn er ein ihm irrtümlich vorgelegtes Fernschreiben nicht an Regierungsoberinspektor Königshaus weitergeleitet hätte, für seine Position folgendermaßen beschrieben: „Der Eingang des Fernschreibens und die Weiterleitung an mich lag urkundsmäßig durch den Fernschreiber fest. Es hätte unweigerlich sehr bald darauf eine Nachfrage des Polizeibeamten vom Stalag erfolgen müssen, was denn nun mit den herausgesuchten Kriegsgefangenen geschehen solle. Ich befand mich daher in der Zwangslage, das eingegangene Fernschreiben an Königshaus weiterzugeben zu müssen."[86]

Spätestens hier wird deutlich, wie viele Stellen mit den Aussonderungen befaßt waren. Auf seiten der SS waren dies neben dem RSHA sowie den Stapostellen und ihren Einsatzkommandos noch die Konzentrationslager und der Inspekteur der Konzentrationslager bzw. später das SS-Wirtschafts- und Verwaltungshauptamt.[87] Bei der Wehrmacht liefen die entsprechenden Informationen vom OKW über die Dienststelle des Kommandeurs der Kriegsgefangenen bis zum Kommandanten des jeweiligen Kriegsgefangenenlagers und zurück. Daraus ergibt sich zweierlei. Ohne die aktive Mithilfe der Wehrmacht wären die Aussonderungen nicht möglich gewesen. Darüber hinaus widerlegt die bisherige Darstellung wohl eindeutig die Behauptung vieler ehemaliger Offiziere und Stapobeamter, von den Vernichtungsmaßnahmen gegenüber den sowjetischen Kriegsgefangenen keinerlei Kenntnis besessen zu haben.

Die Aussonderung zu „Forschungszwecken"

Am 12. September 1941 erhielt die Universität Münster einen Erlaß des Reichsministers für Wissenschaft, Erziehung und Volksbildung, mit dem dieser bekanntgab: „Das Oberkommando der Wehrmacht hat mir mitgeteilt, daß sich in letzter Zeit die Anträge gehäuft haben, in denen mir unterstehende Dienststellen sich unmittelbar an das Oberkommando der Wehrmacht mit dem Wunsch gewendet haben, die in Deutschland und den besetzten Gebieten befindlichen Gefangenen als Objekt für wissenschaftliche Arbeiten benutzen zu dürfen." Der Minister wies deshalb die Universität darauf hin, daß er, „um die wissenschaftli-

---

[84] Diese Liste wich jedoch an einer Stelle von der Liste, die Rödl zuvor nach Berlin geschickt hatte, ab. Statt des als Nr. 26 auf der EK-Liste aufgeführten Gefangenen stand auf der Rödls ein Kgf. mit einer völlig anderen Erkennungsmarken-Nummer aus dem Stalag 308 Neuhammer. Möglicherweise war der erste Kgf. verstorben und das KZ hatte, damit die Angabe „26" nicht geändert werden mußte, einen anderen Kgf. exekutiert. Verf. Senne, Bd. I, Bl. 43 und 46.
[85] Vorgang im Verf. Senne, Bd. I, Bl. 37–46.
[86] Verf. Zeithain, Bd. V, Bl. 1065f. Beispiel für eine solche Rückfrage in einem Bericht des Leiters der Stapostelle Regensburg vom 19.1.1942; 178-R, S. 452. Vgl. unten S. 217f.
[87] Welche Übersicht die Stapo besaß, wird an einem FS des Leiters des EK Zeithain, Kriminalkommissar U., an die Stapoleitstelle München vom 25.9.1941 ersichtlich. Bis dahin waren nach seinen Informationen genau 5 328 Kgf. in den WK VII überstellt worden waren. 178-R, S. 422. Näheres dazu unten auf S. 210.

che Arbeit an Kriegsgefangenen auf das Maß des Notwendigen und des für die Verwaltung der Kriegsgefangenenlager Tragbaren zu beschränken", das OKW gebeten habe, nur noch solchen Anträgen zu entsprechen, die er befürwortet habe.[88]

Bei den „Versuchsobjekten" handelte es sich, das geht aus dem Erlaß eindeutig hervor, hauptsächlich um sowjetische Kriegsgefangene, die „in letzter Zeit", nämlich seit dem Überfall auf die Sowjetunion, nahezu unbegrenzt zur Verfügung standen. Bei den Stalags gingen diesbezügliche Anfragen medizinischer Institute jedenfalls in einem Umfang ein, daß die Lagerverwaltungen sich überfordert fühlten und deswegen beim OKW über die zusätzliche Belastung Klage führten.

Da es sich nach nationalsozialistischer Auffassung bei den Völkern der Sowjetunion um eine „krause Mischung von Völkern und Rassen, eine Sammlung niedrigsten Menschentums, richtigen Untermenschentums", „Mikroben und Parasiten gleich", handelte,[89] lag es für viele medizinische Institute nahe, für ihre Forschungen auf dieses „Menschenmaterial" zurückzugreifen, zumal Hitler ohnehin dessen Vernichtung gefordert hatte. Professor August Hirt, Ordinarius für Anatomie an der Reichsuniversität Straßburg, formulierte die Haltung solcher Mediziner am 9. Februar 1942 in einer Art und Weise, zu der sich jeglicher Kommentar erübrigt: „In den jüdisch-bolschewistischen Kommissaren, die ein widerliches, aber charakteristisches Untermenschentum verkörpern, haben wir die Möglichkeit, ein greifbares Dokument zu erwerben, indem wir ihre Schädel sichern."[90]

Solche Verbrechen an sowjetischen Kriegsgefangenen sollen hier allerdings nicht näher untersucht werden.[91] Sie sind lediglich Anlaß zu der Frage, ob das für die Arbeit herangezogene Quellenmaterial auch Aufschlüsse darüber gibt, wie die verschiedenen Institute an ihren „Forschungsgegenstand" herankamen, denn es liegt auf der Hand, daß auch diese Gefangenen in den Kriegsgefangenenlagern ausgesucht und dann entweder abtransportiert wurden oder im Lager selbst als „Versuchsobjekt" zur Verfügung standen. Derartige Aussonderungen konnten aber nicht Sache der Einsatzkommandos sein, sondern dafür bedurfte es „kompetenter", den Nationalsozialismus bejahender Mediziner mit einem klar umrissenen Vorhaben. Für sie bestand der „Reiz" darin, für die ideologisch motivierte Behauptung von der Überlegenheit der arischen Rasse gegenüber dem „bolschewistischen Untermenschentum" den „wissenschaftlichen Nachweis" zu liefern. In der Tat erinnerten sich mehrere Zeugen in ihren Vernehmungen daran,

---

[88] Schreiben vom 25.8.1941; Universitäts-Archiv Münster, Phil. Fak. Z 4 Bd. 1.
[89] So ein Bericht des Völkischen Beobachters Nr. 217 vom 5.8.1941 (Berliner Ausgabe) mit dem Titel „Sowjet-Gefangene sehen dich an". Ähnlich ein Artikel des Westfälischen Volksblatts (Paderborn) vom 10.7.1941 in: Hüser/Otto, Stalag 326, S. 210.
[90] Nürnbg. Dok. NO 185, abgedruckt bei Mitscherlich/Mielke, Medizin ohne Menschlichkeit, S. 174. Hirts Absicht war es, in Straßburg eine „jüdische Skelettsammlung" anzulegen. Vgl. dazu auch Streim, Behandlung, S. 124f.
[91] Eine diesbezügliche Untersuchung gibt es bisher noch nicht. Streim, Behandlung, S. 134–137 und S. 373–383, geht „nur" auf die Versuche an Kgf. mit sowjetischer Infanterie-Sprengmunition ein. Ein Überblick bei Streit, Die Behandlung der verwundeten sowjetischen Kriegsgefangenen.

daß, unabhängig von den Einsatzkommandos, „im Lager fremde Ärztekommissionen tätig gewesen sein sollen, die die Russen auf rassische Merkmale hin untersuchten".[92] Nähere Angaben fehlen freilich dazu völlig. Auf jeden Fall aber unterschieden die Befragten eindeutig die Arbeit dieser Kommissionen von der Selektion „jüdisch" aussehender Gefangener beim Eintreffen neuer Transporte, an der gelegentlich auch ein Arzt beteiligt war.[93]

Eindeutig nachweisen dagegen lassen sich Experimente an gefangenen Rotarmisten z. T. in den Stalags selbst. Beispiel dafür ist eine „Versuchsreihe" an 226 fleckfieberkranken Gefangenen im Lagerlazarett des Stalag III C Alt-Drewitz in der Zeit vom 10. Januar bis zum 21. Februar 1942. Bei diesen handelte es sich einem abschließenden Bericht zufolge ausschließlich um ein „Krankengut", das „einen schwerkranken Eindruck machte" und auf Grund systematischer Nachforschungen sämtliche Neuerkrankungen umfaßte. 98 Kriegsgefangene erhielten das neue Mittel Globucid, während 128 Mann auf herkömmliche Weise behandelt wurden. Nach sechs Wochen waren von der ersten Gruppe 1,02%, von der zweiten 15,48% verstorben. Globucid hatte damit zwar nach Ansicht des Berichterstatters eine erste Bewährungsprobe bestanden, ein endgültiges Urteil lasse sich aber erst an Kranken gewinnen, „die nicht, wie die Russen, aus einer fleckfieberdurchseuchten Umwelt stammen, d. h., in erster Linie bei der Behandlung von erkrankten Deutschen".[94] Ein solcher „Versuch" war ohne die Mitwirkung der Wehrmacht unmöglich. Für die „Versuchsdauer" mußten die Auftraggeber entweder persönlich im Lagerlazarett anwesend sein, d. h., für diese Zeit eine Genehmigung zum Betreten des Stalags besitzen, oder aber dem Lagerarzt zuvor präzise Anweisungen für die Behandlung der Erkrankten geben, um ein „klinisch sauberes" Ergebnis zu erhalten. Beides war ohne die Zustimmung des Kommandanten und seiner Vorgesetzten nicht zulässig, zumal es sich bei Fleckfieber um eine allseits gefürchtete, hochansteckende Krankheit handelte.

In einem anderen Fall bat das Universitäts-Krankenhaus Hamburg-Eppendorf ein Kriegsgefangenenlager, aller Wahrscheinlichkeit nach das Stalag 310 (X D) Wietzendorf, Ende August/Anfang September 1941 um die Überlassung von wenigstens 56 sowjetischen Gefangenen, um an ihnen in einer „Langzeitstudie" vom September 1941 bis zum Juli 1942 den Verlauf, die Folgen und die Behandlungsmöglichkeiten von Hungerödemen zu beobachten. Für wie wichtig der leitende Arzt, Stabsarzt Dozent Dr. Berning, seine „Studie" einschätzte, zeigt sich

---

[92] So z. B. die Aussage von W. Sch., Verf. Zeithain, Bd. III, Bl. 728. Ähnlich R. J. zum Stalag Neuhammer. Seiner Erinnerung zufolge wurden im Rahmen anthropologischer Untersuchungen u. a. die Schädel bestimmter Gefangener vermessen. Verf. Neuhammer, Bd. XX, Bl. 20.

[93] In Sachsenhausen wurden „Arbeitsrussen" (zum Begriff s. u. S. 188) mit gesunden Gebissen in eine Liste aufgenommen. Nach Aussage eines Häftlings wurden einmal vier Russen „abgespritzt". Es hieß, „sie seien für ein Straßburger Institut bestimmt, aus dem die Anforderung nach vier fehlerfreien Skeletten gekommen sei". Der Lagerarzt habe darum gebeten, demnächst Skelette aus dem näher gelegenen KZ Struthof zu „beziehen". Naujoks, Sachsenhausen, S. 284.

[94] StA N, Nürnbg. Dok. NO 1750. Vgl. auch Mitscherlich/Mielke, Medizin ohne Menschlichkeit, S. 91–126, bes. S. 117 mit der Aussage Kogons, daß in Buchenwald Fleckfieber-Versuche an vier Kgf. vorgenommen wurden, die zu der „Kategorie" gehörten, „von denen etwa 9 1/2 Tausend Mann in Buchenwald teils erschossen, teils aufgehängt oder erwürgt worden sind".

daran, daß er sie „als Festschrift Herrn Generalstabsarzt Dr. Kersting zum 60. Geburtstag" vorlegte.[95] Wenigstens zwölf Menschen starben an den Folgen seiner Experimente.[96]

Kriegsgefangene einer Universität[97] zu Forschungszwecken zu überlassen, war mit den geltenden Vorschriften unvereinbar. Daher erscheint es plausibel, daß man bei derartigen Ansinnen vor allem auf Ausgesonderte zurückgriff, deren Liquidierung ohnehin vorgesehen war. Diese mußten dafür nicht einmal aus dem Gewahrsam der Wehrmacht entlassen werden; ein Teil der „Versuche" Dr. Bernings fand z. B. in einem namentlich nicht genannten Reservelazarett statt. Möglich war das deshalb, weil diese Art von Vernichtung durchaus Zustimmung bei der Wehrmacht fand, denn in ihren Augen kamen die Ergebnisse der „Versuche" der deutschen Bevölkerung zugute.[98] Das Desinteresse der Stapo, schwerkranke ausgesonderte Gefangene von der Wehrmacht zu übernehmen, ist eindeutig bezeugt.[99]

Auch die Anatomischen Institute der verschiedenen Universitäten besaßen, wie Benigna Schönhagen am Beispiel Tübingens beschrieben hat, ein sehr großes Interesse an den Körpern hingerichteter oder anderweitig verstorbener sowjetischer Soldaten.[100] Erstmals am 15. September 1941 erhielt die dortige Anatomie die Leichen von drei Rotarmisten, die im Kriegsgefangenenlager auf dem Truppenübungsplatz Heuberg exekutiert worden waren. Bis zum November 1941 trafen dann immer wieder von dort sowie von einem Lager auf dem Truppenübungsplatz Münsingen Leichentransporte in Tübingen ein, oft mit den sterblichen Überresten mehrerer Gefangener, die meist am selben Tag verstorben wa-

---

[95] Heinrich Berning, Über das Ernährungsödem; BA/MA, RH 12–23/H 20/2093. Vgl. den kritischen Artikel von Aly, Menschenexperimente des Professor Heinrich Berning. Anlaß waren Ermittlungen der Hamburger Staatsanwaltschaft gegen Berning wegen Mordverdachts.

[96] Vgl. dazu auch eine andere „Beobachtungsreihe" Bernings, gewonnen an 20 Gefangenen aus den Stalags Neuhammer und Lamsdorf und den Arbeitslagern Kosel und Linke-Hoffmann Werke Breslau. BA/MA, H 20/393,1. Hier wurden der Gefangenennahrung systematisch Eiweiß und Vitamine entzogen.

[97] Die Universitäten waren offenbar viel stärker in die Verbrechen verwickelt als bisher bekannt. So soll das KZ Groß-Rosen die Blausäure für Injektionen u. ä. vom Gerichtsmedizinischen Institut der Universität Breslau angefordert haben. Verf. Neuhammer, Bd. XIV, Bl. 98 und 122. Nach Aussage des Kdten von Auschwitz, Rudolf Höß, wurden im Stalag 318 Lamsdorf sehr oft Selektionen durch Militärärzte und Spezialisten der Universität Breslau durchgeführt. Ziel war die Erforschung von Vitaminmangelkrankheiten. Brandhuber, Auschwitz, S. 18.

[98] Kurz dazu auch Thom, Rußlandbild deutscher Ärzte, bes. S. 454. Der „Versuchscharakter" der Untersuchungsreihe, die den Tod von „rassisch minderwertigen" Gefangenen bewußt in Kauf nahm, kommt bei Thom nicht zum Ausdruck.

[99] Schreiben des Chef SipouSD vom 9.11.1941; BAK R 58/272, Bl. 124 (= Nürnbg. Dok. 1165–PS). Vgl. auch Streit, Keine Kameraden, S. 186f.

[100] Spätestens am 23.10.1941 wies der Wehrkreisarzt im WK V Stuttgart die Lazarette an, Leichen sowjet. Kgf. Anatomischen Instituten zu übergeben. Die Universität Straßburg benötigte 1942 „für den Unterrichtsbetrieb im kommenden Wintersemester ... dringend Leichen" und bat deshalb darum, daß die Abgabe „laufend" erfolgen möge. Hinweise darauf in: Konzentrationslager. Dok. F 321 für den Internationalen Militärgerichtshof, S. 319. Im ZAMO befinden sich Karteikarten von Gefangenen aus dem WK V, deren Leichen der „Anatomie Straßburg (Bürgerspital)" übergeben wurden. Das wurde auf der Karte vermerkt. Vgl. etwa die PK I von Pawil Simjonowitsch Malichin (V C 67511, verstorben am 11.8.1943) oder von Sarwej Gallemschen Galljamschin (V C 70892, verstorben am 24.11.1942).

ren; als Todesursache wurde in jedem Fall „unbekannt" angegeben, so am 7. November bei fünf Toten, wiederum aus dem Lager Heuberg, oder am 19. desselben Monats bei sieben Leichen aus Münsingen. Zumindest bei den letzteren kann als gesichert gelten, daß sie keines natürlichen Todes gestorben sind.[101]

Ursache für den vermehrten „Leichenanfall" dürfte indessen kaum, wie B. Schönhagen vermutet, u. a. die Tatsache sein, „daß an manchen Tagen gleich mehrere Häftlinge an den Epidemien starben".[102] Gegen derartige Leichen, die z. B. noch mit dem hochinfektiösen Fleckfieberbazillus behaftet sein konnten, hätte sich die Anatomie ohne jede Frage gewehrt; falls überhaupt, wäre die Pathologie der Adressat gewesen. Zwar werden sich die Umstände des Todes der obengenannten Kriegsgefangenen nicht näher klären lassen, doch spricht allein schon der Zeitraum der „Leichen-Lieferungen vom Heuberg" dafür, daß sie im Zusammenhang mit den Aussonderungen gesehen werden müssen, denn sie „begannen im September 1941 und endeten bereits wieder im Juni 1942".[103] Auch die Exekution von mehreren Gefangenen in einem Arbeitslager an ein und demselben Tag ist nirgendwo sonst überliefert; selbst in den eigentlichen „Russenlagern" waren förmliche Hinrichtungen selten und mit einer erheblichen Publizität verbunden.[104] Fälle, in denen ein sowjetischer Soldat in einem Arbeitskommando wegen „Widersetzlichkeit" erschossen wurde, zogen einen bislang unbekannten bürokratischen „Aufwand" nach sich[105] und dürften dementsprechend nicht sehr häufig gewesen sein.[106]

Insofern erscheint die Annahme gerechtfertigt, daß auf diesen Arbeitskommandos wenigstens einige Male ein Einsatzkommando die Gefangenen überprüfte und etliche von ihnen aussonderte.[107] Zwar war für den WK V Stuttgart

---

[101] Nach Schönhagen, Gräberfeld X, S. 60–127.
[102] Ebenda, S. 84. Eine Liste der an die Anatomie abgegebenen Leichen in der DD, Vorgang 370 allg.
[103] Schönhagen, Gräberfeld X, S. 84, sowie dies., Vergessene NS-Opfer auf dem Tübinger Stadtfriedhof.
[104] Offizielle Hinrichtungen in den Lagern haben in Akten und Zeugenaussagen ihren Niederschlag gefunden. Vgl. die Exekution eines Doppelmörders in Stalag X D Wietzendorf (BA/MA, RH 49/81) oder eines Mörders im Emslandlager Alexisdorf (Vorgang im StA OS Rep. 430-201-16B/65-153, Bd. 4; dazu auch: Lager unterm Hakenkreuz, S. 59f.). Für Zeithain berichten etliche Zeugen von der Hinrichtung von drei sowjet. Kgf. nach mißglückter Flucht. Vgl. im ZAMO die PK I von Iwan Pawlowitsch Petrunin (IV B 152876) mit dem Vm. „+ 28.12.42 gehängt".
[105] So der Bericht über die Erschießung eines Kgf. des Arb. Kdos Bad Vöslau (WK XVII) am 26.10.1941, zu dem auch ein ärztlicher Befund gehörte. BA/MA, RH 53-17/181.
[106] Hier ist zu trennen zwischen offiziellen Hinrichtungen und den Erschießungen vor allem in den „Russenlagern" auf Grund des Befehls vom 8.9.1941 (erleichterter Waffengebrauch gegenüber sowjet. Kgf.; IMT Bd. XXVII, Bl. 282f., 1519-PS). Vgl. das Todesfall-Register von Neuhammer (ZAMO A 33948 d. 1-4; näher dazu s. u. S. 155f.) mit nur wenigen Gefangenen, die laut Gerichtsurteil hingerichtet wurden. Demgegenüber wurden bis Oktober 1941 wenigstens 100 Mann „auf der Flucht", „wegen Widersetzlichkeit" oder „wegen Arbeitsverweigerung" erschossen. Ähnliches zeigt die 1. Totenliste (Zeitraum vom 7.8.–10.10.1941) aus Stalag 311 Bergen-Belsen. Unter 380 Verstorbenen waren 36 auf der Flucht oder wegen Widersetzlichkeit u. ä. Erschossene (ebenda, Akte 2/110).
[107] H. B. (EK Stuttgart) sonderte nach eigener Angabe „Kommissare" vor allem „im Hochschwarzwald und in anderen Orten in Württemberg in verschiedenen Kriegsgefangenenlagern der Wehrmacht und in Aussenstellen von Arbeitskommandos" aus. Verf. Ludwigsburg, Bl. 102f. Vgl. auch im ZAMO die PK I der beiden Leutnante Aschot Karopet Badaljan (V C 66057) und Alexander

das KZ Dachau als Exekutionsort vorgesehen,[108] doch zeigt das Beispiel des Stalag 312 Thorn im folgenden Kapitel, daß auch vor Ort liquidiert wurde, obwohl das nicht dem Einsatzbefehl Nr. 9 entsprach. Ein spurloses Verschwinden der Opfer war aus der Sicht der Verantwortlichen in den Anatomischen Instituten auf jeden Fall ebenso gewährleistet wie in den Konzentrationslagern. Einer Zustimmung zu diesem Verfahren seitens des RSHA stand damit nichts im Wege.[109]

Kollaboration als Überlebenschance

Zwar war das Hauptaugenmerk der Einsatzkommandos darauf gerichtet, den weltanschaulichen Gegner herauszufinden und seiner Liquidierung zuzuführen, doch hatte Heydrich im Einsatzbefehl Nr. 8 auch die Anweisung erteilt, zugleich nach Rotarmisten Ausschau zu halten, die in irgendeiner Weise den Deutschen nützen konnten. Darunter verstand er zunächst diejenigen Gefangenen, die sich für nachrichtendienstliche Zwecke in den Lagern und später in den besetzten Gebieten einsetzen ließen sowie „für den Neuaufbau, die Verwaltung und Bewirtschaftung der eroberten russischen Gebiete" geeignet schienen. Die Suche erstreckte sich darüber hinaus auf solche Personen, die nach Ansicht Heydrichs auf Grund ihrer Stellung oder ihrer Kenntnisse Auskünfte über Interna des sowjetischen Staatsapparats erwarten ließen.[110]

Welche Bedeutung den Letztgenannten beigemessen wurde, macht ein Schnellbrief des Chefs der Sicherheitspolizei und des SD vom 25. Oktober 1941 deutlich.[111] Um die dort als „dringlich" eingestufte „Auslese geeigneter Nachrichtenträger aus der sowjetrussischen Intelligenz" vornehmen zu können, erhielt zusätzlich das Amt VI im RSHA mit dem Aufgabenbereich SD und Auslandnachrichtendienst den Befehl, mit besonderen Beauftragten die Einsatzkommandos bei ihrer Arbeit zu unterstützen. Ihnen fiel dabei die Aufgabe zu, „auf Grund von Befragungen und Vernehmungen neben allgemeinen nachrichten-

---

Abramowitsch Danilin (V C 66268) mit dem Vermerk „17.6.42 an Geh. Staatspolizei Stuttgart übergeben". Beide waren am 20.11.1941 in das „Russenlager Münsingen-Gänsewag" gekommen, am 8.12. in das „Schattenlager Biberach" (zum Begriff s. u. S. 174), am 16.2.1942 in das Arbeitskommando Faurndau bei Göppingen. Badaljan kam am 22.4. in das Sicherstellungslager (?) Ulm.

[108] So H. B. vom EK Stuttgart; Verf. Ludwigsburg, Bl. 103. Nach der Aussage des Dolmetschers Th. (Stalag VII A Moosburg) bekam Dachau aus ganz Süddeutschland Kgf. zum Erschießen. Verf. WK VII, Bl. 267. Für drei oder vier Ausgesonderte „lohnte" sich der Aufwand für einen Transport nach Dachau nicht unbedingt.

[109] Das große Interesse etwa Himmlers an „Menschenversuchen" wird durchgängig deutlich bei Mitscherlich/Mielke, Medizin ohne Menschlichkeit.

[110] Auch die Wehrmacht und das RMfdbO forschten nach Rotarmisten, die für propagandistische Zwecke geeignet schienen, und richteten für diese sogar besondere Schulungslager im Rhinluch in der Nähe Berlins ein. Siehe eine Vortragsnotiz für Minister Rosenberg vom 13.10.1941; StA N, Nürnbg. Dok. 082-PS. Eine Lagerübersicht für 1943 im BA/MA, RW 6/v. 276, Bl. 16. Einige Aussagen weisen auf derartige Kommissionen hin, so z. B. im Verf. Wietzendorf, Bd. 3, Bl. 373. Vgl. auch im ZAMO die PK II von Boris Alexejew (318/19952; Vatersname nicht angegeben), der am 20.2.1942 vom Stalag Lamsdorf nach Berlin zum RMfdbO versetzt wurde.

[111] IfZ, Nürnbg. Dok. NO 3421. Das Schreiben ging an verschiedene HSSPF im Osten des Reiches. Die einzige Stapostelle im Verteiler war die Leitstelle Breslau. Die HSSPF wurden möglicherweise zu Koordinierungszwecken eingeschaltet.

dienstlichen wichtigen Tatbeständen die politischen, wirtschaftlichen und kulturellen Verhältnisse in den noch nicht besetzten russischen Gebieten zu erkunden".[112]

Dies ist insofern erstaunlich, als wenigstens in einigen Fällen ein Mitglied des Einsatzkommandos in seiner Stapostelle speziell als „Nachrichtenreferent" tätig war und damit über entsprechende Kenntnisse verfügte.[113] Das Hinzuziehen von Amt VI läßt sich indes plausibel erklären. Das RSHA hatte schon Anfang September erkannt, daß die Einsatzkommandos bereits mit der Suche nach sog. Intelligenzlern schlichtweg überfordert waren.[114] Soweit es sich bei letzteren „lediglich" um Männer mit einer höheren Bildung handelte, ließ sich deren Vernichtung aus Berliner Sicht noch tolerieren; Kriegsgefangene aber, von denen präzise Angaben zu den Zuständen in der Sowjetunion zu erwarten waren, waren zu wertvoll, um sie ausschließlich dem Ermessen einfacher Polizeibeamter zu überlassen. Die Beauftragten des Amtes VI waren dagegen speziell für den Auslandsnachrichtendienst geschult und besaßen die notwendigen Hintergrundinformationen, um Gefangenenaussagen entsprechend bewerten zu können. Mit dem Schnellbrief vom 25. Oktober gestand das RSHA somit indirekt ein, daß seine Kommandos bis zu diesem Zeitpunkt viele sowjetische Soldaten ausgesondert hatten, deren Liquidierung man im nachhinein aus ganz pragmatischen Gründen als falsch empfand.

Hatte ein Einsatzkommando einen potentiellen Informanten festgestellt, wurde dieser sofort von seinen Kameraden getrennt und intensiv weitervernommen. Das Ergebnis der Befragung ging direkt an das RSHA,[115] auf dessen Anordnung hin ein Kommandoangehöriger den Betreffenden persönlich nach Berlin brachte. Wie im Falle der als „untragbar" Ausgesonderten wurde der Gefangene zuvor auf Antrag der Stapo aus der Kriegsgefangenschaft entlassen. Über das weitere Schicksal dieser Männer liegen keine Angaben vor.

Kriminalkommissar U. vom Einsatzkommando Zeithain schilderte am 25. April 1967 einen solchen Fall, den er mit dem Begriff „positive Aussonderung" belegte: „So erinnere ich mich z. B. an einen KG, der unter oder besser gesagt im Stabe des in der Sowjet-Union bekannten Normenspezialisten ‚Stachanow' tätig gewesen war und der wichtige Hinweise geben konnte über die Standorte der russ. Kriegsindustrie hinter dem Ural. Dieser Mann ist von uns nach Berlin überstellt worden, und dort hat dieser Mann monatelang Zeichnungen angefertigt."[116]

---

[112] Ebenda. Die Gefangenen standen dann auch dem Amt VI zur Verfügung. Dort verfaßte Protokolle etc. gingen im Durchschlag an Amt IV A 1 c. Ob tatsächlich derartige Beauftragte ermittelten, läßt sich nicht feststellen. Viele Aussagen von Soldaten enthalten jedoch den Hinweis, ein oder zwei Angehörige des jeweiligen EK hätten eine andere Uniform getragen. Auch Mitglieder der EK selbst wiesen später darauf hin, ihrem Kommando habe zeitweise ein ihnen unbekannter Kollege angehört.
[113] So der Kriminalsekretär S. im EK Regensburg; Aussage des Stapostellenleiters Popp; Verf. WK XIII, Bl. 106, und Aussage S.; Verf. Zeithain, Handakten Lindow, Bl. 245. Vgl. unten S. 134f.
[114] Befehl vom 12.9.1941; BAK, R 58/272, Bl. 99–104 (= Nürnbg. Dok. NO 3416).
[115] Befehl des Chefs SipouSD vom 27.8.1941; IfZ, Nürnbg. Dok. NO 3448; Ergänzung am 12.9.; BAK, R 58/272, Bl. 102 (= Nürnbg. Dok. NO 3416).
[116] Verf. Zeithain, Bd. II, Bl. 348. Nach U. handelte es sich bei dem Kgf. um einen deutschen Altkommunisten. Im GARF Moskau sind etliche grüne Karteikarten (s. Kap. IV, S. 151) von Kgf.

Das weitere Schicksal der Ausgesonderten

Während es sich bei der eben genannten Gruppe um relativ wenige Gefangene handelte, war die Zahl derjenigen, die sich den Deutschen für eine antisowjetische Propagandatätigkeit zur Verfügung stellten, ungleich größer.[117] Meist erklärten die Befragten schon zu Beginn der Vernehmung ihre Bereitschaft zur Zusammenarbeit, in der manch einer seine einzige Überlebenschance sah, denn der Hauptzweck der Verhöre, das Herausfinden von Kommissaren und anderen „untragbaren" Personen, sowie deren Abtransport mit unbekanntem Ziel hatten sich sehr schnell unter den Gefangenen herumgesprochen.[118] Unter den zukünftigen „Propagandisten" befanden sich freilich auch solche, die aus ihrer Ablehnung des politischen Systems in der Sowjetunion keinen Hehl machten und durch die Kollaboration mit dem nationalsozialistischen Deutschland hofften, zum Sturz Stalins beizutragen. Diese traten allerdings oftmals von sich aus an die Einsatzkommandos heran,[119] deren Aufgabe dann darin bestand, die „Zuverlässigkeit" der Betreffenden zu überprüfen. Wie das im einzelnen geschah, ist oben bereits ausführlich dargestellt worden. Bis zum Eingang weiterer Weisungen verblieben die derart Ausgesonderten in ihren bisherigen Lagern bzw. Arbeitskommandos.[120]

Der Bedarf an Propagandisten war auch außerhalb des RSHA so groß, daß die Einsatzkommandos zeitweise eine regelrechte Auftragsarbeit leisteten. So hielt der Chef der Sicherheitspolizei und des SD am 27. August seine Beamten an, für das Reichsministerium für die besetzten Ostgebiete nach Kriegsgefangenen Ausschau zu halten, die zur antisowjetischen Agitation in den Lagern geeignet schienen.[121] Am 2. Oktober 1941 informierte er sie darüber, das Reichsministerium für Volksaufklärung und Propaganda habe inzwischen gemeldet, „der Bedarf an Gefangenen, die für die propagandistische Bearbeitung der sowjetrussischen Kriegsgefangenen geeignet" seien, sei gedeckt. Die Aussonderung derartiger Gefangener sei deshalb sofort einzustellen, und bereits Ausgewählte müßten der Wehrmacht wieder zur Verfügung gestellt werden.[122]

Im März 1942 intensivierten die Einsatzkommandos auf Befehl des RSHA erneut die Suche nach Kollaborateuren, mit deren Hilfe es den hartnäckigen Widerstand und den Angriffswillen der Roten Armee zu unterminieren hoffte. Be-

---

enthalten, auf denen es heißt „Auf Veranlassung des Einsatzkdo des Chefs der Sipo u. des SD entlassen nach Berlin". Bestand 7021-115-29.
[117] Vgl. dazu Aussage M.; Verf. Wietzendorf, Bd. 3, Bl. 351.
[118] Aussage des Dolmetschers Th. betr. der Verhöre im Stalag VII A Moosburg; Verf. WK VII, Bl. 270. Vgl. auch ein Schreiben des Kdr Kgf. z. b. V. im Generalgouvernement an den dortigen Militärbefehlshaber vom 18.10.1941 mit dem Hinweis, die dortigen Ausbruchsversuche sowjet. Kgf. seien vor allem auf deren Angst zurückzuführen, ausgesondert zu werden. BA/MA, RH 53-23/58, Bl. 5.
[119] So etwa die Aussage von M. (EK Hammelburg); Verf. WK XIII, Bl. 42.
[120] IfZ, Nürnbg. Dok. NO 3448. Auch die Angehörigen von Minderheiten durften nur im Einvernehmen mit den EK entlassen werden. Befehl des OKW vom 14.10.1941; BAK, R 41/168, Bl. 92.
[121] IfZ, Nürnbg. Dok. NO 3448. Später stellte das RMfdbO eigene „Kriegsgefangenen-Musterungs-Kommissionen" auf. Zu deren Arbeitsweise vgl. eine Vortragsnotiz für Rosenberg vom 13.10.1941. StA N, Nürnbg. Dok. 082-PS.
[122] IfZ, Nürnbg. Dok. NO 3418. Einen Überblick darüber, wie sich das RMfdbO die propagandistische Bearbeitung der Kgf. vorstellte, liefert ein Bericht des SA-Brigadeführers Horn vom 24.11.1941. BA/MA, RW 6/v. 276, Bl. 4–7.

sonders ausgebildete Kriegsgefangene sollten im sowjetischen Hinterland abgesetzt und unter der Zivilbevölkerung „politisch zersetzend" tätig werden, eine Aktion, die die Tarnbezeichnung „Unternehmen Zeppelin" erhielt. Zu diesem Zweck wies SS-Gruppenführer Müller am 10. März 1942 seine Beamten in den Stalags an, bei der Überprüfung der Kriegsgefangenen einer „evtl. Eignung für den Einsatz im Unternehmen ,Zeppelin' besondere Aufmerksamkeit zu widmen". Wichtig sei es dann, die Betreffenden im Lager zurückzubehalten, ihren Arbeitseinsatz zu verhindern sowie ihnen Vergünstigungen zu gewähren. „Bei aller Würdigung des bereits jetzt vorhandenen Arbeitsanfalls", so Müller am Ende seines Schreibens, erwarte er, daß sich sämtliche Dienststellen „dieser Aufgabe mit aller Energie und eigener Initiative" widmeten, um die Ostfront zu entlasten.[123] Wie schon bei den Einsatzbefehlen war Müllers Vorgehen eng mit der militärischen Führung abgestimmt; beide Seiten vereinbarten einmal mehr, zur besseren Kooperation den Dienststellen der jeweils anderen Seite den eigenen Befehl zur Verfügung zu stellen.

Es liegen keine Unterlagen vor, um die Gruppe der für das „Unternehmen Zeppelin" ausgesonderten Rotarmisten auch nur annähernd zahlenmäßig zu bestimmen. Fest steht nur, daß die Suche mit beträchtlichem Aufwand betrieben wurde, denn viele der in den sechziger Jahren Befragten erinnerten sich nicht nur an die Aktion, sondern ihnen war auch die Bezeichnung noch ein Begriff. So hob der Einsatzkommandoführer im Stalag 326 (VI K) Senne, Kriminalkommissar F., in seiner Vernehmung hervor, er könne sich einzig an Aussonderungen erinnern, die unter dem Decknamen „Zeppelin" vorgenommen worden seien. Es habe sich darum gehandelt, Kriegsgefangene herauszufinden, die für das Deutsche Reich gegen die Sowjetunion zu arbeiten bereit waren.[124] Die betreffenden Gefangenen habe er in Abständen dem RSHA gemeldet; seines Wissens seien sie dann in ein Schulungslager nach Schlesien gekommen.[125]

Daß aber selbst die Bereitschaft zur Zusammenarbeit mit den Deutschen den gefangenen sowjetischen Soldaten keine hinreichende Gewähr dafür bot zu überleben, hat Streim hervorgehoben: Zur Kollaboration bereite Kriegsgefangene wurden skrupellos der Sonderbehandlung unterzogen, sobald ihre „Eignung" in irgendeiner Weise in Frage gestellt war. Allein im KZ Auschwitz sollen nach Streims Angaben „ungefähr 200 Aktivisten als nicht mehr ,brauchbare Geheimnisträger' liquidiert worden sein".[126]

Damit wird aber deutlich, wie sehr die Aussonderungen auf die Vernichtung des weltanschaulichen Gegners abzielten. Primär war jeder Ausgesonderte Ver-

---

[123] Befehl des Chefs SipouSD vom 10.3.1942 u. a. an alle Stapostellen; Verf. Senne, Beiheft I Dok., Bl. 51–54. Dazu kurz Streim, Behandlung, S. 185.
[124] Verf. Senne, Bd. I, Bl. 80ff. An andere Aussonderungen konnte sich F. nicht mehr erinnern. Die Staatsanw. Münster stufte seine Äußerungen dann auch als nicht glaubwürdig ein. Verf. Senne, Abschlußvfg., Bl. 15f. Wie F. nutzten auch andere Beschuldigte das „Unternehmen Zeppelin" zur Verteidigung. Sie gaben damit eine Aussonderungstätigkeit zu, hoben aber gleichzeitig hervor, sie habe einzig „positiven" Zwecken, nämlich der Destabilisierung des Gegners, gedient und sei deswegen legitim gewesen. Alle Ausgesonderten hätten überlebt.
[125] Zu den Schulungslagern, die sich tatsächlich in Schlesien befanden, s. Streim, Behandlung, S. 185.
[126] Ebenda, S. 187.

treter des ideologischen Todfeindes und als solcher zu liquidieren, was allerdings seine vorherige „Verwertung" in deutschem Interesse nicht ausschloß. Diese „Vergünstigung" betraf jedoch nur eine kleine Gruppe, die zahlenmäßig gegenüber den „normal" Ausgesonderten nicht ins Gewicht fällt.

III. Die Durchführung der Aussonderungen und dabei auftretende Probleme an ausgewählten Beispielen

Der geplante „Normalfall": Stationäre Einsatzkommandos in den „Russenlagern" vom Juli 1941 bis zum Sommer 1942

Stalag 308 (VIII E) Neuhammer (Niederschlesien) und die Liquidierung der Gefangenen in den KZ Auschwitz und Groß-Rosen

Die Aufstellung des Stalags 308 erfolgte am 8. April 1941; zu seinem Standort hatte der WK VIII Breslau den Truppenübungsplatz Neuhammer a. d. Queis etwa 20 km südlich der niederschlesischen Stadt Sagan bestimmt. Wie in den anderen „Russenlagern" standen in Neuhammer den ersten Gefangenen bei der Ankunft so gut wie keine festen Unterkünfte zur Verfügung, und so waren sie gezwungen, sich auch hier zum Schutz gegen die Witterungsunbilden in Erdlöcher einzugraben. Am 15. Juli befanden sich bereits etwa 2000 Rotarmisten in diesem Stalag, deren Zahl bis zum 10. August, also in weniger als vier Wochen, auf etwa 30000 Mann anstieg. Ehemalige Soldaten bezeugten in den sechziger Jahren übereinstimmend, in der ersten Zeit seien laufend große Gefangenentransporte in Neuhammer eingetroffen.[1]

Unmittelbar nach dem Betreten des Lagers mußten die Gefangenen einzeln an eine Baracke in der Nähe des Haupteingangs herantreten, aus der heraus ein sowjetischer Dolmetscher und ein russisch sprechender deutscher Hauptmann dem jeweiligen Soldaten einige Fragen stellten. Handelte es sich ihrer Meinung nach bei dem betreffenden Gefangenen eindeutig um einen „Kommissar" oder einen „Juden", wurde dieser sofort von den übrigen getrennt und von einem Wachposten zu einem „Sonderblock" innerhalb des Lagers gebracht.[2]

Die eigentliche Überprüfung der sowjetischen Gefangenen in Neuhammer oblag entsprechend dem Einsatzbefehl Nr. 9 der Stapoleitstelle Breslau.[3] Deren

---

[1] Nach der Aussage von P. E. erreichten einmal an ein und demselben Tag vier Transporte mit insgesamt 8000 Gefangenen das Stalag Neuhammer, Verf. Neuhammer, Ordner Protokolldurchschriften, unpag. Alle weiteren Belege, soweit nicht anders vermerkt, aus diesem Verfahren. Zu den Zuständen in Stalag 308 bis Herbst 1941 siehe einen Bericht der Reichsautobahnen – Oberste Bauleitung Breslau vom 5.12.1941; BAP, 46.03, Bd. 22, Bl. 36f.

[2] Nach der Aussage von H. B. vernahmen die beiden nur die „Hauptmatadore". Bd. XX, Bl. 32. Mehrere Zeugen gaben zudem an, wiederholt seien Gefangene aus einem Fenster heraus geschlagen worden. SS-Leute hätten sich in dieser Unterkunft nie aufgehalten.

[3] Ab Mai 1941 hatte Breslau zusätzlich die Aufgaben der Stapoaußenstelle Liegnitz, in deren Zuständigkeitsbereich Neuhammer eigentlich lag, übernommen. Vgl. ein entsprechendes Rundschreiben des Chefs SipouSD vom 20.6.1941; HStA H, Hann. 87a, Nr. 4.

damaligem Chef, Regierungsrat und SS-Sturmbannführer Dr. G., haftete 1968 bei seiner Befragung noch „ganz dunkel ... im Gedächtnis", es sei dem RSHA im wesentlichen darum gegangen, „daß die in den Lagern ermittelten Kommissare als Zivilisten behandelt und in ein Konzentrationslager überführt werden sollten". Seinerzeit sei es allerdings völlig neu gewesen, die Geheime Staatspolizei in Kriegsgefangenenfragen einzuschalten, und deswegen seien ihm wohl doch „irgendwie" Bedenken gekommen. Er meinte, diesbezüglich sogar Rückfrage mit einem hohen Beamten im RSHA genommen zu haben. Dieser aber habe ihm sinngemäß bedeutet, der Erlaß beruhe auf einem Führerbefehl, sei mit dem OKW abgesprochen und deshalb „völlig in Ordnung". Er selbst habe im Anschluß daran noch den Namen des Einsatzkommandoleiters nach Berlin gemeldet und von da an nichts mehr mit der Angelegenheit zu tun gehabt.[4]

Spätestens am 5. August 1941 nahmen unter der Leitung des Kriminalkommissars D. insgesamt fünf Beamte, von denen vier aus Breslau kamen, ihre Tätigkeit in Neuhammer auf. Der fünfte, ein SD-Mann und den anderen bis dahin unbekannt, stieß erst in Neuhammer zu der Gruppe. Welche Rolle er innerhalb des Kommandos gespielt hatte, vermochten seine in den sechziger und siebziger Jahren vernommenen Kollegen freilich nicht mehr zu sagen. Ihren Auftrag hatte der Fahrer J. nach 27 Jahren noch so in Erinnerung: „Es wurde nur allgemein erklärt, daß das Kommando die Aufgabe habe, die unzuverlässigen gefährlichen Elemente herauszusuchen. Als solche wurden insbesondere die politischen Funktionäre und Politkommissare angesehen. Diese sollten von den übrigen Gefangenen getrennt und in ein besonderes Lager geschafft werden."[5] Das Kommando blieb mit geringen personellen Änderungen[6] bis zum Sommer 1942 in Neuhammer stationiert.[7]

Systematisch durchkämmten die Beamten das Kriegsgefangenenlager Block um Block und vernahmen all diejenigen Soldaten, die bei der „Vorsortierung" durch die Wehrmacht noch nicht aufgefallen, in der Zwischenzeit aber von Mitgefangenen als Kommissare oder Juden[8] denunziert worden waren. Lediglich wenn ein neuer Transport eintraf, unterbrachen sie diese Tätigkeit, um die Neuankömmlinge zu überprüfen und dadurch gleich zu Anfang die „Unbrauch-

---

[4] Bd. VIII, Bl. 157. Sein Stellvertreter Kriminalrat B. hielt sich wenigstens einmal zur Kontrolle in Neuhammer auf. Aussage R. J.; Bd. XX, Bl. 20.
[5] Vernehmung R. J.; Bd. VIII, Bl. 60f. Auch Offiziere wurden ausgesondert, obwohl sie eigentlich in das Oflag 62 (XIII D) Hammelburg hätten überstellt werden müssen.
[6] Der Fahrer J. wurde bereits am 24.9. wieder nach Breslau zurückberufen. Bd. P, Unterakte J. Zur Begründung gab J. an, er habe erfahren, daß die Ausgesonderten liquidiert würden, und sich nach kurzer Zeit krankgemeldet. Bd. VIII, Bl. 62. Der frühere Kriminalsekretär K. war nach eigener, jedoch nachweislich falscher Aussage nur für das „Unternehmen Zeppelin" beim EK. Bd. XX, Bl. 75f.
[7] Der ehemalige Soldat P. E. erinnerte sich ohne Nachfragen an den Namen des Stapobeamten Th. Ordner Protokolldurchschriften, unpag. Nach mehreren Aussagen waren einige der Beamten in Zivil.
[8] An diese beiden „Kategorien" erinnerten sich fast alle Befragten. Vgl. eine Liste von 19 Ausgesonderten aus Neuhammer, die am 16.4.1942 in Groß-Rosen exekutiert wurden. Sieben von ihnen wurden als „Juden" bezeichnet, die anderen als Russen, Ukrainer und Polen. Verf. Wollstein, Bd. IV, Bl. 617. Vgl. auch oben S. 75.

baren" auszusondern, denn nur so waren sie in der Lage, aller Verdächtigen habhaft zu werden, ohne den Überblick zu verlieren.[9]

Die Vernehmungsbaracke des Einsatzkommandos lag außerhalb der Stacheldrahtumzäunung des eigentlichen Stalags in der Nähe des Haupteingangs sowie des oben erwähnten Sonderblocks. In der Regel verhörten die Stapo-Männer zusammen mit den von der Wehrmacht gestellten Dolmetschern[10] hauptsächlich vormittags jeweils kleine Gruppen von bis zu vier Gefangenen, z. T. unter Anwendung brutaler Gewalt. P. E., ein ehemaliger Landesschütze, schilderte 1968 einen solchen Fall von Mißhandlung und merkte dazu an: „Davon abgesehen standen die Gestapobeamten bei uns Wehrmachtsangehörigen im Ruf, Rabauken zu sein. So hieß es in bezug auf ihre Vernehmungsmethode, daß sie ‚wieder richtig reingedroschen' hätten."[11]

Im Anschluß an die Aussonderung erfuhren die betreffenden Gefangenen eine Behandlung, die in mehrfacher Hinsicht von der ihrer Kameraden abwich. Untergebracht wurden sie in dem besonders abgezäunten „Sonderblock", in dem sich schon die unmittelbar nach der Ankunft von der Wehrmacht aussortierten Rotarmisten aufhielten. Er gehörte nach Zeugenaussagen zu den Teilen des Stalags, die als erste fertiggestellt worden waren, und infolgedessen standen den dortigen Gefangenen bereits im Spätsommer 1941 mehrere heizbare Baracken zur Verfügung, während die meisten anderen noch in Erdlöchern hausten.[12] Der ganze Komplex machte zudem im Gegensatz zum übrigen Kriegsgefangenenlager einen sehr gepflegten Eindruck; „es war dort in der Sandwüste ein Garten, der einmalig war."[13] Deutschen Soldaten schien es, daß die Insassen des Sonderblocks insgesamt besser behandelt und ernährt wurden als alle anderen.

Dieser Eindruck verstärkte sich in der Anfangszeit noch durch die Umstände, unter denen die Ausgesonderten nach einigen Tagen, seltener Wochen, abtransportiert wurden. Ein ehemaliger Bekleidungsunteroffizier, der für gewöhnlich Kriegsgefangene vor ihrem Arbeitseinsatz mit Kleidung versah, gab diesbezüglich zu Protokoll: „Plötzlich kamen Fahrzeuge an, ich bekam Anweisung, diese

---

[9] Das ergibt sich aus sieben Transportlisten mit jeweils 20 Ausgesonderten, die im Oktober 1941 nach Groß-Rosen überstellt wurden. Während in einigen die Erkennungsmarken-Nummern völlig willkürlich aufgeführt werden, lassen zwei von ihnen eine Auswahl aus aufeinanderfolgenden Nummern erkennen, so am 29.10. bei 19 Mann mit Nummern zwischen 45836 und 45897. Es handelte sich in beiden Fällen um die höchsten bis dahin verzeichneten Nummern. Unterakten, Bd. D.

[10] Die eigentlichen „Verhöre" im Umfang von wenigen Minuten führten ausschließlich die Dolmetscher, während die Beamten teilnahmslos dabeisaßen und noch nicht einmal Fragen an die Gefangenen richteten. D. als Kommandoleiter hatte die Dolmetscher zuvor genau instruiert. Aussage W. Th.; Bd. VIII, Bl. 101.

[11] Ordner Protokolldurchschriften, unpag. Fast genauso formulierte es ein ehemaliger Soldat für das Stalag 315 Hammerstein. Verf. Hammerstein, Bl. 461.

[12] So der Kommando-Angehörige Kriminalsekretär Th.; Bd. VIII, Bl. 103f. Laut Th. äußerte der Kdr Kgf. WK VIII bei einem Besuch in Neuhammer sein Mißfallen darüber, daß „im übrigen Lager nicht dieselben Verhältnisse" wie im Sonderblock geschaffen worden seien. Vgl. dagegen aber dessen Merkblatt über den Einsatz der sowjet. Kgf. vom 15.8.1941, wonach die Unterkünfte auf Arbeitskommandos nur bescheidensten Ansprüchen zu genügen hatten. IfZ, Nürnbg. Dok. USSR 421.

[13] Aussage H. B.; Bd. XX, Bl. 32.

Leute noch einzukleiden. Ich muß sagen, sie wurden gut eingekleidet. Sie bekamen gutes Schuhwerk, teils gute Lederstiefel und gute Kleidung ... Die SS rief mich vorher an und bestellte für die abtransportbereiten Gefangenen Kleidung und betonte dabei ausdrücklich, daß es sich um Arbeitskommandos handeln würde."[14]

Ein geschlossener, grüner LKW der SS holte mehrmals pro Woche jeweils 20 bis 25 Gefangene aus dem Sonderblock ab und verließ mit unbekanntem Ziel das Kriegsgefangenenlager. Nach kurzer Zeit hatte sich freilich unter den Soldaten herumgesprochen, daß die Transporte hauptsächlich in das Konzentrationslager Groß-Rosen gingen und die Männer, soweit sie nicht sofort erschossen würden, in den dortigen Steinbrüchen arbeiten müßten, eine Tätigkeit, die einem Himmelfahrtskommando gleichzusetzen sei. Andere vermuteten das KZ Auschwitz als „Endstation"; man munkelte, „daß sie dort vergast würden".[15]

In der Tat hatte das RSHA der Stapoleitstelle Breslau die beiden Konzentrationslager Groß-Rosen und Auschwitz zur Vernichtung der in Neuhammer ausgesonderten sowjetischen Kriegsgefangenen zugewiesen. In Auschwitz[16] traf der erste Transport aus Neuhammer in den ersten Septembertagen 1941 ein.[17] Der Stapobeamte Th. hatte diese Überstellung noch 1968 recht präzise in Erinnerung, da er sie als Begleitperson mitgemacht hatte:[18] „Die Gefangenen wurden in Eisenbahnwaggons von Neuhammer zum KZ Auschwitz geschafft. Der Zug dürfte eine Länge von etwa 7 Waggons gehabt haben. In jedem Waggon mögen etwa 40 Russen gewesen sein (...) Am Ziel in Auschwitz empfing uns ein mir namentlich nicht bekannter SS-Untersturmführer. Diesem hatte ich eine Liste zu übergeben, auf der die Nummern der in dem Transport befindlichen Gefangenen notiert waren."[19] Das KZ selbst habe er nicht betreten.

Nach der zu Auschwitz vorhandenen Überlieferung war der Transport allerdings etwa doppelt so groß, nämlich rund 600 Mann, „gutgebaute und körperlich kräftige sowjetische Kriegsgefangene (...). Schon vom Aussehen konnte man

---

[14] Ders.; Bd. IV, Bl. 15. Der ehemalige Groß-Rosener SS-Mann K. Z. beschrieb das so: „Die Gefangenen, die aus dem Lager Neuhammer nach Groß-Rosen überführt wurden, trugen qualitätsmäßig gute und brauchbare Kleidung." Bd. XVII, Bl. 29.
[15] So der ehemalige Abwehroffizier R. K.; Ordner Protokolldurchschriften, unpag.
[16] Darstellung nach Czech, Kalendarium; Brandhuber, Auschwitz; Klodzinski, Vergasung, sowie Halgas, Revier von Auschwitz. Eine Zusammenfassung jüngst bei Smolen, Auschwitz.
[17] Czech, Kalendarium, S. 104, erwähnt für den 18.7. die Einlieferung von einigen hundert sowjet. Kgf., die innerhalb weniger Tage in der Kiesgrube bei der Arbeit ermordet worden seien. Brandhuber nimmt an, dies sei auf den Einsatzbefehl Nr. 8 hin geschehen, und bezieht sich dabei auf die Aussage des KZ-Kdten Höß, die Kgf. seien von den Stapostellen Breslau, Troppau und Kattowitz eingewiesen worden (S. 15f.). Das kann sachlich nicht stimmen, da zu diesem Zeitpunkt Breslau den Befehl noch nicht erhalten hatte. Höß selbst nennt lediglich den Herbst 1941 (Broszat, Kdt in Auschwitz, S. 159). Nach Smolen kamen sie u. U. aus Lemberg (S. 131). Halgas (S. 167) geht – wahrscheinlich zutreffend – von einer Verwechslung von Daten aus.
[18] Bd. VIII, Bl. 104f. Die anderen Begleiter habe die Stapoaußenstelle Liegnitz abgestellt.
[19] Vom Stalag 318 (VIII F) Lamsdorf wurden, wenigstens nach dem Bekunden des Leiters der Stapostelle Oppeln, Biberstein, die Ausgesonderten z. T. per LKW nach Auschwitz gebracht. Bd. VIII, Bl. 183.

sehen, daß es sich um Offiziere handelte."[20] Bereits vor ihrer Ankunft hatten Häftlinge von SS-Männern erfahren, es seien Sonderhäftlinge in großer Zahl zu erwarten, bei denen es sich um Kommissare und Politruks handeln solle. Besondere Aktivitäten um Block 11 herum zeigten, daß dort selbst für Auschwitz Ungewöhnliches zu erwarten war. Die Kellerfenster des Gebäudes wurden zugemauert oder mit Erde zugeschüttet, Kisten mit Dosen, die das Gift Zyklon B enthielten, trafen ein, ein Wachturm in unmittelbarer Nähe wurde verlegt. Am Abend des Ankunftstages verordnete die Lagerleitung schließlich eine Lagersperre: den Häftlingen war es damit verboten, die Blöcke zu verlassen und sich im Lager zu bewegen sowie sich in der Nähe der Fenster aufzuhalten. Trotzdem sahen einige von ihnen in der Nacht im Licht von Scheinwerfern mehrere Gruppen von sowjetischen Kriegsgefangenen eintreffen, die unter Mißhandlungen und Gebrüll ohne Verzug in die Keller von Block 11 getrieben wurden, in die zuvor schon etwa 250 schwerkranke Häftlinge geschleppt worden waren.[21]

Sobald die Zellen voller Männern waren, warfen SS-Leute mit Gasmasken das Zyklon B in die Räume, verriegelten eiligst die Türen und dichteten sie hermetisch ab. Insassen des benachbarten Blocks 12 hörten dann ein langandauerndes Stöhnen, Schreien und Röcheln, das erst allmählich verstummte. Gleichwohl stellte man am folgenden Tag, als die Keller geöffnet wurden, fest, daß einige der Gefangenen noch Lebenszeichen von sich gaben, und wiederholte deshalb den Vorgang.

Drei Nächte später erhielten KZ-Häftlinge den Befehl, die Leichen aus Block 13 zu entfernen und zum Krematorium zu bringen. Als sie den Toten die Uniformen auszogen, fanden sie darin noch Personal- und Militärausweise, russisches Geld und persönliche Gegenstände. „Die gefundenen Dokumente bestätigten ihre Annahme, daß die Vergasten höhere Offiziere, Kommissare und politische Funktionäre der Roten Armee waren."[22] Es waren aber so viele Tote zu beseitigen, daß die Arbeit bis zum frühen Morgen andauerte und erst in der folgenden Nacht beendet werden konnte. Spätere Vergasungen fanden wegen der besseren Entlüftungsmöglichkeiten im Keller des Krematoriums statt.

Die gesamte Aktion besaß einen ausgesprochen „provisorischen" Charakter. Der Lagerkommandant Rudolf Höß hat das in seinen autobiographischen Aufzeichnungen betont; während er sich auf einer Dienstreise befunden habe, habe sein Vertreter, Hauptsturmführer Fritzsch, „aus eigener Initiative Gas zur Vernichtung dieser sowjetischen Kriegsgefangenen verwendet".[23] Zyklon B sei in Auschwitz laufend zur Ungezieferbekämpfung verwendet worden und dementsprechend immer vorrätig gewesen. Der „Erfolg" veranlaßte Höß aber auf jeden Fall, SS-Obersturmbannführer Eichmann vom RSHA bei dessen nächstem Be-

---

[20] Klodzinski, Vergasung, S. 269. Die Daten schwanken zwischen dem 2. und 5.9. Klodzinski ist der einzige Autor, der Neuhammer als Herkunftsort angibt, doch dürfte er insofern recht haben, als das EK Lamsdorf erst Ende August, also später als die Kollegen in Neuhammer, mit den Aussonderungen begonnen hatte. Verf. Lamsdorf, Abschlußvfg., Bl. 12.
[21] Ausführlich dazu Klodzinski, Vergasung.
[22] Brandhuber, Auschwitz, S. 17.
[23] Broszat, Kdt in Auschwitz, S. 159. Fritzsch betrachtete sich daher später offenbar als „Erfinder" der Gaskammern. Vgl. ebenda, Anm. 2.

such von dem „Versuch" zu berichten. Beide entschlossen sich im Anschluß daran, „bei der zukünftigen Massenvernichtung dieses Gas zur Anwendung zu bringen".[24]

Keine zwei Wochen später, am 16. September, wurde die nächste Vergasung durchgeführt. Dieses Mal handelte es sich um 900 Kriegsgefangene, deren Herkunft sich jedoch nicht mehr klären läßt. In der Folgezeit kamen Gefangene aus Neuhammer ausschließlich zum Arbeitseinsatz nach Auschwitz;[25] auf ihr Schicksal geht das Kapitel IV ausführlich ein. Für den 4. November 1941 überliefert das Kalendarium noch eine Erschießung von etwa 300 ausgesonderten Gefangenen im Hof von Block 11.[26] Auch ihre Herkunft ist nicht bekannt.[27]

Gemordet wurde aber auch auf andere Weise. Streim beschreibt den Fall eines Kommissars, der durch eine Phenolinjektion getötet werden sollte. Dieser sei jedoch mißtrauisch geworden und habe sich gewehrt. Anwesende Funktionshäftlinge hätten ihn aber niedergeschlagen und festgehalten, so daß er dann doch habe umgebracht werden können.[28] Erschießungen sind ebenfalls bezeugt. So sagte der Leiter der Stapostelle Oppeln, Biberstein, aus, er selbst habe zusammen mit dem Leiter seines Einsatzkommandos, Kriminalkommissar B., einer solchen Exekution von 12 Gefangenen aus dem Stalag 318 Lamsdorf beigewohnt.[29]

Überstellungen von Neuhammer nach Auschwitz waren allerdings die Ausnahme, denn die in diesem Stalag ausgesonderten sowjetischen Kriegsgefangenen wurden in der Regel in das niederschlesische Konzentrationslager Groß-Rosen gebracht.[30] Vor Beginn der Vernichtungsmaßnahmen fuhr der Kommandant von Groß-Rosen, SS-Obersturmbannführer Rödl, wenigstens einmal nach Neuhammer, um Einzelheiten hinsichtlich des Transports zu klären.[31] Er vereinbarte mit dem Einsatzkommando und der Stalagleitung, in deren Obhut die Gefangenen sich noch befanden, daß das KZ die Transportmittel stellte, während die Stapobeamten die Begleitung übernehmen sollten. Nach Groß-Rosen zurückgekehrt,

---

[24] Ebenda, S. 159.
[25] Höß selbst schreibt allerdings, im Herbst 1941 seien laufend kleinere Transporte von Ausgesonderten eingetroffen, „die durch Erschießen in der Kiesgrube, bei den Monopol-Gebäuden oder im Hof des Bl(ock) 11 getötet wurden" (ebenda). Diese kamen jedoch nicht aus Neuhammer, sondern aus Stalag 318 (VIII F) Lamsdorf. Vgl. dazu die Aussage Bibersteins; Bd. VIII, Bl. 183. Nach Meinung des damaligen Uffz. Sch. umfaßte jeder Transport aus Lamsdorf zwischen 20 und 40 Kgf. Ordner Protokolldurchschriften, unpag.
[26] Czech, Kalendarium, S. 138.
[27] Th. bekundete (Bd. VIII, Bl. 105), er habe noch einen zweiten Transport nach Auschwitz begleitet, dessen Termin aber erheblich später gelegen habe (wohl Ende Oktober). Am Zielort habe er noch gesehen, daß die Gefangenen sich entkleidet hätten, und auf Nachfragen von den SS-Leuten erfahren, „daß die Russen gebadet würden".
[28] Streim, Behandlung, S. 117. Eine Zeitangabe fehlt.
[29] Bd. VIII, Bl. 183. Auch in Auschwitz wurden in einer Genickschußanlage zahlreiche Rotarmisten umgebracht. Aussage Waldmann, IfZ, Nürnbg. Dok. USSR 52. Vgl. dazu auch Streim, Behandlung, S. 102.
[30] Sowohl ein Häftling als auch mehrere SS-Männer erinnerten sich bei ihren Befragungen daran, die Ausgesonderten seien aus Neuhammer gekommen.
[31] Aussage des Fahrers K. Z.; Bd. XVII, Bl. 26f. Die folgende Darstellung nach den Aussagen von Häftlingen und von SS-Männern, die der Beteiligung an den Exekutionen verdächtigt wurden (Bd. XIV, XVI und XVII).

ließ Rödl die Angehörigen seines Kommandanturstabes zusammenrufen und teilte ihnen unter dem Siegel der Verschwiegenheit mit, sie hätten sich in der nächsten Zeit für eine „Sonderaktion" bereit zu halten. Es handele sich dabei um die Liquidierung von Kommissaren, die als Partisanen „deutsche Soldaten hinterrücks überfallen" hätten.[32] Wenig später wies er seinen Leuten für die kommenden Exekutionen bestimmte Aufgabenbereiche zu.

Die Gefangenen der ersten Transporte wurden erschossen. Nur auf eine mündliche Genehmigung des Kommandanten hin und ohne den Zweck der Fahrt in das Fahrtenbuch einzutragen, holte ein SS-Mann die Gefangenen mit einem geschlossenen Kastenwagen von Neuhammer nach Groß-Rosen und ließ sie außerhalb des Schutzhaftlagerbereichs in der Nähe des Krematoriums absteigen. Anschließend mußten die Opfer sich entkleiden, in Gruppen zu sechs Mann vor einer Steinwand niederknien, um dann durch einen Pistolenschuß in das Genick getötet zu werden. Zwar war die Exekutionsstelle selbst wegen eines Bretterzaunes und einer zusätzlichen Absperrung durch SS-Männer nicht einzusehen, doch konnten Häftlinge wenig später beobachten, daß die Leichen auf dem Gelände des Krematoriums abgelegt wurden.

Nach einiger Zeit befahl Rödl allerdings, diese Art der Liquidierung einzustellen, da sich in der Zivilbevölkerung in der Umgebung Gerüchte über Erschießungen im Konzentrationslager verbreiteten. Statt dessen kamen die Gefangenen nach ihrer Ankunft in eine bestimmte Baracke, bei deren Betreten sie den Eindruck erhalten mußten, einer ärztlichen Untersuchung unterzogen zu werden. Zum Schein wurden sie gemessen und gewogen sowie ihre Gebisse auf Goldzähne hin überprüft. Anschließend traten sie einzeln in einen Nebenraum. Dort erhielten sie eine Blausäureinjektion in die Herzgegend, durch die sie nach wenigen Sekunden starben. Die Leichen sämtlicher Exekutierter wurden entweder im Krematorium des Lagers selbst oder, wenn ihre Zahl zu groß war, in dem der nahegelegenen Stadt Liegnitz eingeäschert.[33] Eine gewisse Zeit lang wurde sogar ein fahrbares Krematorium eingesetzt, das freilich nach kurzer Zeit der „Belastung" nicht mehr gewachsen war und ausbrannte. Grund dafür, so der ehemalige Häftling E. G., sei die große Zahl von Leichen gewesen, die „davon herrühre, daß abends im verschlossenen LKW vom Außenlager Neu-Hammer (?) russische Kriegsgefangene gebracht wurden".[34]

Nach der Erinnerung von Zeugen fanden die Erschießungen bis zu ihrer Einstellung fast täglich statt; es habe sich dabei wie auch später bei den Vergiftungen meist um Gruppen von etwa 20 Personen gehandelt, doch seien gelegentlich auch zwei LKW mit „Kommissaren" angekommen. Für den Monat Oktober 1941 lassen sich diese Angaben sogar quellenmäßig belegen.[35] An wenigstens

---

[32] Aussage F. S.; Bd. XVI, Bl. 109. Andere Aussagen im Verf. Wollstein, Schriftsatz Ermittlungverf. gegen Rödl (Zentralstelle Köln Az. 24 Js 921/63 (Z), S. 5).
[33] Streim, Behandlung, S. 115f., schildert die Tötung durch Gift in Groß-Rosen. Seine Darstellung bezieht sich allerdings auf solche Kgf., die nicht als Ausgesonderte, sondern zum Arbeitseinsatz dorthin kamen.
[34] Aussage in einem Verfahren zu Groß-Rosen; Abschrift im Bd. XIV, Bl. 47. Auch der ehemalige Häftling M. M. spricht von einem Feldkrematorium. Bd. XVII, unpag.
[35] Die Dokumente sind zusammengestellt in den Unterakten, Bd. D.

acht Tagen, dem 1., 3., 7., 9., 15., 22., 29. und 31. Oktober, stellte Th. als Angehöriger des Einsatzkommandos Neuhammer jeweils eine Liste über 20 „aus dem ‚S' Lager zum Abtransport zu melde(n) Gefangenen" zusammen und brachte diese nach Groß-Rosen. Als Ankunftstermin hatte das KZ in allen Fällen den späten Nachmittag gefordert. Der Grund dafür läßt sich den Aussagen mehrerer ehemaliger Häftlinge und SS-Männer entnehmen. Zu diesem Zeitpunkt traten die KZ-Häftlinge nämlich für gewöhnlich auf dem Appellplatz zum Abendappell an. Wenn dann die Fahrzeuge mit den Ausgesonderten eintrafen, erhielten sie den Befehl, „laut zu singen. Hierbei wurden sie von den Blockführern beaufsichtigt und immer wieder – teils mit Peitschenhieben – zu noch lauterem Singen angetrieben. Dieses Singen erfolgte zu dem Zweck, die Geräusche bei der Erschießung der Gefangenen zu übertönen."[36] In den acht für Oktober 1941 überlieferten Fällen konnte Rödl deswegen an den Inspekteur der Konzentrationslager in Oranienburg melden, die russischen Kriegsgefangenen seien „in der Zeit von 17.00 bis 18.00 exekutiert und im Anschluß eingeäschert" worden.[37]

Wie viele Männer im Stalag 308 (VIII E) Neuhammer ausgesondert und anschließend liquidiert worden sind, läßt sich nur mittelbar erschließen. Für Groß-Rosen beispielsweise ist lediglich die Ermordung der 140 Gefangenen im Oktober 1941 und von nochmals 19 Rotarmisten am 16. April 1942 quellenmäßig nachzuweisen.[38]

Neuhammer zählte mit den Stalags 315 Hammerstein, 304 Zeithain, 326 Senne und 321 Bergen-Oerbke allerdings zu den Lagern, die als erste mit sowjetischen Soldaten belegt wurden. Bereits am 10.8. hielten sich dort mehr als 30000 Gefangene auf, und im Herbst 1941 war das niederschlesische Stalag mit knapp 38000 Mann das größte „Russenlager" im Reich. In keinem von ihnen begannen die Aussonderungen so früh wie in Neuhammer. Die „Arbeitsbedingungen" für das Breslauer Einsatzkommando waren dort optimal; irgendwelche gravierende Konflikte zwischen Stapo und Wehrmacht sind nicht überliefert. Daher muß man davon ausgehen, daß gerade hier von Mitte August an bis in den Spätherbst 1941 systematisch ausgesondert wurde und somit die Anzahl der Ausgesonderten besonders hoch anzusetzen ist.[39]

Für Groß-Rosen ist bezeugt, daß nahezu täglich wenigstens ein Fahrzeug mit etwa 20 Ausgesonderten im Konzentrationslager eintraf. Das erscheint plausibel,

---

[36] Aussage des ehemaligen polnischen Häftlings M.; Bd. XVII, unpag. In den Pausen waren freilich die Schüsse so deutlich zu hören, daß die Häftlinge sogar merkten, daß die sowjetischen Gefangenen nacheinander durch Einzelschüsse ermordet wurden. Ähnliches berichtet Kogon, Der SS-Staat, S. 236, für Buchenwald.
[37] Unterakten, Bd. D. Die Einäscherung erfolgte jedoch oft erst Stunden oder Tage später, zumal in etlichen Fällen die Leichen erst nach Liegnitz gebracht werden mußten. Verschiedene Aussagen im Verf. Neuhammer.
[38] Die Zeugen wurden bei den Ermittlungen bedauerlicherweise nur nach den überlieferten Transportterminen gefragt.
[39] Vgl. demgegenüber die Verhältnisse im Stalag 304 (IV H) Zeithain, wo bis zum 25.9.1941 „infolge Fehlens aller organisatorischen Voraussetzungen" die Aussonderungen noch nicht einmal begonnen hatten. Fernschreiben der Stapo Dresden an die Stapo München vom 25.9.1941; 178-R, S. 422.

da, wie bereits erwähnt, das dortige Krematorium nicht dafür ausgelegt war, eine größere Zahl von Leichen zu verbrennen. Das Einsatzkommando mußte sich bei den Überstellungen nach dessen „Kapazitäten" richten und war deshalb gezwungen, immer dann, wenn eine Zahl von etwa 20 Mann erreicht war, diese gleich zur Exekution zu bringen. Auf Grund dessen gestaltete sich die Vernichtung der Gefangenen in Groß-Rosen völlig anders als etwa im KZ Sachsenhausen, für das der Büge-Bericht im September und Oktober 1941 häufiger die Liquidierung und Einäscherung von mehreren hundert sowjetischen Kriegsgefangenen aus verschiedenen Stalags binnen weniger Stunden verzeichnet.[40]

Geht man von vier bis fünf Transporten von Neuhammer nach Groß-Rosen pro Woche aus, dann wurden dort in diesem Zeitraum immer etwa 100, bis Ende November 1941[41] also ca. 1 400 aus dem Stalag 308 Neuhammer stammende sowjetische Soldaten ermordet.[42] Wegen einer Fleckfieberepidemie stellte das Einsatzkommando im Spätherbst die Aussonderungen ein. Nach dem Abklingen der Seuche nahm es seine Tätigkeit zwar wieder auf, doch erreichten die Überprüfungen im Frühjahr 1942 nicht mehr das Ausmaß des Vorjahres, da nur noch relativ wenige Gefangene nach Neuhammer kamen.[43] Die Zahl der in Groß-Rosen exekutierten Rotarmisten allein aus diesem Stalag dürfte sich somit auf wenigstens 1 800 Mann belaufen.

Die Überstellungen nach Auschwitz waren demgegenüber eine Ausnahme; sie lassen sich, makaber genug, mit den unzureichenden „Krematoriumskapazitäten" in Groß-Rosen erklären. Bis Ende August hatte das Einsatzkommando rund 600 Mann ausgesondert; diese jedoch in Groß-Rosen schnell und spurlos zu vernichten, war unter rein „verfahrenstechnischen" Gesichtspunkten nicht durchführbar, so daß der Transport nach Auschwitz nur eine Notlösung darstellte.[44] In der Folgezeit war das dann kaum mehr möglich, weil ab Mitte September das Einsatzkommando im Stalag 318 (VIII F) Lamsdorf (Oberschlesien) laufend Gefangene dorthin zur Liquidierung brachte. Insofern kann man annehmen, daß einzig die genannten Transporte im Umfang von vielleicht 1 000 Rotarmisten dorthin gingen.[45]

Die Diskrepanz zwischen der Zahl der in Neuhammer Auszusondernden und den Möglichkeiten, diese zu vernichten, zwang das Einsatzkommando in Absprache mit der Wehrmacht zu besonderen Maßnahmen, um Aufruhr im Lager

---

[40] Verf. Heidelager, Dok. Bd. III, Bl. 14–16. Ein Beispiel ist in der Einleitung, Anm. 1, zu finden. Vgl. die Zusammenstellung der Büge-Angaben durch die ZStl Ludwigsburg im Verf. Thorn, Bd. II, Bl. 22f.
[41] Nach der Aussage von L. B., Häftling in Groß-Rosen, kamen die ersten Kgf. im August. Verf. Wollstein; Schriftsatz Ermittlungsverf. gegen Rödl, S. 7.
[42] Siehe dazu die Aussage des polnischen Groß-Rosen-Häftlings M., wonach „jeden Tag zwischen 20 und 50 Gefangene den Tod fanden". Seiner Ansicht nach müsse man für dieses KZ von mehreren tausend Ermordeten ausgehen. Bd. XVII, unpag.
[43] Für Anfang 1942 sind zwei weitere Transporte zu je 30 Mann belegt, wenigstens einer davon aus Neuhammer. Vgl. Malek, Bürger der ehemaligen Sowjetunion im KL Groß-Rosen, S. 65. Ein anderer, bereits erwähnter Transport (19 Mann) kam am 16.4.1942; Einzelheiten dazu oben S. 75.
[44] Nach Groß-Rosen wurden auch die in den Stalags III B Fürstenberg/Oder, VIII C Sagan und XXI C Wollstein Ausgesonderten gebracht und exekutiert.
[45] Nach dem Büge-Bericht wurden beispielsweise bis zur Fleckfiebersperre in Sachsenhausen etwa 2 600 sowjet. Kgf. allein aus Stalag 323 Groß-Born ermordet.

96 III. Durchführung der Aussonderungen und dabei auftretende Probleme

zu verhindern.[46] Aus Tarngründen[47] erhielten die verbleibenden Insassen des Sonderblocks deshalb eine Behandlung, die sich positiv von der sämtlicher anderer Gefangenen abhob und dort zu der Annahme führen mußte, daß die Betreffenden tatsächlich eine bessere Zukunft zu erwarten hätten.[48] Noch beim Abtransport wurde dieser Schein durch die Ausgabe korrekter Uniformen aufrechterhalten.

Daß die Furcht vor Unruhen unter den sowjetischen Soldaten auf deutscher Seite durchaus berechtigt waren, zeigt ein Bericht des Kommandeurs der Kriegsgefangenen z. b. V. vom 18. Oktober 1941 an den Militärbefehlshaber im dem WK VIII benachbarten Generalgouvernement, in dem er die Ursachen der Massenausbrüche sowjetischer Kriegsgefangener in den vergangenen drei Monaten analysierte. Als Hauptursache bezeichnete er neben schlechter Unterbringung, Krankheiten und unzureichender Ernährung ein „unnötig langes Zurückhalten der durch den Sicherheitsdienst ausgesonderten Kgf. in den Lagern". Und weiter schrieb er: „Obwohl diese schon wochenlang ausgesondert und in einem besonderen Lager untergebracht waren, befürchteten die Kgf., daß auch sie noch in solche Lager kommen würden. Angesichts dieser Lage waren die Kgf. der Verzweiflung nahe und suchten somit ihr Heil in der Flucht."[49]

Für das Stalag 308 (VIII E) Neuhammer sind im Berichtszeitraum keine Massenausbrüche überliefert.

Für die Tatbeteiligten in Groß-Rosen hatten die Exekutionen noch ein „Nachspiel". Am 11. November 1941 erhielt SS-Obersturmbannführer Rödl ein Schreiben des Inspekteurs der Konzentrationslager in Oranienburg. Es lautete:[50] „Aus Sondermitteln wird als einmalige Zuwendung zur Verteilung an die Beteiligten bei der Durchführung der Exekutionen dem dortigen Konzentrationslager

---

[46] Rödl meldete hinsichtlich der am 16.4.1942 Ermordeten nach Berlin, es habe sich „um einen Rest von Ausgesonderten" gehandelt, also solche Gefangene, die wegen der fehlenden Krematoriumskapazitäten noch nicht zum KZ hatten gebracht werden können. Aus Neuhammer seien „laufend" sowjet. Kgf. nach Groß-Rosen zur Exekution überstellt worden. Verf. Wollstein, Bd. IV, Bl. 619. Zu den Aussonderungen in Groß-Rosen neuerdings Sprenger, Groß-Rosen, S. 187–199. Die Autorin datiert allerdings in Unkenntnis der Aussonderungssystematik den Beginn der Vernichtungsmaßnahmen auf den 1.10.1941, d. h. die erste überlieferte Exekution.
[47] Ein anderes Beispiel für Tarnung liefern Stapobeamte aus Weimar, die sich gegenüber den Kgf. als „Wirtschaftsbeauftragte" ausgaben. Kogon, Der SS-Staat, S. 239.
[48] Die Aussonderungen sprachen sich unter den Gefangenen trotzdem sehr schnell herum, und es hieß bald, daß Offiziere und Kommissare sich oft als einfache Soldaten tarnten. Aussage M. W.; Bd. IV, Bl. 19.
[49] BA/MA, RH 53-23/58, Bl. 5. Für Auschwitz hat Höß ähnliche Befürchtungen der „Arbeitsrussen" überliefert. Broszat, Kdt in Auschwitz, S. 107.
[50] Unterakten, Bd. D, Bl. 35; Unterstreichungen im Original. Am 14.11.1941 ersuchte der Inspekteur KL den Kommandanten von Groß-Rosen, „alle an den Exekutionen beteiligten SS-Angehörigen für das KVK II. Klasse mit Schwertern einzureichen und als Begründung für den Vorschlag anzugeben: ‚An der Durchführung kriegswichtiger Sonderaufgaben beteiligt'." Rödl stellte am 22.11. eine Liste von 22 SS-Männern zusammen. Bis Ende April erhielten alle die Auszeichnung. Soweit die Beteiligten später diesbezüglich befragt wurden, bestritten sie den Sachverhalt. Vgl. Streim, Behandlung, S. 154f. Das Sachsenhausener Exekutionskommando durfte zur „Entspannung" nach Italien fahren (ebenda). Über diesen „Sonderurlaub" berichtete die Hamburger Illustrierte Nr. 25 vom 20.6.1942 in Wort und Bild.

der Betrag von RM 600,– (Sechshundert) zur Verfügung gestellt. Es wird nochmals ausdrücklich daraufhingewiesen, daß es sich nur um eine einmalige Zuwendung handelt, über die Stillschweigen zu bewahren ist."

Die „Vernichtung vor Ort" im Stalag 312 (XX C) Thorn

Das Stalag 312 (XX C) Thorn weicht in seiner Entwicklung in mehrfacher Hinsicht von den übrigen „Russenlagern" ab. Ein großer Teil des späteren Stammpersonals erhielt am 15. März 1941 seine Einberufung zum Landesschützen-Ersatz-Bataillon 12 in Mainz. Nach einer etwa dreiwöchigen infanteristischen Grundausbildung wurden die Soldaten zur neuen Einheit Stalag 312 versetzt, deren Aufstellung dem Stalag XII A Limburg/Lahn befohlen worden war. Im Laufe des Monats Mai gab der WK XII Wiesbaden diese Einheit dann an den WK XX Danzig ab.

Als Standort für das neue Kriegsgefangenenlager hatte das OKW den Truppenübungsplatz Thorn vorgesehen. Der Kommandeur der Kriegsgefangenen im WK XX, Generalleutnant Kurt von Österreich, äußerte sich 1945 dazu vor den sowjetischen Militärbehörden folgendermaßen:[51] „Gemäß diesem Befehl[52] hatte ich in Thorn auf dem Truppenübungsplatz ein Lager zunächst unter freiem Himmel, von Drahtzaun umgeben, errichtet. Für den Bau dieses Lagers benutzte ich englische Kriegsgefangene, die in dem mir unterstellten Stammlager XX B[53] untergebracht waren. In der Zwischenzeit habe ich auch die Personalien für die Lagerverwaltung ausgewählt."

Die ersten sowjetischen Kriegsgefangenen trafen, unmittelbar von der Front kommend,[54] Ende Juli oder Anfang August in Thorn ein. Die Belegungslisten des OKW verzeichnen für den 10. August die Anwesenheit von 2 000 Mann, deren Zahl sich bis zum 1. Oktober auf mehr als 11 000 erhöhte. General von Österreich, der im Sommer 1942 in die Ukraine versetzt wurde, sprach 1945 von „ungefähr 12–13 Transporten mit je 1 000–1 500 Russen", die bis zu diesem Zeitpunkt in seinem Verantwortungsbereich angekommen seien. Obwohl das Lagerareal nach Zeugenaussagen für die Gefangenen ausreichte, wurden sie auch in mehreren Forts der alten preußischen Festungsanlagen untergebracht, die die Stadt Thorn seit der Zeit Friedrich Wilhelms III. (1797–1840) umgaben. Organisatorisch gehörten diese Teillager zwar zum Stalag 312, dessen Kommandantur sich auf dem Truppenübungsplatz befand, waren aber offenbar so selbständig, daß viele Wehrmachtsangehörige in ihren Befragungen nach dem Krieg den Teil, in dem sie Dienst getan hatten, als das eigentliche Stalag bezeichneten.

---

[51] IfZ, Nürnbg. Dok. USSR 151.
[52] Gemeint ist die Konferenz der Kdre Kgf. Ende März 1941 in Berlin, auf der Reinecke die Offiziere vom Krieg gegen die Sowjetunion in Kenntnis setzte und Anweisungen für den Bau der Stalags gab (s. o. Kap. I). Laut v. Österreich erhielt dieser 8 bis 10 Tage später den schriftlichen Befehl zur Einrichtung des Lagers Thorn. IfZ, Nürnbg. Dok. USSR 151.
[53] Es handelte sich eher um das Stalag XX A in Thorn selbst.
[54] Dementsprechend waren sie noch nicht karteimäßig erfaßt. Aussage J. N.; Verf. Thorn, Bd. I, Bl. 82.

Im Gegensatz zu den anderen „Russenlagern" liegen zu den Aussonderungen im Stalag 312 keine Aussagen der Beamten des Einsatzkommandos vor, doch wurden die Überprüfungen von so vielen Soldaten beobachtet, daß sich aus ihren Erinnerungen ein sehr differenziertes Bild der Vorgänge gewinnen läßt.

Immer dann, wenn ein neuer Gefangenentransport angekommen war, sandte die Stapostelle Bromberg[55] einige Beamte in das etwa 50 km entfernte Thorn, um die Neuankömmlinge zu überprüfen; ihre Führung hatte der Kriminalkommissar W. inne. Der Fahrer des Kommandanten holte sie in der Regel vom Bahnhof ab und fuhr mit ihnen zu den einzelnen Teillagern, wo sie sich als erstes die Karteikarten der Gefangenen vorlegen ließen. Im Stalag selbst erhielten sie dann, wie üblich, eine Baracke außerhalb des eigentlichen Kriegsgefangenenlagers zur Verfügung gestellt und begannen in mehreren Räumen gleichzeitig mit der Überprüfung, bei der Sonderführer der Wehrmacht Dolmetscherdienste leisteten.

Im Gegensatz dazu liefen die Verhöre in den Forts vor den Augen der Wehrmachtsangehörigen ab. In der Mitte des jeweiligen Innenhofes wurde ein Tisch aufgestellt, an dem ein Beamter Platz nahm. „Dann wurden die Russen aus dem Fort herausgebracht. Sie mußten antreten und dann einzeln zu dem Tisch kommen."[56] Da die anwesenden Soldaten kein Russisch sprachen, konnten sie dem Verhör nicht folgen, wußten aber, daß das Kommando nach Kommissaren, Politruks, Offizieren und Juden suchte. Der Stapobeamte machte daraus allerdings auch kein Geheimnis. K. L., der auf der Schreibstube als Schreiber eingesetzt war, beobachtete eines Tages eine solche Überprüfung, ging „auf eine Zigarettenlänge" zu dem Tisch und fragte den Vernehmenden, was er denn eigentlich da mache. Dessen Antwort habe gelautet, „daß er die Aufgabe hätte, alle Politkommissare, Offiziere und Juden herauszusuchen". L. erinnerte sich weiter: „Ich habe dann auch gesehen, wie er die Leute, die ihm vorgeführt wurden, genau betrachtete. Sie mußten den Kopf wenden und sich von allen Seiten genau betrachten lassen. Der SS-Mann suchte also offensichtlich nach Rassemerkmalen." Er habe sich aber nicht alle, sondern nur bestimmte Gefangene vom russischen Ordnungsdienst vorführen lassen, so daß der Schluß nahegelegen habe, „daß die Russen selbst vorher schon die Kommissare und Juden verraten" hätten. Zu deren weiterem Schicksal konnte L. indessen keine Angaben machen, da er in seine Schreibstube habe zurückkehren müssen.[57]

Diejenigen Gefangenen, die der Beamte als Kommissare, Offiziere oder Juden „identifiziert" hatte, kamen in die Kasematten eines ganz bestimmten Forts und

---

[55] Der Einsatzbefehl Nr. 9 hatte Bromberg fälschlicherweise der Stapoleitstelle Posen zugeordnet; sie gehörte aber in Wirklichkeit zum Bereich der Leitstelle Danzig. Deswegen ermittelte zunächst die Staatsanw. Hamburg gegen den Leiter der Stapo Posen (Verfahren eingestellt, hier zitiert als Verf. Thorn 2). Das eigentliche Verfahren betrieb die Staatsanw. München I, die es später mangels Zuständigkeit an die Zentralstelle Dortmund abgab. Verf. Thorn, Bd. III, Bl. 480. Die Belege beziehen sich, soweit nicht anders angegeben, auf dieses Verfahren.
[56] Aussage W. G.; Bd. IV, Bl. 604.
[57] Bd. V, Bl. 668. L. sandte nach seiner Vernehmung der Polizei noch das Bild eines Thorner Forts mit der folgenden Information: „Rechts im Bild sehen Sie das Gebäude, wo sich die bereits aussortierten Gefangenen befanden, die später abtransportiert wurden." (Bl. 670f.) Zu den „Rassemerkmalen" vgl. auch die Aussage von W. N., der bekundete, bei den Aussonderungen sei unter anderem der Begriff „Mongole" gefallen. Bd. II, Bl. 171.

wurden dort streng bewacht. Nur selten, und dann nur für kurze Zeit, durften sie sich im Hof aufhalten. Nach den Aussagen mehrerer Augenzeugen herrschte in den Kasematten eine so drangvolle Enge, daß die Männer immer einen stark verschwitzten Eindruck gemacht hätten.[58] In unregelmäßigen Zeitabständen wurden die Ausgesonderten in Gruppen zu etwa 50 Mann von der Stapo aus dem Fort abgeholt und auf einem LKW mit unbekanntem Ziel weggebracht. Der Sachbearbeiter in der Registratur des Stalag vermerkte in der Karteikarte der Betreffenden „verlegt in ein anderes Lager", ohne dieses jedoch, wie eigentlich vorgeschrieben, namentlich aufzuführen. Den meisten Soldaten war freilich bald klar, „daß diese Gefangenen alle umgelegt" wurden,[59] und bezeichneten das Fort deswegen auch als „Todesbunker".[60]

Im Gegensatz zu den anderen „Russenlagern" erfolgten die Exekutionen jedoch nicht im nächstgelegenen Konzentrationslager,[61] sondern in freiem Gelände in der Nähe von Thorn, in einigen Fällen sogar in der Festung selbst oder ihrer näheren Umgebung.[62] Den Ablauf der erstgenannten Erschießungen hatten die beteiligten Stapo-Angehörigen selbst nach 30 Jahren noch präzise in Erinnerung. Der damalige Polizeisekretär B. begründete das 1971 gegenüber den Ermittlungsbehörden so: „Zu der Erschießungshandlung von russischen Kriegsgefangenen (...) kann ich vor Beginn der folgenden Schilderung sagen, daß mich diese Angelegenheit bisher furchtbar belastet hat. Aus dieser Belastung heraus bin ich auch in der Lage, den Sachverhalt trotz der lange zurückliegenden Zeit in allen Einzelheiten wahrheitsgemäß zu schildern."[63]

Es handelte sich dabei um wenigstens zwei Aktionen, die aber nach demselben Schema abliefen. Der Leiter der Stapostelle Bromberg, SS-Sturmbannführer und Regierungsrat R., befahl eines Tages etwa 30 Beamte seiner Dienststelle zu

---

[58] Aussagen C. W.; Bd. IV, Bl. 587; H. S.; Bd. IV, Bl. 611.
[59] Aussage K. L.; Bd. V, Bl. 669. G. H. von der Dienststelle des Kdr Kgf. WK XX erinnerte sich daran, „daß diese Aussonderungen für eine Überstellung zur ‚Sonderbehandlung' erfolgen sollten". Bd. II, Bl. 207.
[60] Aussage H. L.; Bd. I, Bl. 133. L. sagte auch aus, der Kdt habe sowjetische Offiziere, die in den Todesbunker verlegt worden waren, wieder herausgeholt und in das Lager zurückbringen lassen. Alle hätten sich über seinen Mut gewundert. Wenige Wochen später sei er dann ohne ersichtlichen Grund abgelöst worden. Ähnliches wird vom Kdten des Stalag 315 überliefert, das 1942 von Hammerstein nach Przemysl verlegt wurde. Aussage O. N.; Vorermittlungsverf. ZStl Ludwigsburg VI 302 AR-Z 42/68, Bl. 5, enthalten im Verf. Hammerstein. H. S. bekundete, einmal seien etwa 20 Offiziere abtransportiert worden, darunter drei Frauen. Bd. II, Bl. 275. Es ist allerdings möglich, daß die betreffenden Kgf. ins Oflag 62 (XIII D) Hammelburg überstellt wurden.
[61] Während in den anderen Kriegsgefangenenlagern das jeweilige KZ wenigstens gerüchteweise bekannt war, betonten die zu Thorn Befragten, von einer Überstellung in ein KZ nie etwas gehört zu haben.
[62] Aussage H. L.; Bd. I, Bl. 134. Einer der SD-Leute habe sich beim Mittagstisch gerühmt, zum Frühstück 24 oder 25 Russen durch Genickschuß erschossen zu haben. Laut W. N. wurden die Gefangenen einige Kilometer vom Stalag entfernt erschossen. Den Unterstand, in dem sie auf ihre Erschießung hätten warten müssen, habe er selbst gesehen. Bd. II, Bl. 172.
[63] Bd. IV, Bl. 522. Wie sehr die Erinnerung an die Tat die Zeugen belastete, wird noch an einer anderen Tatsache deutlich. Obwohl man sie im Verlauf der Vernehmung darauf hinwies, daß sie sich selbst schwer belasteten und deswegen von Zeugen zu Beschuldigten würden, machten sie nicht von dem ihnen zustehenden Recht auf Verweigerung der Aussage Gebrauch. Das Folgende nach seiner Darstellung.

sich und teilte ihnen mit, er habe vom RSHA den Befehl erhalten, „20 bis 25 russische Kriegsgefangene von der Wehrmacht zu übernehmen und erschießen zu lassen. Er sei nicht in der Lage, den Befehl abzuwenden". Außer den Exekutivbeamten teilte er noch wenigstens drei reine „Schreibtischhengste" dem Kommando zu mit der Begründung, „daß auch die ‚Herren von der Verwaltung' mal hart angepackt und von ihren Schreibtischen weggeholt werden müßten".

Mit zwei LKW fuhr die Gruppe nach Thorn zu einem Fort und übernahm dort von der Wehrmacht 20 bis 25 Rotarmisten, „die in total erschöpftem Zustand und mit erhobenen Händen aus einem Bunker herausgeholt wurden. Die Gefangenen waren sichtlich körperlich unterernährt und konnten sich nur in einer sogenannten untergehakten Reihe auf den Beinen halten. Verschiedene trugen noch sogenannte russische Uniformkäppis, die meisten waren nur noch mit ‚Uniformfetzen' bekleidet." In einem Waldgebiet mußten die Ausgesonderten von dem LKW absteigen, zu einem bereits ausgehobenen, mehrere Meter tiefen Graben gehen und sich an dessen Rand in zwei Reihen aufstellen. Ihnen gegenüber stand eine ebenfalls zweireihige Kette von Exekutionsschützen unter dem Kommando des Kriminalkommissars S. In Anwesenheit des Dienststellenleiters R. gab S. den Feuerbefehl. Binnen kurzem waren sämtliche Gefangene ermordet und wurden unmittelbar darauf in der Grube verscharrt.

B. erinnerte sich noch an ein besonderes Vorkommnis. Ein junger, noch verhältnismäßig gut genährt aussehender Offizier sei aus dem Glied vorgetreten und habe R. in deutscher Sprache mit den Worten „Herr Offizier, ich nicht!" flehentlich um Gnade gebeten, sei aber von diesem mit einer abwehrenden Handbewegung zurückgewiesen worden.

Die zweite Erschießung betraf eine zahlenmäßig weit größere Gruppe von mindestens 300 sowjetischen Kriegsgefangenen. Auch sie kamen aus Thorn, wurden jedoch noch für mehrere Tage weitgehend ohne Verpflegung im Komplex des Bromberger Gestapogefängnisses, einer ehemaligen polnischen Brauerei, unter unmenschlichen Bedingungen in Räumen untergebracht, die sonst nur bei verschärftem Arrest zum kurzfristigen Gewahrsam dienten. LKW von Wehrmacht oder Stapo brachten sie dann zu einer Waldlichtung, wo sie in Gruppen zu jeweils etwa 10 Mann nacheinander erschossen wurden. Wieder hatte R. alle verfügbaren Kräfte der Stapostelle, etwa 40 Mann, zur Durchführung der Exekution eingeteilt.[64] Nach Ansicht des Zeugen K. sah er in der Aktion so etwas wie einen „Testfall" für seine Untergebenen, denn er habe das Verhalten eines jeden an der Exekutionsstätte genau beobachtet und sein Augenmerk dabei vor allem auf diejenigen gerichtet, die nicht der eigentlichen Exekutive angehörten.[65] Für alle Beteiligten gab es im Anschluß an den Mord einen Umtrunk im Kasino der Dienststelle. R. habe das kommentiert mit den Worten:

---

[64] Dazu gehörten neben den Verwaltungsangehörigen jetzt auch Beamte, die im Gestapogefängnis Wachdienst versahen. So etwa Aussage W. K.; Bd. IV, Bl. 566.
[65] Aussage M. K.; Bd. IV, Bl. 571.

„Nun trinkt mal schön, macht Euch keine Gedanken über das, was wir jetzt gemacht haben, und stärkt Euch!"[66]

Eine direkte Begründung für die Tat hatten die Beteiligten nicht mehr in Erinnerung. Es habe geheißen, die Wehrmacht sei mit den Gefangenen nicht mehr fertig geworden, oder aber, es habe sich um Fleckfieberkranke gehandelt. R. habe aber auf jeden Fall darauf verwiesen, daß ein bindender Befehl des RSHA vorliege, die Herausgesuchten zu erschießen.

Die Umstände des Verbrechens lassen allerdings nur den einen Schluß zu, daß es sich bei den in der Nähe von Bromberg ermordeten sowjetischen Soldaten um Gefangene handelte, die zuvor auf Grund der Einsatzbefehle Nr. 8 und 9 im Stalag 312 (XX C) Thorn ausgesondert worden waren. Warum die Stapo Bromberg und mit ihm das RSHA hier von dem üblichen, im Einsatzbefehl Nr. 9 vorgeschriebenen Verfahren abwich und die Gefangenen nicht in das nächste Konzentrationslager zur Liquidierung überstellte,[67] ist zunächst unklar. Betrachtet man die geographische Lage von Thorn, so bietet sich freilich eine plausible Erklärung an.

Stalag 312 (XX C) war das einzige „Russenlager", das das OKW auf ehemals polnischem Territorium eingerichtet hatte. Für das „Altreich" hatte das RSHA mit dem Einsatzbefehl Nr. 9 die „diskrete" Exekution der Ausgesonderten im KZ verfügt, um eventuellen empörten Reaktionen der Bevölkerung zuvorzukommen. Eine derartige Rücksicht erschien in den „eingedeutschten" Gebieten dagegen übertrieben; hier reichte es aus, nach den wesentlich unkomplizierteren Vorgaben des Einsatzbefehls Nr. 8 zu verfahren, dessen Geltungsbereich sich auf den WK I Königsberg und das von Polen bewohnte Generalgouvernement erstreckte. Diese legten lediglich fest: „Die Exekutionen dürfen nicht im Lager selbst noch in unmittelbarer Nähe erfolgen; sie sind nicht öffentlich und müssen möglichst unauffällig durchgeführt werden."[68] Aus ganz pragmatischen Überlegungen heraus konnte daher im Falle von Thorn die aus Sicht des RSHA umständliche, zeitraubende und personalaufwendige Überstellung in ein Konzentrationslager entfallen.[69]

Die Angaben über die Zahl der Ermordeten schwanken. Übereinstimmend gaben mehrere deutsche Zeugen und ein Pole an, einmal seien etwa 300 Mann erschossen worden. Letzterer erwähnte noch eine zweite Erschießung, bei der ca. 500 Rotarmisten ermordet worden seien. Genannt werden müssen auch noch die rund 25 Gefangenen, an deren Ermordung der oben genannte B. beteiligt war. Ob damit aber sämtliche Männer erfaßt sind, die der Aussonderung in Thorn zum Opfer fielen, erscheint fraglich. Der Kommandeur der Kriegsgefangenen im WK XX, General von Österreich, versicherte 1945 unter Eid, der

---

[66] Aussage W. K.; Bd. IV, Bl. 566.
[67] Das nächstgelegene war das KZ Stutthof bei Danzig. Vgl. dazu Streim, Behandlung, S. 233.
[68] Eine Ergänzung zu den Richtlinien des Einsatzbefehls Nr. 8 vom 12.9.1941 wies noch einmal ausdrücklich darauf hin. BAK, R 58/272, Bl. 104.
[69] Die Zeugen glaubten sich an Sommer 1942 als Exekutionstermin zu erinnern. Möglich wäre das insofern, als das OKW am 5.5. die Aussonderungen in Gebiete östlich der alten Reichsgrenzen verlegte. Siehe u. S. 243f.

Kommandant des Stalag XX C habe „laut Anweisung des Hauptquartiers des OKW" an das Einsatzkommando „etwa 1200 sowjetische Kriegsgefangene zur Erschießung übergeben".[70] Vergleicht man das Stalag Thorn mit den übrigen „Russenlagern", werden seine Angaben der Wahrheit am nächsten kommen.[71]

Die Aussonderung sowjetischer Offiziere im Oflag 62 (XIII D) Hammelburg und die Exekution im KZ Dachau

Nach der Genfer Konvention Art. 21 und 22 stand kriegsgefangenen Offizieren eine „ihrem Rang und ihrem Alter" entsprechende Behandlung zu. Sie wurden in besonderen Offizierslagern unter weitaus besseren Bedingungen als die Mannschaften untergebracht, verfügten je nach Dienstgrad über eine Ordonnanz und durften zur Arbeit höchstens auf eigenen Wunsch eingesetzt werden.[72]

Aus ideologischen Motiven heraus sollten diese Grundsätze auf die 1941/42 in deutsche Kriegsgefangenschaft geratenen sowjetischen Offiziere so gut wie keine Anwendung finden, was sich entsprechend auf die diesbezüglichen Planungen der deutschen Führung auswirkte. Bis zum 1. Juli 1941 hatte die Abt. Kgf. im OKW für die rund 71 000 gefangenen Offiziere anderer Nationen insgesamt 48 eigene Lager geschaffen.[73] Nach dem ersten Verzeichnis der „Russenlager" vom 30. April 1941 beabsichtigte die Wehrmacht für das sowjetische Führungspersonal dagegen lediglich drei neue Offizierslager einzurichten, nämlich die Oflags 54 (IV E) Annaburg, 55 (V D) Offenburg und 78 (XIII D) Hammelburg.[74] Der Befehl zum „Kriegsgefangenenwesen im Fall Barbarossa" (16. Juni) nannte anstelle dieser Lager einzig ein Oflag 58 Neuhammer im WK VIII und legte dessen Belegstärke auf 50 000 (!) Mann fest.[75] Am 14. August 1941 hob das OKW je-

---

[70] IfZ, Nürnbg. Dok. USSR 151. Vgl. die Aussage von S. M., wonach in Thorn wenigstens 500 Gefangene ausgesondert worden seien. Bd. V, Bl. 697. Nach seinen Angaben soll auch im Gefangenenlazarett ausgesondert worden sein. Nach dem 1.10.1941 trafen laut Belegungslisten keine größeren Transporte mehr in Thorn ein. BA/MA, RW 6/v. 184 und v. 450.
[71] Die Aussage v. Österreichs hat die ermittelnde Staatsanwaltschaft München I in ihrem Wahrheitsgehalt stark angezweifelt, da sie unter dem Eindruck der – sowjetischen – Kriegsgefangenschaft erfolgt sei (Bd. III, Bl. 478f.; ähnlich Dallin, Deutsche Herrschaft in Rußland, S. 429, Anm. 1). Anlaß war seine zweifellos falsche Behauptung, der Kdt von Stalag 312 habe auf Grund des Kommissarbefehls über 300 Kgf. erschießen lassen. Alle weiteren Angaben v. Österreichs lassen sich aber durch andere Quellen belegen, so daß ihr Aussagewert sehr hoch anzusetzen ist.
[72] H.Dv. 38/6 Dienstanweisung für den Kommandanten eines Kriegsgefangenen-Offizierslagers.
[73] Die meisten Oflags hatten ca. 1000 Offiziere zuzüglich Ordonnanzen. BA/MA, RW 6/v. 184, Bl. 146–148.
[74] Befehlsslg Nr. 12 vom 8.4.1942, die auf den Organisationsbefehl Nr. 37 vom 30.4.1941 zurückgreift. BA/MA, RW 6/v. 270, Bl. 76. Laut Organisationsbefehl Nr. 40 vom 14.8.1941 wurde allerdings das Oflag 78 am 22.4. in Hohenfels eingerichtet (BA/MA, RH 53–17/42); es erhielt am 14.8. die Bezeichnung Oflag 78 (VII E).
[75] BA/MA, RW 4/v. 578, Bl. 93, genauso der Befehl zur Erfassung der sowjet. Kgf. vom 26.6. (BA/ZNS, Ordner S 22, Bl. 35) sowie ein WASt-Nachtrag vom 21.6. (BA/MA, RW 48/v. 12, Bl. 138). Möglicherweise war dieses Oflag Neuhammer aber als „Oflag mit Stalagaufgaben" vorgesehen und sollte deswegen mehr Gefangene aufnehmen. Im WK I Königsberg gab insgesamt 7 solcher Oflags. Ebenda, Bl. 34.

doch diese Anordnung wieder auf; statt dessen ordnete es an, ausschließlich das Oflag 62 (XIII D) Hammelburg solle sowjetische Offiziere aufnehmen.[76]

Die Umstrukturierungen sind Teil einer immer stärker von ideologischen Gesichtspunkten bestimmten Haltung der Wehrmachtführung gegenüber den sowjetischen Soldaten, insbesondere den Offizieren. Während der Kommissarbefehl vom 6. Juni 1941 noch in den „politischen Kommissaren aller Art" die „eigentlichen Träger des Widerstandes" sah und auf das Offizierskorps nicht näher einging, legte knapp sechs Wochen später die vom OKW verfaßte Anlage 1 des Einsatzbefehls Nr. 8 vom 17. Juli fest, Offiziere seien „vielfach als ‚verdächtig' auszusondern"; im übrigen müsse man sie „zur Verhinderung der Einflußnahme auf die Mannschaften frühzeitig von diesen" trennen.[77] Von einer solchen Position aus war dann der Schritt nicht mehr weit zu der Behauptung, sämtliche Offiziere seien überzeugte Vertreter des Bolschewismus.[78]

Vor diesem Hintergrund lassen sich die Planungsänderungen einleuchtend erklären. Wegen der vermeintlichen ideologischen Gefährlichkeit der Offiziere erschien es zweckmäßig, die Gefangenen auf möglichst wenige Lager zu konzentrieren, um sie dort besser überwachen zu können. Die unmittelbare Nachbarschaft zu einem „Russen-Stalag" wie im Falle des Standortes Neuhammer erkannte das OKW noch in der Planungsphase als Fehler; bei Fluchten hätte es dort sehr schnell zu Kontakten zwischen Führungskräften und Mannschaften und damit zu einem organisierten Widerstand kommen können. Eine weiträumige Trennung beider Gruppen erwies sich somit aus Berliner Sicht als zwingend notwendig.[79] Hammelburg lag auf einem relativ großen Truppenübungsplatz und zudem in einem Wehrkreis, der nicht für die Aufnahme sowjetischer Kriegsgefangener vorgesehen war, erfüllte mithin die wesentlichen Vorausset-

---

[76] Organisationsbefehl Nr. 40; BA/MA, RH 53-17/42. Aufgestellt wurde das Oflag Hammelburg auf Befehl vom 25.3. am 30.4.1941 (BA/MA, Kartei AHA). Im Befehl betr. Erfassung der sowjet. Kgf. vom 26.6. heißt es: „Weiter ist vorgesehen: Im WK VII Hammelburg. Über Einsatz dieses Lagers ergeht Sonderbefehl." Statt des eigentlich zuständigen WK XIII wird allerdings der WK VII angegeben. BA/ZNS, Ordner S 22, Bl. 35. Die Entscheidung fiel Mitte Juli, denn um den 25.7. kamen bereits die ersten Kgf. nach Hammelburg.

[77] In dem vom RSHA verfaßten Teil werden die Offiziere nicht erwähnt, mußten es aber auch nicht, da die EK nach anderen Kriterien aussonderten. Dem OKW ging es darum, dem Stalagpersonal für die „Vor-Aussonderung" Richtlinien an die Hand zu geben.

[78] Vgl. Erlaß des OKW vom 14.10.1941 betr. Behandlung von Angehörigen fremden Volkstums unter den sowjet. Gefangenen. Angehörige von Minderheiten seien nur dann Offiziere geworden, „wenn sie vom bolschewistischen Standpunkt aus als politisch zuverlässig galten", und deshalb nicht zu entlassen. BAK, R 41/168, Bl. 92. Ähnlich schon ein Lagebericht der Einsatzgruppe C am 20.7. Ereignismeldung UdSSR Nr. 28, abgedruckt bei Ueberschär/Wette, Der deutsche Überfall, S. 316.

[79] Aus diesem Grund sollten Offiziere, die in Stalags gelangt waren, sofort nach Hammelburg überstellt werden. Aussage K. Z. vom 23.10.1968; Verf. Zeithain, Bd. IV, Bl. 879. Vgl. die PK I von Hauptmann Nikolaj Trofimowitsch Danilow (X D 40029; vom Stalag Wietzendorf am 3.11.1941 nach Hammelburg, Überweisung an die Stapo am 8.1.1942) und von Unterleutnant Semion Jefimowitsch Bardnik (XI C 13009; vom Stalag Bergen-Belsen am 24.10.1941 nach Hammelburg, Übergabe am 5.11.). Demgegenüber wurden in Neuhammer und Thorn auch Offiziere ausgesondert. Verf. Neuhammer, Bd. IV, Bl. 120, ähnlich für den WK VII eine Übersicht über die Ausgesonderten vom November 1941; 178-R, S. 425. In den „Russen-Stalags" sah das OKW offensichtlich keine so große Gefahr, wie etwa die Beispiele Fallingbostel, Hammerstein oder Lamsdorf zeigen, wo man „Russenlager" neben bereits bestehenden Stalags errichtete.

zungen für die Einrichtung eines Sowjet-Oflags. In dem nahegelegenen Stalag XIII C, in dem Gefangene anderer Nationen untergebracht waren, schienen die Planer im OKW keinerlei Gefahr zu sehen.[80]

Ende Juli 1941 trafen die ersten Gefangenen in Hammelburg ein; für den 10. August 1941 verzeichnen die Bestandslisten des OKW bereits 4753 Offiziere für das dortige Lager.[81] Ihre Zahl stieg in der Folgezeit nur sehr langsam über 5140 am 1. Dezember 1941 auf 5850 Mann am 1. Juni 1942 an. Daß sie relativ niedrig und konstant blieb, lag zum einen an der umfassenden Aussonderung gerade von Offizieren gleich nach der Gefangennahme, zum anderen daran, daß Offiziere bis zum Dienstgrad eines Hauptmanns häufiger als noch zu den Mannschaften gehörig betrachtet wurden und in Stalags kamen.[82] Daher befand sich in Hammelburg auch eine beträchtliche Anzahl von Stabsoffizieren. Gerade weil es sich aber bei diesen um die sowjetische Militärelite handelte, mußte diesem Lager ein vorrangiges Interesse der Stapo gelten.

Die für Hammelburg zuständige Stapostelle Nürnberg-Fürth bzw. deren Außenstelle Würzburg waren freilich in keiner Weise darauf vorbereitet, ein Einsatzkommando aufzustellen, da der WK XIII nicht für die Aufnahme sowjetischer Kriegsgefangener vorgesehen gewesen war. Um eine Überprüfung des Oflags im Sinne der Einsatzbefehle zu ermöglichen, stellte das RSHA der Stapo Nürnberg nachträglich beide Befehle zu und machte mit einem Zusatz auf die besondere Situation des Offizierslagers aufmerksam.[83]

Spätestens Mitte August 1941 reisten der Nürnberger Polizeipräsident und Stapoleiter, SS-Brigadeführer Dr. Benno Martin (1893–1972),[84] und sein Stellvertreter, Kriminalrat und Sturmbannführer Otto, zusammen mit drei Beamten nach Würzburg und beauftragten den Leiter der dortigen Stapoaußenstelle, Kriminalkommissar G., mit der Führung eines Einsatzkommandos im Oflag Hammelburg. Im Rahmen einer förmlichen Belehrung informierten sie G. über seinen Auftrag, wiesen ihn aber gleichzeitig eindringlich darauf hin, daß er keiner-

---

[80] Die Einrichtung der Oflags steckt voller Widersprüche. So beharrte das OKW noch in der Befehlsslg. Nr. 12 vom 8.4.1942 auf den „Russenlagern" Oflag 54 (IV E), 55 (V D) und 78 (XIII D), letzteres in Hammelburg. In der Akte steht bezeichnenderweise neben den drei Oflags ein Fragezeichen.

[81] Für diese Offiziere werden keine Ordonnanzen angegeben, ein eindeutiger Verstoß gegen Art. 22 der Genfer Konvention. Vgl. Kjung/Talmant, Aus der Geschichte der Widerstandsbewegung sowjet. Menschen, die auf Grund sowjetischer Quellen den Sommer 1941 als Ankunftstermin für die ersten Offiziere angeben. Fälschlich bezeichnen sie Hammelburg als ein internationales Lager (S. 68).

[82] Hammelburger Offiziere bis zum Dienstgrad eines Hauptmanns arbeiteten z. B. in den Fella-Werken in Feucht (Arbeitsvertrag vom 26.1.1942; Einrichtung des Arb. Kdos am 13.12.1941; IfZ, Nürnbg. Dok. NI 1344 und 1401).

[83] Vm. der Leitstelle München vom 12.9.1941 betr. besonderer Anlage zu den Einsatzbefehlen hinsichtlich der Kdos in Hammelburg und Langwasser. 178-R, S. 420. Zu der Sonderregelung vgl. das Ende des Unterkapitels.

[84] Polizeipräsident seit 1934, 1.5.1941 SS-Oberabschnitt-Führer Main, 30.1.1942 Generalleutnant der Polizei. Angaben nach Birn, Die Höheren SS- und Polizeiführer, S. 340. Vgl. auch die Martin sehr unkritisch gegenüberstehende Dissertation von Grieser, Himmlers Mann in Nürnberg. Der Autor bezieht sich zu einem großen Teil auf seine persönlichen Gespräche mit Martin. Zu Otto s. o. S. 61.

lei eigene Entscheidungsbefugnis besitze und sich in allen Fragen nach Nürnberg oder an das RSHA wenden müsse.[85] Das Kommando, das G. noch um den Würzburger Kriminalsekretär Sch. erweiterte, fuhr unmittelbar darauf nach Hammelburg und nahm dort seine Arbeit auf.

G. selbst begab sich jedoch kurz darauf wieder nach Würzburg, da er dort weiterhin die Aufgaben des Dienststellenleiters wahrnehmen mußte. Um die Aussonderungen zu koordinieren und den notwendigen Schriftverkehr mit dem RSHA und der Wehrmacht zu führen, reichte es für ihn auch aus, einmal pro Woche nach Hammelburg zu fahren, wo ihn dann die „Regelung von Angelegenheiten des Einsatzkommandos" etwa vier Stunden in Anspruch nahm.[86] G. blieb allerdings nur kurze Zeit Leiter des Einsatzkommandos, denn bereits um den 17. September wurde er von dem Auftrag wieder entbunden, sei es wegen persönlicher Differenzen mit Offizieren in Hammelburg,[87] sei es, weil er in Würzburg als Dienststellenleiter unabkömmlich war. Schon am 13. September hatte er mit einer Verfügung des Chefs der Sicherheitspolizei und des SD seine Abordnung in den Osten zur Einsatzgruppe C erhalten, sich aber nach einem polizeiärztlichen Attest als dafür nicht geeignet erwiesen.[88]

Erst im Spätherbst 1941 bestimmte die Stapostelle Nürnberg-Fürth den Nürnberger Kriminalinspektor und SS-Obersturmführer Paul Ohler[89] zu G.s Nachfolger; bis dahin führte der dienstälteste Beamte Sch. das Kommando. Ohler erläuterte 1950 die Umstände seiner Berufung: „Im September oder Oktober 1941 – der Zeitpunkt ist mir nicht mehr genau erinnerlich – habe ich gesprächsweise von Otto erfahren, daß er ein Kommando aufstellen müsse zur Aussonderung von sowjet. Kgf., das aus 5 Beamten bestehen sollte, darunter ein Kommissar als Leiter. Nachdem ich nicht Kommissar war und mich die Sache auch weiter nichts angegangen ist, habe ich mich um die Angelegenheit auch zunächst nicht weiter gekümmert. Im November 1941 erklärte mir Otto, daß ich sofort das Einsatzkommando beim Oflag in Hammelburg übernehmen müsse, weil der bisherige Leiter G. nach Berlin versetzt werden müsse."[90]

Wie G. nahm Ohler an den Aussonderungen selbst nur selten teil. Sein Untergebener S. sagte dazu 1950 aus: „Im Jahre 1941 sah ich ihn nur ab und zu auf einen Tag in Hammelburg; erst im Jahre 1942 war er wochenweise in Hammel-

---

[85] Aussage G.; Verf. Hammelburg, Bl. 269. G. war, obwohl Außendienststellenleiter, kein Verschlußsachenempfänger, bekam also die Einsatzbefehle nicht unmittelbar zugestellt. Für Würzburg wie für Nürnberg war dazu allein Dr. Martin berechtigt. Verschlußsachen-Anschriftenverzeichnis des RFSS vom 1.10.1941, Verf. Senne, Beiheft I Dokumente, Bl. 4. Gegen G. war schon 1950 ermittelt worden, doch war sein Aufenthaltsort seinerzeit unbekannt. Näheres dazu bei Gellately, Die Gestapo, S. 296f.
[86] So die Formulierung in seinen erhaltenen Reisekostenabrechnungen. Danach fuhr er am 2.9., 9.9. und 16.9. nach Hammelburg. Bei der letzten Fahrt regelte er in Schweinfurt, Müdesheim und Arnstadt auch andere Angelegenheiten. Verf. Hammelburg, Bl. 175-179.
[87] Aussage M.; Verf. WK XIII, Bl. 42.
[88] Verf. Hammelburg, Bl. 168f.
[89] Ohler (1887-1968), erst Küfer und tätig im Weinhandel, nach Militärdienst 1909 zur Dresdner Bank, 1911 zur Schutzpolizei Nürnberg, 1919 zur dortigen Kripo, 1923 zur Polit. Polizei. 1939 Kriminalinspektor; Leiter des Ref. II Gegnererforschung und -bekämpfung. Zu Ohler auch Richardi, Schule der Gewalt, S. 57 und 195.
[90] Verf. Zeithain, Handakten, Bl. 306f.; ähnlich Verf. Stalag 341, Bl. 394.

burg. Dabei hat er selbst keine Vernehmung durchgeführt, sondern lediglich unsere Personalbögen geprüft und die nötigen Berichte abgesandt und zwar meiner Erinnerung nach nicht nach Berlin, sondern nach Nürnberg."[91]

Bei ihren Nachforschungen stützten sich die Beamten vor allem auf Kollaborateure aus den Reihen der Gefangenen.[92] Schon vor ihrem Eintreffen hatte sich im Oflag Hammelburg ein „russisches Komitee" gebildet, das zur Zusammenarbeit mit den Deutschen und zur Denunzierung von Kameraden bereit war. Es setzte sich, so erinnerte sich wenigstens der Kommandoangehörige Sch., aus sechs bis zehn z. T. hochrangigen sowjetischen Offizieren zusammen, unter ihnen „ein Militärjurist, ein Oberst, ein Major, ein angeblicher ‚Generaloberstaatsanwalt' einer Division",[93] und war von sich aus an die Kommandantur des Oflag herangetreten; diese wiederum informierte die Stapo in Nürnberg. Bei den Betreffenden handelte es sich vor allem um ältere Offiziere, die Stalin und sein System, dessen Brutalität sie in den großen Säuberungen Ende der dreißiger Jahre erfahren hatten, ablehnten und die sich von den Politoffizieren überwacht und bedroht fühlten.

Das Komitee nahm innerhalb des Lagers eine Art „Vor-Aussonderung" unter den Gefangenen vor, meldete sich anschließend mit Genehmigung des Kommandanten bei den Polizeibeamten und nannte ihnen die Namen von Verdächtigen und Zeugen. Am folgenden Tag wurden die Betreffenden dann zum Verhör vorgeführt. Ohler und seine Kollegen führten nach dem Krieg diese Arbeit der Kollaborateure zu ihrer Entlastung an; bei den Vernehmungen habe es sich eigentlich gar nicht mehr um Aussonderungen gehandelt, sondern jeder Beamte habe lediglich die Angaben nachgeprüft, die ihm die Kriegsgefangenen geliefert hätten, mithin habe letztlich das Komitee die Aussonderungen durchgeführt.[94]

Erwies sich ein Gefangener als unverdächtig, konnte er zu seinen Kameraden zurückkehren und blieb unbehelligt. Die Ausgesonderten dagegen wurden sofort von den anderen getrennt und kamen in eine von der Wehrmacht bewachte Stallbaracke innerhalb des Lagers. G. sprach sogar von einem speziell dafür vorgesehenen Drahtkäfig.[95] Pro Tag bearbeiteten die Beamten etwa 10 bis 20 „Fälle"; die Protokolle übergaben sie abends dem Dienstältesten. Dieser fertigte eine

---

[91] Verf. WK XIII, Bl. 39. Auch Aussage Ohler; Verf. Zeithain, Handakten, Bl. 304 und 306; ebenso Aff. Ohler; IfZ, Nürnbg. Dok. NO 4774. Laut Aussage von M. war Ohler nur bei der Vernehmung „prominenter" Kgf. anwesend, ohne aber Beispiele zu nennen. Verf. WK XIII, Bl. 42. S., ebenda, Bl. 39, erwähnt den Sohn und einen Jugendfreund Stalins. Die Anwesenheit Ohlers dürfte Berlin in solchen Fällen befohlen haben. Zur besonderen Situation Ohlers s. u. S. 118–120 die Ausführungen zur Stapo Nürnberg-Fürth. Vgl. auch Streim, Behandlung, S. 204.
[92] Die Beamten verglichen zunächst mehrere Wochen erfolglos ihre Fahndungslisten mit den Karteikarten der Gefangenen. Die Aussonderung erfolgte somit erst nach der Registrierung. Aussage S.; Verf. WK XIII, Bl. 39.
[93] Verf. WK XIII, Bl. 35; ähnlich M.; ebenda, Bl. 42.
[94] Aussage S.; Verf. WK XIII, Bl. 39; Aussage Ohler; Verf. Zeithain, Handakten, Bl. 306; ähnlich ders.; Verf. Stalag 341, Dok. Bd. II, Bl. 394 b.
[95] Verf. Hammelburg, Bl. 271. Laut Ohler, Verf. Zeithain, Handakten, Bl. 304, kamen sie in einen besonderen Block. Nach S. handelte es sich lediglich um eine räumliche Trennung ohne besondere Bewachung. Verf. WK XIII, Bl. 40. Die Verpflegung lag weiterhin in den Händen der Wehrmacht. Aff. Ohler; IfZ, Nürnbg. Dok. NO 4773.

Namensliste der Ausgesonderten mit Angabe des Aussonderungsgrundes an und legte sie, wenn eine Zahl von ca. 80 erreicht war,[96] dem Leiter des Einsatzkommandos vor. Mit einem kurzen, von diesem unterzeichneten Anschreiben ging die Liste per Fernschreiben an das RSHA, ein Durchschlag an die Stapostelle Nürnberg. Das Antwortschreiben traf nach ungefähr zwei bis zehn Tagen in Hammelburg oder Nürnberg ein und besaß nach Ohler etwa den folgenden Inhalt: „Unter Bezugnahme auf den Bericht vom ... sind die ausgesonderten russ. Kriegsgefangenen in das KZ Dachau zu überstellen."[97] Die Berliner Weisung nannte keine Namen mehr, sondern bezog sich lediglich auf die übersandte Liste. Ohler konnte sich im übrigen 1950 an keinen einzigen Fall erinnern, in dem das RSHA die Überstellung nach Dachau verweigert hätte.[98]

Der erste Transport in das KZ Dachau Anfang September 1941 war mit 20 bis 25 Offizieren verhältnismäßig klein und wurde deswegen noch mit einem LKW durchgeführt.[99] Für die folgenden, zumeist etwa 70 Gefangene umfassenden Transporte bestellte Ohler bei der Deutschen Reichsbahn zwei gedeckte, im Winter nicht heizbare Güterwagen.[100] Wehrmachtangehörige begleiteten die Ausgesonderten vom Oflag bis zum Bahnhof Hammelburg, übergaben sie dort zwei Mitgliedern des Einsatzkommandos und überwachten noch das Einladen. Danach schlossen sie die Waggons mit Vorhängeschlössern ab und meldeten sie abfahrbereit.

Für die Durchführung der Transporte von Hammelburg nach Dachau hatte das RSHA der Stapo Nürnberg-Fürth im Herbst 1941 einen besonderen Befehl zukommen lassen.[101] Dieser legte zum einen fest, daß anstelle von Landesschützen der Wehrmacht zwei Kommandoangehörige die Gefangenen begleiten mußten, zum anderen verpflichtete er die Beamten, jeweils zwei Offiziere mit Ketten aneinanderzufesseln, um jegliches Entweichen unmöglich zu machen.[102] Grund dafür waren mehrere geglückte Fluchten, darunter die eines „ausgesonderten Kommissars" in der Gegend von Ingolstadt im September 1941. Der Kommandant des Oflag 62 (XIII D) hatte im Anschluß daran gegenüber dem Kommando bemängelt, es habe es an der nötigen Aufmerksamkeit bei der Bewachung fehlen lassen,[103] meldete den Sachverhalt nach Berlin und veranlaßte mit seiner Kritik eine Behandlung der kriegsgefangenen Offiziere, die allen völkerrechtlichen Ge-

---

[96] Laut S. etwa 70–90, laut M. 90–100. (Verf. WK XIII, Bl. 40 bzw. Bl. 42) Zu den Zahlen vgl. das Ende des Unterkapitels. Ohler verweigerte 1950 die Aussage darüber, wer die Listen zusammengestellt hatte. Verf. Zeithain, Handakten, Bl. 307.
[97] Verf. Zeithain, Handakten, Bl. 308.
[98] Nach Ohler überstellte die Stapo Nürnberg keinen einzigen sowjet. Kgf. nach Flossenbürg. Verf. WK XIII, Bl. 113.
[99] Aussage G.; Verf. Hammelburg, Bl. 271; Aussage M.; Verf. WK XIII, Bl. 42. Nach der Aussage des Fahrers K. gab es allerdings mehrfach LKW-Transporte. Verf. WK XIII, Bl. 100.
[100] Aff. Ohler; IfZ, Nürnbg. Dok. NO 4773 und NO 4774.
[101] Aussage Sch.; Verf. Hammelburg, Bl. 19; Aussage Ohler; Verf. Zeithain, Handakten, Bl. 308.
[102] So Ohler ebenda, Bl. 310; ähnlich Aff. Ohler; IfZ, Nürnbg. Dok NO 4774, sowie Aussage M.; Verf. WK XIII, Bl. 42. Nach M. entsprach die Fesselung einer damals üblichen Polizeivorschrift. Ohler begründete die Maßnahme mit zahlenmäßig zu geringem Begleitpersonal.
[103] Aussage des Dachauer SS-Mannes H. M.; Verf. WK XIII, Bl. 101. Ähnlich S.; Verf. Zeithain, Handakten Lindow, Bl. 283.

pflogenheiten hohnsprach. Wie in anderen Fällen trat das OKW nämlich an das RSHA heran mit der Bitte, derartige Vorkommnisse aufzuklären und in Zukunft zu unterbinden. SS-Gruppenführer Müller als Chef des Amtes IV wies die Stapo Nürnberg-Fürth umgehend an, alles zu tun, um weitere Fluchten zu verhindern, damit Beschwerden dieser Art von seiten des OKW zu vermeiden und so letztlich die Aussonderungen nicht zu gefährden.[104] Der Sonderbefehl macht aber eindringlich klar, welche Gefahr nach Meinung von OKW und RSHA von den in Hammelburg Ausgesonderten ausging. Für beide bedeuteten die sowjetischen Offiziere als ideologisch geschulte Führungskader allein durch ihre Existenz eine Bedrohung, die erst mit ihrer Liquidierung ein Ende finden würde.

Während der Fahrt hielt sich immer ein Beamter in einem Bremserhäuschen oder auf einer Plattform auf, um den Zug überblicken zu können; der andere wärmte sich unterdessen in einem Abteil auf, da die meisten Transporte im Winter 1941/42 stattfanden. Die Fahrtdauer betrug etwa 12, gelegentlich sogar bis zu 18 Stunden, wobei Ohler und Sch. in ihren Nachkriegsaussagen freilich hervorhoben, diese lange Zeit sei kriegs- und witterungsbedingt gewesen.[105] Ohler selbst begleitete nie die Züge, sondern fuhr mit dem PKW nach Dachau, um bei dieser Gelegenheit weitere Dienstgeschäfte zu erledigen. Am Bahnhof Dachau übergaben die beiden Beamten die Gefangenen einem Abholkommando des Konzentrationslagers. Damit war ihre Aufgabe „erledigt"; mit der Exekution selbst hatten sie nichts mehr zu tun.[106]

Über die Ermordung der Gefangenen im KZ Dachau liegen hinreichend Aussagen sowohl ehemaliger Häftlinge als auch früherer SS-Angehöriger vor, um den Ablauf der Morde rekonstruieren zu können.[107] Ab Ende Juli 1941 bereitete sich die Dachauer Kommandantur auf die Exekution der in den Kriegsgefangenenlagern ausgesonderten Rotarmisten vor und erteilte u. a. der Häftlingswerkstatt den Befehl, etwa 60 Holzsärge mit Zinkblech auszukleiden sowie spezielle, mit einer Kippvorrichtung versehene Handschellen und Exekutionspfähle bereitzustellen.[108] Noch vor den ersten Hinrichtungen traf aus Berlin ein Fernschreiben ein, mit dem das RSHA dem KZ untersagte, die zu Exekutierenden in den Dachauer Häftlingsbestand aufzunehmen; es reiche aus, die Erkennungsmarkennummern zu notieren.

In den ersten Wochen der Massenhinrichtungen brachten die SS-Begleitmannschaften die Gefangenen vom Bahnhof aus direkt in das Konzentrationslager

---

[104] Das letzte ergibt sich in Analogie zum „Fall Meinel" in Kap. IV.
[105] Die Waggons waren mit einem Laufzettel nach Dachau versehen und wurden an fahrplanmäßige Personen- und Güterzüge angehängt. Verf. Zeithain, Handakten, Bl. 307.
[106] Die Mitglieder des EK gaben nach dem Krieg an, davon ausgegangen zu sein, daß die Ausgesonderten nach Dachau zum Arbeitseinsatz kämen. Ohler sagte dagegen 1947, allen sei bekannt gewesen, daß der Überstellung ins KZ die Exekution folgte. Interrog. Ohler, S. 37.
[107] Nach verschiedenen, oft bis in Details übereinstimmenden Aussagen (Eberle, v. Fromm, Grimm, Hübsch, Kappsberger, Klein, Krämer, Muthig, Niedermeyer, Opitz, Schlums und Weinberger) aus dem Prozeß gegen den Kdten Piorkowski und andere im Jahr 1947 vor einem US-Militärgericht (Case 000-50-2-23) sowie den Aussagen von A. Carl, K. Kirschner, K. Röder und H. Schwarz sowie Aff. Röder vom 17.2.1947 (Nürnbg. Dok. NO 1999), alle im Archiv der Gedenkstätte Dachau (Dachau-Case).
[108] Aussage K. Röder; Verf. Hammelburg, Bl. 22.

und erschossen sie unmittelbar darauf im Hof des Arrestgebäudes, dem sog. Bunkerhof. Ab Herbst 1941 verlegte man die Erschießungen nach außerhalb auf zwei Schießbahnen des Schießplatzes Hebertshausen, wo sich die Gefangenen zu fünft in Reihen aufstellen und entkleiden mußten. Mehrere SS-Leute ergriffen dann jeweils einen Gefangenen, führten ihn im Laufschritt in eine Schießbahn und fesselten ihn mit Handschellen an bereits vorbereitete Holzpfähle. Aus einer Entfernung von etwa 20 m feuerte dann das aus 15 bis 20 Männern bestehende Exekutionspeloton mit Karabinern auf seine Opfer, die, soweit sie nicht tödlich getroffen waren, vom Leiter des Kommandos mit einem Genickschuß den „Gnadenschuß" erhielten. Eine zweite Gruppe fuhr die Leichen auf einem Rollwagen aus dem Schießgelände heraus, legte sie, oft zu zweit, in bereitgestellte Holzsärge und brachte sie zum Krematorium. Dort wurden sie umgehend eingeäschert.[109]

Eine Erschießungsaktion blieb den Augenzeugen in besonderer Erinnerung. Wie andere Konzentrationslager richtete auch Dachau im Oktober 1941 innerhalb des KZ-Komplexes einen besonderen Bereich für sowjetische Kriegsgefangene ein, die das OKW der SS zum Arbeitseinsatz zur Verfügung stellte. Kurze Zeit später erreichte ein Transport von etwa 420 Offizieren das Lager.[110] KZ-Häftlinge, die Russisch sprachen, nahmen Kontakt zu ihnen auf und erfuhren dabei unter anderem, daß etliche von ihnen in militärischen Stäben gearbeitet hatten. Bei ihren Befragungen im Dachau-Prozeß 1947 erinnerten sie sich daran, es habe sich bei diesen Männern um Kommissare und politische Funktionäre gehandelt, um Soldaten, denen man eine bessere Erziehung angemerkt habe und die sich deshalb von denjenigen, die nach Mitte 1942 eingetroffen seien, deutlich unterschieden hätten. Es sei eindeutig gewesen, daß das Deutsche Reich ein großes Interesse daran besessen habe, die sowjetische Elite zu eliminieren.

Auch diese Offiziere wurden systematisch ermordet. Vor der Hinrichtung kamen sie in das Bad, mußten sich dort entkleiden und wurden dann nackt zum Schießplatz Hebertshausen gefahren. War schon diese Art des Abtransports für die übrigen Häftlinge ein untrügliches Zeichen für die bevorstehende Exekution, so wurden ihre Ahnungen durch ihre weiteren Beobachtungen bestätigt. Etwa gleichzeitig mit den Gefangenen verließ eine Gruppe von Angehörigen der Lagerkommandantur, darunter wenigstens einmal auch der Kommandant selbst, das KZ und fuhr hinter den LKW her zum Exekutionsort. Wenig später waren Schüsse zu hören.

Der weitere Ablauf des Geschehens gestaltete sich dann so, wie es die Häftlinge von den bisherigen Erschießungen her „gewohnt" waren. Ein oder zwei LKW brachten die Kleidung der Ermordeten zur Kleiderkammer, wo sie sorgfältig durchsucht, desinfiziert, registriert und instandgesetzt wurde. Häufiger fanden die dort beschäftigten Häftlinge dabei Erkennungsmarken, darunter eini-

---

[109] Darstellung nach der Schilderung des Dolmetschers Th. vom Stalag Moosburg, der einer Exekution beigewohnt hatte. Verf. WK VII, Bl. 265f. Ähnlich Interrog. Ohler, S. 36. Ohler mußte nach der Exekution telefonisch nach Nürnberg Vollzug melden.
[110] Zu der besonderen Verhältnissen dieser „Arbeitsrussen" vgl. Kap. IV.

ge mit der Bezeichnung „Stalag Hammelburg".[111] Oft genug befanden sich unter den Kleidungsstücken Teile von Offiziersuniformen, erkenntlich an Sternen und Kragenlitzen. Andere Häftlinge reparierten die Handschellen, weil deren Mechanismus durch Schüsse immer wieder zerstört wurde. Letzte Gewißheit aber brachte das Krematorium, dessen Schornsteine immer wieder ein eindeutiges Indiz dafür lieferten, daß erneut ein Transport liquidiert worden war.

Während über die Angehörigen des Einsatzkommandos, über ihren beruflichen Werdegang, ihren Anteil an den Aussonderungen und auch über ihr späteres Leben durch Personalunterlagen und eigene Aussagen hinreichend Zeugnisse vorliegen, erscheinen ihre Opfer, die ausgesonderten sowjetischen Soldaten, als „anonyme Masse".

Erst kurz vor Drucklegung dieser Arbeit aufgefundene Unterlagen der Wehrmachtauskunftstelle (WASt) im Archiv des russischen Verteidigungsministeriums (ZAMO) ermöglichen jetzt grundsätzlich ihre Identifizierung. In diesem Archiv befindet sich unter anderem eine etwa 80 000 Personalkarten I umfassende Kartei sämtlicher in Gefangenschaft geratener und in das Deutsche Reich transportierter sowjetischer Offiziere.[112] Sie ist ersten Prüfungen zufolge komplett und in ihrer ursprünglichen alphabetischen Ordnung erhalten. Eine systematische Durchsicht hat zwar erst in Ansätzen stattfinden können;[113] dabei hat sich jedoch gezeigt, daß in dieser Kartei auch die Personalkarten der in den Jahren 1941/42 in Hammelburg Ausgesonderten enthalten sind, erkenntlich an einem auf der Vorderseite aufgedruckten Stempel „überwiesen an Gestapo am: (es folgt das Datum)" und an einer zumeist handschriftlichen Eintragung in der Rubrik ‚Versetzungen' auf der Rückseite. Dort steht neben dem Datum unter ‚Grund der Versetzung' u. a.: „SS-Einsatzkommando", „überwiesen an Gestapo Nürnberg", „über Einsatzkommando SS Hammelburg Gestapo Nürnberg" oder „d. SS-Einsatzkommando d. Gestapo Nürnberg zugeführt". Nach der Übergabe des Gefangenen an das Einsatzkommando sandte das Stalag deren Personalkarten zusammen mit denen von verstorbenen Offizieren nach Berlin an die WASt, wo sie dann in die Gesamtkartei eingeordnet wurden.

Dank der vielen biographischen Angaben lassen sich schon jetzt Ausgesonderte sowohl als Gruppe als auch als Individuen der Anonymität entreißen. So lag das Alter der Ausgesonderten bei etwa 28 Jahren, der jüngste war 20, der älteste 45 Jahre alt. Sie besaßen einen Dienstgrad bis zum Rang eines Hauptmanns; Stabsoffiziere fehlen bisher. Ungewöhnlich oft sind Bauern vertreten (ca. 20%), ebenso technische, mit Metallverarbeitung in Zusammenhang stehende Berufe wie Monteure, Schlosser, Bautechniker oder Metallurgen (ca. 30%), somit Angehörige von Gruppen, die dem politischen System in der Sowjetunion zumeist

---

[111] Auch die Ausgesonderten aus dem Stalag XIII C Hammelburg kamen nach Dachau.
[112] Nicht erfaßt sind darin die Offiziere, die auf Grund des Kommissarbefehls hinter der Front oder im rückwärtigen Heeresgebiet erschossen wurden.
[113] Die Kartei liegt in Abt. 11 des ZAMO; alle folgenden Belege von dort. Durchgesehen wurden bisher die Anfangsbuchstaben A und B (zum Teil), hinzu kommen Stichproben bei anderen Buchstaben.

aufgeschlossen gegenüberstanden und von ihm von Jugend auf geprägt worden waren. Zu nennen sind noch fünf Lehrer sowie vier Schüler bzw. Studenten. Der Aussonderungsgrund wird auf keiner Karte genannt, liegt jedoch bei der letzten Gruppe auf der Hand, handelte es sich doch bei den Betreffenden eindeutig um „sowjetrussische Intelligenzler" gemäß den Vorgaben des Einsatzbefehls Nr. 8. Da die Beamten des Einsatzkommandos Hammelburg jedoch nicht in der Lage waren, den Begriff „Intelligenzler" zu definieren – in der Formulierung von Sch. lautete das: „zur Feststellung von ‚Intelligenzlern' fehlte uns jede Möglichkeit"[114] –, mögen sie auch einen Buchhalter und einen Beamten zu dieser Kategorie gezählt haben. Bei allen anderen kommt als Motiv für die Aussonderung, sieht man von „Berufsrevolutionären" bzw. „fanatischen Kommunisten" einmal ab, nur die Einstufung als „Funktionär" in Partei oder Armee in Frage. Hätte es sich um „Juden" gehandelt, wäre das auf der Karteikarte unter „Religion" vermerkt worden.

Der Zeitpunkt der Aussonderung war völlig unabhängig vom Zeitpunkt des Eintreffens, denn die Beamten arbeiteten sich systematisch Block um Block vor. Das zeigen deutlich die Nummern der Erkennungsmarken. Oberleutnant Maxim Adamowitsch Abramowitsch z.B. kam in der zweiten Julihälfte 1941 nach Hammelburg und erhielt die Marke Of. 62/848, seine Aussonderung erfolgte aber „erst" am 16. Februar 1942 zeitgleich mit der von Leutnant Grigorij Trofimowitsch Babitsch (Of. 62/2677).[115] Demgegenüber wurde Jakow Andrejewitsch Balandin, aufgenommen etwa zur selben Zeit und ebenfalls Leutnant, trotz weitaus höherer Nummer (Of. 62/4767) bereits am 10. September 1941 der Stapo übergeben, der Heerestechniker Michail Artochilowitsch Abulaew schließlich, obwohl er schon als Nummer 101 aufgenommen worden war, am 11. Dezember. Nichts wies bis zum Verhör auf das weitere Schicksal der Männer hin. Jeder erhielt nach der Ankunft die vorgeschriebenen Impfungen, eine davon gegen Pocken, die andere, gegen Typhus/Paratyphus, wurde im Abstand von jeweils einer Woche zweimal wiederholt.[116] Arkadij Babin etwa (Of. 62/2455), der am 3. September dem Einsatzkommando zur Verfügung gestellt wurde, wurde noch am 17. August zum dritten Mal gegen Paratyphus geimpft. Er konnte sich eigentlich sicher wähnen; würde man jemanden, den man eben erst gegen gefährliche Krankheiten immunisiert hatte, zwei Wochen später erschießen?

Erst die einzelne Karteikarte macht letztlich das ganze Ausmaß und die Unfaßbarkeit des Geschehens ersichtlich, und mehr als alles andere löst sie bei einem um Sachlichkeit bemühten Historiker Betroffenheit aus. Sie eröffnet ihm aber auch die Möglichkeit, einem seit 1941 oder 1942 spurlos verschwundenen Menschen wie dem Ukrainer Ignat Prochorowitsch Babitsch durch die biogra-

---

[114] Verf. WK XIII, Bl. 35.
[115] Auf der PK I von Sergej Pawlowitsch Agafonow (Of. 62/3370) ist die Versetzung nach Hammelburg für den 29.7.1941 vermerkt. Die Erkennungsmarken wurden immer in der Reihenfolge der Aufnahme ausgegeben. Laut Eintrag auf der PK I wurde Agafonow am 12.8.1943 dem „Kz. Lg. Floßenbürg/Gestapo Regensburg" übergeben.
[116] Allein am 7.8. wurden gemäß den Eintragungen auf der Rückseite der PK I mindestens die Gefangenen von Nummer 3539–4767 geimpft.

phischen Angaben und die Aufdeckung seiner Todesumstände gleichsam die Identität zurückzugeben. Der 28jährige verheiratete Leutnant aus einem kleinen Dorf im Gebiet von Tschernigow/Nordukraine geriet als Angehöriger der 190. Infanterie-Division am 12. Juli 1941 gleich zu Beginn des Krieges bei Berditschew unverletzt in deutsche Gefangenschaft. Bis zum März 1942 blieb er in den besetzten Gebieten der Sowjetunion im Stalag 325 und dürfte dort zur Arbeit eingesetzt worden sein. Am 14. dieses Monats kam er nach Hammelburg, wo die Erfassungsstelle für ihn eine Personalkarte anlegte und ihm die Erkennungsmarke mit der Nummer Of. XIII D 5251 zuteilte. Da inzwischen die meisten Gefangenen in Hammelburg überprüft worden waren,[117] erfolgte recht schnell, wahrscheinlich Anfang April, seine Vorführung vor dem Einsatzkommando. Möglicherweise weil er als Beruf „Lehrer" angab, hielt ihn der Beamte für „untragbar" und schlug seinem Kommandoführer Paul Ohler vor, deswegen beim RSHA die Exekution zu beantragen. Das RSHA stimmte um den 10. April dem Vorschlag zu. Etwa zum selben Zeitpunkt wies das OKW den Kommandanten des Oflag Hammelburg an, Babitsch zusammen mit einer noch unbekannten Anzahl anderer sowjetischer Offiziere aus der Kriegsgefangenschaft zu entlassen und dem Einsatzkommando zur Verfügung zu stellen. Vier Tage später versah ein Soldat in der Erfassungsstelle die Personalkarte mit dem Stempelaufdruck „Überwiesen an Gestapo am: 14. April 1942". Damit war formal die Übergabe erfolgt, auch wenn allem Anschein nach der Abtransport nach Dachau erst einen Tag später stattfand.[118] Vermutlich am 18. wurde Babitsch in Hebertshausen erschossen, seine Leiche verbrannt.[119]

Babitsch war 1,71 m groß, ohne besondere Kennzeichen, dunkelblond, Pädagoge von Beruf; der Fingerabdruck des rechten Zeigefingers macht im Vergleich mit den Abdrücken auf den Karteikarten vieler anderer Gefangener deutlich, daß er nur selten körperlich schwere Arbeiten ausübte. Sein Lichtbild, aufgenommen Mitte März 1942 in Hammelburg, zeigt einen skeptisch blickenden, offensichtlich kahl geschorenen Mann mit feinen Gesichtszügen, die das von der NS-Propaganda entworfene Bild von den sowjetischen Kriegsgefangenen als Männern mit „Verbrecherphysiognomien, stiernackig, mit flachen Stirnen und einem falschen, hinterlistigen Blick" Lügen strafen und der Lächerlichkeit preisgeben.[120] Bei seiner Erfassung bekannte er sich zum orthodoxen Glauben, nannte die Namen seiner Eltern und seiner Frau, seine Heimatadresse. Körperlich

---

[117] Der Beamte S. sagte, er habe im Februar und März 1942 „praktisch niemand mehr ausgesondert", sondern sich zu Informationszwecken mit prominenteren Gefangenen unterhalten. Verf. WK XIII, Bl. 39.

[118] Auf der Rückseite der PK steht als Überweisungsdatum handschriftlich „15.4.42". Soweit diese „Biographie" von Babitsch Daten enthält, die nicht auf der PK I stehen, ergeben sie sich aus dem üblichen „Procedere". Babitsch war nicht verwandt mit dem im vorigen Absatz genannten Grigorij Babitsch.

[119] Nach der Aussage von Hübsch fand am 18.4.1942 eine Erschießung statt. Dachau-Archiv, A.o. 80/1.

[120] So ein Artikel im Westfälischen Volksblatt Nr. 159 vom 10.7.1941; Abdruck bei Hüser/Otto, Stalag 326, S. 210. Babitsch wird hier deswegen als Beispiel gewählt, weil auf seiner Karte noch das Lichtbild vorhanden ist. Bei den meisten anderen wurde es aus bislang unbekannten Gründen nach dem Krieg entfernt.

war er gesund; zumindest sind auf seiner Karte keinerlei Krankheiten oder Lazarettaufenthalte vermerkt. Seine Augenfarbe in die Personalkarte einzutragen, hatte man bei der Aufnahme vergessen.

Nicht nur die Zahl der bis zum Sommer 1942 in Dachau ermordeten Offiziere aus dem Oflag 62 (XIII D) läßt sich näherungsweise bestimmen, sondern die Stempel auf den Karteikarten ermöglichen auch eine genaue Datierung der Transporte in das oberbayerische Konzentrationslager. Der erste im Umfang von 20 bis 25 Mann, den noch Kriminalkommisar G. aus Würzburg zusammengestellt hatte, fand Anfang September statt, die Überweisung ist für den 3. September 1941 dokumentiert. Von da an überstellte die Kommandantur durchschnittlich alle zwei Wochen – am 10., 19. und 29. September, am 8. und 21. Oktober, 5. und 24. November sowie am 11. und 16. Dezember – jeweils etwa 70 sowjetische Offiziere an das Einsatzkommando. Bis Anfang Januar 1942 hatten, wie aus einem Fernschreiben des Nürnberger Kriminalrats Otto an die Stapoleitstelle München vom 24. Januar 1942 hervorgeht, die Stapobeamten in Hammelburg insgesamt 652 Offiziere „ausgesondert und der Sonderbehandlung zugeführt".[121] Im Januar selbst trafen nach Häftlingsaussagen zwar keine „Russen" in Dachau ein, die Personalkarten belegen jedoch Überweisungen für den 8. und 27. Von Februar bis zum Mai kamen dann, wie sich aus einer Aussage Ohlers ergibt, noch wenigstens drei oder vier Transporte aus Hammelburg an,[122] einer von ihnen wahrscheinlich in einer Stärke von 96 Mann.[123] Im Mai stellte das Einsatzkommando nach den Bekundungen seiner Angehörigen die Aussonderungen ein; wie fragwürdig aber diese Aussagen sind, ergibt sich aus der Karteikarte von Sergej Iwanowitsch Agejew (Of. XIII D 6178), der noch am 12. Juni 1942 an die Gestapo überwiesen wurde. Spätestens zwei oder drei Tage nach den jeweiligen Terminen kamen die Ausgesonderten nach Dachau und wurden in Hebertshausen erschossen.[124] Insofern muß man davon ausgehen, daß bis zum Sommer 1942 wenigstens 1 100 sowjetische Offiziere aus Hammelburg im KZ Dachau ermordet wurden.[125]

---

[121] 178-R, S. 471. Die Reisekostenabrechnungen von G. belegen dessen Anteil an den Überstellungen. Zur „Regelung von Angelegenheiten des Einsatzkommandos Hammelburg" reiste er am 2.9. (Überstellung am 3.9.), 10.9. (Überstellung am selben Tag) und 17.9. (19.9.) dorthin. Verf. Hammelburg, Bl. 175, 177 und 179.
[122] Die Überstellungen erfolgten am 16.2., 14.4. und 13.5. Die Lücke von zwei Monaten war u. U. fleckfieberbedingt. Von 61 „Russenlagern" im Reich waren nach einem Bericht des Ministerialdirektors Mansfeld (RAM) an Göring vom 10.2.1942 Ende Januar nur 13 fleckfieberfrei. BAK, R 41/281, Bl. 269f. Vgl. den Schriftwechsel zwischen dem EK im Stalag XXI C Wollstein und dem KZ Groß-Rosen betr. der Übernahme fleckfieberverdächtiger Ausgesonderter, die aufzunehmen das KZ sich strikt weigerte. Verf. Wollstein, Anklageschrift, S. 30–32.
[123] Laut Aussage Opitz Anfang 1942. Nach Hübsch (Dachau Archiv, A.o. 80/1) fanden Erschießungen statt am 12. und 25.11.1941 sowie am 18.4., 18.6., 1. und 8.7., 21.8., 1., 25. und 29.9.1942. Bei den Daten ist aber zu bedenken, daß auch Mannschaften und Unteroffiziere aus anderen Lagern in Dachau erschossen wurden.
[124] Ohler war auf Befehl Ottos wenigstens fünf- bis sechsmal bei den Exekutionen zugegen. Verf. WK XIII, Bl. 372.
[125] Nicht mit eingerechnet sind hier die 420 „Arbeitsrussen". Eine Hochrechnung der bisher gefundenen Karteikarten auf den Gesamtbestand führt zu einer vergleichbaren Zahl von Ermordeten.

Daß diese Gruppe einen erheblichen Prozentsatz der in Dachau liquidierten sowjetischen Gefangenen ausmacht, bestätigte 1950 auch Generalmajor Schemmel, Kommandeur der Kriegsgefangenen im WK XIII. Vor dem Nürnberger Untersuchungsrichter sagte er am 18. Oktober 1950: „Daß die Zahl der Ausgesonderten im Nürnberger Wehrkreis verhältnismäßig hoch war, erklärt sich daraus, daß auf dem Truppenübungsplatz Hammelburg ein großes Lager russischer Offiziere war, in deren Reihen sich zahlreiche Politruks und Kommissare, die eigentlich keine Soldaten waren, eingeschmuggelt hatten."[126]

In den anderen „Russenlagern" liefen die Aussonderungen in gleicher Weise ab wie in den dargestellten Fällen Neuhammer, Thorn und Hammelburg. An all diesen Orten setzten die Einsatzkommandos das Aussonderungskonzept von OKW und RSHA systematisch, zielstrebig und ohne Zeitdruck um. Wehrmacht und Stapo hatten hier mit Hilfe der Einsatzbefehle Nr. 8 und 9 gleichsam ein Netz aufgespannt, in dem sich all diejenigen sowjetischen Soldaten verfangen sollten, auf die das „Raster" des Einsatzbefehls Nr. 8 paßte und die im Anschluß daran konsequent der Vernichtung in den Konzentrationslagern zugeführt wurden. Da Rotarmisten ausschließlich in die „Russenlager" kommen sollten, bot die Konstruktion nach Meinung ihrer Urheber hinreichend Gewähr dafür, daß niemals ein Bolschewist seinen „unheilvollen Einfluß" auf reichsdeutschem Boden ausüben würde.

Noch im Juli 1941 änderte sich aber die Situation von Grund auf, denn von diesem Zeitpunkt an trafen im Widerspruch zu sämtlichen Befehlen sowjetische Gefangene in großer Zahl in fast allen Stalags des Deutschen Reiches ein und wurden von dort aus umgehend zur Arbeit eingesetzt. Die offensichtlich erste Abweichung vom „Normalfall" betraf die Stadt Nürnberg.

Die Gefährdung des Ausgangskonzepts im August 1941 und die Schaffung mobiler Einsatzkommandos

Das Kriegsgefangenen-Arbeitskommando Nürnberg-Langwasser und die Personalprobleme der Stapo Nürnberg-Fürth

Wie bereits dargestellt, hatte das OKW den Wehrkreis XIII Nürnberg ursprünglich nicht für die Aufnahme sowjetischer Kriegsgefangener vorgesehen; die Wahl auf Hammelburg als Standort für das Oflag 62 (XIII D) fiel dementsprechend erst nach längerer Diskussion.[127] Ungeachtet dieser Planungsvorgaben erhielt die

---

Die Forschung ist bisher kaum auf die Exekutionen Ausgesonderter in Dachau eingegangen. Streim, Behandlung, S. 228; Konzentrationslager Dachau 1933–1945, S. 168f.; Kimmel, Das Konzentrationslager Dachau, S. 404–406; Distel u. a., Dreifach geschlagen, S. 89–91; dies. u. a., Das Konzentrationslager Dachau, S. 23f.

[126] Verf. WK XIII, Bl. 50; ähnlich ebenda, Bl. 126.
[127] Noch am 24.7. war der Wehrkreis XIII nicht im entsprechenden Verteiler des OKW. BA/MA, RW 19/2109.

Stadt Nürnberg auf eine besondere Weisung des OKW hin[128] Ende Juli oder Anfang August 1941 ein Kontingent von etwa 2000 sowjetischen Kriegsgefangenen für einen Arbeitseinsatz auf dem Reichsparteitagsgelände, für dessen Unterbringung jedoch in keiner Weise Vorkehrungen getroffen worden waren.[129] Das OKW befahl deshalb dem Kommandanten des Oflag XIII B Nürnberg-Langwasser, Oberstleutnant Freiherr von Imhof, die Gefangenen in seinem Lager aufzunehmen, obwohl die Vorschriften eigentlich eine strikte Trennung von kriegsgefangenen Offizieren und Mannschaften vorsahen.[130] Aus formalen Gründen besaß diese im deutschen Kriegsgefangenenwesen wohl einmalige Konstruktion die Bezeichnung eines Offizierslagers „mit einer Mannschaftsnebengruppe",[131] wobei die sowjetischen Mannschaften in den offiziellen Bestandslisten dann auch nicht geführt wurden. Hinsichtlich Unterbringung und – wenigstens zeitweise – Verpflegung unterstand das neue Arbeitskommando mit der Nr. 298 zwar dem Oflag, über den Einsatz hingegen verfügte die Stadt Nürnberg.

Wegen der Kriegsereignisse wurden die Arbeiten auf dem Nürnberger Märzfeld jedoch schon wenig später eingestellt. Die Stadt setzte „ihre" Gefangenen in der Folgezeit zunächst noch zu Planierungs- und Dränagearbeiten ein, später beschäftigte sie sie mit dem Umschichten riesiger Erdhaufen.[132] Da die Ernährung trotz der körperlich schweren Arbeit qualitativ und quantitativ äußerst mangelhaft war, lag die Sterberate nach Angaben von Imhofs bis zum Spätherbst 1941 bei ca. 25%, danach sei sie wegen einer Verbesserung der Ernährung gesunken.[133] In der Realität änderte sich aber wenig, wie eine Aktennotiz der Maxhütte in Sulzbach-Rosenberg vom 31. Dezember 1941 zeigt, in der es heißt, acht Todesfälle in den vergangenen Tagen seien noch kein Grund zur Beunruhigung, denn „diese Erscheinung sei in Regensburg und Nürnberg in weit größerem Umfang aufgetreten".[134]

Der Einsatz sowjetischer Kriegsgefangener in Nürnberg widersprach allerdings sowohl ideologisch als auch organisatorisch allem, was die deutsche Führung für die Behandlung der sowjetischen Gefangenen bis zu diesem Zeitpunkt vorgegeben hatte:

---

[128] Aff. Schemmel; IfZ, Nürnbg. Dok. NO 5499.
[129] Interrog. Imhof; ähnlich Aff. Imhof; IfZ, Nürnbg. Dok. NO 5241. Ebenso Aff. Schemmel; IfZ, Nürnbg. Dok. NO 5500, und Aussage Schemmel; Verf. WK XIII, Bl. 126.
[130] In Langwasser lebten zu dem Zeitpunkt 3310 Offiziere aus dem südosteuropäischen Raum nebst 225 Ordonnanzen. BA/MA, RW 6/v. 184, Bl. 158.
[131] Schemmel hob dies 1947 für Langwasser ausdrücklich hervor. IfZ, Nürnbg. Dok. NO 5500.
[132] Interrog. Imhof, S. 6; eine Darstellung der Verhältnisse in diesem Lager bei Sanden, Langwasser.
[133] Aff. Imhof; IfZ, Nürnbg. Dok NO 5241; Aff. Schemmel; IfZ, Nürnbg. Dok. NO 5499. Die Verbesserungen in der Ernährung entsprachen den Vorgaben des OKH vom 8.10.1941 und reichten in keiner Weise aus, die Arbeitskraft der Gefangenen wiederherzustellen. Mit der Aussicht auf höhere Rationen wurden sie zur Arbeit gezwungen. v. Imhof sah das anders. Es sei den „Russen" zu langweilig gewesen; deshalb hätten sie sich zur Arbeit gedrängt.
[134] IfZ, Nürnbg. Dok. NI 3149. Die Aussage gilt allerdings für sämtliche Ende 1941 in Nürnberg vorhandenen Lager. Erika Sanden hat an Hand von Leichenschauscheinen nachgewiesen, daß die Angaben v. Imhofs falsch sind. Allein bis Jahresende 1941 starben wenigstens 600 Gefangene. Sanden, Langwasser, S. 30.

III. Durchführung der Aussonderungen und dabei auftretende Probleme

– Die Männer wurden weder einem „Russenlager" noch einem herkömmlichen Stalag – hier dem Stalag XIII A Sulzbach-Rosenberg – zugewiesen, sondern organisatorisch einem Oflag zugeordnet, obwohl dort Mannschaftsdienstgrade lediglich als Ordonnanzen erlaubt waren.
– Der Arbeitseinsatz erfolgte nicht im Wehrmachts-, sondern im zivilen Bereich[135] unter der Federführung der Stadt.[136]
– Hinsichtlich des „Russeneinsatzes" stand eine grundsätzliche Entscheidung Hitlers noch aus; eine Verwendung der sowjetischen Gefangenen war bis zu diesem Zeitpunkt nur in einem sehr eng gezogenen Rahmen möglich.[137]
– Schließlich kamen die Rotarmisten, die eigentlich von der deutschen Bevölkerung isoliert bleiben sollten, in großer Zahl unmittelbar in die Großstadt Nürnberg, als „Stadt der Reichsparteitage" eine der Hochburgen des Nationalsozialismus.

Gerade deswegen aber besaß der Einsatz in Nürnberg große ideologische Bedeutung, denn die Parteitage dienten als Heerschau, als Zeichen von Geschlossenheit und Stärke, als Inszenierung der nationalsozialistischen Weltanschauung. Auf Grund dessen kam der baulichen Vollendung des Komplexes eine solche Priorität zu, daß demgegenüber alle eben genannten Bedenken und Vorschriften hinsichtlich des „Russeneinsatzes" gegenstandslos wurden und die Stadt für den Ausbau des Geländes offenbar spontan 2 000 Gefangene erhielt, eine Entscheidung, die nur Hitler selbst getroffen haben kann.[138]

Wegen dieser Umstände war in den Augen des RSHA eine politisch-ideologische Durchleuchtung der Gefangenen vor ihrem Arbeitseinsatz unabdingbar. Das erschien um so notwendiger, als wohl die meisten, wenn nicht sogar sämtliche Rotarmisten ohne ein „Russenlager" durchlaufen zu haben direkt aus dem Osten nach Nürnberg kamen und somit nicht im Sinne der Einsatzbefehle überprüft worden waren.[139] Um daher die notwendigen Maßnahmen treffen zu können, erhielt die Stapostelle Nürnberg-Fürth Ende Juli oder Anfang August 1941 nachträglich die Einsatzbefehle Nr. 8 und 9.[140] Der Einsatz in Langwasser ließ sich jedoch nicht mit den Überprüfungen in den „Russenlagern" vergleichen und stellte Nürnberg vor erhebliche Probleme, denn hier mußten erstmals Bedürfnisse des Arbeitseinsatzes mit der ideologischen Forderung nach der Ver-

---

[135] OKW/Kgf. vom 24.7.1941 betr. Ablösung von im Wehrmachteinsatz befindlichen Gefangenen anderer Nationen durch Russen; BA/MA, RW 19/2109. Erst ab 2.8. war dann ein Arbeitseinsatz möglich an den zivilen Stellen, „an denen die Verwendung sowjetischer Kriegsgefangener zugelassen werden kann". Befehl ebenda.
[136] Interrog. Imhof, S. 5f. Nach der eben genannten Anordnung vom 2.8. traf dagegen der Lagerkommandant die Entscheidung unter Beteiligung des zuständigen Arbeitsamts.
[137] Hitler entschied sich Ende Juli oder Anfang August. BAK, R 41/168, Bl. 153.
[138] Schemmel sprach von einer persönlichen Verfügung Hitlers. Verf. WK XIII, Bl. 126. Nürnberg steht damit ebenbürtig neben dem Ausbau Berlins und Münchens, zeitlich ist es sogar zuerst berücksichtigt worden. Am 8.8. heißt es, Hitler habe, als er die weitere Zuführung von Sowjets verboten habe, lediglich Speer für den Ausbau Berlins 20 000 Mann zugestanden. BAK, R 41/168, Bl. 153.
[139] Ende Juli 1941 waren noch nicht einmal alle Russenlager belegt. Die EK nahmen ihre Arbeit frühestens Anfang August 1941 auf.
[140] Zur Begründung s. u. S. 124f. die Ausführungen zum EK Regensburg.

nichtung des politischen Gegners in Einklang gebracht werden. Einerseits hätte eine zu rigoros durchgeführte Aussonderung den Ausbau des Parteitagsgeländes erheblich verzögert und für die Stapo unangenehme Nachfragen aus Berlin nach sich gezogen, andererseits wäre es aber geradezu vernichtend für ihr Ansehen gewesen, wenn ausgerechnet dort „Kommissare" entlarvt worden wären.

Das RSHA mußte sich freilich auf die besonderen Verhältnisse in Nürnberg einstellen. Die Einsatzbefehle hatten eine Kontrolle von Arbeitskommandos nicht vorgesehen, so daß sie aus formalen Gründen für Langwasser nicht ausreichten und mit einem entsprechenden Zusatz versehen werden mußten. Welche Bedeutung Heydrich und Müller der weltanschaulichen Überprüfung der Gefangenen im Oflag XIII B Nürnberg-Langwasser beimaßen, zeigt sich vor allem daran, daß sie sich wie im Fall des Oflag 62 (XIII D) Hammelburg die personelle Besetzung des Einsatzkommandos vorbehielten.[141]

Die Stapostelle Nürnberg-Fürth war somit gezwungen, ohne organisatorische Vorbereitung binnen kurzem wenigstens vier erfahrene Polizeibeamte, unter ihnen Kriminalinspektor Paul Ohler und den Kriminalsekretär B.,[142] nach Langwasser abzuordnen. Diese sprachen bereits kurz nach der Ankunft der sowjetischen Gefangenen bei Oberstleutnant von Imhof vor und beantragten deren Überprüfung.[143] Von Imhof gestattete ihnen den Zutritt zum Lager und stellte ihnen für die Vernehmung eine Baracke zur Verfügung. Die Aussonderungen selbst gingen dann seinen Angaben zufolge zügig vonstatten. Über die Verhöre ist zwar nichts überliefert, doch stellte das Einsatzkommando, so erinnerte sich wenigstens von Imhof, etwa 20 Mann als „untragbar" fest, die es dann umgehend nach Dachau abtransportieren ließ.[144]

Noch während Ohler und seine Kollegen in Langwasser aussonderten,[145] trafen im Zuständigkeitsbereich der Stapo Nürnberg-Fürth erneut sowjetische Kriegsgefangene in großer Zahl ein. Für Anfang August 1941 weisen die Bestandslisten des OKW für das Oflag 62 (XIII D) Hammelburg nahezu 5 000 kriegsgefangene sowjetische Offiziere aus, und das benachbarte Stalag XIII C erhielt Mitte des Monats ebenfalls Rotarmisten in einer Stärke von weit über 1 000 Mann zugewiesen. Für die Überprüfung der Hammelburger Kriegsgefangenenlager hätte zwar formal die Nürnberg unterstehende Stapo-Außenstelle

---

[141] Vgl. 178-R, S. 420, Vm. der Stapoleitstelle München vom 12.9.1941: „Hinsichtlich der Besetzung der Sonderkommandos im Lager Hammelburg und Langwasser (Nürnberg) wird auf die Anlage (GRS) verwiesen." Es waren dies anscheinend die einzigen Fälle, in denen das RSHA direkten Einfluß auf die Zusammensetzung eines EK nahm.
[142] B. war 1942 im Referat II A-R für den Einsatz sowjet. Zivilarbeiter zuständig. Im selben Referat arbeitete laut Geschäftsverteilungsplan auch S. vom EK Hammelburg. Verf. Altengrabow, Dok. Bd. II, Bl. 67.
[143] Ohler und Imhof erinnerten sich 1947 aneinander. Interrog. Imhof, S. 4; Interrog. Ohler, S. 30. Ohler sagte dabei selbst, daß er in Hammelburg und Nürnberg ausgesondert habe. Ebenda, S. 1.
[144] Interrog. Imhof, S. 5. Die Zahl ist zweifellos falsch. Geht man davon aus, daß die Gefangenen noch nicht überprüft waren, wurden, wenn man den Durchschnittssatz im WK XIII von 16% (178-R, S. 424–427) ansetzt, wenigstens 300 Mann ausgesondert. Wegen der „heiklen" Situation in Nürnberg muß man die Zahl eher höher ansetzen. Die Ausführungen von E. Sanden dazu überzeugen nicht. Dies., Langwasser, S. 38–43.
[145] Schemmel sagte 1948, Langwasser sei das erste „Russenlager" gewesen. Verf. Stalag 341, Bl. 281g.

Würzburg zwei Einsatzkommandos aufstellen müssen, sie wäre allerdings mit der Abordnung von acht bis zehn Beamten in ihrer sonstigen Tätigkeit völlig lahmgelegt worden.[146]

Eine Lösung war nur möglich, wenn Nürnberg dort trotz personeller Engpässe mit eigenen Leuten aushalf.[147] Für das Offizierslager sah sie so aus, daß von den insgesamt fünf Beamten drei aus Nürnberg abgeordnet wurden, während zwei, darunter der Kommandoführer Kriminalkommissar G., aus Würzburg kamen. Wegen der großen Anzahl von sowjetischen Offizieren blieb dieses Kommando dann dort auf Dauer stationiert. Nürnberg war allerdings nach dem Ausscheiden von G. Mitte September zunächst nicht in der Lage, einen neuen Leiter zu bestimmen, denn es benötigte seine dafür in Frage kommenden Beamten anderweitig. Das Problem erwies sich indessen auch als nicht so dringend, weil das Kommando sich eingearbeitet hatte und keinerlei Schwierigkeiten aufgetreten waren.[148]

Für das Stalag XIII C fand die Stapostelle einen anderen Weg. Nachdem die 2000 Mann in Langwasser überprüft worden waren und dort bis zum Eintreffen neuer Transporte nichts zu veranlassen war,[149] schickte sie dieses Kommando, allerdings ohne Ohler, unter der Leitung des Kriminalsekretärs B.[150] nach Hammelburg ins Stalag XIII C, um dort Überprüfungen vorzunehmen. Vor dem Einsatz erhielten B. und andere Beamte seines Referats durch den Stellvertretenden Stapoleiter Kriminalrat Otto eine genaue Einweisung in das Verfahren. Bei der Ankunft in Hammelburg stellte sich freilich heraus, daß das Stalag die meisten Gefangenen bereits zum Arbeitseinsatz über das Land verteilt hatte, so daß das Kommando gezwungen war, sämtliche Außenlager bzw. Arbeitskommandos im Zuständigkeitsbereich des Stalag XIII C anzufahren, soweit ihnen sowjetische Soldaten angehörten, um diese dann an ihrem Arbeitsort entsprechend den Richtlinien des Einsatzbefehls Nr. 8 zu vernehmen.

B. definierte nach dem Krieg seine Aufgabe dahingehend, Otto habe ihm den Auftrag erteilt, als eine Art Sicherheitsbeauftragter die Verhältnisse in den einzelnen Lagern unter polizeilichen Aspekten zu überprüfen. Die Soldaten hätten ihm dann diejenigen Gefangenen namhaft gemacht, die ihrer Meinung nach für einen weiteren Arbeitseinsatz untragbar schienen, doch habe es sich dabei seiner

---

[146] Zur Würzburger Stapo Gellately, Die Gestapo, S. 75–78. Die Stapostelle sollte auch noch ihren Leiter Kriminalkommissar G. für eine Einsatzgruppe in der Sowjetunion abgeben.

[147] Dem Referat II A gehörten Mitte 1942 laut Geschäftsverteilungsplan insgesamt 20 Beamte an. Verf. Altengrabow, Dok. Bd. II, Bl. 66f. Durch die Personalnot läßt sich auch erklären, warum Würzburg, obwohl nur Außendienststelle, am 27.8.1941 als für die Aussonderungen im Oflag Hammelburg zuständig bezeichnet wird. Vgl. HStA H, Hann. 87a Nr. 4; Rundschreiben des Chefs SipouSD vom 20.6.1941.

[148] Aussage S. vom EK Hammelburg; Verf. WK XIII, Bl. 39; ähnlich Ohler; Verf. Zeithain, Handakten, Bl. 306.

[149] Ein Transport erreichte Nürnberg z. B. am 10.10.1941. Sanden, Langwasser, S. 29. Nach Siegert, Flossenbürg, S. 467, Anm. 91, kamen die 2000 „Arbeitsrussen" für Flossenbürg über Langwasser. Siehe Kap. IV.

[150] Interrog. Ohler, S. 44; vgl. Interrog. Korn. Korn war nur bis zum 15.9. Kdt, hatte aber eine genaue Erinnerung an die Aussonderungen. B. war später Lagerführer des Ausländergefängnisses Langenzenn. Näher dazu Grieser, Himmlers Mann in Nürnberg, S. 271–274.

Erinnerung nach nicht um Kommissare gehandelt. Während er den Kontakt zu den jeweiligen Wehrmachtsstellen hergestellt habe, hätten seine Kameraden die betreffenden Rotarmisten zur Person und zur Sache vernommen und dabei Protokolle erstellt, die er dann Otto in Nürnberg zur weiteren Veranlassung übergeben habe. Nach Rücksprache mit dem RSHA sei dann in verschiedenen Fällen die Überstellung der Gefangenen über die Stalags Hammelburg, Nürnberg[151] und Weiden[152] zum KZ Dachau erfolgt, wobei die Wehrmacht die Transporte durchgeführt habe. Bei dem ganzen Verfahren habe es keinerlei Probleme mit den Militärdienststellen gegeben.[153]

Im Stalag XIII C Hammelburg selbst liefen die Aussonderungen vorschriftsmäßig ab, wie sich der Aussage seines Kommandanten Oberst Ludwig Korn entnehmen läßt. Dieser erwähnte in seiner Vernehmung „die schwarzen Kerle", die er habe im Lager herumlaufen sehen und deren Aufgabe es gewesen sei, sowjetische Kriegsgefangene zu überprüfen; „es hieß, sie sollten Politruks feststellen, die deutsche Soldaten umgebracht hätten".[154] Er stellte dem Kommando eine Unterkunft zur Verfügung; dieses begann unverzüglich seine Arbeit. Die Ausgesonderten, jeweils etwa 100 bis 160 Mann, kamen dann, wie Ohler 1947 bezeugte, nach Dachau.[155] Insgesamt überprüften B. und seine Beamten bis zum 24. Januar 1942 10760 sowjetische Kriegsgefangene, von denen sie 1357, etwa 13 %, als „unbrauchbar" aussonderten.[156]

Damit hatte die Stapostelle Nürnberg-Fürth Anfang August 1941 gleichsam aus dem Stand heraus zwei Einsatzkommandos aufgestellt, von denen das eine im Oflag 62 (XIII D) Hammelburg fest stationiert war, das andere, als „Einsatzkommando Nürnberg" bezeichnet,[157] dagegen je nach Bedarf sowjetische Mannschaften sowohl in den beiden großen Kriegsgefangenenlagern in Nürnberg und Hammelburg als auch in den Arbeitskommandos des letzteren überprüfte. In personeller Hinsicht konnte sie allerdings den Anforderungen des Einsatzbefehls Nr. 9 nicht entsprechen. Nur im Oflag Hammelburg, und auch dort nur für wenige Wochen, war, wie bereits dargestellt, mit G. ein Kriminalkommissar Leiter des Kommandos. Wenn in den folgenden Wochen die Beamten dort ohne Führer blieben, zeigt das eindeutig, daß Nürnberg nicht in der Lage war, G. zu ersetzen. Wie weit die Stapostelle mit der Zusammenstellung der beiden Kommandos überfordert war, wird aber vor allem an der Gruppe von B. ersichtlich, für deren Leitung nicht einmal ein Kriminalinspektor zur Verfügung stand; selbst Paul Ohler, der immerhin in Langwasser im Hinblick auf die Überprüfun-

---

[151] Wegen der Größe des Arbeitskommandos in Langwasser besaß das dortige Lager in den Augen von B. und Ohler den Charakter eines Stalags.
[152] Ein Transport über das Stalag XIII B Weiden kann nur in Ausnahmefällen erfolgt sein. Möglicherweise wurden diese Kgf. dann wie die in Weiden Ausgesonderten zur Liquidierung in das KZ Flossenbürg überstellt.
[153] Überblick nach den Angaben von B.; Verf. WK XIII, Bl. 54f. und 139–141.
[154] Interrog. Korn, S. 4.
[155] Interrog. Ohler, S. 9. Möglicherweise gingen vom Stalag XIII C aus einige Transporte per LKW nach Dachau. Aussage W. K., Verf. WK XIII, Bl. 100.
[156] Fernschreiben Ottos an die Stapoleitstelle München vom 27.1.1942; 178-R, S. 476.
[157] Ebenda. Ähnlich Ohler; Verf. Stalag 341, Dok. Bd. II, Bl. 394.

gen „Erfahrungen" gesammelt hatte, war im Spätsommer 1941 in seinem Referat in Nürnberg unabkömmlich.[158]

Kriminalrat Otto war deswegen gezwungen, das „Einsatzkommando Nürnberg" einem Kriminalsekretär anzuvertrauen, eine Entscheidung, die nur mit dem Einverständnis des RSHA möglich war. Diese zunächst als Provisorium gedachte Lösung erschien allein dann tolerierbar, wenn Otto eine genaue Überwachung beider Kommandos garantierte, d. h., er mußte zu Kontrollzwecken wenigstens ab und zu persönlich ins Oflag Hammelburg fahren[159] bzw. B., dessen Standort häufig wechselte, sehr straff führen und keinerlei Entscheidungsspielraum lassen.[160] Dementsprechend lief während dieser Zeit in Abweichung vom üblichen Verfahren der Schriftverkehr der Einsatzkommandos mit dem RSHA überwiegend über die Stapostelle Nürnberg.

Erst im Herbst 1941 erhielt Ohler dann den Auftrag, das Kommando im Oflag Hammelburg zu übernehmen. Otto erweiterte Ohlers Kompetenzen jedoch insofern, als er ihm befahl, B. in seiner Tätigkeit zu kontrollieren und die entsprechenden Weisungen aus Nürnberg zu übermitteln.[161] Selbst Ohler blieb aber einer strengen Beaufsichtigung durch seinen Vorgesetzten unterworfen. Im Gegensatz zu B. durfte er zwar mit dem RSHA unmittelbar verkehren, mußte seiner Dienststelle aber immer einen Durchschlag der Schreiben zukommen lassen.

Die Verteilung der Gefangenen auf sämtliche Kriegsgefangenenlager des Reiches

Nürnberg blieb kein Einzelfall. Ab Anfang August 1941 gelangten sowjetische Gefangene z. T. in großer Zahl in nahezu sämtliche Kriegsgefangenenlager im Deutschen Reich, ein Vorgang, dessen Ablauf im Folgenden nachgezeichnet werden soll.[162]

Noch bevor überhaupt sämtliche „Russenlager" belegt waren, erreichten in der zweiten Julihälfte 1941 die ersten Transporte, vom Stalag 326 (VI K) Senne kommend, die Emslandlager Stalag VI B Neu Versen und VI C Bathorn, in denen zwar in aller Eile besondere Komplexe für die Neuankömmlinge abgetrennt worden waren, die jedoch zunächst für deren Unterbringung in keiner Weise

---

[158] Vgl. die Aussage des Oppelner Stapoleiters Biberstein zum Nachfolger des ersten EK-Leiters im Stalag 318 (VIII F) Lamsdorf: Die Tatsache, daß kein Kommissar als Führer bestimmt wurde, „dürfte darauf zurückzuführen sein, daß kein Kommissar auf der Dienststelle entbehrlich war". Verf. Neuhammer, Bd. VIII, Bl. 183f.
[159] Nach der Aussage von Ottos Fahrer K. war ersterer wenigstens fünf- oder sechsmal in Hammelburg. Verf. WK XIII, Bl. 100.
[160] Nach eigener Aussage war es Ohler verboten, sich in die Arbeit seiner Beamten einzumischen. Verf. Zeithain, Handakten, Bl. 308, und Interrog. Ohler, S. 8, sowie Aussage S.; Verf. WK XIII, Bl. 39. Laut Grieser, Himmlers Mann in Nürnberg, S. 269, war Otto – allerdings nach den Aussagen seiner Gegner – ein Mann, der Untergebenen gegenüber seine Machtstellung rücksichtslos zur Geltung zu bringen wußte. Möglicherweise stimmte das RSHA gerade deswegen dieser Lösung zu. B. mußte laufend an Otto berichten. Aussage B.; Verf. WK XIII, Bl. 140.
[161] Aussage B; Verf. WK XIII, Bl. 54. B. wies im übrigen darauf hin, er habe nicht mit Ohler zusammengearbeitet.
[162] Zu den Belegzahlen vgl. BA/MA, RW 6/v. 184 und v. 450.

ausreichten und beide Stalagleitungen daher zwangen, einen Teil der Gefangenen sozusagen vorschriftswidrig in die bestehenden Lager zu übernehmen. Für den 10. August weisen die Belegungslisten des OKW selbst auf diesen Zustand hin; die dort genannten Zahlen sprechen eine deutliche Sprache: Neu Versen waren insgesamt 11 627 sowjetische Soldaten zugeordnet, von diesen wurden 4 013 „nicht im Russenlager mitgezählt", für Bathorn lauten die Angaben 9 910 bzw. 5 984. Damit befanden sich im Emsland schon Anfang August wenigstens ebenso viele Rotarmisten wie im einzigen „echten Russenlager" des WK VI, dem Stalag Senne; am 1. September lag dann ihre Belegung sogar erheblich höher.[163]

Bedeutsamer an dem Vorgang sind indessen zwei andere Aspekte. Erstmals wich hier das OKW vom Prinzip der Isolierung der sowjetischen Soldaten an speziellen Orten ab und brachte sie statt dessen in bereits bestehenden Stalags unter, in denen sich auch Kriegsgefangene aus anderen Nationen aufhielten. Darüber hinaus kamen spätestens Ende Juli 1941 die Kriegsgefangenentransporte unter Umgehung des Stalags 326 (VI K) Senne direkt vom Osten her in das Emsland, wie Personalkarten und Erkennungsmarken sowjetischer Gefangener belegen, deren Registrierung erst in Neu Versen bzw. Bathorn erfolgte.[164] Von dem Zeitpunkt an hatten die „Russenlager" einen wesentlichen Teil ihrer Funktion verloren, denn der Unterschied zu den herkömmlichen Stalags lag jetzt nur noch in ihrer ausschließlichen Belegung mit sowjetischen Kriegsgefangenen sowie in der formal anderen Lagerbezeichnung.[165]

Anfang August erreichten 450 Mann, vom Stalag 310 (X D) Wietzendorf kommend, die Insel Langeoog, um dort auf dem Flugplatz und zum Festungsbau eingesetzt zu werden.[166] Wie Langeoog gehörte auch der Kreis Grafschaft Hoya zum Arbeitseinsatzbezirk des Stalag X C Nienburg/Weser; dort lassen sich ab Mitte August sowjetische Soldaten nachweisen.[167] Etwa zur selben Zeit wurden in Westdeutschland im WK VI Münster die Stalags VI A Hemer, VI F Bocholt und VI G Bonn mit „Russen" belegt; spätestens am 19. August arbeiteten die ersten bereits in der Industrie des Ruhrgebiets.[168] Ähnliches gilt für den WK XII Wiesbaden, in dem das Stalag XII A Limburg/Lahn für den 1. September schon 3 094 sowjetische Kriegsgefangene verzeichnete.[169]

---

[163] Siehe dazu Hüser/Otto, Stalag 326, S. 159. Vgl. ZAMO, PK I von Pawjel Pawlowitsch Orlow (326/2815) mit dem Vm. „11.8.41 Lager Dalum" sowie weitere PK I mit demselben Eintrag.
[164] Vgl. im ZAMO u. a. die PK I von Stefan Martinowitsch Muzeka (VI C 32565; 25.7. im Teillager Alexisdorf), Gawril Sergejewitsch Mochowietskij (VI C 33531; 25.7. Teillager Dalum) und Wladimir Nikolajewitsch Bjaolon (VI C 38679; 30.7. Teillager Wietmarschen). Siehe auch Meldungen über fleckfieberkranke Kgf. im Winter 1941/42; StA OS, Rep. 630 Asch. Nr. 422.
[165] Noch der Verteiler eines OKW-Erlasses betr. Arbeitseinsatz der sowjet. Kgf. vom 24.7.1941 führte einzig die Wehrkreise mit „Russenlagern" auf. BA/MA, RW 19/2109. Ab Anfang August gingen Befehle an sämtliche Wehrkreise, selbst wenn sie sich speziell auf sowjet. Kgf. und damit die „Russenlager" bezogen.
[166] Persönl. Chronik des Leiters der Inselschule Langeoog, S. 254f. Der 1. Todesfall wurde am 11.9. beurkundet. Gemeinde Langeoog, Akte Dünenfriedhof. Vgl. ZAMO, Akte 2/72 mit einer Abgangsliste von Stalag X C Nienburg/Weser, in der auch Tote von Langeoog enthalten sind.
[167] KA DH, Nr. 5080; vgl. die Auseinandersetzung um die Ernährung der Kgf. ab September 1941; HStA H, Hann. 122a, Nr. 7061. Dazu auch Kosthorst, Emslandlager, S. 3335–3338.
[168] Verfahren gegen J. B. wegen Umgangs mit sowjet. Kgf. 1941; HStA D, RW 58/13743.
[169] Vgl. ZAMO, PK I von Georgij Wasiljewitsch Njefjodow (VI B 32623), versetzt von Stalag VI B

III. Durchführung der Aussonderungen und dabei auftretende Probleme

Die Verteilung der Gefangenen ging am weitesten in Sachsen im WK IV Dresden. Neben dem „Russenlager" Stalag 304 (IV H) Zeithain weisen die Bestandslisten bereits für den 1. August für Stalag IV B Mühlberg 7673 Mann aus, einen Monat später für sämtliche Kriegsgefangenenlager außer dem Stalag IV C Wistritz gefangene Rotarmisten in vierstelliger Größenordnung.[170] Ihre Ankunft erfolgte indes erheblich früher, denn schon am 15. desselben Monats forderte der Präsident des Landesarbeitsamtes Sachsen seine nachgeordneten Stellen „zur Berichterstattung über die bisherigen Erfahrungen mit Russen" auf.[171]

Selbst im Süden und Südwesten des Reiches, den das OKW in der Planung für die „Russenlager" ausgespart hatte, trafen noch im Sommer 1941 Rotarmisten ein. Ab Mitte August wurden vor allem aus Mühlberg/Sachsen und Zeithain Tausende sowjetischer Soldaten nach Süden verlegt.[172] Von einem dieser Transporte entflohen am 19. August 1941 zwischen Hof und Marktredwitz wenigstens 32 Gefangene; drei von ihnen erschlugen zwei Tage später im Landkreis Wunsiedel einen Bauern und verletzten dessen Sohn schwer.[173] Die Militärbehörden im WK XVII Wien bereiteten sich in einer Besprechung am 29. August auf die Ankunft der Kriegsgefangenen vor; eine Woche später, am 5. September, ergingen die diesbezüglichen Befehle an die Stammlager.[174]

Ähnliche Maßnahmen sind für den WK V Stuttgart überliefert.[175] Nach der Ankunft von 1300 sowjetischen Soldaten im Stalag V B Villingen noch im August 1941 protestierte wenige Wochen später der Bürgermeister der Stadt massiv gegen eine Erweiterung des Lagers mit der Begründung, es sei „unverantwortlich, Hunderte bolschewistischer Bestien (...) in unmittelbarste Nähe deutscher Familien zu bringen", denn es müsse „mit der Möglichkeit gerechnet werden, daß Mord, Raub und Schändung die Folge" seien.[176] Auch von diesen Kriegsgefangenen waren wenigstens einige zuvor noch nicht registriert worden, so daß sie erst in Villingen ihre Erkennungsmarken erhielten.[177] Das gleiche läßt sich für

---

Neu Versen nach Stalag XII A am 29.8. Die meisten anderen Kgf. im WK XII kamen laut PK I aus Stalag 326 Senne.

[170] Im WK IV entwickelten sich die Verhältnisse offenbar ähnlich chaotisch wie im WK VI Münster. Vgl. FS der Stapo Dresden nach München vom 25.9.1941, 178-R, S. 422f., sowie Hüser/Otto, Stalag 326, S. 159.

[171] BAK, R 41/168, Bl. 25. Der Einsatz begann am 31.7. Denkschrift des Kdr Kgf. WK IV zum Arbeitseinsatz der sowjet. Kgf. vom 15.1.1942; IfZ, Nürnbg. Dok. 1179-PS. Über PK I aus dem ZAMO sind von für den 31.7. Abgaben an Stalag IV A Hohnstein, für den 1.8. an Stalag IV D Torgau nachweisbar.

[172] Vgl. dazu ein Verzeichnis der Erkennungsmarken der im WK VII ausgesonderten Gefangenen; StA N, KV-Ankl. Dok. R 178 Teil 2, Bl. 293–306 (im IMT Bd. XXXVIII nicht abgedruckt).

[173] BA/MA, RH 53-17/192.

[174] BA/MA, RH 53-17/42.

[175] Der dortige Kommandeur der Kriegsgefangenen gab am 1.9.1941 ein „Merkblatt für die Bewachung der russischen Kgf." für die Wachmannschaften heraus. Stadtarchiv Tübingen, A 150/5160.

[176] Zitiert nach: Conradt-Mach, Fremdarbeiter in Villingen und Schwenningen, S. 12. Am 15.9. wurden die ersten drei hingerichteten Rotarmisten vom Truppenübungsplatz Heuberg in die Tübinger Anatomie eingeliefert. Schönhagen, Gräberfeld X, S. 82f.

[177] Die meisten Gefangenen kamen aus dem Stalag 326 Senne (Vgl. etwa ZAMO, PK I von Nikolaj Iwanowitsch Kosakow, 326/6730; Versetzung am 12.8. nach Stalag V B) und aus den Emslandlagern VI B Neu Versen und VI C Bathorn. Beispiele für Marken aus Villingen in einer Liste von am Oberrhein verstorbenen sowjet. Kgf. in der DD, Az. Sowj. 461/1-18, sowie bei Schönhagen, Gräberfeld X, S. 84.

die Stalags VII A Moosburg und VII B Memmingen im WK VII München feststellen, die dem OKW die Anwesenheit der ersten Gefangenen für den 1. September meldeten.[178]

Wie in Villingen und schon Anfang August in den Emslandlagern wurden in den meisten Stalags für die sowjetischen Soldaten besondere Bereiche abgetrennt, die oft auch als „Russenlager" bezeichnet wurden und diesen in ihrer Behelfsmäßigkeit häufig ähnelten.[179] Infolgedessen lag hier im Herbst und Winter 1941 die Sterberate weitaus höher als in den Abteilungen, in denen Gefangene anderer Nationen untergebracht waren.

Anfang Oktober 1941 schließlich stellten Kriegsgefangenenlager ohne gefangene Rotarmisten die Ausnahme dar. In den Wehrkreisen II Stettin[180] oder X Hamburg[181] waren inzwischen sämtliche Stalags mit „Russen" belegt, ebenfalls im WK VI Münster, wenn man vom Stalag VI J Krefeld-Fichtenhain absieht. Einzig im WK XVIII Salzburg waren noch keine sowjetischen Soldaten eingetroffen.[182] Die Registrierung der Mehrzahl der Kriegsgefangenen erfolgte erst in diesen Stalags und damit nicht mehr in den „Russenlagern", wie sich z. B. aus Erkennungsmarken-Nummern in Sterbefallanzeigen oder Fluchtmeldungen aus dem Herbst 1941 ablesen läßt. In etlichen Fällen wurden sie sogar wenig später in andere Stalags weitertransportiert. So weisen mehrere Sterbefallisten des Stalags IX B Wegscheide/Bad Orb für Dezember nicht nur Gefangene mit Erkennungsmarken aus Stalag IX B selbst, sondern auch aus den Stammlagern IV B Mühlberg, 304 Zeithain, X B Sandbostel und X D Wietzendorf auf.[183] Die Anwesenheit sowjetischer Kriegsgefangener war zum Normalfall geworden.

Der Befehl des RSHA vom 27.8.1941 und die „fliegenden" Einsatzkommandos der Stapo Regensburg

Durch die Verteilung der Gefangenen war das den Einsatzbefehlen zugrunde liegende Konzept der systematischen Gegneraussonderung in den „Russenlagern" in Frage gestellt. Man hatte in Berlin geglaubt, dort mit Hilfe der Einsatzbefehle

---

[178] Vgl. DD, PK I von Kusma Rasin (VII B 7182); Arbeitseinsatz am 12.8. auf dem Fliegerhorst Neuburg.
[179] Vgl. Schönborn, Kriegsgefangene, S. 31f., für Stalag IX B Wegscheide/Bad Orb, oder Verf. Altengrabow, Bd. I, Bl. 13, für das dortige Stalag. Siehe auch die entsprechende Vorschrift für den WK XVII vom 5.9.1941; BA/MA, RH 53-17/42.
[180] Am 18.9. ging ein umfangreicher Transport von Stalag 310 (X D) Wietzendorf nach II A Neubrandenburg. Das ergibt sich aus dem Wietzendorfer Erkennungsmarkenverzeichnis, in das der Verbleib der dort registrierten Gefangenen eingetragen wurde. Fragment in der DD, Sonderakte Nr. 10. Zum Verzeichnis s. u. S. 152.
[181] In Schleswig-Holstein beschwerte sich die NSDAP-Kreisleitung Norder-Dithmarschen am 25.9. beim Gaupropagandaamt in Kiel darüber, daß in Heide arbeitende Kgf. als Schwerarbeiter anerkannt würden und dementsprechende Lebensmittelzulagen erhielten. Auch das weist auf eine längere Anwesenheit hin. LA SL, Abt. 454 Nr. 4, Bl. 301428.
[182] Die für den WK XVIII Salzburg vorgesehenen Lager 317 (XVIII C) Markt-Pongau und 306 (XVIII D) Marburg/Drau wurden nie als reine Russenlager eingerichtet; statt dessen erhielt, wie die Belegungslisten zeigen, im Winter 1941/42 das Stalag XVIII B Spittal/Drau diese Funktion. BA/MA, RW 6/v. 450.
[183] Stadtarchiv Bad Orb, Sterbefälle sowjet. Kgf.

Nr. 8 und 9 „in aller Ruhe" diejenigen sowjetischen Soldaten heraussuchen zu können, die aus nationalsozialistischer Sicht als weltanschaulich untragbar galten, um die verbleibenden dann möglicherweise irgendwann zur Arbeit einzusetzen. Nun aber hielten sich potentiell Gefährliche in Kriegsgefangenenlagern auf, in denen sie eigentlich überhaupt nicht hätten sein dürfen, und wurden sogar allenthalben auf Arbeitskommandos verteilt.

Um die nicht vorhergesehene Situation in den Griff zu bekommen, erließ der Chef der Sicherheitspolizei und des SD am 27. August 1941 ergänzende Richtlinien zu den beiden Einsatzbefehlen und sandte sie zusammen mit diesen an sämtliche Stapostellen im Reich, soweit sie noch nicht die Einsatzbefehle zuvor erhalten hatten. Am Beginn seines Schreibens räumte das RSHA ein, daß ihm die Situation aus der Hand zu gleiten drohte:

„Aus den Kriegsgefangenenlagern im Generalgouvernement und im Bereich des Wehrkreises I werden fortlaufend sowjetrussische Kriegsgefangene in Gefangenenlager im Reichsgebiet verlegt. Teilweise erfolgt dann sofort ihr Arbeitseinsatz in geschlossenen Kommandos in heereseigenen Betrieben oder beim Straßenbau.

Diese Kriegsgefangenen sind zum Teil gar nicht oder nur oberflächlich überprüft. Es ist aber unerläßlich, daß sämtliche sowjetrussische Lagerinsassen sowie die bereits eingesetzten Arbeitskommandos nach den in der Anlage 2 zum Einsatzbefehl Nr. 8 gegebenen Richtlinien gründlich überprüft werden."[184]

Es verpflichtete deswegen die Stapostellen, sich ständig darüber zu informieren, ob sich in ihrem Zuständigkeitsbereich sowjetische Gefangene befänden. Sollte dies der Fall sein, hätten sie nach den Vorgaben des Einsatzbefehls Nr. 9 Einsatzkommandos zur Säuberung der Lager aufzustellen. Soweit mehrere Einsatzkommandos[185] erforderlich seien, müsse ein Sonderbeauftragter deren Tätigkeit koordinieren, um die Einheitlichkeit des Vorgehens zu gewährleisten. Zusätzlich wies der Befehl die Stapostellen an, die Suche nach Informanten unter den Gefangenen zu intensivieren. Mit diesem Befehl erhielt die Stapo somit das Recht, überall im Reich sowjetische Soldaten auszusondern, selbst dann, wenn sie sich bereits im Arbeitseinsatz befanden; ihre Zugriffsmöglichkeiten waren von nun an total.

Anlaß für die Richtlinien vom 27. August boten allem Anschein nach die Verhältnisse im WK XIII Nürnberg, der, wie bereits gezeigt, ursprünglich nicht für die Aufnahme sowjetischer Soldaten vorgesehen war. Nur wenige Tage, nachdem die ersten Gefangenen in Nürnberg-Langwasser und im Oflag 62 (XIII D) Hammelburg eingetroffen waren, gelangten Rotarmisten auch in sämtliche Mannschaftsstammlager dieses Wehrkreises. Neben dem Stalag XIII C Hammelburg handelte es sich dabei um die Stalags XIII A Sulzbach-Rosenberg, XIII B Weiden sowie das nur kurzfristig in Falkenau/Eger im Sudetenland stationierte

---
[184] IfZ, Nürnbg. Dok. NO 3448.
[185] Im Befehl heißt es fälschlicherweise „Arbeitskommandos". Aus dem Zusammenhang ergibt sich aber, daß die EK gemeint sind. Vgl. denselben Fehler in einem bei Kogon, Der SS-Staat, S. 239 zitierten Vortrag von zwei Weimarer Stapobeamten über die Aussonderungen. Zitat am Ende von Kap. III, S. 143.

Schaffung mobiler Einsatzkommandos

Stalag 359.[186] Konsequenterweise mußten auch diese Kriegsgefangenenlager von der Stapo überprüft werden. Infolgedessen erhielten die Stapostelle Karlsbad für das Stalag Falkenau und die Stapo Regensburg für Sulzbach-Rosenberg und Weiden am 14. August 1941[187] aus Berlin die Einsatzbefehle Nr. 8 und 9 mit der Aufforderung, für diesen Zweck Einsatzkommandos aufzustellen und in die betreffenden Lager zu entsenden. Da auch Arbeitskommandos zu überprüfen waren, waren die Befehle wie im Fall von Langwasser mit einer entsprechenden Erweiterung versehen.[188]

Chef der für Niederbayern (WK VII) und die Oberpfalz (WK XIII) zuständigen Stapostelle Regensburg war seit 1937 der Polizeidirektor und Obersturmbannführer Fritz Popp (1882–1955), der den Leiter der Abt. II, Kriminalkommissar und Obersturmführer Luitpold Kuhn, mit der Aufstellung und Führung des Kommandos beauftragte.[189] Kuhn nahm umgehend Kontakt mit dem Kommandanten des Stalag XIII A Sulzbach-Rosenberg, Oberstleutnant Hadrian Ried, auf, erfuhr jedoch von diesem, daß sich die Männer gar nicht mehr in seinem Stalag befänden, sondern bereits in verschiedenen Kommandos zur Arbeit eingesetzt worden seien, von denen sich das größte auf dem gut 100 km von Regensburg entfernten Truppenübungsplatz Grafenwöhr befand. Ried hatte zuvor vom Kommandeur der Kriegsgefangenen im WK XIII, Generalmajor Schemmel, den Befehl erhalten, den Stapo-Leuten den Zutritt zum Lager und die Überprüfung der Gefangenen zu gestatten.[190]

Am Montag, dem 25. August 1941, fuhr Kuhn mit einigen Leuten aus seiner Abteilung nach Grafenwöhr.[191] Nach einer Vorsortierung in „politisch Unzuverlässige" und „nachrichtendienstlich Geeignete", also potentielle V-Leute, vernahmen die Beamten etwa zehn Minuten lang jeden Gefangenen und legten das

---

[186] Stalag 359 wurde am 8.4. vom WK XIII als Teil der 2. Welle aufgestellt (BA/MA, Kartei AHA), gehörte nach dem Organisationsbefehl Nr. 40 vom 14.8. zum Verfügungsstab Wien und war am 15.9. dem WBfH Ukraine unterstellt (s. oben Kap. I), hatte seinen Standort aber zu dem Zeitpunkt tatsächlich in Falkenau. Der Widerspruch läßt sich hier nicht aufklären.
[187] Auf einen Erlaß des RSHA von diesem Datum betr. Richtlinien für die EK bezieht sich die Stapo Regensburg am 19.1.1942 in einem Schreiben nach Berlin. 178-R, S. 452.
[188] Das ergibt sich zwingend aus dem Verteiler des RSHA-Erlasses vom 27.8.1941, denn in ihm fehlen all die Stapostellen, die bereits Kommandos zur Überprüfung der Sowjetlager aufgestellt hatten, darunter die eben genannten im WK XIII. Diese werden statt dessen in der Anlage des Schreibens (Lagerverzeichnis vom 21.8.) zusammen mit den schon belegten Lagern aufgeführt, d. h., daß ihnen die notwendigen Anweisungen für die Überprüfung der Arbeitskommandos schon vorher zugegangen waren. Bereits erhalten hatten den Befehl neben den Stapostellen im WK XIII die Stapo Oppeln für das Stalag 318 Lamsdorf/OS und die Stapo Halle/S. für Stalag IV B Mühlberg/Sachsen. Beide Stalags wurden Ende Juli/Anfang August belegt. Bei Lamsdorf als Russenlager war die Zustellung des Einsatzbefehls Nr. 9 reine Routinesache. Nach Mühlberg kamen die Kgf. wegen der völlig chaotischen Zustände im Stalag 304 Zeithain.
[189] Luitpold Kuhn (geb. 1900), Polizeibeamter seit 1924 und vor seiner Versetzung nach Regensburg von 1937–39 bei der Stapo in Nürnberg und Koblenz; 1942 nach Norwegen versetzt. Nachfolger Kuhns war offenbar ein Kriminalrat Ranner, von dem einige Kommandoangehörige berichten.
[190] Aussage Ried; StA N, KV-Proz. Fall 12, Nr. A 94–97, S. 8162f. Auch Aff. Schemmel; IfZ, Nürnbg. Dok. NO 5500.
[191] Dies und das folgende Übersicht über die Tätigkeit des EK Regensburg nach einer Liste Kuhns für die Leitstelle München vom 17.1.1942; 178-R, S. 450f. Zu Grafenwöhr Interrog. Kuhn, S. 4, auch Aff. Kuhn, IfZ, Nürnbg. Dok. NO 5531. Kuhn war von da an nur selten bei den Einsätzen des Kommandos dabei.

Ergebnis in einem Formular schriftlich nieder. Bis zum Abend des 25. August hatten sie von insgesamt 250 Rotarmisten 41 als „unbrauchbar" ausgesondert und in einem abgetrennten Teil des Lagers untergebracht.[192] Der verantwortliche Offizier weigerte sich jedoch, die Ausgesonderten herauszugeben, und nahm Rücksprache mit Ried, wie dieser sich in seiner Vernehmung am 20. Oktober 1947 in Nürnberg erinnerte: „Er widersetzte sich gegen die Forderung der Gestapo und meldete mir das auch. Er sagte, wir können die Leute nicht abstellen, sonst bleibt die Arbeit liegen. Das war der 1. Fall."[193] Auf Anweisung Generalmajor Schemmels, den Ried um eine Entscheidung bat, wurden die Ausgesonderten dann aber dem Einsatzkommando übergeben und am 3. September unter Wehrmachtsbegleitung von Grafenwöhr aus zum KZ Flossenbürg transportiert und dort noch am selben Tag exekutiert.

Spätestens der „Fall Grafenwöhr" aber machte den Verantwortlichen in OKW und RSHA deutlich, daß die für die „Russenlager" konzipierten Methoden der Gegnerermittlung sowie deren „rechtliche" Grundlagen für die anderen Kriegsgefangenenlager und ihre Arbeitskommandos überarbeitet werden mußten. Zum einen bedeutete die Verteilung der Gefangenen über das Land einen beträchtlichen Mehraufwand für die Einsatzkommandos, die jetzt, statt, wie in den „Russenlagern", die Kriegsgefangenen zu erwarten, auf die Suche nach ihnen gehen mußten und dabei von den Informationen abhängig waren, die die Wehrmachtsdienststellen ihnen gaben. Zum anderen waren jetzt erstmals Belange des Arbeitseinsatzes betroffen, denn ein Großteil der Ausgesonderten befand sich bereits an den zugewiesenen Arbeitsplätzen, wo durchaus Widerstand zu erwarten war.

Auf beide Probleme reagierte das RSHA mit den Richtlinien vom 27. August 1941. Mit dem Befehl zur Aufstellung von nur im Bedarfsfall agierenden „fliegenden" Einsatzkommandos bei jeder Stapostelle ermöglichte es in deren Zuständigkeitsbereich eine flexible Überprüfung aller Gefangenen, ohne die Beamten allzu lange ihrer sonstigen Tätigkeit zu entziehen. Das Beispiel der Stapostelle Nürnberg-Fürth hatte gezeigt, daß das trotz personeller Engpässe möglich war. Dies war um so wichtiger, als diese fliegenden Einsatzkommandos fast ausschließlich Arbeitskommandos überprüften, wie sich an der weiteren Tätigkeit der Regensburger Beamten sehr gut aufzeigen läßt.

Vier Tage nach dem Einsatz in Grafenwöhr, am 29. August, suchte die Stapo das Arbeitskommando Weiden-Postkeller mit 150 Gefangenen auf, von denen sie 17 als „endgültig politisch verdächtig" aussonderte.[194] Ihre Überstellung nach Flossenbürg erfolgte schon am 4. September, die Exekution noch am selben Tag.

---

[192] Trotz aller „Vorsortierung" durch die Wehrmacht werfen die Zahlen ein bezeichnendes Licht auf die Sorgfalt der Überprüfung; vgl. auch die Überprüfung von 499 Gefangenen beim Heeresnebenzeugamt Regensburg am 11.9.

[193] Interrog. Ried, S. 4. Näheres zu dem Fall bei Streim, Behandlung, S. 60. Danach hatte das EK ohne Wissen und Erlaubnis dieses Offiziers die Kgf. ausgesondert. Streim bezieht das zwar nicht auf Grafenwöhr, sondern formuliert allgemein; der Zusammenhang ist allerdings eindeutig.

[194] Ankunft in Weiden am 17.8.; ZAMO, PK I von Iwan Ch. Wolkow (IV B 109505). Wie wenig vor Ort über Stalag XIII B bekannt ist, zeigt ein Schreiben des Stadtarchivs Weiden vom 9.10.1992 an den Autor. Danach wurden „Russen" als Arbeitskräfte weder in der Stadt noch im Umland eingesetzt.

Schaffung mobiler Einsatzkommandos

Wie im Falle von Grafenwöhr war auch hier eine vorherige Kontaktaufnahme mit der Kommandantur des zuständigen Stalags, hier des Stalags XIII B Weiden, erforderlich. Von der ersten Septemberwoche an war das Einsatzkommando dann bis Ende November nahezu ununterbrochen unterwegs.

Gelegentlich fuhren die Beamten mehrere Arbeitskommandos an einem Tag an, so etwa am 24. September in Nasnitz, ca. 25 km nordwestlich von Sulzbach, und in Immenreuth östlich von Bayreuth, beide Orte zwar lediglich 25 km Luftlinie voneinander entfernt, doch nur auf großen Umwegen und über schlechte Straßen zu erreichen. Zu überprüfen waren 80 bzw. 49 Mann, von denen sich sechs bzw. zwei als „untragbar" erwiesen. Diese wurden am 9. Oktober nach Flossenbürg transportiert gemeinsam mit elf anderen, die das Einsatzkommando am 22. September in Groschlattengrün nahe Marktredwitz[195] unter 129 Rotarmisten ausgesondert hatte. Die Liquidierung sämtlicher 19 Soldaten erfolgte am 10. Oktober 1941.

Am 15. Oktober standen drei kleinere Arbeitskommandos in Lengenfeld in der Nähe von Neumarkt, in Amberg und in Vilshofen/Oberpfalz westlich von Schwandorf auf der Liste. Es handelte sich dabei um kleine Gruppen von 16, 10 und 24 Gefangenen, von denen in Amberg kein einziger, in Lengenfeld dagegen die Hälfte und in Vilshofen ein Viertel der Gefangenen aussortiert wurde. Ein LKW brachte die 14 Mann am 5. November nach Flossenbürg; sie wurden unmittelbar darauf ermordet. Weil bei einigen Arbeitskommandos zwischenzeitlich neue Gefangene eingetroffen waren, suchten die Stapo-Männer sie mehrfach auf, so in Ponholz, 25 km nördlich von Regensburg, am 3. und 16. September. Mit 32 Mann fiel beim ersten Mal fast 1/3 der 98 sowjetischen Soldaten den Aussonderungsmaßnahmen des RSHA zum Opfer, am 16. waren es von 34 „immerhin" sieben. Ähnliches gilt für das Heeresnebenzeugamt Regensburg.

Ab Mitte Oktober 1941 konzentrierte sich die Tätigkeit der Regensburger Stapo auf Arbeitskommandos im Bereich Niederbayern, dessen größter Teil zum WK VII München gehörte und für den das Stalag VII A Moosburg a. d. Isar zuständig war.

Wie die Übersicht zeigt, überprüften hier die Beamten offenbar pausenlos und kehrten vom 21. bis zum 24. Oktober abends nicht einmal nach Regensburg zurück, sondern übernachteten in Dorfgasthäusern.[196]

Von insgesamt 1 254 sowjetischen Kriegsgefangenen sonderten die Stapobeamten hier 278 Mann (etwa 22%) aus. Im Gegensatz zur Oberpfalz, für die das RSHA das Konzentrationslager Flossenbürg als Vernichtungsort bestimmt hatte, kamen diese Rotarmisten nach Dachau. Dabei gab es allerdings erhebliche Schwierigkeiten mit dem zuständigen Sachbearbeiter beim Kommandeur der Kriegsgefangenen im WK VII, Major Meinel, der für längere Zeit den Abtrans-

---

[195] Ankunft am 31.8; ZAMO, PK I von Dmitri Leontijewitsch Grydin (IV B 113954).
[196] Bei den Verhören wandten die Regensburger Beamten auch körperliche Gewalt an. Interrog. Kriwoschkin, S. 4. Das RSHA bestätigte das in einem Fernschreiben u. a. an die Stapo Regensburg vom 9.2.1942, in dem es hieß: „Wegen der angebl. öffentlichen Anwendung von körperlichen Zwangsmitteln durch Einsatzkdos., besonders durch das Kdo. Simon, Regensburg, ergeht gesondertes FS." Simon war der Vorname eines der Kommandoangehörigen; 178-R, S. 480.

Aussonderungen durch das Einsatzkommando Regensburg im WK VII im Herbst 1941[197]

Ort	überprüft am	Gesamtzahl	„unbrauchbar"	%
Kirchdorf	13.10.	30	13	43
Ergolding	14.10.	99	21	21
Kolbach	21.10.	21	7	33
Niederreisbach	21.10.	30	12	40
Reichsdorf	21.10.	86	17	20
Wolfsegg	22.10.	55	15	27
Gern I	23.10.	54	8	15
Raberg	23.10.	44	8	18
Birnbach	24.10.	47	13	28
Pfarrkirchen	24.10.	49	13	27
Pocking	26.10.	447	74	17
Poigham	30.10.	30	7	23
Ortenburg	31.10.	57	11	19
Al?rsbach	2.11.	120	30	25
Neustift	3.11.	86	29	34

port von 244 Gefangenen zu verhindern wußte. Kuhn reiste deswegen am 16. Januar 1942 sogar nach Moosburg sowie nach München zum Kommandeur der Kriegsgefangenen und zur Stapoleitstelle, doch konnten weder er noch sein Vorgesetzter Kriminaldirektor Popp zwei Tage später mit einem Schreiben an das RSHA die Auslieferung der Gefangenen, deren Exekution Berlin bereits angeordnet hatte, erzwingen.[198]

Währenddessen richtete die Wehrmacht in der Oberpfalz weitere Arbeitskommandos mit sowjetischen Gefangenen ein, so daß sich die Stapostelle Regensburg gezwungen sah, jeweils dann, wenn sie von den Militärbehörden die neuen Standorte erfuhr, kurzfristig ein zweites Kommando aufzustellen.[199] Am 14. Oktober, zum selben Zeitpunkt, als ihre Kollegen in Ergolding von 99 Männern 21 als „unbrauchbar" bestimmten, sonderten die Angehörigen dieses zweiten Kommandos im Heeresnebenzeugamt Regensburg von 105 Gefangenen 14 aus, die sie vier Wochen später nach Flossenbürg überführen ließen.[200] Für beide Kommandos zusammen stellte die Stapostelle wenigstens sechs Beamte ab, deren Tätigkeit Kuhn als Sonderbeauftragter im Sinne der Richtlinien vom 27. August koordinierte.[201]

---

[197] Liste Kuhns vom 17.1.1942; 178-R, S. 451. Wegen der Lochung im Original ist der Ort Al?rsbach nicht eindeutig zu identifizieren (möglicherweise Aldersbach im Landkreis Passau).
[198] Ebenda, S. 450–454. Da dieser Konflikt ein wesentlicher Bestandteil des „Falles Meinel" war, erfolgt seine Darstellung dort. Vgl. die beiden Aussagen Meinels; Verf. WK VII, Bl. 316, und bei Streim, Behandlung, S. 64.
[199] Popp lehnte in seinem Schreiben vom 19.1.1942 an das RSHA eine zweite Überprüfung von Gefangenen „in den entlegensten Gebieten" mit dem Hinweis auf den geringen Personalbestand ab. 178-R, S. 454.
[200] Auch die oben erwähnte Fahrt nach Amberg, Lengenfeld und Vilshofen am 15.10., nur einen Tag später, wäre für das Niederbayern-Kommando „unzumutbar" gewesen. Vgl. auch den 19.9. mit der Überprüfung von Parsberg und Stuln, letzteres mit 247 Gefangenen.
[201] Vgl. Aussage Kuhn, wonach es auch in Regensburg derartige Kommandos für die Außenlager gegeben habe. Verf. WK XIII, Bl. 52. In den Nachkriegsverhören werden die Namen von wenigstens sechs Stapoleuten genannt, die an den Aussonderungen teilgenommen hätten. Hinweis auf

Schaffung mobiler Einsatzkommandos

Im Gegensatz zu einer Anordnung des Chefs der Sicherheitspolizei und des SD vom 12. September 1941[202] lagen zwischen Aussonderung und Abtransport der Gefangenen aus organisatorischen Gründen zumeist mehrere Wochen. Vor allem bei den kleineren Arbeitskommandos „lohnte" es sich nicht, für die wenigen Ausgesonderten einen LKW bereitzustellen. Erst wenn eine bestimmte Anzahl zusammengekommen war, stellte die Wehrmacht einen Transport zusammen, so am 2. Oktober 1941, als insgesamt 48 sowjetische Soldaten von den Kommandos in Schönach, Taimering, Regensburg Hermann-Göring-Werk und Nockerkeller, Parsberg, Ponholz und Maxhütte nach Flossenbürg kamen und dort am darauffolgenden Tag liquidiert wurden.

Insgesamt wurden nach der Übersicht in der Zeit vom 25. August bis zum 29. November 1941 im Regensburger Bereich des WK XIII 2344 Kriegsgefangene überprüft; 330 von ihnen, etwa 14%, galten danach als „unbrauchbar".[203]

1942 übte das Kommando seine Tätigkeit wieder aus. Kriminalsekretär Hans Metzger und seine Kollegen W. und P. suchten ein Gruppe von rund 600 Gefangenen auf, die auf dem Truppenübungsplatz Hohenfels untergebracht waren. Nach den Angaben Metzgers bestand der Zweck ihrer Fahrt darin, im Rahmen der „Aktion Zeppelin" nach Rotarmisten zu suchen, die zu einem Einsatz auf deutscher Seite bereit waren, doch sollten sie auch politisch gefährliche Elemente im Kriegsgefangenenlager feststellen. Nach dem üblichen Verfahren schieden sie etwa 10% der Gefangenen aus.[204]

Weitere Erkenntnisse über die Tätigkeit der Regensburger Einsatzkommandos läßt die vorhandene Überlieferung nicht zu. Das weitere Schicksal der von ihnen Ausgesonderten wird jedoch durch verschiedene Quellen dokumentiert. Nach der Ankunft in Flossenbürg wurden die sowjetischen Soldaten zumeist noch am selben Tag getötet. Der ehemalige Häftling H. erinnerte sich 1951 daran, daß im Herbst oder Winter 1941 LKWs mit russischen Kriegsgefangenen dort eintrafen. Diese kamen entweder in das Häftlingsbad oder den Arrestbunker. Dort mußten sie sich entkleiden und wurden dann, nur mit einem Mantel bekleidet, zum Schießstand geführt, neben dem das Krematorium lag, und anschließend von einem Erschießungskommando des Konzentrationslagers erschossen. Die Leichen wurden sofort eingeäschert. Nach H. kamen auf diese Weise wenigstens 150 bis 200 Mann um ihr Leben.[205]

Im April 1942 stellte die KZ-Kommandantur derartige Hinrichtungen ein, weil sich die Einwohner von Flossenbürg über das Schießen und das häufige

---

ein zweites EK auch in der Interrog. Metzger. Dieses habe aus drei Beamten bestanden und sei zur Überprüfung verschiedener Kgf.lager 8–14 Tage weggefahren.

[202] Danach sollten die Ausgesonderten nicht länger als unbedingt nötig in den Lagern verbleiben. BAK, R 58/272, Bl. 102 (= Nürnbg. Dok. NO 3416).

[203] Bis zum 15.11. hatte die Stapo Regensburg ebenso wie die in Nürnberg etwa 16% der Überprüften ausgesondert. Bericht des EK München vom 15.11.1941; 178-R, S. 427.

[204] Interrog. Metzger, S. 2f. 1950 widerrief er seine Aussage und gab zu Protokoll, er habe nie einem EK angehört. Verf. WK XIII, Bl. 106.

[205] Aussage H.; Verf. WK XIII, Bl. 110f. Andere diesbezügliche Aussagen im Urteil des Verfahrens Ks 5/53, in: Justiz und NS-Verbrechen, Bd. XIII, S. 257.

Aussonderungen durch das Einsatzkommando Regensburg im Wehrkreis XIII Nürnberg im Jahr 1941

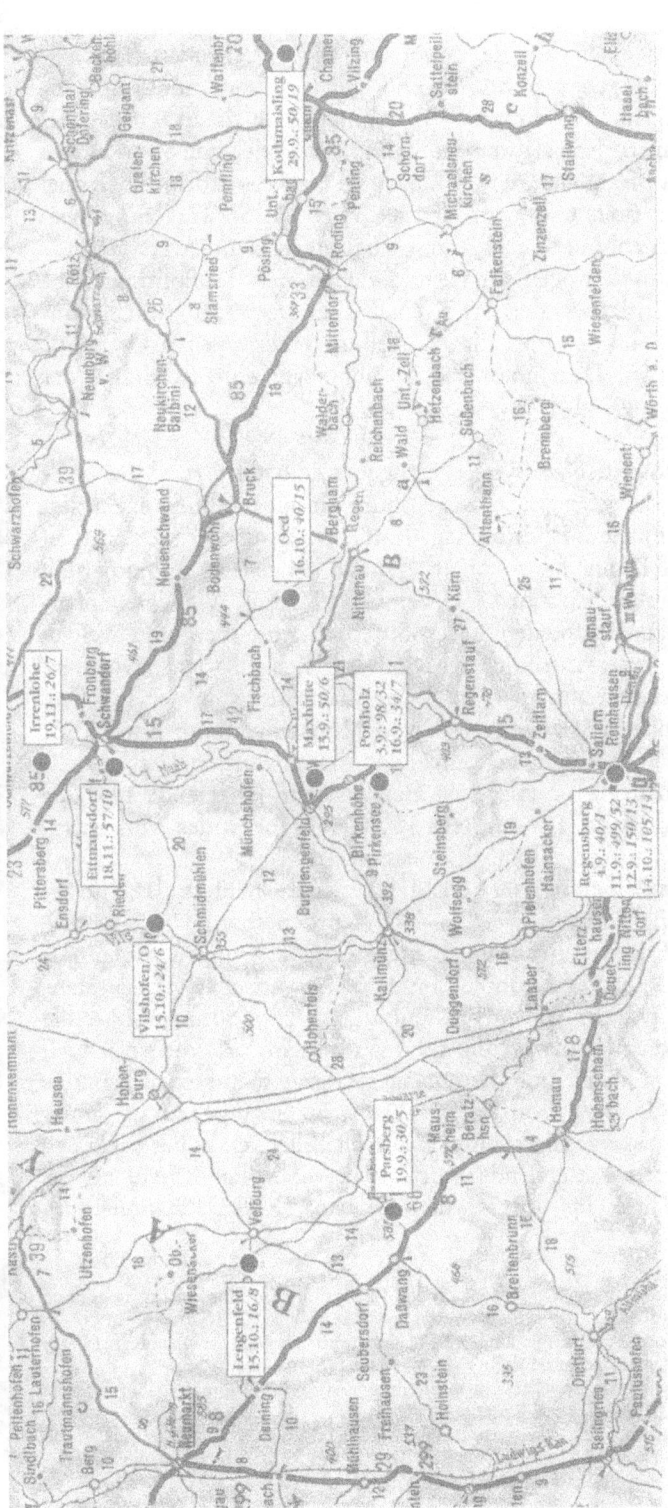

Erläuterungen: In der Karte sind die Orte angegeben, an denen das Einsatzkommando Regensburg im Spätsommer und Herbst 1941 sowjetische Kriegsgefangene aussonderte, und zwar mit dem Datum der Überprüfung, der Zahl der Überprüften sowie der Zahl der Ausgesonderten (die letzten beiden Angaben kursiv). Grundlage ist die Liste der überprüften Arbeitskommandos, die Kriminalkommissar Kuhn am 17. Januar 1942 für die Stapoleitstelle München erstellte (IMT Bd. XXXVIII, 178-R, S. 450 f.). Außerhalb des Kartenausschnitts liegen südlich der Donau zwischen Regensburg und Straubing die Ortschaften Schönach (1.10.: *60/18*) und Taimering (13.9.: *30/4*), sowie Grünbach nahe der tschechischen Grenze westlich von Grafenau (25.11.: *25/7*). Wegen der Lochung im Original dieser Liste ist eine eindeutige Identifizierung des Ortes B berg (26.11.: *32/3*) nicht möglich; es handelt sich nach Auskunft des Staatsarchivs Nürnberg möglicherweise um Blauberg, Gemeinde Runding im Landkreis Cham (nahe Kothmaisling). Insgesamt überprüfte das Einsatzkommando im WK XIII Nürnberg bis Ende November 1941 2344 sowjetische Kriegsgefangene. 330 Männer waren »unbrauchbar«, wurden nach Flossenbürg überstellt und dort unmittelbar darauf exekutiert.

132 III. Durchführung der Aussonderungen und dabei auftretende Probleme

Vorkommen von Blut in einem am Exekutionsort vorbeifließenden Bach beschwerten, aber auch deswegen, weil die Angehörigen des Exekutionskommandos die Nervenbelastung nicht mehr ertragen konnten. Von da an wurden die Ausgesonderten im Krematorium selbst vom Standortarzt oder von SS-Männern mit Karbolsäurespritzen direkt ins Herz ermordet. Das Krematoriumspersonal mußte währenddessen ins Freie und durfte erst nach der Aktion wiederkommen. Weitere Gefangene wurden im Krematorium oder auch dem Arrestgebäude durch Genickschüsse getötet. Wegen der vielen Leichen hielt die Politische Abteilung des Konzentrationslagers, der das Krematorium verwaltungsmäßig unterstand, schon Anfang Oktober 1941 die Aufstellung eines zweiten Ofens für „dringend erforderlich"; im Dezember erschien ihr sogar eine Reparatur der Einäscherungsanlage unumgänglich.[206]

Die Zahl derjenigen sowjetischen Kriegsgefangenen, die auf Grund der Aussonderungsmaßnahmen der Stapostelle Regensburg in Flossenbürg exekutiert wurden, läßt sich nur annähernd bestimmen. Eindeutig ist es lediglich im Fall der 330 Rotarmisten auf Kuhns Liste vom 17. Januar 1942, deren Liquidierung in die Zeit vom 3. September bis zum 17. Dezember 1941 fiel. Wie viele Gefangene als „unbrauchbar" aus den beiden Stalags Sulzbach-Rosenberg und Weiden abtransportiert wurden, kann man höchstens im Vergleich mit den „Ergebnissen" des Münchener Einsatzkommandos im Stalag VII A Moosburg erschließen. Von bis zum 26. November 1941 im Bereich von Moosburg überprüften 3 578 Rotarmisten befanden sich 555 im Stalag selbst, von diesen wurden 92 ausgesondert.[207] Demnach muß man davon ausgehen, daß bis zum Jahresende 1941 die Regensburger Einsatzkommandos wenigstens 500 Gefangene in das Konzentrationslager in der Oberpfalz überstellten.

Für 1942 lassen sich nur die etwa 60 von Metzger in Hohenfels als „untragbar" festgestellten Gefangenen nachweisen, doch wurden sowohl in den Stalags[208] als auch auf den Arbeitskommandos weitere Aussonderungen vorgenommen, so daß von einer Gesamtzahl von 800 bis 1 000 sowjetischen Kriegsgefangenen auszugehen ist, für deren Tod in Flossenbürg bis zum Sommer 1942 die Stapostelle Regensburg die Verantwortung trägt. In diesem KZ wurden jedoch noch mehr sowjetische Soldaten liquidiert. Siegert verweist auf etwa acht bis zehn Einlieferungen im Umfang von jeweils 20 bis 50 Gefangenen ab Januar 1942, die die Stapo Karlsbad mit allergrößter Wahrscheinlichkeit zuvor im Stalag 359 Falkenau ausgesondert hatte. Ende April 1942 schließlich tötete die SS 35 sowjetische Offiziere; ihre Herkunft aus dem Oflag 62 (XIII D) Hammelburg liegt nahe.[209]

---

[206] Darstellung nach Siegert, Flossenbürg, S. 464–466. Zu den Exekutionen in Flossenbürg siehe auch Streim, Behandlung, S. 106–108.
[207] 178-R, S. 447f. Sulzbach-Rosenberg führte am 1.12.1941 etwa ebenso viele sowjet. Kgf. (4 970) wie Moosburg (4 619). In Weiden befanden sich 1 524 Rotarmisten.
[208] Die Dolmetscherin L. Kriwoschkin berichtete in ihrer Interrogation 1947 von Vernehmungen in Hohenfels und im Stalag XIII A Sulzbach-Rosenberg.
[209] Siegert, Flossenbürg, S. 464, Anm. 83. Wie weit die späteren Exekutionen auf Aussonderungen zurückzuführen sind, läßt sich nicht feststellen. Streim, Behandlung, S. 229, beziffert die Gesamtzahl der bis Kriegsende Ermordeten auf mindestens 632.

Da die Quellenlage zu den Aussonderungen durch die Regensburger Einsatzkommandos vergleichsweise gut ist und die Verantwortlichen nach dem Krieg mehrfach dazu vernommen wurden, soll an ihrem Beispiel die Frage nach der Glaubwürdigkeit derartiger Aussagen aufgeworfen werden.

Entscheidend für eine strafrechtliche Würdigung der Verbrechen war die Antwort auf die Frage, ob die Beschuldigten vom Zweck der Aussonderungen, nämlich der Ermordung des ideologischen Gegners, gewußt und ihn bejaht hatten. Aus juristischer Sicht formulierte es das Schwurgericht beim Landgericht Regensburg in seinem Freispruch für Kuhn vom 27. Juli 1955 wie folgt:

„Da somit der Angeklagte bestreitet, den verbrecherischen Zweck der ihm erteilten Befehle erkannt zu haben, und weitere Anhaltspunkte dafür, daß sich eine solche Erkenntnis bei ihm eingestellt hätte, nicht ersichtlich geworden sind, steht es nicht mit der für eine Verurteilung erforderlichen Sicherheit fest, daß der Angeklagte das auf Grund des § 47 MilStGB geforderte positive Wissen vom verbrecherischen Zweck der ihm erteilten Befehle hatte und damit schuldhaft gehandelt hat. Ein bloßer Zweifel des Untergebenen an der Rechtmäßigkeit eines Befehls genügt ebensowenig wie es ausreicht, daß der Untergebene den verbrecherischen Charakter des Befehls hätte erkennen können oder müssen. Zur Kenntnis gehört das Wissen des Gehorchenden, daß der Befehlende mit dem Befehl die Begehung eines Verbrechens oder Vergehens beabsichtigt hat."[210]

Dem Gericht war demnach seinerzeit nicht möglich, mit hinreichender Sicherheit nachzuweisen, daß Kuhn vom Tod der von ihm Ausgesonderten gewußt und wissentlich dazu beigetragen hatte. Es soll an dieser Stelle keine Urteilsschelte geübt werden; dazu ist der Historiker kaum in der Lage. Aus der Distanz von 40 Jahren kann er aber sehr wohl fragen, ob die Argumentation Kuhns, und man kann ohne weiteres ergänzen, auch Popps, dem inzwischen gewonnenen Quellenbefund standhält. Beide wurden im Abstand von einigen Jahren (1947, 1950 und 1951) mehrfach zu den Ereignissen vernommen.[211] Sie gaben dabei, wenn auch mit einem gewissen Zögern, zu, die Einsatzbefehle gekannt und dadurch von Anfang an von den Konzentrationslagern als Ziel der Transporte gewußt zu haben. Popp legte zwar dar, er habe den Einsatzbefehl Nr. 8 von Anfang an als „untragbar"(!) empfunden und sich deswegen mit SS-Brigadeführer Müller im RSHA in Verbindung gesetzt,[212] doch habe ihm dieser bedeutet, es handele sich um eine Anordnung des Führers; sie sei gedacht als Repressalie gegen die Sowjetunion wegen der völkerrechtswidrigen Behandlung der deutschen Kriegsgefangenen.[213]

Seine Bedenken, so Popp in seiner Befragung 1950, seien allerdings geblieben, und deshalb habe er sich mit Kuhn als dem Führer des Einsatzkommandos zu-

---

[210] Justiz und NS-Verbrechen, Bd. XIII, S. 260. MilStGB = Militär-Strafgesetzbuch
[211] Die gegenüber den Interrogations von 1947 veränderten Aussagen begründete Popp mit seiner damaligen schlechten körperlichen Verfassung, wegen der er nicht mehr Herr seines Erinnerungsvermögens gewesen sei. Verf. WK XIII, Bl. 106. Ähnlich Kuhn; ebendn, Bl. 107.
[212] Müller und Popp kannten sich persönlich. Popp hatte als Regierungsrat in Ansbach häufiger mit Müller vom Polizeipräsidium München zu tun. Aussage Kuhn; Verf. WK XIII, Bl. 107.
[213] Verf. WK XIII, Bl. 105. Vgl. dazu auch die diesbezügliche Aussage Ohlers oben S. 61.

sammengesetzt und überlegt,[214] wie man den Befehl umgehen könne, denn er sei sich mit diesem einig gewesen, „daß dieser Einsatzbefehl gegen die russischen Kriegsgefangenen untragbar sei und nach Möglichkeit von uns sabotiert werden müsse". Auf ihre Bitte hin habe der Kommandant von Flossenbürg einen seiner Offiziere nach Regensburg gesandt und ihnen mitgeteilt, daß dort noch keinerlei Informationen bezüglich der Einsatzbefehle angekommen seien. Auf dieser Grundlage hätten dann er, Popp, und Kuhn einen Plan aufgebaut: „Nach dieser Unterredung mit dem Lageroffizier sahen Kuhn und ich nun eine Möglichkeit, den Einsatzbefehl zu sabotieren, zumal wir erfahren hatten, daß ein großer Bedarf an Arbeitskräften bestand und im KZ die Ansicht vertreten wurde, daß es sich Deutschland nicht leisten könne, Arbeitskräfte zu verlieren. Wir faßten den Entschluß, den etwa an uns ergehenden Exekutionsbefehl nicht an das KZ weiterzuleiten und auf diese Weise den fraglichen Erlaß zu sabotieren."[215]

Genau so sei man dann verfahren. Zwar habe man die Gefangenen von den Stalags abgeholt, dem KZ jedoch den Exekutionsbefehl des RSHA nicht mitgeteilt. Die Folgen dieses Handelns schilderte Kuhn 1951: „Die von uns ausgesonderten Kriegsgefangenen wurden deshalb auch nicht exekutiert, und die von mir an das RSHA erstatteten Vollzugsmeldungen sind fingiert gewesen."[216] Seine Übersicht über die Tätigkeit der Einsatzkommandos vom 17. Januar 1942 habe er dementsprechend „getürkt", wie man u. a. an dem Folgenden sehen könne: „Es ist technisch wohl kaum denkbar, wenn z. B. angeblich am 6.9.41 32 Russen aus Ponholz oder am 3.9.41 41 Russen aus Grafenwöhr nach Flossenbürg überstellt und noch am gleichen Tag dort exekutiert sein sollen." Das KZ habe dabei mitgemacht[217] und die meisten Gefangenen zur Arbeit eingesetzt, „da die im Lager angelaufene Flugzeugproduktion der Messerschmittwerke sehr viele Arbeitskräfte erforderte".[218]

Im übrigen hätten sich unter den Ausgesonderten auch etliche V-Leute befunden, die herauszusuchen eine spezielle Aufgabe des nachrichtendienstlich geschulten Kriminalsekretärs S. gewesen sei. Warum diese nicht von den „Unbrauchbaren" getrennt wurden, besaß nach Popp (1950) folgenden Grund: „Da aber nun die Gefahr bestand, daß die Wehrmacht derartige brauchbare Gefangene nicht an die Stapo herausgeben würde, hat man es in der Praxis so gehandhabt, daß die von S. ausgewählten Personen formell unter die vom Einsatzkommando als unbrauchbar benannten Gefangenen eingegliedert wurden und mit

---

[214] Kuhns Aussagen stimmen in ihrer Unwahrscheinlichkeit mit denen Popps so verblüffend genau überein, daß man eine Absprache unterstellen muß.
[215] Verf. WK XIII, Bl. 105.
[216] Verf. Zeithain, Handakten, Bl. 246. Nach Popps Aussage 1950 war ein – in der IMT-Akte 178-R, S. 452–454 erhaltener – Bericht der Stapostelle Regensburg an das RSHA vom 19.1.1942 das einzige, was man in der Sache überhaupt unternommen habe. Verf. WK XIII, Bl. 105; zum Folgenden ebenda, Bl. 108.
[217] S., ein Angehöriger des EK, sagte dazu, er habe einmal ein Gespräch zwischen Popp, Kuhn und einem KZ-Offizier mitbekommen, in dem der letztere bezüglich der Exekutionen gesagt habe: „Wir denken ja gar nicht daran, wir brauchen die Leute zum Arbeitseinsatz." Verf. Zeithain, Handakten Lindow, Bl. 244.
[218] Verf. WK XIII, Bl. 107.

diesen zunächst in das KZ kamen. Von dort wurden sie dann von S. je nach Bedarf herausgeholt und zum Einsatz gebracht. Weder die Wehrmacht noch das KZ wußte, wer von den ausgesuchten Gefangenen unter die eine oder die andere Gruppe fiel. Lediglich S. und Kuhn wußten, wer zur einen oder zur anderen Gruppe gehörte." Diese habe das KZ dann auf Anweisung der Stapostelle und nach Bedarf wieder an S. herausgegeben. Das RSHA habe das genau gewußt, dem Stalag aber einen Exekutionsbefehl übermittelt, weil man sonst nicht an die V-Leute herangekommen sei. Die Stellungnahme Kuhns dazu lautete: „Nur als ‚bolschewistische Triebkräfte' war es möglich, eine Entlassung der Gefangenen aus der Kriegsgefangenschaft zu erreichen. Ich muß also sagen, daß hier das RSHA mit uns bewußt falsche Angaben gegenüber der Wehrmacht gemacht hat."[219]

Die Angehörigen des Einsatzkommandos bestätigten mit ihren Aussagen weitgehend die Darstellung von Popp und Kuhn.[220]

Die bisherige Darstellung wie auch eine Analyse der vorhandenen Quellen widerlegen voll und ganz die Verteidigung der beiden Beamten.[221]

Der formale Gang der Aussonderungen, den Kuhn und Popp im übrigen bis hin zum Eingang der Exekutionsanordnung durch das RSHA keineswegs bestritten, war bis zum Tod der Gefangenen derart festgelegt, daß keiner der beteiligten Seiten auch nur der kleinste Ermessensspielraum blieb. Auch die Stapostelle Regensburg hielt sich daran. Nachdem sie Mitte November 1941 das Stalag VII A Moosburg aufgefordert hatte, 244 Ausgesonderte in das KZ Dachau zu überstellen, dort aber keine Exekutionsbestätigung eintraf, fragte sie pflichtgemäß an, warum die Meldung ausgeblieben sei, und erfuhr daraufhin, daß die Betreffenden bis zu diesem Zeitpunkt noch gar nicht eingeliefert worden seien.[222] Durch die unterschiedlichen Befehlsstränge RSHA – Stapostelle bzw. RSHA – KZ schloß Berlin Absprachen zwischen beiden nicht nur aus, sondern zwang zu einer gegenseitigen Kontrolle, die durch Rivalitäten zwischen der SS in den Konzentrationslagern und der Stapo verschärft wurde.[223] Hier eine Kumpanei zu behaupten mit dem Ziel, das RSHA zu hintergehen und so die Gefangenen vor dem sicheren Tod zu bewahren, geht an den damaligen Realitäten völlig vorbei.[224]

---

[219] Ebenda, Bl. 105 und 109.
[220] Aussagen Wi.; ebenda, Bl. 106, und Verf. Zeithain, Handakten Lindow, Bl. 294; Aussage S.; Verf. WK XIII, Bl. 106.
[221] Der „Arbeitseinsatz" der sowjet. Kgf. in den KZ begann erst nach einem Befehl des OKW vom 4.10.1941 (BA/MA, RW 48/v. 12), so daß die Aussagen beider, selbst wenn man ihre inhaltliche Richtigkeit unterstellte, für die Zeit davor eindeutig falsch sind. Siehe u. S. 195-198.
[222] Die Regensburger Anfrage forcierte dadurch die diesbzgl. Auseinandersetzung im WK VII. 178-R, S. 452.
[223] Siehe dazu Sofsky, Ordnung des Terrors, S. 125. Vgl. die in Kap. II, S. 75 geschilderte Auseinandersetzung um ausgesonderte Gefangene zwischen dem KZ Groß-Rosen und dem EK Wollstein.
[224] Popp war zudem gegenüber dem HSSPF in den WK VII und XIII, Frhr. v. Eberstein, zweimal wöchentlich berichtspflichtig. Dabei kamen laut v. Eberstein auch die Aussonderungen zur Sprache. Dieser erinnerte sich daran, daß die Liquidierung in einem KZ wie Dachau oder Flossenbürg stattgefunden habe. Aff. Eberstein; IfZ, NO 5584.

III. Durchführung der Aussonderungen und dabei auftretende Probleme

Die Argumentation wirkt noch unglaubwürdiger, wenn man sich vor Augen führt, mit welchem Einsatz und wie vorschriftsmäßig beide die Aussonderungen betrieben.[225] Wie sich aus ihrem Verhalten im noch darzustellenden „Fall Meinel" ergibt,[226] wußten sie vom Schicksal der Ausgesonderten in Dachau, und als der Kommandeur der Kriegsgefangenen in München sich weigerte, „unbrauchbare" Gefangene zur Exekution herauszugeben, wandten sie sich mit einer diesbezüglichen Beschwerde nach Berlin, um so die Übergabe der Betreffenden zu erzwingen. Das Schreiben Popps macht darüber hinaus deutlich, daß er es überhaupt nicht wagte, in dieser Sache eine eigene Entscheidung zu fällen, so daß auch von daher die von ihm geschilderte „Sabotage" der Befehle des RSHA undenkbar ist.

Entgegen den Bekundungen der Stapobeamten wurden in Flossenbürg sehr wohl ausgesonderte sowjetische Soldaten exekutiert, wie sich in einigen Fällen durch Zeugenaussagen belegen läßt. Das Regensburger Schwurgericht hat 1955 in seinem Urteil dazu ausgeführt:[227] „Durch die Zeugen Ho., W. und Sa. steht auch fest, daß die Zahl der in den Lagern Nasnitz, Kothmaißling und Irrenlohe ausgesonderten Kriegsgefangenen mit der jeweils vom Angeklagten an das RSHA als exekutiert gemeldeten Zahl übereinstimmte. Durch den Zeugen F., der in der fraglichen Zeit als Wachmann im Lager Postkeller in Weiden eingesetzt war, wird einwandfrei bekundet, daß im Sommer 1941 im Lager Postkeller sämtliche russische Kriegsgefangene von einem Kommando überprüft und 17 Gefangene, darunter 16 Kommunisten und 1 Jude, einige Zeit später auf einem grauen Gefangenenwagen nach Flossenbürg transportiert wurden. Auf die Frage des Zeugen F., ob er für diese Gefangenen die Papiere mitgeben müsse, antwortete ein Mann des Abholkommandos ‚die brauchen nichts mehr, die fahren in einer Stunde in den Himmel'. Weiterhin brachte der Zeuge F. vor, daß ihm noch am gleichen Tag ein ihm dem Namen nach nicht bekannter Kraftfahrer, der Baumaterial an eine Baustelle in der Nähe des Postkellers fuhr, gesagt habe, daß die 17 Mann in Flossenbürg erschossen und anschließend verbrannt worden seien."[228] Genau 17 Mann aber hatte Kuhn auf seiner Liste als ausgesondert (29. August) nach Flossenbürg überstellt und exekutiert (4. September) gemeldet.[229]

Das von Popp und Kuhn hinsichtlich der V-Leute geschilderte Verfahren lag ebenfalls fernab jeglicher Realität. Schon am 17. Juli hatte das OKW seine Lagerkommandanten angewiesen, den Einsatzkommandos die Herausgabe vertrauenswürdiger Personen, die „für den Einsatz zum Wiederaufbau im besetzten Gebiet besonders geeignet" schienen, nur dann zu verweigern, „wenn abwehrmäßiges

---

[225] Kuhn hat 1950 in demselben Verhör das pflichtgemäße und korrekte Vorgehen seiner Beamten betont. Verf. WK XIII, Bl. 108. Die Verhöre liefen nach allen Aussagen streng nach den Vorgaben der Einsatzbefehle ab.
[226] Siehe u. S. 218.
[227] Vgl. dazu die Liste Kuhns vom 17.1.1942; 178-R, S. 450.
[228] Justiz und NS-Verbrechen, Bd. XIII, S. 257f.
[229] Andere Zeugen schilderten die Exekution von wenigstens 150 bis 200 Mann im Herbst und Winter 1941. Vgl. etwa Verf. WK XIII, Bl. 110, oder das Urteil gegen Kuhn, Justiz und NS-Verbrechen, Bd. XIII, S. 257.

Interesse an einer bestimmten Person" bestehe,[230] eine Bestimmung, die sich im Sinne der Stapo sehr weit auslegen ließ und mit deren Hilfe man jeden Gefangenen hätte aus dem Lager holen können. In seinem Befehl vom 27. August ordnete dann der Chef der Sicherheitspolizei und des SD sogar ausdrücklich an, potentielle V-Leute „bis zum Eingang weiterer Weisung in den Lagern bezw. Arbeitskommandos" zu belassen und ihren Aufenthaltsort dem RSHA zu melden, das dann von Fall zu Fall die Übergabe der Betreffenden beantragen konnte. OKW und RSHA hatten zudem ihre nachgeordneten Stellen immer wieder zu einer engen und konfliktlosen Zusammenarbeit verpflichtet,[231] um ihr großes Ziel, die Vernichtung des Bolschewismus, nicht zu gefährden. Wie reibungslos diese Kooperation klappte, bestätigte Kuhn selbst in seiner Vernehmung vom 14. November 1950; im Gegensatz zum Kollegen Schermer in München habe für ihn nie die Notwendigkeit bestanden, mit dem Kommandeur der Kriegsgefangenen im WK XIII Kontakt aufzunehmen, „denn die Herausgabe der Kr.Gef. bei den Stalags stieß nie auf Schwierigkeiten," da diese „offenbar genaue Befehle hatten".[232]

Auch das Stalag XIII A in Sulzbach-Rosenberg trug seinen Teil zu der problemlosen Zusammenarbeit bei. Routinemäßig sandte die dortige Abteilung Kartei am 24. Oktober 1941 ein Paket an die Stapostelle Regensburg, dessen Begleitschreiben so lautete: „In der Anlage werden die auf beiliegendem Verzeichnis aufgeführten 51 Pers. Karten I der vom Arb. Kdo 306 Regensburg überstellten sowjetruss. Kriegsgefangenen übersandt." Es handelte sich dabei um diejenigen Männer, die die Beamten Kuhns am 11. September im Heeresnebenzeugamt Regensburg überprüft und für „untragbar" befunden hatten. Ohne noch einmal nach Sulzbach-Rosenberg zurückzukommen, wurden sie am 26. des Monats der Stapo übergeben, nach Flossenbürg transportiert und dort am Tag darauf ermordet. Nur zehn Tage später ging eine weitere Personalkarten-Sendung vom Stalag XIII A nach Regensburg; sie betraf diesmal „88 sowjetruss. Kr. Gefangene", die „im Laufe des Monats Oktober ... aus verschiedenen Arbeitskommandos" dem Einsatzkommando zur Verfügung gestellt worden waren.[233] Erneut lag ein Verzeichnis der Karteikarten bei.

---

[230] Im OKW-Befehl zur Behandlung der sowjet. Kgf. vom 8.9.1941 hieß es dazu: „Dem Ersuchen des Einsatzkommandos auf Herausgabe von weiteren Personen ist stattzugeben." IMT Bd. XXVII, S. 278 (= 1519-PS)

[231] Das galt auch für das Unternehmen „Zeppelin" vom 10.3.1942. Die Weisungen des OKW an die Stalags pp. wollte der Chef der Sicherheitspolizei und des SD den Stapostellen nach Erhalt ausdrücklich mitteilen, so daß sie sich dann entsprechend verhalten konnten. Verf. Senne, Beiheft I Dokumente, Bl. 53.

[232] Verf. WK XIII, Bl. 86 und 91f. Ebenso 178-R, S. 450, am Ende von Kuhns Liste vom 17.1.1942. Zur Argumentation der Regensburger Beamten vgl. den Schlußbericht der „Special Projects Division – Deutsche Überleitungsabteilung" zur Sonderbehandlung russ. Kgf. vom 27.1.1948; Verf. WK VII, Bl. 6–10.

[233] DD, Ordner Diverse Unterlagen fremdländ. Kgf., Vorgang 204 und 205. Kuhn hatte auf seiner Liste vom 17.1.1942 für das Heeresnebenzeugamt 52 Ausgesonderte angegeben. Bei der 2. Liste heißt es offenbar fälschlich an einer Stelle, die Kgf. seien aus verschiedenen Arb. Kdos in Regensburg ausgesondert worden. Das paßt jedoch nicht mit Kuhns Liste zusammen. Die 88 Kgf. lassen sich allerdings dieser Liste nicht präzise zuordnen. Am 4.11. kamen nochmals 29 Karteikarten. Daß das Verhalten des Stalags vorschriftswidrig war, wird in Kap. IV gezeigt.

Beide Übersichten nennen die Namen und Vornamen der Ausgesonderten sowie die Nummern ihrer Erkennungsmarken, drei Angaben, die nach deutschen Vorstellungen für die Identifizierung eines Gefangenen völlig ausreichen. In Rußland, Weißrußland und der Ukraine ist es dagegen üblich, zwischen den Vor- und Familiennamen noch den Vatersnamen einzufügen. Da die meisten Namen/Vornamen-Kombinationen in dreistelliger Größenordnung vorkommen, die Personalkarten der Unteroffiziere und Mannschaften aber nach 1945 aus ihrer ursprünglichen Ordnung gerissen und anscheinend willkürlich auf Tausende von Aktenbänden verteilt wurden, ist es zwingend erforderlich, diesen Vatersnamen zu kennen, wenn man im Archiv des Verteidigungsministeriums der Russischen Föderation die Personalkarte eines Gefangenen in die Hand bekommen will. Auch die gesamte Suchkartei ist darauf ausgerichtet. Wie Stichproben mit – nach russischer Einschätzung – seltenen Namen auf den beiden Listen ergeben haben, ist es daher fast unmöglich, die Karteikarten der von Kuhn Ausgesonderten in Podolsk zu finden. Trotz ihrer Namen bleiben sie somit anonym.[234]

Soweit es das Regensburger Arbeitskommando betrifft, läßt sich jedoch wenigstens ihr Weg durch Personalkarten von Mitgefangenen, die die Beamten offensichtlich für „tragbar" befunden hatten – es handelte sich vor allem um „Landarbeiter" –, in Umrissen nachvollziehen.[235] Alle waren bereits kurz nach der Gefangennahme in das Stalag IV B Mühlberg/Sachsen transportiert worden und hatten dort ihre PK I, ihre Erkennungsmarken und ihre erste Impfung erhalten. Wenig später kamen sie in zwei Transporten über das Oflag XIII A Nürnberg (15. bzw. 20. August) in das Stammlager Sulzbach-Rosenberg und dann recht zügig am 29. August bzw. 3. September weiter in das Arbeitskommando 306 Heeresnebenzeugamt Regensburg. Wegen der Größe des Kommandos – 499 Mann –, seiner Stationierung in einer Großstadt, und weil es sozusagen unmittelbar vor der Haustür der Stapostelle lag, erfolgte schnell die Überprüfung. Das Weitere ist bekannt.

Routineüberprüfungen von Kriegsgefangenenlagern am Beispiel der Stalags XI A Altengrabow und XII A Limburg/Lahn

Auf die gleiche Weise wie die Regensburger Beamten sonderten Einsatzkommandos in nahezu allen Kriegsgefangenenlagern des Deutschen Reiches nach den Vorgaben der Einsatzbefehle Nr. 8 und 9 „untragbare" Rotarmisten aus, wie am Beispiel der Stalags in Altengrabow und Limburg/Lahn verdeutlicht werden soll.

---

[234] Aus diesem Grund werden hier bei Hinweisen auf die PK I von Gefangenen immer deren Vatersnamen mitgenannt; sie wären sonst im ZAMO nahezu unauffindbar. Da die Karten in der DD alphabetisch geordnet sind, reicht dort die Angabe von Vor- und Nachnamen, um sie in die Hand zu bekommen.
[235] Es werden Erkennungsmarken etwa zwischen IV B 109000 und 117000 aufgeführt (dazu noch 3 aus Stalag 304 Zeithain). Über Gefangene, die dazwischen liegende Nummern erhielten und ebenfalls nach Regensburg kamen, läßt sich der Weg bis zur Aussonderung erschließen.

Im September 1939 richtete der WK XI Hannover in Altengrabow am Rande des dortigen Truppenübungsplatzes das erste von nur zwei Stalags in diesem Wehrkreis ein. Mit einem Bestand von fast 47 000 Kriegsgefangenen verschiedener Nationen zählte es am 1. Juli 1941 zu den größeren Mannschaftsstammlagern im Deutschen Reich. Die ersten sowjetischen Gefangenen trafen im Spätherbst 1941 in Altengrabow ein und wurden dort von den Gefangenen anderer Nationen abgetrennt untergebracht;[236] die Listen des OKW verzeichneten erstmals für den 1. Dezember 1941 eine Gruppe von 9 229 Mann.

Zuständig für die Aussonderungen in Altengrabow war die Stapoleitstelle Magdeburg. Befehlsgemäß stellte sie im Spätherbst 1941 ein Einsatzkommando aus drei Beamten auf, von denen der Kriminalobersekretär H. die Führung innehatte. Eine Überprüfung herkömmlichen Stils erwies sich allerdings als schwierig, da die Mehrzahl der Gefangenen bereits zur Arbeit eingesetzt war und jeden Tag das Lager verließ. Grundlage der Aussonderungen war anfangs deshalb einmal mehr der „bloße Augenschein". Der Kommandoangehörige Sch. stellte das 1968 so dar: „Russische Kriegsgefangene aus dem Lager wurden an uns vorbeigeführt und zu bereits wartenden Pferdefuhrwerken gebracht, mit denen sie zur Arbeit in der Landwirtschaft abtransportiert wurden. Aus diesen vorbeimarschierenden Russen sollten wir nun die Kommissare herausfinden."[237] Zu einer im Sinne des Einsatzbefehls Nr. 8 systematischen Überprüfung etwa durch das Einschalten von V-Leuten kam es jedoch nicht mehr, da in Altengrabow Fleckfieber ausbrach. Das Lager wurde unter Quarantäne gestellt, und das Kommando kehrte überstürzt nach Magdeburg zurück.[238] Auf Grund dieser Entwicklung, so Sch., sei es im Stalag XI A gar nicht erst zu Aussonderungen gekommen.

Ein derartiger „Verzicht" hätte freilich den Zielen der Einsatzbefehle völlig widersprochen. Hinzu kommt, daß nach dem Abklingen des Fleckfiebers im März 1942 fast 2 000 weitere sowjetische Soldaten nach Altengrabow kamen, und so kann es als sicher gelten, daß im Frühjahr 1942 das Einsatzkommando seine Tätigkeit wieder aufnahm. Der Stellvertretende Kommandant J. bezeugte 1966, bis zu seiner Versetzung im Juni 1942 sei etwa zweimal pro Monat ein SS-Offizier allein in einem PKW in das Lager gekommen. Dieser habe gegenüber den Offizieren der Wehrmacht erzählt, seine Aufgabe bestehe darin, russische Verbrecher und Kriegsgefangene auszusondern, und dabei gesagt, „unter den Kriegsgefangenen befänden sich Zuchthäusler, die von den Russen auch nur zum Arbeitseinsatz verwendet worden wären. Vor diesen kriminellen Verbrechern

---

[236] Bereits Mitte September war geplant, aus Stalag 311 Bergen-Belsen 5000 sowjet. Kgf. im Austausch gegen Franzosen in das Gebiet von Altengrabow zu bringen, doch kam es allem Anschein nach nicht dazu. BA/MA, RW 20–11/14.
[237] Verf. Altengrabow, Bd. II, Bl. 348.
[238] Ebenda. Verschiedentlich erkrankten oder starben Beamte von EK an Fleckfieber, so in Wietzendorf (Fleckfiebermeldungen des Kreises Soltau vom Januar 1942; HStA H, Hann 80 Lüneburg III, Acc. V. Nr. 10) oder in Zeithain (Aussage F. L.; Verf. Zeithain, Bd. II, Bl. 329, sowie weitere Aussagen).

hätten auch die übrigen russischen Kriegsgefangenen Angst."[239] Die Ausgesonderten seien in einen Sonderpferch innerhalb des „Russenlagers" gekommen und dann in Richtung Bahnhof von Landesschützen mit unbekanntem Ziel abtransportiert worden. J. schätzte ihre Zahl auf einige Hundert.

Auch F., ein Angehöriger der Wachmannschaften, erinnerte sich daran, daß regelmäßig mehrere Magdeburger SS-Offiziere das Lager aufsuchten und Kontakt sowohl mit dem Kommandanten als auch mit dem Abwehroffizier gehabt hätten. Letzterer sei mit den SS-Leuten auch ins „Russenlager" gegangen.[240]

Ein Unteroffizier, der auf der Schreibstube des Stalags eingesetzt war, bekundete schließlich in seiner Vernehmung, er habe unter anderem Marschbefehle für sowjetische Kriegsgefangene nach dem KZ Mauthausen ausgestellt; er wisse aber weder, ob es sich bei den Betreffenden um Ausgesonderte gehandelt habe, noch, ob sie zur Exekution bestimmt gewesen seien.[241]

Für die Liquidierung der im WK XI ausgesonderten Rotarmisten war das Konzentrationslager Sachsenhausen, in seltenen Fällen Neuengamme zuständig.[242] Eine Überstellung nach Mauthausen war eher ungewöhnlich, mag aber gerade deswegen in der Erinnerung haftengeblieben sein. Möglich war sie seit dem 15. November 1941. Unter diesem Datum wies der Reichsführer SS Heinrich Himmler die Kommandanten der Konzentrationslager an, „daß von den in die KL zur Exekution überstellten russ. Kgf. (insbesondere Kommissare), die auf Grund körperlicher Beschaffenheit zur Arbeit in einem Steinbruch eingesetzt werden können, die Exekution aufgeschoben wird".[243] Damit war in erster Linie das KZ Mauthausen gemeint, in das 1941 3 993 Gefangene und 1942 1 340 Mann zu diesem Zweck eingewiesen wurden.[244]

Im Laufe des August 1941 erreichten die ersten sowjetischen Gefangenen, „aus einem deutschen Sammellager", also einem „Russenlager", kommend,[245] das Stalag XII A Limburg. Ihr Zustand war derart schlimm, daß sich der Kommandeur der Kriegsgefangenen im WK XII, General Reinhard von Westrem, umgehend an das OKW wandte und mit Nachdruck um eine Erhöhung der Verpflegungssätze bat, doch lautete dessen Antwort lediglich: „Gebt ihnen als Zukost Rübenblätter, Zuckerrübenblätter, die sind sehr nahrhaft."[246] Die Sterberate

---

[239] Verf. Altengrabow, Bd. I, Bl. 16f. Auf die Suche nach Schwerverbrechern weisen auch Befragte in anderen Verfahren hin. Aussage Z.; Verf. Zeithain, Bd. IV, Bl. 876. Siehe auch den Hinweis auf die frühe Aussonderung von Kriminellen in Kap. II, S. 64.
[240] Verf. Altengrabow, Bd. I, Bl. 22f.
[241] Aussage J. Z.; ebenda, Bd. IV, Bl. 868. Z. war nur bis Juni 1942 in Altengrabow. An Mauthausen als Ziel glaubte sich auch F. zu erinnern. Ebenda, Bl. 22.
[242] Vgl. Bauche u. a., Neuengamme 1938–1945, S. 118, sowie Aussagen mehrerer Häftlinge im Archiv der Gedenkstätte Neuengamme. In dem Fall handelte es sich um 43 Offiziere und „Kommissare".
[243] IMT Bd. XXXV, D-569, S. 163.
[244] Marsalek, Hans, Die Geschichte des Konzentrationslagers Mauthausen, S. 122.
[245] Aff. des Kdr Kgf. WK XII, v. Westrem; IfZ, Nürnbg. Dok. NO 5648. W. nannte fälschlicherweise Mitte Oktober als Ankunftszeitpunkt. Bei dem „Sammellager" handelte es sich um das Stalag 326 (VI K) Senne, wie Eintragungen auf vielen PK I belegen. Vgl. Hüser/Otto, Stalag 326, S. 160.
[246] Aussage v. Westrem; StA N, KV-Proz. Fall 12, A 94–97, S. 8137.

lag 1941/42 dementsprechend hoch; von Westrem bezifferte sie nach dem Krieg auf 15 bis 20%.[247]

Spätestens am 17. September[248] traf in Limburg ein vierköpfiges Einsatzkommando[249] der Stapostelle Frankfurt/M. unter der Leitung des Kriminalkommissars B. ein, um die Rotarmisten zu überprüfen. Der Kommandant, bei dem sich die Stapo-Leute zuvor angemeldet hatten, empfing die Gruppe und führte sie anschließend durch das Lager. Nach vorgefertigten Listen ließ sich das Kommando dann bestimmte Gefangene vorführen und sonderte eine gewisse Anzahl von ihnen aus, und zwar, wie sich von Westrem erinnerte, Kommissare, Tuberkulöse sowie Gefangene mit ansteckenden Krankheiten.[250] Die Betreffenden wurden am 26. September zu einem Transport zusammengestellt, noch einmal zahlenmäßig kontrolliert und anschließend mit einem LKW oder Bus in das Konzentrationslager Buchenwald bei Weimar gebracht. Wurde für den Transport ein Bus benutzt, mußte immer ein Beamter in diesem mitfahren; die übrigen folgten mit einem PKW. Nach der Ankunft in Buchenwald dirigierten SS-Leute die Gefangenen direkt zur dortigen Genickschußanlage, dem sog. Pferdestall, wo sie sie ohne weitere Verzögerung ermordeten.[251]

Bis zum 28. November 1941 kam das Frankfurter Einsatzkommando wiederholt nach Limburg. Ohne daß sich zahlenmäßige Angaben machen lassen, selektierte es dabei immerhin so viele sowjetische Soldaten, daß sich im Oktober 1941 wöchentliche Transporte nach Buchenwald „lohnten". So belegen die Reisekostenabrechnungen des Begleitpersonals Fahrten in das mitteldeutsche Konzentrationslager für den 10., 17., 23. und 31. Oktober. Die letzte nachweisbare Überstellung fand am 27. November statt. Da aber im Frühjahr 1942 erneut weit über 1 000 Kriegsgefangene in das Stalag XII A kamen, wurden weiterhin „Verdächtige" ausgesondert. Insgesamt mögen es etwa 500 Mann aus Limburg gewesen sein, die auf Veranlassung der Stapo Frankfurt/Main in Buchenwald liquidiert wurden.[252]

Wenigstens einmal hatte das Kommando im Stalag XII A Limburg auch Kontakt mit General von Westrem, der sich „zufälligerweise" gerade dort aufhielt.[253] An einen Zufall mag man allerdings kaum glauben, denn der Kommandeur der Kriegsgefangenen hatte seit dem „ersten grundlegenden Befehl" eine so präzise Kenntnis von dem Vorhaben, daß er sich auch sechs bzw. sieben Jahre[254] später

---

[247] Ebenda; ähnlich Aff. v. Westrem, IfZ, Nürnbg. Dok. NO 5648.
[248] So die Abschlußvfg. des Verf. Stapo Frankfurt/M., S. 17; enthalten im Verf. WK XII. Die weitere Darstellung nach Aussagen mehrerer Wehrmachtsangehöriger im Verf. Limburg.
[249] Nach der Aussage des Beamten Heinrich Baab bestand das Kommando aus acht Personen. Institut f. Stadtgeschichte Frankfurt/Main, Erinnerungen des Heinrich Baab, S. 47. Nach allen Aussagen waren die Beamten nicht uniformiert.
[250] IfZ, Nürnbg. Dok. NO 5648.
[251] Zum Vorgang in Buchenwald Kogon, Der SS-Staat, S. 168–170; Hüser/Otto, Stalag 326, S. 218–220, sowie Buchenwald. Dokumente und Berichte, S. 339–342.
[252] Es waren wenigstens sechs Transporttermine, wobei einige Male mehrere Busse bzw. LKW fuhren (Angaben nach der Abschlußvfg. Verf. Stapo Frankfurt/M.). Pro Bus/LKW kann man sicherlich eine „Kapazität" von rund 40 Mann ansetzen. Hinzu kommen die im Jahr 1942 Ausgesonderten.
[253] Aussage v. Westrem, StA N, KV-Proz. Fall 12, A 94–97, S. 8137.
[254] 1948 bestätigte v. Westrem seine ein Jahr zuvor abgegebene eidesstattliche Erklärung.

noch an Einzelheiten erinnerte. Insofern erscheint es plausibel, daß er sich höchstpersönlich ein Bild von der Tätigkeit der Beamten machen wollte, zumal er den Aussonderungen keineswegs ablehnend gegenüberstand, wie ein Auszug aus seiner Vernehmung von 1948 zeigt. Nach dem „grundlegenden Befehl" gefragt, antwortete er seinerzeit: „Wir haben so viele Befehle im Leben gekriegt, daß ich nicht mehr weiß, was in jedem Befehl drin steht. Aber der Begriff Kommissar ist gleich geprägt worden, und das war für mich insofern wichtig, weil ich sagte, wenn die ausgesondert werden, die Kommissare sind ja keine Soldaten beim Russen, sondern politische Leute und sind somit auch keine Kriegsgefangenen. Es ist also absolut erklärlich, daß man diese Kommissare aus den Kriegsgefangenen aussonderte."[255]

Wie sein Kollege im WK XIII Nürnberg, General Schemmel, zeigte sich von Westrem noch nach dem Krieg zutiefst empört über die Behandlung der sowjetischen Soldaten. Es widersprach seinem militärischen Selbstverständnis, Gefangene hungern zu lassen bzw. ihnen nur Hungerrationen zuzugestehen. Die Aussonderungen aber stießen insofern auf seine Zustimmung, als sie sich seiner Meinung nach auf eine Gruppe bezogen, der man aus weltanschaulichen Gründen keinen Kombattantenstatus zugestehen durfte. Erkannte man ihr diesen ab, hatte sie das Recht auf die – relative – Sicherheit des Kriegsgefangenenlagers verloren. Dann war es aber auch nur folgerichtig, wenn die Betreffenden aus den Stalags entfernt wurden. Ihr weiteres Schicksal war für die verantwortlichen Militärs nicht mehr von Interesse.

Übersicht über die Aussonderungen im Deutschen Reich

Die ursprüngliche Konzeption des Reichssicherheitshauptamtes, den ideologischen Gegner in enger Zusammenarbeit mit dem OKW und dem OKH noch in der Sowjetunion zu vernichten, hatte sich schon wenige Tage nach Angriffsbeginn als Illusion erwiesen und mußte deshalb Schritt für Schritt der Realität angepaßt werden. Mit Hilfe der beiden Einsatzbefehle und ihrer Erweiterung vom 27. August 1941 schuf es in den folgenden Wochen gleichsam eine Art „cordon sanitaire", den alle sowjetischen Kriegsgefangenen an irgendeiner Stelle wenigstens einmal durchlaufen mußten, bevor sie im Deutschen Reich zur Arbeit eingesetzt werden konnten. Um dabei tatsächlich jeden „echten Bolschewisten" herauszufinden, hatte Heydrich für seine Beamten in der Anlage 2 des Einsatzbefehls Nr. 8 ein Gegnerprofil entworfen und damit die Grundlage für eine bis dahin beispiellose „Rasterfahndung" gelegt, aus der es für die einmal erfaßten sowjetischen Soldaten kein Entrinnen gab.

Die folgende Übersicht stellt die verschiedenen Zugriffsmöglichkeiten von der Gefangennahme bis hin zum Arbeitseinsatz im Deutschen Reich zusammen.

---

[255] StA N, KV-Proz. Fall 12, A 94–97, S. 8145.

Möglichkeiten zur Überprüfung der sowjetischen Kriegsgefangenen bis Ende Oktober 1941

Überprüfungs-möglichkeit	Befehls-grundlage	Geltungs-bereich	Zugriff in	weiteres Schicksal	durchgeführt von
1	Richtlinien für das Verhalten der Truppe vom 4.6., Kommissar-befehl vom 6.6.1941	Rückwärtiges Heeresgebiet, besetzte Gebiete	Armee-Gefan-genen-Sammel-stellen, Dulags, Stalags	grundsätzlich sofort zu erle-digen, abson-dern noch auf dem Gefechts-feld	Wehrmacht
2	Einsatzbefehl Nr. 8 vom 17.7.1941	Wehrkreis I, General-gouvernement	Stalags	Exekution nicht im Lager oder in dessen Nähe	Stapo
3	Einsatzbefehl Nr. 9 vom 21.7.1941	Reichsgebiet	„Russenlager"	nicht-öffentliche u. unauffällige Exekution im nächstgelegenen KZ	Stapo
4	Richtlinien vom 27.8.1941	Reichsgebiet, Protektorat Böhmen und Mähren	sämtliche Stalags u. Arbeits-kommandos	nicht-öffentliche u. unauffällige Exekution im nächstgelegenen KZ	Stapo

Im Herbst 1941 beschrieb ein Beamter der Stapostelle Weimar dieses Vorge-hen in einem Vortrag folgendermaßen: „Die erste Überprüfung erfolgt in den Front-Stalags, wo schon einmal eine Prüfung und Aussortierung nach jeder Richtung hin erfolgt. In dem ersten und weiteren Heimatlagern wiederholt sich durch die jeweiligen Arbeitskommandos (gemeint sind die Einsatzkommandos; der Verf.) die gleiche Arbeit. Es kann darum auch verstanden werden, daß diese hier zur Überprüfung anfallenden Sowjetrussen in der Mehrzahl von den ver-dächtigen Elementen bereits befreit sind."[256]

Wie die Übersicht in der Einleitung zeigt, hat die Forschung eine derart um-fassende und ideologisch motivierte Rasterfahndung bislang vor allem deshalb übersehen, weil sich die systematische Suche nach „Untragbaren" mit einer Aus-nahme[257] einzig für die „Russenlager" belegen ließ und dort auch logisch er-schien. Diese Auffassung hat die bisherige Darstellung widerlegt. Sie liefert im Gegenteil bisher zwei Anhaltspunkte, an Hand derer sich mit an Sicherheit grenzender Wahrscheinlichkeit der Nachweis führen läßt, ob in einem Stalag ausgesondert wurde oder nicht.

Zu nennen sind als erstes die Zeugenaussagen. Zu fast jedem Kriegsgefange-nenlager, zu dem Ermittlungen eingeleitet worden sind, liegen eine oder mehrere

---

[256] Zitiert nach Kogon, Der SS-Staat, S. 239. Kogon berichtet leider nicht, vor welchem Auditorium der Vortrag gehalten wurde. Auch v. Westrem hatte die Aussonderungen als „Nachüberprüfun-gen" in Erinnerung. StA N, KV-Proz. Fall 12, A 94–97, S. 8138.
[257] Vgl. den „Fall Meinel" in Kap. IV.

Erklärungen ehemaliger Soldaten oder Stapo-Angehöriger vor, die die Anwesenheit eines Einsatzkommandos im Sommer und Herbst 1941 bestätigen, ohne freilich dessen eigentliche Tätigkeit näher zu beschreiben. Das gilt beispielsweise, wie oben gezeigt, für sämtliche Lager im WK XIII Nürnberg ebenso wie für die Stalags IX B Wegscheide/Bad Orb und IX C Bad Sulza im WK IX Kassel oder die Stalags XII A Limburg, XII D Trier und XII F Bolchen im WK XII Wiesbaden. Die zuständigen Staatsanwaltschaften stellten zwar ihre Nachforschungen „mangels Ermittlung von Verantwortlichen oder Ausführenden" ein, sahen sich aber in fast jedem Fall zu einer Feststellung veranlaßt, die im Falle des Stalag IX C Bad Sulza lautete: „Daß auch im Stalag IX C Aussonderungen von sowjetischen Kommissaren und ähnlichen Personen vorgenommen worden sind, ergibt sich aus den Aussagen der Zeugen ...."[258] Wenn demnach diesbezüglich auch nur eine positive Aussage zu einem Stalag vorliegt, muß man von deren Richtigkeit ausgehen.

Ein zweites Kriterium stellen die Belegungslisten für die einzelnen Kriegsgefangenenlager dar, nach denen sich spätestens seit dem Herbst 1941, also noch vor Beginn der Fleckfieberepidemie, Rotarmisten in nahezu allen Kriegsgefangenenlagern aufhielten.[259] Die Richtlinien zu den Einsatzbefehlen Nr. 8 und 9 vom 27. August 1941 hatten allen Stapostellen befohlen, „sich in ihrem Dienstbereich ständig darüber zu unterrichten, ob evtl. vorhandene Kriegsgefangenenlager mit sowjetrussischen Kriegsgefangenen belegt bezw. neue Lager errichtet worden sind bezw. ob dies zu erwarten steht". Gegebenenfalls seien dann gemäß Einsatzbefehl Nr. 9 Einsatzkommandos zur Säuberung dieser Lager abzustellen.[260]

Das Beispiel der Stapoleitstelle München zeigt, wie streng diese Richtlinien befolgt wurden: in dem Moment, als dort die Ankunft sowjetischer Gefangener im WK VII bekannt wurde, liefen die Vorbereitungen für die Aussonderungen an. Einen ersten diesbezüglichen Bericht an den Stapostellenleiter SS-Obersturmbannführer Dr. Isselhorst vom 12. September 1941 etwa versah der spätere Einsatzkommandoführer Kriminalkommissar Schermer nach einer Rückfrage bei der Stapo Dresden bzw. Halle mit der Randbemerkung: „Die Russen sind im Wehrkreis IV nicht überprüft", wobei er die letzten beiden Worte unterstrich. Damit erfüllte Schermer buchstabengetreu die Berliner Vorgaben vom 27. August. Gerade weil entgegen dem Einsatzbefehl Nr. 9 die Gefangenen in den Stalags Zeithain und Mühlberg noch nicht überprüft worden waren, mußte München als letzte „Sicherung" einspringen, mit „Erfolg", wie die weitere Entwicklung zeigt.[261]

---

[258] Verf. Bad Sulza, Einstellungsvfg., Bl. 1 und 9.
[259] Das Kriterium läßt sich allerdings nur in positiver Hinsicht anwenden, da die Belegungslisten in etlichen Fällen, so bei fast allen Lagern im WK XIII Nürnberg, sowjet. Kgf. erst ab Spätherbst 1941 verzeichnen.
[260] Im Verteiler sind die Stapostellen Potsdam, Schwerin und Wilhelmshaven nicht aufgeführt. Im Bereich von Potsdam und Wilhelmshaven lagen keine Stalags, das Stalag II E Schwerin wurde erst im Januar 1942 mit sowjet. Kgf. belegt. Bei den folgenden Ergänzungen lautete der Verteiler dann nur noch „An alle Stapo(leit)stellen".
[261] 178-R, S. 420. Näher dazu der „Fall Meinel" in Kap. IV.

Diese Feststellung läßt sich ohne weiteres verallgemeinern, vor allem deshalb, weil, wie oben gezeigt, die Aussonderungstätigkeit für die einzelnen Dienststellen mit Prestigegewinn und für die Beamten mit Aufstiegschancen verknüpft war, die man sich nicht nehmen lassen wollte.²⁶² Die weitgehende Unabhängigkeit der einzelnen Stapostellen erleichterte das. Als Anfang August die ersten Rotarmisten, vom Stalag 304 Zeithain kommend, im Stalag IV B Mühlberg/ Sachsen eingetroffen waren, fuhr der Leiter des Zeithainer Einsatzkommandos, Kriminalkommissar U., zur für Mühlberg zuständigen Stapostelle Halle/S., um die für die Überprüfung notwendigen Schritte in die Wege zu leiten. Regierungsrat und SS-Sturmbannführer Dr. B., Chef der Stapostelle, lehnte das gegenüber der Leitstelle Dresden rundweg ab mit der harschen Begründung, U. sei für die Aufgabe zweifellos ungeeignet, denn seiner Meinung nach sei dafür ein Volljurist mindestens im Range eines Regierungsrates erforderlich.²⁶³ Wenn auch seine Ansicht nicht mit dem Einsatzbefehl Nr. 9 in Einklang stand, so zeigt sie doch, welchen Stellenwert B. den Aussonderungen beimaß; sie waren sozusagen Chefsache, eine Angelegenheit, die den Dienststellenleiter unmittelbar anging und bei der er sich eine Einmischung von anderer Seite strikt verbat.²⁶⁴ Ähnliches gilt für die Stapoleitstelle Münster, deren Leiter Dr. K. sichtlich verärgert darüber war, daß nicht er, sondern sein Kölner Kollege S., wie er Regierungsrat und SS-Sturmbannführer, den Auftrag zur Überprüfung des Stalag 326 Senne erhalten hatte. Dieser demonstrierte dann sogar die unverhofft gewonnenen Kompetenzen durch einen Kurzbesuch bei „seinem" Einsatzkommando in der Senne.

Nach diesen Beispielen, die sich ohne weiteres ergänzen ließen, muß man davon ausgehen, daß überall dort, wo sich sowjetische Kriegsgefangene 1941 aufhielten, auch ausgesondert wurde. Legt man die Belegungslisten vom 1. Dezember 1941 zu Grunde, so bleiben nur noch sehr wenige Stalags übrig, in denen *kein* Einsatzkommando erschien, dies jedoch nur deshalb, weil es dort nach dem derzeitigen Kenntnisstand überhaupt keine „Russen" gab. Man kann sie schnell aufzählen: Stalag III E Kirchhain, IV C Wistritz, V E Mühlhausen, VIII A Görlitz, VIII B Lamsdorf (mit dem „Russenlager" Stalag 318 in unmittelbarer Nähe), VIII D Teschen, XII C Wiebelsheim, XII E Metz sowie die Lager im WK XXI Posen außer dem Stalag XXI C Wollstein.

Die bisherige Darstellung läßt nur eine Wertung der Vorgänge zu: Bei den Aussonderungen handelte es sich um einen in allen Einzelheiten geplanten, vieltausendfachen Mord an wehrlosen Kriegsgefangenen, welche allein wegen ihrer

---

²⁶² Kriminalrat Otto etwa in Nürnberg wurde im Januar 1942 zum Kriminaldirektor befördert. Ein unmittelbarer Zusammenhang mit den Aussonderungen läßt sich aber nicht nachweisen. 178-R, S. 471 und 477.
²⁶³ Aussage U., Verf. Zeithain, Bd. II, Bl. 349, sowie dessen umfassendes Vernehmungsprotokoll vom 4.11.1971, Bl. 22. Daß U. diese ihn doch abwertende Äußerung wiedergab, spricht für ihre Richtigkeit.
²⁶⁴ Die Kompetenzprobleme entstanden wohl deshalb, weil Zeithain zwar als „Russenlager" zunächst alle sowjet. Kgf. aufnahm, viele dann aber wegen unhaltbarer Zustände nach Mühlberg abgeben mußte. Mühlberg erscheint deswegen neben den Stalags im WK XIII als einziges Nicht-„Russenlager" im Verzeichnis belegter Lager vom 21.8.1941 (IfZ, Nürnbg. Dok. NO 3448).

Zugehörigkeit zu einer bestimmten Gruppe unter ideologischen Aspekten als „untragbar" eingestuft wurden. An diesen Untaten war die gesamte Hierarchie von Wehrmacht und Stapo beteiligt, wobei die Entscheidung über Leben und Tod eines Gefangenen faktisch letztlich Beamten des mittleren und gehobenen Polizeidienstes zufiel, die diese „Aufgabe" als Teil ihrer Dienstpflicht auffaßten und im Rahmen der Vorschriften auch zur vollen Zufriedenheit der Vorgesetzten erfüllten.[265]

Wenigstens die Verantwortlichen aber waren sich des verbrecherischen Charakters ihres Tuns vollauf bewußt. Mochte der wiederholte Hinweis auf die Tatsache, daß die UdSSR die Genfer Konvention nicht unterzeichnet hatte, den Soldaten noch zur formellen Beruhigung des Gewissens dienen,[266] so zeigt das folgende Zitat doch sehr deutlich, daß jeder Offizier das Unrecht schon im Ansatz erkennen mußte. Regierungsrat Schimmel von der Stapoleitstelle München berichtete am 24. November 1941 dem RSHA über ein Gespräch mit dem Sachbearbeiter für den Kriegsgefangeneneinsatz beim Kommandeur der Kriegsgefangenen im WK VII München, Major Meinel, in dem dieser geäußert habe, „daß er das ganze Verfahren, wie man hier die sowjetrussischen Kriegsgefangenen behandle, für untragbar halte. Er sei alter Soldat und vom soldatischen Standpunkt aus sei ein solches Verfahren nicht zu billigen. Wenn einmal ein feindlicher Soldat gefangen sei, dann sei er eben gefangen und durfe nicht so ohne weiteres erschossen werden."[267]

Wie selbst das Reichssicherheitshauptamt seine eigenen Vorschriften einschätzte, ergibt sich aus dem Schlußsatz des Einsatzbefehls Nr. 14 vom 29. Oktober 1941, mit dem es die Aussonderungen in den Stalags und Dulags in der Sowjetunion regelte und dem der Einsatzbefehl Nr. 8 als Anlage beigefügt war: „Insbesondere mache ich zur Pflicht, daß die Einsatzbefehle Nr. 8 und 14 sowie die hierzu ergangenen Nachtragserlasse bei Gefahr im Verzug sofort zu vernichten sind."[268]

Für das NS-Regime stellten sich die Aussonderungen als eine von RSHA und OKW gemeinsam geplante, flächendeckend durchgeführte und weltanschaulich gerechtfertigte Kampfmaßnahme gegen den Bolschewismus dar, der beide Beteiligte absolute Priorität einräumten und die unter rein quantitativen Gesichtspunkten als voller Erfolg anzusehen war, denn da sich kein sowjetischer Soldat den Einsatzkommandos entziehen konnte, ließen sich sämtliche Gegner im Sinne des Einsatzbefehls Nr. 8 erfassen und vernichten. Vor allem aus dem Blick-

---

[265] Formal traf das RSHA die Entscheidung. In den Quellen ist aber kein Fall überliefert, in dem das RSHA einem Exekutionsvorschlag widersprochen hätte.
[266] Am 15.9.1941 hatte das Amt Ausland/Abwehr in seiner Stellungnahme zur völkerrechtswidrigen Behandlung der sowjet. Kgf. dieser „Argumentation" den Boden entzogen. StA N, Nürnbg. Dok. 338-EC. Der Beruhigung mochte auch dienen, daß die Überprüfungsbaracken außerhalb des eigentlichen Kgf.lagers lagen.
[267] 178-R, S. 433. Streit zitiert die Äußerung eines Majors aus dem Bereich der Heeresgruppe Mitte, der sich weigerte, Gefangene abzugeben, und im Verlauf eines diesbezüglichen Gespräches verlauten ließ: „Na, na, nicht so happich, man kann doch keinen glatten Mord begehen." Streit, Keine Kameraden, S. 102.
[268] IfZ, Nürnbg. Dok. NO 3422.

winkel des RSHA heraus handelte es sich aber auch insofern um einen Erfolg, als sich, wie die bisher angeführten Beispiele überdeutlich gezeigt haben, auf seiten der Wehrmacht kein nennenswerter Widerstand gegen die Aussonderungen regte, sondern diese statt dessen auf allen Ebenen den Einsatzkommandos etwaige Hindernisse aus dem Weg räumte.

Während hinsichtlich der ideologischen Zielsetzung ein breiter grundsätzlicher Konsens bestand, mußte das Konzept der Einsatzbefehle unter dem Gesichtspunkt des Arbeitseinsatzes der sowjetischen Kriegsgefangenen höchst fragwürdig erscheinen. Das Problem war prinzipieller Natur, denn die zu stellende Frage lautete letztlich, was eigentlich höher anzusetzen sei, die vermeintliche ideologische Gefahr, die von jedem Rotarmisten ausging, oder der Wert, den er als potentielle Arbeitskraft für die deutsche Kriegswirtschaft besaß; anders formuliert: Jeder Ausgesonderte ging dem Arbeitseinsatz verloren. Die Entscheidung über die Abgabe an die Stapo aber lag bei der Wehrmacht, in deren Obhut sich die Gefangenen befanden und die in einem solchen Fall vor dem Dilemma stand, darüber befinden zu müssen, ob nun die Argumentation der Wirtschaft oder die der Stapo gewichtiger sei. Schon vom Ansatz her waren damit Auseinandersetzungen vorprogrammiert.

Welche Auswirkungen dieses Problem auf die Aussonderungen und damit auf das ursprüngliche Vernichtungskonzept von OKW und RSHA hatte, soll im folgenden Kapitel analysiert und gewertet werden.

IV. Die Aussonderungen im Konfliktfeld von ideologischen Prämissen, wirtschaftlichen Zwängen und traditionellem militärischen Selbstverständnis

Das Problem des Arbeitseinsatzes der sowjetischen Kriegsgefangenen

Die Zählung und Erfassung der sowjetischen Gefangenen als Grundlage für den Arbeitseinsatz

Art. 77 der Genfer Konvention von 1929 verpflichtete alle Signatarmächte, sich gegenseitig regelmäßig über die in ihrem Gewahrsam befindlichen feindlichen Soldaten auszutauschen und zu diesem Zweck eine eigene amtliche Auskunftstelle zu errichten, die über alle notwendigen Informationen bezüglich eines jeden Kriegsgefangenen verfügen sollte. Für das Deutsche Reich war das die Wehrmachtauskunftstelle (WASt) in Berlin. Nähere Einzelheiten hinsichtlich Meldung und Registrierung regelte die H.Dv. 38/5 „Dienstanweisung für den Kommandanten eines Kriegsgefangenen-Mannschafts-Stammlagers" von 1939.[1]

Unmittelbar nach ihrem Eintreffen durchliefen sämtliche Gefangenen die sog. Erfassung, bei der ihnen Soldaten aus der Lagerregistratur fortlaufende Nummern entsprechend ihrer Einlieferung zuteilten. Die Nummern wurden zusammen mit der Bezeichnung des registrierenden Lagers in eine Erkennungsmarke eingestanzt und definierten von diesem Zeitpunkt ab jeden einzelnen Kriegsgefangenen für die gesamte Dauer seiner Gefangenschaft so eindeutig, daß er ohne Erkennungsmarke geradezu undenkbar, nicht existent war.[2] Um jeglichen Mißbrauch auszuschließen, verfügte das OKW: „Eine einmal ausgegebene und in die Kartei eingetragene Nummer darf auch dann nicht wiederverwandt werden, wenn der Inhaber verstorben ist." Sollte aber eine verloren geglaubte Marke einmal wiedergefunden werden, so sei „sie einzuziehen und so zu vernichten, daß ihre Wiederverwendung unmöglich ist".

Gleichzeitig legte das Stalag für jeden Gefangenen zwei Karteikarten, auch als Personalkarten (PK) bezeichnet, mit allen wichtigen Daten an. Diesbezüglich befahl die H.Dv.:

---

[1] IfZ, Da 34.12, S. 12f. Dort auch die folgenden Zitate.
[2] Vgl. dazu die Sammelmitteilungen Nr. 10 des OKW vom 9.2.1942 (BA/MA, RW 6/v. 270, Bl. 66) sowie die vielfältigen Augenzeugenberichte über Gefangene, die verstorbenen Kameraden die Erk.-Marken abgenommen hätten, um auf deren Vorzeigen hin zweimal Verpflegung zu erhalten, ein Verhalten, das streng bestraft wurde.

„Die Karteikarte I, nach der Nummer der Erk. Marke geordnet,[3] enthält demnach alle persönlichen Angaben einschließlich Lichtbild, Fingerabdruck und Strafen aus der Zeit der Kriegsgefangenschaft.

In der Karteikarte II, die nach dem Anfangsbuchstaben des Inhabers einzuordnen ist, werden alle wirtschaftlichen Eintragungen gemacht, die für die Zeit der Gefangenschaft wichtig sind...

Beide Karteikarten begleiten den Kr. Gef. usw. ebenso wie die Erkennungsmarke des Lagers während der ganzen Zeit seiner Gefangenschaft..."

Das Stalag war darüber hinaus verpflichtet, alle zehn Tage die Zu- und Abgänge von Kriegsgefangenen in genau vorgeschriebener Listenform unter Angabe der jeweiligen Erkennungsmarken nach Berlin an die WASt zu senden, die auf dieser Basis dann zu Auskünften an die gegnerischen Staaten bzw. die jeweiligen Schutzmächte berechtigt und in der Lage war. Einzig die Erfassung ermögliche eine genaue Kontrolle des Gefangenenbestandes und war dadurch die entscheidende Planungsgrundlage für den Arbeitseinsatz. Der Stellenwert des Vorgangs zeigt sich zum einem an dem Umfang, den seine Darstellung in der Vorschrift einnimmt, zum anderen daran, daß er dort eingehend durch Beispiele erläutert wird. Auch für den Kriegsgefangenen war er von enormer Wichtigkeit, konnte er sich doch von diesem Augenblick an in einer relativen, völkerrechtlich garantierten Sicherheit wähnen.

Aus praktischen Erwägungen heraus wich das OKW am 1. April 1941 bei der „Registrierung von Kr. Gef. pp aus dem Südostraum", gemeint sind die Gefangenen des „Balkanfeldzuges", von diesem Verfahren ab. „Wegen ihrer verschiedenen Sprachen und Schriftzeichen sowie wegen der Notwendigkeit ihrer schnellen Erfassung" ordnete es an, dafür neugeschaffene vierteilige Postkarten zu verwenden und für die verschiedenen Nationalitäten unterschiedliche Kartenfarben zu benutzen. Nachdem die Gefangenen selbst die Karten nach der Ankunft in den „endgültigen Lagern" ausgefüllt hätten, seien diese Unterlagen „in kleineren Einzelsendungen" der WASt zu übersenden. Unabhängig davon seien aber in den Stalags auf jeden Fall die Karteikarten I und II in der vorgeschriebenen Form zu halten.[4] Auf die unbedingte Notwendigkeit einer präzisen Karteiführung wies die Wehrmachtführung sämtliche Wehrkreise und Kriegsgefangenenlager nur zwei Tage später nochmals ausdrücklich hin.[5]

Der erste grundlegende Befehl zum „Kriegsgefangenenwesen im Fall Barbarossa" vom 16. Juni 1941 setzte unter Berufung auf die fehlende Ratifizierung

---

[3] Auch das zeigt die Bedeutung der Erk. Marke, ohne deren Kenntnis ein Kgf. im wahrsten Sinne des Wortes nicht mehr auffindbar gewesen wäre. Im ZAMO liegen diverse PK I von sowjet. Kgf., die ihre Erk. Marken verloren hatten und deshalb eine neue Nummer erhielten. Beides wurde in den meisten Fällen auf der Karte vermerkt. Seit einem OKW-Erlaß vom 12.3.1940 zeigten die Lichtbilder die Kgf. mit einer umgehängten Schiefertafel, auf der die jeweilige Nummer stand. BA/MA, RH 53–17/192.
[4] BA/MA, RW 48/v. 12, Bl. 115–117. Die Karten von Offizieren erhielten einen dunklen Querstrich. Erläuterungen zu den Karten auch in einem Befehl des OKW über die „Vorbereitung für die Aufnahme von Kr. Gef. aus dem Südosten" vom 9.4.1941. BA/MA, RH 53–7/v. 724, Bl. 141.
[5] Befehl des OKW betr. Kr. Gef. Karteien vom 3.4.1941; ebenda, Bl. 125f.

der Genfer Konvention durch die UdSSR alle bisherigen Regelungen außer Kraft und legte für die sog. „Heimatorganisation" – den WK I Königsberg und das Generalgouvernement – fest, es seien für die sowjetischen Soldaten weder Meldungen an die WASt noch ein Ausfüllen der Karteikarten I und II erforderlich, stellte aber immerhin einen Sonderbefehl „über die Führung von besonderen Karteikarten als Ersatz für Listenführung" in Aussicht.[6] Vom Reichsgebiet war in dem Befehl nicht die Rede.

Diesbezügliche Anweisungen erteilte das OKW zehn Tage später, am 26. Juni, in einem geheimen Befehl zur „Erfassung und Behandlung der russischen Kriegsgefangenen". Danach sei in den aufnehmenden Stalags im Reich „in vorläufiger Abänderung der Bestimmungen der H.Dv. 38/4 und 5 (...) außer den üblichen Aufnahme- und Weiterleitungslisten nur die Karteikarte I zu führen". Karteikarte II dagegen komme „in Fortfall, solange <u>Arbeitseinsatz der Russen in der Wirtschaft nicht beabsichtigt ist</u>". Der Zeitpunkt der Registrierung in den Lagern der Heimatorganisation werde dagegen in einem späteren Sonderbefehl festgelegt. Für beide Bereiche gelte jedoch eine „Ausstattung der russischen Kriegsgefangenen mit Erkennungsmarken wie üblich". Eine Meldung der Zugänge an die WASt solle dagegen unterbleiben; Zu- und Abgangslisten seien demnach nicht zu führen.[7]

Diese letzte Bestimmung änderte das OKW knapp eine Woche später am 2. Juli mit der Begründung, die sowjetische Regierung habe sich unter dem Vorbehalt der Gegenseitigkeit bereit erklärt, die Namen deutscher Kriegsgefangener dem Internationalen Roten Kreuz mitzuteilen. Daher halte man es jetzt doch für erforderlich, der WASt die kriegsgefangenen „Russen" zu melden, jedoch nicht in der von der H.Dv. 38/5 vorgeschriebenen Listenform, sondern wie bei den Südost-Gefangenen auf einer vierteiligen, in diesem Fall grünen Postkarte. Eine solche Karteikarte müsse der Gefangene selbst bei der Verlegung in ein anderes Lager erneut ausfüllen; damit trete „die Kartenmeldung des Kriegsgefangenen selbst an die Stelle der listenmäßigen Verlegungsmeldung der Lager".[8] Weitere Abweichungen von der H.Dv. 38/5 sah der Befehl nicht vor, d. h., daß Lazarettmeldungen oder die Benachrichtigung der WASt im Todesfall in der üblichen Form zu erfolgen hatten. Damit waren bereits alle notwendigen Voraussetzungen für eine korrekte Erfassung der sowjetischen Soldaten gegeben, noch bevor überhaupt der erste Gefangenentransport die Reichsgrenze überschritten hatte.

---

[6] BA/MA, RW 4/v. 578, Bl. 96.
[7] BA/ZNS, Ordner S 22, Bl. 35f. Unterstreichung im Original. Da der Befehl erst vor wenigen Jahren aufgefunden wurde, ging die Forschung davon aus, der Befehl vom 16.6. habe sinngemäß auch für das Reichsgebiet gegolten – ein folgenschweres Mißverständnis. Streit, Keine Kameraden, S. 337, Anm. 40, oder S. 379, Anm. 361, beispielsweise war der Befehl noch unbekannt.; ebenso Streim, Behandlung, S. 54, Anm. 111. Daß der Befehl vom 26.6. nichts mit dem vom 16.6. zu tun hat, zeigt sich daran, daß letzterer nicht als Bezugsbefehl angeführt wird. Zur H.Dv. 38/4 „Dienstanweisung für den Kommandanten eines Kriegsgefangenen-Durchgangslagers" (IfZ, Da 34.12) s. das Folgende.
[8] BA/MA, RW 48/v. 12, Bl. 142f. Karten von Offizieren erhielten einen roten Schrägstrich. Laut Verteiler ging der Befehl an sämtliche Wehrkreise, d. h., daß sie potentiell für die Aufnahme von sowjet. Kgf. vorgesehen waren. Ein Muster dieser Karte ebenda, Bl. 148f., ausgefüllte Karten in großer Zahl im ZAMO, ebenso im GARF, Bestand 7021-115-27-29. In der DD liegen derartige Karten auch für ital. Militärinternierte und kgf. Slowaken.

Mit dem 2. August schließlich wurden die sowjetischen Soldaten in diesem überaus wichtigen formalen Bereich allen anderen Kriegsgefangenen gleichgestellt; eine „karteimäßige Erfassung" sollte von jetzt an bei ihnen genauso vorschriftsmäßig wie bei den Angehörigen anderer Nationalitäten erfolgen.[9]

Die in dieser Arbeit bereits verwendeten WASt-Unterlagen aus der Deutschen Dienststelle in Berlin und dem Archiv des russischen Verteidigungsministeriums in Podolsk haben eigentlich schon hinreichend deutlich gemacht, daß im Gegensatz zur gängigen Forschungsmeinung eine Erfassung der sowjetischen Kriegsgefangenen in der geschilderten Form dann auch tatsächlich von Anfang an im Reichsgebiet stattgefunden hat.[10] Nicht mehr der Nachweis an sich ist inzwischen das Problem, sondern „nur noch" der Zugriff auf mehrere Millionen Akten, die nach 1945, z. T. im wahrsten Sinne des Wortes, aus ihrer urprünglichen Ordnung gerissen worden sind. Für das Stalag 310 (X D) Wietzendorf in der Lüneburger Heide etwa liegt ein Teil von dessen Erkennungsmarken-Verzeichnis vor, in dem in aufsteigender Folge sämtliche sowjetischen Soldaten mit Nummern zwischen 25281 und 25920 notiert sind. Handschriftlich eingetragen wurden Name und Vorname sowie, offensichtlich von einer anderen Person, der weitere Verbleib, wie ein kurzer Auszug zeigt:[11]

Auszug aus dem Erkennungsmarken-Verzeichnis von Stalag 310 (X D) Wietzendorf

Nummer	Name	Vorname	Datum	Verbleib
25735	Petrenko	Ewgenij	7.10.41	*Stalag XIII C*
25736	Chwoschtschewskij	Michail	20.9.41	*Eins. Kdo SS*
25737	Baschirow	Petr	23.5.43	*tot*
25738	Demin	Gerasim	1.12.41	*Stalag X C*
25739	Maloletnew	Iwan	15.III.42	*tot (12.5.42 – 237)*
25740	Rybin	Iwan	21.1.43	*A.K.12 Neuengamme IV*
25741	Satschkow	Wasilij	23.9.41	*Eins. Kdo SS*

Allein die Tatsache, daß hier Abgaben an das Einsatzkommando und damit Verbrechen vermerkt wurden, belegt wohl eindeutig eine korrekte Buchführung, d. h. die Vollständigkeit des Verzeichnisses. Alle anderen Seiten der Übersicht fehlen allerdings bis heute, und wegen des ausschließlich personenbezogenen

---

[9] Erlaß des OKW betr. Arbeitseinsatz der sowjet. Kgf.; BA/MA, RW 19/2109. Der WK XVII Wien wies am 5.9. nach der Ankunft der ersten Kgf. seine Stalags unter der Überschrift „Meldungen an die WASt" auf all diese Befehle hin. BA/MA, RH 53–17/42.
[10] Eine umfassende Darstellung der WASt-Bestände und des Registrierungswesens der Wehrmacht bei Keller/Otto, Wehrmachtbürokratie.
[11] DD, Sonderakte Nr. 10. Für einzelne Gefangene gibt es inzwischen zusätzlich eine Parallelüberlieferung in Form von Personalkarten. Die Angabe bei Nr. 25739 (12.5.42 – 237) bezeichnet wahrscheinlich das Datum, an dem der Tod in der WASt eingetragen wurde. Wegen der hohen Todeszahlen im Winter 1941/42 dauerte der bürokratische Ablauf der Meldungen oft mehrere Monate. Im Stalag VI C Bathorn im November 1941 Verstorbene wurden z. B. erst im August 1942 der WASt gemeldet. Diesbzgl. Sterbefallnachweise in großer Anzahl in der DD. Vgl. dazu auch Otto, Das Stalag 326 (VI K), S. 211f.

Zugriffs auf das Material in Podolsk und Berlin hängt es vom Zufall ab, ob man mehr finden wird.

Es liegen jedoch seit langem auch genügend andere Hinweise auf eine umfassende Registrierung der sowjetischen Kriegsgefangenen vor, denen die Historiker erstaunlicherweise bis heute nicht genügend Aufmerksamkeit geschenkt haben. In vielen Ermittlungsverfahren wurden ehemalige Soldaten vernommen, die in der Registratur des jeweiligen Stalags gearbeitet hatten. Der frühere Schütze H. M., nach eigenen Angaben von Anfang August bis zum 1. September 1941 im Stalag Neuhammer, sagte dazu am 28. April 1967: „Ich arbeitete dort vom ersten Tag an bei der Aufnahme-Kartei für Kriegsgefangene (...) Meine Tätigkeit in der Aufnahme-Kartei bestand (darin), die russischen Kriegsgefangenen nach einem Fragebogen-Vordruck zu registrieren, und zwar nach Name, Vorname, Stand, Beruf, Bezeichnung des Heimatortes usw."[12]

Der Leiter der Aufnahmekartei im Stalag 304 Zeithain, Hauptmann K. Z., schilderte das ähnlich: „Die ankommenden Kriegsgefangenen wurden dann unter Bewachung auf die große Wiese beim Vorlager gebracht.[13] Kranke Personen wurden vordringlich erfaßt und in das Lazarett abgegeben, während die Erfassung der übrigen Kriegsgefangenen meist mehrere Tage in Anspruch nahm.[14] ... Von den erfaßten Kriegsgefangenen wurden die vorgeschrieben Karteikarten aufgenommen und wurden diese dann von mir an die Kommandantur abgegeben, wovon sie meines Wissens nach Berlin weitergeleitet worden sind."[15] Auf der Karteikarte sei auch die Nummer der Erkennungsmarke eingetragen worden, letztere habe der Gefangene zugleich mit der Erfassung erhalten.

Den Gebrauch der vierteiligen grünen Karteikarten hat der ehemalige Auschwitz-Häftling Kasimierz Smolen 1948 vor dem Nürnberger Gerichtshof ausführlich beschrieben. Auf einen Befehl des OKW vom 4. Oktober 1941 hin waren insgesamt 25 000 Rotarmisten in verschiedene Konzentrationslager zum Arbeitseinsatz eingeliefert worden, davon 10 000 nach Auschwitz. Diese Männer sollten „auch nach der Versetzung in der karteimäßigen Kontrolle der WASt" bleiben und seien „von den abgebenden Lagern der WASt mittels der vierteiligen grünen Karteikarte mit einem kurzen (...) Vermerk zu melden".[16] Selbst die Konzentrationslager sollten aber Veränderungen mit den grünen Karten der WASt mitteilen; das OKW sagte ihnen zu diesem Zweck ein Kontingent von 30 000 Karten zu. Zu dem Verfahren befragt, äußerte sich Smolen, in Auschwitz in der Aufnahmeabteilung tätig, wie folgt:

„Also die drei Teile waren gleich. Es waren Vorname, Name, Geburtsdatum, Geburtsort und darunter befand sich das Lager und es wurde immer geschrieben

---

[12] Verf. Neuhammer, Bd. IV, Bl. 36.
[13] Vgl. dazu ein Foto aus dem Stalag Senne vom Spätsommer 1941, das die Trennung von Registrierten und Nicht-Registrierten zeigt. Hüser/Otto, Stalag 326, S. 51.
[14] Dieses zeitaufwendige Verfahren erklärt, warum die ersten Bestandsmeldungen vom 15.7.1941 (BA/MA, RW 6./v. 184, Bl. 151) nur glatte Tausender aufführen; es lagen dem nur die Transportlisten zu Grunde. In der Senne etwa waren die ersten Kgf. erst fünf Tage zuvor eingetroffen (Stand am Stichtag: 6 000).
[15] Verf. Zeithain, Bd. IV, Bl. 877. Z. hatte den Aufbau der Karteikarte noch genau in Erinnerung.
[16] BA/MA, RW 48/v. 12. Näher dazu unten S. 188–191.

‚SS-Lager Auschwitz'. Der vierte Teil war beschrieben, deutsch und russisch ‚Postkarte' ...
F(rage): Ja. Sie sagten, daß die Karten von der Wehrmachtauskunftstelle kamen?
A(ntwort): Bei dem ganzen Paket war immer gestempelt „OKW".
F: Blieben die Karteikarten im Lager?
A: Die Karteikarten blieben solange im Lager, bis der Gefangene starb.
F: Und was geschah dann?
A: Danach wurde, wie ich schon gesagt habe, mit einem Teil der Erkennungsmarke eine Sterbefall Anzeige und die grüne Karte nach dem OKW weggeschickt."[17]

Auch in der Erinnerung der Gefangenen ist der Erfassungsvorgang haftengeblieben. So heißt es in einer Zusammenfassung von insgesamt 34 Aussagen von Überlebenden des Stalag 326 (VI K) Senne: „Jeder Gefangene hatte seine Ordnungsnummer und war genau registriert. Die Lagerinsassen wurden täglich auf das Genaueste gezählt, und wenn auch nur einer fehlte, mußten sie alle stundenlang unter freiem Himmel stehen, im Winter auch bei grimmiger Kälte. Sie wurden mehrmals gezählt, bis man geklärt hatte, ob alle vollzählig waren bzw. wer verschwunden war."[18]

Auf die Genauigkeit der Registrierung weisen nicht zuletzt die Erkennungsmarken selbst hin. So hatte das Stalag 308 Neuhammer bis zum 23. Oktober 1941 wenigstens 45 897 Mann erfaßt.[19] Im KZ Sachsenhausen versuchte Emil Büge in seinem Tagebuch neben einigen Namen auch die Nummern der Ausgesonderten festzuhalten, um eine spätere Identifizierung zu erleichtern.[20] Fluchtmeldungen beinhalteten immer die Angabe der Erkennungsmarkennummer, sie erschien somit mindestens ebenso wichtig wie eine Beschreibung des Flüchtigen. Den menschenverachtenden, später allerdings zurückgenommenen Befehl vom 16. Januar 1942 bezüglich einer dauerhaften Kennzeichnung der sowjetischen Kriegsgefangenen auf dem Unterarm mittels eines Höllensteinstifts begründete das OKW damit, daß die Gefangenen auf der Flucht meist ihre Erkennungsmarke fortwürfen und daher nicht mehr als solche zu erkennen seien.[21] Selbst bei den in den Konzentrationslagern Verstorbenen wurde die Nummer in den Totenbüchern festgehalten; für Neuengamme ist ein Toten-Nachweis von insgesamt 652 Mann, alle aus dem Stalag 310 (X D) Wietzendorf, für die Zeit von Herbst 1941 bis zum Frühjahr 1942 erhalten.[22] Für Gefangene schließlich, die auf Grund der Einsatzbefehle Nr. 8 und 9 ausgesondert und dann in den Konzentrationslagern liquidiert wurden, legten die Beamten der Einsatzkommandos, wie oben gezeigt, in jedem Fall ein Formblatt an, das als allererstes die Erken-

---

[17] Aussage Smolen; StA N, KV-Proz. Fall 12, A 11–14 , Bl. 678–680.
[18] Arbeitskreis Blumen für Stukenbrock, Das Lager 326, S. 30.
[19] Liste der am 29.10.1941 von Neuhammer nach Groß-Rosen überstellten Kgf.; Verf. Neuhammer, Unterakten, Bd. D, Bl. 28. Für Stalag 321 Oerbke existiert ein Foto, das die umfangreiche „Russen-Kartei" im Sommer 1941 zeigt. Sammlung der Gedenkstätte Bergen-Belsen, Foto-Nr. 4817.
[20] Verf. Heidelager, Dok. Bd. III.
[21] Hüser/Otto, Stalag 326, S. 134.
[22] Archiv der Gedenkstätte Neuengamme. Es handelte sich um Gefangene, die zum Arbeitseinsatz in das KZ gekommen waren.

nungsmarke des Betreffenden aufführte, eigentlich ein „sinnloses" Unterfangen, ging es doch darum, diese Männer im wahrsten Sinne des Wortes verschwinden zu lassen.

Um das System funktionsfähig zu erhalten, war eine Registrierung aller Todesfälle zwingend notwendig. E. M., Soldat in der Verwaltung von Neuhammer, äußerte sich dazu 1967: „Wenn nun Gefangene gestorben sind, dann wurden die Leichen von den Feldscheren weggebracht, die auch die Erkennungsmarken der Toten abnahmen und diese deutschen Sanitätern gaben, welche sie wiederum mir überbrachten. Ich habe dann über die Verstorbenen Buch geführt. Es ist nämlich über jeden Verstorbenen genau Buch geführt worden. Ich habe die Toten jeweils in Bücher eingetragen, wobei die Namen, Dienstgrad, Geburtstag, Geburtsort, Anschrift, Grabreihe und Grabnummer genau festgehalten wurden. ... Es sind täglich eine größere Anzahl von Gefangenen gestorben, so daß ich mit meiner Arbeit voll ausgelastet war." In den Wintermonaten seien es oft 60 bis 80 Mann pro Nacht gewesen. M. war etwa ein Jahr in Neuhammer und glaubte, in dieser Zeit „zwischen 4000 und 6000 Gefangene (...) buchmäßig" als verstorben erfaßt zu haben.[23]

Außer den Personalkarten enthält die Abteilung 9 des ZAMO neben Zu- und Abgangslisten verschiedener Stalags eben dieses in der Lagerverwaltung von Neuhammer geführte „Todesfall-Register",[24] dessen Inhalt die Aussage des Zeitzeugen eindrucksvoll bestätigt. Es besteht aus vier Bänden, die in insgesamt 21 Spalten sämtliche persönlichen Daten eines verstorbenen Gefangenen inklusive Todestag, Todesort, Beerdigungstag, Friedhof, Reihe, Grab und Todesursache aufführen, beginnt am 15. Juli 1941 mit der laufenden Nummer 1 und schließt am 20. März 1943 mit der Nr. 13527. Bei den meisten Verstorbenen wurden fast alle Spalten ausgefüllt. Soweit Angaben fehlen, stehen dort Bemerkungen wie „vor Aufnahme in die Kartei verstorben",[25] „die Kriegsgefangenen vernichteten ihre Erkennungsmarken" oder „Diese 5 Kgf. wurden von ihren Kameraden geplündert und die Erkennungsmarken gestohlen, daher nähere Angaben unmöglich". Als Todesursache erscheinen meist Durchfall, Entkräftung, Kreislaufschwäche, selten nur Fleckfieber oder Erfrierung. Unnatürliche Todesfälle wie „auf der Flucht erschossen", „wegen Widersetzlichkeit erschossen", „laut Ge-

---

[23] Verf. Neuhammer, Bd. IV, Bl. 83. Ähnlich H. S., der meinte, es habe sich um etwa 100, zu Zeiten der Fleckfieberepidemie sogar um bis zu 300 Todesfälle pro Tag gehandelt, die er habe registrieren müssen. Ebenda, S. 77f. Ein Angehöriger des Stalag-Personals in Zeithain erinnerte sich daran, wenn ein Kgf. erschossen worden sei, sei ihm das gemeldet worden, damit er die Kartei berichtigen könne. Verf. Zeithain, Bd. III, Bl. 729. Für Zeithain ist eine Vielzahl von PK I für die Zeit von 1941–1944 überliefert, aus denen neben der jeweiligen Grablage auch eine genaue Zählung der Verstorbenen hervorgeht.

[24] ZAMO, Signatur A 33948 d. 1 – 4.

[25] Am 11.11. wies das OKW die Stalags „auf Anfrage" darauf hin, bereits erfaßte sowjet. Kgf. seien im Todesfall wie alle anderen Kgf. der WASt zu melden. (Sammelmitteilungen Nr. 6; BA/MA, RW 6/v. 270, Bl. 43). In einem Kommentar vom 12.11. zu einem Erlaß des RMI betr. Bestattung von Leichen sowjet. Kgf. durch die Gemeinden vom 27.10.1941 heißt es dann aber ausdrücklich: „Bei noch nicht erfaßten sowjetischen Kriegsgefangenen sind im Falle der Abgabe von Leichen an Gemeinden oder vor der Bestattung auf heereseigenen Plätzen die feststellbaren Personalien in einer Liste festzulegen und dem Lager, für das der Transport bestimmt war, zwecks Aufbewahrung zuzustellen." Gemeindeverwaltung Langeoog, Akte Dünenfriedhof.

richtsurteil erschossen" , oder „wegen Arbeitsverweigerung erschossen" wurden gesondert vermerkt. Notiert sind in dem Register alle Todesfälle von Gefangenen, die vom Stalag 308 Neuhammer geführt wurden, also auch sämtliche Todesfälle auf Arbeitskommandos.

Das Register ist ein Zeugnis für ein Massensterben unvorstellbaren Ausmaßes. Pro Woche starben in Neuhammer und den zugeordneten Arbeitskommandos im Spätherbst 1941 wenigstens 1000 Menschen. Am 17. Oktober etwa verzeichnet das Buch die Todesfall-Nummer 2000, am 25. die Nr. 3000, am 1. November die Nr. 4000. 6000 sind es am 15. November, 7000 am 20. des Monats, und am 21. Dezember schließlich 10000. Dann läßt das Sterben schlagartig nach; „erst" am 20 Februar 1942 notiert der Schreiber den 11000. Todesfall. All diese Verstorbenen wurden aber – auf die Ausnahmen wurde eben hingewiesen – mit sämtlichen persönlichen Daten[26] und ihrer Grablage erfaßt, so daß jederzeit ein Nachweis über den Verbleib eines im Bereich von Neuhammer Verstorbenen möglich war – und ist. Selbst unter diesen extremen Verhältnissen funktionierte demnach die Bürokratie, und erklären läßt sich das nur, wenn man von einem Interesse an einer korrekten „Buchführung" auch hinsichtlich der sowjetischen Kriegsgefangenen ausgeht. Voraussetzung dafür aber waren klare Befehle; daß diese vorlagen, wurde oben gezeigt. Neuhammer jedoch war kein Einzelfall, sondern in sämtlichen Stalags, auch den „Russenlagern", wurden derartige Verzeichnisse sorgfältig geführt.[27]

Die Nachricht vom Tod eines Gefangenen ging vielen Stellen zu. Für das Stalag IX B Wegscheide/Bad Orb ist das gut dokumentiert. Unter ausdrücklichem Bezug auf die H.Dv. 38/5 teilte dessen Kommandant dem Standortältesten in Gelnhausen beispielsweise am 30. Dezember 1941 mit: „In der Anlage werden die Todesfallnachweise der nachstehend aufgeführten sowjet. Kriegs-Gefangenen übersandt." (Es folgen 13 Namen mit Angabe der Erkennungsmarke sowie der Hinweis, daß zusätzlich zwei Gefangene unbekannt verstorben seien.) Er bat darum, „die in den Nachweisen enthaltenen Angaben in die dortigen Listen einzutragen und die Nachweise urschriftlich an das Wehrkreiskommando IX Kassel weiterzuleiten". Die WASt erhielt, erneut unter Hinweis auf die Vorschrift, eine identische Liste als „Sammelmeldung", unter der es allerdings abweichend hieß: „Die Todesfallmeldungen des Lagerarztes mit Leichenschau-Schein, die Personalkarten I und die Abgangsmeldung werden in der Anlage überreicht." Der Wehrmachtgräberoffizier in Kassel sei über die Todesfälle verständigt worden. Auf einem dritten Blatt schließlich meldete das Stalag IX B dem OKW, allerdings ohne nähere Spezifizierung des Empfängers, sämtliche Todesfälle und gab

---

[26] Vergleiche von PK I von in Neuhammer Verstorbenen mit dem „Todesfall-Register" zeigen, daß beide inhaltlich übereinstimmen. Manche Stalags vermerkten den Tod eines Kgf. auf der PK I nur mit einem Kreuz. Der Eintrag mußte allerdings auch nicht erfolgen, denn die PK I wies keine entsprechende Rubrik auf.

[27] Das Bemühen um korrekte Buchführung ist vielfach überliefert. Die WASt z.B. kritisierte im Sommer 1942 das Stalag 311 Bergen-Belsen, das nach dem Tod zweier Kriegsgefangener im Spätherbst 1941 in Plötzkau/Kr. Bernburg die Todesfälle vom zuständigen Standesbeamten vorschriftswidrig hatte beurkunden lassen, ohne die WASt zwischenzuschalten. Sonderarchiv Moskau, Bestand 1367-II-20.

dabei außer Geburtsdatum und -ort, Sterbedatum und -ort zusätzlich Todesursache und Nationalität der Verstorbenen an. Eine Kleinigkeit ist symptomatisch für das vorschriftsmäßige Verhalten: auf der Liste für den Standortältesten in Gelnhausen wird ein auf einem Arbeitskommando in Aschaffenburg Verstorbener nicht erwähnt – völlig korrekt, da dieser Sterbefall sich außerhalb von dessen Zuständigkeitsbereich ereignet hatte. Der WASt und dem OKW demgegenüber aber war dieser Todesfall mitzuteilen, weil der Gefangene zum Bestand des Stalag IX B gehörte.[28]

Diese Beispiele mögen genügen. Sie belegen eindeutig, daß man die sowjetischen Gefangenen registriert und gezählt hat und das von Anfang an.[29] Am 26. Juni, mehr als zwei Wochen bevor die ersten in den „Russenlagern" eintrafen, hatte sich das OKW für die Verwendung der Personalkarte I und den Gebrauch von Erkennungsmarken entschlossen und damit die Weichen für eine genaue Erfassung gestellt, der dann auch kein einziger Gefangener entgehen durfte. Diese Feststellung gilt allerdings in dieser Grundsätzlichkeit vorerst nur für das Reichsgebiet. Für die besetzten Gebiete der Sowjetunion und das Generalgouvernement belegt Christian Streit umfassend ein – seiner Ansicht nach weitgehend unregistriertes – Massensterben von Hunderttausenden.[30] Ob das tatsächlich zutrifft, müssen weitere Untersuchungen der WASt-Bestände zeigen.[31]

Im Deutschen Reich selbst besaß das Militär demnach auf allen Ebenen – Stalag, Wehrkreis und OKW/WASt – einen genauen Überblick über den Gefangenenbestand und wäre daher in der Lage gewesen, jederzeit über einen sowjetischen Kriegsgefangenen entsprechend den Bestimmungen der Genfer Konvention Auskunft zu geben.[32] Dazu war die deutsche Führung jedoch nicht bereit, denn dann wäre vor aller Welt durch das Massensterben deutlich geworden, wie sehr die Behandlung der sowjetischen Soldaten aus ideologischen Gründen auf deren Vernichtung abzielte. Allein die Tatsache aber, daß eine Registrierung stattfand, zeigt um so deutlicher, wie bewußt die Wehrmacht ihre Verantwortung nicht wahrgenommen hat.

---

[28] Stadtarchiv Bad Orb, Sterbefälle sowjet. Kgf. (Dezember 1941/Januar 1942), Bl. 36–38. Auch in Auschwitz wurden die verstorbenen Kgf. registriert und in gleicher Weise an die WASt gemeldet. Vgl. die Aussage von Smolen, StA N, KV-Proz. Fall 12, A 11–14, Bl. 683f., sowie Brandhuber, Auschwitz, S. 19ff. Sanden, Langwasser, S. 29f., weist für das dortige Lager 600 Leichenschauscheine bis Jahresende 1941 nach.
[29] Schockenhoff, Zur Auseinandersetzung um die Zahl der Toten des Stalag 326, S. 346–351. Seine Kritik an der Argumentation von Hüser/Otto in der Dokumentation zum Stalag 326 ist schon aus methodischen Gründen nicht haltbar. Weder belegen „unmittelbare Nachkriegsaufnahmen", daß während des Krieges keine sorgfältige Registrierung stattfand, noch ist das Fehlen eines Teils der Gräberlisten nach dem Krieg ein Beweis für einen Verzicht auf eine vorherige Buchführung.
[30] Streit, Keine Kameraden, S. 130–134.
[31] Spätestens mit dem Eintreffen in den Stalags scheinen die Kgf. auch im Osten registriert worden zu sein. Vgl. Teile von Abgangslisten im ZAMO für Poniatowka (2/55), Siedlce, Warschau, Lublin (2/70), Kauen (2/72), Schepetowka, Dulag 100 Riga, Suwalki, Lemberg, Stalag 374 und 375 (2/98), dazu grüne Karteikarten (2/64). In der DD liegen Sterbefallnachweise mit Grabskizzen vor. Beispiele im Ordner Sowj. 2801–2950.
[32] Seit März 1942 verzichtete das RMI nach Absprache mit dem OKW auf eine Beurkundung der Todesfälle. Das ist jedoch nicht gleichzusetzen mit einem generellen Verzicht auf Registrierung und Buchführung. Vgl. Schockenhoff, Schätzen oder „Errechnen"?.

IV. Aussonderungen im Konfliktfeld ideologischer Prämissen

Wenn die vorangegangenen Ausführungen so ausführlich auf die Registrierung der sowjetischen Kriegsgefangenen eingegangen sind, so gibt es dafür drei gewichtige Gründe, denn gerade zum Arbeitseinsatz und zu den Aussonderungen sowjetischer Kriegsgefangener im Sommer 1941 ermöglicht der Erfassungsvorgang Aussagen, die das bisherige Bild von den diesbezüglichen Absichten der deutschen Führung erheblich modifizieren.

1. Mit dem 16. Juni hatte das OKW eine Änderung im Kriegsgefangenenwesen beschlossen. „Zur Übernahme und Betreuung der aus dem Operationsgebiet abgeschobenen Kriegsgefangenen" richtete es an der Ostgrenze des Reiches die „Heimatorganisation" ein, bestehend aus dem Wehrkreis I Königsberg und dem Generalgouvernement. Deren Lager unterschied es in organisatorischer Hinsicht von den „Russenlagern" des übrigen Reichsgebietes, die es für die eigentliche „Aufnahme" der Rotarmisten vorsah. Der Trennung lagen anfänglich rein praktische Erwägungen zu Grunde: Die deutsche Führung schätzte die Anzahl der zu erwartenden Gefangenen so hoch ein,[33] daß eine eventuelle Weiterleitung ins Reich vorherige Koordinierungsmaßnahmen erforderlich erscheinen ließ. Die Kriegsgefangenenlager im Bereich der Heimatorganisation besaßen daher, selbst wenn sie offiziell als Stalags bezeichnet wurden, den Charakter von Durchgangslagern (Dulags).

Für ein Dulag aber hatte die entsprechende Vorschrift, die H.Dv. 38/4 „Dienstanweisung für den Kommandanten eines Kriegsgefangenen-Durchgangslagers" aus dem Jahre 1939, festgelegt, es habe zwar eine Art Aufnahmeliste entsprechend den Tageseingängen zu führen, mithin einen eigenen Überblick zu besitzen, den Gefangenen jedoch weder Erkennungsmarken auszuhändigen noch sie der WASt zu melden, es sei denn, sie verblieben in dem betreffenden Dulag zu Arbeitszwecken.[34] Dies sei allein Aufgabe der aufnehmenden Stalags.[35] Formal korrekt hätte demnach in den Stalags des WK I und des Generalgouvernements eine Registrierung erfolgen müssen. Wenn dies, wie viele Personalkarten zeigen, entgegen der Vorschrift dort nicht stattfand,[36] so weist das sehr deutlich auf die Absicht hin, die Gefangenen möglichst zügig durch diesen Bereich durchzuschleusen und ins Reich weiterzuleiten. Die Erfassung der gegnerischen Soldaten zögerte sich freilich dadurch in völkerrechtswidriger Weise hinaus, denn „nicht registrierte Gefangene waren ‚offiziell' nicht vorhanden".[37] Für die

---

[33] Wie hoch man am 16.6. die Zahl einschätzte, zeigt sich in der Erhöhung der Belegungszahl für die „Russenlager" auf das Drei- bis Fünffache sowie in der Anordnung, die Lager im Bereich der Heimatorganisation bis an die Grenze ihrer Aufnahmefähigkeit zu belegen. Zu den Erwartungen der deutschen Führung hinsichtlich der Gefangenenzahlen vgl. Streit, Keine Kameraden, S. 75f.
[34] Im ZAMO liegen PK I, in der DD Sterbefallnachweise mit Erkennungsmarken verschiedener Dulags.
[35] IfZ, Da 34.12, S. 11f. Eine Meldung an die WASt sollte auch im Todes- oder Fluchtfall erfolgen.
[36] Insofern war der Befehl vom 16.6. auch aus formalen Gründen zwingend notwendig. Der Kgf. Aleksei Iljitsch Lukanow kam am 15.11. mit vielen anderen im Transport Serie 6 von Pogegen (Ostpreußen) nach Stalag XI B Fallingbostel und wurde dort als Nr. 120826 registriert. Andere Kgf. kamen ausweislich ihrer PK I Ende September aus dem Oflag 58 Siedlce nach Stalag 304 Zeithain und erhielten dort ihre Erkennungsmarke. Vgl. dazu auch Osterloh, Ein ganz normales Lager, S. 35f.
[37] Streit, Keine Kameraden, S. 74.

"Russenlager" im Deutschen Reich selbst dagegen sah der Befehl vom 26. Juni von Anfang an eine, wenn auch zunächst auf die persönlichen Daten reduzierte, Erfassung vor, wobei sich deren Einschränkungen allerdings ohne weiteres als vorläufig interpretieren ließen.

Die Erfassung bedeutete einen ersten, aber entscheidenden Schritt auf dem Weg zu einem Einsatz der sowjetischen Gefangenen in der deutschen Kriegswirtschaft, da erst sie eine gezielte Verwendung ermöglichte. Ein diesbezüglicher Befehl lag zwar im Juni 1941 noch nicht vor, war aber nach Ansicht maßgeblicher Vertreter in Wirtschaft und Wehrmacht zweifelsfrei zu erwarten, und es galt, wie schon bei der Planung der "Russenlager", auf diesen Tag vorbereitet zu sein, um bei der angespannten Lage auf dem Arbeitsmarkt möglichst wenig Zeit zu verlieren.[38] Dann erst mit der Registrierung zu beginnen, hätte unnötig viel Zeit gekostet.

Spätestens Mitte Juni 1941 waren die Überlegungen so konkret, daß sie Eingang in die militärische Planung fanden. Mit Hilfe einer Umorganisation des Kriegsgefangenenwesens an der Ostgrenze ließ sich die Zuführung der Gefangenen nicht nur steuern, sondern auch beschleunigen. Dort hätte sich eine Erfassung jedoch eher hemmend ausgewirkt; sinnvoller erschien es, die sowjetischen Soldaten erst in den "Russenlagern" des Deutschen Reiches mit Erkennungsmarken auszustatten und in diesen Stalags für jeden von ihnen auch die Karteikarte I anzulegen, ein Verfahren, das wegen der vielen aufzunehmenden Daten etliche Tage in Anspruch nehmen würde.

Ein Einsatz erforderte freilich zuvor eine ebenfalls sehr zeitaufwendige Meldung sämtlicher Männer an die WASt, da erst Listen erstellt, nach Berlin geschickt und dort bearbeitet werden mußten.[39] Als sich wenige Tage nach Beginn des Überfalls abzeichnete, daß die Zahl der Gefangenen weit höher sein werde als erwartet, griff man im OKW auf die Erfahrungen zurück, die man bei der Registrierung der Süd-Ost-Gefangenen gemacht hatte, und verfügte am 2. Juli die Einführung der vierteiligen grünen Postkarte, mit der sich die Rotarmisten selbst bei der WASt zu melden hätten, und beschleunigte dadurch das Verfahren erheblich.[40]

Der gedämpfte Optimismus, mit dem zwei Tage später die Teilnehmer einer Konferenz im Wirtschafts- und Rüstungsamt (WiRüAmt) das Problem diskutierten, erschien durchaus berechtigt, da sie bereits vor dem Eintreffen der ersten

---

[38] Während das OKW am 16.6. für den WK I und das GG einen Arbeitseinsatz "für die unmittelbaren Bedürfnisse der Truppe", also nicht nur im Lager selbst, verfügte, sah es am 26.6. für das Reich eine Beschäftigung nur innerhalb der Stalags in Form von "Lagerarbeiten" vor. Dadurch waren die Gefangenen jederzeit abrufbar.
[39] Die Aufnahme der 10000 "Arbeitsrussen" in Auschwitz dauerte laut Smolen wenigstens 14 Tage. StA N, KV-Proz. Fall 12, A 11–14, S. 952.
[40] Im entsprechenden Befehl zu den Süd-Ost-Gefangenen vom 9.4.1941 sah das OKW vor, die neuen Kgf. "sobald als irgendmöglich in Arbeit einzusetzen". Weiter hieß es dort: "Meldungen an die WASt (...) sind mittels der mit Befehl (...) vom 1. April 41 befohlenen vierteiligen Karten beschleunigt durchzuführen." BA/MA, RH 53–7/v. 724, Bl. 141. Wieweit am 2.7. auch Überlegungen eine Rolle spielten, die Sowjetunion könne sich nachträglich der Genfer Konvention anschließen, muß dahingestellt bleiben. Vgl. einen OKW-Befehl vom 23.7.1941, der auf eine mögliche Weitergabe der grünen Karten an die Sowjetregierung eingeht. Ebenda, RW 48/v. 12, Bl. 160.

Transporte alles Notwendige veranlaßt zu haben glaubten und ihrer Auffassung nach „weitere Überlegungen über den Einsatz von Kriegsgefangenen erst dann zweckmäßig seien, wenn feststeht, daß Kriegsgefangene im Reich in Arbeit eingesetzt werden dürfen und zu übersehen ist, mit wieviel Kriegsgefangenen aus dem Osten etwa gerechnet werden kann"[41].

Mehrere Erlasse des OKW, die in den folgenden Wochen nähere Einzelheiten des „Russeneinsatzes" regelten, spiegeln noch deutlich diesen optimistischen Realismus wider, und es ist sicherlich kein Zufall, daß von den fünf „Russenlagern" die am 15. Juli als belegt gemeldet wurden, sich wenigstens drei mit einem unmittelbaren Einsatz der Gefangenen in Industriegebieten in Verbindung bringen lassen: Stalag 304 Zeithain für Sachsen, Stalag 326 Senne für das Ruhrgebiet und Stalag 308 Neuhammer für Schlesien, mit gewissen Einschränkungen die Stalags 321 Bergen-Oerbke für den Großraum Hannover-Braunschweig und 310 Wietzendorf für Hamburg und Bremen. Als das OKW am 2. August schließlich offiziell den Einsatz von allerdings nur 120 000 „Russen" befahl, ließ sich das ohne Verzug in die Tat umsetzen, denn für jeden Gefangenen war nur noch die Karteikarte II anzulegen. Schon zwei Tage später arbeiteten beispielsweise die ersten Rotarmisten in den emsländischen Mooren.[42]

Vor diesem Hintergrund erscheint es fraglich, ob sich die in der Forschung oftmals geäußerte Ansicht noch aufrechterhalten läßt, bis Ende Oktober sei ein „Russeneinsatz" eher sporadisch erfolgt, keinesfalls habe es aber umfangreiche Planungen und Vorbereitungen dafür gegeben.[43] Die bisherige Darstellung liefert ein anderes Bild: Bezüglich eines Arbeitseinsatzes der sowjetischen Kriegsgefangenen existierten immerhin so realistische Vorstellungen, daß sie als Alternativen bei der Wehrmachtführung nicht nur Gehör fanden, sondern dort eine Zeitlang sogar als die wahrscheinlichere Lösung angesehen und deshalb in organisatorischer Hinsicht vorbereitet wurden.

2. Erstaunlicherweise kommt das ideologische Problem, der Einsatz des weltanschaulichen Gegners im Reich selbst, trotz der „Bolschewistenphobie" in den bisher erörterten Quellen nur am Rande zur Sprache, ein Phänomen, das sich nicht nur mit wirtschaftlichem Pragmatismus begründen läßt. Auch hier liefert der Erfassungsvorgang neue Erkenntnisse.

Am 28. Juni 1941, zwei Tage, nachdem das OKW für das Reich die Registrierung der sowjetischen Gefangenen befohlen hatte, formulierte der Chef der Sicherheitspolizei und des SD nach längeren intensiven Gesprächen mit der Wehrmachtführung erstmals „Richtlinien für die in die Stalags abzustellenden Kommandos" mit dem Ziel, dort alle vermeintlichen Gegner des Nationalsozialismus auszusondern. Wie sich aus verschiedenen inhaltlichen Übereinstimmungen er-

---

[41] Vm. des RAM vom 5.7.; BAK, R 41/168, Bl. 125. In einem anderen Vm. zu dieser Besprechung heißt es auch, die Anforderung von 500 000 Kgf. für den Arbeitseinsatz sei „unter dem Gesichtswinkel eines geringen Anfalls von Kriegsgefangenen" gestellt worden. IMT Bd. XXVII, S. 62, 1199-PS.
[42] StA OS, Rep. 430 Dez. 502 acc. 15/65 Nr. 203.
[43] So Streit, Keine Kameraden, S. 192–201; Herbert, Fremdarbeiter, S. 134f.

Das Problem des Arbeitseinsatzes sowjetischer Kriegsgefangener 161

gibt, entsprach mit dem WK I und dem Generalgouvernement der Geltungsbereich dieser Richtlinien dem des Einsatzbefehls Nr. 8 drei Wochen später. Exekutionen Ausgesonderter sollten nicht in Lagernähe stattfinden, und bei Lagern in unmittelbarer Nähe der ehemaligen Grenze zur Sowjetunion seien die Gefangenen „zur Sonderbehandlung auf ehemals sowjetrussisches Gebiet zu verbringen".[44] Schon jetzt hatte das RSHA das Vorgehen der Einsatzkommandos eng mit dem OKW abgestimmt, das seinerseits in einem eigenen, leider wohl nicht erhaltenen Befehl die Stalagkommandanten anweisen wollte, Auslieferungsanträgen der Einsatzkommandos stattzugeben.[45]

Für Aussonderungen freilich wäre eine vorhergehende Erfassung in höchstem Maße „hinderlich" gewesen, denn letztere zwang zu einer so genauen Buchführung über jeden Gefangenen, daß zwar eine unauffällige physische Eliminierung, jedoch keine Tilgung aus der Kartei mehr möglich gewesen wäre. Vom Ansatz her schloß der OKW-Befehl vom 26. Juni eine solche systematische Vernichtung von „Bolschewisten" sogar aus; das zeitliche Zusammentreffen mit den ersten Richtlinien für die Einsatzkommandos zeigt eindeutig, daß für das Reich Aussonderungen nicht geplant waren, um den dort vermeintlich wenig später anlaufenden Arbeitseinsatz dadurch nicht mehr zu beeinträchtigen. Sie mußten, wie alle Beteiligten an der Besprechung vom 4. Juli akzeptierten, noch vor dem Eintreffen der Kriegsgefangenen im Reich stattfinden.[46]

Im WK I und im Generalgouvernement waren dagegen nach dem Befehl vom 16. Juni alle notwendigen Vorbedingungen für den Zugriff auf und die Vernichtung von „untragbaren" sowjetischen Soldaten gegeben, denn durch den für den dortigen Bereich definitiv ausgesprochenen Verzicht auf eine Registrierung, der im übrigen am 26. Juni noch einmal ausdrücklich wiederholt wurde, fehlte die vielleicht wichtigste Grundlage für ihren völkerrechtlichen Schutz; sie waren, wie Christian Streit es formuliert hat, „,offiziell' nicht vorhanden"[47]. Diejenigen Gefangenen, deren weltanschauliche „Unbedenklichkeit" im Rahmen des Überprüfungsverfahrens festgestellt worden war, ließen sich anschließend ohne Verzug in das Deutsche Reich zum Arbeitseinsatz weiterleiten. Schon am 16. Juni waren demnach die Absprachen zwischen OKW und RSHA hinsichtlich der „Vernichtung der bolschewistischen Weltanschauung" in den Kriegsgefangenenlagern so weit gediehen, daß sie sich auf seiten der Wehrmacht organisatorisch umsetzen ließen, ohne daß bei der Formulierung des Befehls auch nur einmal der Begriff „Aussonderung" fallen mußte.

Christian Streit hat bei der Bewertung dieses Befehls den Schwerpunkt auf die dort erstmals dezidiert festgelegte, von der Genfer Konvention fundamental ab-

---

[44] Am 17.7. schränkte der Chef SipouSD das mit dem Begriff „möglichst" ein. Die meisten Stalags lagen nahe der ehemaligen Grenze.
[45] BAK, R 58/272.
[46] Am 23.9. formulierte das OKH ganz deutlich. Der Abschub von weiteren 500 000 Kgf. sei genehmigt, heißt es in einem diesbzgl. Befehl. Der Abtransport werde aus der Kgf.-Organisation des OKW (Gebiete der Wehrmachtbefehlshaber, Generalgouvernement, Ostpreußen) „nach Aussonderung bestimmter Gruppen von Kriegsgefangenen durchgeführt". BA/MA, RW 6/v. 276, Bl. 3.
[47] Streit, Keine Kameraden, S. 74.

weichende Behandlung der sowjetischen Kriegsgefangenen gelegt.[48] Dem ist ohne Einschränkungen beizupflichten. Zu ergänzen ist aber, daß hier in eindeutiger, ideologisch motivierter Weise und mit klarem Unrechtsbewußtsein die Voraussetzungen für die Aussonderungen geschaffen wurden mit dem Ziel, einen Arbeitseinsatz der Gefangenen im Reich selbst überhaupt möglich zu machen.

Noch drei Wochen später sahen weder OKW noch RSHA einen Grund, von dieser Regelung abzugehen, denn bis auf wenige Änderungen übernahmen die Richtlinien des Einsatzbefehls Nr. 8 die Vorgaben vom 28. Juni. Als sich dann nach wenigen Tagen herausstellte, daß Rotarmisten bereits in den „Russenlagern" des Reiches angekommen waren, ließ sich aus der Sicht des RSHA das Problem durch eine einfache Ausweitung des Geltungsbereiches für den Einsatzbefehl Nr. 8 – den Einsatzbefehl Nr. 9 – lösen. Das OKW hatte sich dagegen mit seinem Befehl vom 26.6. in eine Situation manövriert, die es eigentlich zu einem Verzicht auf die Aussonderungen hätte zwingen müssen. Die Erfassung der Gefangenen war bereits angelaufen, und vom Zeitpunkt der Registrierung an war ein spurloses Verschwindenlassen von Ausgesonderten nicht mehr möglich; spätestens mit der Meldung an die WASt hatte die Wehrmacht für sie die völkerrechtlich verbindliche Verantwortung übernommen, ein Faktum, an dem auch die immer wieder vom OKW bemühte Tatsache, die Sowjetunion habe das Genfer Abkommen nicht ratifiziert, nichts änderte.[49] Erklären läßt sich das nur aus den überspannten Siegeserwartungen der deutschen Führung, die es ausgeschlossen erscheinen ließen, jemals über verschwundene Kriegsgefangene Auskunft geben zu müssen.[50]

Die Unrechtmäßigkeit dieses Vorgehens, das in völligem Widerspruch zur deutschen Militärtradition stand, veranlaßte viele Wehrkreiskommandos und Stalag-Kommandanten, vom OKW eine Auskunft darüber zu erbitten, ob man sich tatsächlich so verhalten könne oder müsse, und was vor allem in karteimäßiger Hinsicht bezüglich der Gefangenen geschehen solle, die man den Einsatzkommandos übergeben habe, zumal die Erkennungsmarkennummer auf jeden Fall eindeutig belegt sei. Das OKW reagierte relativ spät, am 30. September 1941, mit einem Befehl, der wie kaum ein anderer das ganze Ausmaß der verbrecherischen Absichten entlarvt und dessen Ungeheuerlichkeit sich erst aus der genauen Kenntnis des Erfassungsvorgangs erschließt. Wegen seiner Bedeutung soll er hier vollständig wiedergegeben werden:

„1.) Es liegt Veranlassung vor, unter Bezugnahme auf o. a. Verfg., nochmals darauf hinzuweisen, daß die Erfassung der sowjetischen Kriegsgefangenen zunächst nur in den Kriegsgefangenenlagern im Reichsgebiet (einschl. W. K. I) erfolgt. Die Anforderung von Karteimitteln und Erkennungsmarken, insbeson-

---

[48] Ebenda, S. 73–75.
[49] Die Bedeutung der Karteikarte I hatte das OKW am 3.4.1941 so hervorgehoben (ein großer Teil ist in der Vorlage unterstrichen): „Hierbei sei noch erwähnt, daß die Karteikarte I nach Beendigung der Kriegsgefangenschaft an den Heimatstaat des Kr. Gef. abgegeben wird und darum so vollständig ausgefüllt sein muß, daß Rückfragen vermieden werden." Mit dem Ausfüllen übernahm das OKW somit formal die Verantwortung für die Kgf. BA/MA, RW 48/v. 12, Bl. 126.
[50] Zu den Siegeserwartungen Streit, Keine Kameraden, S. 80–82.

dere der für sowjetische Kriegsgefangene vorgesehenen vierteiligen grünen Karteikarten, von den Kriegsgefangenenlagern des Ostgebiets, findet hierdurch ihre Erledigung. Die Erfassung der sowj. Kr. Gef. im Gen. Gouv. wird erst nach Abschluß der Operationen an der Ostfront befohlen werden.

2.) Von den Kriegsgefangenenlagern im Reichsgebiet sind nur *diejenigen sowjetischen Kriegsgefangenen zu erfassen und an die WASt mittels der 4-teiligen grünen Karteikarten zu melden, die nach der Aussonderung* gemäß Verfügung OKW Az. 2 f 24.11 AWA/Kriegsgef. I Nr. 3058/41 geh. vom 8.9.1941 endgültig im Lager verbleiben oder in Arbeit eingesetzt werden."[51]

Um dem Problem aus dem Weg zu gehen, mußte die Aussonderung der Erfassung vorangehen; die so dem Tode Überantworteten hätten sich später durch diesen „methodischen Kunstgriff" ganz einfach als „verschollen" deklarieren lassen, ohne daß man in irgendeiner Weise in der Verantwortung gestanden hätte. In geradezu naiv-hilfloser Weise konstruierte das OKW hier allerdings einen Zustand, den die Realität längst überholt hatte, denn zu diesem Zeitpunkt war der überwiegende Teil der Kriegsgefangenen bereits erfaßt. Die Wehrmacht stellte den Einsatzkommandos somit von Anfang an fast ausschließlich Gefangene zur Verfügung, die weder vor noch – erst recht nicht – nach dem 30. September 1941 hätten ausgesondert werden dürfen. Selbst gegen den Befehl vom 30. September aber wurde in der Folgezeit geradezu routinemäßig verstoßen. Für das Stalag 308 Neuhammer/Niederschlesien sind beispielsweise für den Monat Oktober 1941 insgesamt acht Listen mit den Namen von zusammen 160 Ausgesonderten erhalten, auf der jeder einzelne mit Namen, Vornamen und Erkennungsmarke angegeben ist.[52] Und schon beim Eintreffen des Einsatzkommandos (5. August) hielten sich dort nahezu 30000 Gefangene auf, von denen ein beträchtlicher Teil bereits die Registrierung durchlaufen hatte. Für die Stapobeamten bedeutete die Erfassung allerdings eher eine „Erleichterung" ihrer Aufgabe, konnten sie doch mit Erlaubnis des Kommandanten in aller Ruhe die Personalkarten durchsehen und auf diese Weise etwa Offiziere herausfinden.[53]

Allein schon mit der Herausgabe des Befehls, der sämtlichen Wehrkreiskommandos und Kriegsgefangenenlagern zuging, gab das OKW zu, daß die Aussonderungen bis zu diesem Zeitpunkt in eklatantem Widerspruch zu geltendem Recht gestanden hatten. Darüber hinaus aber erteilte es jetzt allen deutschen Soldaten, die mit der Registrierung der sowjetischen Kriegsgefangenen befaßt bzw. dafür verantwortlich waren, von höchster Stelle einen Dispens für ein Verhalten,

---

[51] BA/MA, RW 48/v. 12, Bl. 169. Unterstreichungen im Original. Seit dem Befehl vom 2.8. sollte auch im WK I eine Erfassung wie üblich stattfinden. Das spricht dafür, daß die „Hauptaussonderung" für das Gebiet östlich der Reichsgrenze, insbesondere im Generalgouvernement, vorgesehen war. Vgl. dazu Anm. 46 sowie das folgende Unterkapitel. Eine wichtige Rolle bei der Entscheidung dürfte jetzt auch die dort rapide ansteigende Sterblichkeit unter den Gefangenen gespielt haben. Dazu Streit, Keine Kameraden, S. 132–134.
[52] Verf. Neuhammer, Unterakten, Bd. D. Für Dachau und Sachsenhausen ist überliefert, daß die Erkennungsmarken der Ausgesonderten gesammelt wurden.
[53] Zur Einsichtnahme der Stapo-Beamten in die Kartei vgl. das Beispiel Hammelburg auf S. 53, für Thorn Verf. Thorn, Aussage N., Bd. I, Bl. 83, sowie für das EK Stuttgart J. K., Verf. Ludwigsburg, Bl. 75.

dessen Völkerrechtswidrigkeit jedem einzelnen von Anfang an bewußt sein mußte. Es machte sie so wenigstens zu Mitwissern an einem bis dahin beispiellosen Verbrechen, denn zumindest den Offizieren war seit dem Eingang des Befehlskomplexes vom 17. Juli 1941 bekannt, was mit den Betreffenden geschehen würde.

Das „Karteiproblem" blieb jedoch unlösbar. Wie hilflos man in den Kriegsgefangenenlagern z. T. darauf reagierte, zeigt das Beispiel des Stalag XIII A Sulzbach-Rosenberg. Die dortige Abteilung Kartei gab, wie bereits im Zusammenhang mit dem Einsatzkommando Regensburg geschildert, am 24. Oktober 1941 die Personalkarten von Ausgesonderten wie bei einer normalen Versetzung in ein anderes Lager an die Stapo weiter, zu einem Zeitpunkt also, an dem der Befehl vom 30. September die Stalags zweifellos erreicht hatte und damit spätestens jetzt auch vor Ort bekannt war, welche formalen Widersprüche die Aussonderung von bereits Erfaßten in sich barg. Wenn man trotzdem die Karten an die Gestapo abgab, dann konnte das nur in dem Glauben geschehen, sich des Problems auf diese Art und Weise entledigen zu können und dafür auch Rückendeckung bei der militärischen Führung zu besitzen.

Daß diese Hoffnung trog, mußte man in Sulzbach-Rosenberg wenige Wochen später feststellen. Am 3. November übersandte das Stalag XIII A einmal mehr der Stapo Regensburg in der üblichen Weise „ein namentliches Verzeichnis sowie Pers. Karten I der im Laufe des Monats Oktober überstellten 88 sowjetruss. Kr. Gefangenen". Ende November sah sich die Abteilung Kartei, deren Leiter immerhin ein Offizier im Hauptmannsrang war, offensichtlich auf Intervention des OKW hin gezwungen, erneut an die dortige Stapostelle zu schreiben:[54] „M.-Stammlager XIII A übersandte mit Schr. v. 3.11.41 namentliches Verzeichnis sowie 88 Pers. Karten I der im Laufe des Monats Oktbr. der Gestapo Regensburg überstellten sowjetruss. Kriegsgefangenen. Da nun seit neuester Vorschrift die Karteimittel bei solchen Überstellungen direkt an das OKW Berlin einzusenden sind, wird um Retournierung dieser Pers. Karten I gebeten."

Die Berufung auf eine „neue Vorschrift", bei der es sich nur um die H.Dv. 38/5 gehandelt haben kann, diente allerdings wohl eher dazu, das bisherige vorschriftswidrige Verhalten gegenüber der Stapo zu kaschieren. Das Verhalten von Stalag XIII A scheint freilich keine Ausnahme gewesen zu sein, denn das OKW wies in seiner Befehlssammlung Nr. 11 vom 11. März 1942 ausdrücklich darauf hin: „Werden sowjet. Kr. Gef. endgültig an die Einsatzkommandos des SD abgegeben, so sind die von den Stalags für sie verwahrten Geldmittel und sonstigen Wertgegenstände mit an den SD zu übergeben. Die Personalkarten I und II gehen an die Wehrmachtauskunftstelle."[55]

---

[54] DD, Ordner Diverse Unterlagen fremdländ. Kgf., Vorgänge 204 und 205. Bereits am 28.11. erhielt Stalag XIII A sämtliche bisher nach Regensburg geschickten PK I, insgesamt 168, zurück. Ebenda, letzte Seite des Ordners. Das Begleitschreiben unterzeichnete ein Angehöriger des EK, der nach dem Krieg allerdings zu Protokoll gab, vom Schicksal der Kgf. nichts gewußt zu haben. Verf. Zeithain, Handakten Lindow, Bl. 294. Vgl. auch oben S. 127.
[55] BA/MA, RW 6/v. 270, Bl. 70. Daß man hinsichtlich der Wertgegenstände tatsächlich so verfuhr, zeigen verschiedene PK II, auf denen die Löhne eingetragen wurden. Vgl. z. B. DD, PK II von Iwan Bulgakow (309/9191) mit dem z. T. handschriftlich ausgefüllten Stempel: Entlassen Gestapo

Im Oflag 62 Hammelburg verfuhr man mit den Karteikarten anders. Dort erhielten sie auf der Vorderseite einen Stempel „überwiesen an Gestapo am: (Datum)", auf der Rückseite wurde die Übergabe dann nochmals unter „Versetzungen" notiert. Während dieser Eintrag eher unauffällig und leicht zu übersehen ist, springt der vordere Aufdruck durch die Größe seiner Buchstaben und den diagonalen Verlauf so unmittelbar ins Auge, daß sich der Eindruck aufdrängt, hier seien Karteikarten gleichsam ungültig gestempelt worden.[56] In der Tat hatte die Kommandantur die Ausgesonderten aus der Kriegsgefangenschaft entlassen, glaubte daher, aller Verantwortung ledig zu sein, und machte das nach außen hin durch den Stempel deutlich. Die WASt freilich, der dann diese Karten zugingen, hielt sich an die Weisung, nach der die PK I „nach Beendigung der Kriegsgefangenschaft an den Heimatstaat des Kr. Gef. abgegeben" werden müsse, und ordnete sie in ihre Offizierskartei ein.

Einen Bescheid über die Abgabe von Gefangenen an die Stapo hatte man in Berlin schon vorher erhalten. Ein Angehöriger der Verwaltung des Stalag 304 Zeithain sagte dazu aus: „Meine Aufgabe bestand nun hauptsächlich darin, daß ich die Namen und Kriegsgefangenennummern der Ausgesonderten an die WASt nach Berlin melden und mitteilen mußte, daß die aufgeführten Gefangenen aus der Kriegsgefangenschaft entlassen und der Gestapo überstellt seien. Die Listen der Ausgesonderten wurden mir jeweils durch meinen Vorgesetzten, den Hauptmann Z., übergeben."[57]

Nach wie vor war demnach ein Nachweis über den Verbleib eines jeden ausgesonderten Rotarmisten möglich, und das nicht nur in der WASt, sondern auch in den Kriegsgefangenenlagern, von denen jedes ein Verzeichnis der von ihm ausgegebenen Erkennungsmarken führte und in dem, wie oben der kurze Auszug aus dem Verzeichnis von Stalag 310 (X D) Wietzendorf zeigt, der weitere Weg sämtlicher Gefangener vermerkt wurde. Hinsichtlich der Ausgesonderten hieß das in Wietzendorf knapp „Eins. Kdo SS"; bei insgesamt 639 Namen kommt das immerhin in 41 Fällen vor.[58] Ein solches Verzeichnis aber ließ sich im nachhinein nicht mehr „bereinigen"; hätte man statt eines solchen Eintrags bewußt falsche Angaben hinsichtlich einer Versetzung gemacht, wäre das leicht durch die PK I bzw. die Buchführung in den anderen Stalags zu überprüfen gewesen.[59] Einzig der unbedingte Glaube an den Endsieg kann die Wehrmacht-

---

am 12.7.44 nach Nbg.-Fürth. Auf der Rückseite bescheinigte die Gestapo am 12.8.44, 347,05 Reichsmark erhalten zu haben.
[56] Makaber genug, erleichtert diese Tatsache im ZAMO das Auffinden der Karteikarten von in Hammelburg ausgesonderten Offizieren enorm.
[57] Verf. Zeithain, Bd. III, Bl. 728. Die Meldung erfolgte über die grüne Karteikarte. Vgl. ZAMO, PK I von Pawel Wassiljewitsch Mironenko (308/19637) mit anhängender grüner Karte, darauf der Vm. „abgestellt n. d. K.Lager Gross-Rosen", ohne Datum, aber mit dem WASt-Eingangsstempel 26.3.1942. Weitere Beispiele liegen vor. Im Gegensatz zu den Offizieren wurden bisher keine PK I von Mannschaften oder Uffz. mit entsprechenden Einträgen gefunden. Siehe aber Anm. 59.
[58] DD, Sonderakte Nr. 10. Als Daten werden angegeben für September 1941: 15., 18., 23.; für Oktober 2., 6., 19., 21., 27. und 30. sowie der 16.4.1942. Die Kgf. wurden in Sachsenhausen liquidiert.
[59] Vgl. im ZAMO die PK I von Fachrasy Foschetgin Galin (X D 17594) mit zwei Stempelaufdrucken auf der Rückseite; handschriftliche Eintragungen hier kursiv: „8. Sept. 1941" übern. ... Meyer ... SS-Unterst. F. ... *ungültig*". Es folgt ein unleserliches Kürzel. Die gesamte Zeile – inklusive *ungültig* – ist durchgestrichen. Unterstumführer Meyer war Leiter des EK in Wietzendorf.

führung dazu veranlaßt haben, sich an der Organisation eines Verbrechens zu beteiligen, von dem sie wissen mußte, daß sich seine Spuren nie würden beseitigen lassen.

Welchen Stellenwert die Erfassung besaß, kann man noch an einer anderen Tatsache ermessen. Als das OKW am 2. August die vollständige Registrierung der sowjetischen Kriegsgefangenen verfügte, lagen die Einsatzbefehle schon etwa zwei Wochen vor; d. h., obwohl klar war, daß Gefangene in unbekannter Anzahl ausgesondert werden sollten, wurde etwas befohlen, das eigentlich das Vorhaben formal unmöglich machte. Dies läßt nur den einen Schluß zu, daß der Arbeitseinsatz eine Priorität besaß, der gegenüber alle anderen Bedenken zurückgestellt wurden.

3. Wie oben gezeigt, läßt sich anhand von Zeugenaussagen und Belegungslisten mit an Sicherheit grenzender Wahrscheinlichkeit der Nachweis führen, ob in einem Stalag ausgesondert wurde. Die Erfassung liefert das dritte Kriterium. Spätestens ab Ende Juli 1941 kamen Rotarmisten nicht mehr nur in die „Russenlager", sondern auch in andere Stalags, wo sie registriert wurden und ihre Erkennungsmarken erhielten, eine Tatsache, die das Reichssicherheitshauptamt mit den ergänzenden Richtlinien vom 27. August anerkannte. Es befahl daher allen Stapostellen, sämtliche Kriegsgefangenenlager zu überprüfen, sobald sich sowjetische Soldaten in ihnen befänden. Läßt sich also über Erkennungsmarken für 1941/42 die Aufnahme von sowjetischen Kriegsgefangenen in einem Stalag nachweisen, ist das zugleich als ein Beleg für die Tätigkeit eines Einsatzkommandos dort zu sehen, denn Registrierung und Aussonderung waren Teile eines einzigen Vorgangs.[60]

Das erweist sich als sehr hilfreich im Falle der Emslandlager Stalag VI B Neu Versen und VI C Bathorn. Deren Stärke lag Ende August 1941 bei etwa 23 000 Gefangenen und damit fast doppelt so hoch wie die des „Russenlagers" im WK VI Münster, dem Stalag 326 Senne, mit 12 000 Mann. Wenigstens ein Teil dieser Männer kam, wie Personalkarten, Fluchtmeldungen und andere Quellen zeigen, direkt und nicht auf dem Umweg über die Senne in das Emsland, wo sie aufgenommen und registriert wurden.[61] Ein solches „Unruhepotential" unüberprüft zu lassen, wäre in höchstem Maße „gefährlich" gewesen, denn selbst die Gefangenen, die aus der Senne kamen, hatten in den wenigsten Fällen Stapobe-

---

Auf der Vorderseite steht ein Stempel „Während d. Quarantänezeit unbekannt verstorben". Ob hier eine irrtümliche Aussonderung berichtigt oder eine eingetragene kaschiert werden sollte, wird sich erst sagen lassen, wenn der entsprechende Teil des Erkennungsmarken-Verzeichnisses aufgefunden wird. Ähnlich in der DD die Rückseite der PK I von Wasilij Shirkow (X D 11843) mit unausgefülltem Stempel „übern.... SS Unterst. F.". Gemäß den Eintragungen auf der PK wurde Shirkow ab 3.10.1941 auf verschiedenen Arbeitskommandos eingesetzt und überlebte offensichtlich das Kriegsende.

[60] Gemäß dem Befehl vom 30.9. stellte die Erkennungsmarke seitdem sogar eine Art vorläufige „Unbedenklichkeitsbescheinigung" dar, die bezeugte, daß ihr Träger ein erstes Überprüfungsverfahren „erfolgreich" durchlaufen hatte.

[61] Das ergibt sich aus PK I, Erkennungsmarkenangaben in Fluchtmeldungen, Sterbefallanzeigen, Übersichten über Fleckfieberkranke usw. in verschiedenen Archiven.

amten gegenübergestanden.⁶² Alles spricht dafür, daß hier ein Kommando sogar stationär eingesetzt worden sein muß, das zu stellen eine Aufgabe der Stapo Osnabrück war.

Es gibt jedoch merkwürdigerweise keinen einzigen Hinweis darauf, daß in den Emslandlagern ausgesondert worden ist. Osnabrück erhielt die Einsatzbefehle erst mit den Richtlinien vom 27. August, obwohl die Verhältnisse im Emsland wegen der hohen Gefangenenzahlen wenigstens ebenso „gravierend" waren wie im WK XIII Nürnberg, in dem die Stapostellen Nürnberg-Fürth, Würzburg, Regensburg und Karlsbad wegen der großen Anzahl unüberprüft eingetroffener Gefangener die Einsatzbefehle Nr. 8 und 9 Anfang oder Mitte August noch nachträglich empfingen. Angehörige des Stalag-Personals von Neu Versen und Bathorn verneinten nach dem Krieg ausdrücklich die Existenz eines Einsatzkommandos; die Unglaubwürdigkeit ihrer Aussagen zeigt sich freilich daran, daß sie oft genug das Vorhandensein sowjetischer Gefangener im Emsland überhaupt bestritten.⁶³

Es lassen sich keine Gründe für das völlige Fehlen diesbezüglicher Quellen angeben. Sowohl die Tatsache aber, daß hier sehr frühzeitig Rotarmisten ankamen, als auch die Registrierung in den Emslandlagern selbst sind eindeutige Indizien dafür, daß hier ausgesondert worden sein muß und zwar in einer den „Russenlagern" durchaus vergleichbaren Größenordnung. Eine ähnliche Feststellung ist für das Stalag X B Sandbostel zu treffen, das im Herbst die ersten „Russen" erfaßte.⁶⁴

Auch in anderer Weise läßt sich das Aufnahmeverfahren als Kriterium für Aussonderungen anwenden, wie abschließend das folgende Beispiel zeigen soll. Ende November 1941 meldete die NSDAP-Kreisleitung Süderdithmarschen an die Parteikanzlei in Berlin: „Am Sonntag, dem 15.11., wurden drei russische Kriegsgefangene eingebracht, die aus dem hier bei Reinfeld fahrenden Zuge, der 3 000 Gefangene, die aus Rußland kamen, enthielt, entwichen waren."⁶⁵ Ziel des Transportes war das Stalag X A Schleswig, für das die Belegungslisten erstmals am 1. Oktober 1941 sowjetische Kriegsgefangene verzeichnen. Wenn aber der Transport direkt aus dem Osten kam, war eine Registrierung der Gefangenen bisher ebensowenig erfolgt wie eine Überprüfung, für die im WK X Hamburg eigentlich das „Russenlager" Stalag 310 Wietzendorf vorgesehen war. Beides fand demnach erst in Schleswig statt. Auch wenn hier, wie im Falle des Emslandes, keine einzige Quelle zu den Aussonderungen vorliegt, muß man doch da-

---

⁶² Das dortige EK nahm frühestens Mitte August seine Arbeit auf. Vgl. Hüser/Otto, Stalag 326, S. 57f.

⁶³ Schockenhoff hat hier die Zeugenaussagen zu unkritisch übernommen, ebenso die darauf basierende Feststellung der Staatsanw. Münster, im WK VI sei offenkundig nur in der Senne ausgesondert worden. Ders., Eine Tragödie, S. 157. Die Unkenntnis ist möglicherweise auch darauf zurückzuführen, daß die Kgf. im Emsland auf etwa 10 Teillager verteilt waren. StA OS, Rep. 430 Dez. 502 acc. 15/65 Nr. 203.

⁶⁴ Die umfangreiche Darstellung von Borgsen/Volland, Stalag X B Sandbostel, erwähnt nichts Diesbezügliches. Für Aussonderungen in Sandbostel (Kr. Bremervörde) war die Stapo in Wesermünde, heute Bremerhaven, zuständig.

⁶⁵ LA SL, Abt. 454 Nr. 4, Bl. 300991.

von ausgehen, daß die Stapo Kiel einige Beamte in das Stalag X A abstellte, um den Einsatzbefehlen Genüge zu leisten.

Die widersprüchliche Haltung des OKW und die Bedürfnisse der Kriegswirtschaft bis zum Oktober 1941

Mit der Planung und Einrichtung der „Russenlager" sowie der Erfassung der Kriegsgefangenen glaubte das OKW bis Anfang Juli 1941 alles Notwendige veranlaßt zu haben, um nach einem entsprechenden, allgemein erwarteten Befehl Hitlers die sowjetischen Soldaten umgehend zur Arbeit einsetzen zu können. Den ideologischen Vorbehalten gegenüber einem „Russeneinsatz" trug es mit der beabsichtigten Aussonderung aller „untragbaren" Gefangenen vor dem Überschreiten der Reichsgrenze Rechnung; darüber hinaus sah es vor, all diejenigen Rotarmisten, deren Überprüfung „negativ" ausgefallen war, bis zum endgültigen Einsatz in den „Russenlagern" zu isolieren.

Dieses Konzept stieß, wie die Besprechung im Wirtschafts- und Rüstungsamt am 4. Juli 1941 zeigt, auf allgemeine Zustimmung. So merkte ein Vertreter des Amtes Rosenberg wenige Tage später, am 8. Juli, dazu noch an, gegen einen Arbeitseinsatz der „Sowjetkriegsgefangenen" bestünden nur dann keine politischen Bedenken, wenn zuvor ein „Ausschluß aller politischen Kommissare und führender kommunistischer Parteifunktionäre" erfolgt sei.[66]

Ausgeräumt waren diese Bedenken damit freilich noch lange nicht. Am selben Tag gab das OKW zum ersten Mal „Richtlinien für den Einsatz russischer Kriegsgefangener" heraus und hob darin hervor, diese dürften in Deutschland selbst „grundsätzlich nur in geschlossenen Kolonnen" arbeiten, eine Bestimmung, die in den folgenden Wochen noch verschärft wurde. Am 24. Juli hieß es beispielsweise, eine solche Kolonnenarbeit könne nur an völlig isolierten Plätzen stattfinden und das lediglich dort, wo bisher Kriegsgefangene anderer Nationen im „wehrmachteigenen Einsatz" beschäftigt gewesen seien. An allen anderen Stellen habe das „unbedingt zu unterbleiben".[67] Am 2. August gab das OKW den Arbeitseinsatz der sowjetischen Soldaten dann zwar grundsätzlich frei, betonte aber erneut die Verpflichtung zur isolierten Kolonnenarbeit.

Für diese Einschränkungen gab es gleich mehrere Gründe. Die Verwendung für Arbeiten im Wehrmachtsbereich entzog die Gefangenen jeglicher Kontrolle von außen und erleichterte dadurch die seit dem 21. Juli für die „Russenlager" geplanten Aussonderungen erheblich. Gleichzeitig verhinderte sie einen Kontakt zur deutschen Bevölkerung, in dem die deutsche Führung eine immense ideologische Gefahr sah, die Reichspropagandaminister Joseph Goebbels noch ein Jahr später, im Sommer 1942, mit den Worten definierte: „Es darf nicht vergessen werden, daß in unserem Volk noch 5 000 000 Menschen leben, die früher einmal

---

[66] BAK, R 41/168, Bl. 143. Hinzu kam neben anderem eine Differenzierung nach Volksgruppen.
[67] Beide Befehle in: BA/MA, RW 19/2109. Bezeichnenderweise regelten die Richtlinien vom 8.7. den Arbeitseinsatz im besetzten Ostraum und im Reich, nicht aber für den Bereich der Heimatorganisation.

kommunistisch gewählt haben."⁶⁸ Die Kolonnenarbeit schließlich bedeutete für die Wehrmacht eine leichtere Überwachung der Gefangenen, ein bei der Personalknappheit sicherlich nicht zu unterschätzendes Argument.

Welches Gewicht derartige ideologische Bedenken besaßen, legte General Reinecke am 12. August 1941 im OKW auf einer Dienstbesprechung sämtlicher Sachbearbeiter für den Arbeitseinsatz in aller Offenheit dar: „Es gibt nur ein Gesetz, das zu beachten ist: das deutsche Interesse, darauf gerichtet, das deutsche Volk gegen die auf Arbeitskommandos befindlichen sowjetrussischen Kr. Gef. zu sichern und die Arbeitskraft der Russen auszunutzen. Die Verantwortung für den Russeneinsatz trägt allein die Wehrmacht."

Der Arbeitseinsatz sei zwar äußerst wichtig, jedoch wegen der besonderen ideologischen Verhältnisse so heikel, daß sich die Landesarbeitsämter die Anforderung von Russen sehr genau überlegen müßten. Welche Folgen eine Fehlentscheidung hätte, hielt Reinecke den Anwesenden deutlich vor Augen. Das Protokoll vermerkt dazu: „Wenn in Deutschland auch nur einige wenige und beachtliche Unzuträglichkeiten (z. B. Meuterei, Sabotage, Verkehr mit Deutschen usw.) sich ereignen sollten, hat Generalleutnant Reinecke erklärt, den gesamten Russeneinsatz rigoros herauszunehmen, da der Schutz des deutschen Volkes beim Russeneinsatz das Maßgebliche und der Arbeitseinsatz erst in 2. Linie zu beachten ist."⁶⁹

Im Bereich der Wirtschaft allerdings vollzog sich derweil eine Entwicklung, deren Pragmatik die von den sowjetischen Gefangenen ausgehende ideologische „Gefahr" völlig zu ignorieren schien; ihre Protagonisten stammten gleichermaßen aus der Wehrmacht, der Wirtschaft und den für die Wirtschaft zuständigen Behörden, vor allem dem Reichsarbeitsministerium (RAM). Mit einer erstaunlichen Selbstverständlichkeit bereiteten sie von Ende Juni 1941 an den „Russeneinsatz" in einer Art und Weise vor, als habe es Vorbehalte von Wehrmachts- sowie Partei- und Staatsführung kaum gegeben.

Verständlich erscheint das noch bei den Vertretern der Industrie. Deren Haltung notierte das Rüstungskommando Dortmund am 28. Juni mit einer gewissen Verwunderung: „Um überhaupt eine Erleichterung auf dem Arbeitseinsatzgebiete zu bekommen, hoffen jetzt schon die Firmen, daß nach dem Beginn des Feldzuges gegen Rußland Kriegsgefangene in größerer Zahl zur Verfügung stehen werden. Sie bitten jetzt schon allen Ernstes um Vormerkung in der Zuweisung russischer Gefangener."⁷⁰

Ernstzunehmen war ein Brief des Vorsitzenden der Reichsvereinigung Kohle (RVK), Paul Pleiger, an Generalleutnant Reinecke zwei Tage später. Darin hob er den immensen Bedarf des deutschen Kohlebergbaus an Arbeitskräften hervor, der seiner Meinung nach durch die Zuweisung von 83000 sowjetischen Gefan-

---

⁶⁸ Zitiert nach Streit, Keine Kameraden, S. 193.
⁶⁹ Wiedergabe des Protokolls der Besprechung in einem Schreiben des Präsidenten des LAA Sachsen an den RAM vom 15.8.1941. BAK, R 41/168, Bl. 26.
⁷⁰ BA/MA, RW 21-14/7.

genen wenigstens vorerst gedeckt werden könne; geschehe das nicht, sei im kommenden Winter die Versorgung des Reiches mit Kohle auf das höchste gefährdet, ein Argument, dem sich nach Pleigers Ansicht das OKW nicht verschließen konnte. Zusätzlich setzte er es unter Druck mit dem Hinweis darauf, er werde „seinen" Unternehmern sofort die Anweisung erteilen, „die bereits vorhandenen freien Unterkünfte zur Aufnahme russischer Kriegsgefangener in vorbezeichneter Höhe bereit zu halten".[71] Wohl nicht zufällig bat das Arbeitsministerium am selben Tag Reichsmarschall Göring in seiner Eigenschaft als Beauftragter für den Vierjahresplan darum, sich „für die Freigabe der Ostgefangenen für den Einsatz im Reich einzusetzen".[72]

Eine knappe Woche nach der bereits mehrfach zitierten Besprechung vom 4. Juli erteilte das RAM den Landesarbeitsämtern erste Anweisungen, in welcher Form sie bei den Wehrkreiskommandos wegen des „Russeneinsatzes" im zivilen Sektor vorstellig werden sollten.[73] Das Rüstungskommando Dortmund kommentierte das in seinem Kriegstagebuch mit den Worten: „Die Zuweisung von ausländischen Arbeitskräften und Kriegsgefangenen scheint wieder in Fluß zu sein. Die Arbeitsämter nehmen Anmeldungen auf Zuweisung von kriegsgefangenen Russen entgegen."[74] Schon vor dem Eingang des Schreibens aus dem Reichsarbeitsministerium hatten Großbetriebe gegenüber den regionalen staatlichen Stellen nachdrücklich ihr Interesse an neuen Arbeitskräften bekundet. Ein Vertreter der Sachtleben AG für Bergbau und chemische Industrie in Homberg/Niederrhein sprach Anfang Juli persönlich im Arbeitsministerium vor. Er erfuhr zwar dort wie auch wenig später beim Landesarbeitsamt Köln, der Führer wünsche keine Verwendung von „Russen" in deutschen Betrieben, äußerte aber gegenüber dem Bürgermeister der Stadt Homberg die Hoffnung: „Falls sich hieran etwas ändern sollte, bitten wir, für uns ein bevorzugtes Interesse an der Erstellung von Arbeitskräften vorzumerken."[75] Die Maxhütte in Sulzbach-Rosenberg forderte am 9. Juli beim Arbeitsamt Amberg insgesamt 181 Arbeitskräfte an und erklärte sich auch mit der Zuweisung sowjetischer Kriegsgefangener einverstanden, um den Betrieb aufrechterhalten zu können.[76]

Die Anweisungen aus Berlin regten wiederum die Arbeitsämter zu umfangreichen Aktivitäten an, wie das Beispiel des Arbeitsamtes Stadthagen in Schaumburg-Lippe verdeutlicht. Am 12. Juli rief dessen Leiter beim dortigen Landrat an und teilte diesem mit, daß aller Wahrscheinlichkeit nach kriegsgefangene Russen zu erwarten seien; soweit im nichtlandwirtschaftlichen Bereich Bedarf vorhan-

---

[71] Ebenda, RW 19/2148. General Thomas im WiRüAmt erhielt einen Durchschlag. Das Schreiben Pleigers dürfte den Anstoß zu der Besprechung am 4.7. geliefert haben.
[72] Verweis auf dieses Schreiben im Vm. des RAM zu der Besprechung vom 4.7.1941. BAK, R 41/168, Bl. 125.
[73] Schnellbrief vom 9.7.1941. Das Schreiben liegt zwar nicht vor, doch ergibt sich sein Inhalt aus dem Erlaß des RAM betr. Arbeitseinsatz sowjet. Kgf. vom 14.8.1941. BAK, RD 19/3, Bl. 23. Darauf bezieht sich auch das in Anm. 69 genannte Schreiben des Präsidenten des LAA Sachsen an den RAM vom 15.8. Ebenda, R 41/168, Bl. 25.
[74] Tagebuch des RüKo Dortmund vom 12.7.1941; BA/MA, RW 21–14/7.
[75] Kopie des Schreibens in: Neikes u. a., Kriegsgefangene und Fremdarbeiter in Duisburg 1939–45, S. 29.
[76] Bulletin des Arbeitskreises „Zweiter Weltkrieg", S. 28.

den sei, möge er ihn anmelden. Nur drei Tage später übersandte er ihm die entsprechenden Formulare. In einem Begleitschreiben bat er darum, potentielle Kriegsgefangenen-Unterkünfte vom verantwortlichen Kontrolloffizier in Wunstorf abnehmen zu lassen und dessen Bescheinigung dem Arbeitsamt Stadthagen zwecks Weiterleitung an das zuständige Stalag XI B Fallingbostel zuzusenden, was dann auch geschah.[77] Keine der beiden Seiten äußerte irgendwelche weltanschaulichen Vorbehalte, so normal erschien ihnen die Tatsache, vorhandene kriegsgefangene Arbeitskräfte in Anspruch nehmen zu dürfen. Erst am 2. September erhielt der Landrat in Stadthagen die Nachricht, der Antrag sei abgelehnt worden, da laut Auskunft des Landesarbeitsamtes in Hannover „ein zusätzlicher Einsatz von russischen Kriegsgefangenen z. Zt. aus verschiedenen Gründen noch nicht möglich" sei.[78]

Im Arbeitsamt Hameln besprachen die verantwortlichen Stellen am 16. Juli den „Russeneinsatz", wobei ideologische Bedenken offenbar nur insoweit zur Sprache kamen, als der Leiter des Forstamtes Lauenau/Deister vorsorglich darauf hinwies, er habe für die Aufsicht über „Russen" zu wenig Waldarbeiter zur Verfügung und brauche deswegen unbedingt noch militärische Wachleute.[79]

Vor allem die Wehrmacht traf Vorbereitungen für den Einsatz der sowjetischen Kriegsgefangenen in einem Ausmaß, das in völligem Widerspruch zu den immer wieder geäußerten Bedenken zu stehen scheint. Am 21. Juli, demselben Tag, an dem mit dem Einsatzbefehl Nr. 9 die Aussonderungen in den „Russenlagern" befohlen wurden, übersandte das WiRüAmt den Rüstungsinspektionen in den Wehrkreisen die Richtlinien des OKW über den „Russeneinsatz" vom 8. des Monats und machte damit auf regionaler Ebene deutlich, daß eine, wenn auch ideologisch bedingt eingeschränkte, Beschäftigung der Gefangenen zu erwarten sei. Die Rüstungsinspektionen konnten das als eine im Sinne der Anfragen positive Auskunft ihrer vorgesetzten Stelle werten, hieß es doch zu Beginn der Richtlinien: „Ein Abtransport in das deutsche Reichsgebiet kommt nur insoweit in Frage, als der Beauftragte für den Vierjahresplan oder OKW/WiRüAmt Kriegsgefangene für die deutsche Wirtschaft als unbedingt notwendig anfordern."[80]

Unaufschiebbare Bedürfnisse der Landwirtschaft, nämlich das Einbringen der Ernte, zwangen das OKW zum Handeln. Am 24. Juli ermächtigte es die Wehrkreise II, IV, VI, VIII, X und XI, „von den im Russenlager ihres Bereiches vorhandenen Russen zunächst je 2000 Kriegsgefangene zur Ablösung von französischen, serbischen oder polnischen Kriegsgefangenen zu verwenden, die zur Zeit im wehrmachteigenen Einsatz beschäftigt" seien, „um der Landwirtschaft die

---

[77] Im benachbarten Stalag 321 Bergen-Oerbke trafen um den 10.7. die ersten sowjet. Kgf. ein. Von dem „Russenlager" wußten offensichtlich weder Landrat noch Arbeitsamt.
[78] Vorgang im StA B, L 102 b Nr. 1915.
[79] HStA H, Hann. 80 Hann. II a Nr. 1215. Zum Forsteinsatz sowjet. Kgf. vgl. Bierod, Der Arbeitseinsatz sowjetischer Kriegsgefangener in der Forstwirtschaft, S. 11f.
[80] BAK, R 41/168, Bl. 135. Das RAM faßte die Richtlinien als Zulassung des Arbeitseinsatzes auf und forderte unter Umgehung des BfVPl und des WiRüAmtes am 21.7. beim OKW unmittelbar Kgf. an. Ende Juli nahm es für sich in Anspruch, damit die Verteilung der Kgf. auf die Wehrkreise eingeleitet zu haben. Vm. des RAM vom 31.7.; BAK, R 41/168, Bl. 151.

dringend benötigten Arbeitskräfte zuzuführen". Wichtig sei es jedoch, zuvor zu überprüfen, ob sich unter den Gefangenen Handwerker befänden. Von diesen müsse man bis zu 1000 Mann zum Ausbau der „Russenlager" zurückbehalten, später könne man sie im Rahmen von Kriegsgefangenen-Bau- und Arbeitsbataillonen verwenden. Der Arbeitseinsatz selbst habe, wie oben bereits gesagt, „bei völliger Isolierung in geschlossenen Kolonnen" stattzufinden, ausgeschlossen seien lediglich Asiaten und Deutschsprechende. Zu führen und zu betreuen habe die Gefangenen das Lager, von dem aus sie zur Arbeit eingesetzt seien. Im übrigen wünschte das OKW zunächst laufend über den „Russeneinsatz" unterrichtet zu werden.[81]

Damit waren zwei weitere wichtige Vorentscheidungen getroffen, denn zum einen erfolgte jetzt ganz konkret eine Umsetzung in Arbeitsstellen, wenn auch noch auschließlich für Bedürfnisse der Wehrmacht. Zum anderen wurde erstmals am Prinzip der „Russenlager" gerüttelt und damit die Isolierung der sowjetischen Gefangenen grundsätzlich in Frage gestellt. Reinecke selbst ersuchte am folgenden Tag sämtliche Wehrkreiskommandos, also auch diejenigen, in deren Bereich es keine „Russenlager" gab, aus dem wehrmachteigenen Einsatz „eine möglichst große Anzahl von Kr. Gef. (außer Russen) herauszuziehen und als Vorleistung über die Arbeitseinsatzbehörden der Landwirtschaft sofort zuführen zu lassen" sowie deren Zahl anschließend dem OKW zu melden, wobei die Wehrkreiskommandos den Begriff „Vorleistung" durchaus als Gewähr dafür auffassen mochten, in Kürze gefangene Rotarmisten zu erhalten.[82] Für wie wichtig der Chef des Allgemeinen Wehrmachtsamtes seine Verfügung erachtete, machte er an deren Schluß offenkundig, indem er die Kommandeure der Kriegsgefangenen verpflichtete, sich der Angelegenheit persönlich[83] anzunehmen „und mit allem Nachdruck einen Arbeitseinsatz (zu) fördern, der von kriegsentscheidender Bedeutung" sei.[84]

Es war nur noch eine Frage der Zeit, daß auch für die Industrie eine solche Entscheidung getroffen wurde, doch wäre im Gegensatz zur Landwirtschaft dort der Einsatz von Dauer gewesen. Hier Verantwortung zu übernehmen, wagte Reinecke freilich nicht. Das WiRüAmt vermerkte das entsprechend in seinem Kriegstagebuch für den 28. Juli: „Pleiger hat sich an General Reinecke gewandt wegen russischer Kriegsgefangener für den Kohlenbergbau. Dieser hat sich für unzuständig erklärt."[85]

---

[81] BA/MA, RW 19/2109. Das RAM gab die Anweisungen des OKW am 30.7. per Schnellbrief den LAÄ bekannt. BAK, RD 19/3, Bl. 23. In der Besprechung am 4.7. hatte der Vertreter des RAM die offenen Stellen in der Landwirtschaft für Ende Mai 1941 mit 430000 angegeben. BAK, R 41/168, Bl. 124.
[82] Vgl. den Entwurf des RAM-Schreibens an die LAÄ vom 30.7. mit der Anweisung, nur unter der Voraussetzung Kgf. freizusetzen, „daß russ. KrGef. dem in Frage kommenden Wehrkreis bereits fest in Aussicht gestellt sind, und daß das LAA mit dem WKKdo den Einsatz der erwarteten russ. KrGef. fest vereinbart hat". BAK, R 41/166, Bl. 65.
[83] Begriff im Original unterstrichen.
[84] BAK, R 41/166, Bl. 67.
[85] BA/MA, RW 19/165, Bl. 166.

Die eigentliche Antwort auf Pleigers Brief vom 30. Juni verfaßte das WiRüAmt am 29. Juli. General Thomas bedauerte darin, daß er Pleiger habe so lange warten lassen, doch sei bisher „die Frage der Überführung von russischen Kriegsgefangenen nach Deutschland (...) von höchster Stelle noch nicht eindeutig entschieden". Die im Augenblick im Reich vorhandenen 65 000 Russen seien „auf höheren Befehl für strategisch wichtige Arbeiten eingesetzt worden." Dieser Einsatz habe die Erwartungen aber nicht erfüllt, zumal dabei festgestellt werden mußte, „daß ihre Verwendung in Deutschland aus Sabotagegründen und wegen der Gefahr politischer Infektion schärfster Überwachung bedarf". Daher komme nur Kolonnenarbeit in Frage; die freilich sei im Kohlesektor im Übertagebau möglich. Soweit Pleiger Anforderungen an den Reichsarbeitsminister stellen wolle, könne er mit der Unterstützung des WiRüAmtes jederzeit rechnen.[86]

Während Thomas den „Russeneinsatz" aus praktischen und ideologischen Erwägungen heraus noch als höchst fragwürdig und eher unwahrscheinlich hinstellte, gab der Chef des Heeresverwaltungsamtes, General Osterkamp, gegenüber dem Chef des Generalstabes des Heeres General Halder am selben Tag die Zahl der in der deutschen Land- und Forstwirtschaft beschäftigten sowjetischen Gefangenen mit rund 30 000 an.[87]

Anfang August entschied sich dann das OKW endgültig für den Arbeitseinsatz. Nur kurz verwies es zu Beginn seines Befehls auf die grundsätzlichen Bedenken gegenüber einer Verwendung von sowjetischen Soldaten innerhalb der Reichsgrenzen; sie sei „ein notwendiges Übel und daher auf ein Mindestmaß zu beschränken". Der Führer habe zudem die Zahl der in das Reich zu überführenden Gefangenen auf 120000 begrenzt. Deren Einsatz aber regelte die Wehrmachtführung in einer Weise, die einerseits den gravierenden Mangel an Arbeitskräften verdeutlicht, andererseits zeigt, daß mit einem schnellen Ende des Krieges im Osten nicht mehr unbedingt gerechnet wurde:

– Die „Russenlager" sollten zum Ausbau der Lager nicht mehr 1 000, sondern nur noch 500 Handwerker zurückbehalten. Gleichzeitig bedauerte das OKW, nicht in allen Wehrkreisen derartige Stalags eingerichtet zu haben.

– Die Arbeitseinsatzbehörden erhielten das Recht, „zur Feststellung der Berufszugehörigkeit der einzelnen Kriegsgefangenen einen Vertreter in das Lager zu entsenden".

– Die sowjetischen Soldaten sollten zwar in erster Linie bei der Wehrmacht beschäftigte Kriegsgefangenenkolonnen anderer Nationen ablösen, möglich sei aber auch eine Verwendung „im zivilen Sektor an denjenigen Stellen", an denen man sowjetische Kriegsgefangene zulassen könne. „Bei der Entscheidung über diese Frage sind die zuständigen Arbeitsämter zu beteiligen, die Entscheidung selbst trifft die Lagerkommandantur."

Zwei Dinge behielt sich das OKW allerdings vor:

– Die Verfügung über die Gefangenen beansprucht es ausschließlich für sich, ohne den Wehrkreisen irgendeinen eigenen Spielraum zuzugestehen.

---

[86] IfZ, Nürnbg. Dok. 1171-PS. Pleiger bat am 15.8. auch Göring um Unterstützung. BAK, R 10 VIII 19, Bl. 10.
[87] Kroener, Die personellen Ressourcen des Dritten Reiches 1939–1942, S. 950.

– Soweit Gefangene Wehrkreisen ohne „Russenlager" zugewiesen wurden, seien sie „in ein lediglich für sowj. Kr. Gef. bestimmtes Schattenlager" zu versetzen und von dort aus der Arbeit zuzuführen. Diesbezügliche Sonderbefehle seien zu erwarten.[88]

Zur Behandlung der Gefangenen äußerte sich das OKW am 2. August nicht weiter.[89]

Reinecke selbst unterzeichnete den Befehl, obwohl er sich noch wenige Tage zuvor in dieser Frage für unzuständig erklärt hatte. Dieser Sinneswandel ist nur verständlich vor dem Hintergrund der Führerweisung, nicht mehr als 120 000 sowjetische Kriegsgefangene im Reich zuzulassen; Reinecke nahm in seinem Befehl darauf auch Bezug. Einem Vermerk aus dem Reichsarbeitsministerium vom 8. August zufolge fiel die Formulierung Hitlers sogar weitaus schärfer aus: „Inzwischen hat der Führer weitere Zuführung von russ. Kr. Gef. kategorisch verboten." Somit bleibe es, so der Vermerk, bei den bisher 100 000 im Reich vorhandenen Russen, und dementsprechend seien alle Bemühungen um die eigentlich anzufordernden rund 700 000 Mann zwecklos.[90] Weder dieser Vermerk noch der Befehl vom 2. August aber lassen den Schluß zu, daß Hitler Ende Juli 1941 ein Arbeitsverbot aussprach. Hier handelte es sich einzig um eine eher spontane Eingrenzung des plötzlich unermeßlich erscheinenden Kriegsgefangenenstromes, bei der die Angst vor der Anwesenheit von „Bolschewisten" im Deutschen Reich selbst eine wesentliche Rolle spielte.[91]

Reinecke machte sich diese Sicht zu eigen. Er stimmte einem Arbeitseinsatz zwar zu, machte ihn jedoch von der Erfüllung ideologischer Prämissen abhängig, die er in der Besprechung am 12. August auch offen aussprach. Eine zu schnelle Zuführung sowjetischer Gefangener hätte in dieser Hinsicht zu einer nicht mehr kontrollierbaren Situation führen können, wohingegen die Anfang des Monats im Reich vorhandenen 120 000 Mann noch zu überblicken waren,[92] zumal mit den Einsatzbefehlen die Voraussetzungen für deren Überprüfung bereits vorlagen. Der Einsatzbefehl Nr. 9 bedeutete somit aus seiner Sicht die entscheidende Voraussetzung für einen Arbeitseinsatz innerhalb des Deutschen Reiches. Bezeichnenderweise begannen die Aussonderungen in den „Russenlagern" sowie in Nürnberg-Langwasser ziemlich genau zu dem Zeitpunkt, an dem der „Russeneinsatz" angeordnet wurde.

---

[88] Der Organisationsbefehl Nr. 40 vom 14.8.1941 verfügte die Neuaufstellung von zwei Schattenlagern, für den WK II das Stalag II E Schwerin für etwa 1 000 sowie für den WK XVII das Stalag XVII D Pupping nahe Linz (Donau) für 1 500 Gefangene. BA/MA, RH 53–17/42. Die Aufstellung des Schattenlagers Pupping hatte das OKW bereits am 23.6.1941 genehmigt. Am 28.7. erteilte das WKKdo XVII Wien die entsprechenden Anweisungen. Ebenda. Auch das spricht dafür, daß die Planungen für den Arbeitseinsatz ab Mitte Juni 1941 konkrete Formen annahmen.
[89] BA/MA, RW 19/2109.
[90] BAK, R 41/168, Bl. 153.
[91] Vgl. dazu Streit, Keine Kameraden, S. 192–198.
[92] Die Rüstungsinspektion VI Münster beurteilte die Entscheidung in ihrem KTB am 20.8. skeptisch. BA/MA, RW 20–6/4, Bl. 26. Ähnlich das Rüstungskommando Dortmund am 25.8.; ebenda, RW 21–14/7.

Die weitere Entwicklung entsprach jedoch in keiner Weise den Vorstellungen Reineckes. Die „Zufuhr" sowjetischer Kriegsgefangener hielt nicht nur unvermindert an, sondern nahm im Gegenteil noch zu. Am 10. August betrug ihre Zahl mehr als 150 000, bis zum 1. Oktober 1941 war sie auf über 288 000 angewachsen. Zeigte sich schon in dieser Hinsicht die Anordnung Hitlers als unwirksam, so erwies sich als mindestens ebenso gravierend die Tatsache, daß Rotarmisten bereits kurz nach ihrer Ankunft von den „Russenlagern" aus systematisch zur Arbeit eingesetzt wurden, ohne vorher in irgendeiner Weise überprüft worden zu sein.

Im WK VI Münster etwa verzeichnete das Wasserwirtschaftsamt Meppen in einer Übersicht über die Kultivierungsarbeiten von Kriegsgefangenen in den emsländischen Mooren den ersten Einsatz für den 4. August.[93] Am 15. August wurden Gefangene vom Teillager Fullen nicht nur in das Teillager Oberlangen, sondern sogar auf ein weit entferntes Arbeitskommando in Preuß. Oldendorf geschickt.[94] Spätestens Mitte des Monats setzte die Presswerk-AG in Essen sowjetische Soldaten aus dem dortigen Heimat-Pionierpark der Wehrmacht für Transport- und Straßenarbeiten ein, doch konnten diese auf Grund ihrer schlechten Konstitution die dort vorher verwendeten Franzosen nicht ersetzen.[95]

Anfang August lösten im WK X Hamburg 450 Rotarmisten auf der Insel Langeoog eine entsprechende Anzahl von Franzosen ab, die zu einem Ernteeinsatz auf das Festland abkommandiert wurden; soweit es ihr Zustand zuließ, wurden sie auf dem Flugplatz der Insel zu Festungsarbeiten verwendet.[96] In den Mooren des Kreises Grafschaft Hoya arbeiteten Gefangene auf jeden Fall ab Mitte desselben Monats. Der zuständige Landrat in Diepholz beklagte sich mehrfach bei verschiedenen staatlichen Stellen über die mangelnde Leistungsfähigkeit der Arbeitenden, der man seiner Meinung nach nur mit einer besseren Ernährung abhelfen könne.[97] Ebenfalls für August erwähnen die Quellen den Austausch von „Russen" gegen Franzosen und Belgier bei Moorkultivierungsarbeiten in Triangel bei Gifhorn (WK XI Hannover).[98]

Im WK IV Dresden war der Präsident des Landesarbeitamtes Sachsen bereits am 15. August in der Lage, dem RAM einen Erfahrungsbericht über den „Russeneinsatz" zukommen zulassen, der schon Erfahrungen der Arbeitsämter und Kontrolloffiziere zusammenfaßte.[99] Unter demselben Datum erstellte der Kom-

---

[93] StA OS, Rep. 430 Dez. 502 acc. 15/65 Nr. 203.
[94] So Vermerke in einer Übersicht von Fleckfiebermeldungen vom Jahresende 1941. Ebenda, Rep. 630 Asch. Nr. 422. Zu den verschiedenen Teillagern vgl. Kosthorst, Emslandlager, sowie die in der letzten Anmerkung genannte Quelle.
[95] HStA D, RW 58–13743. Irgendwelche Regeln über den Umgang mit Sowjetgefangenen lagen dem Betrieb zu dem Zeitpunkt nicht vor. Geführt wurden die Männer von Stalag VI C Bathorn.
[96] Jürgens, Zeugnisse aus unheilvoller Zeit, S. 254.
[97] KA DH, Nr. 5080; HStA H, Hann. 122a, Nr. 7061; Kosthorst, Emslandlager, S. 3335–3338.
[98] Keller, Forschungsbericht, S. 63.
[99] BAK, R 41/168, Bl. 25. Nach einem Bericht des Kdr Kgf. WK IV vom 15.1.1942 begann der Arbeitseinsatz am 31.7.1941. IfZ, Nürnbg. Dok. 1179-PS. Gerade für den WK IV liegen bisher viele PK I vor, auf denen ein früher Arbeitseinsatz, ausgehend von Stalag IV B Mühlberg, eingetragen ist. Siehe z. B. im ZAMO die PK I von Iwan Mina Gramienkow (IV B 100795); 1.8. Arb. Kdo Mokrehna.

mandeur der Kriegsgefangenen des WK VIII Breslau auf der Basis von OKW-Anweisungen ein „Merkblatt für den Einsatz sowjetischer Kriegsgefangener" außerhalb der „Russenlager".[100] Andrej Szefer erwähnt sowjetische Gefangene in den oberschlesischen Hütten und Bergwerken sogar schon für Juli 1941, ohne jedoch dafür einen Beleg beizubringen.[101]

Die Verwendung der Kriegsgefangenen entsprach weitgehend den Befehlen. Sie erfolgte zumeist im wehrmachteigenen Einsatz; ein „Ausleihen" wie im Falle des Presswerkes Essen bedeutete eine Ausnahme. Fast immer handelte es sich um Kolonnen, die in abgelegenen Gebieten Kriegsgefangene anderer Nationen bei Arbeiten ablösten, die, wie die Moorkultivierung oder der Straßenbau, einen ausgesprochenen Strafcharakter besaßen und infolgedessen leichter zu überwachen waren.[102] Die Größe der Kolonnen war mit zwischen 200 und 500 Mann von oben vorgegeben.[103] In keinem einzigen Fall ging jedoch dem Arbeitseinsatz eine Kontrolle der Gefangenen in weltanschaulicher Hinsicht entsprechend den Vorgaben des Einsatzbefehls Nr. 8 voraus. Die für die „Russenlager" zuständigen Stapostellen hatten die Einsatzbefehle erst Ende Juli 1941 erhalten, und bis zum Beginn der eigentlichen Aussonderungen vergingen z. T. mehrere Wochen. So beklagte sich Kriminalkommissar U. vom Einsatzkommando Zeithain noch am 25. September (!) darüber, daß für seine Arbeit noch nicht einmal die organisatorischen Vorausetzungen gegeben seien.[104] Stalag 308 Neuhammer, in dem die Breslauer Stapobeamten am 5. August erschienen, scheint in dieser Hinsicht eher die Ausnahme als die Regel gewesen zu sein. Eine nachträgliche Überprüfung sämtlicher Arbeitskommandos erwies sich daher als unumgänglich.

Dasselbe Phänomen läßt sich wenige Wochen später im Zusammenhang mit der Verteilung der Gefangenen auf die übrigen Wehrkreise des Deutschen Reiches beobachten. Auch dort wurden sie fast unmittelbar nach der Ankunft zu ihren Arbeitsplätzen weitergeleitet und in befehlskonformer Weise eingesetzt, wie sich sehr gut am Beispiel sowjetischer Arbeitskommandos auf verschiedenen Truppenübungsplätzen aufzeigen läßt. Diese erfüllten in geradezu optimaler Weise die Bedingungen für den „Russeneinsatz". Da sie als militärischer Sicherheitsbereich gesperrt und zudem relativ abgelegen waren, ließ sich dort eine Isolierung von der deutschen Zivilbevölkerung ebenso problemlos durchführen wie ein Einsatz von größeren Kolonnen im wehrmachteigenen Einsatz; ähnliche Überlegungen hatten das OKW schon im April 1941 zur Einrichtung der „Russenlager" auf den großen Übungsplätzen veranlaßt. Auf Grund der Vorgaben

---

[100] IfZ, Nürnbg. Dok. USSR 421.
[101] Szefer, Die Ausbeutung der Kriegsgefangenen in der Industrie und Landwirtschaft, S. 286. Die oberste Bauleitung Breslau der Reichsautobahnen erfuhr im Juli, daß sie sowjet. Kgf. erhalten sollte, und nahm deswegen umgehend Kontakt mit dem Stalag 308 Neuhammer auf. BAP, 46.03, Bd. 32, Bl. 36. Vgl. auch ZAMO, PK I von Iwan Storoschuk (308/3085), von Neuhammer am 2.8. zum Arb. Kdo Küpper, sowie weitere PK I.
[102] Der „Strafcharakter" wird vor allem beim Einsatz im Emsland deutlich, dessen Lager ursprünglich zum überwiegenden Teil Strafgefangenenlager waren. Vgl. dazu Kosthorst, Emslandlager.
[103] Das Merkblatt des Kdr Kgf. WK VIII (IfZ, Nürnbg. Dok. USSR 421) gibt je nach den Vorausetzungen eine Mindeststärke von 100 oder 200 Mann an.
[104] FS der Stapo Dresden an die Stapo München, 178-R, S. 422f.

besaßen sie den Charakter kleiner „Russenlager" und bedeuteten daher zwar keine unmittelbare ideologische „Gefahr", eine Überprüfung aber blieb in jedem Fall die conditio sine qua non für eine Beschäftigung.

Nachdem die Stapostelle Regensburg Mitte August vom Eintreffen sowjetischer Gefangener in ihrem Zuständigkeitsbereich Kenntnis erhalten hatte, fuhren die Beamten des Einsatzkommandos zum Stalag XIII A Sulzbach-Rosenberg und erfuhren erst dort vom Kommandanten Oberstleutnant Ried, daß mit diesen Soldaten bereits ein Arbeitskommando in einer Stärke von 250 Mann auf dem Truppenübungsplatz Grafenwöhr eingerichtet worden sei. Am 25. August erschien Kriminalkommissar Kuhn dann mit seinen Leuten auf dem oberpfälzischen Militärgelände und sonderte insgesamt 41 Gefangene aus.[105]

Für den WK V Stuttgart ist das Vorhandensein von Arbeitskommandos auf den Truppenübungsplätzen Heuberg und Münsingen für Mitte August 1941 belegt, wobei die zur Verfügung stehenden Quellen den Schluß zulassen, daß es sich um die ersten Kommandos in diesem Wehrkreis handelte.[106] Aussonderungen als Grund für die Abgabe exekutierter Rotarmisten vom Heuberg an die Tübinger Anatomie etwa am 15. September 1941 gewinnen dadurch an Wahrscheinlichkeit.[107]

Auch in Baumholder, einem großen Truppenübungsplatz in der Pfalz, arbeiteten im Spätsommer 1941 etwa 450 Rotarmisten.[108] Die Existenz dieses Arbeitskommandos ergab sich bisher nur im Rückschluß aus der Ermordung einer größeren Anzahl von „Kommissaren" im KZ Hinzert im September oder Oktober 1941, von denen einzig die Herkunft aus Baumholder bekannt war; inzwischen läßt sich das durch verschiedene Personalkarten belegen. Ende August, unmittelbar nach dem Eintreffen der ersten „Russen" aus dem Stalag 326 Senne im WK XII Wiesbaden, leitete dieser einen Teil der Gefangenen weiter zum Arbeitseinsatz auf dem pfälzischen Truppenübungsplatz.[109] Für die Überprüfung war die Stapostelle Koblenz zuständig,[110] deren Einsatzkommando man damit

---

[105] Interrog. Ried, S. 3f. Weitere Nachweise für Bayern: Hohenfels in der Oberpfalz; zu den dortigen Aussonderungen durch das EK Regensburg vgl. oben Kap. III, S. 129, wobei aus den Umständen nicht klar ersichtlich ist, ob sie 1941 oder 1942 stattfanden. Für Wildflecken liegt in der DD eine Vielzahl von Sterbefallnachweisen vor. Auch beim Arb. Kdo 306 Heeresnebenzeugamt Regensburg handelte es sich um ein Kommando im wehrmachteigenen Einsatz im Umfang von 499 Mann.

[106] Die ersten Gefangenen trafen Mitte August im WK V ein. Vgl. DD, PK I von Pawel Foma Kalajda, der um den 25.7. im Stalag 326 als Nr. 8346 aufgenommen worden war und bereits am 12.8. zum Stalag V B Villingen versetzt wurde. Ab 18.8. kam er im Arbeitskommando Heuberg zum Einsatz. Er wurde gemeinsam versetzt mit Nikolaj Iwanowitsch Kosakow (326/6730; ZAMO). Auch Münsingen ist im ZAMO durch PK I belegt.

[107] Vgl. oben Kap. II, S. 80f.

[108] Die Stärke des Arbeitskommandos ergibt sich in Analogie zu den Aussonderungen in Grafenwöhr.

[109] Nach einer Mitteilung des Standesamts Gutsbezirk Baumholder an den Autor vom 30.4.1993 wurde auf dem Truppenübungsplatz Baumholder auf der Gemarkung der ehemaligen Ortschaft Aulenbach „ein Lager für russische Kriegsgefangene" errichtet. Eine Zeitangabe fehlt zwar, doch liegen etliche PK I mit der Angabe „Lager Aulenbach" vor. Der Kgf. Afanasij Wassiljewitsch Mireschnitschenko (326/11517; ZAMO) starb am 25.10. in Baumholder. Er hatte in der Senne seine Impfungen zeitgleich (!) mit Pawel Kalajda und Nikolaj Kosakow (s. Anm. 106) erhalten.

[110] Die Stapostelle Koblenz erscheint im Verteiler der Richtlinien vom 27.8.1941 und erhielt zusammen mit diesen die Einsatzbefehle Nr. 8 und 9. Zu den Vorgängen in Hinzert vgl. Engel/Hohen-

die Mitverantwortung an der Ermordung von wenigstens 70 sowjetischen Soldaten anlasten muß.[111]

Damit aber war Anfang August 1941 genau die Situation eingetreten, die OKW und RSHA durch die Aussonderungen vermeiden wollten. Durch den Arbeitseinsatz außerhalb der „Russenlager" bestand die unmittelbare Gefahr des Kontaktes mit der deutschen Bevölkerung, die darauf noch in keiner Weise propagandistisch vorbereitet war, denn es lag ein grundlegender Unterschied vor zwischen dem „Tourismus" zu den „Russenlagern" und der persönlichen Annäherung an einen sowjetischen Menschen im Rahmen eines gemeinsamen Arbeitsprozesses. Eine solche Situation hatte bis dahin als so unwahrscheinlich gegolten, daß dafür nicht einmal Vorschriften erarbeitet worden waren.[112] Wenn auch aus wirtschaftlichen Erwägungen heraus, so doch mit einer erstaunlichen Selbstsicherheit traten in dieser Zeit dann auch verschiedentlich staatliche Stellen und Betriebe für das Wohl der ihnen zur Verfügung stehenden Kriegsgefangenen ein.[113]

Reinecke selbst war von der Entwicklung dermaßen überrascht, daß er umgehend eine Besprechung aller Kommandeure der Kriegsgefangenen in den Wehrkreisen einberief, die freilich mehr einer förmlichen Belehrung als einer Konferenz gleichkam; es spricht sehr viel dafür, daß sie mit der Zusammenkunft „aller Sachbearbeiter für den Arbeitseinsatz" vom 12. August gleichzusetzen ist.[114] Die Offiziere erhielten „in eingehender mündlicher Behandlung des gesamten Fragengebietes" präzise Anweisungen hinsichtlich des Arbeitseinsatzes. Reinecke wiederholte zunächst die bekannten Einschränkungen wie Kolonneneinsatz nur in bestimmten Bereichen (Moorkultivierung, Steinbruch, Straßenbau u. ä.), Austausch gegen westliche Kriegsgefangene, Ausschluß von Asiaten, Deutschsprechenden, Juden und Offizieren. Im Gegensatz zum bisherigen Verfahren stehe aber beim „Russeneinsatz" die Sicherheitsfrage im Vordergrund, und daher trage

---

garten, SS-Sonderlager, S. 82–85; kurz Christoffel, Der Weg durch die Nacht, S. 241f. Die ab Ende September im Stalag XII A Limburg/Lahn Ausgesonderten kamen nicht nach Hinzert, sondern nach Buchenwald.

[111] Auch auf dem TrÜPl Ohrdruf (Thüringen) gab es nach Cramer u. a., Truppenübungsplatz Ohrdruf, S. 126, ein „Russenlager".

[112] Das führte verschiedentlich zu Konflikten. Die Anwesenheit der Gefangenen im Presswerk Essen ist nur deshalb belegt, weil gegen einen Arbeiter ein Verfahren wegen Umgangs mit sowjet. Kgf. eingeleitet wurde. Der Vorwurf lautete, den Kgf. am 19.8. Zigaretten und Brot gegeben zu haben. Der Arbeiter verteidigte sich damit, anderslautende Vorschriften seien weder ihm noch anderen bekannt gewesen, und erhielt dabei die Rückendeckung seines Vorgesetzten. HStA D, RW 58/13743. Erst zusammen mit dem Befehl vom 8.9.1941 kam ein Merkblatt für die Wachmannschaften heraus. IMT Bd. XXVII, S. 274–283, 1519-PS.

[113] Vgl. einen Konflikt zwischen dem Landrat des Kreises Grafschaft Diepholz und dem NSDAP-Kreisleiter um eine Erhöhung der Verpflegungssätze der zu Meliorationsarbeiten eingesetzten Kgf. (HStA H, Hann. 122a, Nr. 7061, KA DH, Nr. 5080, und Kosthorst, Emslandlager, S. 3335–3338) sowie eine ähnliche Auseinandersetzung im Kreis Norder-Dithmarschen (LA SL, Abt. 454 Nr. 4, Bl. 301428f.). Beide Seiten besaßen jeweils Rückendeckung ihrer vorgesetzten Stellen.

[114] Die Kdre Kgf. besaßen eine wesentliche Verantwortung für den Arbeitseinsatz. Neben inhaltlichen Übereinstimmungen spricht weiter dafür, daß der Präsident des LAA Sachsen die Informationen über die Besprechung vom 12.8. schon einen Tag später vom Kdr Kgf. WK IV erhielt.

hier allein die Wehrmacht die Verantwortung. Die Sicherheit habe sich zu erstrecken
"a) auf Gut und Blut der deutschen Bevölkerung
b) auf die Sicherheit hinsichtlich einer möglichen politischen Einflußnahme".
Deswegen sei es ebenso erforderlich, "die in den Kriegsgefangenenlagern eingesetzten SD-Einsatzkommandos (...) zu fördern" wie mit den verantwortlichen Parteidienststellen gut zusammenzuarbeiten. Eine entsprechende Schulung der Offiziere und Wachmannschaften sowie eine sinngemäße Aufklärung der deutschen Bevölkerung seien die unbedingte Voraussetzung für die Verwendung sowjetischer Gefangener innerhalb der Reichsgrenzen.[115]

Da aber noch keine schriftlichen Befehle ausgearbeitet worden waren, blieb Reinecke als einziges Druckmittel die Drohung, "den gesamten Russeneinsatz rigoros herauszunehmen, da der Schutz des deutschen Volkes beim Russeneinsatz das Maßgebliche und der Arbeitseinsatz erst in 2. Linie zu beachten" sei.[116] Ein vom Kommandeur der Kriegsgefangenen im WK VIII unmittelbar im Anschluß an die Besprechung zusammengestelltes Merkblatt gab dann am 15. August die wichtigen Inhalte an die verantwortlichen Offiziere und Wachmannschaften in entsprechend scharfer Form weiter.[117]

Reinecke mußte freilich wissen, daß sich seine Drohung nicht in die Tat umsetzen ließ, denn der Austausch mit den westlichen Kriegsgefangenen war bereits angelaufen und damit nicht mehr rückgängig zu machen.[118] Jedes "Herausnehmen" hätte chaotische Verhältnisse auf dem Arbeitssektor zur Folge gehabt, und daher erwies es sich als unumgänglich, die Vorschriften für den Arbeitseinsatz präzise zu formulieren und im Zusammenhang damit auch die Aussonderungen neu zu regeln. Diesbezüglich stand Reinecke in engem Kontakt mit dem Reichssicherheitshauptamt,[119] das sich zunächst abwartend verhalten hatte. Die Verteilung der Gefangenen war eine Angelegenheit der Wehrmacht, und in den "Russenlagern" waren die organisatorischen Strukturen für die Überprüfung noch nicht so weit gediehen, als daß man von einer "geordneten" Arbeit der Einsatzkommandos hätte sprechen können. Die besonderen Verhältnisse im WK XIII Nürnberg glaubte das RSHA durch den verstärkten Einsatz der Stapostellen Nürnberg-Fürth und Regensburg unter Kontrolle zu haben.

---

[115] Streng vertrauliches Rundschreiben der Partei-Kanzlei an Reichsleiter, Gauleiter und Verbändeführer vom 19.8.1941; BAK, NS 6/335, Bl. 59f. Es dürfte die Basis der eben erwähnten Konflikte gewesen sein. Zur Besprechung vgl. auch oben die S. 169.
[116] Ebenda, R 41/168, Bl. 26; ausführliches Zitat am Beginn dieses Unterkapitels. Herbert, Fremdarbeiter, S. 140 wertet das Verhalten Reineckes als Kompromißlinie zwischen den verschiedenen Einwänden und den Bedürfnissen des Arbeitseinsatzes. Nach dieser Darstellung erscheint das mehr als fraglich.
[117] IfZ, Nürnbg. Dok. USSR 421.
[118] Reinecke hätte dazu sehr schnell Gelegenheit gehabt. Am 26.8. ermordete im Emsland ein von seiner Arbeitsstelle entflohener Kgf. eine Bäuerin. Sachverhalt im StA OS, Rep. 430-201 16B/65-153, Bd. 4. Das Ereignis sorgte noch in Ostwestfalen unter der Bevölkerung für Beunruhigung. Bericht der SD-Außenstelle Bielefeld vom 9.9.; StA DT, M 18 Nr. 16 Bd. 1, Bl. 213f.
[119] Das zeigt sich daran, daß den Richtlinien des Chef SipouSD vom 27.8. ein vom OKW erstelltes Lagerverzeichnis vom 21.8. beilag.

Als sich freilich Mitte August 1941 zeigte, mit welcher Schnelligkeit die sowjetischen Kriegsgefangenen nach ihrer Ankunft sämtlichen Wehrkreisen zugeteilt wurden und dort umgehend zum Arbeitseinsatz kamen, sah sich Heydrich als Chef des RSHA zum Handeln gezwungen. Mit den Richtlinien vom 27. August erkannte er die Fakten an. Es sei, so hieß es dort, „unerläßlich, daß sämtliche sowjetrussischen Lagerinsassen sowie die bereits eingesetzten Arbeitskommandos nach den in der Anlage 2 zum Einsatzbefehl Nr. 8 gegebenen Richtlinien gründlich überprüft werden". Um von jetzt an die Situation ein für allemal unter Kontrolle zu haben, gingen diese Richtlinien zusammen mit den Einsatzbefehlen allen Stapostellen zu.

Damit konnte das ursprüngliche Konzept der Aussonderungen in mehrfacher Hinsicht als gescheitert gelten. Das System der „Russenlager" hatte unter dem Druck der ab Ende Juli pausenlos anrollenden Transporte seine Unfähigkeit erwiesen, die Gefangenen so lange aufzuhalten, bis die „echten Bolschewisten" unter ihnen „erkannt" und „unschädlich" gemacht waren. Wegen der vorzeitig eingeleiteten Verteilung der Gefangenen über das Reich ließen sich diese nicht mehr in aller Ruhe erwarten, sondern man war gezwungen, sich auf die Suche nach ihnen machen[120] und deshalb immer mehr Stellen damit zu befassen, so daß die Geheimhaltung letztlich zur Farce wurde.[121] Der anfangs umstrittene Arbeitseinsatz der sowjetischen Kriegsgefangenen war schneller als erwartet zur Realität geworden, und die Hoffnung auf ihre Isolierung mußte sich früher oder später als Fiktion erweisen.

Entscheidend aber war, daß die Aussonderungen ab jetzt vermehrt am Arbeitsplatz der Gefangenen abliefen und dadurch einen Teil von ihnen dem Arbeitseinsatz entzogen. Am 4. Juli noch hatten die Teilnehmer der Besprechung im Wirtschafts- und Rüstungsamt akzeptiert, daß der „Anteil der aus volkstumspolitischen und allgemeinpolitischen sowie Abwehrgründen" ausfallenden Kriegsgefangenen bei den sowjetischen besonders hoch sein mußte, doch geschah das unter der Annahme, daß dies v o r dem Arbeitseinsatz stattfinden und gerade dadurch dessen reibungslosen Verlauf ermöglichen würde. Nun aber war genau das Gegenteil eingetreten. Die Aussonderungen in den Arbeitskommandos waren nicht mehr die Voraussetzung der Verwendung, sondern entwickelten sich zu ihrem entscheidenden Hemmnis, zumal die deutschen Vorarbeiter ebenfalls vorher auf ihre ideologische Zuverlässigkeit hin zu überprüfen waren.[122] Konflikte zwischen wirtschaftlichen und ideologischen Interessen waren nun

---

[120] Vgl. dazu einen Vm. der Stapo München vom 12.9.1941. Danach war von etwa 5000 dem Stalag VII A Moosburg zugewiesenen Kgf. der größte Teil bereits „arbeitsmäßig in den Reg. Bez. Schwaben und Oberbayern eingesetzt", ohne zuvor überprüft worden zu sein. 178-R, S. 423.
[121] Einen Hinweis darauf bietet die Zahl der Ausfertigungen des Einsatzbefehls Nr. 8. Ueberschär/Wette, Der deutsche Überfall, S. 292, drucken die 27. von 44 Ausfertigungen ab, bei Streim, Behandlung, S. 315, handelt es sich um die 67.(?) von 153 (verbessert aus 42) Ausfertigungen. Bei den Nürnberger Prozessen wurde eine Abschrift von insgesamt 350 Exemplaren benutzt.
[122] So das OKW am 14.10.1941 im Rahmen einer Neudefinition der Kolonnenarbeit; StA HB, Sig. 4.29/1–1293. Die Industrie akzeptierte das. Vgl. das Protokoll einer Sitzung der Bezirksgruppe Nordwest der Wirtschaftsgruppe Eisenschaffende Industrie am 19.11.1941. BAK, R 13 I/373, Bl. 28.

nur noch eine Frage der Zeit, zumal die Vertreter beider Seiten meinten, die sogenannte kriegsentscheidende Bedeutung jeweils für sich beanspruchen zu können.

Da die „Gefahr" einer ideologischen Beeinflussung an den Arbeitsstätten viel größer erschien, mußten die Aussonderungen dort zwangsläufig rigoroser ausfallen als in den „Russenlagern".[123] Auch „Nachbesserungen" änderten daran grundsätzlich nichts. So grenzte Heydrich am 12. September nicht nur den Begriff „Intelligenzler" ein, um kriegsgefangene Facharbeiter dem Einsatz zu erhalten, sondern er wandte sich auch dagegen, Angehörige von Turkvölkern einzig wegen ihrer Beschneidung mit Juden gleichzusetzen. Der Erlaß ist daher ebenso als Indiz für den Umfang der Aussonderungen zu werten wie auch als ein Hinweis auf die Einsicht, daß diese Praxis sich hemmend auf den Einsatz auswirken und darüber hinaus zu unnötigem Widerstand führen würde.[124]

Für die Wehrmacht faßte Reinecke am 8. September die bisher zu den sowjetischen Kriegsgefangenen ergangenen Befehle zu neuen „Anordnungen über die Behandlung sowjetischer Kr. Gef. in allen Kriegsgefangenenlagern" zusammen. Die Gliederung des Befehls zeigt allerdings, daß er trotz der inzwischen eingetretenen Veränderungen nach wie vor der Vorstellung anhing, Aussonderungen und Arbeitseinsatz als Einheit und nicht als Gegensatz sehen zu können. Im Abschnitt III des Befehls äußerte er sich ausführlich zum Komplex der „Aussonderung von Zivilpersonen und politisch unerwünschten Kr. Gef. des Ostfeldzuges", wobei er auf wesentliche Inhalte des OKW-Befehls vom 17. Juli, der Anlage 1 des Einsatzbefehls Nr. 8, zurückgriff. Der folgende Abschnitt IV befaßt sich mit dem „Arbeitseinsatz sowjet. Kr. Gef."; der Begriff „Aussonderung" fällt in ihm ebensowenig wie im vorangegangenen Punkt III der Begriff „Arbeitseinsatz". Die Aussonderungen hatten seiner Auffassung nach dem Einsatz vorauszugehen und konnten infolgedessen, wenn man sie nur konsequent durchführte, eine Verwendung der Gefangenen nicht mehr beeinträchtigen.[125] Für wie selbstverständlich er den Vorgang inzwischen erachtete, zeigt sich an der Zahl von insgesamt 255 Ausfertigungen des Befehls, von denen allein zehn Exemplare für den Reichsarbeitsdienst bestimmt waren, sowie an der Tatsache, daß er ihn lediglich als „geheim" klassifizierte.[126]

Auch das Reichsarbeitsministerium erhielt einen Abdruck. Dort hatte man ebenfalls den grundlegenden Wandel der Verhältnisse noch nicht wahrgenommen und hielt es für ausreichend, den Landesarbeitsämtern am 15. September den Teil IV bekanntzugeben, um sie in dieser Weise auf die besonderen Umstände des „Russeneinsatzes" vorzubereiten.[127] Viel wichtiger war für das Ministe-

---

[123] Das wird deutlich in einem zahlenmäßigen Vergleich der Aussonderungen im Stalag 308 Neuhammer mit denen der Stapoleitstelle München bzw. der Stapostellen Nürnberg-Fürth und Regensburg.
[124] BAK, R 58/272, Bl. 99–104. Daß sich in der Praxis wenig änderte, zeigt die Aussonderung von Metallfacharbeitern im Oflag Hammelburg im Winter 1941/42. Siehe oben S. 110.
[125] IMT Bd. XXVII, S. 274–283, 1519-PS. Noch der Befehl vom 30.9. über die Erfassung der Sowjets hielt die Fiktion von der Reihenfolge Aussonderungen – Arbeitseinsatz aufrecht.
[126] Verteiler in IMT Bd. XXXVI, S. 321f., 338-EC. Die Einsatzbefehle waren noch „Geheime Reichssache".
[127] BAK, R 41/168, Bl. 31.

rium zu dem Zeitpunkt die Klärung der Frage, ob sich die gefangenen Rotarmisten auf Grund ihres körperlichen Zustandes überhaupt zur Ablösung der Franzosen eigneten, und wo man letztere im Falle eines Austausches am besten einsetzen sollte. Reichsmarschall Göring nämlich hatte um den 20. August befohlen, „aus den französischen Kriegsgefangenen, die bisher nicht in der Rüstungswirtschaft eingesetzt sind, zunächst 100 000 Mann herauszuziehen und der Rüstungswirtschaft (Luftwaffenindustrie) zu überweisen". Die so entstandenen Lücken seien durch sowjetische Gefangene möglichst rasch aufzufüllen.[128] Das OKW, das die Aktion als ein Vorhaben „von ausschlaggebender, kriegsentscheidender Bedeutung" wertete, ließ er wissen, er erwarte „mit Bestimmtheit (...), daß die Eingliederung der nicht sowj. Kr. Gef. in die Rüstungsindustrie" bis zum 1. Oktober durchgeführt sei.[129] Die Bedürfnisse der Landwirtschaft waren demgegenüber inzwischen sekundär.

Die erhaltenen Akten des Reichsarbeitsministeriums zeigen, welch intensive Diskussion alle beteiligten Stellen in den folgenden Wochen über Einzelheiten führten; sie hier nachzuzeichnen, ginge über das Thema hinaus.[130] Wie schon im Juli leiteten die Landesarbeitsämter die Anordnungen des RAM an die einzelnen Arbeitämter weiter, die ihrerseits mit Behörden und Betrieben Kontakt aufnahmen, bei denen ein Austausch von Franzosen gegen „Russen" möglich schien.[131] Am 12. September etwa listete der Regierende Bürgermeister der Hansestadt Bremen gegenüber dem dortigen Arbeitsamt „unter Bezugnahme auf die Besprechung mit Ihrem Herrn Henke" sieben Kommandos auf, wo man seiner Ansicht nach sowjetische Soldaten einsetzen könne, und bezifferte den Bedarf auf insgesamt 620 Gefangene. Fünf Tage später reichte er die Anforderungsformulare für 600 Mann ein; die Frage der Unterbringung sei geklärt; es bedürfe nur noch der Mitteilung, wann mit ihrem Eintreffen zu rechnen sei, um in dem bisher nur von Franzosen belegten Lager noch eine Russenabteilung „durch einen doppelten Drahtzaun mit einem 1 m breiten Gang" abzutrennen.[132]

Bis Anfang Oktober hatte sich vor dem Hintergrund der ungeheuren Menschenverluste an der Ostfront[133] allgemein die Auffassung durchgesetzt, daß am

---

[128] Runderlaß des RAM an die LAÄ vom 26.8.1941; ebenda, Bl. 53f.
[129] Befehl des OKW vom 25.8. an seine nachgeordneten Dienststellen; ebenda, Bl. 56f.
[130] Einzelheiten vor allem in der Akte BAK, R 41/168.
[131] Das LAA Niedersachsen befand sich mitten in der „Versuchsphase". In einem Rüstungsbetrieb in Bremen hatte es den Versuch gemacht, die Kgf. in einer Halle geschlossen einzusetzen, und regte jetzt ähnliches für das VW-Werk an. Vgl. dazu das Protokoll der 15. Sitzung der Prüfungskommission der RüIn XI Hannover am 26.9.1941. BA/MA, RW 20–11/14, Bl. 21f..
[132] Die Verhältnisse in Bremen faßt eine gerade wegen ihrer lapidaren Kürze erschütternde Bescheinigung des „Arbeitgebers", des Senators für das Bauwesen, vom 14.5.1946 zusammen. Die rund 600 Kgf. trafen am 22., 23. und 24.10.1941 „in vollkommen entkräftetem und abgerissenem Zustand aus dem Lager Wietzendorf" kommend in Bremen ein, waren jedoch trotz Schwerarbeiterzulage nicht mehr einsatzfähig. Nach dem Ausbruch des Fleckfiebers wurden „die noch verbliebenen russischen Kriegsgefangenen am 13. und 14. Dezember 1941 nach Wietzendorf" abgeschoben. Die Bescheinigung schließt mit dem Satz: „Nach Angabe des Bezirkskommandos der Militärverwaltung in Bremen sind 371 russische Kriegsgefangene in dieser Zeit verstorben." Die Stadt Bremen fragte wegen des Zustands der Kgf. am 15.11.1941 beim Beauftragten für den Vierjahresplan an, ob sie nicht statt dessen Gefangene aus dem Arbeitskommando Nürnberg-Langwasser haben könne. StA HB, Sig. 4.29/1–1293. Zu Langwasser vgl. auch Interrog. Imhof, Bl. 7.
[133] Das hat Omer Bartov, Hitlers Wehrmacht, S. 61–72, in eindringlicher Weise dargestellt.

„Russeneinsatz" kein Weg mehr vorbeigehe. In einer Vortragsnotiz für den Chef des WiRüAmtes, General Thomas, vom 4. Oktober heißt es dazu: „Die Befriedigung des vorliegenden Kräftebedarfs ist daher ohne Zuführung russischer Kriegsgefangener und Zivilarbeiter unmöglich. Die bisher gemachten Erfahrungen haben gezeigt, daß sowohl unter den russischen Kriegsgefangenen als unter den ukrainischen Zivilarbeitern eine erhebliche Reserve an Fachkräften zur Verfügung steht."

Diese Umwertung des sowjetischen Gefangenen zu einem fachlich möglicherweise durchaus kompetenten Arbeiter beinhaltete eine neue, realistische Sicht der von ihm vermeintlich ausgehenden ideologischen Gefahr. Sie darzustellen, benötigte das WiRüAmt nur einen Satz: „Die Abwehrbedenken müssen gegenüber den Arbeitseinsatzerfordernissen zurückgestellt werden."[134]

Die dem WiRüAmt nachgeordnete Rüstungsinspektion VI Münster äußerte in ihrem Lagebericht vom 14. Oktober allerdings noch ideologische Vorbehalte: „In Anbetracht der guten Erfahrungen, welche mit russischen Kriegsgefangenen im vorigen Kriege gemacht worden sind, bittet Rü In VI darum, den Einsatz russischer Kriegsgefangener in größerem Umfang als bisher in Erwägung zu ziehen. Die schon jetzt, nach Aussonderung politisch verdächtiger Elemente, gemachten Erfahrungen sind gut (...) Rü In VI erblickt (darin) eine der wenigen Möglichkeiten, zusätzlich Arbeitskräfte zu gewinnen."[135]

Einzig die Abt. Kriegsgefangene im OKW hielt noch an den inzwischen von der Realität längst überholten Vorstellungen fest. Da sich beim Einsatz die Arbeit in Kolonnen von mehr als 100 Mann als problematisch erwiesen hatte, sah sie sich ebenfalls am 14. Oktober zu einer Neudefinition des Begriffes „Kolonnenarbeit" genötigt und legte eine Mindestgröße von 20 Gefangenen pro Kolonne fest. Vorbedingung aber bleibe in jedem Fall die „Aussonderung aller deutschsprachigen und verdächtigen Elemente und Prüfung des einzelnen Kriegsgefangenen vor dem Arbeitseinsatz".[136]

Bis zu diesem Zeitpunkt hatten allein die Beamten der Stapostelle Regensburg auf 20 Arbeitskommandos in Niederbayern und der Oberpfalz insgesamt 2 220 sowjetische Soldaten überprüft und von diesen 300 Mann, etwa 14%, für „untragbar" befunden.[137]

Die Widersprüche in dieser Entwicklung fordern eine Erklärung heraus. Bis Anfang Juli 1941 hatte das OKW alle erforderlichen Vorbereitungen für einen Arbeitseinsatz getroffen, der unter wirtschaftlichen wie militärischen Gesichtspunkten unumgänglich schien. Demgegenüber glaubten Wirtschaft und WiRüAmt als Befürworter des Arbeitseinsatzes die ideologischen Bedenken vernachlässigen zu können, zumal durch Reinecke garantiert war, „echte Bolschewisten" durch die Aussonderungen gar nicht erst in den Arbeitsprozeß gelangen

---

[134] IfZ, Nürnbg. Dok. 200-EC.
[135] BA/MA, RW 20–6/22, Bl. 66. Ähnlich schon der 3. Vierteljahresbericht 1941 des Rüstungskommandos Osnabrück. Ebenda, RW 21–51/7.
[136] StA HB, Sig. 4.29/1–1293.
[137] Liste des Einsatzkommandoleiters Kuhn vom 17.1.1942, 178-R, S. 450f.

zu lassen. Die geplante enge Zusammenarbeit mit dem RSHA, das Instrumentarium der Einsatzbefehle Nr. 8 und 9 und das System der „Russenlager" boten aus dessen Sicht eine hinreichende Gewähr dafür.

Mit dem Befehl vom 8. Juli schuf das OKW eine erste, wenn auch mit Vorbehalten versehene formale Grundlage für den Arbeitseinsatz, die das Reichsarbeitsministerium allerdings schon in ureigenstem Interesse als weitgehend verbindlich auffaßte, ging es doch bei der Verteilung der zukünftigen Arbeitskräfte und der Organisation ihres Einsatzes um Befugnisse, die auch andere Stellen wie etwa der Beauftragte für den Vierjahresplan für sich beanspruchten. Hier als erster wirksam zu werden, konnte im komplexen System des Nationalsozialismus einen erheblichen Macht- und Prestigezuwachs bedeuten. Mit den vielfältigen Informationen an die Arbeitsämter schaffte es einen Erwartungsdruck, dem sich die militärischen Stellen schwerlich entziehen konnten.

Die Verhältnisse in der Landwirtschaft erzwangen in der zweiten Julihälfte einen ersten, wenn auch eng begrenzten Einsatz von Rotarmisten. Mochte das noch als Ausnahme erscheinen, so lieferte Hitler selbst wenige Tage später mit der Entsendung von rund 2000 Kriegsgefangenen nach Nürnberg-Langwasser einen Präzedenzfall dafür, daß der Arbeitseinsatz je nach der Bedeutung des Projekts durchaus Vorrang vor ideologischen Bedenken besitzen konnte. Da er aber etwa zeitgleich die Zahl der Gefangenen im Reich begrenzte, hielt Reinecke das Konzept der Gegnerbekämpfung weiterhin für durchführbar, und, wenn es nur konsequent und in Ruhe umgesetzt wurde, auch einen Einsatz unter strengen Auflagen für möglich. Sein Befehl vom 2. August 1941 war nur folgerichtig; ihm kommt von seinen Auswirkungen her eine grundsätzlichere Bedeutung zu als dem Führerbefehl vom 31. Oktober 1941, mit dem Hitler anordnete, „die Arbeitskraft der russischen Kriegsgefangenen durch ihren Großeinsatz für die Bedürfnisse der Kriegswirtschaft weitgehend" auszunutzen, denn dieser bestätigte lediglich das, was bereits seit einem Vierteljahr die Praxis war.[138]

Die dann folgende Umsetzung der Gefangenen in Arbeitsstellen vollzog sich freilich in einer Geschwindigkeit, die alle Vorstellungen von einer geordneten Überprüfung über den Haufen warf. Die Gründe dafür sind vielfältig:

– Die Lage an der Ostfront erforderte immer mehr Einberufungen und verstärkte Rüstungsanstrengungen. Sollte der Krieg gegen die Sowjetunion noch gewonnen werden, führte an einem möglichst frühen Kriegsgefangenen-Arbeitseinsatz kein Weg mehr vorbei.

– Die Zahl der Gefangenen im Reich stieg entgegen der Anweisung Hitlers von Anfang August 1941 unaufhörlich. Die Ursache dafür liegt allem Anschein nach paradoxerweise gerade darin, daß ein Einsatz nur in begrenztem Umfang erfolgen sollte. Das OKW hatte im Juni 1941 für den Fall eines umfassenden Arbeitseinsatzes etliche Stalageinheiten im Reich zurückbehalten, um über sie bei einem entsprechenden, dann jedoch ausbleibenden Befehl zu verfügen. Bereits in den ersten Wochen des Krieges machte die Wehrmacht aber so viele Gefangene, daß diese nicht nur die Frontoperationen behinderten, sondern auch wertvolle Kräf-

---

[138] StA N, Nürnbg. Dok. 194-EC.

te banden, weil viele Stalag-Einheiten wegen der erforderlichen Umgruppierungen noch nicht im Osten eingetroffen waren. So befanden sich am 14. August 1941 laut Organisationsbefehl Nr. 40 noch 12 Einheiten bei den Verfügungsstäben Wien, Breslau und Frankfurt/Oder; über weitere 13 Stammlager hatte das OKW nicht einmal verfügt, d. h., daß von einem einigermaßen geordneten Kriegsgefangenenwesen hinter der Front in keiner Weise die Rede sein konnte.[139] Einzige Möglichkeit war es, wenigstens einen Teil der Gefangenen „nach hinten" abzuschieben.

Ab Ende Juli trafen fast unaufhörlich Transporte im Umfang von oft mehr als 2000 Mann in den „Russenlagern" ein. Das führte wegen der fehlenden Infrastruktur dort zu teilweise chaotischen Zuständen, denn der Befehl, die Gefangenen gleich zu ihren Arbeitsstellen weiterzuleiten, blieb aus. Die Verhältnisse im WK VI Münster mit den Emslandlagern und dem Stalag 326 Senne legen die Vermutung nahe, daß in einem solchen Fall das OKW selbst steuernd eingriff und die Verlegung in ein anderes Stalag anordnete, um die Situation unter Kontrolle zu behalten, das jedoch aus verständlichen Gründen nicht weiter publik machte.[140] Die Kommandanten waren gewiß froh über jeden sowjetischen Soldaten, den sie in ein anderes Lager oder in ein Arbeitskommando abgeben konnten, regten das möglicherweise sogar von sich aus an.

– Das Reichsarbeitsministerium ging seit dem 8. Juli von einer baldigen Freigabe des Arbeitseinsatzes aus und interpretierte den Befehl vom 2. August als dessen endgültige Bestätigung.[141] Abgesehen von den Einschränkungen, die das OKW verfügt hatte, schienen keine besonderen Vorsichtsmaßnahmen nötig, denn die „Gefährlichen" unter den Gefangenen würden, so glaubte man, ohnehin gar nicht erst in das Deutsche Reich kommen. Der Begriff „Aussonderung" wurde dem RAM allem Anschein nach offiziell erst mit dem OKW-Befehl vom 8. September bekannt; bezeichnenderweise verzichtete es bei der Weitergabe des Befehls an die Landesarbeitsämter auf den Passus, der sich mit den Aussonderungen befaßte. Ein Einsatz war daher aus seiner Sicht ohne Verzug möglich. Wie zügig die Gefangenen tatsächlich weitergeleitet wurden, mußte Kriminalkommissar U., Leiter des Einsatzkommandos im Stalag 304 Zeithain, feststellen. Am 25. September 1941 teilte er der Stapoleitstelle München in einem Fernschreiben

---

[139] BA/MA, RH 53-17/42. Zwei weitere Einheiten wurden nach Norwegen abkommandiert. Vgl. auch oben Kap. I, S. 45. Zu den Gefangenenzahlen Streit, Keine Kameraden, S. 83. Zu den Folgen der Entscheidung sagte Oberst Lahousen (AAA) 1945 in seiner Vernehmung, der deutsche Generalstab habe die „Verbringung" von Kgf. in das Heimatgebiet vorbereitet, doch sei das durch einen Entschluß Hitlers gestoppt worden. „Das führte zu den Zuständen, die sich dann in den Lagern draußen im Operationsgebiet entwickelt haben, wo man Gefangene zusammenstopfte, die nicht ernährt, nicht entsprechend bekleidet oder entsprechend untergebracht werden konnten. Infolgedessen brachen Seuchen und Kannibalismus aus." IMT Bd. II, S. 507.
[140] Vgl. Hüser/Otto, Stalag 326, S. 159. Ähnliches gilt für Zeithain, an dessen Stelle sehr bald Stalag IV B Mühlberg Sowjetgefangene in großer Zahl aufnahm. Im Befehl vom 2.8. hatte das OKW den Wehrkreisen keine Verfügungsmöglichkeit über die Kriegsgefangenen zugestanden.
[141] Das RAM gab den Befehl am 14.8. den Präsidenten der LAA bekannt und forderte sie auf, in den Stalags Vermittlungsstellen der Arbeitsämter einzurichten. Im OKW-Befehl hatte es nur geheißen, die Arbeitseinsatzbehörden sollten Vertreter in die Stalags zwecks Feststellung der Berufszugehörigkeit der Kgf. entsenden. BAK, RD 19/3, Bl. 23.

mit: „Zeithain ist Auffanglager für den Wehrkreis röm. 4. Von dort werden die Russen dem Durchgangslager Mühlberg zugeführt, das in wenigen Tagen Aussonderungen nach arbeitseinsatzmäßigen Gesichtspunkten durchführt und alsdann die Gefangenen einer Anzahl weiterer Stalags zuführt."[142] Aussonderungen unter ideologischen Gesichtspunkten seien daher noch nicht möglich.

– Ab Mitte Juli 1941 erging von verschiedenen Militär- und Zivilbehörden eine Vielzahl von Anordnungen zum Arbeitseinsatz, die mit ihren Einschränkungen nur schwer zu überschauen waren und ohne weiteres zu – möglicherweise gewollten – Mißverständnissen führen konnten; mehr als einmal gewinnt man den Eindruck, als seien geltende Befehle bewußt unterlaufen worden. Daß je nach Standort in vorauseilendem Gehorsam die Belange der deutschen Kriegswirtschaft als wichtigstes Element angesehen wurden und deswegen umgehend ein Zugriff auf soeben eingetroffene Gefangenen erfolgte, erscheint plausibel, zumal sehr viele Stellen an deren Arbeitskraft interessiert waren. Spätestens dann aber lautete das Problem nicht mehr, wie man die „Bolschewisten" vom Reich fernhalten konnte, sondern eher, bis zu welchem Grad „Bolschewismus" am Arbeitsplatz tolerierbar war.

Wenn es trotzdem relativ spät zu Konflikten kam, so lag das zum einen daran, daß das grundsätzliche Problem – die deutsche Kriegswirtschaft war auf die Arbeitskraft eines jeden angewiesen, um den Endsieg zu gewährleisten, jeder „Untragbare" im Arbeitseinsatz aber gefährdete ihn – noch nicht in dieser Schärfe erkannt wurde. Zum anderen forderte das RSHA die Stapostellen erst am 27. August zur Überprüfung der Arbeitskommandos auf, und bis zu einer im Sinne der Einsatzbefehle geordneten Tätigkeit der Einsatzkommandos vergingen weitere Wochen. In den Augen von Heydrich und Müller war das Entscheidende freilich die Überprüfung, nicht der Ort, an dem sie stattfand, und der Arbeitseinsatz der sowjetischen Kriegsgefangenen bedeutete für sie mehr ein organisatorisches als ein inhaltliches Problem. Früher oder später würde man doch aller „Untragbarer" habhaft werden.

Einen „Vorgeschmack" auf mögliche Schwierigkeiten erhielten die Beamten der Stapo Regensburg schon bei ihrem allerersten Einsatz am 25. August 1941 auf dem Truppenübungsplatz Grafenwöhr. Der für das dortige Arbeitskommando verantwortliche Offizier war erst dann bereit, die Ausgesonderten herauszugeben, nachdem der Kommandant des Stalag XIII A Sulzbach-Rosenberg und der Kommandeur der Kriegsgefangenen im WK XIII Nürnberg unter Hinweis auf die Befehlslage ihre Zustimmung gegeben hatten. Begründet hatte er seine Weigerung mit den Bedürfnissen des Arbeitseinsatzes.[143]

Der „Arbeitseinsatz" sowjetischer Kriegsgefangener in den Konzentrationslagern

Gegenüber der SS zeigte das OKW im Hinblick auf den Arbeitseinsatz der sowjetischen Kriegsgefangenen freilich keine solche Zurückhaltung. Schon am

---

[142] 178-R, S. 422. In vielen Ermittlungsverfahren gaben Zeugen zu Protokoll, ähnliche „Aussonderungen" gesehen zu haben.
[143] Zu dem Fall s. Kap. III, S. 125f., sowie Streim, Behandlung, S. 60, Anm. 147.

1. März 1941 beauftragte der Reichsführer SS Heinrich Himmler den Kommandanten des Konzentrationslagers Auschwitz, SS-Obersturmbannführer Rudolf Höß, dort zu Arbeitszwecken ein Lager für 100 000 Kriegsgefangene aufzubauen. Während der Plan in dieser Größenordnung nie verwirklicht wurde,[144] entschied sich das OKW bereits kurz nach Beginn des „Rußlandfeldzuges" dafür, der SS eine bestimmte Anzahl sowjetischer Gefangener zur Arbeit in den Konzentrationslagern zur Verfügung zu stellen.[145] Diesbezügliche Quellen haben sich zwar bisher noch nicht auffinden lassen, doch zeigen verschiedene bauliche Maßnahmen in den KZ, daß sich letztere seit Spätsommer 1941 auf die Ankunft von Kriegsgefangenen vorbereiteten; die vielen Übereinstimmungen in den Aussagen ehemaliger Häftlinge verschiedener Konzentrationslager lassen auf einen entsprechenden Befehl Himmlers vom August rückschließen.

Die Vorbereitungen verliefen überall nach demselben Schema. Für Neuengamme hat das der frühere Häftling Günther Wackernagel so beschrieben: „Im Monat August 1941 wurden auf Weisung der SS-Lagerführung im Konzentrationslager Neuengamme die Häftlingswohnbaracken Nr. 7 und 14 von den dort untergebrachten Häftlingen geräumt und diese auf andere Wohnbaracken aufgeteilt. Die Baracken 7 und 14 wurden innerhalb des Lagers nochmals durch einen Stacheldrahtzaun vom übrigen Lager getrennt, die Fenster der Rückseite der Baracke vernagelt und die Glasscheiben mit Farbe versehen, so daß diese Fenster weder zu öffnen waren noch daß man durch sie hindurchsehen konnte.

Über dem Eingangstor des neuerstandenen Lagers wurde als Abschluß aller baulichen Maßnahmen eine Tafel mit der Aufschrift ‚Kriegsgefangenen-Arbeitslager' angebracht."

Die Häftlinge erhielten konkrete Anweisungen, wie sie sich gegenüber den Neuen verhalten mußten. Jeder Kontakt, jede Hilfeleistung wurde „als Feindbegünstigung eingestuft" und mit schwersten Strafen bedroht.[146]

Wie in Neuengamme wurden bis Anfang Oktober 1941 auch in Auschwitz,[147] Buchenwald,[148] Dachau,[149] Flossenbürg,[150] Groß-Rosen,[151] Mauthausen[152] und

---

[144] Streit, Keine Kameraden, S. 217–220, hat die dieser Absicht zu Grunde liegenden Ziele ausführlich beschrieben. Vgl. auch Kaienburg, Der Fall Neuengamme, S. 45–47; Pingel, Häftlinge unter SS-Herrschaft, S. 120–122.

[145] Ab Spätsommer 1941 wurde im Generalgouvernement neben Auschwitz in der Nähe Lublins ein zweites Kriegsgefangenen-Arbeitslager der SS geplant, das spätere Konzentrations- und Vernichtungslager Majdanek. Näher dazu Marszalek, Majdanek, S. 27–33, der auf S. 28 – leider ohne genauen Beleg – auf eine Vereinbarung zwischen Himmler und dem Oberbefehlshaber des Heeres v. Brauchitsch vom September 1941 hinweist, nach der die SS insgesamt 325 000 sowjet. Kgf. aus den Stalags übernehmen sollte. Dazu auch Streit, Keine Kameraden, S. 220.

[146] Archiv der Gedenkstätte Neuengamme, Ng. 2.8. Ähnlich Bringmann, KZ Neuengamme, S. 54f.

[147] Dort wurden die Blöcke 1–3, 12–14 und 22–24 durch eine besondere, zusätzlich durch Starkstrom gesicherte Stacheldrahtumzäunung abgetrennt. Brandhuber, Auschwitz, S. 18; Czech, Kalendarium, S. 122.

[148] Vgl. dazu den Bericht des internationalen Lagerkomitees Buchenwald, S. 29–31, sowie verschiedene Aussagen ehemaliger Kriegsgefangener im Archiv der Gedenkstätte Buchenwald.

[149] Verschiedene Aussagen im Case 000-50-2-23 gegen Piorkowski u. a. (Dachau-Case) im Archiv der Gedenkstätte Dachau; so Eberle-Direct, S. 257; v. Fromm-Direct, S. 276; Grimm-Direct, S. 288f.; Huebsch-Cross, S. 174; Kraemer-Direct, S. 28f.

[150] Siegert, Flossenbürg, S. 466f. Vgl. auch eine Anfrage des Inspekteurs KL vom 15.9., wie viele Baracken man in Flossenbürg zur Aufnahme weiterer Kgf. noch aufstellen könne. Der Kdt hielt die Unterbringung von 5 000 Mann für möglich. Abdruck bei Tuchel, Inspektion KL, S. 73.

Sachsenhausen[153] bestimmte Bereiche mit Stacheldraht oder einem Bretterzaun ausgegrenzt bzw. völlig neu errichtet und im Eingangsbereich mit einem Schild „Kriegsgefangenen-Arbeitslager" versehen.[154]

Am 2. Oktober 1941 befahl das OKW den Wehrkreiskommandos[155] die Abgabe von insgesamt 25 000 sowjetischen Kriegsgefangenen an die SS. Wie das zu erfolgen habe, erläuterte es zwei Tage später. Unter Ziffer I hieß es in diesem Schreiben:

„Für die Versetzung in die SS-Lager zum Arbeitseinsatz in SS-Betrieben kommen nur solche sowj. Kriegsgef. in Frage, die von den M.-Stalags endgültig mittels der für Kr. Gef. angewandten Kartei-Karte I erfaßt sind. Diese sowj. Kr. Gef. bleiben auch nach der Versetzung in der karteimäßigen Kontrolle der WASt und sind von den abgebenden Lagern der WASt mittels der vierteiligen grünen Karteikarte mit einem kurzen Vermerk (...) zu melden."

Von diesem Zeitpunkt an unterständen die Gefangenen der SS „in jeder Weise"; diese sei dann auch für „die gesamte ärztliche und wirtschaftliche Versorgung" verantwortlich.

Weiter bat das OKW den Inspekteur der Konzentrationslager, deren Kommandanten anzuweisen, die Übernahme der Gefangenen und alle späteren Veränderungen wie etwa die Verlegung in ein anderes Lager jeweils zum 1., 10. und 20. eines Monats „unter Verwendung der 4-teiligen grünen Karteikarte der Wehrmachtauskunftstelle ... zu melden," d. h. also, auch dort entsprechend der Dienstanweisung für ein Kriegsgefangenen-Mannschaftsstammlager (H.Dv. 38/5) zu verfahren. Dafür wolle man der SS 30 000 dieser Karten überweisen. Bei Todesfällen müsse die WASt allerdings entsprechend den gesetzlichen Vorschriften aus dem Jahr 1939 verständigt werden. Ein entsprechendes Formblatt, auf dem ein Arzt die Todesumstände zu bescheinigen hatte, legte das OKW seinem Befehl ebenso bei wie ein „Merkblatt über Maßnahmen bei Sterbefällen von Kriegsgefangenen".[156]

Innerhalb weniger Tage wurde dieses Vorhaben inhaltlich und formal nahezu korrekt in die Tat umgesetzt. Augenzeugen haben darüber ausführlich berichtet; ihre Zeugnisse werden, wie die folgende Tabelle zeigt, durch verschiedene Karteimittel in Podolsk untermauert, an einigen Stellen freilich auch korrigiert.

---

[151] Malek, KL Groß-Rosen, S. 60f., dazu verschiedene Aussagen im Verf. Neuhammer, Bde. XIV–XVII.
[152] Marsalek, Die Geschichte des Konzentrationslagers Mauthausen, S. 51.
[153] Naujoks, Sachsenhausen, S. 282–287; Kalendarium von Sachsenhausen, S. 22; Sachsenhausen. Dokumente, S. 65–68.
[154] Die Kgf. nahmen wie bei einer normalen Versetzung ihre PK I mit. Diese erhielten dann z. B. den Eintrag „Kgf. Arb. Lager Auschwitz" oder „Kgf. Lager Mauthausen". Durch die Bezeichnung wirkte die Versetzung nach außen hin korrekt. Flossenbürg lief auf der PK I als Arbeitskommando der Stalags XIII A Sulzbach-Rosenberg bzw. XIII B Weiden. Vgl. ZAMO, PK I von Iwan Dmitrewitsch Krotow (IV B 123 797), 15.10.1941 abgegeben an Stalag XIII B, am selben Tag zum Arbeitskommando Flossenbürg, im September 1942 nach Gusen, dort am 27.1.1943 verstorben.
[155] Ausgenommen waren die WK V Stuttgart, XII Wiesbaden, XVIII Salzburg, XX Danzig und XXI Posen.
[156] BA/MA, RW 48/v. 12.; Zitat sowie weitere Sätze in der Vorlage unterstrichen. Da die WASt im Todesfall auch die PK I erhielt, liegen heute im ZAMO allem Anschein nach die Karteikarten sämtlicher in den KZ verstorbener „Arbeitsrussen".

Überstellungen von „Arbeitsrussen" in die Konzentrationslager im Herbst 1941

KZ	Datum	Herkunftsstalag	Größe	Belege (außer Augenzeugen)
Auschwitz[157]	7.10.	308 Neuhammer	2014	PK I;
	8.10.	308 Neuhammer	zusammen 2145	Kartothek;
	9.10.	308 Neuhammer		
	14.10.	308 Neuhammer	900	Kalendarium
	19.10.	308 Neuhammer	1955	Kalendarium
	20.10.	308 Neuhammer, 318 Lamsdorf	zusammen 986	PK I; Kalendarium
	25.10.	318 Lamsdorf	1908	
	15.11.	308 Neuhammer	ca. 75	Kalendarium
Groß-Rosen[158]	Oktober	308 Neuhammer, 318 Lamsdorf	2500–3000	PK I
Sachsenhausen[159]	16.10.	302 Groß-Born	700	PK I; Büge-Bericht, Sterbefallnachweise
	18.10.	310 Wietzendorf	1800	
Buchenwald[160]	18.10.	310 Wietzendorf	2000	PK I; Schutzhaftlagerrapp.
Neuengamme[161]	18.10.	X B Sandbostel	1000	PK I; Totenbuch
Flossenbürg[162]	15.10.	IV B Mühlberg	2000	PK I
Mauthausen[163]	20.10.	VI B Neu Versen	2205	PK I
Mauthsn-Gusen	22.10.	VI C Bathorn	2000	PK I
Dachau[164]	Herbst	unbekannt	420	

---

[157] Die PK I geben als Datum der ersten drei Versetzungen den 6., 7. und 8.10. an. Nach Broszat, Kdt in Auschwitz, S. 105, kamen die Gefangenen aus Lamsdorf. Brandhuber, Auschwitz, S. 18, übernimmt das. Der ehemalige Häftling Kasimierz Smolen erklärte 1947, sie seien aus Lamsdorf und Neuhammer gekommen (IfZ, Nürnbg. Dok. NO 5849), 1948, die Erkennungsmarken seien mit VIII A oder B beschriftet gewesen (StA N, KV-Proz. Fall 12, A 11–14, S. 949). Seinem jüngsten Aufsatz zufolge kamen sie ausschließlich aus Neuhammer (Ders., Auschwitz, S. 135f.). Vgl. auch Tomczyk, Zdobycie Stalagu 344 Lamsdorf, S. 54. Insgesamt wurden in Auschwitz 9997 „Russen" eingeliefert; Czech, Kalendarium, S. 160. Zur Kartothek s. Anm. 169.

[158] Vgl. Malek, KL Groß-Rosen, S. 60–65, sowie Konieczny, Das Konzentrationslager Groß-Rosen, S 21. Die Ermordung der in Neuhammer Ausgesonderten erwähnt Konieczny nicht. Sprenger, Groß-Rosen, S. 190–195, sieht in den „Arbeitsrussen" fälschlicherweise Ausgesonderte.

[159] Büge-Bericht, Verf. Heidelager, Dok. Bd. III, Bl. 18–22. Naujoks, Sachsenhausen, S. 283, gibt demgegenüber an, am 19.10. seien aus den zu Liquidierenden im Lager 2500 „Arbeitsrussen" ausgesucht und registriert worden. Ähnlich der undatierte Bericht der Niederländischen Militärmission in Deutschland, ZStl, Ordner Nr. 81, Bild Nr. 244f. Nach der bisherigen Darstellung ist ein solches Vorgehen jedoch äußerst unwahrscheinlich. Nach Sachsenhausen, Dokumente, S. 65f., hätten sich im Kgf. Lager 5000 Kgf. befunden.

[160] Zugangsmeldung im Schutzhaftlagerrapport vom 19.10.1941, HStA W, NS 4 Bu 143. Vgl. auch Trostorff, Zur Einweisung sowjet. Kgf. in das faschistische Konzentrationslager Buchenwald, S. 49, sowie einen US-Bericht über die sowjet. Kgf.lager vom 21.8.1945; IfZ, Nürnbg. Dok. 383-PS.

[161] Die Kgf. waren laut PK I zuvor von Wietzendorf nach Sandbostel versetzt worden. Das Totenbuch der russischen Kriegsgefangenen (ohne Signatur) im Archiv der Gedenkstätte Neuengamme verzeichnet daher ausschließlich Erkennungsmarken aus Stalag 310 (X D). Ehemalige Häftlinge glaubten an eine Herkunft aus Stalag 321 Fallingbostel-Oerbke. Bauche u. a., Neuengamme, S. 118, haben diese Angaben übernommen.

[162] Siegert, Flossenbürg, S. 466f., bes. Anm. 91. Der seinerzeitige Lagerarzt Dr. Schiedlausky gab in seiner Befragung am 7.8.1945 den November als Ankunftstermin an. IfZ, Nürnbg. Dok. NO 508.

Addiert man die Zahlen, so kommt man ziemlich exakt auf die Summe von 25 000 Mann, d. h., die Wehrkreiskommandos überstellten genau die Anzahl Gefangener in die Konzentrationslager, die das OKW am 2. Oktober befohlen hatte. Ein Aussuchen nach bestimmten Kriterien fand vorher nicht statt; die Personalkarten belegen vielmehr, daß die jeweilige Stalag-Kommandantur offensichtlich willkürlich im Erkennungsmarken-Verzeichnis eine bestimmte Gruppe für die Versetzung herausgriff.

Nach der Ankunft wurden die Kriegsgefangenen desinfiziert[165] und registriert. Den Vorgang beschrieb der Auschwitz-Häftling Kasimierz Smolen, später Direktor des dortigen Museums, in seinem Verhör im Nürnberger OKW-Prozeß am 24. Februar 1948.[166] Smolen hatte in der politischen Abteilung des Konzentrationslagers gearbeitet und war mit der Übernahme neuer Transporte und der Korrespondenz mit den einweisenden Dienststellen befaßt gewesen. Seiner Erinnerung nach hatte das Konzentrationslager von der WASt grüne vierteilige Karteikarten erhalten,[167] die ausgefüllt und im Todesfall zusammen mit der halben Erkennungsmarke durch einen SS-Kurier zurück nach Berlin gesandt wurden, ansonsten verblieben sie im Lager.[168] In der Lagerkartei wurde die Personalkarte I, die das Stalag für jeden Gefangenen mitgegeben hatte, den militärischen Vorschriften entsprechend unter der Erkennungsmarken-Nummer einsortiert; er behielt die letztere auch bei.[169] Da es durch die vielen Todesfälle aber oftmals zu Verwechslungen kam, befahl die Kommandantur, die Nummern auf der rechten Brustseite der Soldaten einzutätowieren, nachdem der Versuch, eine Identifizie-

---

Nach dem Chorun-Bericht gingen aus Stalag 304 Zeithain einmal 1 000 Kgf. nach Flossenbürg ab. HStA Dresden, Bestand 4, Bd. 42, Bl. 27.

[163] Marsalek, Mauthausen, S. 95. Die verwirrende Fülle von Zahlen innerhalb dieser Veröffentlichung beinhaltet allerdings einige Unstimmigkeiten.

[164] Innerhalb des Lagerareals hatte man mit der Errichtung eines Lagers für rund 10 000 Kriegsgefangene begonnen. Archiv der Gedenkstätte Dachau, Dachau-Case, Kraemer-Cross, S. 51, sowie weitere Aussagen. Nach Krämer waren die 420 Mann Teil eines größeren Transports, deren Liquidierung nur vorläufig aufgeschoben wurde.

[165] Beschreibung bei Czech, Kalendarium, S. 126f., und Brandhuber, Auschwitz, S. 19.

[166] Aff. Smolen; IfZ, Nürnbg. Dok. NO 5849, sowie StA N, KV-Proz. Fall 12, A 11–14.

[167] Smolen beschrieb die grünen Karteikarten ganz exakt. Ebenda, S. 677–679; vgl. oben die Ausführungen zur Erfassung. Der Vertreter der Verteidigung, Dr. Surholt, bestritt demgegenüber deren Existenz unter Hinweis auf die H.Dv. 38/5, die ja in der Tat solche Karteikarten nicht vorsah, und forderte die Anklage auf, sie möge doch eine solche grüne Karte vorlegen, da von den Tausenden von Karten in Auschwitz ja wohl eine übriggeblieben sein müsse. Ebenfalls würde sich derartiges ohne Zweifel in den WASt-Akten finden lassen. Ebenda, S. 684. Es ist aus heutiger Sicht beklemmend zu sehen, wie Surholt auf Grund seiner Kenntnis der deutschen Bürokratie Smolen als Zeugen unglaubwürdig erscheinen lassen konnte. Surholt wies im übrigen darauf hin, daß ein ausdrückliches Verbot des OKW bestanden habe, WASt-Unterlagen zu vernichten.

[168] Um die Erfassung zu beschleunigen, mußten einige Häftlinge wenige Tage vor der Ankunft des ersten Transports noch die entsprechenden russischen Begriffe lernen. Trotzdem kam es zu chaotischen Verhältnissen, da viele Kgf. vor der Registrierung starben und als „unbekannt" verzeichnet werden mußten. Brandhuber, Auschwitz, S. 19f. Zum Vorgang auch Smolen, Auschwitz, S. 137–139.

[169] Zusätzlich erstellte das KZ Auschwitz eine eigene Kartothek der sowjet. Kgf., die später wenigstens z.T. im ZAMO eingeordnet wurde; viele Beispiele in den Akten 7/1046, 7/1278 und 7/1312; ein Beispiel auf S. 191. Die Numerierung erfolgte offenbar in der Reihenfolge des Eingangs. Beschreibung der Karten bei Brandhuber, Auschwitz, S. 35–37. Die Stalag-Nummern blieben aber für längere Zeit die „offizielle" Kennzeichnung.

Das Problem des Arbeitseinsatzes sowjetischer Kriegsgefangener 191

rung durch das Aufnähen von „numerierten Lappen" auf die Uniform zu ermöglichen, gescheitert war.[170]

Abgesehen von Dachau, entsprachen die Verhältnisse in den anderen Konzentrationslagern weitgehend denen von Auschwitz. Die Männer behielten ihre Stalag-Nummer, sie wurden im Bestand des Konzentrationslagers dementsprechend gesondert geführt, und bei Todesfällen erfolgte eine Benachrichtigung der Wehrmachtauskunftstelle in der Weise, wie es das OKW am 4. Oktober angeordnet hatte.

Schon bei der Ankunft befanden sich die Gefangenen in einem äußerst schlechten körperlichen Zustand. Rudolf Höß hat für Auschwitz die Verhältnisse ausführlich beschrieben; die Schilderung gehört zu dem Schlimmsten, was seine an Furchtbarem wahrlich nicht armen autobiographischen Aufzeichnungen enthalten. Auf Grund der wochenlangen Unterernährung seit Beginn der Gefangenschaft und dem Leben in Erdlöchern waren die Gefangenen physisch und psychisch so geschwächt, daß ihr ganzer Organismus „fertig, nicht mehr funktionsfähig (war). Sie starben wie die Fliegen dahin an allgemeiner Körperschwäche oder an der leichtesten Krankheit, gegen die der Körper sich nicht mehr wehren konnte." Fälle von Kannibalismus seien nicht selten gewesen. Und dabei habe es

---

[170] Ebenda, S. 20. Nach dem „Vorbild" der sowjet. Kgf. wurden später alle Auschwitz-Häftlinge tätowiert.

sich nach Angaben der einliefernden Transportoffiziere noch um „das Beste" gehandelt, was in den Stalags „zur Verfügung stünde".[171]

Obwohl sie selbst ständig mit dem Tod konfrontiert wurden, übertraf das Leid der ankommenden Gefangenen und deren weiteres Schicksal alles, was die „Alt-Häftlinge" bis dahin in den Konzentrationslagern gesehen hatten. Unter Lebensgefahr organisierten sie spontane Hilfsaktionen, die für Buchenwald z. B. das Internationale Lagerkomitee 1946 in der Rückschau folgendermaßen charakterisierte: „Eine Welle der Solidarität schlug empor, wie man sie vorher selbst hier nicht gekannt hatte (...) Von allen Blocks, und es soll hier festgestellt werden, daß sich keine Markierung ausgeschlossen hatte, wurden Brot und andere Lebensmittel, Kaffee und andere Getränke, Zigaretten und Tabak gebracht." Strenge Strafen, darunter die zeitweilige Verlegung in das Kriegsgefangenenlager (!), waren die Folge.[172]

Auf Grund der unmenschlichen Lebensbedingungen war die Sterberate immens. Danuta Czech hat im Kalendarium von Auschwitz die dortigen Todesfälle aufgeführt, die im Totenbuch des Konzentrationslagers[173] minutiös verzeichnet sind. Schon am ersten Tag, dem 7. Oktober, starben fünf Mann, bis zum 31. dieses Monats war ihre Zahl auf 1 255 gestiegen. Ab Mitte November wurden nahezu täglich zwischen 50 und 90 Tote notiert, bis schließlich am 1. März 1942, dem Tag, an dem das „Russenlager" aufgelöst wurde, nur noch 945 von ursprünglich 10 000 Mann am Leben waren. Der Kriegsgefangenenbestand in Groß-Rosen lag am 27. Januar 1942 noch bei 89 Mann.[174]

Todesursache waren jedoch bei weitem nicht nur die Lebensbedingungen. Vielfach wurden die Gefangenen erschlagen, erschossen oder auf andere Art ermordet. So entwickelte sich in Groß-Rosen das „Abspritzen" sowjetischer Soldaten mit Blausäurespritzen zu einem „Hobby" des Sanitäters Hauptscharführer K., der nach fast allen Häftlingsaussagen sehr oft eine Flasche mit Gift bei sich führte. Dieser ging mehrere Male in Begleitung anderer SS-Männer in das „Russenlager" und ließ dort von einem Dolmetscher Gefangene zu sich rufen. Unter dem Vorwand, sie für den Arbeitseinsatz untersuchen zu müssen, gab er ihnen eine Giftspritze in die linke Brustseite oder den Unterarm.[175] Die Betreffenden, bei denen es sich in wenigstens einem Fall um sog. „Muselmänner", d. h. stark geschwächte, schon dem Tod geweihte Soldaten handelte,[176] starben unmittelbar

---

[171] Broszat, Kdt in Auschwitz, S. 105–107; Zitate S. 106.
[172] Bericht des Internationalen Lagerkomitees Buchenwald, Weimar 1946, S. 30f., Zitat S. 30, sowie Drobisch, Widerstand in Buchenwald, S. 68.
[173] Zum Totenbuch ausführlich Brandhuber, Auschwitz, S. 32–34.
[174] Mitteilung des Kdt Rödl an den Inspekteur KL vom 27.1.1942. Verf. Wollstein, Dok. Bd. V, Bl. 75. Vgl. auch die Meldungen betr. verstorbene sowjet. Kgf. in Buchenwald. Im April 1942 starben z. B. noch 111 Mann. HStA W, NS 4 Bu 106.
[175] Gelegentlich verabreichte K. die Blausäure auch in Schnapsgläsern. So etwa die Aussage von P. B., Verf. Neuhammer, Bd. XIV, Bl. 20–22. Vgl. dazu auch Sprenger, Groß-Rosen, S. 192f.
[176] Dazu ausführlich Sofsky, Die Ordnung des Terrors, S. 229–236.

darauf. Jeder „Aktion" fielen wenigstens 50 Mann zum Opfer.[177] Systematisch ermordet schließlich wurden die 420 Gefangenen, die nach Dachau kamen.[178]

Soweit daher überhaupt noch ein „Arbeitseinsatz" erfolgen konnte, fand er in Bereichen mit ausgesprochenem „Strafcharakter" wie Straßenbau, Steinbruch oder Meliorationen statt und entsprach damit inhaltlich den Vorgaben Reineckes vom 12. August 1941.[179] Irgendein nennenswertes „Ergebnis" wird nicht überliefert. In ihrem Monatsbericht über November 1941 hielten die Deutsche Erd- und Steinwerke GmbH (DESt) statt dessen für Groß-Rosen fest: „Das Lager Groß-Rosen wurde mit kriegsgefangenen Russen belegt. Diese Russen sind in einer derart schlechten körperlichen Verfassung, daß von ihnen kaum eine Arbeit verlangt werden kann. Sie sind schlechter, als die schlechtesten Häftlinge bisher waren."[180] Emil Büge berichtet davon, daß am 9. März 1942 von Sachsenhausen aus erstmals „einige Hundert Arb.-Russen zu den Heinkel-Werken in Oranienburg" gekommen seien, doch habe man diese schon am folgenden Tag wegen ihrer Schwäche wieder abziehen müssen.[181] Und gerade an den „Arbeitsstellen" wurde in einer Weise gemordet, die das ganze „Vorhaben" ad absurdum führte.[182]

Gleichwohl handelte es sich formal um Arbeitskommandos, die, auch wenn sie in den Konzentrationslagern stationiert waren, nach den Vorgaben der Richtlinien zu den Einsatzbefehlen Nr. 8 und 9 vom 27. August 1941 von den zuständigen Stapostellen zu überprüfen waren. Tatsächlich erschienen selbst in den KZ Einsatzkommandos, um in der üblichen Weise aus den Gefangenen die „Untragbaren" auszusondern. In Auschwitz trafen Ende Oktober oder Anfang November 1941 vier Beamte der Stapoleitstelle Kattowitz, darunter der Leiter SS-Sturmbannführer und Oberregierungsrat Dr. M., ein, von denen zwei des Russischen mächtig waren.[183] Mehrere Wochen lang verhörten sie, z. T. unter Anwendung von Gewalt, sämtliche Gefangenen, um Mitglieder der Kommunistischen Partei und „Kommissare" herauszufinden. Diese teilten sie in vier Gruppen ein, nämlich „Fanatische Kommunisten" (300 Mann), Gruppe A („politisch untragbar"; 700 Mann), Gruppe B („politisch unverdächtig"; 8 000 Mann) und Gruppe C („für Wiederaufbau geeignet"; 30 Mann). Im Laufe der Monate Dezember und Januar wurden die „Fanatischen Kommunisten" und die „Politisch

---

[177] Zu dem Sachverhalt liegen in den Bänden XIV–XVII des Verf. Neuhammer Aussagen in großer Zahl vor.
[178] Archiv der Gedenkstätte Dachau, Dachau-Case, v. Fromm-Direct, S. 266. Nach einer im Dachau-Prozeß als Beweisstück anerkannten Statistik lebten im Januar 1942 im Kgf.-Lager keine Kgf. mehr. Ebenda, Grimm-Cross, S. 312. Einige wenige sollen nach der Aussage des Dachauer Lagerarztes Dr. Muthig nach Mauthausen gekommen sein. Ebenda, Muthig-Direct, S. 530.
[179] BAK, R 41/168, Bl. 26. In Auschwitz wurden die Männer zum Bau des großen Kriegsgefangenenlagers Birkenau eingesetzt. Streit, Keine Kameraden, S. 220.
[180] Zitiert nach Sprenger, Groß-Rosen, S. 194.
[181] Verf. Heidelager, Dok. Bd. III, Bl. 29.
[182] Vgl. dazu etwa Czech, Kalendarium, S. 104.
[183] Die folgende Darstellung nach Smolen; StA N, KV-Proz. Fall 12, A 11–14, S. 957–959. Nach Halgas, Revier von Auschwitz, S. 171f., kam das Kommando am 21.10. Bereits am selben Tag sei eine Gruppe von 11 Kgf. erschossen worden, die allerdings im Totenbuch als „verstorben" eingetragen werden mußten, da sie bereits in den Bestand aufgenommen worden waren. Die Beamten benutzten auch das Fahndungsbuch des RSHA.

Untragbaren" erschossen bzw. vergast. Die WASt erhielt die grüne Karteikarte, die halbe Erkennungsmarke und eine Sterbefallanzeige mit der Angabe „verstorben" oder irgendeiner erfundenen Todesursache. Gleichzeitig wurde das RSHA über die Exekutionen informiert.[184]

Im KZ Neuengamme erschienen Beamte der Stapoleitstelle Hamburg, „die mit Hilfe eines mitgebrachten Dolmetschers jeden der Kriegsgefangenen einzeln eingehend zur Person, zum Dienst in der Sowjetarmee sowie zum Verhältnis zu ihren Kameraden befragten". Es habe sich jedoch, so die Aussage eines ehemaligen Häftlings, niemand bereit gefunden, Handlangerdienste für die Gestapo zu leisten, und daher habe das Kommando unverrichteter Dinge wieder abziehen müssen.[185]

Für Sachsenhausen liegen Häftlingsberichte vor, nach denen etwa gleichzeitig mit der Ankunft der „Arbeitsrussen" eine Kommission erschienen sei, ohne freilich deren Arbeit näher zu umschreiben.[186] Auch in Buchenwald wurden die Gefangenen verhört, waren sich dabei aber nicht der Gefahr bewußt, in der sie schwebten. Michail Lewschenko berichtete im Jahr 1975, er sei von einem ihm unbekannten Häftling gefragt worden, was beim Verhör über ihn, Lewschenko, in die Akten eingetragen worden sei. Seine Antwort „Bauer, 3 Klassen-Unterstufen-Ausbildung" habe der andere für gut befunden. Dieser habe ihn noch auf einen Dolmetscher hingewiesen, der u. a. die Aufgabe habe, „die Komsomolzen, Juden, Politfunktionäre und Genossen mit Hoch- und Fachhochschulbildung herauszufinden, denen dann das Krematorium" drohe.[187] Der Buchenwald-Report erwähnt namentlich den „Gestapo-Agenten" Grigorij Kushni-Kuschnarew, einen weißrussischen Emigranten und angeblichen früheren zaristischen General, der die Aufgabe gehabt habe, die „in das Lager verbrachten russischen Kriegsgefangenen nach geheimen Richtlinien, die vom Reichssicherheitshauptamt im Einvernehmen mit dem Oberkommando des Heeres aufgestellt worden waren", auszusortieren.[188] Zu Flossenbürg, Groß-Rosen und Mauthausen gibt es keine diesbezüglichen Erkenntnisse, doch ist anzunehmen, daß auch hier jeweils ein Einsatzkommando erschien und die Gefangenen überprüfte.[189]

Der Gesundheitszustand der Ausgesonderten war jedoch derart schlecht, daß etliche von ihnen noch vor der Exekution verstarben. Im Gegensatz zu den „normalen" Kameraden, deren Todesfälle vermerkt und gezählt wurden,[190] er-

---

[184] Smolen nennt das OKW als Empfänger dieser Mitteilung. Nach der bisherigen Darstellung muß es sich jedoch um das RSHA gehandelt haben. Zahlen nach Brandhuber, Auschwitz, S. 22.
[185] Bericht Günther Wackernagel, Archiv der Gedenkstätte Neuengamme, Ng. 2.8.
[186] So etwa Büge; Verf. Heidelager, Dok. Bd. III, Bl. 19. Zuständig war die Stapostelle Potsdam.
[187] Archiv der Gedenkstätte Buchenwald, Sig. 31/632. Ähnlich Aussage Lysenko; ebenda. Das EK suchte gemäß Einsatzbefehl Nr. 8 auch nach Kgf., die sich für das Unternehmen Zeppelin einsetzen ließen. Im April 1942 wurden 55, im Juni 52 Mann abgegeben. HStA W, NS 4 Bu 106, Bl. 2 u. 7. Zuständig war die Stapostelle Weimar.
[188] Hackett, Buchenwald-Report, S. 112. Ähnlich Kogon, SS-Staat, S. 237 und S. 309f. Der Spitzel wurde seinerseits Anfang 1942 im Revier durch eine Giftspritze getötet.
[189] Zuständig gewesen wären die Stapostellen Regensburg, Breslau oder Liegnitz sowie Linz. Da in Dachau nahezu sämtliche Gefangene liquidiert wurden, „erübrigte" sich dort ein EK.
[190] Die PK I gingen im Todesfall vorschriftsmäßig an die WASt und liegen heute im ZAMO. Sie stellen eine Parallelüberlieferung zu den Sterbefallübersichten oder Totenbüchern der KZ dar.

hielt in ihrem Fall die Kommandantur nur eine schriftliche Benachrichtigung, die sie aber in die Kartei einordnete. Für Buchenwald sind solche Mitteilungen erhalten. Am 31. Januar 1942 etwa informierte der dortige Lagerarzt den Schutzhaftlagerführer über den Tod des Mechanikers Ilja Worobjow, Erkennungsmarke-Nr. 15421, geboren am 20. Juli 1914 in Grakowo (Smolensk); dieser sei am Morgen um 9.40 an „Lungenödem bei Pneumonie re(chts)" gestorben und deshalb „vom Russenbestand Block 30" abzusetzen. Der Schutzhaftlagerführer leitete das unter dem „Betreff: Verstorbene SU.-Kriegsgefangene im KL.B. (Ausgesonderte)" an die Kommandantur weiter und fügte kurz hinzu: „Von den drei zurückgebliebenen SU.-Kriegsgefangenen (Ausgesonderte) ist Worobjow, Ilja verstorben."[191]

Die Zahl der Aussonderungsopfer in den Konzentrationslagern läßt sich nur für Auschwitz mit etwa 1 000 relativ genau angeben, für die anderen fehlen jegliche Angaben. Ein „Null-Ergebnis", wie oben für Neuengamme geschildert, erscheint allerdings äußerst unwahrscheinlich; es ist wohl eher auf die dem zitierten Bericht innewohnende Tendenz zurückzuführen, den sowjetischen Gefangenen als Widerstandskämpfer darzustellen, der dem Faschismus standgehalten habe. Nimmt man den Prozentsatz von Auschwitz (10%) als Richtwert, so wurden in den genannten Lagern wenigstens 2 000 Mann ausgesondert und ebendort wenig später liquidiert.[192]

Die vorangegangene Darstellung der Verhältnisse in den Konzentrationslagern wirft zwei Fragen auf, die sich in aller Kürze so formulieren lassen:
1. Wieso betrieb die SS gegenüber den Gefangenen, die ihr das OKW ausdrücklich zum Arbeitseinsatz in den Konzentrationslagern überlassen hatte, eine aktive wie passive Dezimierungspolitik?
2. Warum verhielt sich das OKW bis in den Oktober 1941 hinein gegenüber einem Arbeitseinsatz sowjetischer Soldaten in der zivilen Wirtschaft äußerst distanziert, während es auf der anderen Seite der SS bereits im Sommer 1941 großzügig ein umfangreiches Kontingent dieser Gefangenen zusagte?
Untersucht man unter diesen Gesichtspunkten die vorhandenen Quellen, so ergibt sich zunächst, daß seinerzeit trotz relativ aufwendiger Vorbereitungen keinerlei konkrete Planungen hinsichtlich einer Beschäftigung der Männer in den Konzentrationslagern vorlagen. Demnach besaß für die SS die Verfügungsgewalt über die Gefangenen eine maßgebliche Priorität gegenüber der „Verwertung" ihrer Arbeitskraft. Das zeigte sich in der Folgezeit vor allem daran, daß bis Mitte November 1941 ausschließlich formale Belange geregelt wurden. Am 23. Oktober, zu einem Zeitpunkt also, an dem sich die 25 000 Gefangenen schon seit etwa einer Woche in den Konzentrationslagern befanden und bereits die er-

---

[191] HStA W, NS 4 Bu 106, Bl. 60 u. 62, ähnlich Bl. 75 u. 77.
[192] Insofern muß man sehr deutlich zwischen den Opfern der Aussonderungen und denen des „Arbeitseinsatzes" in den KZ unterscheiden. Bei Streim, Behandlung, S. 226–233, sowie Streit, Keine Kameraden, S. 95, bes. Anm. 63, und S. 221, geschieht das nur unvollkommen, ähnlich in der Literatur zu den Konzentrationslagern.

sten Todesfälle zu verzeichnen waren, setzte der Inspekteur der Konzentrationslager (Inspekteur KL), SS-Brigadeführer Richard Glücks, die Lagerkommandanten von den wesentlichen Inhalten des OKW-Befehls vom 4. Oktober in Kenntnis.[193] Das Eintreffen und jede Verlegung eines Gefangenen seien mittels der grünen Karteikarte der WASt zu melden, bei Sterbefällen sei entsprechend dem Merkblatt des OKW zu verfahren. Demzufolge habe die WASt die halbe Erkennungsmarke, die Karteikarte I und eine vom Lagerarzt autorisierte Sterbefallanzeige zu erhalten. Der Befehl gelte jedoch vorerst nur für die „karteimäßig erfaßten und im abgedrahteten Teil der Schutzhaftlager untergebrachten Kriegsgefangenen".[194] Da sich aber die unnatürlichen Todesfälle in den folgenden Tagen häuften, ergänzte er sechs Tage später seine Anordnung noch dahingehend, daß in einem solchen Fall der zuständige SS-Gerichtsoffizier zwar ihm, nicht aber der WASt darüber zu berichten habe, ebensowenig seien die zuständigen SS- und Polizeigerichte zu verständigen.[195] Die WASt sollte lediglich eine Mitteilung entsprechend den Vorgaben des OKW vom 4. Oktober 1941 erhalten.

SS-intern hatte Glücks sich jedoch schon früher auf die Anwesenheit der „Arbeitsrussen" eingestellt. Am 21. Oktober befahl er den KZ-Kommandanten, die Korrespondenz bezüglich der sowjetischen Gefangenen zukünftig mit den folgenden Aktenzeichen zu kennzeichnen:[196]

- 14 b 18   Allg. Schriftverkehr und Veränderungen
- 14 f 7   Natürliche Todesfälle
- 14 f 8   Selbstmorde und Unglücksfälle
- 14 f 9   Erschießungen auf der Flucht
- 14 f 10   Verletzungen infolge Waffengebrauchs
- 14 f 14   Exekutionen

Von sieben Kategorien befaßten sich vier unmittelbar mit dem Tod, eine mit Körperverletzung und nur eine einzige mit „normalen" Verhältnissen, eine Einteilung, die zeigt, daß von vornherein mit einer sehr großen Anzahl von Todesfällen gerechnet wurde, deren Umstände aber der WASt nicht mitgeteilt werden sollten.[197]

Von einem Arbeitseinsatz im eigentlichen Wortsinne war bis dahin nirgends die Rede. Erst am 10. und 11. November – wenigstens 10% der 25 000 Kriegsge-

---

[193] Zur Inspektion KL allg. vgl. Tuchel, Inspektion KL. Auf S. 72 äußert sich der Autor nur ungenau zu den Aussonderungen; der „Arbeitseinsatz" der sowjet. Kgf. wird nicht weiter erwähnt.
[194] StA N, Nürnbg. Dok. NO 1239. Der Befehl ist ein weiterer Beweis für den Stellenwert der Registrierung. Soweit die Kgf. erfaßt waren – und wie die PK I zeigen, waren sie samt und sonders erfaßt –, konnte nicht einmal die SS den formalen Vorgang umgehen. Die inhaltliche Seite, nämlich die Angabe der Todesumstände, blieb freilich ihr überlassen.
[195] HStA D, RB 53, G. J. Nr. 187.
[196] Nach Czech, Kalendarium, S. 132. Weitere Aktenzeichen für Todesfälle von KZ-Häftlingen bei Kogon, Nationalsozialistische Massentötungen durch Giftgas, S. 66. Besonders berüchtigt ist das Aktenzeichen 14 f 13 für die „Sonderbehandlung kranker und gebrechlicher Häftlinge" (Euthanasie).
[197] Im Archiv der Gedenkstätte Buchenwald erhaltene Sterbefallmeldungen sind mit den entsprechenden Kürzeln versehen; der oben erwähnte Todesfall von Ilja Worobjow wurde unter 14 f 7 geführt. Wie das OKW besaß somit auch der Inspekteur KL im Fall der „Arbeitsrussen" jederzeit einen genauen Überblick über die sowjet. Kgf.

fangenen waren bereits verstorben – diskutierten Vertreter des Inspekteurs KL und der Konzentrationslager auf einer Tagung diesbezügliche, bezeichnenderweise formale Einzelheiten,[198] ohne sich jedoch inhaltlich näher festzulegen. Eine Meldung über diese Besprechung ging den KZ am 29. des Monats zu; ihre Formulierung spiegelt sehr deutlich die Unentschlossenheit, aber auch die Gleichgültigkeit wieder, die in der SS hinsichtlich des Arbeitseinsatzes der sowjetischen Gefangenen herrschte: „Es dürfte die Zeit gekommen sein, wo die russischen Kriegsgefangenen zur Arbeit herangezogen werden können."[199]

Bis Ende Januar 1942 bestand aber weiterhin ein äußerst geringes Interesse sowohl am Schicksal der Gefangenen als auch an ihrem systematischen Arbeitseinsatz; erst dann setzte sich langsam in der SS eine Richtung durch, die in ihnen wirkliche Arbeitskräfte sah. Bezeichnend dafür ist eine Anfrage des Inspekteurs KL bei den Konzentrationslagern vom 23. Januar 1942, mit der er um eine Meldung zu den folgenden Punkten bat:
– Wie hoch sei der Bestand an sowjetischen Kriegsgefangenen?
– Wie viele seien davon arbeitsfähig und blieben es aller Voraussicht nach auch?
– Wie viele der Arbeitsfähigen seien tatsächlich zur Arbeit eingesetzt?

Zwar liege ein Führerbefehl über einen verstärkten Einsatz sowjetischer Gefangener in der Rüstungsindustrie vor, doch glaube er davon ausgehen zu können, daß die meisten Gefangenen wohl nicht einsatzfähig seien, wohingegen der restliche Teil bereits eine entsprechende Verwendung gefunden haben dürfte. Für Groß-Rosen ist die Antwort des Kommandanten, SS-Obersturmbannführer Rödl, erhalten. Danach lebten dort noch 89 Mann, kein einziger von ihnen war arbeitsfähig.[200]

In den Konzentrationslagern betrieb die SS gegenüber den „Arbeitsrussen" somit eine zielgerichtete aktive und passive Vernichtungspolitik, während ein geordneter „Arbeitseinsatz" noch nicht einmal auf dem Papier stattfand. Soweit überhaupt eine „Beschäftigung" erfolgte, zielte sie darauf ab, die Betreffenden in diesem Rahmen bewußt zu Tode kommen zu lassen, ein Sachverhalt, der in der Forschung zu Recht als „Vernichtung durch Arbeit" bezeichnet wird.[201] Dabei ging es ausschließlich darum, einen Teil der in deutscher Hand befindlichen „Bolschewisten" als Träger einer feindlichen Ideologie auszumerzen, wobei es

---

[198] Bei den sowjet. Kgf. sollten dieselben Meldungen wie bei den „gewöhnlichen" (!) Häftlingen erfolgen.
[199] IfZ, Nürnbg. Dok. NO 2113. Auch von daher kann die in Kap. III, S. 133f. dargestellte Nachkriegs-Argumentation der Regensburger Stapobeamten, das KZ Flossenbürg habe eine Liquidierung der ausgesonderten Kgf. unter Hinweis auf den Arbeitskräftebedarf abgelehnt, als widerlegt gelten.
[200] Verf. Wollstein, Dok. Bd. V, Bl. 73 und 75. Erst am 10.2. traf der Inspekteur KL Vorkehrungen für einen echten Arbeitseinsatz, indem er anordnete, daß bei Anforderungen zunächst ein Probeeinsatz von 8 Tagen durchzuführen sei. Archiv der Gedenkstätte Dachau, Nr. 1609. Laut Erlaß des Chef SipouSD vom 11.12.1941 konnten sowjet. Kgf., die auf der Flucht keine Verbrechen begangen und nicht als untragbar festgestellt worden waren, in ein KZ zum Arbeitseinsatz eingeliefert werden. Er bezog sich auf einen OKW-Erlaß vom 22.11.1941. IMT Bd. XXXV, S. 165, 569-D.
[201] Vgl. Aff. Sanner zu den Verhältnissen in den Steinbrüchen von Mauthausen, von denen fast allabendlich 20 bis 30 Tote in das Lager zurückgebracht worden seien. IfZ, Nürnbg. Dok. NO 3104.

im Gegensatz zu den Aussonderungen völlig unwichtig war, ob diese Soldaten in der Sowjetunion irgendeine „politische" Funktion innegehabt hatten. Gerade weil es unterschiedslos gegen alle „Russen" ging, konnte man den perversen Trieben sadistischer SS-Männer bewußt Raum geben.

Emil Büge hat das aus der Sicht der Häftlinge sehr zutreffend beschrieben: „Wenn es uns bekannt ist, daß die Kgf.-Zugänge am Leben bleiben sollen, sind wir angewiesen, sofort eine ‚Sterbefallanzeige' mit auszufüllen, da die Sterblichkeit sehr groß ist und die ‚Totenabteilung' Schwierigkeiten hat, nachträglich diese Anzeigen auszufüllen. Untersturmführer F. (z. Zt. Chef der politischen Abteilung), der einmal zu uns kommt, ist ganz erstaunt, als er uns gleichzeitig mit der Aufnahmekarte der ‚Arbeitsrussen' auch die Sterbefallanzeigen mit ausfüllen sieht und fragt ganz seltsam (für uns wenigstens): ‚Sind denn die Leute zum Sterben oder zur Arbeit hergekommen?'"[202]

Damit wurde die SS auch an der „Heimatfront" zur Speerspitze des Kampfes gegen den Bolschewismus. Reinecke, der im Sommer 1941 eine Vernichtung der Rotarmisten ebenso befürwortete wie er aus ideologischen Gründen ihre Beschäftigung ablehnte, überließ ihr ohne Vorbehalte sowjetische Gefangene, gerade weil er davon ausgehen mußte, daß sein umfassendes, über die Aussonderungen hinausgehendes Vernichtungskonzept im Militär früher oder später aus inhaltlichen und formalen Gründen auf Widerstand stoßen würde. Dieses ließ sich am besten in der hermetischen Abgeschlossenheit der Konzentrationslager umsetzen, in denen nicht die Gefahr bestand, Volksgenossen mit dem „bolschewistischen Bazillus" zu infizieren. Auch das strikte Kontaktverbot für die übrigen Häftlinge spricht eine deutliche Sprache.

Soweit die SS sich verpflichtete, einige Formalia einzuhalten, stand einer Abgabe somit nichts im Wege. Diese formalen Garantien bestanden in der abgesonderten Unterbringung in den speziellen „Konzentrations-Kriegsgefangenen-Arbeitslagern", der Beibehaltung der Stalag-Nummern, d. h. dem Verzicht auf die übliche Aufnahme in den Häftlingsbestand, und dem Meldeverfahren im Todesfall, durch den ein Nachweis über den Verbleib des Gefangenen möglich war. Die Umstände des Todes waren demgegenüber unwichtig. Sicherheitshalber aber hatte das OKW selbst festgelegt, die Leichen der in den KZ verstorbenen Kriegsgefangenen zu verbrennen.[203]

Das Interesse des Reichssicherheitshauptamtes an den „Arbeitsrussen" war völlig anderer Natur. Eigentlich hatte es mit ihnen nur wenig zu tun, da sie der Verfügungsgewalt des Inspekteurs KL unterlagen, es sei denn, daß Sicherheitsbelange berührt waren. Ein solcher Fall war allerdings in den Augen des Chefs der Sicherheitspolizei und des SD beim Eintreffen der für einen Arbeitseinsatz vorgesehenen Rotarmisten gegeben, da diese sich wegen ihres Zustandes ohne wei-

---

[202] Verf. Heidelager, Dok. Bd. III, Bl. 28.
[203] Das ergibt sich aus einem Schreiben des WVHA betr. Aufbewahrung von Urnen verstorbener sowjet. Kgf. vom 20.10.1942. Allem Anschein nach wurde auch bei der KZ-Kommandanten-Tagung vom 10.11.1941 darüber gesprochen. Archiv der Gedenkstätte Dachau, Nr. 7143. PK I aus Groß-Rosen sind z. T. mit dem Stempel „eingeäschert" versehen.

teres mit ausgesonderten Kameraden verwechseln ließen.[204] Noch bevor sich der Inspekteur KL gegenüber seinen nachgeordneten Dienststellen überhaupt zu den sowjetischen Gefangenen äußerte, hatte SS-Brigadeführer Müller im Reichssicherheitshauptamt die Stapostellen und Konzentrationslager daher schon angewiesen, zwischen beiden Gefangenenkategorien zu unterscheiden. Per Fernschreiben informierte er sie am 11. Oktober darüber, „neben den zur Exekution bestimmten sowjetrussischen Kriegsgefangenen" würden nunmehr „auch Sowjetrussen zu Arbeitszwecken in die Konzentrationslager eingeliefert". Um ein irrtümliches Liquidieren zu vermeiden, verpflichtete er die Führer der Einsatzkommandos, dem KZ „den Tag der voraussichtlichen Ankunft und die Stärke des zur Exekution bestimmten Transportes" rechtzeitig mitzuteilen. Darüber hinaus sei es unbedingt erforderlich, dem Transportführer „in jedem Falle eine schrifliche Bestätigung mitzugeben, aus der auch zu ersehen sein muß, daß es sich bei dem Transport um sowjetrussische Kriegsgefangene handelt, deren Exekution vom Chef der Sipo und des SD angeordnet worden ist."[205]

Mit dem letzten Satz bekräftigte Müller einmal mehr seinen Anspruch auf die Federführung bei der Bekämpfung des weltanschaulichen Gegners; es durfte keine Hinrichtung stattfinden, der seine Dienststelle nicht zugestimmt hatte. Vor allem aber bedeutete dies eine massive Einflußnahme seitens des RSHA auf Vorgänge innerhalb der Konzentrationslager und damit eine Machtausweitung zungunsten der anderen SS-Hauptämter. Ohnehin waren Stapo-Beamte, soweit sie im KZ Dienst taten, nicht der Kommandantur unterstellt, sondern dem RSHA, dem sie dazu dienten, „die Lager-SS vor Ort im Auge zu behalten". Sie arbeiteten eher für die regionalen Stapostellen und waren insofern, wie Sofsky urteilt, „ein systemfremdes Element", das aus unterschiedlichen Gründen bei Lagerpersonal wie bei Häftlingen gleichermaßen gefürchtet war.[206]

Der Durchführung der Überprüfungen in den Konzentrationslagern kommt daher neben dem weltanschaulichen vor allem ein machtpolitischer Aspekt zu, denn da die Gefangenen ohnehin dem Tode verfallen waren, hätten sich zusätzliche Aussonderungen eigentlich erübrigt. Wenn das RSHA trotzdem darauf beharrte, dann deshalb, weil sich ihm mit der Überprüfung der „Arbeitsrussen" eine wichtige Zugriffsmöglichkeit auf Strukturen einer konkurrierenden SS-Teilorganisation bot. Insofern muß man diesem Vorgang einen ähnlichen Stellenwert zumessen wie den Einsatzbefehlen Nr. 8 und 9, durch die dem RSHA ein Einbruch in die Autonomie der Wehrmacht gelang.

Den Anspruch auf wichtige Kompetenzen im KZ-Bereich bekräftigte Heydrich als Chef des Reichssicherheitshauptamtes Mitte November 1941. Am 15. November erfuhren die KZ-Kommandanten, der Reichsführer SS sei grundsätzlich damit einverstanden, „daß von den in die Konzentrationslager zur Exekution überstellten russischen Kriegsgefangenen (insbesondere Kommissare), die

---

[204] Vgl. die Beschwerde Müllers über den Zustand der zur Exekution bestimmten ausgesonderten Gefangenen in den KZ vom 9.11.1941. BAK, R 58/272, Bl. 124 (= 1165 PS).
[205] Verf. Senne, Beiheft I Dokumente, Bl. 32f. Das vorliegende Fernschreiben hatte die Stapo Saarbrücken aufgenommen. Hervorhebungen im Original.
[206] Zitate nach Sofsky, Ordnung des Terrors, S. 125.

auf Grund ihrer körperlichen Beschaffenheit zur Arbeit in einem Steinbruch eingesetzt werden können, die Exekution aufgeschoben wird". Zuvor müsse aber die Zustimmung des Chefs der Sicherheitspolizei und des SD eingeholt werden, erst dann könne die Überstellung in ein Steinbruchlager befohlen werden.[207] In der Sache änderte sich freilich wenig, da die überaus schwere Arbeit in den Steinbrüchen einer langsamen Hinrichtung gleichkam. Für diese Männer galten weiterhin die Vorschriften für die Aussonderungen, d. h., sie wurden nicht in den Häftlingsbestand aufgenommen, und es erfolgte keine Meldung an die WASt.[208]

Der Inspekteur der Konzentrationslager hielt sich an diese Vorgabe. Unter dem Datum des 20. Januar 1942 empfingen die Lagerkommandanten von Buchenwald und Mauthausen ein Schreiben, dessen erster Abschnitt so lautete: „Der Chef der Sicherheitspolizei und des SD, SS-Obergruppenführer *Heydrich*, hat sich mit der Überstellung der 138 namentlich nach hier gemeldeten sowjetischen Kriegsgefangenen zum Arbeitseinsatz im Steinbruch des Konzentrationslagers Mauthausen einverstanden erklärt."

Das Schreiben gehörte zur Aktenzeichen-Gruppe 14 f 14 – Exekutionen.[209]

Aussonderungen und militärischer Ehrenkodex

Bei den Offizieren im Kriegsgefangenenwesen der Wehrmacht handelte es sich überwiegend um ältere, teilweise sogar schon seit Jahren aus dem Militärdienst verabschiedete Männer,[210] deren militärisch-politisches Weltbild vor allem von drei Faktoren geprägt worden war. Durch die Erziehung im Kaisereich war ihr soldatisches Denken streng hierarchischen Strukturen verhaftet. Pflichterfüllung und Disziplin, Befehl und Gehorsam bedeuteten für sie Werte, die nicht in Frage gestellt werden durften, wollte man nicht den inneren Zusammenhang einer Armee zerstören. Eine konservative Grundhaltung in Verbindung mit einem tiefgehenden Desinteresse an der Politik war in der Regel das Ergebnis dieser Ausbildung.[211] „Das aktive deutsche Offizierscorps war in der Zeit der Monarchie tra-

---

[207] IMT Bd. XXXV, S. 163f., 569-D. Bei den KZ handelte es sich um Flossenbürg, Groß-Rosen, vor allem aber um Mauthausen.
[208] Trotzdem sandten immer wieder KZ-Kdten Sterbefallanzeigen Exekutierter an die WASt. Das WVHA wies sie deshalb am 13.6.1942 darauf hin, daß solches nur bei verstorbenen „Arbeitsrussen" zu geschehen habe. Mit der Überstellung zur Exekution erfolge die Entlassung aus der Kriegsgefangenschaft, daher komme eine solche Meldung nicht in Frage. Das OKW selbst habe die Anzeigen mit der Bitte zurückgegeben, „neue Mitteilung auf neutralen Einzelblättern zu übersenden". Archiv der Gedenkstätte Dachau, Nr. 7181. Die Feststellung Marsaleks, Mauthausen, S. 122, bei den 1941 und 1942 nach Mauthausen und Gusen überstellten Kgf. habe es sich um „von der Exekution Zurückgestellt(e)" gehandelt, ist insofern nicht korrekt, als diese dort allem Anschein nach in den Bestand aufgenommen wurden.
[209] StA N, Nürnbg. Dok. NO 1958.
[210] Der fünfte Kdt des Stalag 326 z. B. war bei Amtsantritt 54 Jahre alt und damit der jüngste in der Reihe der Kdten. Hüser/Otto, Stalag 326, S. 223. Nach den Personaldaten in den verschiedenen Ermittlungsverfahren waren die Kdre Kgf. und die Stalagkdten zumeist älter als 55 Jahre und nicht mehr als Soldaten aktiv.
[211] Das läßt sich sicherlich nicht so ohne weiteres auf die Lagerkommandanten usw. im Osten übertragen. Streit, Keine Kameraden, S. 109–125, hat dafür viele Gegenbeispiele angeführt. Vgl. auch die verschiedenen Aufsätze in Heer/Naumann, Vernichtungskrieg.

ditionell unpolitisch, daher auch politisch ungeschult. Diese Einstellung wurde auch in der kleinen Reichswehr der Republik aufrechterhalten," so kennzeichnete nach 1945 der Generalfeldmarschall a. D. Freiherr von Weichs im Rückblick die Verhältnisse.[212]

Die Erfahrung des verlorenen Ersten Weltkrieges und vor allem das „Novembertrauma" der Revolution 1918 hatten ihnen überaus deutlich vor Augen geführt, was geschehen würde, wenn man ein Aufweichen dieser Strukturen zuließ. Das Auftreten von Arbeiter- und Soldatenräten, die Disziplinlosigkeit in Heer und Marine und die Erfolge linksradikaler Propaganda untergruben die Autorität des gesamten Offiziersstandes, dessen Angehörige nun erstmals gezwungen waren, offen Stellung zu beziehen, da sie „plötzlich einer feindlichen Umwelt gegenüberstanden, die alles angriff, was ihnen heilig war; diese Feindschaft fand in dem Herunterreißen der Achselstücke ihren symbolischen Ausdruck. Das Offizierskorps mußte die Revolution und ihre Folgen als einen Angriff auf sich selbst und seine Welt empfinden", dem es nur durch ein geschlossenes Auftreten nach außen und die Betonung der alten Werte standhalten zu können glaubte.[213]

Gerade weil aber durch die Demokratie der Zusammenhalt der Reichswehr gefährdet schien und damit das Ziel, die Wiederherstellung von Deutschlands „Größe", in weite Ferne rückte, war es notwendig, die eigenen Kräfte zu schonen und sich nicht in die Tagespolitik der Republik einspannen zu lassen. Hans von Seeckt formulierte diese Haltung bei seinem Amtsantritt als Chef der Heeresleitung im März 1920 so: „Wir werden den Kampf bestehen, wenn Führer und Truppe unbeirrt von politischen Einflüssen für den Schutz der Ordnung zusammenstehen; der Soldat hat sich jeglicher Politik zu enthalten und schlägt sich nach den Befehlen seiner militärischen Führer."[214]

Es entstand der Typ des unpolitischen Offiziers, der dem Staat, nicht einer Staatsform, diente, und der nach 1933 dem Nationalsozialismus zumindest insofern wohlwollend gegenüberstand, als dieser eine Wiederholung der Vorgänge von 1918 ausschloß und dadurch den Offiziersstand als solchen garantierte. Verbunden war diese Haltung mit einer scharfen Ablehnung des Bolschewismus, denn dieser beinhaltete all das, was die Reichswehr ablehnte. Seine offenkundige Verkörperung fand er nach allgemeiner Überzeugung im Kommissar, dem politischen Offizier der Roten Armee, allein von der Begrifflichkeit her ein Amt, das aus deutscher Sicht in völligem Widerspruch zur soldatischen Tradition stand. Spätestens an dieser Stelle konnte daher die NS-Führung bei der Umsetzung ihrer idcologischen Vorstellungen fest mit der überwiegenden Mehrheit der Offiziere rechnen.[215]

---

[212] Müller, Armee und Drittes Reich, S. 140. Vgl. auch Interrog. Korn, S. 1–9. Oberst Ludwig Korn (geb. 1879) war Kdt von Stalag XIII C Hammelburg.
[213] Carsten, Reichswehr und Politik 1918–1933, S. 452; Müller, Armee und Drittes Reich, S. 21f.
[214] Zitiert nach Carsten, Reichswehr, S. 101.
[215] Vgl. Streit, Keine Kameraden, S. 44–61. Allgemein dazu Müller, Armee und Drittes Reich 1933–1939, S. 31–33, sowie Bartov, Hitlers Wehrmacht, S. 93–96.

Ein Faktor ganz anderer Art wurde vor allem durch die Offiziersausbildung wirksam. Dort erhielt das militärische Führungspersonal Unterricht im Kriegsvölkerrecht, dessen Grundsätze das Deutsche Reich mehrfach verbindlich anerkannt hatte. Danach galten auch im Umgang mit dem Feind bestimmte Regeln, die, soweit sich das überhaupt in dem Zusammenhang sagen läßt, vom Geiste der Humanität bestimmt waren und eine über die Kriegshandlungen hinausgehende Barbarei verhindern sollten. Das galt in besonderem Maße für Gefangene, die dem Sieger auf Gedeih und Verderb ausgeliefert waren. Hier lag es in der besonderen Verantwortung des Führungspersonals, auf die Einhaltung der seit dem Anfang des 20. Jahrhunderts reichsgesetzlich verankerten Rechte dieser Soldaten zu achten, zu denen in erster Linie der Anspruch auf menschenwürdige Behandlung und Achtung der Person gehörte, und deren Wohlergehen untrennbar mit dem Ehrbegriff eines deutschen Offiziers verbunden war. Als Heeresdienstvorschrift H.Dv. 38/2 war die Genfer Konvention Gegenstand häufiger Belehrung sämtlicher Soldaten.

Wie bereits hinlänglich gezeigt, war die Wehrmachtführung im Krieg gegen die Sowjetunion davon überzeugt, die gefangenen Rotarmisten aus ideologischen Gründen nach anderen Kriterien messen zu können als den völkerrechtlich üblichen. In dem Moment freilich, in dem ihre Erfassung erfolgte, handelte es sich rein juristisch um Männer, die sich lediglich in ihrer Staatsangehörigkeit von anderen Gefangenen unterschieden. Damit tat sich vor den für die Kriegsgefangenen verantwortlichen Offizieren ein erhebliches Problem auf, denn es handelte sich bei ihren Schützlingen einerseits um Gefangene, für die sie die Verantwortung trugen, andererseits aber ging ihrem eigenen Selbstverständnis zufolge wenigstens von einem Teil von diesen gerade die „Bedrohung" aus, die zu vernichten Anlaß zu dem Krieg gewesen war. Bejahte man das letztere, blieb vom Ethos des deutschen Offiziers nichts mehr übrig, stellte man die Fürsorge für die Gefangenen in den Vordergrund, würde man sich sehr schnell dem Vorwurf aussetzen, einen Feind zu begünstigen, der sich die Vernichtung des deutschen Volkes auf die Fahne geschrieben habe. Konflikte waren ebenso unvermeidlich wie eine klare Standortfestlegung aller Beteiligten.

An zwei Beispielen aus den benachbarten Wehrkreisen VII München und XIII Nürnberg soll im Folgenden untersucht werden, welchen Handlungsspielraum die Offiziere im Kriegsgefangenenwesen bei der Konfrontation mit diesem Problem besaßen, und welche Konsequenzen ihre Entscheidungen nach sich zogen.

„Keine Zweifel an der inneren Rechtmäßigkeit der Befehle" – Militärische Tradition im Dienste der Ideologie am Beispiel Generalmajor Schemmels im WK XIII Nürnberg

Chef des Kriegsgefangenenwesens im WK XIII war in den Jahren 1941/42 Generalmajor Nikolaus Schemmel. Dieser, Jahrgang 1873, trat nach dem Abitur und einem dreisemestrigen Jurastudium als einjährig Freiwilliger in die kaiserliche Armee ein. Als Major wurde er in die Reichswehr übernommen; 1928 erfolgte kurz vor der Pensionierung die Beförderung zum Generalmajor. 1939 wurde er zunächst als Kommandant eines Oflags reaktiviert, um dann 1940 schließlich den Posten des Kommandeurs der Kriegsgefangenen im WK XIII zu übernehmen.

Im März 1941 erhielt Schemmel auf einer Konferenz sämtlicher Kommandeure der Kriegsgefangenen Kenntnis vom bevorstehenden Überfall auf die Sowjetunion und der Absicht, die zukünftigen Gefangenen nicht nach den Regeln der Genfer Konvention zu behandeln. Für ihn selbst waren die Informationen Reineckes freilich eher allgemeinerer Natur, da der WK XIII nicht für die Aufnahme sowjetischer Kriegsgefangener vorgesehen und insofern von seiner Seite her nichts zu veranlassen war.[216]

Das änderte sich schlagartig in der zweiten Julihälfte des Jahres 1941, als das OKW beschloß, in Schemmels Wehrkreis mit dem Oflag 62 (XIII D) Hammelburg das einzige Kriegsgefangenenlager für sowjetische Offiziere einzurichten, und dieses umgehend mit Gefangenen belegte, ein Sachverhalt, der die dortigen Militärbehörden völlig überraschte. Nahezu gleichzeitig kamen auf allerhöchsten Befehl 2000 Rotarmisten zum Arbeitseinsatz nach Nürnberg-Langwasser. Zwei Wochen später hielten sich auch in sämtlichen Stalags des Wehrkreises XIII, den Stalags XIII A Sulzbach-Rosenberg, XIII B Weiden, XIII C Hammelburg sowie dem Stalag 359 Falkenau, sowjetische Soldaten auf, so daß Schemmels Zuständigkeitsbereich der erste „flächendeckend" mit „russischen" Kriegsgefangenen belegte im Reich war.[217]

Die ankommenden Gefangenen befanden sich in dem schlechten körperlichen Zustand, den man auch bei anderen Stalags beschrieben findet und der sich durch mangelhafte Unterbringung und Ernährung zum Winter 1941/42 hin noch rapide verschlechterte.[218] Die Sterberate war infolgedessen so hoch, daß sich beispielsweise der Arbeitseinsatz auf dem Nürnberger Reichsparteitagsgelände schon nach kurzer Zeit als unmöglich erwies.[219] Wiederholt wurden die Lagerkommandanten bei Schemmel vorstellig und machten ihn eindringlich auf die Verhältnisse aufmerksam. Nachdem er sich selbst auf Inspektionsreisen davon überzeugt hatte, daß die Berichte aus den Stalags[220] zutrafen, regte er bei der Abt. Kriegsgefangene im OKW mehrfach an, die Verpflegungsrationen zu erhöhen, hatte jedoch damit genausowenig Erfolg wie sein Kollege im WK IV Dresden, mit dem er in dieser Frage Kontakt aufnahm. Im Falle des Arbeits-

---

[216] Aff. Gen. v. Österreich, Kdr Kgf. im WK XX; IfZ, Nürnbg. Dok. USSR 151. Da Schemmels Wehrkreis nicht betroffen war, erinnerte er sich verständlicherweise nach dem Krieg nicht mehr daran.
[217] Das ergibt sich aus dem Lagerverzeichnis des OKW vom 21.8.1941, das den Richtlinien des Chef SipouSD vom 27.8. beigelegt war (IfZ, Nürnbg. Dok. NO 3448), nicht aber aus den Belegungslisten, die die Lager im WK XIII aus nicht näher bekannten Gründen z. T. erst Ende 1941 aufführen.
[218] Zum Stalag XIII C Hammelburg etwa vgl. Aff. Patutschnik; IfZ, Nürnbg. Dok. NO 5239, sowie die zu Grunde liegende Interrogation im StA N.
[219] Vgl. dazu Sanden, Langwasser, S. 28–30. Siehe auch Aff. Schemmel; IfZ, Nürnbg. Dok. NO 5499.
[220] Nach den vorhandenen Quellen scheinen die Lebensumstände im Oflag 62 (XIII D) Hammelburg etwas „erträglicher" gewesen zu sein.

kommandos Nürnberg-Langwasser setzte er sich persönlich bei den Nürnberger Behörden für eine Zusatzverpflegung für die Rotarmisten ein.[221]

Mit den Aussonderungen hatte Schemmel nach eigenem Bekunden nur am Rande zu tun. Kurz nach dem Eintreffen der ersten Rotarmisten habe sich der Stellvertretende Leiter der Stapostelle Nürnberg-Fürth, Kriminalrat Otto, bei ihm gemeldet, um ihm die Führer der Einsatzkommandos vorzustellen[222] und Einzelheiten des Verfahrens zu besprechen.[223] Von da an seien lediglich die Listen der Auszusondernden vom OKW über seine Dienststelle an die Kriegsgefangenenlager gelaufen, und den täglichen Zu- und Abgangsmeldungen der einzelnen Lager habe er entnehmen können, daß Gefangene abtransportiert wurden. Nur ein einziges Mal habe es Probleme gegeben. Nachdem sich die Lagerkommandanten mehrfach über „das selbstherrliche Benehmen der Einsatzkommandos" beklagt hätten und zudem seinem Empfinden nach die Zahl der Ausgesonderten ungewöhnlich hoch angestiegen sei,[224] habe er sich an einen Stammtischbekannten, den Nürnberger Stapoleiter und Polizeipräsidenten Dr. Martin, gewandt mit der Bitte um Abhilfe.[225] Er habe mit diesem eine Übereinkunft in dreierlei Hinsicht getroffen:
– die Einsatzkommandos dürften ein Kriegsgefangenenlager oder Arbeitskommando nur noch nach vorheriger Anmeldung bei dessen Kommandanten betreten;
– eine Aussonderung könne erst nach Rücksprache mit dem Kommandanten bzw. dem Arbeitgeber erfolgen;
– die Zahl der Auszusondernden werde herabgesetzt.
Die Regelung sei eingehalten worden, und Schwierigkeiten seien nicht mehr aufgetreten. Im übrigen hätten ihn die Aussonderungen nicht weiter interessiert.

Untersucht man die verschiedenen Aussagen Schemmels und seiner Untergebenen genauer, so wird freilich sehr schnell deutlich, daß ohne dieses Desinteresse die „Vernichtung der bolschewistischen Weltanschauung" auf dem Wege der Aussonderungen kaum möglich gewesen wäre.

Zunächst einmal stimmte Schemmel der Maßnahme als solcher vorbehaltlos zu, denn die Begründung, die ihm das OKW geliefert hatte – Schutz der Gefan-

---

[221] IfZ, Nürnbg. Dok. NO 5499. Mitarbeiter Schemmels bestätigten nach dem Krieg, daß er, soweit möglich, versucht habe, das Los der Gefangenen zu bessern. Siehe auch Aff. des Kdten von Nürnberg-Langwasser, v. Imhof; IfZ, Nürnbg. Dok. NO 5241. Schemmel kontrollierte auch die Arbeitskommandos, so am 8.1.1942 bei den Fella-Werken Feucht (IfZ, Nürnbg. Dok. NI 5227). Untergebene charakterisierten Schemmel als einen äußerst korrekten Offizier.
[222] Verf. WK XIII, Bl. 122. Da Ohler als Kriminalinspektor und B. als -sekretär nicht den formalen Vorgaben des Einsatzbefehls Nr. 9 entsprachen, dürfte Otto beide dem streng legalistisch denkenden Schemmel vorgestellt haben. Ohler und der Regensburger EK-Leiter Kuhn hatten nach eigener Aussage Kontakt mit Schemmel.
[223] Die Frage, ob Schemmel die einschlägigen Befehle kannte, wird hier nicht mehr diskutiert, da in den vorangegangenen Kapiteln der grundsätzliche Nachweis dafür geführt wird. Er selbst behauptete, nur den OKW-Befehl vom 8.9.1941 gekannt zu haben.
[224] Verf. WK XIII, Bl. 125. 1951 sagte Schemmel, das sei ihm vor allem deswegen aufgefallen, weil die Arbeitsämter vermehrt sowjet. Kgf. angefordert hätten.
[225] Vgl. auch Aussage Martin, ebenda, Bl. 45, sowie Interrog. Martin, S. 67.

genen vor den „als sehr einflußreich und gefährlich angesehenen Politruks" und der deutschen Bevölkerung vor dem „bolschewistischen Gift"[226] –, überzeugte ihn ohne weiteres, da es sich auch seiner Meinung nach bei den „Politruks und Kommissaren" um Hetzer handelte, die sich in die Reihen der Gefangenen eingeschmuggelt hatten und „eigentlich keine Soldaten waren".[227] Damit entfiel für ihn schon aus formalen Gründen jegliche Fürsorgepflicht. Daß die Aussonderungen aber auch inhaltlich berechtigt waren, zeigte seiner Ansicht nach ein „Vorfall" in Nürnberg-Langwasser, „wo der Abwehroffizier aus einer plötzlich beobachteten Unruhe feststellte, daß einzelne russische Kriegsgefangene im Lager das Gerücht infiltriert hatten, die russische Armee sei nicht mehr weit von Nürnberg und die Gefangenen müßten sich für Partisanenkämpfe bereithalten."[228]

Entscheidend jedoch war für ihn, daß eindeutige Befehle des OKW vorlagen. Ein Befehl aber war auszuführen, unabhängig von seinem Inhalt; es stand dem Soldaten nicht zu, sich kritisch dazu zu äußern geschweige denn seine Ausführung in Frage zu stellen. Hinzu kam eine bewußte Beschränkung auf das eigene Aufgabengebiet auf Grund des sogenannten „ersten Führerbefehls", den Schemmel folgendermaßen wiedergab: „Dieser Befehl schrieb strengste Verschwiegenheit vor, ferner, daß jeder Dienststelle von den Gesamtmaßnahmen nur das bekanntzugeben sei, was für die Durchführung ihres Auftrags nötig ist, endlich, daß jede Stelle sich nur um die Durchführung ihres Auftrages zu kümmern habe. Diese Begrenzung in Auftrag und Vollzug war ein bedeutsamer Fortschritt im Befehlsmechanismus (...) und (wurde) von uns alten Offizieren des 1. Weltkrieges nur begrüßt."[229]

Daher sah er sich auch in keiner Weise veranlaßt, nach dem weiteren Schicksal der Ausgesonderten zu fragen. Als er – seinem eigenem Bekunden nach erst um die Jahreswende 1941/42 – schließlich davon erfuhr, daß die Gefangenen nach Dachau und Flossenbürg zur Exekution gebracht würden, nahm er das als Faktum zur Kenntnis, ohne daß sich irgendein Gefühl unrechten Handelns bei ihm eingestellt hätte.[230]

Wie ein roter Faden zieht sich diese im Widerspruch zum Völkerrecht stehende Auffassung durch sämtliche Aussagen Schemmels und seiner Mitarbeiter; nicht einmal „der Gedanke an die Möglichkeit einer ablehnenden oder störenden Einstellung gegen die Anordnung des OKW" kam ihnen in den Sinn.[231] Dabei konnten sie sich der Rückendeckung des Kommandierenden Generals im

---

[226] Verf. WK XIII, Bl. 48.
[227] Ebenda, Bl. 50.
[228] Ebenda, Bl. 48.
[229] Ebenda, Bl. 48f. Zu diesem Grundsatz Hitlers vgl. Bullock, Hitler, S. 363, mit der dort angegebenen Quelle. Ein extremes Beispiel dafür bietet die Interrog. des Kdten von Stalag XIII C Hammelburg, Oberst Ludwig Korn, vor allem S. 6. Siehe auch Interrog. Imhof, S. 5f. Ob der Befehl in dieser Form tatsächlich seine Wirkung entfaltete oder erst im nachhinein als Entlastung angeführt wurde, muß dahingestellt bleiben.
[230] IfZ, Nürnbg. Dok. NO 5500. Schemmel stand in sämtlichen Nachkriegsaussagen zu seinem Verhalten.
[231] Verf. WK XIII, Bl. 49.

WK XIII, General von Cochenhausen, gewiß sein. Dieser war als langjähriger Präsident der deutschen Gesellschaft für Wehrpolitik und Wehrwissenschaften „von den Gedanken der einheitlichen straffen Zusammenfassung aller Kräfte in Staat und Volk durchdrungen", trat für die Zusammenarbeit aller Kräfte ein und ließ trotz gelegentlich abweichender Standpunkte „keinen Zwiespalt mit den Führern der Partei" aufkommen.[232] Folgerichtig wiesen von Cochenhausen wie Schemmel Kritik an den Aussonderungen als in jeder Hinsicht unzulässig zurück. Einem Abwehroffizier, der sich, offenbar unter Umgehung des Dienstweges, beim Kommandierenden General über die Maßnahmen beschweren wollte, befahl dieser mit scharfen Worten, sich auf sein Arbeitsgebiet zu beschränken, und informierte anschließend den Kommandeur der Kriegsgefangenen.

Somit ließen beide den Einsatzkommandos ohne zu zögern freie Hand, zumal es sich bei deren „Arbeitsgebiet" um einen Bereich handelte, der das Militär ihrer Meinung nach nur am Rande anging. Erst als mit Belangen des Arbeitseinsatzes unmittelbare Wehrmachtinteressen betroffen waren, schritt Schemmel ein. Hier zurückzustecken, hätte aus seiner Sicht zu einer unzulässigen Einflußnahme der Stapo auf innermilitärische Angelegenheiten geführt. Als z. B. der Kommandant von Stalag XIII A, Oberstleutnant Hadrian Ried, bei seinem Vorgesetzten in Nürnberg anfragte, ob er die im Arbeitskommando Grafenwöhr Ausgesonderten herausgeben dürfe, da ansonsten die Arbeit liegenbleibe, hielt Schemmel erst Rücksprache mit dem OKW, bevor er die Abgabe an das Regensburger Einsatzkommando befahl.[233] Auch bei seiner oben erwähnten Unterredung mit dem Nürnberger Polizeipräsidenten Dr. Martin über Schwierigkeiten mit den Einsatzkommandos lagen die Motive nicht in „Zweifel(n) an der inneren Rechtmäßigkeit der Verfügung des Oberkommandos", sondern einzig in der Sorge, „daß die Stellung der Organe der Wehrmacht in ihrem eigenen Bereich nicht geschädigt werde".[234]

So wie Schemmel dachte die Mehrzahl der Kommandeure der Kriegsgefangenen in den Wehrkreisen des Deutschen Reiches.[235] In ihnen war die Tradition von Kaiserreich und Reichswehr lebendig, nach der ein Soldat sich der Politik zu enthalten und seinen Führern zu gehorchen habe, die allein die Verantwortung für alles trügen. Sich diesen daher in der Frage der Aussonderungen zu widersetzen, gab es „auch nicht den Schein eines Rechts oder einer moralischen Pflicht",[236] zumal es sich bei den betreffenden sowjetischen Gefangenen um

---

[232] So die Charakteristik durch Schemmel; ebenda, Bl. 51.
[233] Interrog. Ried, S. 4f.
[234] Verf. WK XIII, Bl. 49. Hinzu kamen noch die Nachteile für den Arbeitseinsatz.
[235] Vgl. das Beispiel des Kdr Kgf. im WK XII, v. Westrem, oben in Kap. III, S. 140–142, der keinen Widerspruch zwischen Fürsorge und Aussonderungen sah. Ähnlich der Kdr Kgf. im WK IV, der mehrfach für eine Erhöhung der Rationen eintrat, gleichzeitig aber betonte, daß für Kgf., die sich aus rassischen oder charakterlichen Gründen nicht für den Arbeitseinsatz eigneten, Verpflegung nur von nachrangigem Interesse sei. Denkschrift des Kdr Kgf. WK IV vom 15.1.1942; IfZ, Nürnbg. Dok. 1179-PS. Vgl. auch ein Schreiben des WKKdo VI, Abt. Kgf. vom 24.10.1941; Hüser/Otto, Stalag 326, S. 211.
[236] Verf. WK XIII, Bl. 51. Hinzu kam, daß Reinecke am 8.9.1941 die Kdre Kgf. „persönlich" dafür verantwortlich gemacht hatte, daß „die Anordnungen von den unterstellten Einheiten in aller Schärfe eingehalten" würden. IMT Bd. XXVII, S. 281, 1519-PS.

„Kommissare" handelte, um Männer also, die nach Überzeugung der Offiziere zu Unrecht den Kombattantenstatus für sich beanspruchten.[237] Dementsprechend wurden auf den mehrmals im Jahr in Berlin unter dem Vorsitz von General Reinecke stattfindenden Arbeitstagungen der Kommandeure der Kriegsgefangenen auch keinerlei Bedenken zu diesem Themenkomplex laut, so daß Schemmel 1950 im Rückblick zu Recht feststellen konnte: „Der Befehl des Oberkommandos der Wehrmacht wurde also in sämtlichen deutschen und österreichischen Wehrkreisen reibungslos durchgeführt. Wie sollte ich auf den Gedanken kommen, im Wehrkreis XIII mich der Durchführung zu widersetzen?"[238]

Gerade weil die deutsche Führung den Krieg gegen die Sowjetunion als politische Auseinandersetzung definierte, lehnten die Offiziere des Kriegsgefangenenwesens innerhalb des Deutschen Reiches eine „aktive" Beteiligung an den Aussonderungen ab; das betrachteten sie als eine Sache der „Truppe des Weltanschauungskrieges",[239] nämlich der SS und ihrer Formationen. Der Chef der Abt. Kriegsgefangene im OKW, Oberstleutnant Breyer, formulierte das gegenüber Schemmel anläßlich einer Tagung ganz deutlich: „Seien Sie froh, daß wir das Ganze so geregelt haben. Wir wollen, daß die Wehrmachtorgane hieran in keiner Weise beteiligt sind; es ist eine politische Sache."[240] Durch das Heraushalten aber trafen die Kommandeure der Kriegsgefangenen, die Lagerkommandanten und deren Abwehroffiziere eine höchst politische Entscheidung, denn erst ihre „Passivität" ermöglichte den Einsatzkommandos die „Vernichtung der bolschewistischen Weltanschauung" in den deutschen Kriegsgefangenenlagern.

Wie sehr sie der Stapo damit in die Hände arbeiteten, sei abschließend noch einmal am Beispiel Schemmels gezeigt. Am 23. Januar 1941 erkundigte sich die Stapoleitstelle München bei den Nürnberger Kollegen, ob es bei den bisherigen Aussonderungen in deren Zuständigkeitsbereich zu Problemen mit dem Kommandeur der Kriegsgefangenen gekommen sei. Kriminalrat Otto als Stellvertretender Stapoleiter antwortete fernschriftlich einen Tag später: „Die Zusammenarbeit mit dem Kommandeur der Kriegsgefangenen im Wehrkreis röm. 13, Generalmajor Schemmel, ist ausgezeichnet. Schwierigkeiten irgendwelcher Art haben sich bis jetzt nicht ergeben."[241] Als dieser 1950 mit dem Fernschreiben konfrontiert wurde, verstand er den Begriff „ausgezeichnet" allerdings als persönlichen Affront: „Ich verwahre mich gegen die Schlußfolgerung aus dem selbstherrlichen Bericht des Otto, als ob ich bereitwillig und aktiv den Einsatzkommandos geholfen hätte. Ich war nur besorgt, daß die Anordnungen des OKW

---

[237] Streit, Zum Schicksal der sowjet. Kgf. in deutscher Hand, S. 447, führt ein Beispiel von der Ostfront an. General Lemelsen wandte sich in ein und demselben Befehl gegen die vielen Gefangenenerschießungen und befürwortete gleichzeitig die Liquidierung von „Kommissaren und Partisanen". Vgl. auch dazu das Vorwort der Neuauflage von Keine Kameraden, S. 19.
[238] Verf. WK XIII, Bl. 49.
[239] So die Bezeichnung der Einsatzgruppen im Buchtitel von Krausnick.
[240] Verf. WK XIII, Bl. 49.
[241] 178-R, S. 471 und 473. Bei Problemen irgendwelcher Art nahmen die Führer der EK mit Schemmel Kontakt auf. Interrog. und Aff. Kuhn sowie dessen Aussage im Verf. WK XIII, Bl. 52. Bei dem Gespräch sei es nur um Versorgungsschwierigkeiten gegangen.

und die Befehle des Kommandierenden Generals reibungslos vollzogen wurden. So zu handeln war meine Gehorsamspflicht."[242]

Ihm war überhaupt nicht klargeworden, daß Otto damit gegenüber der Leitstelle zum Ausdruck bringen wollte, daß die Aussonderungen im WK XIII problemlos funktionierten, eben weil die Wehrmacht sich an die Vorgaben der Einsatzbefehle hielt, keinerlei völkerrechtliche oder moralische Bedenken geltend machte und damit den Einsatzkommandos den Weg ebnete. Die Entscheidung Schemmels und seiner Kameraden, befehlskonform „passiv" zu verfahren, ist der aktiven Unterstützung eines vieltausendfachen Mordes gleichzusetzen.

Ein solches „unpolitisches" Denken der Militärs kalkulierten Reinecke und Heydrich als die für die Einsatzbefehle Verantwortlichen von Anfang an bei ihrem Vorhaben mit ein. Beide konnten auf Grund ihrer Kenntnis traditioneller militärischer Denkstrukturen sicher sein, daß das Prinzip von Befehl und Gehorsam, gepaart mit einer strikten Ablehnung alles „Bolschewistischen", über völkerrechtliche Vorbehalte und eine ritterliche Auffassung vom Krieg obsiegen würde, und daß sich auf diese Weise die Wehrmacht in ihrer Gesamtheit auch im Bereich des Heimatkriegsgebietes bereitwillig in den ideologischen Kampf mit der Sowjetunion würde einspannen lassen. Nur unter dieser Voraussetzung ist es zu erklären, daß weder der OKW-Befehl vom 17. Juli, der die Zuarbeit der Wehrmacht für die Einsatzkommandos festlegte, noch derjenige vom 30. September, mit dem sie auf die Registrierung der Ausgesonderten verzichtete, trotz der Völkerrechtswidrigkeit auf irgendeinen aktenkundig gewordenen Widerstand in der Kriegsgefangenenorganisation stieß.

Vor allem Heydrich hatte frühzeitig erkannt, wie leicht sich dieses Denken für die nationalsozialistischen Ziele nutzen ließ, und legte seinen nachgeordneten Stellen daher nahe, Konflikten mit dem Militär soweit wie möglich aus dem Wege zu gehen, um den Konsens bezüglich der Aussonderungen nicht zu gefährden.[243] Da es sich aber bei Wehrmacht und SS um zwei völlig getrennte Institutionen handelte, blieb die Frage offen, wie sich OKW und RSHA verhalten würden, sollte es tatsächlich einmal wegen der Aussonderungen zu einer Kontroverse zwischen ihren nachgeordneten Dienststellen kommen.

Der „Fall Meinel" im WK VII München und der Weg in die grundsätzliche Kontroverse um die Aussonderungen

Im Spätherbst 1941 trat dieser Fall in den Wehrkreisen II Stettin und VII München ein. Während über die Geschehnisse in Stettin bis heute so gut wie nichts bekannt ist,[244] lag bereits dem Internationalen Gerichtshof in Nürnberg aus dem Aktenbestand der Stapoleitstelle München ein umfangreicher, wenig später auch

---

[242] Verf. WK XIII, Bl. 50. Ähnlich wie Otto äußerte sich aber auch Kuhn am 17.1.1942 über Schemmel. 178-R, S. 451.
[243] Vgl. eine Äußerung Dr. Martins aus dem Jahr 1950, wonach allgemein bekannt gewesen sei, daß Himmler keinerlei Reibungen zwischen Polizei und Wehrmacht wünsche. Verf. WK XIII, Bl. 45f.
[244] Vom Konflikt im WK II weiß man nur durch ein FS des RSHA vom 9.2.1942; Näheres dazu

publizierter „Schriftwechsel über die Beschwerde des Majors Meinel und des Kommandeurs der Kriegsgefangenen im Wehrkreis VII" vor, in dem es um die Weigerung einiger Offiziere ging, bereits ausgesonderte sowjetische Kriegsgefangene der Stapo auszuliefern.[245] Auf der Basis dieser Quelle hat die Forschung die Auseinandersetzung zwar schon mehrfach beschrieben,[246] es jedoch versäumt, die Ergebnisse verschiedener Ermittlungsverfahren mit einzubeziehen.[247] Sowohl deswegen als auch wegen des neuen Kenntnisstandes hinsichtlich der Aussonderungen im Reich erscheint daher eine erneute Untersuchung des „Falles Meinel" geboten.

Ähnlich wie im WK XIII kamen die ersten sowjetischen Kriegsgefangenen etwa ab Mitte August 1941[248] aus den Stalags IV B Mühlberg und 304 Zeithain in den WK VII München. Für den 1. September verzeichnen die Belegungslisten des OKW für Stalag VII A Moosburg 4003 in einem abgetrennten Teil des Lagers untergebrachte Rotarmisten, deren Anzahl sich bis zum 1. Oktober auf 4916 erhöhte. Stalag VII B Memmingen wird dagegen nur ein einziges Mal als belegt erwähnt und zwar am 1. September mit 964 Mann.[249] Schon kurz nach ihrem Eintreffen erfolgte im Rahmen der geltenden Vorschriften der erste Arbeitseinsatz in den Regierungsbezirken Schwaben und Oberbayern, wobei Moosburg auf höhere Weisung hin für den gesamten Einsatz allein verantwortlich zeichnete.[250]

Entsprechend den Richtlinien des Chefs der Sicherheitspolizei und des SD vom 27. August 1941 erkundigte sich die Stapoleitstelle München am 12. September beim Kommandeur der Kriegsgefangenen, ob die inzwischen im WK VII eingetroffenen Rotarmisten schon das Überprüfungsverfahren durchlaufen hätten. Nach Auskunft des zuständigen Referenten Major Dr. Müller kamen die Gefangenen jedoch nicht unmittelbar aus dem Osten, sondern aus dem WK IV, so daß man seiner Meinung nach deren Überprüfung voraussetzen könne und

---

unten S. 220. Die Ermittlungsverfahren zu den Stalags im WK II zeigen verschiedentlich Meinungsverschiedenheiten zwischen den EK und dem Militär auf; ob diese allerdings dann auf der OKW-RSHA-Ebene diskutiert wurden, geht aus den Akten nicht hervor. Nach der Darstellung der Befragten erscheint das aber unwahrscheinlich.

[245] IMT Bd. XXXVIII, S. 419–498, Dok. 178-R.
[246] Datner, Crimes against POWs, S. 248–257; J. A. Brodski, Die Lebenden kämpfen, Berlin 1968, S. 66–82; nahezu identisch übernommen in: ders., Kampf gegen den Faschismus, S. 240–250; Streit, Keine Kameraden, S. 95–98; Friedrich, Gesetz des Krieges, S. 371–376.
[247] Streim, Behandlung, S. 59–69, versucht die Auseinandersetzung an Hand langer Auszüge aus Vernehmungsprotokollen zu rekonstruieren, doch kommt dabei die Akte 178-R selbst zu kurz. Auf S. 61 heißt es, die Münchener Akten dienten ihm vor allem dazu, „das Bild der damaligen Vorgänge – insbesondere auch der Aussonderungsaktionen an sich – zu vervollständigen". Davon kann im Endergebnis keine Rede sein.
[248] Schreiben der Stapo München an den HSSPF v. Eberstein vom 17.12.1941; 178-R, S. 491.
[249] Nach einem undatierten Bericht über die sowjet. Mannschaften in VII A und B befanden sich von den 4000 Mann in VII A rund 3000 im Lager selbst. BA/MA, RW 4/v. 320, Bl. 267. Ein Teil der Kgf. wurde erst hier erfaßt. Verzeichnis der ausgesonderten Kgf. StA N, 178-R, 55. Schreiben, im IMT-Band nicht abgedruckt.
[250] Vm. der Stapo München vom 12.9.1941; 178-R, S. 420. Wohl deswegen wurden vom 1.10. ab alle sowjet. Kgf. dem Stalag VII A zugeordnet. Vgl. DD, PK I von Kusma Rasin, erfaßt im August als VII B 7132, am 5.9. aber nach Moosburg versetzt.

deshalb nichts zu veranlassen sei. Routinemäßig fragte der Leiter der Abt. II A, Kriminalkommissar und SS-Obersturmführer Martin Schermer, am 23. September nochmals bei derselben Stelle in der Sache nach und erhielt die gleiche Antwort, dieses Mal vom Sachbearbeiter für den Arbeitseinsatz, Major Meinel.[251]

Schermer schien dieser Auskunft nicht ganz zu trauen, denn noch am selben Tag sandte er ein Fernschreiben an die für die Stalags Mühlberg bzw. Zeithain zuständigen Stapostellen Halle/Saale und Dresden mit der Bitte um Auskunft darüber, ob die Gefangenen vor ihrer Überstellung in den WK VII tatsächlich überprüft worden seien. Während Halle am folgenden Tag lapidar mitteilte, im dortigen Bereich sei derartiges bislang noch nicht geschehen, schrieb der Leiter des Einsatzkommandos im Stalag Zeithain, Kriminalkommissar U., am 25. September: „Infolge Fehlens aller organisatorischen Voraussetzungen konnte hier bisher mit der Überprüfung des Stalags Zeithain noch nicht begonnen werden. Zeithain ist Auffanglager für den Wehrkreis röm. 4. Von dort werden die Russen dem Durchgangslager Mühlberg zugeführt, das in wenigen Tagen Aussonderungen nach arbeitseinsatzmäßigen Gesichtspunkten durchführt und alsdann die Gefangenen einer Anzahl weiterer Stalags zuführt. Die nach dort überstellten 5 328 Kriegsgefangenen sind infolgedessen hier nicht überprüft worden."[252]

Ohne Zögern rief Schermer bei Meinel an, um ihn über den neuen Sachverhalt zu informieren und ihn um eine persönliche Rücksprache zu bitten. Meinel lehnte dies ab mit der Begründung, er kenne die Einsatzorte der Kriegsgefangenen selbst nicht genau, und verwies ihn statt dessen an den Kommandanten von Stalag VII A, Oberst Nepf, der davon unterrichtet und auch im Besitz der „Geheimerlasse" sei.[253] Umgehend folgte Schermer dieser Empfehlung. Der Dolmetscher Th. erinnerte sich 1950 noch daran, er sei zusammen mit anderen Übersetzern im Stalag VII A in das Amtszimmer des Abwehroffiziers, Hauptmann Hörmann, gerufen worden. Dieser habe sie von einer Mitteilung der Geheimen Staatspolizei in Kenntnis gesetzt, „daß in Kürze eine Kommission der Gestapo ins Lager kommen werde, um die dem Stalag Moosburg überwiesenen Kriegsgefangenen zu überprüfen". Die Kommandantur sei aufgefordert worden, dem Kommando für die Vernehmungen eine Baracke und Dolmetscher zur Verfügung zu stellen sowie beim Abtransport der Gefangenen behilflich zu sein. Dem Abwehroffizier habe man deutlich die Verärgerung darüber angemerkt, „dass eine fremde Gruppe sich in die Belange des Stalags einmischen wollte. Uns wurde klar, daß Hauptmann Hörmann ... vor allem die Absicht hatte, uns seine Einstellung gegenüber dieser Gestapokommission kund zu tun und uns zu beeinflussen, dieser Kommission gegenüber im entsprechenden Sinne aufzutreten. ... Hauptmann Hörmann sagte schon damals: wir haben ausser den als Russenlager vorgesehenen Baracken keine übrigen Räume. Die Vernehmungen müssen im

---

[251] Bericht Schermers vom 16.1.1942; 178-R, S. 440f. Für Streim, Behandlung, S. 59, entdeckte der Beamte „zufällig" die Anwesenheit der Gefangenen, nach Brodski, Die Lebenden, S. 67, lag es am „Übereifer" des Stapostellenleiters.
[252] FS der Stapo Dresden bzw. der Stapo Halle/S. an die Stapo München; 178-R, S. 422f.
[253] Bericht Schermers vom 16.1.1942; ebenda, S. 441.

Bereich des Russenlagers durchgeführt werden. LKW haben wir auch nicht zur Verfügung."[254]

Währenddessen stellte Schermer als zukünftiger Leiter in aller Eile ein Einsatzkommando zusammen, dem außer ihm vier Polizeibeamte angehörten, und informierte diese kurz über ihren Auftrag.[255] Er selbst fuhr am folgenden Tag mit seinem Vertreter, Kriminalsekretär und SS-Untersturmführer Fischer, nach Moosburg, um mit Oberst Nepf, den Meinel zwischenzeitlich informiert hatte, und Hauptmann Hörmann das weitere Vorgehen zu besprechen. Dabei kam es zu einer ersten Auseinandersetzung zwischen Schermer und Hörmann. Dieser gab zu bedenken, daß die Polizeibeamten doch wohl kaum die notwendige Kenntnis der Verhältnisse in der Sowjetunion mitbrächten, um Aussonderungen nach politischen Gesichtspunkten vorzunehmen, worauf Schermer deutlich machte, daß diese Angelegenheit ihn, Hörmann, im Grunde genommen nichts angehe, ihm übrigen sei er als Abwehroffizier zur Mitarbeit verpflichtet. Später berichtete Schermer in München, als er Auszüge aus den Richtlinien[256] vorgetragen habe, habe der Offizier sogar laut gelacht und gesagt: „Da wünsche ich ihnen einen guten Erfolg. Sie werden genau so wenig Erfolg haben wie wir." Und obwohl die sowjetischen Soldaten bereits fünf Wochen zuvor in Moosburg angekommen waren, habe er dem Polizeibeamten „keinerlei Anhaltspunkte zur Feststellung von Funktionären oder Vertrauensleuten unter den Russen geben" können.[257]

Wenige Tage später, am 29. September, nahm das Einsatzkommando seine Arbeit auf.[258] Da genügend Dolmetscher zur Verfügung standen,[259] teilte Schermer seine Leute in zwei Gruppen ein, die die Gefangenen in der vorgeschriebenen Weise vernahmen und das Ergebnis in ein vorbereitetes Formular eintrugen.[260] Als sich nach anfänglich „gründlichen" Überprüfungen die erwarteten Ergebnisse nicht einstellten, gingen die Beamten zur Androhung und Anwendung von Gewalt in einer Weise über, daß sich Hörmann der Eindruck aufdrängte, die Auswahl der Kriegsgefangenen erfolge unter dem „Gesichtspunkt einer möglichst zu erreichenden großen Zahl". Von einer individuellen Überprüfung habe man jedenfalls nicht sprechen können.[261] Auch das Anwerben von Vertrauens-

---

[254] Verf. WK VII, Bl. 268. Bei den Zuständen, die in den „Russenabteilungen" der verschiedenen Stalags herrschten, ist diese Äußerung Hörmanns als gezielte Provokation des Einsatzkommandos anzusehen.
[255] Aussagen der Kommandoangehörigen S. und K.; ebenda, Bl. 260 und 291.
[256] Damit meinte Schermer die Anlage 2 des Einsatzbefehls Nr. 8.
[257] Schreiben der Stapo München an den HSSPF v. Eberstein vom 17.12.1941; 178-R, S. 491.
[258] Schermer meldete am 6.10. Meinel den Beginn seiner Tätigkeit und lieferte zugleich einen ersten Erfahrungbericht ab. Weitere Berichte folgten am 4. und 10.11.1941; 178-R, S. 442. Beispiel für einen Tätigkeitsbericht ebenda, S. 447–449.
[259] Hörmann sagte nach dem Krieg aus, er habe dafür gesorgt, daß auf seine Initiative hin das Kommando immer in Begleitung eines Wehrmachtdolmetschers unterwegs gewesen sei, um so immer auf dem laufenden zu sein. Verf. WK VII, Bl. 252. Schermer informierte die Dolmetscher vor Beginn der Überprüfungen über den Auftrag des Kommandos. Aussage Th.; ebenda, Bl. 269.
[260] Fischer führte dabei die Oberaufsicht. Aussage K.; ebenda, Bl. 291, Aussage S.; ebenda, Bl. 260. Nepf stellte laut eigener Aussage die Gefangenen befehlsgemäß zur Verfügung. Ebenda, Bl. 264.
[261] Aussage Hörmann; ebenda, Bl. 252f. Kurz dazu auch Aff. Hörmann; IfZ, Nürnbg. Dok. NO 5176.

leuten habe nicht sehr viel genützt. Diese unterrichteten im Gegenteil häufig ihre Mitgefangenen mit dem Ergebnis, „daß die Gefangenen nach einiger Zeit die an sie gestellten Fragen beinahe eher beantworteten, bevor die Frage noch vollständig an sie gerichtet war. Sie verneinten sofort die Zugehörigkeit zu irgendeiner Organisation und schimpften alle auf das bolschewistische System und die führenden Männer des Bolschewismus. Sie waren alle verfolgt, hatte Angehörige durch die Verfolgung verloren, oder es befanden sich Angehörige in sibirischen Lagern."[262]

Nachdem das Einsatzkommando einige Tage lang sämtliche Kriegsgefangene in Moosburg überprüft hatte, suchte es alle Orte auf, an denen „Russen" zur Arbeit eingesetzt waren, um dort mit den Verhören fortzufahren. Bis zum 15. November vernahm Schermer mit seinen Leuten insgesamt 3 088 Mann in Moosburg selbst sowie auf 17 Arbeitskommandos und sonderte von diesen 410 Mann aus, dazu aus zwei Lagern im WK XIII von 210 Rotarmisten 28 Mann.[263] Wie „gewissenhaft" das Einsatzkommando seine Tätigkeit ausübte, zeigt eine Aufschlüsselung der 410 Gefangenen nach verschiedenen auszusondernden Kategorien: 3 Funktionäre und Offiziere, 25 Juden, 69 Intelligenzler, 146 Fanatische Kommunisten, 85 Hetzer, Aufwiegler und Diebe, 35 Flüchtlinge und schließlich noch 47 unheilbar Kranke.

Wenige Tage nach den ersten Aussonderungen legte Schermer der Kommandantur in Moosburg eine Liste von Kriegsgefangenen vor und verlangte deren Übergabe, um sie dann in mehreren Gruppen nach Dachau abtransportieren zu lassen. Die den Transport begleitenden Landesschützen erzählten nach ihrer Rückkehr entsetzt, daß die „Russen" dort umgehend ermordet worden seien. Oberst Nepf erinnerte sich 1950 an einen Unteroffizier, der ihn flehentlich gebeten habe, nie wieder zu einem solchen Begleitkommando befohlen zu werden: „Es war fürchterlich, die Leute mußten ihr Grab schaufeln und schrien fürchterlich, als sie merkten, was mit ihnen geschehen wird. Sie wurden darauf erschossen."[264] Von diesen Vorgängen erfuhr auch der Dolmetscher Th., ein Theologiestudent, der daraufhin Hörmann bat, den folgenden Transport begleiten zu dürfen, um sich selbst ein Bild von den Vorkommnissen zu machen. Mit dessen Erlaubnis fuhr Th. mit dem nächsten Gruppe von Ausgesonderten nach Dachau, wo er die Angaben der Landesschützen in vollem Umfang bestätigt fand.[265]

Hörmann reagierte unverzüglich. Als Schermer eine weitere Gruppe nach Dachau bringen wollte und das Stalag aufforderte, ihm zu diesem Zweck einige Fahrzeuge zur Verfügung zu stellen, lehnte er das rundweg ab, so daß die Beamten gezwungen waren, den Abtransport auf eigene Faust zu organisieren.[266] Dar-

---

[262] Aussage Th.; Verf. WK VII, Bl. 269.
[263] Teile des Regierungsbezirks Schwaben gehörten zum WK XIII. Die Bereiche Niederbayerns südlich der Donau lagen zwar im WK VII, fielen aber in den Zuständigkeitsbereich der Stapo Regensburg.
[264] Aussage Nepf; Verf. WK VII, Bl. 264f. Nepf erinnerte sich insofern falsch, als die Leichen nicht vergraben, sondern verbrannt wurden.
[265] Aussage Th.; ebenda, Bl. 265f.; auch Aussage Hörmann; ebenda, Bl. 252.
[266] Nach dieser Auseinandersetzung verhandelte Schermer nur noch mit Nepf. Aussage Hörmann; Verf. WK VII, Bl. 252. Den Abtransport führte aber die Wehrmacht durch; Schermer erfuhr erst

über hinaus untersagte er dem Stalag-Personal, Fluchtversuche oder Fälle von Widerspenstigkeit, die das Einsatzkommando ohne weiteres als „aussonderungswürdig" hätte einstufen können, den Ermittelnden mitzuteilen; Soldaten, die seiner Anordnung zuwiderhandelten, mußten mit erheblichen Schwierigkeiten rechnen.[267] Schließlich unterrichtete er Major Meinel beim Kommandeur der Kriegsgefangenen in München über den Sachverhalt. Gegenüber ihrem Vorgesetzten, Generalmajor Ritter von Saur, faßten beide anschließend ihre Kritik in zwei Punkten zusammen: Erstens führe die Stapo ihre Überprüfungen oberflächlich durch, da sie mit ihren Kriterien die entsprechenden Gruppen zu erfassen nicht in der Lage sei, und zweitens würden die Ausgesonderten wider alles Völkerrecht in Dachau erschossen.[268]

Meinel seinerseits hatte zuvor schon von anderer Seite von Mißhandlungen von Kriegsgefangenen durch das Regensburger Einsatzkommando erfahren und sich zusammen mit von Saur auf einer Inspektionsreise durch Niederbayern davon überzeugt, daß diese Vorwürfe zutreffen. Anfang November 1941 verfaßte er mit Zustimmung des Kommandeurs ein Schreiben, in dem er gegen das Vorgehen der Stapo, nämlich die Behandlung der Gefangenen, die Methode der Aussonderung und deren Ziel, die Exekution, scharf protestierte. General von Saur unterschrieb diesen Protest und sandte ihn an General Reinecke im AWA, der sich sogleich mit dem RSHA in Verbindung setzte.[269]

Am 13. November ging in der Stapoleitstelle München ein Fernschreiben des Referatsleiters IV A 1 im RSHA, SS-Sturmbannführer Vogt, ein, in dem dieser monierte, es sei eine Mitteilung des OKW eingetroffen, nach der „die Überprüfung der sowjetischen Kriegsgefangenen in den Lagern und Arbeitskommandos des WK VII angeblich oberflächlich" erfolge; in einem Fall seien von 4 800 Gefangenen 380 ausgesondert worden. Er empfahl deswegen dringend, die Richtlinien des Einsatzbefehls Nr. 8 zu beachten und zudem Kontakt mit dem Kommandeur der Kriegsgefangenen im WK VII aufzunehmen und die Sache zu bereinigen. Darüber hinaus erwarte er einen baldigen Bericht, um dem OKW in der Sache gegenübertreten zu können.[270]

Schermers Reaktion ist zu entnehmen, daß er sich von diesem Schreiben zutiefst gekränkt fühlte. Er erstellte umgehend eine Übersicht über die bisherige Tätigkeit seines Kommandos und wies darauf hin, das Verfahren bis zum gegenwärtigen Zeitpunkt genau nach den Vorschriften abgewickelt zu haben:
– Jeder Russe sei einzeln vernommen, in jedem Fall ein Formblatt angelegt worden;

---

im Januar 1942 davon, daß die ausgesonderten Kgf. in den Lagern zurückbehalten wurden. Siehe dazu das Folgende.
[267] Bericht der Stapo München an den HSSPF v. Eberstein vom 17.12.1941; 178-R, S. 490–492, Zitat S. 492; Aussage Hörmann; Verf. WK VII, Bl. 252; Aussage Wölzl; ebenda, Bl. 279.
[268] Aussagen v. Saur; Verf. WK VII, Bl. 299, und Verf. WK XIII, Bl. 63f.
[269] Aussage Meinel; Verf. WK VII, Bl. 316, ebenso dessen weitere Aussage bei Streim, Behandlung, S. 63–68.
[270] 178-R, S. 424. Den im Fernschreiben des RSHA verwendeten Begriff der „oberflächlichen" Überprüfung hatten Hörmann und Meinel in ihrer Beschwerde verwendet. Vgl. Aussage v. Saur; Verf. WK XIII, Bl. 63.

- alle Angaben von Vertrauensmännern habe man überprüft und damit persönliche Abrechnungen unter den Gefangenen unmöglich gemacht;
- wiederholt habe er seine Männer belehrt, die Richtlinien einzuhalten, und sich persönlich von der korrekten Durchführung überzeugt,
- im Vergleich zu den Stapostellen Nürnberg-Fürth und Regensburg könne sich seine Arbeit durchaus sehen lassen. Während er etwa 13% der Gefangenen ausgesondert habe, liege der dortige Prozentsatz nur unwesentlich höher bei 15 bis 17%.

Insofern erscheine ihm der Vorwurf des OKW, oberflächlich gearbeitet zu haben, geradezu absurd. Im Gegenteil, oftmals hätten Lageroffiziere von sich aus Russen wegen kleinerer Vergehen innerhalb des Lagers zur Aussonderung vorgeschlagen, doch habe sich, so Schermer, das Kommando dadurch in keiner Weise beirren lassen. Nach dieser Entgegnung äußerte Schermer die Vermutung, die Beschwerde des OKW sei auf eine Meldung des Abwehroffiziers im Stalag VII A, Hauptmann Hörmann, zurückzuführen, der von Anfang an nicht nur gegen die Tätigkeit des Einsatzkommandos eingestellt gewesen sei, sondern diese sogar sabotiert habe; im übrigen handele es sich bei ihm um einen Offizier, der französische Kriegsgefangene begünstige und bei der Auswahl von V-Leuten Juden bevorzuge.[271]

Um für die weitere Auseinandersetzung besser gewappnet zu sein, suchte Schermer am 22. November den für Kriegsgefangene zuständigen Abwehroffizier beim Stellvertretenden Generalkommando in München, Hauptmann Dr. Wölzl, zu einem Erfahrungsaustausch auf, einen Mann, der sich im Laufe des Gesprächs selbst als „alten Nazi" charakterisierte, gegenüber dem die anderen Offiziere sehr vorsichtig seien, gerade deswegen aber Schermer als Ansprechpartner geeignet schien.[272] Wölzl bat ihn zu Beginn der Unterredung, bei der weiteren Überprüfung im Stalag VII A verstärkt auf technische Fachkräfte zu achten, da diese für die Wiederinbetriebnahme der russischen Rüstungsbetriebe benötigt würden.[273] Aus demselben Grund solle das Kommando auch bei Vergehen von Kriegsgefangenen etwas zurückhaltender als bisher verfahren. Schermer seinerseits sprach dann die Probleme mit Meinel und Hörmann an und fragte ihn, ob bei der Abwehrstelle eine Beschwerde über eine zu oberflächliche Überprüfung der Gefangenen eingegangen sei. Wölzl verneinte, äußerte jedoch den Verdacht, derartiges könne nur von Meinel ausgegangen sein. Er betonte in dem Zusammenhang die Notwendigkeit, die Aussonderungen genau nach den Richtlinien durchzuführen und sich keinesfalls von den Offizieren beeinflussen

---

[271] Bericht Schermers vom 15.11.1941; 178-R, S. 424–427; Bericht der Stapo München an den HSSPF v. Eberstein vom 17.12.1941; ebenda, S. 492.
[272] Wölzl tat das nach dem Krieg als üble Verleumdung ab und ließ seine „antinationalsozialistische" Haltung durch etliche Zeugen bekräftigen. Verf. WK VII, Bl. 279–281 (Wölzl) und Bl. 283–287 (Zeugen). Nach der Darstellung Schermers muß man daran erhebliche Zweifel haben.
[273] Nach Wölzls Informationen sollten noch 20000 Gefangene kommen (Bericht Schermers vom 24.11.1941; 178-R, S. 428), lt. Nepf Anfang Februar 1942 (Bericht der Stapo München an den HSSPF v. Eberstein vom 21.1.1942; ebenda, S. 449). Es ist allerdings rätselhaft, woher diese Information stammt, da zu diesem Zeitpunkt wegen des Massensterbens und der Fleckfieberquarantäne überhaupt keine sowjet. Kgf. zur Verfügung standen.

zu lassen, zumal aus Moosburg bekannt sei, daß man dort die Männer mit völlig unangebrachter Milde behandele, wo doch bei den Russen Arbeit „nur durch äußerste Strenge unter Anwendung der Prügelstrafe" erzwungen werden könne. Den Kommandanten von Stalag VII A, Oberst Nepf, bezeichnete Wölzl als „einen alten verknöcherten Offizier, dem jede Hineinmischung von anderer Seite in seinen Betrieb unangenehm" sei; er trachte lediglich danach, „womöglich auch noch den nächsten Dienstgrad als Generalmajor zu erreichen". Hörmanns einziges Ziel sah er darin, „sich bei Oberst Nepf in das beste Licht zu setzen, um ebenfalls irgendwelche Vorteile zu erreichen".[274]

Über das Gespräch mit Wölzl fertigte Schermer ein Protokoll für seine Dienststelle an, in das er einen SD-Bericht über Meinel vom 7. Oktober 1940 einfügte. Darin heißt es: „Bei Meinel handelt es sich um einen im deutschnationalen Fahrwasser aufgewachsenen Offizier, der, wie sich aus seiner Tätigkeit nach der Machtübernahme ergibt, von dieser Grundeinstellung nicht mehr abgewichen ist. Er hat sich in seiner dienstlichen Tätigkeit nach der Machtübernahme der nationalsozialistischen Weltanschauung gegenüber nicht nur absolut gleichgültig, sondern in gewissem Maße sogar ablehnend verhalten ..." Dieses Protokoll war die Grundlage aller späterer Stellungnahmen der Stapo in der Auseinandersetzung mit der Wehrmacht.

Auf Grund der Weisung des RSHA vom 13. November hatte auch der Leiter der Abt. II der Stapoleitstelle München, Regierungsrat und Sturmbannführer Alfred Schimmel, General von Saur um eine Unterredung gebeten, war aber an Meinel verwiesen worden. Während dieser erst am 13. Januar 1942 eine Stellungnahme zu dem Gespräch abgab, sandte Schimmel schon am 24. November den von Vogt geforderten Bericht an das RSHA. In ihren Aufzeichnungen betonten beide die Sachlichkeit der Unterredung; in der Angelegenheit selbst blieben ihre Standpunkte dagegen unvereinbar. Schimmel argumentierte vor allem formal. Für ihn lag ein im Einvernehmen mit dem OKW ausgearbeiteter Befehl des RSHA vor, der auszuführen statt zu kritisieren war.[275] Offenbar hoffte er, Meinel durch genaue Informationen über die Tätigkeit des Einsatzkommandos doch noch von dessen „Notwendigkeit" überzeugen zu können, und wies deshalb darauf hin, daß sich seit dem 15. November die Zahl der Überprüften auf 3 805 und die der Ausgesonderten auf 486 Mann erhöht habe.[276]

Meinel ließ sich jedoch von Schimmels Ausführungen nicht beeindrucken und brachte die folgenden sachlichen Einwände gegen die Aussonderungen vor:
1. Das Verfahren sei vom soldatischen Standpunkt aus nicht zu billigen, denn ein Gefangener könne nicht so einfach erschossen werden.
2. Die Arbeitsmarktlage im WK VII sei so katastrophal, daß man jede Kraft brauche. Gerade Russen seien aber als gute Arbeitskräfte bekannt, und es sei

---

[274] Bericht Schermers vom 24.11.1941; 178-R, S. 428–432; Schermer hatte schon drei Wochen zuvor eine Unterredung mit Wölzl. Ebenda, S. 427.
[275] Damit verhielt sich Schimmel genauso, wie es Heydrich den EK am 26.9.1941 bei Problemen mit der Wehrmacht nahegelegt hatte (s. o. S. 55). Vgl. auch den Bericht der Stapo München an den HSSPF v. Eberstein vom 21.1.1942; 178-R, S. 445.
[276] Nach einer zweiten Liste Schermers vom 26.11. hatte sein Kommando bis zum 22.11. insgesamt 3 788 Gefangene überprüft und von diesen 484 ausgesondert. 178-R, S. 447–449.

deswegen ein Unding, diese zu erschießen, zumal sie schon im Osten überprüft worden seien.
3. Früher oder später würde die Öffentlichkeit davon erfahren. Der Sowjetunion liefere man damit einen Anlaß, ihrerseits die deutschen Kriegsgefangenen entsprechend zu behandeln.
4. Man könne unmöglich aussondern, bevor man nicht erste Erfahrungen mit den Gefangenen gesammelt habe.
5. Schließlich erscheine es zweckmäßig, der sowjetischen Intelligenz die Möglichkeit zu geben, die Verhältnisse in Deutschland kennenzulernen und sie dadurch aufklärend bei ihren Genossen wirken zu lassen.[277]

Aus unterschiedlichen Perspektiven heraus äußerten sich beide schließlich zu den Exekutionen in Dachau. Meinel formulierte das wie folgt: „Auf meine Erklärung, daß die Herausgabe sowjetischer Kgf. für die Offiziere eine starke seelische Belastung bedeute, teilte mir Reg. Rat Schimmel mit, daß die mit der Exekution beauftragten SS-Männer teilweise vor dem seelischen Zusammenbruch stünden."[278]

Ende November setzte die Stapoleitstelle München den Höheren SS- und Polizeiführer in den Wehrkreisen VII und XIII, SS-Obergruppenführer Freiherr von Eberstein (1894–1979), von dem Vorgang in Kenntnis.[279] Dieser legte ihr nahe, beim RSHA darauf zu drängen, durch Verhandlungen mit dem OKW die Abberufung Meinels zu erreichen, vor allem, da damit zu rechnen sei, „daß es bei dessen Einstellung zu unliebsamen Auseinandersetzungen mit dem hiesigen Generalkommando kommen könnte, was für die gegenseitige Zusammenarbeit untragbar wäre".[280] Dadurch ermutigt, regte Schimmel wenige Tage später bei von Eberstein zudem die Ablösung Hörmanns an.[281] Am 24. Dezember 1941 protestierte dann von Eberstein massiv bei von Saur gegen „die Erschwerung der Tätigkeit des Einsatzkommandos", die Meinel anzulasten sei; es ist anzunehmen, daß der HSSPF in diesem Zusammenhang von Saur aufforderte, sich von Meinel zu trennen. Der Kommandeur der Kriegsgefangenen stellte sich allerdings in seinem Antwortschreiben vom 13. Januar 1942 vorbehaltlos hinter seinen Referenten. Die Bedenken Meinels seien durch Meldungen des Lagerkommandanten hervorgerufen worden, die auch bei ihm denselben Eindruck bewirkt hätten. Und er fuhr fort: „Ich habe sie beim OKW zur Sprache gebracht, weil das Ergebnis der Aktion mir zu unsicher begründet schien, um die eintretenden Schä-

---

[277] Bericht der Stapo München an das RSHA vom 24.11.1941; ebenda, S. 432–436. Wiedergabe nach der Darstellung Schimmels. Dieser arbeitete in sein Schreiben den Bericht Schermers vom 24.11. ein. Meinel führte in seiner eigenen Stellungnahme vom 13.1.1942 nur den Arbeitseinsatz als Argument an. Ebenda, S. 439f.
[278] Ebenda, S. 439; Bericht der Stapo München an das RSHA vom 23.1.1942; ebenda, S. 461. Einige der Schützen waren freilich mit „Begeisterung" bei der „Sache". Aussage Th.; Verf. WK VII, Bl. 266.
[279] v. Eberstein bestritt 1950 selbst bei der Konfrontation mit den Akten eine tiefere Verwicklung in den Fall. HSSPF. WK VII, Bl., 212–235. Siehe aber seine Aussage im Fall XII; StA N, KV-Proz. Fall 12, A 19–22, S. 1128f. Zu v. Eberstein s. Birn, Die Höheren SS- und Polizeiführer, S. 332. Bei Friedrich, Gesetz des Krieges, S. 376, wird er fälschlich zum „Präsidenten der Nürnberger Stapoleitstelle".
[280] Schreiben der Stapo München an das RSHA vom 12.12.1941; 178-R, S. 438.
[281] Schreiben vom 17.12.1941; ebenda, S. 492. Als Kronzeugen führte er Wölzl an.

digungen im Kriegsgefangenenlagerdienst und Arbeitseinsatz in Kauf zu nehmen. Der Grund ist also ein praktischer und sachlicher und schloß keine Kritik der Maßnahme an sich ein. Ich darf der Erwartung Ausdruck geben, daß die entstandene Reibung damit beseitigt ist."[282]

Die Hoffnungen von Ebersteins und von Saurs, den Konflikt noch eingrenzen zu können, erfüllten sich jedoch nicht. Anfang Januar 1942 war beim Kommandeur der Kriegsgefangenen und beim Stalag VII A der Erlaß des OKW vom 18. Dezember 1941 eingegangen, mit dem Hitler den verstärkten Arbeitseinsatz der sowjetischen Kriegsgefangenen befohlen hatte.[283] Gestützt auf den Führerbefehl, war es aber nun für Meinel und seine Kameraden möglich, der Stapo weitaus entschiedener gegenüberzutreten und sogar die Herausgabe von im Zuständigkeitsbereich von Moosburg ausgesonderten Gefangenen zu verweigern.

Dort hatte das Einsatzkommando München bis zum 22. November 1941 insgesamt 455 „Russen" ausgesondert und dann seine Tätigkeit vorläufig abgeschlossen.[284] Insgesamt viermal waren bis zu diesem Zeitpunkt Gefangene nach Dachau überstellt und exekutiert worden, wie sich aus einer Liste der Münchner Stapo ergibt, und zwar am 15. und 22. Oktober (27 bzw. 40 Mann) sowie am 8. (69) und am 12. November (131), zusammen also 267 Gefangene.[285] Für die restlichen 188 Ausgesonderten hatte Schermer wohl Ende November die Überstellung beantragt und das Konzentrationslager Dachau entsprechend informiert. Der weitere Ablauf war für ihn eher nebensächlich, denn der Abtransport war Sache der Wehrmacht, und hinsichtlich der Exekution würde ihm das KZ eine Vollzugsmeldung zukommen lassen. Anfang Januar jedoch erkundigte sich die Dachauer Kommandantur in München, warum die angekündigten Gefangenen noch nicht eingetroffen seien, eine Frage, die Schimmel und Schermer völlig unvorbereitet traf und daher eine hektische Betriebsamkeit auslöste. Es war sozusagen der Tropfen, der das Faß zum Überlaufen brachte.

Am 9. Januar 1942 richtete die Stapoleitstelle ein Schreiben an die Kommandantur des Stalag VII A und forderte sie auf, umgehend die bereits Ausgesonderten zu übergeben. Nepf und Hörmann leiteten das Schreiben an ihre vorgesetzte Dienststelle, den Kommandeur der Kriegsgefangenen in München, weiter, unternahmen aber ansonsten nichts. Dieser verwies nach telefonischer Rücksprache mit dem OKW unter Bezug auf die Arbeitsmarktlage im WK VII auf den Befehl vom 18. Dezember 1941, der auch dem RFSS bekanntgegeben worden sei, und verlangte von der Stapo, „die ausgesuchten 173 sowj. Kgf. nochmals zu überprüfen und soweit irgendwie tragbar dem Arbeitseinsatz zu erhalten".[286]

---

[282] Ebenda, S. 437.
[283] Der Befehl wurde am 24.12.1941 noch ergänzt. StA DT, L 80 I c XX 72 Nr. 32.
[284] Bericht der Stapo München an den HSSPF v. Eberstein vom 21.1.1942; 178-R, S. 449. Ab 26.11.1941 standen die Beamten ihrer Dienststelle wieder zur Verfügung.
[285] Verzeichnis der ausgesonderten Kgf.; 178-R, S. 497 (55. Schreiben, im IMT-Band nicht abgedruckt, Quelle StA N). Dazu kamen am 8.11. 34 Mann, die die Stapo Regensburg ausgesondert hatte. Hörmann erinnerte sich nur an drei Transporte, wobei er deren Umfang mit ca. 200 bzw. 150 Mann angibt. Verf. VII, Bl. 252. Die Angaben können nach der Liste jedoch nicht zutreffen. Die Zahlen der Ausgesonderten differieren in der Akte. Als Grundlage wird hier die genannte Liste genommen.
[286] Schreiben vom 14.1.1942; 178-R, S. 443f. Nach der Liste waren es 188 Gefangene. Das OKW hat-

Um für die weitere Auseinandersetzung mit der Wehrmacht besser gewappnet zu sein, nahm Schermer noch am 9. Januar 1942 mit Kriminalkommissar Kuhn von der Stapo Regensburg Kontakt auf und bat um einen Erfahrungsbericht, da dieser im niederbayerischen Zuständigkeitsbereich des Stalag VII A ausgesondert hatte.[287] Kuhn erkundigte sich unmittelbar darauf in Dachau, ob denn die von seinem eigenen Einsatzkommando als „untragbar" befundenen Kriegsgefangenen überhaupt überstellt worden seien, und erhielt fünf Tage später die Antwort, bisher seien von insgesamt 278 Ausgesonderten lediglich 34 Mann eingetroffen und exekutiert worden.[288] Nur zwei Tage später reiste Kuhn zu einer Dienstbesprechung mit Schermer nach München, unterbrach aber die Fahrt in Moosburg, um sich persönlich von der Lage ein Bild zu machen. Dort erfuhr er von einem Adjutanten, die Überstellungen in das KZ seien „auf Anweisung des Kommandeurs der Kriegsgefangenen" unterblieben.

In München stimmten die beiden Einsatzkommandoleiter ihr weiteres Vorgehen ab. Schermer riet Kuhn, selbst bei Meinel vorzusprechen, was dieser dann auch tat, doch machte er, wie sein Vorgesetzter Kriminaldirektor Popp am 19. Januar dem RSHA berichtete, dieselbe Erfahrung wie Schermer: „Während der Unterredung mit Major Meinel hatte ich nicht den Eindruck, daß es ihm ausschließlich um die Erhaltung der Arbeitskräfte zu tun ist, sondern nur darum, den Maßnahmen der Geheimen Staatspolizei zu trotzen. Dies war aus der Äußerung zu entnehmen, daß die Russen, solange sie der Geheimen Staatspolizei noch nicht übergeben seien, den Befehlen der Wehrmacht unterlägen, die Geheime Staatspolizei erst nach der Auslieferung mit ihnen machen könne, was sie wolle."[289]

Spätestens damit war deutlich, daß beide Positionen unvereinbar waren und der Fall nicht mehr vor Ort, sondern nur noch in Berlin entschieden werden konnte. Am 20. Januar setzte sich von Saur mit dem Landesarbeitsamt Bayern in Verbindung, um dort auf die Bedeutung der sowjetischen Kriegsgefangenen für den Arbeitseinsatz hinzuweisen. Dessen Präsident teilte daraufhin dem Reichsarbeitsministerium mit, daß durch die Maßnahmen der Stapo ca. 15% dieser Männer dem Arbeitseinsatz verlorenzugehen drohten, ein Verlust, der deswegen besonders schwer wiege, weil sich in seinem Bezirk kein Aufpäppelungslager befinde, aus dem man Ersatz gewinnen könne, und weil es sich um Gefangene handele, die sich im Einsatz als durchaus vollwertig erwiesen hätten. Der Kom-

---

te v. Saur angewiesen, die sowjet. Kgf. prinzipiell zu übergeben, jedoch immer den Grund für die Aussonderung festzustellen. Es sei jedoch darauf hinzuweisen, daß die Gefangenen dringend zur Arbeit gebraucht würden.

[287] Ebenda, S. 442. Brodski, Die Lebenden, S. 72, sieht das fälschlicherweise als ein Übergreifen der Aktionen des „aufrührerischen Majors" auf den WK XIII.

[288] Übersicht über die Aussonderungen der Stapo Regensburg vom 17.1.1942; ebenda, S. 451. Den Antrag auf Auslieferung hatte Kuhn am 11.11.1941 an das Stalag Moosburg gestellt. Kuhn schickte um den 20.1.1942 eine Übersicht über die von ihm durchgeführten Aussonderungen nach München und legte noch ein Schreiben seines Vorgesetzten Popp bei, in dem dieser sich beim RSHA über die Behinderung der Aktion durch Meinel beklagte.

[289] Ebenda, S. 452–454. Meinel forderte die nochmalige Überprüfung der Gefangenen und war der Meinung, man müsse sie wie „weiche Eier" behandeln. Zu den Überstellungen vgl. die Aussage Kuhns; Verf. WK XIII, Bl. 107.

mandeur der Kriegsgefangenen hatte nach seinen Angaben wiederholt, aber vergeblich beim OKW auf Einstellung der Aussonderung gedrängt, nun müsse der RAM beim OKW oder direkt beim RSHA versuchen, „diese bei der heutigen Einsatzlage sehr empfindlichen Verluste auf das Mindestmaß einzuschränken".[290]

Die Stapoleitstelle suchte ihrerseits bei von Eberstein und dem Reichsverteidigungskommissar für Bayern, Gauleiter Wagner, Rückendeckung. Wagner war, wie von Eberstein sowohl der Stapo als auch dem Kommandeur der Kriegsgefangenen schrieb, der Ansicht, „daß die Beamten der Geheimen Staatspolizei mit Rücksicht auf die zu treffenden schwerwiegenden Entscheidungen die durchgeführten Überprüfungen gewissenhaft vorgenommen" hätten und deswegen eine erneute Überprüfung unterbleiben müsse.[291] Schimmel formulierte das in einem den Sachverhalt zusammenfassenden Bericht an SS-Gruppenführer Müller etwas anders: „Ich bitte, beim OKW – Abt. Kriegsgefangene – General Reinecke – in Berlin mit allem Nachdruck zu erwirken, daß der Kommandeur der Kriegsgefangenen im Wehrkreis VII zur Herausgabe der zurückgehaltenen 399 Russen veranlaßt wird."[292] Zusätzliches Selbstbewußtsein gaben ihm dabei Auskünfte der Stapostelle Nürnberg-Fürth, nach denen die beiden dortigen Einsatzkommandos bisher 2 009 sowjetische Offiziere und Mannschaften ausgesondert hätten; im übrigen, so der stellvertretende Nürnberger Stapoleiter Kriminalrat Otto in einem Fernschreiben vom 24. Januar, sei „die Zusammenarbeit mit dem Kommandeur der Kriegsgefangenen im Wehrkreis röm. 13, Generalmajor Schemmel, (...) ausgezeichnet".[293]

Ende des Monats verschärfte sich der Streit weiter, denn es stellte sich heraus, „daß die ausgesonderten Russen zwar von ihren früheren Arbeitskommandos herausgezogen, aber am 7. Januar 1942 auf neuerstellte Arbeitskommandos verteilt" worden waren. Erneut wurde die Stapoleitstelle München beim RSHA vorstellig und bat darum, bei Reinecke darauf zu dringen, die „ausgesonderten fanatischen Bolschewiken" von dieser Außenarbeit zurückzuziehen, da sie eine Gefahr für Volk und Staat bedeuteten.[294] Das RSHA erklärte sich bereit, mit dem OKW in Verhandlungen zu treten, doch verlangte es aus München eine Be-

---

[290] BAK, R 41/170, Bl. 271. Trotz mehrerer Nachfragen von seiten des LAA Bayern reagierte das RSHA offiziell erst am 15.5.1942 auf die Anfrage: „Die gerechte Abwägung zwischen den notwendigen staatspolizeilichen Maßnahmen ... und der Dringlichkeit des Arbeitseinsatzes ist sichergestellt." BAK, R 41/172, Bl. 5. Vgl. auch Streit, Keine Kameraden, S. 97, Anm. 84.
[291] Schreiben v. Ebersteins vom 23.1.1942; 178-R, S. 464; auch Aussage v. Eberstein; Verf. WK VII, Bl. 317. Wagner wies zudem auf den Zeitaufwand und die angespannte Personallage hin. Mit einem weiteren Schreiben vom selben Tag bat v. Eberstein die Stapo darum, von nun an laufend über die Probleme bei den Aussonderungen in den Bereichen München und Regensburg informiert zu werden. Ebenda, S. 473f.
[292] Schreiben vom 26.1.1942; ebenda, S. 467–470. Schon zwei Tage vorher hatte Schimmel ein kürzeres Schreiben an das RSHA aufgesetzt, das dann aber auf seine Weisung hin nicht abgeschickt worden war. Ebenda, S. 465–467. Das zweite Schreiben war inhaltlich und optisch weitaus geschickter zusammengestellt.
[293] Ebenda, S. 471. Schimmel forderte am 27.1.1942 nochmals Informationen zu den Aussonderungen im Arbeitseinsatz an. Ebenda, S. 476f.
[294] Schreiben vom 28.1.1942; ebenda, S. 474f.

stätigung dafür, daß die Männer tatsächlich in keinem Fall zweimal überprüft worden seien, „um allen diesbezüglichen Einwänden begegnen zu können".[295]

Der Streit um die Aussonderungen im WK VII stand auch auf der Tagesordnung einer Besprechung im OKW, an der Anfang Februar 1942 neben Reinecke und Gestapochef Müller u. a. auch ein Vertreter des Beauftragten für den Vierjahresplan teilnahm. Letzterer wies dabei auf den Führerbefehl vom 24. Dezember 1941 hin, auf Grund dessen „beim Russeneinsatz alle Bedenken weitestmöglich zurückgestellt werden" sollten, um möglichst viele gefangene Rotarmisten im Reichsgebiet einsetzen zu können. Das sei aber, wie er nach dem Gespräch anmerkte, wohl noch nicht bis zu allen Stapostellen durchgedrungen, wie man am Beispiel des LAA Bayern sehen könne, wo wertvolle Arbeitskräfte ausgesondert würden. Deswegen bat er um den 5. Februar telefonisch und schriftlich das RSHA, sofort die Dienststellen in Bayern anzuweisen, „daß von der vorgesehenen Herausziehung Abstand genommen wird und diese Kräfte weiterhin für den Einsatz freigegeben werden". Das OKW erhielt eine Abschrift des Schreibens mit der Bitte um Unterstützung.[296]

Am 9. Februar 1942 regelte dann das RSHA mit einem Fernschreiben an die Stapoleitstelle München den weiteren Verlauf der Angelegenheit. Zunächst machte es deutlich, daß die Zurückhaltung der Gefangenen auf einen einseitigen Befehl des OKW zurückzuführen und nicht mit ihm abgesprochen sei. Die Sache solle wie in einem gleich gelagerten Fall im Bereich Stettin jetzt folgendermaßen abgewickelt werden:

„A) Gefangene, die sich im Lager befinden, werden herausgegeben.
B) die Gefangenen, die sich auf Arbeitskommandos befinden, werden durch die Stl (Stapostellen; der Verf.) München und Regensburg nochmals überprüft und zu diesem Zweck an zwei von diesen Staatspolizeistellen im Einvernehmen mit dem Kommandeur der Kriegsgefangenen im Wehrkreis VII zu bestimmenden Orten zusammengezogen. Die Führer der Arbeitskommandos sind zweckmäßig über das bisherige politische und arbeitsmäßige Verhalten der Gefangenen zu hören. Eine Entscheidung kommt ihnen nicht zu. Die auf Grund der neuen Überprüfung als untragbar festgestellten Gefangenen will OKW auch sofort freigeben."

Das OKW habe den WK VII entsprechend benachrichtigt. Am Schluß wies das RSHA noch vertraulich darauf hin, die Zahl der Gefangenen sei erheblich niedriger als angenommen, „weshalb sorgfältige Auslese in gerechter Abwägung sicherheitspolizeilicher und rüstungswirtschaftlicher Interessen" geschehen müsse.[297]

Mit diesem Fernschreiben war die Auseinandersetzung im wesentlichen abgeschlossen. Der Erlaß des OKW ging am 12. Februar beim Kommandeur der

---

[295] Fernschreiben des RSHA vom 29.1., von Lindow unterzeichnet; ebenda, S. 478. Bestätigung Schimmels ebenda, S. 477. Schermer schlug seinen Vorgesetzten die Aufstellung eines „unparteiischen" EK vor, um das „Ergebnis" nicht durch eigene „Befangenheit" zu verfälschen. Seine Abteilung könne aber dafür wegen „Aufrollung einer neuen KPD-Organisation" keine Beamten abstellen. Vm. vom 13.2.1942; ebenda, S. 482.
[296] BAK, R 41/170, Bl. 273–276. Erhalten sind nur die Entwürfe der Schreiben.
[297] 178-R, S. 479–481.

Kriegsgefangenen in München ein, der daraufhin Moosburg als Überprüfungslager bestimmte und Oberst Nepf die entsprechenden Anweisungen gab. Sein Referent Major Dr. Müller bat telefonisch die Leitstelle um die entsprechenden Vorkehrungen, allerdings seien etwa sieben bis zehn Tage nötig, die betreffenden Russen aus den Arbeitskommandos abzuziehen, zumal sie dort eigentlich dringend gebraucht würden.

Gegen die Regelung protestierte zwar der HSSPF von Eberstein, doch teilte der Abteilungsleiter IV A im RSHA, SS-Obersturmbannführer Panzinger, den Stapostellen München und Regensburg am 17. Februar kurz und bündig mit: „Die ausgesuchten Kriegsgefangenen werden auf Grund einer mit dem OKW geführten Besprechung in das KZ Buchenwald überstellt."[298] Diesbezügliche Einzelheiten legte von Saur Ende Februar entsprechend den Vorgaben des OKW-Erlasses fest. Auf seinen Befehl hin mußte aber das Stalag VII A den Stapostellen München, Regensburg und Weimar sowie dem KZ Buchenwald eine Liste aller Ausgesonderten übersenden, auf dieser wiederum die Ukrainer, Weißrussen und andere Nationalitäten besonders hervorheben. Zudem sollte Moosburg für die Stapostelle Weimar und das KZ Buchenwald ein vom Stalag festzusetzendes Formblatt über „die im Arbeitseinsatz mit den ausgesuchten sowj. Kgf. gemachten Erfahrungen unter Beifügung von kurzen Beurteilungen für jeden einzelnen Kgf. durch den Kommandoführer" beilegen.[299] Wie sich aus einem Vermerk der Stapoleitstelle München vom 13. Juli 1942 ergibt, wurden die Gefangenen in Buchenwald von Beamten der Stapostelle Weimar entsprechend der Weisung des RSHA nochmals überprüft mit dem Ergebnis, daß „etwa 120 KGf. (...) nicht zur Sonderbehandlung kamen", demnach also wenigstens vorläufig am Leben blieben.[300] Diese hätten eigentlich „nach der ursprünglichen Vereinbarung RSHA – OKW" in die Kriegsgefangenschaft zurückgeführt werden müssen; das RSHA vermied es aber geflissentlich, auf die Angelegenheit zurückzukommen.[301] Auch das OKW hatte offenbar kein Interesse daran, den Fall erneut aufzurollen.

Für die beteiligten Offiziere blieb die Auseinandersetzung mit der Stapo nicht ganz ohne Folgen. Reinecke zitierte von Saur nach Berlin und deutete an, Meinel müsse wegen seines schlechten Verhältnisses zur Stapo eine andere Verwendung erhalten. Tatsächlich wurde Meinel im Juni 1942 als Kommandant des Stalags Schaulen nach Litauen versetzt; wenig später erfolgte aber seine Beförderung zum Oberstleutnant. Generalmajor von Saur reichte, wohl zermürbt von dem Streit, seinen Abschied ein, doch wurde er mit Wirkung vom 1. August 1942 als Generalleutnant zur Führerreserve befohlen.[302] Hauptmann Hörmann schließ-

---

[298] Ebenda, S. 484. Panzinger bat darum, v. Eberstein entsprechend zu verständigen und diesem ebenfalls mitzuteilen, daß Meinel eine andere Verwendung erhalten solle.
[299] Ebenda, S. 486f. Eine Abschrift dieser Formblätter verlangte der Kommandeur der Kriegsgefangenen für sich.
[300] Die Gefangenen trafen um den 25.2.1942 in Buchenwald ein. Einige von ihnen lassen sich sogar namhaft machen. Brodski, Faschismus, S. 249, sowie ders., Die Lebenden, S. 79f.
[301] 178-R, S. 488f.
[302] Streim, Behandlung, S. 66, Anm. 183; Aussage v. Saur; Verf. WK XIII, Bl. 299f.

lich erhielt bei einem Besuch Reineckes in Moosburg zwar eine Art mündlichen Verweis, blieb aber ebenso auf seinem Posten als Abwehroffizier des Stalag VII A wie Oberst Nepf als Kommandant.[303]

Analysiert man die Vorgänge in Bayern, so zeigt sich, daß man von dem eigentlichen „Fall Meinel" erst ab Mitte November 1941 sprechen kann; seinen Beginn markiert das Fernschreiben des RSHA vom 13. dieses Monats, mit dem die Stapoleitstelle München zu einer Stellungnahme hinsichtlich der Beschwerde des dortigen Kommandeurs der Kriegsgefangenen aufgefordert wurde. Die wenigen Nachrichten, die über die Zeit zuvor zur Verfügung stehen, zeigen deutlich, daß sich bis dahin die Aussonderungen im Wehrkreis VII von denen in anderen Wehrkreisen nicht weiter unterschieden. Die Einsatzbefehle lagen seit Anfang September sowohl bei der Wehrmacht als auch bei der Stapo vor,[304] und das Aussonderungsverfahren lief nach allen Aussagen so vorschriftsmäßig ab, daß Kriminalkommissar Schermer im November auf immerhin drei Tätigkeitsberichte und die Überstellung von insgesamt 267 Mann nach Dachau verweisen konnte. Grundsätzliche Bedenken gegenüber den Aussonderungen selbst gab es auch auf seiten des Militärs offensichtlich nicht, im Gegenteil, noch 1950 bekannte sich General von Saur vorbehaltlos dazu, er habe eine gesonderte Unterbringung der politisch Verdächtigen „damals für durchaus angängig gehalten, selbst wenn die Bedingungen der Gefangenschaft, z. B. hinsichtlich der Verwendung in Arbeitskommandos, strengere Formen annahmen". Auch das spätere Auslieferungsverlangen der Gestapo sei für ihn in erster Linie deswegen unmaßgeblich gewesen, weil ihm dafür zunächst kein Befehl einer militärischen Dienststelle vorgelegen habe.[305] In dieser Haltung unterschied er sich nur unwesentlich von seinen Kollegen in den Wehrkreisen XII Wiesbaden und XIII Nürnberg, von Westrem und Schemmel.

Reibungen gab es allerdings insofern, als zumindest Hauptmann Hörmann in Moosburg dem Einsatzkommando die fachliche Kompetenz für die Aussonderungen rundweg absprach und dessen bloße Anwesenheit als eine Einmischung in innere Belange der Wehrmacht auffaßte. Als Abwehroffizier hielt er ausschließlich sich selbst für die Überprüfung von Kriegsgefangenen zuständig, doch war die Befehlslage durch die Einsatzbefehle dergestalt, daß er die Tätigkeit der Beamten nicht verhindern, sondern lediglich erschweren konnte – gleichsam durch eine Politik der Nadelstiche wie die ständige Anwesenheit seiner Dolmetscher oder die Verlegung der Verhöre in das „Russenlager". Solche Komplikationen waren freilich nicht ungewöhnlich – überliefert sind sie z. B.

---

[303] Aussage Hörmann; Verf. WK VII, Bl. 301.
[304] v. Saur, Nepf und Hörmann gaben nach dem Krieg in ihren Befragungen an, nichts von den Einsatzbefehlen und damit anfänglich vom weiteren Schicksal der Ausgesonderten gewußt zu haben. Meinel selbst aber hatte gegenüber Schermer bekundet, daß Nepf im „Besitz der Geheimbefehle" sei (Bericht Schermers vom 16.1.1942; 178-R, S. 441).
[305] Verf. WK XIII, Bl. 64. Auch Major Meinel dürfte als „deutschnational orientierter" Offizier wohl kaum als „bolschewistenfreundlich" einzustufen sein.

Aussonderungen und militärischer Ehrenkodex

auch für die Stalags II D Stargard/Pommern oder 326 Senne[306] – und machten eine Zusammenarbeit zwischen den Stalagoffizieren und dem Einsatzkommando nicht von vornherein unmöglich. So gab Schermer in seiner Übersicht vom 15. November an, unter den 410 bis dahin Ausgesonderten hätten sich 35 Flüchtlinge, fast 9%, und 85 „Hetzer, Aufwiegler und Diebe", nahezu 20%, befunden. Über Angehörige beider Gruppen hätte das Stalag im Einklang mit der Genfer Konvention in leichten Fällen disziplinarisch, in schweren militärstrafrechtlich durchaus selbst befinden können,[307] wobei die Entscheidung darüber im Ermessen von Abwehroffizier und Kommandant lag.[308] Wenn Oberst Nepf und Hauptmann Hörmann diesen ihnen zur Verfügung stehenden Entscheidungsspielraum nicht unbedingt zugunsten der Gefangenen ausnutzten,[309] dann lag das daran, daß beide „Delikte" nach militärischem Verständnis eine Gefahr für die Lagerdisziplin bedeuteten. Die Anwesenheit des Einsatzkommandos bot in solchen Fällen aus ihrer Sicht vor allem die Möglichkeit, derartige, für sie in ihrem zukünftigen Verhalten nur schwer einzuschätzende sowjetische Soldaten loszuwerden.[310]

---

[306] Im Stalag II D versuchte der Kommandant die Auslieferung der Kgf. zunächst zu verhindern, ließ jedoch nach einem Verweis der Beamten auf die Einsatzbefehle von seinem Ansinnen ab. Verf. Stargard, Bl. 73f. In unveröffentlichten Aufzeichnungen des Lagerarztes im Stalag 326 Senne heißt es stichwortartig: „Kommandant gibt den Offz. vertraulich die Weisung, sich der SS gegenüber reserviert zu verhalten", und später, der Abwehroffizier habe den Leiter des EK „darauf aufmerksam gemacht, dass seine Dienststellen, vom Front-Stalag bis zum Stamm-Lager, verlässlich und in ausschliesslicher Verantwortung alle diese Gesuchten gefunden und ausgesondert" hätten. Kopien in meinem Besitz.

[307] Nach einem OKW-Befehl vom 29.10.1941 sollten alle Soldaten unbewachte sowjet. Kgf. festnehmen und bei einer Polizeidienststelle oder einem Kriegsgefangenenlager abgeben. BA/ZNS, Ordner S 22, Bl. 55. Am 22.11. verfügte dann das OKW, flüchtige und wiederergriffene sowjet. Kgf. nach ihrer Einlieferung im Stammlager „in jedem Fall der nächstgelegenen Dienststelle der Geheimen Staatspolizei zu übergeben". Hätten sie auf der Flucht Straftaten begangen, seien sie dem Chef der Sicherheitspolizei zur Verfügung zu stellen, es sei denn, der Kommandant sei der Überzeugung, eine Erziehungsmaßnahme oder eine militärgerichtliche Bestrafung sei ausreichend. Der Chef SipouSD gab den Befehl am 11.12. an seine nachgeordneten Dienststellen weiter und fügte hinzu, die betreffenden Gefangenen seien von den EK zu übernehmen. Hätten sie keine Verbrechen begangen und würden sie nicht als untragbar gemäß Einsatzbefehl Nr. 8 festgestellt, solle man sie dem nächstgelegenen Konzentrationslager zum Arbeitseinsatz zuführen. Die Gefangenen waren aus der Gefangenschaft zu entlassen, die Abgabe an die Stapo der WASt zu melden. IMT Bd. XXXV, S. 165–167; 569-D.

[308] Der Abwehroffizier von Stalag XIII A Sulzbach-Rosenberg, einem Lager, das anstandslos Ausgesonderte an das Einsatzkommando Regensburg abgab, bestrafte am 25.11.1941 den Gefangenen Alexej Garaschtschenko (IV B 115757) wegen einer immerhin fünf Wochen dauernden Flucht mit sieben Tagen geschärften Arrests und vermerkte ausdrücklich: „Von einer Meldung an die Gestapo wird mit Rücksicht auf das sonstige Ergebnis der Einvernahme ausnahmsweise Abstand genommen und der Kriegsgefangene versuchsweise wieder in Arbeit eingesetzt." DD, Ordner Diverse Unterlagen fremdländ. Kgf., Vorgang 201. Viele PK I im ZAMO belegen, daß Kgf. nach mißglückter Flucht nicht an die Stapo abgegeben wurden. Besonders extrem der Fall von Sergej Timofejewitsch Sawinkow (IV B 107085), der trotz dreier Fluchtversuche (11.9.1941 für nur einen Tag Flucht aus Zeithain; 2. Flucht am 28.9., gefaßt nach einer Woche; nach einer dritten Flucht am 25.11. Bestrafung mit 14 Tagen geschärften Arrests wegen „Diebstahl auf der Flucht") auf seinem Arbeitskommando blieb.

[309] Vgl. auch den Bericht Schermers vom 15.11.1941, nach dem Lageroffiziere häufiger von sich aus Kgf. wegen kleinerer Vergehen zur Aussonderung vorgeschlagen hätten. 178-R, S. 424–427.

[310] Siehe oben S. 205 die Äußerung Schemmels über „Hetzer" im Lager Nürnberg-Langwasser.

Als sie jedoch nach dem zweiten Transport nach Dachau die endgültige Gewißheit erhielten, daß die Gefangenen dort in der Tat den Einsatzbefehlen gemäß erschossen wurden, war für sie der Punkt erreicht, an dem sie sich im Gegensatz zu den meisten Kameraden in den anderen Wehrkreisen weigerten, bei den Aussonderungen weiterhin mitzumachen, weil sie den Vorgang als „Absonderung", als Trennung von den anderen Gefangenen, verstanden hatten, nicht als entscheidende Vorstufe zu ihrer Ermordung. Wenn dieser Sachverhalt in der von ihrem Vorgesetzten General von Saur an das OKW abgesandten Beschwerde trotzdem nicht erscheint, zeigt das, wie realistisch die Münchener Offiziere die heikle Angelegenheit anzugehen wußten, hatte doch General Reinecke in der – ihnen bekannten – Anlage 1 des Einsatzbefehls Nr. 8 ausdrücklich betont, der Weltanschauungskrieg gegen die Sowjetunion mache besondere Maßnahmen notwendig, „frei von bürokratischen und verwaltungsmäßigen Einflüssen", und damit die rücksichtslose Beseitigung der „bolschewistische(n) Triebkräfte" gemeint. Ein diesbezüglicher Protest hätte also keinerlei Erfolgsaussichten besessen, zumal Reinecke ganz bewußt[311] seine Argumentation auf die den Offizieren wesensfremde politische Ebene gehoben hatte.[312] Ihr Widerstand setzte auf der fachlich-militärischen Ebene an. Indem sie als kompetente Offiziere den Vorwurf der „oberflächlichen Überprüfung" erhoben, zwangen sie die Gegenseite nicht nur zu einer Stellungnahme, sondern legten ihr auch gleichsam die Beweispflicht auf, ohne daß man sie von höherer Stelle in irgendeiner Weise hätte maßregeln können: nicht gegen das Ziel, sondern gegen die Methode richteten sich ihre beim OKW vorgebrachten Bedenken. Das Ergebnis war vorauszusehen: Wollte das RSHA den Charakter der „Objektivität" der Überprüfungen wahren, mußten sie letztlich wiederholt werden. Das aber bedeutete in erster Linie Zeitgewinn,[313] wobei auf Grund der angespannten Lage auf dem Arbeitsmarkt die Bedeutung der Ausgesonderten als Arbeitskräfte nur steigen konnte und das Ergebnis beeinflussen mußte. Voraussetzung war freilich, dem zu erwartenden Druck von oben standzuhalten.

Die Diskussion der folgenden Wochen verlief in inhaltlicher Hinsicht dementsprechend auf zwei völlig unterschiedlichen Ebenen. Für die Stapo besaß der ideologische Sieg über den Kommunismus absolute Priorität, und dieser war nur dadurch zu erringen, daß man die „Träger der bolschewistischen Weltanschauung" unter den Gefangenen systematisch heraussuchte und der Vernichtung zuführte. Verglichen damit waren beispielsweise Bedürfnisse des Arbeitseinsatzes

---

[311] Vgl. die allgemeine Begründung der Aussonderungen in der Anlage 1 des Einsatzbefehls Nr. 8. Dort wird der Gegensatz der Begriffe „politisch" und „militärisch" durch Unterstreichungen hervorgehoben. Auch in der Besprechung vom 16.7.1941 hatte Reinecke den politischen Charakter der Auseinandersetzung betont und die Offiziere als „in den Gedankengängen der Eiszeit" befindlich charakterisiert. Aussage Lahousen, IMT Bd. II, S. 503.

[312] Von Saur hob am 13.1.1942 gegenüber dem HSSPF v. Eberstein in seiner Stellungnahme ausdrücklich hervor, seine Haltung sei nicht als „Kritik der Maßnahme an sich" zu werten. 178-R, S. 437.

[313] Die Tatsache etwa, daß ein korrekter Offizier wie Major Meinel seinen Bericht über die Unterredung mit Regierungsrat Schimmel fast zwei Monate später ablieferte als dieser, kann man nur als Zeitschinden auffassen.

sekundär. Würde man jetzt nämlich den pragmatischen Erwägungen nachgeben, wäre das weltanschauliche „Problem nicht gelöst, sondern lediglich in die Zukunft verschoben, wo es dann in weit größerem Umfang erneut auftreten würde.[314] Diese Auffassung hatte sich Reinecke zu eigen gemacht, wie etwa seine Ausführungen zum Arbeitseinsatz am 12. August 1941 deutlich zeigen. Der überwiegende Teil der Offiziere im Kriegsgefangenenwesen hatte das kritiklos, wenn auch stärker formalisiert,[315] übernommen.

Hörmann, Meinel und von Saur stellten demgegenüber in den Vordergrund, man müsse alles daransetzen, den Krieg militärisch zu gewinnen, und dafür sei es unumgänglich, die Arbeitskraft sämtlicher Kriegsgefangener, also auch der sowjetischen, wie in den Vorschriften vorgesehen, in den Dienst der deutschen Kriegswirtschaft zu stellen. Ideologische Belange seien gegenüber wirtschaftlichen und militärischen Interessen nachrangig; wenn überhaupt, würde ein überzeugter „Bolschewist" sich gerade durch den Arbeitseinsatz und das damit verbundene Kennenlernen deutscher Verhältnisse von der „Überlegenheit" des nationalsozialistischen Systems überzeugen lassen. Seien die Aussonderungen schon unter diesem Aspekt nur nach sorgfältiger Abwägung aller Vor- und Nachteile sinnvoll, d. h. aus ihrer Sicht logisch nachvollziehbar, so widersprächen Aussagen, die durch die Folter erzwungen seien, gänzlich dem Bemühen, wirkliche Feinde des Nationalsozialismus herauszufinden; sie seien zudem mit dem Offiziersethos ebensowenig vereinbar wie die Ermordung wehrloser Gefangener.

Vom 18. bzw. 24. Dezember 1941 an konnte man sich beim Kommandeur der Kriegsgefangenen in München noch zusätzlich auf eine Autorität stützen, die Reinecke und Heydrich nicht anzweifeln durften, wollten sie nicht grundsätzliche Bedenken an der nationalsozialistischen Führung wecken, denn Hitler persönlich hatte den verstärkten Arbeitseinsatz der sowjetischen Kriegsgefangenen befohlen. Damit konnten sich formal völlig korrekt sowohl die verantwortlichen Offiziere als auch die Stapobeamten auf geltende Befehle berufen, die sich inhaltlich widersprachen.[316] Die Verantwortlichen in München und Berlin erkannten sehr schnell dieses Dilemma, denn jede Festlegung ihrerseits hätte nicht nur im Widerspruch entweder zu den Einsatzbefehlen oder zum Führerbefehl gestanden, sondern darüber hinaus auch die eigene Befehlsgewalt gegenüber den Untergebenen in Frage gestellt. Infolgedessen taktierten OKW und RSHA mit äußerster Vorsicht und vermieden alles, was von der Gegenseite, aber auch den nachgeordneten Stellen als ein Zeichen eigener Schwäche ausgelegt werden konnte.[317] Selbst die endgültige „Entscheidung" bestand aus einem Kompromiß,

---

[314] Vgl. die Aufzeichnungen Halders, Kriegstagebuch, Bd. II, S. 336, von der Hitler-Rede vom 30.3.1941: Der Krieg gegen die Sowjetunion sei ein „Vernichtungskampf", in dem es nicht darum gehe, den Feind zu konservieren. „Wenn wir es nicht so auffassen, werden wir zwar den Feind schlagen, aber in 30 Jahren wird uns wieder der kommunistische Feind gegenüberstehen."
[315] Schemmel, v. Westrem und andere verweigerten dem „Kommunisten" den Kombattantenstatus.
[316] So etwa Schimmel gegenüber Meinel am 24.11.1941 (178-R, S. 434) oder Meinel gegenüber Kuhn am 16.1.1942 (ebenda, S. 454).
[317] Im internen Schriftverkehr wies z. B. das RSHA dem OKW die Schuld an der Eskalation zu. Fernschreiben vom 9.2.1942; 178-R, S. 479. Vgl. auch Aussage v. Eberstein; Verf. WK VII, Bd. II, Bl. 221f.

der eine prinzipielle Lösung des formalen Problems, nämlich wer wem wieviel zu befehlen hatte, vermied, beiden Seiten jedoch eine Wahrung des Gesichts ermöglichte.[318]

Damit offenbart der „Fall Meinel" sozusagen einen Konstruktionsfehler der Einsatzbefehle. Ihre Autoren hatten sie so konzipiert, daß Wehrmacht und Stapo zwar gemeinsam, jedoch arbeitsteilig die „Aufgabe" angingen insofern, als das Militär in den Kriegsgefangenenlagern die Voraussetzungen für die Aussonderungen schuf, auf Grund derer die Einsatzkommandos erst wirksam werden konnten. Dafür war es allerdings notwendig, den Stapobeamten eine gewissen Spielraum im eigentlich autonomen Wehrmachtsbereich einzuräumen, der jedoch nicht eindeutig festgelegt, sondern in der Anlage 2 des Einsatzbefehls Nr. 8 lediglich mit dem Begriff des „besten Einvernehmens" umschrieben wurde;[319] anderslautende Vorschriften behielten freilich ihre Geltung. Dieses „Versäumnis" rächte sich in dem Augenblick, in dem Offiziere des Kriegsgefangenenwesen nicht den OKW-Befehl vom 17. Juli 1941 und dessen Folgebefehle, sondern die Heeresdienstvorschriften und somit letztlich das Völkerrecht als Maßstab ihres Handelns ansahen und darüber hinaus voller Empörung die Frage stellten, ob denn die Abtretung von Kompetenzen an die Stapo überhaupt mit den Vorstellungen vom Funktionieren eines militärischen Apparats vereinbar sei und man nicht eindeutige Grenzen ziehen müsse.[320] Es war klar, daß die Bewegungsfreiheit, die das RSHA durch die Einsatzbefehle im Bereich des Kriegsgefangenenwesens gewonnen hatte, sich in dieser Form auf Dauer nicht ohne Autoritätsverlust für das OKW würde aufrechterhalten lassen.

Die Konsequenzen lagen auf der Hand. Im Reich würden sich die Aussonderungen in der bisherigen Art und Weise nicht mehr lange durchführen lassen, vor allem, weil der Widerstand innerhalb der Wehrmacht offenbar zunahm und das Problem erneut auftauchen konnte.[321] Zukünftige Maßnahmen[322] gegen „bolschewistische Hetzer" und vergleichbare Gefangene durften zudem nicht mehr an der politischen Ignoranz „verknöcherter" oder „im deutschnationalen Fahrwasser aufgewachsenener" Offiziere scheitern. Kurzfristig ließ sich das zweifellos über eine Neubesetzung maßgeblicher Stellen bewerkstelligen. Lang-

---

[318] Vgl. das Fernschreiben des RSHA an die Leitstelle München vom 29.1.1942, das eine erneute Überprüfung der Ausgesonderten befahl, „um allen diesbezüglichen Einwänden begegnen zu können", und damit eine Entscheidung weiter hinauszögerte. 178-R, S. 478.

[319] Das RSHA teilte in Anlage 2 den Stapostellen mit, die Kdten der Stalags seien vom OKW lt. Anlage 1 angewiesen, Anträgen auf Herausgabe der Ausgesonderten stattzugeben. Diese eindeutige Formulierung fehlt jedoch dort. Unter III C heißt es, daß das EK über die „Verdächtigen" entscheide, und später: „Dem Ersuchen des Einsatzkommandos auf Herausgabe weiterer Personen ist stattzugeben." Wie mit den Erstgenannten verfahren werden solle, wird nicht unmittelbar gesagt, so daß Auslegungen möglich waren.

[320] Auch hier waren die Formulierungen in den beiden Anlagen unterschiedlich. Lt. Anlage 1 (OKW) trafen die EK ihre „Maßnahmen und Ermittlungen im Rahmen der Lagerordnung" nach Richtlinien des Chef SipouSD, nach Anlage 2 (RSHA) arbeiteten die Kommandos „aufgrund besonderer Ermächtigung und gemäß der ihnen erteilten allgemeinen Richtlinien im Rahmen der Lagerordnung selbständig".

[321] Andere Beispiele s. Streim, Behandlung, S. 60, Anm. 148. Vgl. auch Verf. Stargard, Bl. 73f.

[322] Darstellung dieser Maßnahmen im folgenden Kapitel; hinsichtlich der Rolle der Offiziere bei den Aussonderungen vgl. vor allem S. 247 und 250f.

fristig erwies sich allerdings eine weltanschauliche Kontrolle und politische Schulung der Verantwortlichen im Kriegsgefangenenwesen als unabdingbar, wollte man hier den ideologischen Kampf noch gewinnen. Es kam deshalb darauf an, den Einfluß der Partei in diesem Bereich so zu stärken, daß eine Wiederholung des „Falles Meinel" verhindert wurde. Ungeklärt blieb allerdings die Frage, wie weit der Einfluß der SS in die Wehrmacht hineinreichen durfte. Einer Stellungnahme zu diesem Problem wichen alle Beteiligten aus.

Das vorangegangene Kapitel erweitert in mehrfacher Hinsicht die bisher gewonnenen Erkenntnisse. Zunächst einmal bestätigt es, daß das Heraussuchen bestimmter, als politisch oder militärisch gefährlich eingestufter Gefangener und deren Absonderung innerhalb der Wehrmacht auf breite Zustimmung stießen; hierin unterschieden sich die Münchener Offiziere nicht weiter von denen in anderen Wehrkreisen.[323] Deswegen nutzte man in den Kriegsgefangenenlagern allem Anschein nach auch nur selten den einzig wirklichen, ausschließlich vor den Aussonderungen zur Verfügung stehenden Handlungsspielraum, der in der Entscheidung bestand, wen man dem Einsatzkommando vorführen ließ. Mit Beginn der Überprüfung durch die Stapobeamten waren die Möglichkeiten einer direkten Einflußnahme allerdings vorbei, und das weitere Geschehen ließ sich dann, wie das Münchener Beispiel zeigt, nur noch verzögern oder verlagern, nicht mehr verhindern. Das weitere Schicksal der Gefangenen interessierte die meisten verantwortlichen Militärdienststellen nicht weiter.[324] Selbst als sie von der Ermordung der Ausgesonderten erfuhren, veranlaßte sie das nicht zum Eingreifen, weil sie diesen Teil des Vorgangs als politisch und insofern als außerhalb ihres Interesses liegend ansahen.[325] Eine solche Haltung erstickte Widerspruch schon im Keim. General Schemmel z. B. berichtete nach dem Krieg von einem höheren Abwehroffizier, der sich unter Umgehung des Dienstweges beim Kommandierenden General unmittelbar über die Aussonderungen habe beschweren wollen, doch habe letzterer ebensowenig wie er selbst „an eine Gehorsamsverweigerung" gedacht und den Mann scharf zurechtgewiesen, denn es sei „genau nach der Verfügung des Oberkommandos", also den Einsatzbefehlen, zu verfahren.[326]
Eben dem verweigerten sich Hauptmann Hörmann und Oberst Nepf, doch im Gegensatz zu dem namentlich nicht bekannten Abwehroffizier fanden sie bei General von Saur und Major Meinel in ihrer vorgesetzten Dienststelle volle

---

[323] Vgl. oben die Beispiele der Generäle Schemmel (S. 205) und v. Westrem (S. 142).
[324] Vgl. die Aussage v. Saurs von 1950: „Schemmel kenne ich seit langen Jahren. ... Ich nehme an, dass auch Schemmel protestiert hätte, wenn ihm, wie mir, positive Verdachtsmomente gegen die Tätigkeit der Gestapo zur Kenntnis gekommen wären." Verf. WK XIII, Bl. 63. Letzteres erscheint allerdings, wie oben auf S. 205 gezeigt, fraglich.
[325] Die weitgehende Selbständigkeit der Einsatzkommandos innerhalb der Kriegsgefangenenlager erleichterte dieses Desinteresse zusätzlich. General Schemmel sagte dazu in seiner Befragung, er habe überhaupt nicht „an die Möglichkeit einer ablehnenden oder störenden Einstellung gegen die Anordnung" des OKW gedacht, „umsoweniger, als die Arbeit der Einsatzkommandos von den Wehrmachtsorganen fast völlig losgelöst war". Verf. WK XIII, Bl. 49.
[326] Ebenda.

Rückendeckung.[327] Auch wenn sie die Auslieferung dadurch nur verzögern konnten, sind sie ein würdiges Beispiel für das Ethos eines deutschen Offiziers, der sich im Rahmen seiner Möglichkeiten für die ihm Anvertrauten einsetzen und Gefahren von ihnen fernhalten sollte. Zu viert retteten sie mit ihrem außerordentlich couragierten Verhalten etwa 120 Gefangenen wenigstens vorläufig das Leben ohne Rücksicht darauf, daß es sich bei diesen „nachweislich" um Vertreter einer feindlichen Weltanschauung handelte. General von Saur traf sogar eine Art von Vorsorge für die Zeit *nach* der Auslieferung; die Namenlisten, die er sämtlichen beteiligten Stapostellen und dem KZ Buchenwald zukommen ließ, erschwerten Willkürakte zumindest, und die Erfahrungsberichte über den Arbeitseinsatz, mit denen er auf den Wert der Gefangenen als Arbeitskräfte aufmerksam machte, mochten das Weimarer Einsatzkommando vielleicht dazu veranlassen, sorgsamer mit dem Leben der Männer umzugehen. Insofern stellten er, Meinel und die anderen das Wohl der Gefangenen über die ideologische Zielsetzung der Einsatzbefehle, die sich nicht im Einklang mit dem Völkerrecht befanden.

Dabei unternahmen die vier Offiziere vom Ansatz her eigentlich nur etwas, was jedem Verantwortlichen im Kriegsgefangenenwesen möglich gewesen wäre, denn sie verstießen in keiner Weise gegen geltende Befehle, sondern verfuhren lediglich nach den Bestimmungen der Heeresdienstvorschriften H.Dv. 38/2 – der Genfer Konvention bezüglich der Behandlung von Gefangenen – und H.Dv. 38/5 hinsichtlich des Arbeitseinsatzes. Bezeichnenderweise vermied das OKW jede schriftliche Stellungnahme und wickelte den größten Teil der Angelegenheit telefonisch ab, um sich nicht festlegen zu müssen und keinen Präzedenzfall zu schaffen.[328] Noch deutlicher zeigt sich die Schwäche seiner Position an der Tatsache, daß es erst nach komplizierten Verhandlungen die Übergabe der Gefangenen an die Stapo erzwingen konnte, wo sonst doch ein kurzer und klarer Verweis auf die Befehlslage ausreichte, Untergebene an ihre Gehorsamspflicht zu erinnern.[329] Von diesen wurde schließlich kein einziger wegen Ungehorsams oder Befehlsverweigerung bestraft zu einer Zeit, als die deutsche Militärjustiz immer häufiger Todes- und Zuchthausstrafen wegen derartiger Delikte aussprach. Der Form nach war das befehlskonforme Verhalten unangreifbar, doch verstand es die Stapo in München wie in Regensburg durchaus richtig zu deuten, wie einer Äußerung von Kriminalkommissar Kuhn gegenüber seinem Vorgesetzten Kriminaldirektor Popp zu entnehmen ist: „Während der Unterredung mit Major Meinel hatte ich nicht den Eindruck, daß es ihm ausschließlich um die Erhaltung der Arbeitskräfte zu tun ist, sondern nur darum, den Maßnahmen der Geheimen Staatspolizei zu trotzen."[330] Genauso klar war aber ihm wie allen an-

---

[327] Streit, Keine Kameraden, S. 97, spricht von einem relativ intakten, traditioneller Kriegsführung verpflichteten Gruppenkonsens.
[328] Ein schriftlicher Befehl wäre ohne Zweifel an die Stapoleitstelle München gegangen und dann in der Akte 178-R enthalten. Auch der Verweis für Hauptmann Hörmann erfolgte nur mündlich.
[329] Reinecke selbst liefert dafür hinreichend Beispiele. Es sei nur an die Konferenz am 12.8. bzgl. des Arbeitseinsatzes erinnert oder an den Befehl vom 8.9.1941, mit dem er die Kdre Kgf. für die strikte Durchführung aller Befehle verantwortlich machte.
[330] 178-R, S. 453. Ähnlich der Bericht der Stapo München vom 17.1.1942 über das Verhalten Hörmanns bei Fällen von Flucht oder Widerspenstigkeit. Ebenda, S. 492.

deren Beteiligten, wie wenig sich gegen einen solchen Trotz machen ließ. Insofern war das persönliche Risiko gering; es verlangte freilich den Mut, unter Hinweis auf die Befehlslage Unrecht offen auszusprechen.[331]

Gerade diese Erkenntnisse machen das Versagen General Schemmels und vieler seiner Kameraden offensichtlich. Für sie erwuchs die Gehorsamspflicht gegenüber einem Befehl allein aus der Tatsache, daß es sich um einen Befehl handelte, unabhängig von dessen Inhalt. Ein eigenständiges Handeln, eine persönliche Interpretation der Vorgaben des OKW lag außerhalb ihrer Vorstellungswelt, zumal sie das Ziel der Aussonderungen, die Vernichtung des politischen Gegners, ohne Vorbehalte bejahten. Als leitende Offiziere im Kriegsgefangenenwesen versagten sie, weil sie ihrer Verantwortung gegenüber den Gefangenen nicht gerecht wurden, obwohl sie alle Möglichkeiten dazu besaßen. Erst ihr Verhalten ermöglichte es, die „Vernichtung der bolschewistischen Weltanschauung" innerhalb des Deutschen Reiches in die Tat umzusetzen.[332]

Die Änderung des Vernichtungskonzepts und der Verzicht auf die Aussonderungen im Reichsgebiet

Der formale Rückzug von OKW und RSHA

Wie bereits ausführlich erörtert, hatte sich bis zum Oktober 1941 in weiten Kreisen von Wehrmacht und Wirtschaft die Auffassung durchgesetzt, die sowjetischen Kriegsgefangenen in erster Linie als Arbeitskräfte zu sehen. Dem trug das Bestandsverzeichnis vom 1. Oktober 1941 erstmalig Rechnung. Zwar gab es – letztmals – noch eine gesonderte Übersicht über die „Russenlager", doch war darin bereits die Anzahl der im Arbeitseinsatz befindlichen Gefangenen vermerkt. Bei den anderen Stalags gab es jetzt wie selbstverständlich eine Rubrik für die „Sowjets", ein deutlicher Hinweis darauf, daß deren Anwesenheit nun überall für möglich erachtet wurde.[333]

Ebenfalls am 1. Oktober befahl der Chef der Heeresrüstung und Befehlshaber des Ersatzheeres für das Reichsgebiet die sofortige Aufstellung von insgesamt 38 sowjetischen Bau- und Arbeitsbataillonen (BAB), deren jeweilige Personalstärke er mit 1 800 Kriegsgefangenen festlegte,[334] d. h., daß bei einer vorschrifts-

---

[331] Für einen Widerstand in anderen Wehrkreisen fehlen bis auf Einzelaussagen (vgl. Streim, Behandlung, S. 60, Anm. 148) die Belege. Ganz ausschließen kann man ihn sicherlich nicht, er dürfte aber mehr auf Einzelpersonen beschränkt gewesen sein.
[332] Vgl. einen Bericht des Lagerarztes im Stalag 326 Senne. Der Stellvertr. Kdt, der Folterungen bei den Überprüfungen beobachtet hatte, habe ihn „dienstlich" aufgefordert, als Arzt einzuschreiten, da seiner Meinung nach die Gesundheit des Kgf. „vorsätzlich gefährdet werde". Weiter heißt es: „Der Lagerarzt mußte dieses Ansinnen mit Bezug auf die objektive Befehlslage zurückweisen, da das Sonderkommando gemäß OKW-Weisung nicht der Verfügungsgewalt der Wehrmacht unterlag. Subjektiv fühlte sich der Lagerarzt in dieser Situation gehemmt, weil er sich unweigerlich der Verfolgung durch die Gestapo ausgesetzt hätte." Der Stellvertr. Kdt habe sich mit den gleichen Argumenten verweigert. „Der Zwischenfall wurde vertuscht. Der Kommandant hielt eine Meldung für inopportun." Kopie des Berichts in meinem Besitz.
[333] BA/MA, RW 6/v. 184, Bl. 162–164 und Bl. 170.
[334] Bis dahin hatten die BAB eine Personalstärke von 600 Kgf. BAK, R 41/167, Bl. 3–11.

mäßigen Umsetzung des Befehls nahezu ein Viertel (68 400) der zu diesem Zeitpunkt im Reich festgehaltenen sowjetischen Gefangenen (288 108) zielgerichtet zu ganz bestimmten Arbeiten hätte eingesetzt werden können.[335] Maßgeblich für deren Verwendung waren die „Bestimmungen für den Russeneinsatz" vom 2. August 1941.[336] Von Überprüfungen oder ähnlichem sprach die Anordnung nicht. Sie setzte derartiges entweder voraus[337] oder hielt es wegen der Priorität des Arbeitseinsatzes für sekundär. Die oben geschilderten Umstände der Verteilung der Gefangenen legen indessen die Vermutung nahe, daß von den BAB-Gefangenen noch längst nicht alle einem Einsatzkommando gegenübergestanden hatten. Ob die Stapo aber tatsächlich die verschiedenen Bau- und Arbeitsbataillone überprüfte, läßt sich an Hand der erhaltenen Quellen nicht mehr feststellen.[338] „Wegen der geringen Zahl arbeitsfähiger sowjetr. Kgf. in den M-Stalags"[339] wurde allerdings nur ein Bruchteil der vorgesehenen BAB aufgestellt, deren „Reste" dann im März 1942 zu fünf BAB (sowj.) zusammengefaßt wurden.[340]

Diese Entwicklung hätte in absehbarer Zeit dazu geführt, daß das Konzept der Einsatzbefehle Nr. 8 und 9, das auf die Vernichtung aller „Untragbaren" unter den Kriegsgefangenen im Reichsgebiet und im Generalgouvernement abzielte, sich nicht weiter würde umsetzen lassen; für Reinecke und Heydrich wäre das freilich einer schweren ideologischen wie persönlichen Niederlage gleichgekommen. Es war deshalb aus ihrer Sicht dringend erforderlich, eine Möglichkeit zu finden, die betreffenden Gefangenenkategorien möglichst schnell und „effektiv" zu vernichten, noch bevor sie die Vertreter des Arbeitseinsatzes für sich reklamieren konnten. Naheliegend war eine Rückkehr zu den ursprünglichen Überlegungen, die eine Liquidierung der potentiell Gefährlichen schon in den besetzten Gebieten der Sowjetunion vorsahen. Das OKH, das allein für das

---

[335] BAK, R 41/168, Bl. 43–45; zur Aufgabe der BAB s. Hüser/Otto, Stalag 326, S. 121–124, sowie Pfahlmann, Fremdarbeiter und Kriegsgefangene, S. 108–112. Die einzelnen WK sollten jeweils zwei, die WK III, V, und XII sogar vier BAB aufstellen. Im WK VIII bestand schon vorher das BAB 88, jetzt umbenannt in BAB 108. Die Benennung der BAB (sowj.) wurde ähnlich wie die der Stalags geregelt. Sie erhielten eine Nummer aus der Einhunderterreihe, wobei die letzten beiden Ziffern Auskunft über den aufstellenden WK gaben.

[336] Die BAB waren selbständige Einheiten. Siehe etwa die PK I von Nikolaj Simjonowitsch Belosizkij (VI C 33262), versetzt am 23.10. von Stalag VI B ins BAB 126 Oberlangen (ZAMO), oder von Alexander Gontscharow (XI C 10404), von Stalag 311 zum BAB 151 Altengrabow am 23.10.1941 (DD).

[337] Nach einem OKH-Befehl vom 23.9. war „der Abschub von weiteren 500 000" Kgf. ins Reich genehmigt worden. Der Abtransport werde, so hieß es dann, „nach Aussonderung bestimmter Gruppen" von Kgf. durchgeführt. BA/MA, RW 6/v. 276, Bl. 3. Vgl. auch Streit, Keine Kameraden, S. 195.

[338] Von der Zielsetzung der BAB her wäre es aus heutiger Sicht absurd gewesen, doch zeigt die Überprüfung der „Arbeitsrussen" in den KZ, daß hinter ein solchen „Absurdität" durchaus Methode steckte. Die bisherigen Ausführungen machen es wahrscheinlich, daß auch in den BAB ausgesondert wurde. Vgl. dagegen die Ermittlungen der Staatsanw. Dortmund zum BAB 108 (WK VIII) im Rahmen des Verf. Neuhammer. Danach seien bei dieser Einheit keine Aussonderungen erfolgt. Verf. Neuhammer, Einstellungsvfg., Bl. 15.

[339] So der Präsident des LAA Brandenburg an den RAM am 7.4.1942; BAK, R 41/170, Bl. 61. Ähnlich der Präsident des LAA Südwestdeutschland am 1.4.; ebenda, Bl. 23.

[340] Vfg. des Chefs HRüuBdE vom 3.3.1942; BAK, R 41/169, Bl. 233.

Operationsgebiet weisungsbefugt war, hatte es jedoch am 24. Juli 1941 ausdrücklich abgelehnt, Einsatzkommandos in seinem Bereich tätig werden zu lassen,[341] denn ihm schienen die bestehenden Befehle wie der Kommissarbefehl und der Barbarossa-Erlaß zur Vernichtung bestimmter Gegnerkategorien ausreichend genug, um dabei auf eine Mitwirkung von Sicherheitspolizei und SD verzichten zu können.[342]

Wohl nicht zuletzt auf Reineckes Drängen hin[343] teilte das OKH am 7. Oktober 1941 seinen nachgeordneten Stellen dann aber mit: „In Abänderung der Bezugsverfügung b) werden in den Dulag der rückwärtigen Heeresgebiete zur Aussonderung untragbarer Elemente Sonderkommandos der Sicherheitspolizei u. d. SD in eigener Verantwortlichkeit nach anliegenden Richtlinien eingesetzt werden ...

Mit dem Eintreffen der Sonderkommandos ist die Aussonderung untragbarer Elemente ausschließlich deren Aufgabe. Gemeinsam durchgeführte Aussonderungen usw. haben zu unterbleiben."

Die Liquidierung der betreffenden Gefangenen habe ohne Verzug und unauffällig stattzufinden. Schriftlich ging dieser Befehl, dessen Abfassung im Einvernehmen mit dem Chef der Sicherheitspolizei und des SD erfolgt war, nur in wenigen Exemplaren heraus, selbst die Kgf. Bez. Kommandanten und die Kommandanten der Dulags erhielten ihn nur in mündlicher Form.[344]

Die Richtlinien, die das OKH erwähnte, gingen am 29. Oktober 1941 als Teil des Einsatzbefehls Nr. 14 den Einsatzgruppen in der Sowjetunion zu. In weiten Passagen stimmten sie mit der Anlage 2 des Einsatzbefehls Nr. 8 überein; sie seien, so hob Heydrich im eigentlichen Einsatzbefehl hervor, im Einvernehmen mit dem OKH ausgearbeitet worden, das seinerseits die verantwortlichen Militärs verständigt habe. Den Einsatzgruppen befahl er, „sofort, je nach Größe der in ihrem Einsatzbereich befindlichen Lager, Sonderkommandos in ausreichender Stärke unter Leitung eines SS-Führers" abzustellen. Und er fuhr fort: „Die Kommandos haben ihre Tätigkeit in den Lagern sofort aufzunehmen. Enge Zusammenarbeit mit den Lagerkommandanten und Abwehroffizieren wird zur Pflicht gemacht. Auftretende Schwierigkeiten sind durch persönliche Verhandlungen mit den in Frage kommenden Stellen der Wehrmacht zu bereinigen." [345]

---

[341] BA/MA, RH 23/219.
[342] Näheres dazu bei Streit, Keine Kameraden, S. 30–33 und S. 99f.
[343] Die Richtlinien zum Einsatzbefehl Nr. 14 enthalten längere, z. T. wörtliche Passagen aus Reineckes Befehlen vom 17.7. und 8.9.1941. Siehe ebenda, S. 104, sowie Krausnick, Einsatzgruppen, S. 221–224.
[344] IfZ, Nürnbg. Dok. NO 3422. Mit der Bezugsvfg b) ist der Befehl vom 24.7. gemeint. Vgl. dazu auch Streit, Keine Kameraden, S. 103f. Reinecke hatte die Kopfzeile der Anlage 1 zum Einsatzbefehl Nr. 8 (s. o. S. 54) schon so formuliert, daß dieser Befehl auch als Grundlage für eine Beteiligung der Wehrmacht an Aussonderungen im Operationsgebiet dienen konnte.
[345] IfZ, Nürnbg. Dok. NO 3422. Krausnick, Einsatzgruppen, S. 223, weist noch auf die Erläuterungen zu den „Intelligenzlern und Juden" hin, mit denen der Einsatzbefehl Nr. 14 die Ergänzungen vom 12.9. berücksichtigte. Von den Liquidierten sollten im übrigen die Nummern der Erkennungsmarken notiert werden.

Es ist offensichtlich, daß die Autoren des Einsatzbefehls Nr. 14 unter einem beträchtlichen Zeitdruck standen. Nur so ist die zweifache Verwendung des Begriffes „sofort"[346] zu erklären, ebenso wie die Tatsache, daß die Größe eines Sonderkommandos sich an der Belegstärke des zu überprüfenden Dulags orientieren sollte. Auch der Entscheidungsweg war weitaus kürzer als bei den Aussonderungen im Reich, denn über Leben und Tod durften nach den Richtlinien schon die Chefs der Einsatzgruppen „in eigener Verantwortlichkeit" entscheiden. Für sich selbst verlangte Heydrich lediglich einen allmonatlichen Kurzbericht. Schließlich liefen die Richtlinien auf eine rigorosere und damit schnellere Überprüfungspraxis hinaus. Nicht mehr erfahrene Polizeibeamte wurden zu Leitern der Sonderkommandos bestimmt, sondern nur noch SS-Führer, bei denen es nicht mehr darauf ankam, daß sie sich neben „Fachwissen und Können auf eigene Feststellungen und selbsterarbeitete Kenntnisse stützen" konnten.[347] Wesentliches Ziel des Einsatzbefehls Nr. 14 war es demnach, die Kriegsgefangenenlager möglichst schnell zu „überholen" und die „Untragbaren" auszusondern, gleichsam als habe man Angst, ihrer später nicht mehr habhaft werden zu können.

Vor dem Hintergrund der Schwierigkeiten, die OKW und RSHA bei der Umsetzung der Einsatzbefehle Nr. 8 und 9 hatten, erscheint diese Einschätzung durchaus realistisch. Reinecke hatte am 17. Juli hinsichtlich der „bolschewistischen Triebkräfte" besondere Maßnahmen gefordert, „die frei von bürokratischen und verwaltungsmäßigen Einflüssen durchgeführt werden" müßten, eine Formulierung, die Heydrich am 29. Oktober fast wörtlich übernahm. Beide hatten seit dem Sommer erkennen müssen, daß im Reich die schwerfälligen Apparate von Wehrmacht und Wirtschaft weder in der Lage noch willens waren, dieser Forderung auch nur halbwegs nachzukommen; im Gegenteil, die dortigen Verhältnisse ließen aus ihrer Sicht nur die Deutung zu, daß in Deutschland selbst „elementare" Bedürfnisse des Weltanschauungskrieges z. T. ganz bewußt Eigeninteressen und Traditionen untergeordnet wurden.

Vom 31. Oktober an wären sie bei ihrem Vorhaben auf kaum noch zu überwindende Schwierigkeiten gestoßen, denn unter diesem Datum gab das OKW bekannt, Hitler habe wegen des großen Arbeitskräftebedarfs den „Russeneinsatz" freigegeben.[348] Zwangsläufig würden ab jetzt mit Billigung von höchster Stelle sowjetische Gefangene in großer Zahl ins Reich kommen, ohne zuvor überprüft worden zu sein. Die Folgen lagen klar auf der Hand: Die Einsatzkommandos, die schon bisher mit der Überprüfung der Stalags allein wegen der Masse an Gefangenen kaum nachkamen,[349] würden „kapitulieren" müssen, und die mit den Einsatzbefehlen Nr. 8 und 9 beabsichtigte Vernichtung des Bolschewismus wäre dadurch in weite Ferne gerückt. Darüber hinaus hätte sich die

---

[346] Im Einsatzbefehl Nr. 8 heißt es zwar auch, die Kommandos seien „sofort" abzustellen; ansonsten erscheint der Begriff nur insofern, als Heydrich „sofort" Mitteilung wünschte, wenn die Kräfte nicht zur Überprüfung eines Lagers ausreichten, besitzt also einen anderen Stellenwert.
[347] So der Einsatzbefehl Nr. 8. Der Passus fehlt in den Richtlinien des Einsatzbefehls Nr. 14.
[348] StA N, Nürnbg. Dok. 194-EC.
[349] Es sei daran erinnert, daß etwa die „Niederbayern-Aktion" des EK Regensburg Ende Oktober 1941 ihren „Höhepunkt" hatte. Siehe oben Kap. III, S. 128.

Wirtschaft gegen den Verlust bitter benötigter Arbeitskräfte gewehrt und sich dabei der Unterstützung führender Nationalsozialisten sicher sein können.[350]

Reinecke und Heydrich sahen diese Entwicklung bis hin zur endgültigen Freigabe des „Russeneinsatzes" zweifellos seit Mitte September 1941 kommen. Ein Arbeitseinsatz erst nach den Überprüfungen, wie es ersterer in völliger Fehleinschätzung der Situation noch am 8. September festgelegt hatte, hatte sich als Fiktion erwiesen, und daß sich aus der Diskrepanz zwischen Anspruch und Realität Konflikte ergeben mußten, blieb einem Analytiker wie Heydrich nicht verborgen.[351] Wollten beide das Ziel, den Krieg in erster Linie ideologisch zu führen und zu gewinnen, nicht aufgeben, mußten sie nach einer neuen, „sicheren" Möglichkeit suchen, um alle „untragbaren" sowjetischen Soldaten auszuschalten.

Der langfristig einzige Ausweg lag in einer wenigstens teilweisen geographischen Verlagerung der Aussonderungen. Dafür boten sich die besetzten Gebiete in der Sowjetunion geradezu an. Dort hatten die vergangenen Monate gezeigt, wie systematisch, „harmonisch" und vor allem „erfolgreich" die Einsatzgruppen mit dem Militär bei der Vernichtung sämtlicher potentiellen Gegner zusammenarbeiteten und trotzdem noch genügend „Arbeitsrussen" für die Bedürfnisse der Wehrmacht übrigblieben.[352] Die rückwärtigen Heeresgebiete mit ihrer Militärverwaltung und mit Soldaten, die den Kampf mit dem „Bolschewismus" unmittelbar erfahren hatten,[353] schienen daher hinreichend Gewähr für eine schnellere und effektivere Umsetzung des Einsatzbefehls Nr. 8 zu bieten. In das Reich gelangten anschließend nur noch Gefangene, deren Unbedenklichkeit erwiesen war; sie weiter im Auge zu behalten, war dann Aufgabe der Einsatzkommandos, für die die Einsatzbefehle Nr. 8 und 9 weiterhin Geltung besaßen. Die laufenden Überprüfungen der Stalags ließen sich ohne Zeitdruck weiterführen, so daß sogar ein Ende der durch die Aussonderungen bedingten Personalprobleme der Stapo absehbar war. Das ursprüngliche Konzept – erst Aussonderungen, dann Arbeitseinsatz – stand vor seiner endgültigen Umsetzung.[354]

Das OKH verschloß sich dem Drängen nicht länger und ermöglichte mit dem Befehl vom 7. Oktober der SS den Zugriff auf die Kriegsgefangenenlager im

---

[350] Auf einer Besprechung im Reichsluftfahrtministerium am 7.11.1941 etwa betonte Göring seinen Kompetenzanspruch für den Russeneinsatz. IMT Bd. XXVII, S. 56–60, 1193-PS, und S. 65–69, 1206-PS. Siehe dazu Streit, Keine Kameraden, S. 205f., und Herbert, Fremdarbeiter, S. 142f.

[351] Die Weitergabe des Befehls an die Stapostellen erfolgte am 26.9. ausdrücklich mit dem Hinweis, wie sich die Beamten bei Schwierigkeiten mit der Wehrmacht verhalten sollten. Zitat oben in Kap. I, S. 55.

[352] Streit, Keine Kameraden, Streim, Behandlung, und Krausnick, Einsatzgruppen, führen viele diesbzgl. Fälle an. Letzterer wertet vor allem die Ereignismeldungen des Chef SipouSD aus (vgl. in seinem Buch die Übersicht auf S. 365–368). In wohl jüngeren Veröffentlichungen zum Krieg in der Sowjetunion sind weitere Beispiele über die Zusammenarbeit von Wehrmacht und Einsatzgruppen enthalten. Den engen Zusammenhang von „Endlösung" und „Vernichtung des bolschewistischen Systems" hat Streit, Ostkrieg, S. 242–255, hervorgehoben.

[353] Auf die Auflösung traditioneller Bindungen und menschlicher Werte im Verlauf des „Rußlandfeldzuges" weist Omer Bartov in seinem Buch über „Hitlers Wehrmacht" eindringlich hin.

[354] Faktisch sonderten die Einsatzgruppen schon vorher aus; vgl. Streim, Behandlung, S. 128 und 138. Der Einsatzbefehl Nr 14 ermöglichte dann aber einen umfassenden und „juristisch einwandfreien" Zugriff.

Osten.³⁵⁵ Ohne ihn und den Einsatzbefehl Nr. 14 wäre die Freigabe des Arbeitseinsatzes am 31. Oktober unmöglich gewesen. Das zeitliche Aufeinandertreffen dieser bisher in der Forschung isoliert gesehenen Befehle ist daher nicht zufällig, sondern es zeigt deutlich das Bemühen von OKW und RSHA, ganz pragmatisch auf zwingende Bedürfnisse der Kriegswirtschaft einzugehen, ohne die ideologischen Ziele auch nur ansatzweise aufzugeben. Die Bedeutung dieses Führerbefehls³⁵⁶ liegt somit vor allem in der offiziellen Anerkennung einer bereits seit dem 2. August 1941 üblichen Praxis.³⁵⁷ Qualitativ änderte sich allerdings insofern etwas, als von nun an vor allem die Industrie eine umfassende Zuteilung von sowjetischen Gefangenen in ihre Planungen einkalkulieren konnte, ohne damit rechnen zu müssen, einen Teil von ihnen durch die Aussonderungen wenig später wieder zu verlieren. Die Einsatzbefehle Nr. 8 und 9 behielten freilich weiterhin ihre Geltung, und so waren bis zu dem Zeitpunkt, an dem sämtliche Kriegsgefangene im Reich überprüft waren, durchaus Konflikte zu erwarten.

Die Reaktion der Wirtschaft zeigt, daß sie den Führerbefehl für längst überfällig gehalten hatte. In den erhaltenen Akten der verschiedenen Behörden und Verbände setzt schlagartig mit dem 1. November 1941 eine umfassende Diskussion um die Verwendung der Gefangenen ein, verbunden mit einem intensiven Gerangel um die Kompetenzen beim „Russeneinsatz";³⁵⁸ auf eine nähere Darstellung soll hier verzichtet werden, weil sie den Rahmen des Themas sprengen würde.³⁵⁹ Wie realistisch aber die Wirtschaft die Verwendung der „Russen" einschätzte, sei an einem Beispiel gezeigt. Bei einer Sitzung des Beirates der Bezirksgruppe Nordwest des Verbandes Eisenschaffender Industrie am 19. No-

---

³⁵⁵ Der Kommissarbefehl war damit eigentlich überflüssig geworden. Das Schema der Überprüfungsmöglichkeiten oben auf S. 143 sah daher insofern seit Oktober 1941 anders aus, als jetzt eine erste „echte" und umfassende Überprüfung auf Grund des Einsatzbefehls Nr. 14 stattfinden konnte.
³⁵⁶ Streit, Keine Kameraden, S. 191, bewertet den Befehl als „eine qualitative Änderung in der Einstellung den sowjetischen Gefangenen gegenüber", Herbert, Fremdarbeiter, S. 141, als „Absage an die bisherige Politik gegenüber den sowjetischen Kriegsgefangenen und das erste Eingeständnis ..., daß die Kriegsziele im Osten nicht erreicht worden waren". Dem kann man nach den vorangegangenen Überlegungen nur insofern zustimmen, als hier erstmals auch offiziell die Absicht formuliert wird, das Leben der Kgf. zu erhalten. Vgl. auch Kroener, Die personellen Ressourcen des Dritten Reiches 1939–1942, S. 950. Mommsen, In deutscher Hand, S. 143, spricht bereits davon, daß Hitler ein „bereits vorher nach Kräften unterlaufenes Beschäftigungsverbot aufgab".
³⁵⁷ Das wird im Befehl selbst deutlich. Der dort geforderte Einsatz in BAB war seit dem 1.10. möglich, und im „verstärkten Ausbau der Küstenverteidigung" auf der Insel Langeoog beschäftigte die Wehrmacht sowjet. Kgf. schon Anfang August. Spätere Befehle nehmen nie Bezug auf den 31.10., sondern statt dessen auf den Befehl vom 8.9., dieser hinsichtlich des Arbeitseinsatzes auf den 2.8. Auch im „Fall Meinel" hätte man ihn sicherlich als gewichtiges Argument gegen die Stapo ins Feld geführt. Vgl. auch eine Notiz für den Chef WiRü für die Besprechung bei Göring am 7.11. (IfZ, Nürnbg. Dok. 1205-PS), deren Autor im 2.8. den Beginn der Arbeitseinsatzmaßnahmen sieht.
³⁵⁸ Vgl. eine Notiz im KTB des WiRüAmtes vom 1.11. Danach hatte Hitler die „Regelung des Arbeitseinsatzes" an Todt abgegeben. Dieser warf dem RAM völliges Versagen in dieser Frage vor. Vier Tage später sollte eine Besprechung aller beteiligten Dienststellen erfolgen. BA/MA, RW 19/166. Demgegenüber glaubte Göring in der Besprechung vom 7.11. alle Kompetenzen bei sich zu wissen. IMT Bd. XXVI, S. 56–60, 1193-PS, und S. 65–69, 1206-PS.
³⁵⁹ Näheres dazu bei Streit, Keine Kameraden, S. 210–216, und Herbert, Fremdarbeiter, S. 142–149.

vember stand auch der „Kriegsgefangenen-Einsatz" auf der Tagesordnung. Der Vortragende führte dazu u. a. aus:

„Mit dem Russeneinsatz wird man sich allmählich befreunden müssen, wenn auch die bisher gemachten Erfahrungen nicht gerade günstig sind. Sehr viele der Russen stehen in einem jugendlichen Alter, sind körperlich wenig leistungsfähig, unterernährt und zum Teil verlaust. Das letztere sollte allerdings leicht behoben werden können.

Wir hatten kürzlich eine Vortragsveranstaltung ..., auf der Herr Major Schucht vom Generalkommando in Münster betonte, daß auf lange Sicht gesehen nur der richtig läge, der sich Russen verschaffe."[360]

Organisatorisch hatten Verbände und Betriebe vor allem der Industrieregionen sich z. T. schon vor dem 31. Oktober auf den Einsatz vorbereitet. So standen bereits Mitte November in den Stalags des WK I Königsberg 415 Bergarbeiter und 787 Hüttenarbeiter für die Hermann-Göring-Werke in Watenstedt und für das Ruhrgebiet bereit, für das das OKW am 20. November das Stalag VI F Bocholt als allgemeines Bergbau-Aufnahmelager bestimmte.[361] Der Bedarf an Arbeitskräften war sogar so groß, daß selbst hochsensible Rüstungsbetriebe Gefangene anforderten[362] und „Versuchseinsätze" durchführten.[363]

Sehr schnell wurden jedoch Klagen laut, daß die zugewiesenen sowjetischen Soldaten nur eingeschränkt oder überhaupt nicht arbeitsfähig seien. Wegen des Beginns der Fleckfieberepidemie und der kritischen Situation an der Ostfront geriet zudem der „Nachschub" an Rotarmisten ins Stocken, und allmählich machte sich die Erkenntnis breit, daß das anfangs unerschöpflich erscheinende Reservoir von sowjetischen Kriegsgefangenen bald aufgebraucht war, wenn man sich nicht zu einem anderen Umgang damit entschloß.[364] Die Bemühungen, die lebensbedrohlichen Verhältnisse in den Kriegsgefangenenlagern zu bessern, fanden ihren Höhepunkt in den beiden OKW-Befehlen vom 18. und 24. Dezember 1941 zur „Herstellung und Erhaltung der Arbeitsfähigkeit", kamen jedoch in einer Vielzahl von Fällen zu spät, so daß das Massensterben unter den Gefangenen erst im Februar 1942 nachließ.

---

[360] BAK, R 135/373, Bl. 28.
[361] Vorgang in der Akte BAK, R 41/173 und R 41/168, Bl. 229. Wegen des Fleckfiebers kam kein einziger der Gefangenen nach Westdeutschland. Das OKW hatte schon am 25.10. (!) die Stalags zu einer Übersicht über die kgf. Bergarbeiter aufgefordert. Ebenda, Bl. 239.
[362] Vgl. dazu die Diskussion um das sog. Gas-Generatoren-Programm, d. h. die Umstellung von Motoren in Wehrmachts-Fahrzeugen auf nichtflüssige Kraftstoffe, ab Ende Oktober 1941, in der Akte BAK, R 41/259. Gefangene wurden nur deswegen nicht zugewiesen, weil keine arbeitsfähigen zur Verfügung standen.
[363] So etwa das VW-Werk (Bericht des Sonderausschusses VI Panzerwagen vom 10.1.1942; IfZ, Nürnbg. Dok. NI 4017, sowie eine dortige Besprechung am 7.2.1942; StA N, Nürnbg. Dok. NID 13 897) oder die Firma Carl Zeiss Jena (Schreiben vom 20.11.1941 über den Einsatz sowjet. Kgf. in der optischen Industrie; Bulletin des Arbeitskreises „Zweiter Weltkrieg", S. 32f.).
[364] Zum Massensterben Streit, Keine Kameraden, Kap. VII. Weitere Belege finden sich in großer Zahl z. B. in den eben genannten Akten des RAM, in den Ermittlungsverfahren zu den Aussonderungen, ebenfalls auf den PK I oder im Todesfall-Register des Stalag 308 Neuhammer im ZAMO; s. S. 156. Vgl. auch die Planungen des RmfBuM vom 3.12. für den Einsatz in Rüstungsbetrieben; IfZ, Nürnbg. Dok. NI 519.

Für die Einsatzkommandos in den Stalags mit ihrem eindeutigen Auftrag war dieser Sachverhalt unerheblich. Für sie war allein entscheidend, alle als „untragbar" Erkannten unabhängig von ihrem Gesundheitszustand dem nächsten Konzentrationslager zur Liquidierung zuzuführen. Schon Anfang November beschwerten sich die KZ-Kommandanten deshalb darüber, „daß etwa 5 bis 10% der zur Exekution bestimmten Sowjetrussen tot oder halbtot" in ihren Lagern ankamen. Die Schuld dafür sah SS-Gruppenführer Müller im RSHA eindeutig bei der Wehrmacht, die sich offenbar nur „solcher Gefangener entledigen" wolle. Fatalerweise buche die deutsche Bevölkerung derartige Vorfälle aber „auf das Konto der SS", und infolgedessen sei es notwendig, in Zukunft „als endgültig verdächtig ausgesonderte Sowjetrussen, die bereits offensichtlich dem Tod verfallen sind (z. B. bei Hungertyphus) ... vom Transport in die Konzentrationslager zur Exekution auszuschließen".[365]

Auch die Wirtschaft sah sich zunehmend durch die Überprüfungen eingeengt, da die Stapobeamten oft genug gerade die dringend benötigten Facharbeiter aussonderten.[366] Diesbezügliche Klagen gingen allem Anschein nach in so großer Zahl beim Reichsarbeitsministerium und beim OKW ein, daß sie am 5. Dezember Gegenstand einer Besprechung bei General Reinecke wurden. Neben diesem nahmen SS-Gruppenführer Müller für das RSHA sowie je ein Vertreter des Ost- und des Arbeitsministeriums teil. Dessen Abgesandter Min. Rat Dr. Letsch vermerkte dazu einige Tage später:

„General Reinecke bat, auf Grund der neuen Lage bei den Aussonderungsmaßnahmen durch die Dienststellen der Sicherheitspolizei auf Facharbeiter der Mangelberufe besonders Rücksicht zu nehmen. Gruppenführer Müller erklärte, daß insgesamt bisher nur rund 22000 Kriegsgefangene ausgesondert und von diesen etwa 16000 liquidiert worden seien. Er habe volles Verständnis für die Lage und sei bereit, seine Dienststellen nochmals anzuweisen, im Zweifel die für den Arbeitseinsatz wertvollen Kräfte von der Aussonderung zurückzustellen."[367]

Zu dieser sehr vage formulierten Konzession mußte Müller sich indessen nicht sonderlich überwinden. Die bisherige Praxis hatte ihm zur Genüge gezeigt, daß auf seine Beamten „Verlaß" war. Sie verfuhren, wie etwa Kriminalkommissar Schermer in München, streng nach den Richtlinien, d. h. im Sinne des Weltanschauungskrieges, und er traute ihnen als erfahrenen Polizeibeamten ohne Einschränkungen zu, dementsprechend die „Spreu vom Weizen zu trennen". Aus diesem Grund hielt er es auch nicht für notwendig, die Stapostellen von dieser Vereinbarung in Kenntnis zu setzen, so daß die Aussonderungen in der bisheri-

---

[365] Schreiben des Chef SipouSD vom 9.11.1941 u. a. an alle Stapo(leit)stellen; BAK, R 58/272, Bl. 124f.
[366] Zu den Schwierigkeiten der Stapobeamten mit dem Begriff „Intelligenzler" s. o. Kap. II, S. 66. Daß gerade Facharbeiter ausgesondert wurden, zeigen die vielen Metallberufler in Hammelburg.
[367] BAK, R 41/168, Bl. 203. Nach einem Schreiben Panzingers vom 15.5.1942 hatte der Chef SipouSD die Stapostellen in der Tat bereits im Oktober 1941 angewiesen, bei der Überprüfung „in Zweifelsfällen zugunsten des Arbeitseinsatzes zu entscheiden" (BAK, R 41/172, Bl. 5). Auch das spricht für die obige Einschätzung des Einsatzbefehls Nr. 14.

gen Weise und im bisherigen Umfang weitergeführt wurden.[368] Das eigentlich Bemerkenswerte an der Besprechung vom 5. Dezember aber ist die Tatsache, daß Reinecke sich hier gegenüber Müller erstmals für eine Einschränkung der Aussonderungen aussprach. Über nähere Einzelheiten zu sprechen, vermieden beide ganz bewußt, weil sie sonst die Vereinbarungen der Einsatzbefehle in Frage gestellt hätten. Vor dem Hintergrund der Schwierigkeiten an der Ostfront war der Ruf der Wirtschaft nach mehr Arbeitskräften aber so laut geworden, daß der Chef des Allgemeinen Wehrmachtsamtes sich gezwungen sah, vorläufig die ideologischen Ziele zugunsten von wirtschaftlichen und militärischen Erfordernissen zurückstellen.

Vermutlich eine Woche später, am 12. Dezember, informierte Reinecke die Kommandeure der Kriegsgefangenen im Rahmen einer Tagung „betr. Herstellung und Erhaltung der Arbeitsfähigkeit der sowjetischen Kriegsgefangenen" von dieser Übereinkunft mit Müller.[369] Der Befehl vom 18. Dezember als das Ergebnis dieser Besprechung ging zwar nicht näher darauf ein, enthielt jedoch eine Formulierung, die die Gegner der Aussonderungen durchaus in ihrem Sinne auslegen konnten: „Alle Maßnahmen der Kommandanten von Kriegsgefangenenlagern sind darauf zu richten, möglichst viele Kr. Gef. wieder gesund und arbeitsfähig zu machen oder zu erhalten."[370] Für General von Saur im WK VII jedenfalls lieferte er das entscheidende Argument, sich dem Verlangen der dortigen Stapo nach Herausgabe der Moosburger Gefangenen zu verweigern. Diese Folgen dürfte Reinecke allerdings nicht gesehen haben, wie der Schluß des Befehls deutlich zeigt. Dort heißt es nämlich: „Die vorstehenden Maßnahmen zur körperlichen Kräftigung von sowjet. Kr. Gef. sind zweckbedingt und berühren nicht die geistige und politisch-weltanschauliche Einstellung zu den Sowjets an sich." Ihm ging es darum, der Wirtschaft zwar Entgegenkommen zu signalisieren, gleichzeitig aber nach wie vor den Vorrang des ideologischen Ziels zu betonen. Die Zeichen der Zeit hatte er noch immer nicht erkannt.[371]

Die Streitigkeiten um die ausgesonderten Kriegsgefangenen in den WK II Stettin und VII München trugen dazu bei, die Überprüfungspraxis in ihrer bisherigen Form grundsätzlich zu überdenken.[372] Mit dem Kompromiß im „Fall Meinel" machte das RSHA am 9. Februar 1942 zum ersten Mal offen Zugeständnisse in Fragen der Aussonderungen, indem es dem OKW eine zweite

---

[368] Im Rahmen des „Falles Meinel" nahm Letsch, der vom LAA Bayern um Unterstützung gebeten worden war, das RSHA Anfang Februar 1942 beim Wort und wies telefonisch und schriftlich auf die Zusicherung Müllers hin, jedoch ohne Erfolg. Eine Antwort erging trotz mehrmaliger Nachfragen erst am 15.5.1942. BAK, R 41/170, Bl. 273–282, sowie R 41/172, Bl. 5.
[369] Begleitschreiben des RMI vom 6.2.1942 zu den beiden OKW-Erlassen vom 18. bzw. 24.12.1941; StA DT, L 80 I c XX 72 Nr. 32.
[370] Ebenda. Der Passus ist als einziger im Original gesperrt gedruckt. Vgl. auch einen entsprechenden Bericht des Kdr Kgf. WK IV vom 15.1.1942, IfZ, Nürnbg. Dok. 1179-PS.
[371] Am 12.1.1942 befahl Reinecke den Einsatz der sowjet. Kgf. in der Rüstungsindustrie. Dort heißt es u. a.: „Unmittelbare Zuführung der sowjetischen Kr. Gef. aus den Ostgebieten in die RAB (= Reichsautobahn)-Lager des Reichsgebietes ist nicht zulässig." IfZ, Nürnbg. Dok. NOKW 748.
[372] Ohne Zweifel profitierten die Münchener Offiziere allerdings auch von den seit Anfang Dezember 1941 beschlossenen Änderungen.

Überprüfung zubilligte. Gleichsam um bei den Münchener und Regensburger Stapobeamten keinen Unmut über diese „Mehrbelastung" aufkommen zu lassen, wies es diese „vertraulich" darauf hin, die Zahl der Kriegsgefangenen sei „aus verschiedenen Gründen ganz erheblich niedriger als angenommen" und mache deshalb eine „sorgfältige Auslese in gerechter Abwägung sicherheitspolizeilicher und rüstungswirtschaftlicher Interessen notwendig". Zur Dauereinrichtung durfte eine solche Doppel-Überprüfung allerdings allein schon aus personellen Gründen[373] nicht werden.[374]

In seinem Schreiben kündigte das Reichssicherheitshauptamt „zwei grundlegende Erlasse wegen des Einsatzes der russischen Kriegsgefangenen in der Wirtschaft" an, mit denen es weiteren Schwierigkeiten vorbeugen wollte. Nur vier Tage später übersandte SS-Gruppenführer Müller allen Stapo(leit)stellen die Anordnungen des OKW vom 24. Dezember 1941 über „die Bereitstellung von sowjetrussischen Kriegsgefangenen für die heimische Rüstungswirtschaft". Grundsätzlich sei inzwischen davon auszugehen", so Müller in einem eigenen, dem OKW-Befehl beigefügten Erlaß, daß „die aus den Stalags zum Arbeitseinsatz kommenden sowjetischen Gefangenen bereits überprüft" worden seien. Deswegen müsse man in Zukunft folgendermaßen verfahren: „Auszusondern sind nur wirklich schwer belastete und endgültig untragbare Elemente, die beim Einsatz in kriegswichtigen Betrieben eine ernste Gefahr bedeuten würden (rote Kommissare, Politruks, Funktionäre des NKWD und der KPdSU usw.). Gerechte Abwägung zwischen sicherheitspolizeilichen Schutzmaßnahmen und der Dringlichkeit des rüstungswirtschaftlichen Arbeitseinsatzes wird zur Pflicht gemacht." Bei der Überprüfung von Arbeitskommandos sei in jedem Fall dessen Führer über „das politische und sonstige Verhalten der verdächtig erscheinenden Gefangenen" zu befragen.[375]

Bei näherem Hinsehen erweist sich das Zugeständnis des RSHA allerdings nicht als so gravierend, wie es zunächst den Anschein hat. Müller trug jetzt zwar ganz offiziell den Bedürfnissen der Wirtschaft Rechnung und reduzierte der Form nach die Aussonderungen, wich aber in Wirklichkeit von seinem Vorhaben in keiner Weise ab. Zunächst einmal bot sein Erlaß den Einsatzkommandos einen erheblichen, von außen nicht kontrollierbaren Ermessensspielraum, denn er vermied eindeutige Definitionen: „wirklich schwer belastet" war ebenso interpretationsfähig wie „gerechte Abwägung". Die Gruppe der „untragbaren Elemente" war nur scheinbar auf Personen, die unmittelbar mit der kommunistischen Partei in Verbindung zu bringen waren, reduziert worden; unter „usw." ließen sich nach Belieben weitere Gefangenenkategorien fassen. Die Einsatzbefehle Nr. 8 und 9 schließlich blieben ohne Einschränkung in Kraft.

---

[373] Krim. Direktor Popp (Stapo Regensburg) wies am 19.1. das RSHA darauf hin, es sei ihm wegen des „ohnehin geringen Personalbestandes" nicht möglich, „in den entlegensten Gebieten" seines Bereiches die Ausgesonderten nochmals zu überprüfen. 178-R, S. 454. Vgl. auch die Stellungnahme Schermers am 13.2.; ebenda, S. 482.

[374] Wohl nicht zuletzt deshalb befahl der RFSS am 16.2. die Verwendung von vom Dienst suspendierten Beamten bei der „Durchkämmung der Kriegsgefangenenlager" auf Grund der Einsatzbefehle Nr. 8 und 9. Verf. Senne, Beiheft I Dokumente, Bl. 49f.

[375] IfZ, Nürnbg. Dok. NO 3427.

Das Zugeständnis fiel aber auch insofern nicht schwer, als sich die Verhältnisse im Vergleich zum Sommer 1941 grundlegend gewandelt hatten. Seit Dezember 1941 waren so gut wie keine Gefangenen mehr ins Reich gekommen. Fleckfieber, Unterernährung und katastrophale Lebensbedingungen hatten seitdem ihre Anzahl so sehr dezimiert, daß der größte Teil der Überlebenden als überprüft gelten konnte. Wenn diese nach dem Ende der Fleckfieberquarantäne wieder zur Arbeit einsetzbar waren, würde daher für gewöhnlich eine einfache „Nachprüfung" ausreichen, die sich noch dadurch erleichtern ließ, daß man den Führer des Arbeitskommandos mit einbezog und so Kritik von seiten der Wirtschaft erschwerte.[376] Und soweit im Osten nach der Wiederaufnahme der Operationen neue Gefangene gemacht wurden, galt für deren Überprüfung der Einsatzbefehl Nr. 14, dessen „Wirksamkeit" sich eigentlich jetzt erst erweisen mußte. Für das Reichsgebiet selbst waren demzufolge Aussonderungen in größerem Maße kaum noch zu erwarten.[377] Unter diesen Umständen den Erlaß zu formulieren, konnte Müller sich ohne weiteres leisten.

Am 24. März 1942 zog auch Reinecke mit einem neuen grundlegenden Befehl zur „Behandlung sowj. Kr. Gef." die Konsequenzen aus den Schwierigkeiten der vergangenen Monate. Der Chef des Allgemeinen Wehrmachtsamtes begründete das einleitend so: „Die Notwendigkeit vermehrten Arbeitseinsatzes sowj. Kr. Gef. macht eine neue Regelung ihrer Behandlung erforderlich."[378] In der Tat wich dieser Befehl von dem wichtigsten vorangegangenen vom 8. September 1941 in wesentlichen Teilen ab, auch wenn er dessen Begründungszusammenhänge übernahm.

Bemerkenswert ist zunächst der im Vergleich zum 8. September andere Stellenwert der Aussonderungen. Auf einige allgemeine Vorbemerkungen zur Behandlung, die nochmals den weltanschaulichen Charakter des Krieges hervorheben, folgen „Einzelanweisungen", in denen nach den Bereichen „Verpflegung und Bekleidung", „Arbeitseinsatz", „Freizeit" und „Behandlung von Minderheiten" die Aussonderungen erst an fünfter Stelle erscheinen. Dort legte Reinecke hinsichtlich der Aufgabe der Einsatzkommandos fest:

„Sie treffen ihre Maßnahmen und Ermittlungen vor dem Einsatz der sowj. Kr. Gef. in Arbeit im Rahmen der Lagerordnung ... Die Einsatzkommandos sind auf engste Zusammenarbeit mit den Kommandanten, besonders deren Abwehroffizieren angewiesen. Sind die sowj. Kr. Gef. wegen der Notwendigkeit beschleunigten Arbeitseinsatzes ausnahmsweise ohne vorherige Überprüfung in Arbeit verbracht worden, so nehmen die Einsatzkommandos der Sicherheitspolizei und des SD die Aussonderung am Ort der Arb. Kdos vor. Der Führer des Arb. Kdos und gegebenenfalls der Unternehmer werden in Zweifelsfällen vor

---

[376] Damit kehrte Müller eine Maßnahme v. Saurs ins Gegenteil um. Dieser hatte am 26.2.1942 verfügt, daß für jeden Kgf. vor der Überstellung nach Buchenwald ein Erfahrungsbericht vorzulegen sei, und damit seinen Wert als Arbeitskraft hervorheben wollen. 178-R, S. 487.
[377] Himmler selbst sagte am 26.1.1942, sowjet. Kgf. seien in der „nächsten Zeit nicht zu erwarten". Statt dessen sollten die KZ bis zu 150 000 Juden aufnehmen. Broszat, Konzentrationslager, S. 108.
[378] BA/ZNS, Ordner S 22, Bl. 51–56. Hervorhebungen im Original. Zur Einschätzung des Befehls hinsichtlich der Aussonderungen vgl. Streim, Behandlung, S. 69.

der Aussonderung zugezogen." Die Einsatzkommandos hätten sodann bei den Stalags die Herausgabe der Ausgesonderten zu beantragen und dabei die Zustimmung des Chefs der Sicherheitspolizei und des SD vorzulegen. Dem Ersuchen sei alsdann zu entsprechen.

Die Auswirkungen des „Falles Meinel" auf den Inhalt dieses Befehls sind offensichtlich. Die dort aufgeworfene Frage, wie weit sich das Militär in seinem eigenen Bereich durch die Stapo einschränken lassen dürfe, erhielt eine Antwort im Sinne der Wehrmacht. Die Rollen wurden sozusagen getauscht. Es war nicht mehr, wie noch am 8. September 1941, die Pflicht der Kommandanten und Abwehroffiziere, den Einsatzkommandos zuzuarbeiten, sondern von nun an waren letztere bei den eigentlichen Aussonderungen von der Bereitschaft der Wehrmachtoffiziere zur Zusammenarbeit abhängig. Das weitere Verfahren dagegen ließ sich, soweit es die Wehrmacht betraf, formal eindeutig regeln, so daß es nach dem 24. März 1942 nicht mehr möglich war, die Herausgabe einmal Ausgesonderter an die Stapo hinauszuzögern.

Nach wie vor aber hielt Reinecke an der Reihenfolge Aussonderungen – Arbeitseinsatz und damit am Vorrang der Ideologie grundsätzlich fest, denn eine „Durchleuchtung" fand, wie er im wahrsten Sinne des Wortes unterstrich, in den Stalags vor dem Einsatz statt. Auf Arbeitskommandos kam sie dagegen nur noch dann in Betracht, wenn „ausnahmsweise" einmal ein Kriegsgefangener „wegen der Notwendigkeit beschleunigten Arbeitseinsatzes" unüberprüft dorthin gekommen war. Einzig bei „begründetem Verdacht" hatte die Stapo somit das Recht, Arbeitskommandos aufzusuchen; sie regelmäßig im Sinne der Richtlinien Heydrichs vom 27. August 1941 zu „überholen", stand ihr nicht mehr zu. Selbst wenn sich die Verdachtsmomente gegenüber einem sowjetischen Soldaten im Rahmen der Überprüfung „konkretisieren" ließen, war es weitaus schwieriger als früher, die Betreffenden dem Arbeitsprozeß zu entziehen, da jetzt auch der Arbeitskommandoführer und je nach Sachlage sogar der Unternehmer wenigstens „in Zweifelsfällen" ein Mitspracherecht besaßen.[379] Damit gestand Reinecke wenigstens für den Augenblick zumindest zu, daß vom Moment des Arbeitseinsatzes an ideologische Bedenken schon sehr konkret und für den Einzelfall formuliert sein mußten, um eine Aussonderung hinreichend zu begründen. Ein pauschaler präventiver Zugriff auf potentiell gefährliche Gegnergruppen war unter diesen Umständen ab jetzt nicht mehr möglich. Um dennoch jedes „verkappten Bolschewisten" habhaft zu werden, erwies es sich als zwingend notwendig, die von ihm ausgehende „Gefahr am Arbeitsplatz" so eindeutig zu definieren, daß Arbeitskommandoführer und Unternehmer sich einer Herausgabe nicht verweigern konnten.

Die Zugeständnisse Reineckes zeigen zweierlei. Durch die kriegswirtschaftlichen Probleme, vor allem den Arbeitskräftemangel, hatte das Leben der Gefangenen erheblich an Wert gewonnen, und daher waren strengere Maßstäbe als bis-

---

[379] Auch hier war für Konfliktstoff gesorgt, denn laut Müllers Erlaß vom Februar 1942 waren die Arbeitskommandoführer in jedem Falle nur zu befragen. Die „Zweifelsfälle" hatte Müller fünf Wochen zuvor mit „politischem und sonstigem Verhalten" umschrieben.

her bei den Überprüfungen anzulegen. Nach wie vor aber hatte für ihn der Sieg in der ideologischen Auseinandersetzung Vorrang vor allem anderen, und zu den Konzessionen war er nur bereit, weil er, wie schon Müller einen Monat zuvor, nach dem Winter 1941/42 die Aussonderungen im Reich auf Grund der veränderten Situation an der Front als weitgehend abgeschlossen betrachtete. Es war nur noch eine Frage der Zeit, bis beide dem auch formal Rechnung tragen würden.

Altes Ziel und neuer Weg: Die Verlagerung der Aussonderungen in das Generalgouvernement ab Mai 1942

Den ersten Schritt tat das RSHA. Am 26. März befahl es die beschleunigte Überprüfung aller noch nicht durchkämmten Lager im Reich „im Rahmen der Einsatzbefehle unter Berücksichtigung des kriegswichtigen Arbeitseinsatzes".[380] Nach außen hin erhob es hier ein letztes Mal die Forderung nach der „Quadratur des Kreises", in Wirklichkeit aber war nur noch von den Stalags die Rede, deren Kriegsgefangene bisher wegen der Fleckfieberquarantäne noch nicht komplett hatten durchleuchtet werden können, während einem Einsatz der übrigen Rotarmisten schon nichts mehr im Wege stand.

Vor der Öffentlichkeit mußte dieser Umschwung in irgendeiner Form propagandistisch gerechtfertigt werden. Nach Rücksprache des Chefs des Kriegsgefangenenwesens im OKW, General von Graevenitz, mit Reichspropagandaminister Goebbbels fand am 27. März in dessen Ministerium eine Besprechung statt, auf der von Graevenitz die Anwesenden über den Sachstand bezüglich der sowjetischen Gefangenen informierte und zu mehr Realismus aufforderte. Die Propaganda müsse sich auf die veränderte Situation einstellen und dürfe nicht mehr die „großen Kriegsgefangenenziffern" nennen, um „in der Öffentlichkeit keinen falschen Eindruck" zu erwecken. Da der Führer im Dezember 1941[381] befohlen habe, die Gefangenen „arbeitseinsatzfähig" zu erhalten, müsse deren Behandlung sich dieser Notwendigkeit anpassen, und die Formulierung, „der Russe sei eine Bestie, er müsse verrecken", habe zu verschwinden.[382]

Die folgenden Wochen sind gekennzeichnet durch eine Vielzahl von Erlassen unterschiedlichster Provenienz, in denen die sowjetischen Kriegsgefangenen gemäß diesen Überlegungen nicht mehr in erster Linie als Verkörperung des ideologischen Feindes erscheinen, sondern wo vor allem – direkt oder indirekt – ihr Wert als Arbeitskraft hervorgehoben wird. So genehmigte das OKW am 1. April für den Arbeitseinsatz in Forstbetrieben Kolonnen im Umfang von nur noch fünf Mann. Die Russen seien willig, so kommentierte der Reichsforstmei-

---

[380] Streim, Behandlung, S. 140. Nach Czech, Kalendarium, S. 189, gab der Chef SipouSD an demselben Tag im Auftrag des BfVP Reichsmarschall Göring bekannt, „daß russische Kriegsgefangene, die während der im Frühling erwarteten Offensive in Gefangenschaft genommen werden, zur Arbeit eingesetzt werden sollen".
[381] In der Vorlage steht „September"; das dürfte unzutreffend sein.
[382] IfZ, Ma 666, Bl. 482280–282. Seitens des Propagandaministeriums hieß es, es sei einmal „politisch durchaus gut gewesen", dem Volk diese Formulierung zuzumuten.

ster am 25. des Monats den OKW-Erlaß, solange „sie sachgemäß angeleitet und durch strenge fachkundige Aufsicht zu fleißiger Arbeit angehalten" würden. Eine gewisse Genugtuung über den Erfolg konnte er nicht verhehlen: „Infolge ihres energischen und unermüdlichen Betreibens haben sich einzelne Stellen eine erfreuliche Zahl von Kriegsgefangenen bereits sichern können, während andere Stellen anscheinend sich leider weder mit der Frage ausreichend befaßt noch den Einsatz zu späterer Zeit bisher vorbereitet haben."[383]

Das Reichsernährungsministerium gab Mitte April neue Verpflegungssätze für die sowjetischen Kriegsgefangenen und Zivilarbeiter bekannt, die für die sogenannten Schwerarbeiter und für Bergarbeiter unter Tage höher lagen als frühere Sätze;[384] ob diese sie tatsächlich aber immer erhalten haben, muß dahingestellt bleiben. Der Wert der Gefangenen zeigte sich schließlich im wahrsten Sinne des Wortes in der Entlohnung ihrer Arbeit. Ein Unternehmer hatte zwar für sie dem ausleihenden Stalag nicht so viel zu zahlen wie für Gefangene anderer Nationen, doch zusätzliche Kostennachlässe etwa wegen des Fleckfiebers entfielen am 28. Februar, spätestens Ende April 1942.[385] Zu Zugeständnissen war die Wehrmacht in dieser Frage seither nicht mehr bereit, wie eine monatelange Auseinandersetzung zwischen der Wehrkreisverwaltung XI und den Hermann-Göring-Werken Salzgitter-Watenstedt um die Nachzahlung ausstehender Löhne zeigt.[386]

In organisatorischer Hinsicht waren Bergbau und Industrie nach den Erfahrungen des vergangenen Herbstes und Winters bestrebt, den „Russeneinsatz" soweit wie möglich selbst in die Hand zu nehmen und die Wehrmacht auf „Zulieferfunktionen" und rein militärische Belange zu beschränken. Eine erste Besprechung zwischen Vertretern der Reichsvereinigung Kohle, Reichsminister Speer und dem Generalbevollmächtigten für den Arbeitseinsatz Sauckel am 24. April hatte zur Folge, daß dem Ruhrgebiet eine beträchtliche Anzahl von sowjetischen Soldaten zugewiesen wurde, die bei der Frühjahrsoffensive in deutsche Hand geraten waren und zunächst in die im Generalgouvernement vorhandenen Kriegsgefangenenlager kamen. In diesen Lagern wurden „die Kriegsgefangenen von den von der Ruhr zur Verfügung gestellten Betriebsbeamten auf Bergbautauglichkeit gemustert und über die hiesigen Stalags dem Ruhrbergbau zugewiesen".[387] Von einer ideologischen „Tauglichkeitsprüfung" war nicht mehr die Rede.

---

[383] BA/MA, RW 6/v. 278. Vgl. auch ein Schreiben des Kdr. Kgf. WK XVII Wien an die Stalags XVII A und B vom 2.4.1942. Danach brauchte bei einer Kolonne von 20 Mann die Bewachungsquote von 1 : 10 nicht mehr eingehalten zu werden, um Wachmannschaften einzusparen. IfZ, Nürnbg. Dok. 3884-PS.
[384] BA/MA, RW 6/v. 278. Vgl. Streit, Keine Kameraden, S. 148ff., sowie die Tabelle S. 138f.
[385] Küppers/Bannier, Einsatzbedingungen, S. 97–100.
[386] Vorgang im BAK, Depositum Salzgitter AG (Sig. Alt 12/312/6). In dem Streit ging es um ausstehende Löhne in Höhe von rund 93 000 RM für Stalag XI D Fallingbostel-Oerbke (Oktober-November 1941) bzw. rund 56 000 RM für Stalag XI B Fallingbostel (Dezember 1941-März 1942). Der Ton der Auseinandersetzung wurde ab April 1942 erheblich schärfer.
[387] Rundschreiben der Bezirksgruppe Steinkohlebergbau Ruhr vom 24.6.1942; BAK, R 10 VIII 56, Bl. 32. Anderen Regionen wurden ebenfalls viele Kgf. zugewiesen. So gingen am 30.4. 1 063 Mann von Riga nach Stalag II A Neubrandenburg und 400 Kgf. aus Stalag 350 nach Pommern. Allein aus dem Bereich von Stalag 350 kamen bis Ende April 4 631 Kgf. ins Reich. Müller/Vestermanis, Verbrechen der Wehrmacht, S. 25. Vgl. auch die Versetzungsmeldungen auf vielen PK I im

Diesbezüglich sorgte das OKW mit einem Befehl vom 5. Mai für klare Verhältnisse. Unter Bezugnahme auf seine Anordnungen vom 24. März 1942 teilte es seinen nachgeordneten Stellen mit, in Fragen der Aussonderung habe es mit dem Reichsführer SS verschiedene Vereinbarungen getroffen. Deren wichtigste lautete:

„Die (...) Aussonderungen sind für die derzeit im Reichsgebiet, in den Gebieten der Wehrmachtsbefehlshaber und im Generalgouvernement befindlichen Kr. Gef. dann als abgeschlossen zu betrachten, wenn die einmalige Prüfung durchgeführt ist.

Künftig werden die Neuankömmlinge nur östlich der alten Reichsgrenze so überprüft werden, daß die allgemeine erneute Untersuchung innerhalb der Reichsgrenzen forthin unterbleiben kann."

Ein Abschub ins Reich könne daher erst nach der „politischen Quarantäne" durchgeführt werden. Die weitere Überwachung der Arbeitskommandos „auf unsichere Elemente und deren evtl. Rückführung zwecks Überstellung an die Staatspolizei" sei dann Aufgabe des Stalagkommandanten.[388]

Diesem Befehl kommt in mehrfacher Hinsicht eine grundsätzliche Bedeutung zu. Zunächst einmal gingen OKW und RSHA – sicherlich zu Recht – davon aus, daß in den genannten Bereichen höchstens in Ausnahmefällen Kriegsgefangene noch nicht überprüft und demnach alle „Untragbaren" inzwischen liquidiert worden waren.[389] Einem Arbeitseinsatz aller übrigen stand somit nichts mehr im Wege; die von den Bergbaukommissionen für ihre Zechen ausgesuchten Männer konnten also als „politisch einwandfrei" gelten. Für neue Gefangene verhieß der Befehl dagegen nichts Gutes. Ihre Überprüfung gestaltete sich auf jeden Fall so, daß ein späteres Einschreiten der Stapo nur in Ausnahmefällen erforderlich war. Wie oben gezeigt, hatte der Einsatzbefehl Nr. 14 schon Ende Oktober 1941 die für einen schnellen und umfassenden Zugriff auf „Kommissare" und andere Gegnerkategorien erforderlichen Rahmenbedingungen geschaffen.

Bedeutsamer aber war die im Vergleich zu vorher andersartige Einbindung der Stalagkommandanten in die politische Überwachung, denn während sie und ihre Offiziere bisher nach den Befehlen vom Juli 1941 bei den Aussonderungen eher eine Zulieferfunktion besaßen, wurden sie jetzt aktiv in die Verantwortung für die Durchsetzung weltanschaulicher Ziele genommen. Von ihnen hing es nun in erster Linie ab, ob ein „Bolschewist" am Arbeitsplatz dingfest gemacht werden konnte, bevor er dort seinen „unheilvollen" Einfluß entfaltete.

ZAMO und in der DD. Auf dem Rückweg wurden die Züge wenigstens gelegentlich für Judentransporte in den Osten genutzt. Ein Beispiel von Mitte April bei Lichtenstein, Mit der Reichsbahn in den Tod, S. 99. Auch die KZ erhielten wieder „Arbeitsrussen", so Mauthausen am 11.4. aus Stalag XVII A Kaisersteinbruch 63 Mann. Marsalek, Mauthausen, S. 96.

[388] BA/ZNS, Ordner S 22, Bl. 58.

[389] Daß die Liquidierungen noch nicht ganz eingestellt worden waren, zeigt das Totenbuch von Mauthausen, wo am 9.5. laut Erlaß des Chef SipouSD vom 30.4. wenigstens 21 sowjet. Kgf. exekutiert wurden. Am folgenden Tag wurden gemäß Erlaß vom 9.5. Dutzende vergast. Insgesamt handelte es sich um 208 Mann. IMT Bd. XXVI, S. 86–90, 495-PS. Vgl. auch Marsalek, Mauthausen, S. 122f.

Das wiederum erforderte eine entsprechende Schulung der Wachmannschaften. Zu diesem Zweck gab das OKW den Soldaten und Unternehmern ein neues Merkblatt „Verhalten gegenüber Kriegsgefangenen" an die Hand, in dem es die Problematik erläuterte.[390] Dort hieß es hinsichtlich der sowjetischen Kriegsgefangenen u. a.:

„Unsichere Elemente sind vor dem Arbeitseinsatz ausgesondert worden und werden in Lagern beschäftigt, dennoch kann es vorkommen, daß der eine oder der andere sich so gut getarnt hat, daß seine wahre Gesinnung erst später erkannt wird. Solche sowjetischen Kr. Gef. sind durch den Unternehmer den Wachmannschaften zu melden, die das Weitere über das Stalag zu veranlassen haben."

Man müsse allerdings bedenken, daß eine „Arbeitsverweigerung" auch auf „Mißverständnisse durch Nichtverstehen der Sprache oder körperliches Unvermögen" zurückzuführen sein könne.[391]

Mit dem Befehl vom 5. Mai hatte das OKW seine Vorstellungen von der zukünftigen Bekämpfung des Bolschewismus innerhalb des Reiches formuliert. Zwar stand die Ausnutzung der Arbeitskraft der sowjetischen Kriegsgefangenen im Vordergrund, notwendige Voraussetzung dafür aber war nach der „Auslese" in den besetzten Gebieten in der Sowjetunion eine ständige Überwachung durch Unternehmer, Stalag und Stapo. Zumindest in der Theorie war dieser Dreischritt perfekt, da jeder der Beteiligten bestimmte Interessen mit der Überwachung verknüpfte. Der Unternehmer war an seinem Profit und deswegen am Fortgang der Arbeit interessiert; ihm drohte im Zweifelsfall sogar der Entzug von Gefangenen, wenn er seine „Aufsichtspflicht" verletzte. Die Wehrmacht behielt formal die Verfügungsgewalt über den Arbeitseinsatz und sah damit ihre Autonomie gewahrt, in der sie sich zuvor durch den Zugriffsanspruch der Stapo bedroht gefühlt hatte. Diese hatte nur scheinbar an Einfluß verloren. Die Einsatzbefehle blieben nach wie vor in Kraft, und wegen der Konkurrenzsituation von Unternehmer und Wehrmacht mochte es als sicher gelten, daß ihr auch in Zukunft alle notwendigen Informationen zufließen würden. Im Gegenteil, wenn sie einen Gefangenen dem Arbeitsprozeß entzog, konnte sie bei wenigstens einem „Partner" Zustimmung erwarten.

Das Ziel von OKW und RSHA bestand somit unverändert in der „Vernichtung der bolschewistischen Weltanschauung", den Weg dahin freilich paßten beide mit dieser Neudefinition den geänderten militärischen und wirtschaftlichen Verhältnissen an. Im Deutschen Reich trat jetzt eine in enger Zusammenarbeit von Unternehmer, Wehrmacht und Stapo vorgenommene individuelle, vom Verhalten abhängige Aussonderung am Arbeitsplatz an die Stelle der pauschalen präventiven Aussonderung ganzer Gefangenenkategorien auf der Basis der Einsatzbefehle Nr. 8 und 9.

---

[390] Grundlegend war letztlich bis dahin das berüchtigte Merkblatt zum Befehl vom 8.9.1941 (IMT Bd. XXVII, S. 282f, 1519-PS), das die Wachmannschaften zu Willkürmaßnahmen geradezu ermutigte. Vgl. auch den kritischen Kommentar des Amtes Ausland/Abwehr dazu vom 15.9.1941; StA N, Nürnbg. Dok. 338-EC.
[391] BA/ZNS, Ordner S 22, Bl. 60.

Doch wie oben gezeigt, blieben die Aussonderungen „herkömmlichen Stils" die conditio sine qua non für den Arbeitseinsatz und diesem daher zeitlich wie geographisch vorgeschaltet. Geographisch legte sich das OKW, wiederum in enger Absprache mit dem Reichssicherheitshauptamt, Anfang Juni fest, indem es allen in Frage kommenden Stellen mitteilte, im Reich selbst würden keine Aussonderungen mehr vorgenommen. Das Verfahren sehe jetzt folgendermaßen aus:
„Um jede Verzögerung im Abtransport der neuanfallenden Kriegsgefangenen ins Reich zu verhindern, wird künftig die Aussonderung der Kommissare und Politruks durch Einsatzkommandos der Sicherheitspolizei nur noch im Generalgouvernement vorgenommen ...

Die von den SD-Kommissionen Ausgesuchten werden künftig in hierfür besonders vorbereitete Lager der Sicherheitspolizei ins Generalgouvernement oder ins Reich überführt und bleiben dort in Verwahrung. Sonderbehandlung wie bisher findet nicht mehr statt, es sei denn, daß es sich um Leute handelt, denen eine strafbare Handlung wie Mord, Menschenfresserei und dgl. nachgewiesen ist."[392]

Die Einsatzkommandos im Generalgouvernement würden zu diesem Zweck personell verstärkt.

Um aber bei den Stapostellen wegen der Reduzierung der Gruppe der „Untragbaren" auf die „Kommissare und Politruks" keine Mißverständnisse aufkommen zu lassen, hielt SS-Gruppenführer Müller diesbezügliche Erläuterungen für unumgänglich.[393] Nach wie vor bleibe für die Aussonderungen der Einsatzbefehl Nr. 8 maßgeblich, auch wenn sie sich wegen des Arbeitskräftemangels nur auf „wirklich schwer belastete und endgültig untragbare Elemente" beschränken sollten.[394] Auf die auszusondernden „Politruks und Politkommissare" ging er erst ganz am Ende seines Erlasses ein; sie seien von den übrigen Gefangenen getrennt zu halten und dann in das KZ Mauthausen zu überstellen, ein Hinweis freilich, der für die Betroffenen einem Todesurteil gleichkam. Der Inspekteur KL sei entsprechend verständigt worden.[395] Die Bedürfnisse des Arbeitseinsatzes aber waren doch so erheblich, daß wenigstens die sowjetischen Offiziere von den Aussonderungen in zunehmendem Maße ausgenommen wurden. Wegen des „Mangels jeglicher Tradition, Haltung, Erziehung und Bildung", so das OKW am 4. Juli, gebe es keine Veranlassung, sie anders „als den niedrigsten militäri-

---

[392] BAK, RD 19/3, Bl. 42. Der Vorgang im Generalgouvernement wurde erneut als „politische Quarantäne" bezeichnet. Das OKW bezog sich auf die Anweisungen vom 24.3. Der Chef SipouSD gab den Befehl bereits am 2.6. an die Stapo weiter. Streim, Behandlung, S. 141f., weist auf den Zusammenhang mit der versuchsweisen Aufhebung des Kommissarbefehls am 6.5. hin.
[393] Die „Einschränkung" ist als formale Konzession an Offiziere wie Schemmel und v. Westrem zu verstehen, die sich mit den Aussonderungen einverstanden erklären konnten, wenn es sich um „Kommissare" handelte.
[394] Müller bezog sich hier ausdrücklich auf seinen Erlaß vom 13.2.1942.
[395] Erlaß vom 10.6.1942; IfZ, Nürnbg. Dok. NO 2138. Es sei daran erinnert, daß ausgesonderte Kgf., die laut Verfügung des Chef SipouSD vom 15.11.1941 noch für Steinbrucharbeiten geeignet waren, für gewöhnlich nach Mauthausen kamen. IMT Bd. XXXV, 369-D, S. 163f. Heydrich hatte am 2.1.1941 die KZ in drei Kategorien eingeteilt. Mauthausen sollte als einziges KZ der Stufe III „schwer belastete, kaum noch erziehbare Häftlinge" aufnehmen. HStA D, RB 53, G. J. Nr. 120.

schen Dienstgrad einer anderen Nationalität" zu behandeln. Daher bestehe für sämtliche Offiziere bis zum vollendeten 45. Lebensjahr die Arbeitspflicht, wobei die Vorschriften für den Russeneinsatz „besonders scharf" auszulegen seien.[396]

Am 31. Juli 1942 schließlich teilte der Chef der Sicherheitspolizei und des SD allen Stapo(leit)stellen offiziell das Ende der Aussonderungen im Deutschen Reich und deren Verlegung in das Generalgouvernement mit. Die Einsatzkommandos könnten aus den Lagern abgezogen werden, ihre Beamten müßten jedoch damit rechnen, „eventuell als Verstärkung zur Überprüfung sowjetrussischer Kriegsgefangener im Generalgouvernement" Verwendung zu finden. Das RSHA hielt es aber trotzdem für erforderlich, den weiteren Umgang mit „verdächtigen" sowjetischen Kriegsgefangenen innerhalb des Reiches zu regeln. In dem entsprechenden Abschnitt des Erlasses hieß es hierzu:

„Nach dem Erlaß des OKW vom 5.5.1942 (...) ist die weitere Überprüfung der Arbeitskommandos auf unsichere Elemente und deren eventuelle Rückführung zwecks Überstellung an die Staatspolizei Aufgabe der Mannschaftsstammlager-Kommandanturen. Sowjetrussische Kriegsgefangene, die von den Kommandanturen auf Grund dieser Überprüfung zur Verfügung gestellt werden, sind selbstverständlich zu übernehmen. Auch dem Verlangen von Kommandanturen, einzelne Arbeitskommandos durch die Sicherheitspolizei zu überprüfen, ist gegebenenfalls zu entsprechen. Für derartige Überprüfungen und Behandlungen sowjetrussischer Kriegsgefangener sind die Beamten der bisherigen Einsatzkommandos zu verwenden, wie auch die bisherigen Verbindungen zu den Lagern zu unterhalten sind."[397]

Der Form nach gab hier der Chef der Sicherheitspolizei und des SD lediglich die Anweisungen des OKW an die Stalagkommandanten seinen eigenen Dienststellen weiter. Inhaltlich dürfte der „Verzicht" auf die Aussonderungen aus verschiedenen Gründen nicht schwergefallen sein. Die Einsatzkommandos in den „Russenlagern" hatten ihre „Aufgabe" seit längerem erfüllt, und da neu ankommende Gefangene inzwischen für gewöhnlich überprüft waren, waren sie seit dem Frühjahr weitgehend beschäftigungslos,[398] ein Zustand, den sich die Stapostellen bei ihrer Personalknappheit überhaupt nicht leisten konnten. Nach außen hin gab das RSHA sogar seinen Anspruch auf Freizügigkeit innerhalb der Stalags auf; zur Verfügung gestellte Räume seien den Lagerkommandanturen wieder zurückzugeben, hieß es zu Beginn des Erlasses.

Diese mochten nun meinen, mit ihren Bedenken in Berlin langfristig gesehen doch noch Erfolg gehabt zu haben, sowohl was den völkerrechtswidrigen Um-

---

[396] StA N, Nürnbg. Dok. NG 1383. Bei den Fella-Werken in Feucht war schon Mitte Dezember 1941 ein dem Oflag 62 (XIII D) Hammelburg unterstehendes Arbeitskommando im Umfang von 330 Offizieren bis zum Dienstgrad eines Hauptmanns eingerichtet worden (IfZ, Nürnbg. Dok. NI 1344 und NI 1401). Auch die Angehörigen des EK Hammelburg erwähnten mehrfach, die Offiziere seien in den Arbeitseinsatz z. B. nach Schweinfurt gekommen. Aussage Sch.; Verf. WK XIII, Bl. 336.
[397] BAK, RD 19/3, Bl. 44.
[398] Ein Angehöriger des EK Hammelburg hatte nach eigener Aussage ab Februar/März 1942 „praktisch niemand mehr ausgesondert" und sich statt dessen mit prominenten Gefangenen „zu informatorischen Zwecken" unterhalten. Verf. WK XIII, Bl. 341.

gang mit den Gefangenen als auch den Einbruch der Stapo in die Autonomie des Militärs anging. Sie hatten durchaus recht, das Ergebnis ihrer Bemühungen allerdings nicht vorausgesehen. Zwar erlangten sie die angestrebte Unabhängigkeit formal wieder zurück, wurden aber zugleich gezwungen, aktiv bei der ideologischen Überwachung der Rotarmisten mitzuarbeiten und damit im Sinne des Weltanschauungskrieges zu wirken, denn der ganze Komplex unterlag von nun an dem Disziplinarrecht des Kommandanten.[399] Sollte dieser oder sein Abwehroffizier sich außerstande sehen, einen Kriegsgefangenen in seiner weltanschaulichen Einstellung zu beurteilen, stand die Stapo gleichsam als „großer Bruder" bereit, mit ihren einschlägig erfahrenen Beamten helfend einzugreifen. Über den Unternehmer würde sie ohnehin frühzeitig von Schwierigkeiten erfahren, so daß eine ideologische Kontrolle des Verhaltens der Offiziere auch von außen her möglich war. Es war unter diesen Umständen zu erwarten, daß Stalagkommandanten Problemfälle frühzeitig an die Organe des RSHA abgeben würden, um sich damit weder organisatorisch noch hinsichtlich ihres Gewissens zu belasten. Von der Erlaßlage her war ein solches Verhalten voll und ganz gedeckt.

Die Entwicklung der „Russenlager" ist symptomatisch für die Diskussion um den Arbeitseinsatz der sowjetischen Gefangenen. Es sei daran erinnert, daß diese Lager im Frühsommer 1941 eigens zu dem Zweck eingerichtet worden waren, die sowjetischen Kriegsgefangenen einerseits aus ideologischen Gründen zu isolieren, andererseits nach einer entsprechenden Überprüfung ihre Verwendung in der deutschen Kriegswirtschaft zu ermöglichen. Theoretisch hatten sie ihren Sinn schon im August 1941 mit der Verteilung der Gefangenen auf die übrigen Stalags im Deutschen Reich verloren;[400] das starre Festhalten der Wehrmachtführung an der Reihenfolge Aussonderungen – Arbeitseinsatz aber und damit an den ideologischen Grundprinzipien ließ einzelne Lager wie Stalag 304 Zeithain, 308 Neuhammer oder 310 Wietzendorf im Frühherbst durch die unaufhörliche Zufuhr von Gefangenen zu kaum mehr organisierbaren und kontrollierbaren Größenordnungen anwachsen. Die zwangsläufigen Folgen waren rapide ansteigende Todeszahlen durch Unterernährung, katastrophale Unterbringungsverhältnisse und das Fleckfieber. Dadurch und durch die Aussonderungen wurde der Arbeitseinsatz von den „Russenlagern" aus zu einem kompletten Fehlschlag; das Verhältnis der Gesamtzahl der einem solchen Stalag zugeordneten Gefangenen zur Zahl der im Arbeitseinsatz befindlichen – am 1. Dezember 1941 im Stalag 321 (XI D) Bergen-Oerbke beispielsweise von 10 797 nur 944 – spricht Bände.[401]

Die Übersicht über die Belegung dieser Lager zeigt, daß sie spätestens mit der Jahreswende 1941/42 ihre Bedeutung einbüßten und zum Teil ganz aufgegeben

---

[399] Das ließ sich je nach Auslegung sogar mit der Genfer Konvention abdecken, die eine Bestrafung von Gefangenen wegen „Unbotmäßigkeit" (Art. 45) oder Verstößen „gegen die Disziplin" (Art. 47) vorsah.
[400] Der Kommandant von Stalag 323 Groß-Born ging deswegen schon Ende August 1941 davon aus, daß die Bezeichnung überholt sei und das Stalag jetzt ganz normal als II G bezeichnet werden müsse. Sein Kdr Kgf. war derselben Auffassung. Verf. Gr. Born, Bl. 22.
[401] BA/MA, RW 6/v. 450.

wurden. Die Stalag-Einheiten wurden oft in den Osten verlegt,[402] die Baulichkeiten anderen, in der Nähe gelegenen Kriegsgefangenenlagern als Zweig- oder Teillager zugeordnet. Nur drei „Russenlager" blieben übrig: die Stalags 326 (VI K) Senne, 318 (VIII F) Lamsdorf, das jedoch in VIII F umbenannt wurde, und 311 (XI C) Bergen-Belsen,[403] dazu noch das Oflag 62 (XIII D) Hammelburg.

Diese Änderungen fanden hauptsächlich zwischen März und Juli 1942 statt, genau in der Zeit, in der die Verlegung der Aussonderungen in den Osten diskutiert wurde. Spätestens mit dem OKW-Befehl von Anfang Juni 1942 hatten die „Russenlager" dann endgültig ihre Funktion verloren. In formaler Hinsicht unterschieden sich die sowjetischen Gefangenen jetzt kaum noch von denen anderer Nationen, denn sie waren registriert, nahezu uneingeschränkt zur Arbeit einsetzbar und mit anderen Gefangenen zusammen. Auch unter diesem Aspekt erwies sich eine Neudefinition dessen, was weltanschaulich „unverträglich" sei, als unumgänglich.

Von der Überprüfung der sowjetischen Kriegsgefangenen zur ideologischen Kontrolle der Wehrmacht durch Stapo und Partei

Vereinzelt kam es noch über den 31. Juli 1942 hinaus zu Aussonderungen. So überliefert Büge für den 19. August 1942 die Vergasung von 104 Rotarmisten im KZ Sachsenhausen; ob sie alle, wie Streim auf Grund einer einzigen Erkennungsmarkenangabe annimmt,[404] aus dem Stalag XI A Altengrabow stammten, muß dahingestellt bleiben. Am 12. September seien nochmals 17 Mann ermordet worden, „unter ihnen befand sich einer wegen Essens von Menschenfleisch, einer, der einer Leiche Goldzähne entfernt und einer, der einer Leiche Uhr und Ring genommen hat", wie Büge einem beiliegenden Anschreiben entnehmen konnte. Letztmals wurde seinem Bericht zufolge Ende Januar 1943 eine Gruppe von 13 Gefangenen im Industriehof des Konzentrationslagers liquidiert.[405] Am 25. September 1942 gelangten 197 im Stalag XI B Fallingbostel Ausgesonderte nach Neuengamme und wurden dort umgehend vergast, ohne zuvor in den Lagerbestand aufgenommen worden zu sein.[406] Anschließend verständigte die Lagerleitung SS-Gruppenführer Müller in Berlin in der vorgeschriebenen Weise

---

[402] So etwa Stalag 308 Neuhammer und 310 Wietzendorf (Juli 1942), 315 Hammerstein (März 1942), 312 Thorn (Mai 1942); 304 Zeithain kam im September 1942 nach Belgien. Angaben nach Mattiello/Vogt, Kriegsgefangeneneinrichtungen Bd. 1, S. 33–41, sowie nach verschiedenen Aussagen in den jeweiligen Ermittlungsverfahren.

[403] Bergen-Belsen bestand als Stalag 311 (XI C) bis Mitte 1943, hatte aber bis dahin schon vor allem die Funktion eines zentralen Lazarettes für sowjet. Kgf. im WK XI inne. Ab April 1943 wurde ein Teil des Lagers zum Konzentrationslager Bergen-Belsen, ab Juni 1943 das übrige Lager zu einem Zweiglager von Stalag XI B Fallingbostel umgewandelt. Das Lazarett blieb bestehen. Genauer dazu Keller, Forschungsbericht.

[404] Streim, Behandlung, S. 145.

[405] Büge-Bericht, Verf. Heidelager, Dok. Bd. III, Bl. 27.

[406] Eine genaue Darstellung bei Bringmann, Neuengamme, S. 65–76. Der Lagerbunker war zu diesem Zweck zur behelfsmäßigen Gaskammer umgebaut worden. Dazu auch Bauche u. a., Neuengamme 1938–1945, S. 156.

Änderung des Vernichtungskonzepts

von der Exekution.[407] Auch für Mauthausen sind Hinrichtungen nach dem 31. Juli 1942 belegt, so am 17. August von 56 vorwiegend jüdischen Gefangenen oder Mitte April 1943 von 59 „Politruks".[408] Weitere Morde in den Konzentrationslagern sind sicher,[409] lassen sich jedoch nur selten nachweisen, weil Ausgesonderte im Falle ihrer Liquidierung nach wie vor nicht in den Häftlingsbestand aufgenommen wurden.[410]

Das „Recht" auf die Aussonderungen und damit auf die Federführung bei der Bekämpfung des Bolschewismus beanspruchte die Stapo jedoch nach wie vor für sich, denn die mit dem „Einsatzbefehl Nr. 8 vom 17. Juli 41 gegebenen Richtlinien für die Aussonderung, Berichterstattung usw." blieben bis Kriegsende gültig; Müller hob das am 10. Juni 1942 einmal mehr hervor[411] und wußte sich dabei der vollen Unterstützung durch das OKW sicher. Dieses stellte dann in seiner Befehlssammlung Nr. 19 vom 5. Dezember 1942 gegenüber den Stalags nochmals ausdrücklich klar: „Wenn daher künftig im Reich Beamte der Sicherheitspolizei und des SD Aussonderung nach Bezugsbefehl 1 vornehmen wollen, ist ihnen der Zutritt zu den Lagern und im Beisein des Kontrolloffiziers zu den Arbeits-Kdos dieser neuen Kr. Gef. zum Zwecke der Überprüfung zu gestatten."[412]

Noch im Mai 1944 reichte die Stapoleitstelle Düsseldorf einen Erlaß des OKW vom 6. März des Jahres über die „Behandlung kriegsgefangener russischer Frauen" an ihre nachgeordneten Stellen weiter, in dem dieses die Notwendigkeit der sicherheitspolizeilichen Überprüfung von allen Kriegsgefangenen unterstrich, die aus dem Operationsgebiet zugeführt würden. Gegenüber kriegsgefangenen Frauen bestünden im allgemeinen „abwehrmäßige Bedenken", und daher müsse man sie in der Regel nach der sicherheitspolizeilichen Untersuchung aus der Kriegsgefangenschaft entlassen und der Stapo übergeben. Die ausgesonderten Frauen seien dann, so hatte zuvor schon das RSHA den Erlaß kommentiert, dem nächsten Frauenkonzentrationslager zu überstellen. Über die Ausson-

---

[407] „So ging es zu Ende..." Neuengamme, S. 5. Dort ist nicht von Vergasen, sondern von Erschießen die Rede. Streim, Behandlung, S. 145, übernimmt das.
[408] Näheres ebenda, S. 143f. Die Überstellung der „Politruks" entsprach dem Erlaß des Chef SipouSD vom 10.6.1942.
[409] Vgl. auch die Erschießung von 10 sowjetischen Gefangenen im September 1942 im KZ Niederhagen (Wewelsburg). Hüser, Wewelsburg, S. 94 und 379. Die Sterbefälle wurden allerdings im lagereigenen Standesamt beurkundet. StA DT, M 1 I R Nr. 22.
[410] Eine detaillierte Übersicht über die Morde in den verschiedenen KZ von Mitte April 1942 bis Kriegsende enthält der Antrag auf gerichtliche Voruntersuchung gegen den Sachbearbeiter im RSHA IV A 1 c Königshaus vom 15.2.1971. Verf. Altengrabow, Bd. III, Bl. 578–580. Danach wurde K. beschuldigt, ab April 1942 wenigstens 15 die Vernichtung der Gefangenen betreffende Erlasse verantwortlich mitformuliert und dadurch zur Ermordung von 5 154 sowjetischen Soldaten beigetragen zu haben.
[411] IfZ, Nürnbg. Dok. NO 2138. Müller bezog sich auch auf den Einsatzbefehl Nr. 9.
[412] BA/MA, RW 6/v. 270, Bl. 105f. Mit dem Bezugsbefehl ist der Befehl vom 24.3.1942 (in der Quelle irrtümlich der 29.3.) gemeint. Anlaß war die Tatsache, daß etliche Transporte unüberprüft ins Reich gekommen waren. Daß EK noch aktiv waren, ergibt sich aus einem Erlaß des Chef SipouSD vom 28.12.1942. Ein Kommando habe in einem Stalag acht Juden als „Agitatoren und Aufwiegler" festgestellt. Das OKW nahm das am 14.12. zum Anlaß, die Stalags auf die Pflicht zur andauernden Überprüfung aller sowjet. Kgf. hinzuweisen. BAK, RD 19/3, Bl. 50. Noch am 9.8.1944 überstellte die Stapo Schneidemühl 59 Kgf. aus dem Stalag Hammerstein in das KZ Stutthof. Verf. Hammerstein, Bl. 87.

derungen sei „im Rahmen der bekannten Einsatzbefehle Nr. 8 und 9 laufend zu berichten".[413]

In zwei ehemaligen „Russenlagern", dem Stalag 326 (VI K) Senne und dem Stalag VIII F Lamsdorf/Oberschlesien (vorher Stalag 318), blieben Einsatzkommandos sogar bis Kriegsende stationiert. Beiden Stalags hatte das OKW allerdings eine besondere Aufgabe zugewiesen; sie dienten als Aufnahme- und Verteilerlager für den Bergbau im Ruhrgebiet bzw. in Oberschlesien. Die Entscheidung für die Senne fiel im Sommer 1942.[414] Von da an wurden die Gefangenen zu Zehntausenden in diesem ostwestfälischem Stalag gemustert und über das Stalag VI A Hemer dem Bergbau zugeführt.[415] Beim Bergbau handelte es sich um einen sicherheitsrelevanten Bereich, in dem nur überprüfte sowjetische Soldaten eingesetzt werden sollten, und da des öfteren wegen des großen Arbeitskräftemangels Transporte unüberprüft ins Reich kamen, erschien hier die Anwesenheit eines Einsatzkommandos zwingend notwendig.[416] Bis zum 31. Januar 1945 überstellte dieses insgesamt 4422 Gefangene an den „S.D.", im Februar 1945 waren es nochmals 134 Mann.[417] Wie viele von ihnen dann ab Sommer 1942 in Buchenwald exekutiert bzw. zur Arbeit eingesetzt wurden, ist bisher unbekannt.[418]

Von Lamsdorf aus wurden viele gefangene Rotarmisten in den oberschlesischen Gruben eingesetzt. Auch hier forderten die verantwortlichen Stellen zur besseren Steuerung des Kriegsgefangeneneinsatzes die „Einrichtung eines besonderen Bergbau-Stalags für die ober- und niederschlesischen Kohlenbezirke".[419] Wie in der Senne hielt sich in Lamsdorf daher noch 1943 ein „Kommando nach Ankunft neuer Transporte dort auf, um die politisch unerwünschten Gefangenen zu ermitteln. Diese Gefangenen wurden wahrscheinlich in das Konzentrationslager Auschwitz abtransportiert."[420]

In der Regel jedoch vollzog sich die politische Überwachung der sowjetischen Kriegsgefangenen bis Kriegsende entsprechend den Vorgaben des OKW vom 5. Mai und 1. Juni 1942 in dem bereits erwähnten Dreischritt ohne die Mitwirkung eines besonderen Einsatzkommandos:
1. Unternehmer und Wachmannschaften kontrollierten einen Gefangenen in seinem Verhalten am Arbeitsplatz sowohl was die Arbeitsdisziplin als auch den

---

[413] HStA D, RW 36/26, Bl. 20. Düsseldorf gab hier am 16.5. einen Erlaß des OKW vom 6.3.1944 weiter.
[414] Ursprünglich hatte das OKW nach einem Schreiben an den WK I vom 4.12.1941 dem Stalag VI F Bocholt diese Funktion zugedacht. BAK, R 41/174, Bl. 203.
[415] Vgl. Hüser/Otto, Stalag 326, S. 109–113.
[416] Vgl. Aussage E. H., Verf. Senne, Vernehmungen Bd. I, Bl. 42–44.
[417] Schockenhoff, SS-Einsatzkommando, S. 205.
[418] Vgl. die Veränderungsmeldung aus Buchenwald vom 14.5.1942 bei Hüser/Otto, Stalag 326, S. 61. Zu den Entscheidungsgründen für Exekution oder Arbeitseinsatz siehe das Folgende.
[419] Schreiben des GBA vom 17.11.1943 an den RFSS; BAK, NS 19/963. Zu den Lebensverhältnissen in Lamsdorf und im oberschlesischen Bergbau siehe den Bericht einer sowjet. Untersuchungskommission von 1945 (IfZ, Nürnbg. Dok. USSR 415) sowie den Bericht der Bezirksgruppe Steinkohlenbergbau Oberschlesien vom 19.10.1944 (IfZ, Nürnbg. Dok. NI 2809 und 2810).
[420] Verf. Lamsdorf, Abschlußvfg., S. 13.

Umgang mit der deutschen Bevölkerung anging. Sobald in dieser Hinsicht irgendwelche Unregelmäßigkeiten auftraten, wurde das Stalag benachrichtigt.
2. Die weitere Behandlung des Betreffenden war in das Ermessen des Kommandanten gestellt, dem das OKW schon wenig später, am 27. August 1942, eine Entscheidungshilfe für den Fall an die Hand gab, daß der Gefangene sich strafbarer Handlungen schuldig gemacht hatte. Er habe den Täter der Geheimen Staatspolizei zu übergeben, wenn er nicht überzeugt sei, „daß seine Disziplinarbefugnisse zur Sühnung der begangenen Straftaten" ausreichen.[421] Andernfalls sei der sowjetische Soldat nach der Verbüßung seiner Disziplinarstrafe wieder dem Arbeitsprozeß zuzuführen.
3. Hatte die Stapo einen Gefangenen übernommen, teilte sie dem Reichssicherheitshauptamt den Sachverhalt mit und bat um weitere Weisung. Dieses ordnete an, den „Delinquenten" in ein Konzentrationslager entweder zum Arbeitseinsatz oder zur Exekution zu überstellen, wobei es sich für gewöhnlich den Vorschlag der Stapostelle zu eigen machte.[422]

Entscheidendes Glied in der Kette war der Kommandant. Wie oben gezeigt, hatte das OKW diesem bewußt einen beträchtlichen Ermessensspielraum eingeräumt, um ihn gerade dadurch stärker in die Überwachung einzubinden, war sich freilich darüber im klaren, daß sich der Spielraum auch durchaus zu Gunsten eines Gefangenen ausnutzen ließ. In unregelmäßigen Abständen erinnerte es deshalb per Erlaß die Offiziere an ihre Verantwortung, indem es sie zwischen den Zeilen auf ihre mangelnde Kompetenz in Weltanschauungsfragen hinwies, oft verbunden mit einer weiteren Einengung ihrer Zuständigkeiten. So gehörten vom 28. Januar 1943 an „Fanatiker und berufsmäßige Helfer des Bolschewismus" zu denjenigen, für die Sonderbehandlung vorgesehen war.[423] Ab 30. März 1943 stand auf „nachgewiesenem Geschlechtsverkehr" mit deutschen Frauen die Todesstrafe, und am 10. April dieses Jahres bestimmte das OKW: „Kriegsgef. sowjet. Offiziere, die sich hetzerisch hervortun und hierdurch nachteilig auf die Arbeitswilligkeit der übrigen sowjetr. Kr. Gef. einwirken, sind von dem für sie zuständigen Stalag als politisch unerwünschte Hetzer im Reich der nächsten Staatspolizeistelle (...) zu übergeben."[424] Eine nähere Definiton von Begriffen wie „berufsmäßige Helfer des Bolschewismus" oder „Hetzer" vermied die Wehrmachtführung allerdings geflissentlich, setzte gerade dadurch aber die Offiziere unter Druck, weil sie durch die offensichtliche Erwartungshaltung einen Zustand permanenter Unsicherheit erzeugte.

---

[421] BA/ZNS, Ordner S 22, Bl. 85. Schon seit 1941 war in Fluchtfällen der Gefangene der Stapo zu übergeben bzw. die Stapo zu Rate zu ziehen. Eine – nicht vollständige – Zusammenstellung von Erlassen in IMT Bd. XXXV, S. 162–172, 569-D. Das Verhalten gegenüber flüchtigen und wiederergriffenen sowjet. Kgf. ist für 1941/42 ein Spiegelbild der sich verändernden Einschätzung ihrer Arbeitskraft.
[422] Belege für dieses Verfahren sind in großer Zahl in den Akten der Stapoleitstelle Düsseldorf enthalten (Bestand RW 58).
[423] Dieser und eine Reihe anderer Erlasse, bei denen Sonderbehandlung anzuordnen war, in einer Übersicht im Antrag auf gerichtliche Voruntersuchung gegen Königshaus; Verf. Altengrabow, Bd. III, Bl. 575–577.
[424] HStA D, RB 53, G. J. Nr. 152 und 153.

Ende 1942 war die Anzahl der Befehle, Erlasse und Verfügungen bezüglich der gefangenen Rotarmisten so weit angeschwollen, daß sich beispielsweise die Stapoleitstelle Düsseldorf genötigt sah, ihren Außendienststellen und Grenzkommissariaten[425] unter der Überschrift „Arbeitseinsatz und Behandlung sowjetrussischer Kriegsgefangener" eine Zusammenfassung aller Vorschriften an die Hand zu geben.[426]

Dementsprechend groß war die Zahl der Kriegsgefangenen, die der Stapo übergeben wurden und wegen derer das RSHA um eine Entscheidung angegangen wurde. Am 30. März 1943 hielt es SS-Gruppenführer Müller deswegen für erforderlich, das Verfahren neu zu organisieren. „Zur Vereinfachung des Geschäftsbetriebes" delegierte er den Stapostellen das Recht, sowjetische Gefangene in den Fällen in die KZ einzuweisen, in denen eine Sonderbehandlung nicht angezeigt erscheine.[427] Nur bei Gewaltverbrechen oder „gefährlichen politischen Delikten" sei noch dem RSHA selbst „wegen Exekution" zu berichten. Soweit es sich um andere kriminelle Vergehen handele, habe die zuständige Kripo(leit)stelle die Fälle an die jeweilige Stapostelle abzugeben, nicht, wie sonst üblich, an die Staatsanwaltschaft.[428] Zu verfahren sei folgendermaßen: „Bei der Einweisung in die Lager zum Arbeitseinsatz ist dem Transportführer nur ein Schreiben mitzugeben, das neben dem Grund zur Festnahme die Mitteilung enthält, daß die Kriegsgefangenen zum Arbeitseinsatz zugewiesen werden. Eine erkennungsdienstliche oder schutzhaftmäßige Behandlung im üblichen Sinne hat nicht zu erfolgen."[429]

Ein längeres Überleben oder gar Freikommen des Betreffenden galt demnach als ausgeschlossen; anders läßt sich der Verzicht auf die für die Polizeiarbeit normalerweise enorm wichtigen erkennungsdienstlichen Ergebnisse nicht erklären.[430]

---

[425] Die Grenzkommissariate waren den Stapostellen unterstellt. Beamte des Grenzkommissariats Schneidemühl (Pommern) waren nach verschiedenen Aussagen im Verf. Hammerstein 1941/42 an den Aussonderungen im Stalag 315 Hammerstein beteiligt.

[426] HStA D, RB 53, G. J. Nr. 150 (= NG 1841). Das WKKdo VI stellte seinen Stalags am 17.7.1944 eine Zusammenfassung aller Befehle betr. „Überstellung von Kriegsgefangenen an die Geheime Staatspolizei" zur Verfügung. Die Absätze a) – f) betrafen die sowjetischen Gefangenen. IMT Bd. XXVII, S. 262–264, 1514-PS. Zur Liquidierung von Nicht-Arbeitsfähigen und Überläufern s. Streim, Behandlung, S. 179–187.

[427] Es handelte sich um kriminelle Delikte auf der Flucht und um Fälle, in denen zwar der Stalagkommandant seine Disziplinarbefugnis überschritten sah, die aber im Sinne der Stapo nicht als weltanschaulich gravierend anzusehen waren.

[428] HStA D, RB 53, G. J. Nr. 151. Vgl. dazu ebenda, RW 58/65104. Zwei Bergleute sollten untertage mit einem Russen unzüchtige Handlungen getrieben haben (1944). Von dem Sachverhalt wurde die Gruppe Abwehr des Stalag VI A Hemer – zuständig für sämtliche im Bergbau eingesetzten Kgf. – benachrichtigt. Eine Abgabe des Falles an die Staatsanwaltschaft erfolge nicht, heißt es in der Stapo-Akte, da staatspolizeiliche Maßnahmen erforderlich seien. Am 20.10.1942 hatte sich der Chef SipouSD darüber beklagt, daß Polizeidienststellen sowjet. Kgf. trotz nachgewiesener Delikte wieder an die Stalags abgegeben hätten (IfZ, Nürnbg. Dok. NO 2140).

[429] IfZ, Nürnbg. Dok. NO 2141. Ab Spätsommer 1943 hatten die Stapostellen über sämtliche Einweisungen eine genaue Statistik zu führen. HStA D, RW 36/26, Bl. 55.

[430] Streit, Keine Kameraden, S. 256, hat das zu Recht als „die Schaffung eines verfahrenslosen Sonderstrafrechts gegen die sowjetischen Gefangenen" bezeichnet.

Änderung des Vernichtungskonzepts 253

Die erhaltenen Akten und Personalunterlagen zeigen, welche Auslegungsmöglichkeiten die Befehlslage zuließ, ebenso aber auch, wie leicht sich Stalagkommandanten und Abwehroffiziere ihrer Verantwortung gegenüber den Kriegsgefangenen entziehen konnten. Wie unterschiedlich selbst in ein und demselben Kriegsgefangenenlager die Vorschriften gehandhabt wurden, sei zunächst an drei Beispielen aus dem Stalag VII A Moosburg gezeigt.[431]

Am 11. Dezember 1943 stieß in der Ortschaft Karlsfeld (Landkreis Dachau) ein LKW, gesteuert von dem sowjetischen Kriegsgefangenen Iwan Gnatusin, mit einem Sanitätskraftwagen der Waffen-SS zusammen, in dem sich zwei Dachauer KZ-Häftlinge und ein SS-Mann befanden. Dabei wurde einer der Häftlinge getötet, die beiden anderen Insassen schwer verletzt. Gnatusin wurde verhaftet und noch am selben Tag der Stapo München überstellt. Dort hatte man allerdings mit dem Fall Probleme. Der Führer vom Dienst notierte: „Da Gnatusin als Kgf. den deutschen Wehrmachtgesetzen unterliegt, fehlen zu einer Inhaftierung bei der Geh. Staatspolizei die gesetzlichen Voraussetzungen." Nach Rücksprache mit dem zuständigen Arbeitskommando, dessen LKW Gnatusin gefahren hatte, wurde der Gefangene in das BMW-Lager in Allach zurückgebracht. Vier Tage später äußerte Kriminalkommissar Schermer nach Schilderung des Sachverhalts gegenüber der Kommandantur des zuständigen Stalag VII A die Bitte, „den Kriegsgefangenen Gnatusin unmittelbar zum Arbeitseinsatz in das KL-Dachau einzuweisen und ihn zugleich aus der Kriegsgefangenschaft zu entlassen;" sein Ersuchen begründete er damit, dieser habe den Unfall durch seine „Fahrlässigkeit" verursacht.[432] In Moosburg entsprach man dem Ansinnen. Die Antwort auf einem Formblatt, am 23. Dezember gerichtet an „Herrn Kommandant K. L. Dachau" sowie „Herrn Kommissar Schermer Geh. Staatspolizei – Staatspolizeileitstelle München...", lautete:

Liste sowjet. Kriegsgefangener

Lfd. Nr.	Name und Vorname	Geb.Datum u. -ort	Erk. Nr.	Dienstgrad	Betreff	Bemerkungen
1	Gnatusin Iwan	20.10.21 Melovaja	Fst. 304 1 090	Soldat	Fahrläßigkeit	Am 24.12.43 a. Kriegsgefangenschaft entlassen u. Gestapo München KL-Dachau überstellt

---

[431] Die Beispiele entstammen der Akte BA/MA, RH 49/50, Schriftwechsel zwischen dem Stalag VII A und der Stapoleitstelle München. Im Bezug wird fast immer auf den OKW-Befehl vom 5.5.1942 verwiesen. Allen Fällen ist gemeinsam, daß die Kgf. mit der Übergabe an die Stapo aus der Kriegsgefangenschaft entlassen und bei der WASt mit grünen Karteikarten abgemeldet wurden, d. h., daß sich das formale Verfahren seit 1941 nicht geändert hatte: nach wie vor handelte es sich um Aussonderungen. Daß das bis Kriegsende so gehandhabt wurde, zeigt in der DD die PK I von Georgij Boldin, dessen Übergabe mit Begleitschreiben, PK I und der grünen Karteikarte am 26.3.1945 (!) an die WASt gemeldet wurde.
[432] Gnatusin muß zuvor als zuverlässiger Kgf. gegolten haben, sonst hätte man ihn nicht allein den LKW fahren lassen. Gnatusin wurde laut Häftlingskartei Dachau am 20.3.1944 nach Flossenbürg überführt. Vgl. die PK I von Viktor Michailowitsch Bagrow (IV B 187523), der wegen fahrlässiger Arbeitsverrichtung fünf Tage geschärften Arrest erhielt. In den meisten anderen Fällen wird

In einem zweiten Schreiben informierte Moosburg die Stapoleitstelle, man habe Gnatusin „bei der Wehrmachtauskunftstelle Berlin zur Abmeldung gebracht und mit gleichem Zeitpunkt der dortigen Dienststelle zum Arbeitseinsatz KL-Dachau zur Verfügung gestellt".[433]

Ganz anders verhielt man sich in Moosburg, nachdem am 20. Oktober 1943 von einem seiner Arbeitskommandos in Penzberg nahe München 13 Offiziere geflohen waren, von denen wenig später einer erschossen und vier wiedererwgriffen wurden. Daß eine so große Gruppe „kommunistische(r) Aktivisten" habe fliehen können, sei ohne Zweifel auf das Verhalten eines gewissen Personenkreises, nämlich der „unzähligen Kommunisten von ehedem", zurückzuführen, teilte der Leiter des dortigen Gendarmeriepostens dem Landrat des Kreises Weilheim in einem ausführlichen Schreiben mit. Schon allein die Überwachung dieser „nat.-soz. politisch abwegigen Volksgenossen" beanspruche alle Kräfte, und daher sei die Einrichtung eines Arbeitskommandos mit sowjetischen Offizieren ohne Zweifel als „Dolchstoß gegen die polit. Führung" zu werten, zumal diese durch das Basteln von Spielzeug usw. viel zuviel Kontakt mit der Bevölkerung hätten. Das Stalag Moosburg fördere das sogar noch, „um die Kgf. auch noch in ihrer Freizeit zu beschäftigen und von Fluchtgedanken abzuwenden". Deshalb müsse man dieses Kommando umgehend verlegen, eine Forderung, der sich sowohl der Landrat als auch der Kreisleiter der NSDAP anschlossen; Penzberg sei, so letzterer, „keinesfalls der geeignete Ort für den Arbeitseinsatz bolschewistischer Offiziere".

Die Münchener Stapo leitete das umgehend nach Moosburg weiter. Die Antwort von dort war jedoch negativ; die bestehenden Mängel seien nach einer Besichtigung beseitigt worden und „zu einer Änderung des aus Dringlichkeitsgründen erfolgten Einsatzes sowj. Offz." bestehe „daher vorläufig keine Veranlassung". Die Reaktion in München, ein handschriftlicher Vermerk unter dem Schreiben, zeigt Wut und Hilflosigkeit zugleich: „Das wollen wir erst sehen! Sowj. Offiziere, die grundsätzlich als geschulte Kommunisten zu betrachten sind, gehören nicht in derartigen Arbeitseinsatz." Der weitere Verlauf ist nicht bekannt.[434]

Der dritte Fall betrifft ein Telefongespräch zwischen zwei Hauptbeteiligten des „Falles Meinel", nämlich Abwehroffizier Hauptmann Hörmann und Kriminalkommmissar Schermer. Letzterer vermerkte am 4. Dezember 1943: „Gelegentlich eines Anrufs des Abwehroffiziers des Stalag VII A in Moosburg – des Hauptmanns Hörmann – habe ich ihm auch den vorliegenden Fall mitgeteilt.[435] Er hat zugesagt, die Sache zu überprüfen und die unzuverlässigen russ. Kriegs-

---

in den Münchener Akten als Grund für die Auslieferung „Störendes Element" angegeben. Es handelte sich dabei um Kgf., die sich in irgendeiner Form politisch geäußert hatten.

[433] Als Bezug wird im Fall Gnatusin der OKW-Befehl vom 27.8.1942 genannt.

[434] Schermer vermerkte noch am 17.12.1943, der Bericht des Landrates über den Arbeitseinsatz kgf. sowjet. Offiziere solle in einem späteren Bericht an das RSHA „insbesondere auf Grund der unzulänglichen Überwachungsmaßnahmen der Wehrmacht in einem früheren kommunistisch durchseuchten Gebiet (Penzberg) als besonders hervorstechender Fall" verwertet werden.

[435] Es ging um vier Gefangene, die sich, wie Schermer an anderer Stelle schrieb, „in hetzerischer Weise gegenüber ihren Arbeitskameraden geäußert und die Sowjetunion verherrlicht" hätten.

Änderung des Vernichtungskonzepts

gefangenen – wie vereinbart – in das KL. Dachau zu überstellen." Sechs Tage später forderte die Stapo München die vier Männer „zum Arbeitseinsatz in das KL. Dachau bei der Kommandantur des Stalag VII/A Moosburg" an, ein Ansinnen, dem, wie ähnliche Fälle im selben Zeitraum belegen, routinemäßig entsprochen wurde. Vom Stalag als „störende Elemente" qualifiziert, wurden sie aus der Kriegsgefangenschaft entlassen und der Gestapo übergeben.

Hörmann hatte allerdings aus einem anderen Grund mit Schermer Kontakt aufgenommen, wie dieser nach dem Gespräch schriftlich festhielt:
„Betrifft: Überprüfung der sowjetrussischen Kriegsgefangenen im Stalag VII A in Moosburg
I. Vermerk:
Der Abwehroffizier des Kriegsgefangenenstammlagers VII A in Moosburg Hauptmann Hörmann teilte heute um 12.35 Uhr fernmündlich mit, dass gestern von einem Frontstalag
<u>1 000 sowjetrussische Kriegsgefangene</u>
eingetroffen sind. Nach einem Erlass des OKW sind sie vom SD nach der Gefangennahme noch nicht überprüft worden, weshalb er bittet, sie im Stalag VII A überprüfen zu lassen.
Wenn die Stapo München wegen anderer dringlicherer Arbeiten keinen Beamten zur Überprüfung abstellen kann, so wird Hauptmann Hörmann durch seine zuverlässigen V-Leute und Propagandisten diese 1 000 Russen überprüfen lassen und die politisch Unzuverlässigen dem KL-Dachau überstellen.
II. ..... Das Arbeitsgebiet II A hat ... nur 4 (...) Beamte, die wichtige Hochverratsfälle zu bearbeiten haben. Ich bitte um Zustimmung, dass die 1 000 Russen vom Abwehroffizier Hörmann überprüft werden. Er wird mich am Dienstag, den 7.12.43, wieder anrufen."

Wie abgesprochen rief der Abwehroffizier am 7. Dezember an. Schermer notierte dazu: „Hauptmann Hörmann hat heute fernmündlich die Überprüfung der 1 000 russ. Kgf. zugesagt. Unzuverlässige Elemente wird er nach bisheriger Vereinbarung in das KL. Dachau überstellen."[436] Ob Hörmann dann entsprechend dieser Vereinbarung verfuhr, läßt sich nicht mehr feststellen.[437]

Gravierender als die drei Beispiele aus Moosburg war eine in den Akten der Stapoleitstelle Düsseldorf überlieferte Angelegenheit.[438] Am 5. August 1943 meldete die August-Thyssen-Hütte in Duisburg-Hamborn dem Landesschützen-Bataillon 479 in Dinslaken einen Fall von „Gewalttätigkeit des K. G.-Russen 40 481" Michail Pawelschenko, der bei der Hütte als Rangierer arbeitete. Er habe, so der Vorwurf, wiederholt Ostarbeiterinnen zu langsamerem Arbeitstempo

---

[436] Nach den Bestandsmeldungen stieg die Zahl der Moosburg zugeordneten sowjet. Kgf. von 11 089 am 1.12.1943 (BA/MA, RW 6/v. 451, Bl. 111) auf 13 101 am 1.1.1944 (Ebenda, v. 452, Bl. 2).
[437] Wenn sich Hörmann hier zur Zusammenarbeit mit Schermer bereit fand, dann wohl deshalb, weil die Stapo die Kgf. „zum Arbeitseinsatz" anforderte. Diese Formulierung ließ sich durchaus als eine Art Garantieerklärung für das Leben der Betreffenden auffassen. Durch die Abmeldung bei der WASt hatten sich allerdings die militärischen Dienststellen selbst jeglicher Einflußmöglichkeiten auf das weitere Schicksal eines Kgf. beraubt.
[438] HStA D, RW 36/26, Bl. 56–72; Teilabdruck ebenda, RB 53, G. J. Nr. 154; auch Streim, Behandlung, S. 145–147. Andere Fälle bei Streit, Keine Kameraden, S. 259.

aufgefordert,[439] einen Rangiermeister, der ihn deswegen zur Rede stellte, bedroht, einen weiteren Deutschen tätlich angegriffen und dadurch letztlich „die Autorität der deutschen aufsichtsführenden Gefolgschaft vor Ausländern untergraben". Die Hütte bat deshalb darum, „den Russen nach seiner Rückkehr von der Arbeit sofort in Haft zu nehmen ... (und) ihn der in solchen Fällen üblichen äußersten Bestrafung zuzuführen", und äußerte die Erwartung, über die getroffenen Maßnahmen informiert zu werden.

Am 23. August wurde Pawelschenko der Stapoaußenstelle Duisburg übergeben mit der Begründung: „Der zuständige Kommandant des M. Stalag VI J in Krefeld-Fichtenhain hat P. gemäß Erlaß d. ChdSipoudSD v. 30.3.43 – dort. Verfügung vom 16.4.43 (...) der hiesigen Dienststelle überstellt, da von ihm eine disziplinarische Bestrafung des Kgef. nicht für ausreichend angesehen wird." Nach Einvernahme der Zeugen und des Beschuldigten teilte Duisburg der Leitstelle Düsseldorf den Sachverhalt mit und schlug vor, Pawelschenko zum Arbeitseinsatz in ein Konzentrationslager einzuweisen, falls Berlin nicht Sonderbehandlung anordne. SS-Gruppenführer Müller im RSHA hielt den Fall aber für so schwerwiegend, daß er am 16. September befahl, den Kriegsgefangenen zur Exekution in das KZ Niederhagen zu überstellen. Da dieses Konzentrationslager aber schon seit April (!) 1943 aufgelöst war,[440] kam Pawelschenko statt dessen mit dem nächsten Sammeltransport am 7. Oktober in das Konzentrationslager Buchenwald und wurde dort „am 16.10.43 um 16.05 befehlsgemaess" exekutiert, wie Lagerkommandant SS-Obersturmbannführer Pister der Stapo in Düsseldorf einen Tag später fernschriftlich übermittelte.[441]

In diesem Fall war die Sachlage wegen der „hetzerischen und aufrührerischen" Tätigkeit von Pawelschenko so eindeutig, daß der Kommandant von Fichtenhain gar nicht anders konnte, als den Gefangenen herauszugeben, zumal der Arbeitgeber, die August-Thyssen-Hütte, sich nicht nur auf die Seite der Stapo stellte, sondern durch seine Forderung nach Härte wahrscheinlich selbst das RSHA unter Zugzwang setzte.

Eine Analyse von Personalkarten[442] der Gefangenen läßt den breiten Entscheidungsspielraum der Kommandanten vom Frühjahr 1942 an vollends offenbar werden. Fluchtfälle spiegeln das besonders kraß wider. Das Stalag müsse, so hatte das OKW am 24. März 1942 befohlen, den Grund für die Flucht feststellen. Sei der Gefangene aus „Sehnsucht nach den Angehörigen oder Hunger" geflohen, reiche eine disziplinarische Bestrafung, danach sei er „der Arbeit wieder zuzuführen". Habe er allerdings auf der Flucht Straftaten begangen, sei er der Geheimen Staatspolizei zu übergeben, es sei denn, der Kommandant gewinne die

---

[439] Die Ostarbeiterinnen waren auf dem Hüttengelände mit Ausschachtungsarbeiten beschäftigt. Pawelschenko hatte bereits mehrfach darauf hingewiesen, daß diese Arbeit für Frauen zu schwer sei. Die Frauen wurden zu dem Vorfall nicht gehört.
[440] Vgl. dazu Hüser, Wewelsburg, S. 94–98.
[441] In einem ähnlichen Fall – Tätlichkeit gegen einen Deutschen untertage – überstellte das Stalag VI A in derselben Weise den betreffenden Kgf. an die Stapo Duisburg. Er wurde dann am 27.12.1943 „mit Sammeltransport zum Zwecke des Arbeitseinsatzes dem Konzentrationslager Buchenwald/Weimar zugeführt". HStA D, RW 58/9534.
[442] Alle Beispiele aus dem ZAMO, soweit es Offiziere betrifft, aus der Abt. 11.

Überzeugung, „daß eine Erziehungsmaßnahme oder die gerichtliche Bestrafung ... zur Aufrechterhaltung der Lagerzucht ausreicht".[443] Eintragungen auf vielen PK I belegen, daß die jeweilige Stalagleitung durchaus der Ansicht war, ohne Mithilfe der Stapo angemessen auf Fluchtfälle mit oder ohne Straftaten reagieren zu können: Flucht – geschärfter Arrest – Weiterbeschäftigung im Arbeitskommando, so oder ähnlich lauten, z. T. sogar mehrfach auf einer Karte, die Formulierungen.

Im Falle des Oberleutnants Nikolaj Stepanowitsch Balakin (Of. XI A 27482) hielt der Kommandant von Stalag XIII B Weiden seine Kompetenzen allerdings für überschritten. Balakin war am 15. März 1943 von seinem Arbeitskommando geflüchtet, wurde aber zwei Tage später ergriffen und noch am selben Tag der Stapo Nürnberg übergeben. Die WASt erhielt mit einer grünen Karteikarte eine entsprechende Mitteilung über die Entlassung aus der Kriegsgefangenschaft. Von einer Straftat ist auf der PK I nicht die Rede. Gleiches gilt für Nikolaj Konstantinowitsch Alexandrow (XVII B 102308), den das Stalag 344 Lamsdorf am 24. Februar 1944, drei Tage nach der Wiedereinlieferung im Lager, unter ausdrücklicher Berufung auf den OKW-Befehl vom 24. März 1942 aus der Gefangenschaft entließ. Bei Grigorij Fedorowitsch Judin (XXI C/H 8121) vermerkte die Abteilung Kartei auf der Karte wenigstens „Der Kgf. wurde am 23.5. ergriffen und wegen verschiedener auf der Flucht begangener Straftaten der Staatspolizeileitstelle Posen übergeben." Die Abgabe erfolgte unmittelbar darauf.

In anderen Fällen scheint zunächst kein unmittelbarer Zusammenhang zwischen mißglückter Flucht und Auslieferung an die Stapo zu bestehen, da zwischen beiden Vorgängen mehrere Wochen lagen. Oberleutnant Dimid Porfirowitsch Browtschenko (365/22660) etwa aus dem Stalag XIII D Nürnberg erhielt nach seiner Flucht vom Arbeitskommando am 25. März 1943 12 Tage geschärften Arrests, die er am 30. Mai abgesessen hatte. Nichtsdestoweniger wurde er am 22. Juli gemeinsam mit Leutnant Alexej Petrowitsch Bartenew (382/1627),[444] einem anderen Flüchtling, an die dortige Stapostelle überwiesen. Diese und ähnliche Karten aus anderen Lagern lassen allerdings vermuten, daß Vertreter der Gestapo in gewissen Abständen die Kriegsgefangenenlager aufsuchten und nach Unregelmäßigkeiten fragten. Soweit es dann der Kommandant für angebracht hielt, wurden Gefangene, die in der vorangegangenen Zeit in irgendeiner Weise auffällig geworden waren, trotz zuvor verbüßter Disziplinarstrafe abgegeben, ein Verfahren, das den Befehlen eigentlich zuwiderlief, denn mit der Bestrafung war die Flucht „gesühnt".

Selbst in weltanschaulich „heiklen" Fällen war das Verhalten unterschiedlich. Der Feldscher Akuba Akubaew (333/56759) wurde am 8. Juli 1943 „als Halbjude festgestellt und gemäß" dem OKW-Befehl vom 24. März 1942 „aus der Kriegsgefangenschaft entlassen und dem S. D. übergeben". Die Willkürlichkeit dieser Entscheidung belegt die PK I von Jewgenij Iwanowitsch Markow.[445] Die-

---
[443] BA/ZNS, Ordner S 22, Bl. 55.
[444] Flucht am 24.5., ergriffen am 26.5., am 28. ebenfalls mit 12 Tagen geschärften Arrests bestraft.
[445] Er besaß die ungewöhnliche Erkennungsmarke Kgf. L(a)g(er) 2 d. Lw. (Luftwaffe in Litzmannstadt) 110. Sein weiteres Schicksal nach Angaben der Dachauer Häftlingskartei.

ser durchlief allem Anschein nach am 12. Mai 1942 in Litzmannstadt (Lodz) die Erfassung. Dabei stellte sich heraus, daß er wenigstens in dreierlei Hinsicht die Kriterien für eine Aussonderung „erfüllte": er war Unterleutnant (Offizier), Ingenieur (Intelligenzler) und schließlich „Halbjude", wobei er nach einer gesonderten Beschreibung auch viele den Stereotypen der nationalsozialistischen Rassenideologie entsprechende äußere Merkmale aufwies: große Nase, volle Lippen, schwarze Haare, klein. Dessenungeachtet blieb Markow im Lager; im Gegenteil, nach einiger Zeit wurde sogar auf der Personalkarte vermerkt: „Halbjude: M. hat sich im Lager sehr gut geführt, laut Verfg. von Oberst Steffani ist M. nicht als Jude zu betrachten", eine Einordnung, die Markow mit ziemlicher Sicherheit vorläufig das Leben rettete, und das, obwohl in der Rubrik „Führung" auf der Rückseite der Karte eingetragen wurde „unterdurchschnittl.". Dennoch fiel Markow später in die Hände der Gestapo. Am 26. Juni 1943 wurde er in den WK VII zu einem Arbeitskommando in Ottobrunn nahe München versetzt. Von dort floh er am 10. September, wurde aber eine Woche später bei Scharnitz wiederergriffen und am 28. September der Stapostelle Innsbruck übergeben. Am 4. November kam er nach Dachau, von dort am 24. November nach Natzweiler. Sein weiteres Schicksal ist bisher nicht bekannt.

Wie die Beispiele zeigen, besaßen die Offiziere sehr unterschiedliche Möglichkeiten, auf ein Fehlverhalten gefangener sowjetischer Soldaten zu reagieren.[446] Das freilich widersprach den ideologischen Vorgaben, und daher erwies sich eine permanente weltanschauliche Kontrolle nicht mehr nur sämtlicher Kriegsgefangener, sondern des gesamten Kriegsgefangenenwesens als unabdingbar. Möglich erschien das vor allem über die NSDAP, deren Einfluß auf diesen Bereich Reinecke ab Mitte 1942 nachhaltig stärkte.[447] Im November 1942 befahl er beispielsweise den Kommandeuren der Kriegsgefangenen bzw. den Stalag-Kommandanten, zur Gewährleistung einer einheitlichen Arbeit „in innenpolitischer und wirtschaftlicher Hinsicht" den regelmäßigen Kontakt mit den zivilen Dienststellen und der Partei zu suchen. Das dürfe natürlich keine Auswirkungen auf den Lagerbetrieb haben; insofern könne das OKW dem von außen bereits mehrfach geäußerten Wunsch, überall ohne Genehmigung erscheinen zu können, verständlicherweise nicht nachkommen. Das Recht auf die Besichtigung der Arbeitsstätten stehe den in Frage kommenden Stellen indessen jederzeit zu, es beinhalte allerdings nicht die Befugnis, dem Wachpersonal Anweisungen zu erteilen.[448]

---

[446] Vgl. im HStA D, RW 58/64716 den Fall eines Kgf., der von einem Steiger blutig geschlagen wurde. Der Kdt von Stalag VI A Hemer setzte eine Verwarnung des Bergmannes durch, da laut Erlaß des OKW vom 29.1.1943 Unternehmer und Gefolgschaft nicht befugt seien, Kgf. zu mißhandeln. Die Stapo in Duisburg stellte das zunächst als Behauptung hin und bekräftigte ihren Standpunkt, in solchen Fällen habe sie einzuschreiten.

[447] Die Parteikanzlei hatte von Anfang an Einfluß auf den Kriegsgefangenen-Sektor zu nehmen versucht. So gab Bormann den Gauleitern am 19.8.1941 Kenntnis von der Besprechung Reineckes mit den Kdren Kgf. betr. Arbeitseinsatz der sowjet. Kgf. BAK, NS 6/335, Bl. 59f. Zu Reinecke erscheint in Kürze eine biographische Skizze von Christian Streit, in der die enge Zusammenarbeit des Generals mit der Partei beschrieben wird.

[448] Erlaß des OKW betr. „Besuche von Angehörigen staatlicher Behörden und Parteidienststellen in Kriegsgefangenenlagern und Arbeitskommandos" vom 16.11.1942, weitergegeben vom Chef SipouSD an die Stapostellen am 25.11.1942; BAK, RHD 19/3, Bl. 48f.

Ein halbes Jahr später sah das OKW in dieser Hinsicht keine Probleme mehr, denn die enge Verbindung mit den Parteidienststellen sei inzwischen hergestellt worden. Die „Hebung der Arbeitsfreudigkeit und des Leistungswillens der Kriegsgefangenen" bleibe aber eine fortwährende Aufgabe sämtlicher im Kriegsgefangenenwesen eingesetzter Soldaten und Beamten, und deswegen bedürfe es einer „nie abreißenden Zusammenarbeit mit den Hoheitsträgern der Partei". Diese stellte sich die Wehrmachtführung im Einverständnis mit der Parteikanzlei so vor: „Zur Beseitigung etwaiger Klagen der Bevölkerung über Kriegsgefangene oder zur Bereinigung von möglichen Mißhelligkeiten zwischen Kriegsgefangenen und der Bevölkerung treffen allmonatlich der Führer der örtlichen Landesschützen-Wachmannschaft und der zuständige Ortsgruppenleiter bzw. Zellenleiter der NSDAP (also der jeweils zuständige Hoheitsträger) zusammen." Soweit erforderlich, könne dieser andere Personen mithinzuziehen. Die alleinige Befehlsgewalt der Wehrmachtdienststellen über ihre Untergebenen bleibe davon jedoch unberührt.[449]

Das war freilich nur noch ein formales Zugeständnis an die Soldaten, denn von einem selbständigen Kriegsgefangenenwesen konnte eigentlich keine Rede mehr sein; in den beiden Erlassen ging es auch nicht speziell um den Umgang mit sowjetischen Soldaten, sondern mit Kriegsgefangenen überhaupt. Die Regelung von Problemen in diesem Bereich war nicht mehr alleinige Sache der verantwortlichen Offiziere, sondern diese waren gezwungen, auf Kritik von außen zu reagieren. Soweit weltanschauliche Fragen berührt waren – was für die sowjetischen Gefangenen in jeder Hinsicht zutraf –, konnte die Partei gegenüber der Wehrmacht einen umfassenden Führungsanspruch geltend machen, gegen den sich durchzusetzen letztlich eine Frage der Zivilcourage des jeweiligen Kommandanten war. Begründen ließ sich ein Widerspruch allerdings nur noch mit rein militärischen Sachzwängen, er diente inzwischen mindestens ebensosehr der Wahrung der eigenen Unabhängigkeit wie dem Schutz der Kriegsgefangenen.

Die zunehmende Renitenz der zumeist älteren Offiziere gegenüber dem Einfluß der Partei läßt sich recht gut mit einem Beispiel aus dem Stalag 326 (VI K) Senne illustrieren. Dort kam es Ende Oktober 1944 zwischen dem Kommandanten, einem fünfundfünfzigjährigen Oberst, und dem Gauamtsleiter zu einer heftigen Auseinandersetzung um sowjetische Kriegsgefangene, die der letztere für Baumaßnahmen zum Schutz gegen Tieffliegerangriffe einsetzen wollte. Als der Kommandant den Einsatz der Männer untersagte, gab der Gauamtsleiter seinem Unmut gegenüber dem Reichstatthalter in Detmold sehr offen mit den Worten

---

[449] Erlaß des OKW vom 13.5.1943 betr. „Besuche von Angehörigen staatlicher Behörden und Parteidienststellen in Kriegsgefangenenlagern und Arbeitskommandos – Verbindungen mit den Parteidienststellen." Weitergegeben vom Chef SipouSD an die Stapostellen am 29.5.1943; ebenda, Bl. 62f. Parallel zu dieser Entwicklung erfolgte die schrittweise „Einführung" des Nationalsozialistischen Führungsoffiziers (NSFO). Am 14.5.1943 z. B., einen Tag nach dem OKW-Erlaß vom 13.5.1943, gab dieselbe Stelle eine Anordnung „über die einheitliche wehrgeistige Führung im Ersatzheer" heraus. Vgl. Messerschmidt, Die Wehrmacht im NS-Staat, S. 441–480, hier S. 447. Ausführlicher zur Rolle der Partei Streit, Keine Kameraden, S. 182 und S. 260–265.

Ausdruck: „Es ist höchste Zeit, daß bei der Dienststelle Stalag mit allen Mitteln ein neuer Geist erzeugt wird. Wahrscheinlich sitzen an diesen ‚kriegswichtigen' Dienststellen immer noch die gleichen verkalkten reaktionären Offiziere und Schulmeister, welche der Rüstungsindustrie und den Parteidienststellen als unliebsame und schwierige ‚Offiziere' seit langem bekannt sind."[450]

Der Vorwurf war in ähnlicher Weise schon drei Jahre zuvor im „Fall Meinel" erhoben worden: Es gab nach Meinung der Partei selbst 1944 immer noch Offiziere, die die Zeichen der Zeit nicht erkannt hatten und durch ihr „Traditionsbewußtsein" den weltanschaulichen „Endsieg" verzögerten. Sobald dieser errungen war, würde man sich mit solchen Männern befassen müssen, daran ließ die Äußerung keinen Zweifel, und ebenso klar war, daß die Kriegsgefangenen nur noch den Anlaß darstellten, die Wehrmacht im Sinne der Partei auszurichten. Offizier durfte sich nach dieser Auffassung nur derjenige Soldat nennen, der sich vorbehaltlos zum Nationalsozialismus bekannte und damit den Primat der NSDAP akzeptierte; nicht das rechtlich Vorgeschriebene, sondern das weltanschaulich Erforderliche mußte Maßstab seines Handelns sein. Humanitäre Erwägungen hinsichtlich der Kriegsgefangenen hatten in diesem Denken keinen Platz. Deutlicher ließ sich der Machtanspruch der Partei gegenüber der Wehrmacht kaum formulieren.

Ihren Abschluß fand diese Entwicklung am 1. Oktober 1944. Unter diesem Datum übertrug Hitler dem Reichsführer SS Heinrich Himmler, seit dem 20. Juli 1944 auch Befehlshaber des Ersatzheeres, die Zuständigkeit für das Kriegsgefangenenwesen. Das OKW blieb lediglich verantwortlich für Fragen, die das Genfer Abkommen von 1929 betrafen, einen Bereich also, der für die sowjetischen Gefangenen ohnehin nicht relevant war. Die Befugnisse der Wehrmacht gingen ansonsten auf die SS über:
– Chef des Kriegsgefangenenwesens wurde SS-Obergruppenführer und General der Waffen-SS Gottlob Berger;
– die Kommandeure der Kriegsgefangenen in den Wehrkreisen traten unter den Befehl der höheren SS-Führer;
– den Arbeitseinsatz der Kriegsgefangenen regelten Berger und SS-Obergruppenführer Oswald Pohl, Chef des SS-Wirtschafts- und Verwaltungshauptamtes, einvernehmlich mit den zuständigen Arbeitseinsatzstellen;
– Sicherheitsfragen waren zwischen Pohl und dem Chef der Sicherheitspolizei, SS-Obergruppenführer Dr. Ernst Kaltenbrunner, abzuklären.
– Einzelheiten der Amtsübergabe sollten Berger und Reinecke einvernehmlich regeln.[451]

Wenn auch die Auswirkungen des Befehls auf Grund der Kriegsereignisse allem Anschein nach nicht mehr sehr gravierend waren, so bedeutete diese Umstrukturierung des Ersatzheeres und des Kriegsgefangenenwesens doch „den

---

[450] StA DT L 113 Nr. 1072; Interner Wochenbericht vom 1.11.1944. Vgl. Hüser/Otto, Stalag 326, S. 166.
[451] IMT Bd. XXV, S. 114f., 058-PS. Dazu Streit, Keine Kameraden, S. 289–292.

symbolischen Vollzug dessen, was in der Politik der Wehrmachtsführung seit 1939 als drohende Möglichkeit angelegt gewesen war: die Integration in den SS-Bereich".[452]

---

[452] Ebenda, S. 290f.

V. Zur Zahl der Opfer

Anfang August 1941 fand im Konzentrationslager Sachsenhausen eine geheime Sitzung statt, an der neben Angehörigen der Lagerleitung der Kommandeur der SS-Totenkopfdivision, SS-Obergruppenführer Theodor Eicke, der Inspekteur der Konzentrationslager, SS-Gruppenführer Richard Glücks, und der Leiter seiner Abwehrabteilung, SS-Sturmbannführer Arthur Liebehenschel, teilnahmen. Eicke teilte den Anwesenden mit, der Führer habe die Liquidierung bestimmter Gruppen von sowjetischen Kriegsgefangenen befohlen, und zu diesem Zweck sei in Sachsenhausen eine Genickschußanlage einzurichten. Wenig später wurde eine Wohnbaracke auf dem Industriehof des Konzentrationslagers entsprechend umgebaut. Sie enthielt fünf Räume: die ersten beiden dienten später der „Registrierung" und der „körperlichen Untersuchung", in dem dritten, als Baderaum getarnten, wurden die Gefangenen so aufgestellt, daß sie von dem vierten aus durch einen Spalt erschossen werden konnten. Vom letzten Raum aus schließlich fuhren Häftlinge die Leichen zu vier von der Wehrmacht gestellten Feldkrematorien, um sie dort zu verbrennen.

Vor Beginn der systematischen Liquidierung umfangreicher Gefangenentransporte am 31. August 1941 – es handelte sich dabei um 448 Rotarmisten aus Stalag 315 Hammerstein – ließ der Kommandant SS-Oberführer Loritz zwei „Probeläufe" mit kleinen Gefangenengruppen durchführen. Schon der erste fiel offensichtlich so „zufriedenstellend" aus, daß sämtliche KZ-Kommandanten nach Sachsenhausen befohlen wurden, „um zu sehen, wie man am schnellsten die Politruks und russischen Kommissare liquidieren" könne.[1] Nur wenig später erhielt das KZ Buchenwald eine weitgehend identische Genickschußanlage.

OKW und RSHA hatten am 21. Juli 1941 verabredet, „untragbare" Gefangene in den „Russenlagern" des Reiches auszusondern und in den Konzentrationslagern zu liquidieren. Von vornherein schätzten sie deren Zahl so hoch ein, daß sie nach einer „optimalen" Lösung suchten, sie schnell, effektiv und spurlos zu vernichten und dadurch den Sieg des Nationalsozialismus über die bolschewistische Weltanschauung zu ermöglichen. Die dafür erforderliche Logistik war bis ins Detail geplant. Kurz nach dem 21. Juli erhielten die Konzentrationslager Sachsenhausen und Buchenwald die entsprechenden Befehle, die Durchführung der Aktion vorzubereiten, wobei sich die Wehrmacht allem Anschein nach bereit er-

---

[1] Darstellung nach Naujoks, Sachsenhausen, S. 265–269; ähnlich Sachsenhausen. Stärker als der Tod, Heft 4, S. 47f.; Kalendarium von Sachsenhausen, S. 22, sowie Streim, Behandlung, S. 101, mit einem diesbezüglichen Auszug aus dem Urteil eines Sachsenhausen-Verfahrens. Eicke befand sich zu dem Zeitpunkt auf Genesungsurlaub in Oranienburg (nach Tuchel, Inspektion der Konzentrationslager, S. 72). Als Ranghöchster dürfte er die Sitzung geleitet haben.

klärte, bei etwaigen Anfangsproblemen wie etwa der Verbrennung der Leichen helfend einzuspringen.[2] Als die ersten Gefangenen eintrafen, waren beide KZ daher in der Lage, ohne Verzögerung und von Anfang an in großem Stil die Exekutionen durchzuführen; der Bericht Emil Büges bezeugt das für Sachsenhausen in erschütternder Weise. Ausschlaggebend für die Wahl war die günstige geographische Lage zu fast allen „Russenlagern" außer den in Schlesien gelegenen Stalags Neuhammer und Lamsdorf.

Verglichen mit der technisch „perfekten" Vernichtung in den Genickschußanlagen von Buchenwald und Sachsenhausen erscheinen die Liquidierungen in Dachau, Flossenbürg, Groß-Rosen und Neuengamme eher „behelfsmäßig",[3] und die Entscheidung für diese Konzentrationslager dürfte erst im Zusammenhang mit der Entscheidung zur Überprüfung der Arbeitskommandos getroffen worden sein. Selbst die ersten Vergasungen in Auschwitz besaßen noch einen ausgesprochenen „Versuchscharakter", zeigten allerdings bald, daß sich hier völlig neue Dimensionen der Massenvernichtung potentieller Gegner des Nationalsozialismus eröffneten.[4]

Wie viele sowjetische Soldaten aus Kriegsgefangenenlagern im Reichsgebiet – ohne Ostpreußen – bis zum 31. Juli 1942 diesem systematischen Mord zum Opfer fielen, wird sich genauer erst dann ermitteln lassen, wenn eine systematische Erschließung der WASt-Unterlagen in Podolsk erfolgt ist. Die derzeit zur Verfügung stehenden Quellen bieten nur begrenzte Möglichkeiten, sich der Zahl zu nähern.

1. Streim geht von einer Mindestzahl von 120 000 Mann im gesamten OKW-Bereich bis 1945 aus,[5] Streit beziffert sie auf wenigstens 40 000 bis 80 000 allein bis Jahresende 1941.[6] Beide machen allerdings kaum einen Unterschied zwischen den Ausgesonderten und den „Arbeitsrussen", die Mitte Oktober 1941 in die verschiedenen Konzentrationslager überstellt wurden. Wenn auch von diesen 25 000 Gefangenen kaum einer überlebte, so können sie doch nicht zu den auf Grund der Einsatzbefehle Nr. 8 und 9 Ausgesonderten gezählt werden bis auf diejenigen, die die Einsatzkommandos in den KZ selbst für „untragbar" befanden. Ihre Zahl dürfte bei wenigstens 2 000 Rotarmisten anzusetzen sein.

---

[2] Überliefert auch für Groß-Rosen mit Bezug auf Stalag 308 Neuhammer; s. o. Kap. III, S. 93.
[3] In Flossenbürg und Groß-Rosen etwa wurden die Erschießungen aus Angst vor Protesten der umwohnenden Bevölkerung eingestellt. Hinzu kamen die Probleme, sich der Leichen zu entledigen.
[4] Auch in Sachsenhausen wurden im Herbst 1941 mit abgedichteten Lastwagen „Probevergasungen" sowjetischer Kriegsgefangener durchgeführt. Näheres dazu bei Kogon, Nationalsozialistische Massentötungen, S. 83f.
[5] Streim, Behandlung, S. 244. Im Unterschied zu Streim bezieht sich diese Arbeit ausschließlich auf das Reichsgebiet (ohne Ostpreußen) und nur auf den Zeitraum bis zum Sommer 1942. Datner, Crimes, S. 293–320, zählt die „Arbeitsrussen" mit.
[6] Streit, Keine Kameraden, S. 105, Anm. 129 (für das ganze Reichsgebiet). Er legt allerdings die für die WK VII bzw. XIII im Rahmen des Falles Meinel genannten Durchschnittswerte von rund 15% zu Grunde (Bericht des EK München vom 15.11.1941, 178-R, S. 427). Dieser hohe Wert hängt aber mit den chaotischen Verhältnissen im WK IV zusammen. Das Beispiel des Stalags Pogeggen bezieht sich auf den WK I und ist deswegen für Vergleichszwecke ungeeignet. Auf S. 105 spricht Streit von mindestens 50 000 im Reichsgebiet ohne Ostpreußen, von denen der größere Teil 1941 ermordet wurde.

2. Die Systematik des Verbrechens wird daran deutlich, daß das RSHA genau festgelegt hatte, in welches Konzentrationslager die einzelnen Stapostellen die Ausgesonderten zur Exekution zu bringen hatten. Zeugenaussagen, vereinzelt auch zeitgenössische Quellen, ermöglichen es, genauere Aussagen zu den einzelnen Konzentrationslagern zu treffen.

– *Sachsenhausen* war für die Liquidierung von Gefangenen zuständig, die in den Wehrkreisen II Stettin, III Berlin, X Hamburg und XI Hannover ausgesondert worden waren. Besonders aufschlußreich ist hier der Bericht Emil Büges. Zwischen dem 31. August und dem 31. Oktober trafen seinen Notizen zufolge wenigstens 25 Transporte im Gesamtumfang von 9 142 sowjetischen Gefangenen ein, die binnen kurzem liquidiert wurden.[7] Soweit es möglich war, notierte er die Stalags, aus denen die Ausgesonderten kamen. Da jedoch mehrere Male Sammeltransporte aus verschiedenen Stalags eintrafen, ist die Zuordnung in einigen Fällen problematisch.[8] Die folgende Übersicht faßt die wichtigsten Angaben Büges für 1941 zusammen.

Liquidierungen sowjetischer Kriegsgefangener im KZ Sachsenhausen 1941 (nach Büge; nicht vollständig)

315	Hammerstein	893 Mann
323	Groß-Born	2 539 Mann
310	Wietzendorf	1 024 Mann
311	Bergen-Belsen	300 Mann
321	Bergen-Oerbke	92 Mann[9]
II D	Stargard/Pommern	518 Mann[10]
nicht zuzuordnen		3 724 Mann
insgesamt		*9 090 Mann*

Weitere Transporte kamen aus den Stalags II A Neubrandenburg, III B Fürstenberg/Oder und III C Alt-Drewitz. In Fürstenberg handelte es sich mehrfach um zehn bis zwölf, einmal sogar um 30 „Kommissare", insgesamt nach Zeugenaussagen aber weniger als 100 Gefangene. Für Alt-Drewitz liegen nähere Angaben nicht vor.[11] Aus Neubrandenburg gelangten im Oktober 1941 drei Gruppen

---

[7] Mitgezählt werden hier die Transporttoten bzw. die unterwegs Erschossenen, nicht mitgezählt die zwei Transporte mit 2 500 „Arbeitsrussen" vom 16. bzw. 18.10.1941. Streim, Behandlung, S. 233, bezieht bei seiner Zählung diese Gruppe mit ein.

[8] Verf. Heidelager, Dok. Bd. III, Bl. 11–29. Büge selbst war sich in seiner Zuordnung nicht immer sicher. Die Erkennungsmarken waren jedenfalls kein eindeutiges Zeichen dafür, daß ein Kgf. auch in dem betreffenden Stalag ausgesondert worden war. Stalag II D Stargard/Pommern verbindet Büge allem Anschein nach mit Stalag 323 Groß-Born.

[9] In Analogie zu Neuhammer muß man die Zahlen für Wietzendorf sicherlich bei 1 500, für Bergen-Belsen und Bergen-Oerbke bei vielleicht je 800 ansetzen. Auch für Hammerstein dürften sie höher liegen. Wahrscheinlich sind diese aber wenigstens z. T. in der Gruppe der nicht Zuzuordnenden enthalten.

[10] Für Stargard gab ein Zeuge mehrere Transporte an, einer davon im Umfang von 740 Mann. Verf. Stargard, Bl. 74f. Büge, Verf. Heidelager, Dok. Bd. III, Bl. 18f., nennt neben diesem Transport für denselben Tag (12.10.1941) noch einen weiteren Transport aus Stalag 323 mit 720 Mann. Siehe Anm. 8.

[11] Für 1942 gibt Büge nochmals Überstellungen von etwa 130 Mann aus verschiedenen Stalags an, von denen allerdings ein Teil zur Arbeit eingesetzt werden sollte. Büge-Bericht, Verf. Heidelager, Dok. Bd. III, Bl. 25–27.

mit zusammen 77 Mann nach Sachsenhausen.[12] Schließlich muß man davon ausgehen, daß auch in den übrigen Lagern der genannten Wehrkreise ausgesondert wurde. Vom Frühjahr bis zum Sommer 1942 kamen nochmals mehrere hundert „Untragbare" in das Oranienburger Konzentrationslager. Die Zahl der in diesem KZ insgesamt Liquidierten dürfte sich somit auf wenigstens 12 000 Gefangene belaufen. Die Überstellung von 43 Offizieren bzw. „Kommissaren" aus dem WK XI nach *Neuengamme* stellt demgegenüber eine Ausnahme dar. Bis zum Sommer 1942 ist das dort allem Anschein nach die einzige Exekution geblieben.[13]

– Die Einsatzkommandos in den Wehrkreisen IV Dresden, VI Münster, IX Kassel und XII Wiesbaden brachten ihre Opfer nach *Buchenwald*.[14] Nimmt man wiederum die Erkenntnisse zum Stalag Neuhammer als Maßstab für die beiden „Russenlager" 304 (IV H) Zeithain und 326 (VI K) Senne, so wären bei einem Vergleich der Belegzahlen aus der Senne rund 1 000 Mann ermordet worden,[15] aus Zeithain etwa ebenso viele, da dort die Aussonderungen erst Ende September begannen und zu diesem Zeitpunkt bereits viele Gefangene an andere Lager abgegeben worden waren. Hoch muß man den zahlenmäßigen Umfang für die anderen Lager des WK IV ansetzen, die schon sehr früh belegt waren, ebenso für die Emslandlager. Zu nennen sind schließlich noch die Transporte aus Stalag XII A Limburg/Lahn. Die Angaben Kogons und des Internationalen Buchenwald-Komitees, die bei etwa 7 000 Exekutierten liegen, werden der Wahrheit nahekommen.[16] Einen einmaligen Sonderfall bedeutet die Überstellung der etwa 70 „Kommissare" vom Truppenübungsplatz Baumholder im WK XII in das SS-Sonderlager *Hinzert* im Hunsrück.

– In *Dachau* wurden die Gefangenen aus den Wehrkreisen V Stuttgart, VII München und aus Teilen des Wehrkreises XIII Nürnberg liquidiert. Aus dem

---

[12] Verf. Neubrandenburg, Bl. 17f. Der Zeuge berichtete in seinem Kriegstagebuch, es habe in Neubrandenburg eine Todesliste mit 1 197 Namen gegeben.

[13] Kaienburg, Das KZ Neuengamme 1938–1945, S. 255, nennt eine Zahl von „50-60 Kommissare(n)", die am 22.10.1941 „im Arrestbunker per Genickschuß getötet" wurden.

[14] Nach dem Bericht des Lagerkomitees Buchenwald, S. 15, erreichte einmal ein Transport von 700 Gefangenen das KZ. In Buchenwald wurden die Ausgesonderten bis Anfang September 1941 auf dem DAW(Deutsche Ausrüstungs-Werke)-Schießstand erschossen. Dort fand man in den letzten Jahren etliche Erkennungsmarken vor allem aus Zeithain und der Senne. Die Marken der im „Pferdestall" Erschossenen wurden dem Vernehmen nach in eine Art Wasserloch nahe dem Gebäude geworfen; dort soll noch in diesem Jahr gegraben werden. Auf das Ergebnis darf man gespannt sein.

[15] Vgl. Hüser/Otto, Stalag 326, S. 63, sowie StA N, Nürnbg. Dok. NO 255 Aff. Hermann Pister, Kdt von Buchenwald. In der Senne sonderte auch nach dem 31.7.1942 ein Einsatzkommando die für den Bergbau „Untragbaren" aus; diese konnten allerdings auch zum Arbeitseinsatz kommen. Die im GARF – vom 1.10.1943 an – erhaltenen Bestandsmeldungen des Stalags Senne verzeichnen bis zu diesem Stichtag insgesamt 2 431 dem „S. D." übergebene Gefangene, deren Zahl sich bis zum 1.3.1945 auf 4 556 erhöhte, wobei in manchen Monaten kein einziger, in anderen mehr als 200 Mann nach Buchenwald überstellt wurden (Bestand 7021-105-D 41). Auch von daher erscheint eine geschätzte Zahl von etwa 1 000 Ausgesonderten bis zum 31.7.1942 als realistisch. Vgl. Schockenhoff, SS-Einsatzkommando, S. 105.

[16] Streim, Behandlung, S. 227. Ein ehemaliger Häftling, der in der Fernschreibstelle eingesetzt worden war, gab nach dem Krieg die Zahl 8 483 an. Vermutlich handelt es sich dabei aber um die Gesamtzahl bis 1945. Mahn- u. Gedenkstätte Buchenwald, Konzentrationslager Buchenwald, S. 113.

Oflag 62 (XIII D) Hammelburg gelangten zirka 1 100 Offiziere dorthin, aus Nürnberg-Langwasser und dem Stalag XIII C Hammelburg bis zum Januar 1942 1 357 Mannschaften, deren Zahl sich wegen neu angekommener Transporte bis Mai 1942 auf 2 000 erhöht haben mag. Hinzuzuzählen sind 455 in Moosburg Ausgesonderte, von denen jedoch nur 267 in Dachau exekutiert wurden, während 188 Mann zur nochmaligen Überprüfung nach Buchenwald kamen; 120 von ihnen überlebten wenigstens vorläufig.[17] Aus dem WK V schließlich erreichten einige hundert Mann das KZ Dachau, so daß man von etwa 4 000 Ermordeten ausgehen muß.[18] Dem oberpfälzischen Konzentrationslager *Flossenbürg* übergaben die Stapostellen Regensburg und Karlsbad wenigstens 1 300 Mann.
– In *Groß-Rosen* vernichtete die SS etwa 1 800 Gefangene aus Neuhammer, dazu eine nicht näher bestimmbare Gruppe aus den umliegenden Stalags Fürstenberg, Sagan und Wollstein, so daß dort vermutlich rund 2 500 Rotarmisten exekutiert wurden. Aus Neuhammer gelangten zudem 1 000 Mann nach *Auschwitz*, ebenso etwa 1 000 Gefangene aus Stalag 318 (VIII F) Lamsdorf.[19]
– Für *Mauthausen,* zuständig für die WK XVII Wien und WK XVIII Salzburg, ist es kaum möglich, die Zahl der Umgekommenen zu bestimmen, da das RSHA dorthin auch diejenigen „Kommissare" schickte, deren Exekution „zugunsten" eines Einsatzes in den dortigen Steinbrüchen aufgeschoben worden war.[20] Im WK XVII hielten sich allerdings schon im September sowjetische Kriegsgefangene auf, am 1. Dezember waren es immerhin fast 17 000, und im WK XVIII Salzburg entwickelte sich das Stalag XVIII B Spittal im Winter 1941/42 zu einem reinen „Russenlager". Mit den Opfern der Steinbrüche dürfte sich auch hier die Zahl auf mehrere Tausend belaufen.
Die folgende Liste stellt die Angaben zusammen:

---

[17] Ob die vom Regensburger Einsatzkommando für Dachau ausgesonderten 278 Mann später alle erschossen wurden, ist unklar. Sicher ist es nur bei 34 Gefangenen.
[18] Streim, Behandlung, S. 228, kommt zu einem vergleichbaren Wert. Die 420 „Arbeitsrussen" sind nicht eingerechnet.
[19] Wieder in Analogie zu Neuhammer. Pressac, Krematorien von Auschwitz, S. 41f., hält die Zeitangaben von Czech zu den ersten Vergasungen sowjet. Kgf. für falsch und datiert den Vorgang seinerseits auf Anfang Dezember 1941. Dagegen sprechen jedoch die fundierten Arbeiten der ehemaligen Häftlinge Smolen, Halgas und Klodzinski zu den Ereignissen, wohingegen Pressac sich lediglich auf einen Untersuchungsbericht von 1957 bezieht. Er weiß nur von den Transporten der „Arbeitsrussen", von denen die Stapo Kattowitz bis Ende November etwa 300 Mann ausgewählt habe, die dann im Dezember vergast worden seien. Die Aussonderungen sind ihm ansonsten unbekannt. Die Auswertung der Ermittlungsverfahren hat demgegenüber die Angaben von Czech und den anderen Autoren nachdrücklich bestätigt.
[20] Marsalek, Mauthausen, S. 122f., hält fälschlicherweise die „Arbeitsrussen" für derartige „Kommissare". Vgl. dagegen Rabitsch, Das KL Mauthausen, S. 77, die sehr deutlich zwischen beiden Kategorien trennt.

V. Zur Zahl der Opfer

Zahl der Aussonderungsopfer in den einzelnen Konzentrationslagern (bis 31.7.1942; Näherungswerte)

KZ-Aussonderungen	
Auschwitz	2 000
Buchenwald	7 000
Dachau	4 000
Flossenbürg	1 300
Groß-Rosen	2 500
Hinzert	70
Mauthausen	5 000
Neuengamme	50
Sachsenhausen	12 000
gesamt	*35 920*

Rechnet man die in Stalag 312 (XX C) Thorn Ausgesonderten hinzu, liegt die Anzahl der im Reichsgebiet bis zum 31. Juli 1942 auf Grund der Einsatzbefehle Nr. 8 und 9 ermordeten Gefangenen bei wenigstens 38 000 Mann.[21] Diese stellen allerdings nur einen relativ geringen Teil der insgesamt ermordeten sowjetischen Soldaten dar.[22]

Die Einsatzbefehle waren so angelegt, daß ein einmal Ausgesonderter dem Tod nicht mehr entkommen konnte. Wie durch ein Wunder überlebten trotzdem einige Männer dieses Verbrechen. Von den 188 Gefangenen, die die Stapoleitstelle München nach Abschluß des „Falles Meinel" nach Buchenwald überstellte, wurden 120 nicht exekutiert, sondern zur Arbeit eingesetzt. Mehrere von ihnen erlebten die Befreiung dieses Konzentrationslagers am 11. April 1945.[23]

Den zweiten Fall schilderte der ehemalige Kriegsgefangene Boris Fedorowitsch Danilenko nach dem Krieg. Ein Einsatzkommando hatte ihn zusammen mit 29 anderen Kameraden im Winter 1941/42 auf einem Arbeitskommando in Sachsen ausgesondert und nach Buchenwald gebracht. In einer auszugsweisen Übersetzung seines Berichtes heißt es dann: „Kamen am 6.3.1942 in Buchenwald im Pferdestall an, wo ihnen eine medizinische Untersuchung angekündigt wurde. Als sie beim Auskleiden waren, kam ein Offizier in einem weißen Kittel mit einem Papier in der Hand, sagte ‚Halt' und las meinen Namen, den Rudenkos, Urilows und eines anderen Kameraden vor, befahl uns, uns anzuziehen und dann kamen wir ins Lager (...) Die 26 anderen Kameraden tauchten nie mehr auf..."[24]

Wie nahe die vier Männer dem Tode waren, haben sie wohl nie erfahren.

---

[21] SS-Gruppenführer Müller hatte in der Besprechung vom 5.12.1941 gegenüber den anderen Teilnehmern von – bis zu diesem Zeitpunkt – 16 000 Liquidierten bei 22 000 Ausgesonderten gesprochen. Mit der Zahl der Liquidierten hätte er höchstens dann recht, wenn er sie allein auf die Russenlager bezogen hätte. Daß darüber hinaus 6 000 Mann, wie Müller sagte, von der Liquidierung ausgenommen worden seien, ist kaum wahrscheinlich. BAK, R 41/168, Bl. 203; vgl. Streit, Keine Kameraden, S. 105, Anm. 129.
[22] Vgl. Ueberschär/Wette, Der deutsche Überfall auf die Sowjetunion, S. 310–312, für das Generalgouvernement s. Streit, Keine Kameraden, S. 134.
[23] Brodski, Im Kampf gegen den Faschismus, S. 248f.
[24] Übersetzung des Berichtes von Danilenko durch Heinz Albertus am 29.7.1975, Archiv der Gedenkstätte Buchenwald, Sig. 31/365.

Schluß

Die Ergebnisse der Untersuchung lassen sich in drei Punkten zusammenfassen.

1. Auch im Deutschen Reich setzte die nationalsozialistische Führung ihre Vorstellung vom Weltanschauungs- und Vernichtungskrieg gegen die Sowjetunion konsequent in die Tat um, indem sie bis zum Sommer 1942 sämtliche des Bolschewismus „verdächtigen" sowjetischen Kriegsgefangenen aus der Masse der übrigen heraussuchen und ermorden ließ. Grundlage dieses Verbrechens waren die Einsatzbefehle Nr. 8 und 9 vom Juli 1941, die OKW und Reichssicherheitshauptamt nicht nur in allen Einzelheiten gemeinsam geplant hatten, sondern für deren buchstabengetreue Umsetzung sie von der Aufstellung der Einsatzkommandos über die Überprüfung in den Kriegsgefangenenlagern bis hin zur Vernichtung in den Konzentrationslagern ständig Sorge trugen. Widerspruch dagegen erhob sich so gut wie gar nicht. Den für die sowjetischen Gefangenen verantwortlichen Wehrmachtoffizieren erschien die Notwendigkeit der Aussonderungen so offensichtlich, daß es in ihren Augen einer näheren Begründung eigentlich gar nicht mehr bedurfte und sie den ihnen vor der Überprüfung zur Verfügung stehenden Handlungsspielraum nur in seltenen Fällen zugunsten der Gefangenen nutzten. Die Überprüfung durch die Einsatzkommandos setzte dann eine im Ablauf präzise geplante Vernichtungsmaschinerie in Gang, die von niemandem mehr anzuhalten war, weil der Vorgang formalen Kriterien Genüge leisten mußte. Das unscheinbare Formblatt, das am Ende einer Vernehmung vorlag, bedeutete Legitimation und Zwang zugleich, einen Gefangenen der Sonderbehandlung auszuliefern, denn es lieferte ihnen den „Nachweis", daß es sich bei dem Betreffenden auf Grund seiner Biographie oder seines Verhaltens um einen „Bolschewisten" und damit im weitesten Sinne um einen „politischen" Soldaten handelte. Als solcher aber hatte er ihrer Ansicht nach den Anspruch auf den Kombattantenstatus und damit den Schutz durch die Genfer Konvention verwirkt und war deshalb aus der Kriegsgefangenschaft zu entlassen. Sein weiteres Schicksal war dann nicht mehr von Interesse. Diese Offiziere identifizierten sich unter Preisgabe traditioneller militärischer Wertvorstellungen mit den Aussonderungen, weil sie sie als einen Akt vorbeugender Notwehr definierten,[1] der aus weltanschaulichen Gründen rechtens sei, obwohl ihnen die Erfassung der feindlichen Gefangenen und die dadurch unzweifelhaft übernommene völkerrechtliche Verantwortung eindeutig und in jedem einzelnen Fall vor Augen führten, daß sie zu Mittätern an einem Verbrechen wurden, dessen Spuren sich nie ganz würden verwischen lassen.

---

[1] Notwehr wird im Bürgerlichen Gesetzbuch § 227 definiert als „diejenige Verteidigung, welche erforderlich ist, um einen gegenwärtigen rechtswidrigen Angriff von sich oder einem anderen abzuwehren".

Nachdem das RSHA im Sommer 1942 die Einsatzkommandos aus den meisten Lagern abgezogen hatte, änderte sich daran wenig. Zwar sonderten die Stapostellen von nun an vor allem wegen des hohen Arbeitskräftebedarfs nicht mehr präventiv ganze Gefangenengruppen aus, sondern „nur noch" solche Männer, von denen eine unmittelbare „Gefahr" auszugehen schien; an der Definition bzw. Einschätzung dieser „Gefahr" hatten nach den Maßgaben des OKW die Lagerkommandanten und ihre Abwehroffiziere freilich entscheidenden Anteil. Unter dem zunehmenden Druck von SS und Partei wie auch der Wehrmachtführung zugunsten von Gefangenen zu entscheiden, war ohne Zweifel schwer, jedoch nicht unmöglich; wie oft das aber geschah, läßt sich nicht ermitteln. Allein schon ein kurzer Blick in die Unterlagen der verschiedenen Konzentrationslager macht allerdings offenkundig, wie viele sowjetische Kriegsgefangene dorthin überstellt wurden; ohne die Zustimmung der Stalag- und Oflag-Kommandanten hätte sich das nicht durchführen lassen. Nicht nur im Osten, sondern auch im Deutschen Reich hatte somit die Wehrmacht maßgeblichen Anteil an der „Vernichtung der bolschewistischen Weltanschauung".

2. Zwischen den Aussonderungen und dem Arbeitseinsatz der kriegsgefangenen sowjetischen Soldaten besteht ein unmittelbarer Zusammenhang. Den gravierenden Arbeitskräftemangel im dritten Kriegsjahr vor Augen, bezogen die Planer in Militär und Wirtschaft allen ideologischen Bedenken zum Trotz einen solchen, völkerrechtlich auch üblichen Einsatz von Anfang an in ihre Überlegungen mit ein, trugen dem Problem aber in zweierlei Hinsicht Rechnung. Der nach nationalsozialistischer Ansicht von den Rotarmisten ausgehenden kommunistischen Bedrohung glaubte man durch eine spezielle Überprüfung mit anschließender Aussonderung aller „Untragbaren" Herr werden zu können, doch durfte das den Einsatz nicht mehr gefährden und mußte daher vor dem Überschreiten den Reichsgrenze stattfinden, eine Angelegenheit, die allerdings ausschließlich das Militär vor Ort und die Gestapo anging und daher für die Vertreter der Ministerialbürokratie wie die der Wirtschaft nicht weiter von Interesse war. Die verbleibenden Gefangenen konnten dann zwar als „erträglich" gelten, mußten aber einer strengen und ständigen Kontrolle unterliegen und darüber hinaus von der deutschen Bevölkerung und den Gefangenen der anderen Nationen in speziellen „Russenlagern" abgeschirmt werden.

Unterschiedliche Interpretationen diesbezüglicher OKW-Befehle vom Juni und Juli 1941, ein Festhalten an den Planungsvorgaben sowie das schnelle Ansteigen der Kriegsgefangenenzahlen führten jedoch unmittelbar nach dem Eintreffen der Gefangenen zu deren sofortigem Arbeitseinsatz im gesamten Deutschen Reich, ohne daß zuvor eine Überprüfung stattgefunden hätte, ein Sachverhalt, den auch Hitler durch ein entsprechendes Verbot Anfang August nicht mehr rückgängig machen konnte. Die ursprüngliche Konzeption mit der Reihenfolge Aussonderungen – Arbeitseinsatz war damit nicht nur überholt, sondern es bestand aus der Sicht von OKW und RSHA jetzt sogar die konkrete Gefahr, daß sowjetische Kommunisten Einfluß auf die deutsche Bevölkerung hätten nehmen können, und so erschien eine nachträgliche Überprüfung am Arbeitsplatz zwingend notwendig. Waren die Einsatzbefehle Nr. 8 und 9 noch für die Wirtschaft belanglos gewesen, weil sie vor dem Einsatz auf die Gefangenen zugriffen, so konfrontierten die ergänzenden Richtlinien vom 27. August erstmals auch die Arbeitgeber, darunter die Wehrmacht selbst, mit der Frage, was denn höher einzuschätzen sei, der Wert des Gefangenen als Arbeitskraft und damit der aus ihm zu ziehende Profit oder die von ihm ausgehende weltanschauliche „Gefahr". In voller Schärfe stellte sich das Problem dann ab Herbst 1941, als einerseits die Zufuhr von Gefangenen stockte und andererseits die Einsatzkommandos zunehmend eingearbeitete Kräfte oder kaum mehr zu ersetzende Facharbeiter in die Konzentrationslager überstellten.

Mit dem Einsatzbefehl Nr. 14 versuchte das RSHA dem Rechnung zu tragen und zur ursprünglichen Konzeption der Durchleuchtung im Osten zurückzukehren; die danach ins Reich kommenden Gefangenen konnten als „gesäubert" gelten und ließen sich ohne weiteres den einzelnen Betrieben zuführen. Einzig unter dieser Voraussetzung war die allgemeine Freigabe des „Russeneinsatzes" am 31. Oktober 1941 überhaupt möglich; diese bestätigte freilich nur etwas, was bereits seit drei Monaten im gesamten Deutschen Reich praktiziert wurde. Die Kriegsentwicklung im Winter 1941/42 machte dann endgültig offenkundig, daß die Aussonderungen der „falsche" Weg zu einem geregelten Arbeitseinsatz sowjetischer Soldaten waren, denn die Ermordung bolschewismusverdächtiger kriegsgefangener Rotarmisten bedeutete den Verlust dringend benötigter Arbeitskraft. Statt einer Liquidierung erfolgte daher ab Frühjahr 1942 zunehmend die Einweisung in ein Konzentrationslager; das allerdings kam häufig einer „Vernichtung durch Arbeit" gleich. Es war dann nur noch konsequent, im Sommer desselben Jahres die Aussonderungen innerhalb des Deutschen Reiches formal einzustellen. Die Einsatzbefehle blieben freilich bis Kriegsende in Kraft, so daß nach wie vor die Möglichkeit des Zugriffs auf im weitesten Sinne „auffällige" sowjetische Kriegsgefangene gegeben war.

3. Erkenntnisse weit über den Bereich der Aussonderungen hinaus liefern die wiederentdeckten Bestände der Wehrmachtauskunftstelle. Im Gegensatz zur bisherigen Forschungsmeinung wurden wenigstens innerhalb des Deutschen Reiches sämtliche sowjetischen Kriegsgefangenen genauso wie die Gefangenen anderer Nationen karteimäßig erfaßt, und der einzigen Abweichung vom üblichen Verfahren, nämlich der Einführung der grünen Karteikarte, lagen organisatorische, nicht ideologische Zwänge zu Grunde. Das gilt gleichermaßen für die im Deutschen Reich Umgekommenen, über deren Verbleib, wenn auch in vereinfachter Form, jederzeit ein Nachweis möglich war und ist. Das Massensterben im Winter 1941/42 etwa in Neuhammer, Zeithain oder Bergen-Belsen ist an Hand der WASt-Unterlagen in all seinen fürchterlichen Einzelheiten gleichermaßen nachvollziehbar wie dasjenige von 1942/43 in der Senne, wo binnen kurzem Tausende sowjetischer Soldaten an Entkräftung starben, die eigentlich im Ruhrbergbau zum Einsatz hätten kommen sollen. Jeder sowjetische Gefangene blieb formal ein Individuum, über das genau Buch geführt wurde; davon, daß verstorbene Rotarmisten zu Hunderten einfach verscharrt worden seien, kann nicht mehr die Rede sein. Ideologisch bedingte Gleichgültigkeit hob bürokratische Zwänge nicht auf, auch wenn die entsetzlichen Bilder von den Massengrä-

bern diese Annahme nahelegen. Diese Zwänge ließen sich auch für die Ausgesonderten nicht außer Kraft setzen, und so spiegeln Personalkarten, grüne Karteikarten oder Erkennungsmarkenverzeichnisse ein Verbrechen wider, das in seiner Systematik seinesgleichen sucht, über das aber gerade deswegen pedantisch genau Buch geführt werden mußte. Erst die verschiedenen Karteimittel lassen die Beteiligung der Wehrmacht an dem Mord an „untragbaren" sowjetischen Soldaten gänzlich offenbar werden.[2]

Durch die fast vollständige Vernichtung der Unterlagen in den Stapostellen und Kriegsgefangenenlagern gegen Kriegsende glaubten die Verantwortlichen alle Spuren der Aussonderungen verwischt zu haben; ihnen war wohl nicht geläufig, wie umfassend das Verbrechen in den Karteien der Wehrmachtauskunftstelle seinen Niederschlag gefunden hatte. Die wenigen verbleibenden Quellen waren wegen der Verwendung verharmlosender Tarnbegriffe für Außenstehende und die Nachwelt kaum mehr verständlich; hätten die Nürnberger Richter im Jahre 1948 die verschiedenen Aussagen zu den Aussonderungen richtig einordnen können, wäre das Strafmaß für General Reinecke sicherlich anders ausgefallen.[3] Erst die systematischen Ermittlungen der sechziger und siebziger Jahre erfaßten dann einige wenige Beteiligte und Augenzeugen und ermöglichten dadurch ein differenzierteres Verständnis der Vorgänge, auch wenn die Erkenntnisse der Justiz in keinem Fall zu einer förmlichen Verurteilung ausreichten. Strafrechtlich blieben die Aussonderungen somit ungesühnt. In die Geschichte freilich gehen sie ein als ein in der Art seiner Durchführung beispielloser staatlicher Massenmord.[4]

---

[2] Heute, nach 57 Jahren, ist es möglich, diese Opfer des Weltanschauungskrieges gegen die Sowjetunion fast ausnahmslos namhaft zu machen. Zwar liegen die entsprechenden Dokumente zum größten Teil in der Russischen Föderation selbst, ohne inhaltliche und finanzielle Hilfe der Bundesrepublik Deutschland ist es jedoch nicht möglich, sie zu erschließen. Vgl. den Art. 9 (2) des Abkommens über die Kriegsgräberfürsorge zwischen der Russischen Föderation und der Bundesrepublik Deutschland vom 16.12.1992: „Die Regierung der Bundesrepublik Deutschland gewährt dem Verband Soldatengedenkstätten ebenfalls Unterstützung, insbesondere bei der Zurverfügungstellung aller Dokumente, die über die Identität und die Grablage russischer Kriegstoter Auskunft geben, auch wenn diese Unterlagen erst zu einem späteren Zeitpunkt aufgefunden werden." (Bundesrat Drucksache 519/93) Das hinsichtlich der WASt-Karteien in Podolsk umzusetzen, wäre nicht nur ein Gebot politischer Weitsicht, sondern auch ein Zeichen der Versöhnung.

[3] Reinecke wurde am 28.10.1948 wegen Kriegsverbrechen und Verbrechen gegen die Menschlichkeit zu lebenslänglicher Freiheitstrafe verurteilt, 1957 aber vorzeitig entlassen. Verurteilt wurde er im wesentlichen wegen seiner formalen Verantwortung, während sein inhaltlicher „Beitrag" zu dem Verbrechen unbekannt blieb. Ihm kommt jedoch neben Heydrich und Müller die Hauptverantwortung zu. Urteil in: Der Fall 12, S. 237–250; zu seiner Verantwortung für die Aussonderungen S. 237–246.

[4] Bedenken „sowohl vom grundsätzlichen Standpunkt aus als auch wegen der sicherlich eintretenden nachteiligen Folgen in politischer und militärischer Hinsicht" äußerte allem Anschein nach einzig das Amt Ausland/Abwehr am 15.9.1941. StA N, Nürnbg. Dok. 338-EC. Selbst Dr. Otto Bräutigam vom RMfdbO kritisierte am 13.10.1941 an den „ersten Richtlinien des SD" nur, daß sie bezüglich der zu erfassenden Gruppen „über das Ziel weit hinausgingen". Der Entfernung von „unverbesserlich bolschewistischen, hetzerischen und kriminellen Elementen" stimmte er vorbehaltlos zu. StA N, Nürnbg. Dok. 082-PS.

Quellen- und Literaturverzeichnis

Übersicht über die benutzten Ermittlungsverfahren

Wehrkreis/Lager	Erm. Staatsanwaltschaft	Aktenzeichen	jetzt in	Signatur	Bemerkungen
II A Neubrandenburg	Hamburg	2000 UJs 11/77			
II D Stargard	Augsburg	51 Js 500/76			
315 Hammerstein	München I	116 Js 16/65	StA München	Staatsanw. Nr. 22662	
315 Przemysl	ZStl	VI 302 AR-Z 41/74			z. T. im Verf. Hammerstein
323 Groß-Born	ZStl	VI 302 AR-Z 35/65			z. T. im Verf. Hammerstein
III B Fürstenberg, III C Alt-Drewitz	Koblenz	9 Js 826/71	Landeshauptarchiv Koblenz	Best. 584,1 Nr. 4176-4187	
304 Zeithain	Göttingen	4 Js 751/66	HStA Hannover	Nds. 721 Göttingen Acc. 103/87 Nr. 14	ausgedehnt auf den gesamten WK IV
V A Ludwigsburg	ZStl	VI 302 AR 1805/67			
VI A Hemer	Hagen	11 Js 533/70			
326 Senne	Münster	30 Js 145/68	StA Münster	Staatsanw. Münster Nr. 494-506	ausgedehnt auf den gesamten WK VI
WK VII	München I	1 Js Gen. 119-125/50	StA München	Staatsanw. Nr. 20988	
WK VII und XIII	München I	116 Js 1 a-c/67	StA München	Staatsanw. Nr. 21986	
308 Neuhammer	Dortmund	45 Js 43/65			ausgedehnt auf den WK VIII
318 Lamsdorf	Dortmund	45 Js 9/69			
IX B Bad Orb	Hanau	Js 627/74			
IX C Bad Sulza	Kassel	13 Js 137/74			
310 Wietzendorf	Hamburg	147 Js 29/65			
XI A Altengrabow	Hannover	2 Js 48/67			
XI B Fallingbostel, 311 Bergen-Belsen, 321 Bergen-Oerbke	Lüneburg	2a Js 125/67	HStA Hannover	Nds. 721 Lüneburg Acc. 63/87 Nr. 1.1-1.11	zitiert als: Verf. Heidelager
WK XII	Frankenthal	9 Js 20/73			
XII A Limburg	ZStl	VI 302 AR-Z 586/67			
Stapo Frankfurt/M. betr. XII A	Frankfurt	4 Js 387/64	HStA Wiesbaden	Abt. 461 Nr. 30983 Bd. 1-38	z. T. im Verf. WK XII
XII D Trier	Trier	3 Js 1170/73			
XII F Bolchen	Saarbrücken	29 Js 1/74			
WK XIII	Nürnberg-Fürth	3c Js 1110-18/50	StA Nürnberg	Staatsanw. N.-F. Nr. 282-284	

Übersicht über die benutzten Ermittlungsverfahren (Fortsetzung)

Wehrkreis/Lager	Erm. Staatsanwaltschaft	Aktenzeichen	jetzt in	Signatur	Bemerkungen
Oflag 62 Hammelburg	Schweinfurt	1a Js 275/70			
Stapo Regensburg	Regensburg	Ks 5/53	StA Amberg	Staatsanw. Reg. Nr. 3789	z. T. im Verf. WK XIII
312 Thorn	Dortmund	45 Js 30/71			
312 Thorn	Hamburg	147 Js 22/65			
XXI C Wollstein	Köln	130(24) Js 12/67(Z)	HStA Düsseldorf	Rep. 118 Nr. 1138–1146	
Stalag 341	Nürnberg-Fürth	11 Js 21/70			

Gesondert zu erwähnen ist hier noch das Verfahren gegen Kurt Lindow, Leiter der Abteilung IV A 1 im RSHA, geführt von der Staatsanw. Frankfurt/M. (Az. 54 Js 344/50).

Ungedruckte Quellen

Staatliches Archiv der russischen Föderation (GARF) Moskau
Bestand 7021-105-D 41
Bestand 7021-115-Nr. 27–29

Zentrales Archiv des Verteidigungsministeriums der Russischen Föderation (ZAMO)
Abt. 9: Bestand 58, Aktengruppen 2, 7 und 39: Personalunterlagen von Mannschaften und Unteroffizieren
Abt. 11: Personalunterlagen von Offizieren
Todesfall-Register des Stalag 308 Neuhammer A 33948 d. 1–4

Zentrum zur Aufbewahrung historisch dokumentarischer Sammlungen ZHIDK Moskau (ehemaliges „Sonderarchiv")
Bestand 1367 – II – 20

Bundesarchiv Koblenz (BAK)
NS 6/335
NS 19/963
R 10 VIII 56
R 13 I/373
R 41/165-170, 172, 173, 259, 281
R 58/241, 243, 272
R 135/373
RD 19/3
Depositum Salzgitter AG (Sig. Alt 12/312/6)

Bundesarchiv Abteilungen Potsdam (BAP)
R 58/727
46.03 Bd. 34

Bundesarchiv/Militärarchiv Freiburg (BA/MA)
RW 4/v. 320, 578
RW 6/v. 184, 270, 276, 278f., 450–453, 487
RW 19/165f., 2109, 2148
RW 20-3/3
RW 20-6/22
RW 20-11/14
RW 21-14/7

RW 21-51/7
RW 41/4
RW 48/v. 12, 14
RH 12-23/H 20/2093
RH 22/v. 12
RH 23/219
RH 49/50
RH 49/81, 112
RH 53-7/v. 724
RH 53-17/42, 181, 192
RH 53-20/42
RH 53-23/58
RHD 4
RHD 4/319
RHD 11
H 20/393, 1
Lagerkartei des AHA

Bundesarchiv/Zentralnachweisstelle Aachen-Kornelimünster (BA/ZNS)
Ordner S 22

Institut für Zeitgeschichte (IfZ)
Da 34.12
Ma 666
Nürnberger Prozeßakten der Reihen NI, NIK, NO, NOKW, PS und USSR

Deutsche Dienststelle Berlin (DD = ehemalige Wehrmachtauskunftstelle WASt)
Ref. III A: Personalunterlagen sowjetischer Kriegsgefangener
Sonderakte Nr. 10
Sonderakte Diverse Unterlagen fremdländischer Kriegsgefangener

Zentrale Stelle der Landesjustizverwaltungen in Ludwigsburg (ZStl)
Ordner Nr. 81 Bild 244f.
Ordner Nr. 132 Bild 119ff.

Niedersächsisches Hauptstaatsarchiv Hannover (HStA H)
Hann. 80 Hann. II a Nr. 1215
Hann. 87a Nr. 4
Hann. 122a Nr. 7061
Hann 80 Lüneburg III Acc. V Nr. 10

Nordrhein-Westfälisches Hauptstaatsarchiv Düsseldorf (HStA D)
RB 53
RW 36/26
RW 58

Sächsisches Hauptstaatsarchiv Dresden (HStA DD)
Ministerium des Inneren, Bestand Nr. 4 Band 042

Schleswig-Holsteinisches Landesarchiv Schleswig (LA SL)
Abt. 454 Nr. 4

Thüringisches Hauptstaatsarchiv Weimar (HStA W)
NS 4 Bu 106, 143

Staatsarchiv Bückeburg (StA B)
L 102 b Nr. 1915

Staatsarchiv der Hansestadt Bremen (StA HB)
Sig. 4.29/1–1293

Staatsarchiv Detmold (StA DT)
L 80 Ic XX 72 Nr. 32
L 113 Nr. 1072
M 1 I R Nr. 22
M 18 Nr. 16 Bd. 1

Staatsarchiv Nürnberg (StA N)
Interrogations B 75 Biberstein, I 5 v. Imhof, K 138 Korn, K 166 Kriwoschkin, K 190 Kuhn, M 27 Martin, M 71 Metzger, O 20 Ohler, P 9 Patutschnik, P 52 Pirazzi, R 96 Ried
KV-Prozesse Fall 9, A 32-38
KV-Prozesse Fall 12, A 11-14, A 19-22, A 94-97
Dok. 178-R
Nürnberger Prozeßakten der Reihen EC, NG, NI, NID, NIK, NO, PS und USSR

Staatsarchiv Osnabrück (StA OS)
Rep. 430-201-16B/65-153 Bd. 4
Rep. 430 Dez. 502 acc. 15/65 Nr. 203
Rep. 630 Asch. Nr. 422
Rep. 675 Meppen Nr. 1061

Kreisarchiv Diepholz (KA DH)
Nr. 5080

Kreisarchiv Soltau-Fallingbostel
Briefwechsel betr. Absperrung des Stalag-Geländes von Wietzendorf, ohne Signatur

Institut für Stadtgeschichte Frankfurt/Main
Chroniken S 5/185 Erinnerungen des SS-Untersturmführers und Kriminalsekretärs Heinrich Baab

Stadtarchiv Bad Orb
Sterbefallmeldungen betr. sowjet. Kriegsgefangene

Stadtarchiv Tübingen
A 150/5160

Gemeindeverwaltung Langeoog
Akte Dünenfriedhof

Sammlung der Gedenkstätte Bergen-Belsen
Foto Nr. 4817

Archiv der KZ-Gedenkstätte Buchenwald
Sig. 31/365
Sterbefallmeldungen sowjetischer Kriegsgefangener

Archiv der KZ-Gedenkstätte Dachau
Protokoll Case 000-50-2-23 gegen Piorkowski u. a. (Dachau-Case)
A.o. 80/1
Verschiedene Häftlingsaussagen zu den sowjetischen Kriegsgefangenen
Dok. Nr. 1609, 7143, 7181

Archiv der KZ-Gedenkstätte Neuengamme
Totenbuch der sowjetischen Kriegsgefangenen
Aussage G. Wackernagel, Ng. 2.8

Universitätsarchiv Münster
Phil. Fak. Z 4 Bd. 1

Gedruckte Quellen

Abkommen, betreffend die Gesetze und Gebräuche des Landkrieges vom 18.10.1907 (= Haager Landkriegsordnung). In: RGBl. 1910, S. 107–151
Abkommen über die Behandlung der Kriegsgefangenen vom 27.7.1929 (= Genfer Konvention). In: RGBl. 1934, Teil II, S. 227ff.
Bericht des Internationalen Lagerkomitees Buchenwald, Weimar 1946
Bringmann, Fritz, KZ Neuengamme. Berichte, Erinnerungen, Dokumente, Frankfurt/M. 1985
Broszat, Martin (Hg.), Kommandant in Auschwitz. Autobiographische Aufzeichnungen des Rudolf Höß, München 1963
Mahn- und Gedenkstätte Buchenwald (Hg.), Buchenwald. Mahnung und Verpflichtung. Dokumente und Berichte, Berlin ⁴1983
Der Buchenwald-Report. Bericht über das Konzentrationslager Buchenwald bei Weimar, hg. von David A. Hackett, München 1996
Deutsche Akademie der Wissenschaften zu Berlin (Hg.), Bulletin des Arbeitskreises „Zweiter Weltkrieg", Nr. 3/1970
Doegen, Wilhelm, Kriegsgefangene Völker, Bd. 1: Der Kriegsgefangenen Haltung und Schicksal in Deutschland, Berlin 1921
Dokument F 321 für den Internationalen Militärgerichtshof Nürnberg, hg. vom Französischen Büro des Informationsdienstes über Kriegsverbrechen, Frankfurt ⁹1993
Fall 12. Das Urteil gegen das Oberkommando der Wehrmacht, gefällt am 28. Oktober 1948 in Nürnberg vom Militärgerichtshof V der Vereinigten Staaten von Amerika, Berlin 1960
Halder, Franz, Kriegstagebuch. Tägliche Aufzeichnungen des Chefs des Generalstabes des Heeres 1939–1942, hg. vom Arbeitskreis für Wehrforschung, bearb. von Hans-Adolf Jacobsen in Verbindung mit Alfred Philippi, Bd. II: Von der geplanten Landung in England bis zum Beginn des Ostfeldzuges (1.7.1940–21.6.1941), Stuttgart 1963
Hamburger Illustrierte Nr. 25 vom 20.6.1942
Inventar archivalischer Quellen des NS-Staates. Die Überlieferung von Behörden und Einrichtungen des Reichs, der Länder und der NSDAP. Teil 1: Reichszentralbehörden, regionale Behörden und wissenschaftliche Hochschulen für die zehn westdeutschen Länder sowie Berlin. Im Auftrag des Instituts für Zeitgeschichte bearb. v. Heinz Boberach, München 1991
Justiz und NS-Verbrechen. Sammlung deutscher Strafurteile wegen nationalsozialistischer Tötungsverbrechen 1945–1966, hg. von Adelheid Rüter-Ehlermann und C. F. Rüter, Bde XII und XIII, Amsterdam 1974
Küppers, Hans/Bannier, Rudolf, Die Einsatzbedingungen der Ostarbeiter sowie der sowjet-russischen Kriegsgefangenen, Berlin 1942
Der Prozeß gegen die Hauptkriegsverbrecher vor dem Internationalen Militärgerichtshof Nürnberg, 42 Bände, Nürnberg 1947–1949 (zitiert als IMT)
„So ging es zu Ende..." Neuengamme. Dokumente und Berichte, hg. von der Lagergemeinschaft Neuengamme, Hamburg 1960
Taschenbuch für Verwaltungsbeamte, Berlin 1941 und 1942
Uhlig, Heinrich, Der verbrecherische Befehl. In: Vollmacht des Gewissens, hg. von der Europäischen Publikation e. V., Bd. 2, Frankfurt/M. 1965, S. 289–347
Völkischer Beobachter Nr. 217 vom 5.8.1941 (Berliner Ausgabe)

Literatur

Aly, Götz, „Insgesamt habe ich sehr vielen Menschen geholfen". Die Menschenexperimente des Professor Heinrich Berning, taz vom 19.5.1983
Ders./Heim, Susanne, Das zentrale Staatsarchiv in Moskau („Sonderarchiv"). Rekonstruktion und Bestandsverzeichnis verschollen geglaubten Schriftguts aus der NS-Zeit, Düsseldorf 1993
Bartov, Omer, Hitlers Wehrmacht. Soldaten, Fanatismus und die Brutalisierung des Krieges, Reinbek 1995
Ders., Wem gehört die Geschichte? In: Heer, Hannes/Naumann, Klaus (Hg.), Vernichtungskrieg, Hamburg 1995, S. 601–619

Bauche, Ulrich u. a. (Hg.), Arbeit und Vernichtung. Das Konzentrationslager Neuengamme 1938–1945. Katalog zur ständigen Ausstellung im Dokumentenhaus der KZ-Gedenkstätte Neuengamme, Hamburg 1986

Bierod, Ralf, Der Arbeitseinsatz sowjetischer Kriegsgefangener in der Forstwirtschaft und im Güterumschlag der Provinz Hannover 1941–1945, Hannover 1992 (unveröff. Magisterarbeit)

Birn, Ruth Bettina, Die Höheren SS- und Polizeiführer. Himmlers Vertreter im Reich und in den besetzten Gebieten, Düsseldorf 1986

Boog, Horst u. a., Der deutsche Angriff auf die Sowjetunion. Das Deutsche Reich und der Zweite Weltkrieg Bd. 4, hg. vom Militärgeschichtlichen Forschungsamt, Stuttgart 1983

Borgsen, Werner/Volland, Klaus, Stalag X B Sandbostel. Zur Geschichte eines Kriegsgefangenen- und KZ-Auffanglagers in Norddeutschland 1939–1945, Bremen 1991

Brandhuber, Jerzy, Die sowjetischen Kriegsgefangenen im Konzentrationslager Auschwitz, Hefte von Auschwitz 4, Oswiecim 1961, S. 5–46

Brodski, Josef A., Die lebenden Kämpfer. Die illegale Organisation Brüderliche Zusammenarbeit der Kriegsgefangenen (BSW), Berlin 1968

Ders., Im Kampf gegen den Faschismus. Sowjetische Widerstandskämpfer in Deutschland 1941–1945, Berlin (Ost) 1975

Broszat, Martin, Nationalsozialistische Konzentrationslager 1933–1945. In: Buchheim, Hans, u. a. (Hg.), Anatomie des SS-Staates Bd. 2, München ²1979, S. 11–133

Ders./*Fröhlich, Elke* (Hg.), Bayern in der NS-Zeit II. Herrschaft und Gesellschaft im Konflikt. Teil A, München/Wien 1979

Buchheim, Hans u. a. (Hg.), Anatomie des SS-Staates, 2 Bd.e, München 1979

Ders., Die SS – das Herrschaftsinstrument. In: Ders. u. a. (Hg.), Anatomie des SS-Staates Bd. 1, München ²1979, S. 15–201

Bullock, Alan, Hitler. Eine Studie über Tyrannei, Düsseldorf 1972

Bundeszentrale für politische Bildung (Hg.), Gedenkstätten für die Opfer des Nationalsozialismus. Eine Dokumentation, Bd. I, Bonn 1995

Carsten, Francis L., Reichswehr und Politik 1918–1933, Köln ³1966

Christoffel, Edgar, Der Weg durch die Nacht. Verfolgung und Widerstand im Trierer Land, Trier 1983

Conradt-Mach, Annemarie, „Alle mieden und verachteten uns ...". Fremdarbeiter in Villingen und Schwenningen 1939/1949. In: 1939/1949. Fünfzig Jahre Kriegsausbruch – Vierzig Jahre Bundesrepublik Deutschland. Villingen-Schwenningen in Aussagen, Bildern und Dokumenten, hg. von der Stadt Villingen-Schwenningen, Villingen-Schwenningen 1989, S. 9–29

Cramer, Peter u. a., Truppenübungsplatz Ohrdruf, hg. von der Interessengemeinschaft Schloß Ehrenstein e. V., Ohrdruf, Zella-Mehlis/Meiningen ²1997

Czech, Danuta, Kalendarium der Ereignisse im KZ Auschwitz-Birkenau, Reinbek 1989

Dallin, Alexander, Deutsche Herrschaft in Rußland. Eine Studie über Besatzungspolitik, Düsseldorf 1958

Datner, Szymon, Crimes against POWs. Responsibility of the Wehrmacht, Warszawa 1964

Delarue, Jacques, Geschichte der Gestapo, Düsseldorf 1964

Diamant, Adolf, Gestapo Frankfurt am Main, Frankfurt/M. 1988

Distel, Barbara/Benz, Wolfgang, Das Konzentrationslager Dachau 1933–1945. Geschichte und Bedeutung. Hg. von der Bayerischen Landeszentrale für politische Bildungsarbeit, München 1994

Dies./*Zarusky, Jürgen,* Dreifach geschlagen – Begegnung mit sowjetischen Überlebenden. In: Dachauer Hefte Bd. 8: Überleben und Spätfolgen, München 1992, S. 88–102

Drobisch, Klaus, Widerstand in Buchenwald, Berlin 1989

Engel, Marcel/Hohengarten, André, Hinzert. Das SS-Sonderlager im Hunsrück, Luxemburg 1983

Friedrich, Jörg, Das Gesetz des Krieges. Das deutsche Heer in Rußland 1941–1945, München 1993

Gatterbauer, Roswitha, Arbeitseinsatz und Behandlung der Kriegsgefangenen in der Ostmark während des zweiten Weltkrieges, Diss. Salzburg 1975 (unveröff.)

Gellately, Robert, Die Gestapo und die deutsche Gesellschaft. Die Durchsetzung der Rassenpolitik 1933–1945, Paderborn 1993

Grabitz, Helge, NS-Prozesse: Psychogramme der Beteiligten, Heidelberg 1985

Grieser, Utho, Himmlers Mann in Nürnberg. Der Fall Benno Martin. Eine Studie zur Struktur des Dritten Reiches in der „Stadt der Reichsparteitage". Schriften des Stadtarchivs Nürnberg Bd. 13, Nürnberg 1974

Halgas, Kasimierz, Die Arbeit im „Revier" für sowjetische Kriegsgefangene in Auschwitz, Auschwitz-Hefte Bd. 1, hg. vom Hamburger Institut für Sozialforschung, Weinheim 1987, S. 167–172

Haus der Geschichte der Bundesrepublik Deutschland (Hg.), Kriegsgefangene – voennoplennye. Sowjetische Kriegsgefangene in Deutschland. Deutsche Kriegsgefangene in der Sowjetunion. Begleitbuch zur Ausstellung vom 1.6.–24.9.1995, Düsseldorf 1995
Heer, Hannes/Naumann, Klaus (Hg.), Vernichtungskrieg. Verbrechen der Wehrmacht 1941–1944, Hamburg 1995
Henke, Josef, Das Schicksal deutscher zeitgeschichtlicher Quellen in Kriegs- und Nachkriegszeit. Beschlagnahme – Rückführung – Verbleib, VfZ 30 (1982), S. 558–620
Herbert, Ulrich, Fremdarbeiter. Politik und Praxis des „Ausländereinsatzes" in der Kriegswirtschaft des Dritten Reiches, Bonn 1985
Hey, Bernd, Zur Geschichte der westfälischen Staatspolizeistellen und der Gestapo, Westfälische Forschungen 37 (1987), S. 58–90
Hoch, Gerhard/Schwarz, Rolf, Verschleppt zur Sklavenarbeit. Kriegsgefangene und Zwangsarbeiter in Schleswig-Holstein, Alveslohe und Nützen 1985
Hüser, Karl, Wewelsburg 1933 bis 1945. Kult- und Terrorstätte der SS, Paderborn 1982
Ders./Otto, Reinhard, Das Stammlager 326 (VI K) Senne 1941–1945. Sowjetische Kriegsgefangene als Opfer des Nationalsozialistischen Weltanschauungskrieges, Bielefeld 1992
Jacobsen, Hans-Adolf u. a. (Hg.), Deutsch-russische Zeitenwende. Krieg und Frieden 1941–1995, Baden-Baden 1995
Jacobsen, Hans-Adolf, Kommissarbefehl und Massenexekutionen sowjetischer Kriegsgefangener. Schriftliches Gutachten für den Auschwitz-Prozeß 1964. In: Buchheim, Hans u. a. (Hg.), Anatomie des SS-Staates, Bd. 2, München 1979
Jürgens, Hans-Jürgen, Zeugnisse aus unheilvoller Zeit. Ein Kriegstagebuch über die Ereignisse 1939–1945 im Bereich Wangerooge – Spiekeroog – Langeoog, Jever 1989
Kaienburg, Hermann, Das Konzentrationslager Neuengamme 1938–1945, hg. von der KZ-Gedenkstätte Neuengamme, Bonn 1997
Ders., „Vernichtung durch Arbeit". Der Fall Neuengamme, Bonn 1990
Kalendarium der Geschichte des Konzentrationslagers Sachsenhausen – Strafverfolgung, Sachsenhausen Heft 3, hg. von der Gedenkstätte Sachsenhausen, Oranienburg 1987
Keilig, Wolf, Das deutsche Heer 1939–1945. Gliederung – Ersatz – Stellenbesetzung. Bad Nauheim 1956–1970
Keller, Rolf, „Russenlager". Sowjetische Kriegsgefangene in Bergen-Belsen, Fallingbostel-Oerbke und Wietzendorf. In: Nolte, Hans-Heinrich, Der Mensch gegen den Menschen. Überlegungen und Forschungen zum deutschen Überfall auf die Sowjetunion 1941, Hannover 1992, S. 111–136
Ders., Das Kriegsgefangenenlager Bergen-Belsen 1940–1945. Ein Forschungsbericht, Hannover 1992 (unveröff.)
Keller, Rolf/Otto, Reinhard, Das Massensterben der sowjetischen Kriegsgefangenen und die Wehrmachtbürokratie. Unterlagen zur Registrierung der sowjetischen Kriegsgefangenen 1941–1945 in deutschen und russischen Institutionen. Ein Forschungsbericht. Militärgeschichtliche Mitteilungen 1/1998
Kilian, Achim, Einzuweisen zur völligen Isolierung. NKWD-Speziallager Mühlberg/Elbe 1945–1948, Leipzig 1992
Kimmel, Günther, Das Konzentrationslager Dachau. Eine Studie zu den nationalsozialistischen Gewaltverbrechen. In: Bayern in der NS-Zeit II, hg. von Martin Brozat und Elke Fröhlich, München/Wien 1979, S. 349–413
Kjung, N. F./Talmant, U. R., Aus der Geschichte der Widerstandsbewegung sowjetischer Menschen in den Lagern Hitlerdeutschlands (1941–1945). In: Sowjetwiss. Gesellschaftswiss. Beiträge 1960, Heft 1, S. 64–83
Klodzinski, Stanislaw, Die erste Vergasung von Häftlingen und Kriegsgefangenen im Konzentrationslager Auschwitz. Auschwitz-Hefte Bd. 1, hg. vom Hamburger Institut für Sozialforschung, Weinheim 1987, S. 261–275
Kogon, Eugen, Der SS-Staat. Das System der deutschen Konzentrationslager, München 1974 (Erstauflage 1946)
Ders. u.a., Nationalsozialistische Massentötungen durch Giftgas. Eine Dokumentation, Frankfurt/M. 1986
Konieczny, Alfred, Das Konzentrationslager Groß-Rosen. In: Dachauer Hefte Bd. 5: Die vergessenen Lager, München 1994, S. 14–27
Konzentrationslager Dachau 1933–1945. Katalog des KZ-Museums, hg. vom Comité International de Dachau, Brüssel o. J.

Kosthorst, Erich/Walter, Bernd, Konzentrations- und Strafgefangenenlager im Dritten Reich – Beispiel Emsland (Zusatzteil Kriegsgefangene). Dokumentation und Analyse zum Verhältnis NS-Regime und Justiz, 3 Bde, Düsseldorf 1985

Krause, Ulrich, Das sowjetische Kriegsgefangenenstammlager 304-Zeithain (Stalag 304 Zeithain), Berlin (Ost) 1984 (unveröff. Diplomarbeit)

Krausnick, Helmut, Hitlers Einsatzgruppen. Die Truppen des Weltanschauungkrieges 1938–1942, Frankfurt/M. 1985. Erstmals in: Ders./Wilhelm, Hans-Heinrich, Die Truppe des Weltanschauungskrieges. Die Einsatzgruppen der Sicherheitspolizei und des SD 1938–1942, Stuttgart 1981

Kroener, Bernhard R., Die personellen Ressourcen des Dritten Reiches im Spannungsfeld zwischen Wehrmacht, Bürokratie und Kriegswirtschaft 1939–1942. In: Militärgeschichtliches Forschungsamt (Hg.), Das Deutsche Reich und der Zweite Weltkrieg Bd. 5, Erster Halbband: Kriegsverwaltung, Wirtschaft und personelle Ressourcen 1939–1941, Stuttgart 1988, S. 693–1002

Lager unterm Hakenkreuz. Reichsarbeitsdienst, Kriegsgefangene und Flüchtlinge in der Grafschaft Bentheim. Geschichtswerkstatt der Volkshochschule der Stadt Nordhorn für den Kreis Grafschaft Bentheim Bd. 7, hg. von der Stadt Nordhorn, Nordhorn 1990

Lichtenstein, Heiner, Mit der Reichsbahn in den Tod. Massentransporte in den Holocaust 1941 bis 1945, Köln 1985

Malek, Aneta, Die Bürger der ehemaligen Sowjetunion im KL Groß-Rosen. In: Staatliches Museum Groß-Rosen (Hg.), Die Völker Europas im KL Groß-Rosen, Walbrzch 1995, S. 59–69

Marsalek, Hans, Die Geschichte des Konzentrationslagers Mauthausen, Wien 1974

Marszalek, Josef, Majdanek. Geschichte und Wirklichkeit des Vernichtungslagers, Reinbek 1982

Mattiello, Gianfranco/Vogt, Wolfgang, Deutsche Kriegsgefangenen- und Internierteneinrichtungen 1939–1945, 2 Bde., Koblenz 1986

Mayer, Arno, Der Krieg als Kreuzzug. Das Deutsche Reich, Hitlers Wehrmacht und die Endlösung, Reinbek 1989

Messerschmidt, Manfred, Die Wehrmacht im NS-Staat. Zeit der Indoktrination, Hamburg 1969

Meynert, Joachim/Klönne, Arno, Verdrängte Geschichte. Verfolgung und Vernichtung in Ostwestfalen 1933–1945, Bielefeld 1986

Mitscherlich, Alexander/Mielke, Fred (Hg.), Medizin ohne Menschlichkeit. Dokumente des Nürnberger Ärzteprozesses, Frankfurt/M. 1978

Mommsen, Hans, In deutscher Hand. Der Arbeitseinsatz sowjetischer Kriegsgefangener 1941–1945. In: Haus der Geschichte der Bundesrepublik Deutschland (Hg.), Kriegsgefangene – voennoplennye. Sowjetische Kriegsgefangene in Deutschland. Deutsche Kriegsgefangene in der Sowjetunion. Begleitbuch zur Ausstellung vom 1.6.–24.9.1995, Düsseldorf 1995, S. 141–147

Müller, Klaus-Jürgen, Armee und Drittes Reich 1933–1939, Paderborn 1987

Müller, Norbert/Vestermanis, Margers, Verbrechen der faschistischen Wehrmacht an sowjetischen Kriegsgefangenen 1941–1945, Militärgeschichte 1/77, S. 15–27

Nationale Mahn- und Gedenkstätte Buchenwald (Hg.), Konzentrationslager Buchenwald Post Weimar/Thür., Katalog zu der Ausstellung aus der Deutschen Demokratischen Republik, Berlin 1990

Naujoks, Harry, Mein Leben im KZ Sachsenhausen 1936–1942, Berlin 1989

Neikes, Gerhard u. a., Kriegsgefangene und Fremdarbeiter in Duisburg, Duisburg 1983 (Beitrag zum Schülerwettbewerb um den Preis des Bundespräsidenten 1983)

Nolte, Hans-Heinrich, Der Mensch gegen den Menschen. Überlegungen und Forschungen zum deutschen Überfall auf die Sowjetunion 1941, Hannover 1992

Nowak, Edmund, Sowjetische Kriegsgefangene im Kriegsgefangenenlager Lamsdorf 1941–1945. Die neu entdeckten Quellen in den Moskauer Archiven. Manuskript eines Vortrages einer Tagung zum Thema „Sowjetische Kriegsgefangene im Deutschen Reich", gehalten am 23.4.1994, Schloß Holte-Stukenbrock 1994

Osterloh, Jörg, Ein ganz normales Lager. Das Kriegsgefangenen-Mannschaftsstammlager 304 (IV H) Zeithain bei Riesa/Sa. 1941–1945, Leipzig 1997

Ders., Sowjetische Kriegsgefangene 1941–1945 im Spiegel nationaler und internationaler Untersuchungen. Forschungsüberblick und Bibliographie. Berichte und Studien des Hannah-Arendt-Instituts für Totalitarismusforschung Band 3, Dresden 1995

Ders., Verdrängt, vergessen, verleugnet. Die Geschichte der sowjetischen Kriegsgefangenen in der historischen Forschung in der Bundesrepublik und der DDR, GWU 10 (1996), S. 608–619

Otto, Reinhard, Das Kriegsgefangenenlager Stalag 326 (VI K) Senne-Forellkrug. In: Meynert, Joachim/Klönne, Arno, Verdrängte Geschichte. Verfolgung und Vernichtung in Ostwestfalen 1933–1945, Bielefeld 1986, S. 201–219

Paul, Gerhard/Mallmann, Klaus (Hg.), Die Gestapo – Mythos und Realität, Darmstadt 1995

Pfahlmann, Hans, Fremdarbeiter und Kriegsgefangene in der deutschen Kriegswirtschaft 1939–1945, Darmstadt 1968
Pingel, Falk, Häftlinge unter SS-Herrschaft. Widerstand, Selbstbehauptung und Vernichtung im Konzentrationslager, Hamburg 1978
Pressac, Jean-Claude, Die Krematorien von Auschwitz. Die Technik des Massenmordes, München 1994
Rabitsch, Gisela, Das KL Mauthausen. In: Studien zur Geschichte der Konzentrationslager, Stuttgart 1970, S. 50–92
Richardi, Hans-Günther, Schule der Gewalt. Das Konzentrationslager Dachau, München 1995 (Erstausgabe 1983)
Riedel, Matthias, Eisen und Kohle für das Dritte Reich. Paul Pleigers Stellung in der NS-Wirtschaft, Göttingen 1973
Rückerl, Adalbert, NS-Verbrechen vor Gericht, Heidelberg 1982
Rürup, Reinhard (Hg.), Der Krieg gegen die Sowjetunion 1941–1945, Berlin 1991
Sachsenhausen. Dokumente, Aussagen, Forschungsergebnisse, Berlin 1986
Sachsenhausen. Stärker als der Tod. Sachsenhausen Heft 4, hg. von der Gedenkstätte Sachsenhausen, Oranienburg 1987
Sanden, Erika, Das Kriegsgefangenenlager Nürnberg-Langwasser 1939–1945. Ergebnisse einer Spurensuche. Hg. vom Pädagogischen Institut der Stadt Nürnberg, Beiträge zur politischen Bildung Nr. 3/1993, Nürnberg 1993
Schmid, Hans-Dieter, „Anständige Beamte" und „üble Schläger". Die Staatspolizeistelle Hannover. In: Paul, Gerhard/Mallmann, Klaus-Michael (Hg.), Die Gestapo – Mythos und Realität, Darmstadt 1995, S. 133–160
Schockenhoff, Volker, „Dem SS-Einsatzkommando überstellt". Neue Quellen zur Geschichte des Stalag 326 (VI K) Senne im Moskauer Staatsarchiv, Geschichte im Westen 2/1993, S. 201–209.
Ders., „Eine Tragödie größten Ausmaßes ..." Zum Schicksal der sowjetischen Kriegsgefangenen im Stalag 326 (VI/K) Senne, Geschichte im Westen 2/1991, S. 151–161
Ders., Schätzen oder „Errechnen"? Replik auf einen untauglichen Versuch zur Errechnung der Totenzahlen des Kriegsgefangenenlagers Stukenbrock, Lippische Mitteilungen 59 (1990), S. 289–302
Ders., „Wer hat damals schon genau gezählt?" Zur Auseinandersetzung um die Zahl der Toten des Stalags 326 (VI K) von 1945–1992, Westfälische Zeitschrift 143 (1993), S. 337–351
Schönborn, Siegfried, Kriegsgefangene und Fremdarbeiter in unserer Heimat 1939–1945, Freigericht 1990
Schönhagen, Benigna, Das Gräberfeld X. Eine Dokumentation über NS-Opfer auf dem Tübinger Stadtfriedhof, Tübingen 1987
Dies., Gräberfeld X – Vergessene NS-Opfer auf dem Tübinger Stadtfriedhof, Schwäbische Heimat 4 (1988), S. 311–317
Schulenburg, Johann, Sowjetische Kriegsgefangene in Deutschland 1941–1945. Zur Geschichte und Historiographie, Hamburg 1975 (unveröff. Magisterarbeit)
Schwarz, Rolf, Das Stammlager X A. In: Hoch, Gerhard/Schwarz, Rolf, Verschleppt zur Sklavenarbeit. Kriegsgefangene und Zwangsarbeiter in Schleswig-Holstein, Alveslohe und Nützen 1985, S. 30–58
Siegert, Toni, Das Konzentrationslager Flossenbürg. In: Bayern in der NS-Zeit II, hg. von Martin Brozat und Elke Fröhlich, München/Wien 1979, S. 429–493
Smolen, Kazimierz, Sowjetische Kriegsgefangene im KL Auschwitz. In: Sterbebücher von Auschwitz. Fragmente 1 Berichte, hg. vom Staatlichen Museum Auschwitz-Birkenau, München 1995, S. 127–147
Sofsky, Wolfgang, Die Ordnung der Terrors. Das Konzentrationslager, Frankfurt/M. 1993
Sprenger, Isabell, Groß-Rosen. Ein Konzentrationslager in Schlesien. Neue Forschungen zur Schlesischen Geschichte, hg. von Norbert Conrads, Bd. 6, Köln 1996
Staatl. Museum Groß-Rosen (Hg.), Die Völker Europas im KL Groß-Rosen, Walbrzch 1995
Stadt Moosburg a. d. Isar (Hg.), Stalag VII A Moosburg a. d. Isar, Moosburg 1982
Sterbebücher von Auschwitz. Fragmente 1 Berichte, hg. vom Staatlichen Museum Auschwitz-Birkenau, München 1995
Stopsack, Hans-Hermann/Thomas, Eberhard, Stalag VI A Hemer. Kriegsgefangenenlager 1939–1945, Hemer 1995
Streim, Alfred, Die Behandlung der sowjetischen Kriegsgefangenen im Fall Barbarossa, Heidelberg/Karlsruhe 1981
Ders., Die Verfolgung von Kriegs- und NS-Verbrechen in der Bundesrepublik und der DDR. In: Heer, Hannes/Naumann, Klaus (Hg.), Vernichtungskrieg, Hamburg 1995, S. 569–597

Streit, Christian, Die Behandlung der sowjetischen Kriegsgefangenen und völkerrechtliche Probleme. In: Ueberschär, Gerd R./Wette, Wolfram, Der deutsche Überfall auf die Sowjetunion, Frankfurt/Main 1991, S. 159–183

Ders., Die Behandlung der verwundeten sowjetischen Kriegsgefangenen. In: Heer, Hannes/Naumann, Klaus (Hg.), Vernichtungskrieg, Hamburg 1995, S. 78–91

Ders., Keine Kameraden. Die Wehrmacht und die sowjetischen Kriegsgefangenen 1941–1945, Stuttgart 1978/Bonn ⁴1997

Ders., Ostkrieg, Antibolschewismus und „Endlösung", Geschichte und Gesellschaft 17 (1991), S. 242–255

Ders., Zum Schicksal der sowjetischen Kriegsgefangenen in deutscher Hand. In: Jacobsen, Hans-Adolf u. a. (Hg.), Deutsch-russische Zeitenwende. Krieg und Frieden 1941–1995, Baden-Baden 1995, S. 437–455

Studien zur Geschichte der Konzentrationslager, Stuttgart 1970

Szefer, Andrej, Die Ausbeutung der Kriegsgefangenen in der Industrie und Landwirtschaft 1939–1945 am Beispiel Oberschlesiens, Studia Historiae Oeconomiae 14 (1979), S. 283–293

Thom, Achim, Wandlungen des Rußlandbildes deutscher Ärzte im Dritten Reich. In: Volkmann, Hans-Erich, Das Rußlandbild im Dritten Reich, Köln 1994, S. 5–46

Thomas, Georg, Geschichte der deutschen Wehr- und Rüstungswirtschaft (1918–1943/45), hg. von Wolfgang Birkenfeld, Schriften des Bundesarchivs Bd. 14, Boppard 1966

Tomczyk, Damian, Zdobycie Stalagu 344 Lamsdorf – aspekty militarne, Lambinowicki Rocznik Musealny 16/1993, Opole 1993, S. 39–55

Trostorff, Klaus, Zur Einweisung sowjetischer Kriegsgefangener in das faschistische Konzentrationslager Buchenwald. Vorgeschichte und Ankunft des ersten Transports, Buchenwald-Heft 3/1976, S. 29–54

Tuchel, Johannes, Die Inspektion der Konzentrationslager 1938–1945. Das System des Terrors. Schriftenreihe der Stiftung Brandenburgische Gedenkstätten Nr. 1, Berlin 1994

Ueberschär, Gerd R./Wette, Wolfram (Hg.), Der deutsche Überfall auf die Sowjetunion. „Unternehmen Barbarossa 1941", Frankfurt/Main 1991

Volkmann, Hans-Erich (Hg.), Das Rußlandbild im Dritten Reich, Köln 1994

Wysocki, Gerd, Arbeit für den Krieg. Herrschaftsmechanismen in der Rüstungsindustrie des „Dritten Reiches". Arbeitseinsatz, Sozialpolitik und staatspolizeiliche Repression bei den Reichswerken „Hermann Göring" im Salzgitter-Gebiet 1937/38 bis 1945, Braunschweig 1992

Zarusky, Jürgen, Bemerkungen zur russischen Archivsituation, VfZ 41 (1993), S. 139–147

Abkürzungen

AA, AÄ	Arbeitsamt, -ämter
AAA	Amt Ausland/Abwehr im OKW
Abt. Kgf.	Abteilung Kriegsgefangene im OKW/AWA
Aff.	Affidavit; Eidesstattliche Erklärung
AHA	Allgemeines Heeresamt im OKH/Chef HRüuBd.E
Anm.	Anmerkung
AO	Abwehroffizier
Art.	Artikel
AWA	Allgemeines Wehrmachtsamt im OKW
BA	Bundesarchiv Koblenz
BA/MA	Bundesarchiv/Militärarchiv in Freiburg
BA/ZNS	Bundesarchiv/Zentralnachweisstelle in Aachen-Kornelimünster
Bd., Bde.	Band, Bände
bes.	besonders
BfVP	Beauftragter für den Vierjahresplan
Bl.	Blatt
bzgl.	bezüglich
ca.	circa
CSSD	Chef der Sicherheitspolizei und des SD
DD	Deutsche Dienststelle in Berlin
ders., dies., dass.	derselbe, dieselbe, dasselbe
d. h.	das heißt
Dok.	Dokument(e)
Dok. Bd.	Dokumentenband
Dulag	Durchgangslager
EK	Einsatzkommando
Erk. Marke	Erkennungsmarke
frz.	französisch
FS	Fernschreiben
GARF	Staatliches Archiv der Russischen Föderation in Moskau
GB	Generalbevollmächtigter
GBA	Generalbevollmächtigter für den Arbeitseinsatz
Gestapa	Geheimes Staatspolizeiamt
Gestapo	Geheime Staatspolizei
GG	Generalgouvernement
GPU	Gosudarstvennoe politiceskoe upravlenie (Staatliche Politische Verwaltung)
G.Rs.	Geheime Reichssache
GWU	Geschichte in Wissenschaft und Unterricht
H.	Heft
HBA	Heeresbauamt
H.Dv.	Heeresdienstvorschrift; auch: Heeresdruckvorschrift
Hg.	Herausgeber
HRüuBdE	Heeresrüstung und Befehlshaber des Ersatzheeres
HSSPF	Höherer SS- und Polizeiführer

Abkürzungen

HStA	Hauptstaatsarchiv
IfZ	Institut für Zeitgeschichte München
IMT	Internationales Militärtribunal in Nürnberg
Inspekteur KL	Inspekteur der Konzentrationslager
Interrog.	Interrogation
KA	Kreisarchiv
Kap.	Kapitel
Kdr	Kommandeur
Kdr Kgf.	Kommandeur der Kriegsgefangenen
Kdt	Kommandant
Kgf., Kr. Gef.	Kriegsgefangene(r)
Kripo	Kriminalpolizei
KStN	Kriegsstärkenachweisung
KZ, KL	Konzentrationslager
LA	Landesarchiv
LAA, LAÄ	Landesarbeitsamt, -ämter
m. W.	meines Wissens
NKWD	Narodnyi komissariat vnutrennych del SSSR (Volkskommissariat für Innere Angelegenheiten der UdSSR)
Nürnbg. Dok.	Dokumente aus den Nürnberger Prozeßakten, die nicht in den IMT-Bänden veröffentlicht sind
Oflag	Offizierslager
OKH	Oberkommando des Heeres
OKW	Oberkommando der Wehrmacht
POW	Prisoner of War
RAD	Reichsarbeitsdienst
RAM	Reichsarbeitsministerium, Reichsarbeitsminister
RdErl.	Runderlaß
REM	Reichsernährungsministerium
RFSS	Reichsführer SS
RGBl.	Reichsgesetzblatt
RMfBuM	Reichsministerium für Bewaffnung und Munition
RMfdbO	Reichsministerium für die besetzten Ostgebiete
RMI	Reichsministerium des Inneren
RSHA	Reichssicherheitshauptamt der SS
RüIn	Rüstungsinspektion
RüKo	Rüstungskommando
RVK	Reichsvereinigung Kohle
RWM	Reichswirtschaftsministerium
s.	siehe
S.	Seite
Schupo	Schutzpolizei
SD	Sicherheitsdienst
SipouSD	Sicherheitspolizei und des SD
Slg.	Sammlung
StA.	Staatsarchiv
Staatsanw.	Staatsanwaltschaft
Stalag	Kriegsgefangenen-Mannschafts-Stammlager
Stapo	(Geheime) Staatspolizei
TrÜPl.	Truppenübungsplatz

Uffz.	Unteroffizier
unveröff.	unveröffentlicht
u. U.	unter Umständen
Verf.	(Ermittlungs-)Verfahren
Vfg.	Verfügung
VfZ	Vierteljahrshefte für Zeitgeschichte
Vgl., vgl.	vergleiche
Vm.	Vermerk
WASt	Wehrmachtauskunftstelle im OKW
WiRüAmt	Wirtschafts- und Rüstungsamt im OKW
WK, W. Kr.	Wehrkreis
WKKdo	Wehrkreiskommando
WVHA	Wirtschafts- und Verwaltungshauptamt der SS
ZAMO	Zentrales Archiv des Verteidigungsministeriums der Russischen Föderation
z. B.	zum Beispiel
z. b. V.	zur besonderen Verwendung
ZStl	Zentrale Stelle der Landesjustizverwaltungen in Ludwigsburg
z. T.	zum Teil

Personenregister

(Russische Namen werden entsprechend der Schreibweise in den Quellen wiedergegeben.)

Abramowitsch, Maxim Adamowitsch 111
Abulaew, Michail Artochilowitsch 111
Agafonow, Sergej Pawlowitsch 111
Agejew, Sergej Iwanowitsch 113
Akubaew, Akuba 257
Alexandrow, Nikolaj Konstantinowitsch 257
Alexejew, Boris 81

Baab, Heinrich 141
Babin, Arkadij Jurij 111
Babitsch, Grigorij Trofimowitsch 111f.
Babitsch, Ignat Prochorowitsch 111f.
Badaljan, Aschot Karopet 80f.
Bagrow, Viktor Michailowitsch 253
Balakin, Nikolaj Stepanowitsch 257
Balandin, Jakow Andrejewitsch 111
Bardnik, Semion Jefimowitsch 103
Bartenew, Alexej Petrowitsch 257
Belosizkij, Nikolaj Simjonowitsch 230
Berger, Gottlob 260
Berning, Heinrich 78f.
Biberstein, Ernst 18, 59f., 62, 64, 90, 92, 120
Bjaolon, Wladimir Nikolajewitsch 121
Boldin, Georgij 253
Bormann, Martin 258
Brauchitsch, Walter von 49, 187
Bräutigam, Otto 272
Breyer, Hans-Joachim 27, 42, 51, 207
Browtschenko, Dimid Porfirowitsch 257
Büge, Emil 9, 71, 95, 154, 193, 198, 248, 264f.
Bulgakow, Iwan 164

Canaris, Wilhelm 16
Cochenhausen von 206

Danilenko, Boris Fedorowitsch 268
Danilin, Alexander Abramowitsch 81
Danilow, Nikolaj Trofimowitsch 103
Ditges, Karl Benno 21, 75

Eberstein, Friedrich Karl Frhr. von 135, 209, 216f., 219, 221, 224
Ehrenburg, Ilja 53
Eichmann, Adolf 91
Eicke, Theodor 263
Eisenblätter, Erich 72f.

Fischer, Franz Eugen 211
Friedrich Wilhelm III. 97
Fritzsch, Karl 91

Galin, Fachrasy Foschetgin 165
Galljamschin, Sarwej Gallemschen 79
Garaschtschenko, Alexej 223
Gilels, Emil 53
Glücks, Richard 196, 263
Gnatusin, Iwan 253f.
Goebbels, Joseph 168, 241
Göring, Hermann 33, 43, 170, 173, 182, 233f., 241
Gontscharow, Alexander 230
Gramienkow, Iwan Mina 175
Graevenitz, Hans von 241
Grydin, Dmitri Leontijewitsch 127

Halder, Franz 39, 48, 173
Henke 182
Heydrich, Reinhard 9, 46, 51–56, 60, 66, 81, 117, 142, 180f., 186, 199f., 208, 215, 225, 230–233, 240, 245, 272
Himmler, Heinrich 27, 33, 140, 187, 208, 239, 260
Hindenburg, Oskar von 52
Hirt, August 77
Hitler, Adolf 27, 33, 43, 46, 48f., 77, 116, 168, 174f., 184f., 217, 225, 232, 234, 260, 270
Hörmann, Wilhelm 210–217, 221–223, 225, 227f., 254f.
Höß, Rudolf 18, 79, 90–92, 96, 187, 191
Hudassew 65

Imhof, Ludwig Frhr. von 115, 117
Isselhorst 144

Judin, Grigorij Fedorowitsch 257

Kaestner 42
Kalajda, Pawel Foma 177
Kaltenbrunner, Ernst 260
Keitel, Wilhelm 57
Kersting 79
Königshaus, Franz 46, 70, 75f., 249
Korn, Ludwig 118f., 201
Kosakow, Nikolaj Iwanowitsch 122, 177
Kriwoschkin, Lydia 67, 127, 132
Krotow, Iwan Dmitrewitsch 188
Kuhn, Luitpold 68, 125, 128, 132–137, 177, 204, 208, 218, 225, 228
Kushni-Kuschnarew, Grigorij 194
Kuzjenko, Leonid Dimitrij 191

Lahousen von Vivremont, Erich 18, 51f., 185
Letsch 236f.
Lewschenko, Michail 194
Liebehenschel, Arthur 263
Lindow, Kurt 46, 69, 76, 220
Loritz, Hans 263
Lukanow, Aleksei Iljitsch 158
Lysenko, A. 194

Malichin, Pawel Simjonowitsch 79
Markow, Jewgenij Iwanowitsch 257f.
Martin, Benno 104f., 204, 206, 208
Meinel, Karl August 127f., 136, 146, 208–211, 213–218, 221, 224–228
Metzger, Hans 129, 132
Meyer, Walter 165
Mireschnitschenko, Afanasij Wassiljewitsch 177
Mironenko, Pawel Wassiljewitsch 165
Mochowietskij, Gawril Sergejewitsch 121
Müller 209, 221
Müller, Heinrich 46, 51, 70, 74f., 84, 108, 117, 133, 186, 199, 219f., 236–241, 245, 248, 249, 252, 256, 272
Muthig 193
Muzeka, Stefan Martinowitsch 121

Nepf, Hans 30, 210–212, 215, 217, 221–223, 227
Njefjodow, Georgij Wasiljewitsch 121

Ohler, Paul 60ff., 68, 105–108, 112f., 117–120, 204
Oistrach, David 53
Orlow, Pawjel Pawlowitsch 121
Osterkamp 173
Österreich, Kurt von 97, 101f.
Otto, Ottomar 61, 104f., 113, 118–120, 145, 204, 207f., 219

Panzinger, Friedrich 46, 221, 236
Pawelschenko, Michail 255f.
Petrunin, Iwan Pawlowitsch 80
Pister, Hermann 256
Pleiger, Paul 42, 169f., 172, 173
Pohl, Oswald 260
Popp, Fritz 125, 128, 133–136, 218, 228, 238

Ranner 125

Rasin, Kusma 123, 209
Reinecke, Hermann 27, 35, 42, 45, 51, 56, 97, 169, 172, 174f., 178f., 181, 183f., 193, 198, 203, 206–208, 213, 219–222, 224f., 228, 230–233, 236f., 239f., 258, 260, 272
Ried, Hadrian 125f., 177, 206
Rödl, Arthur 73, 75f., 92–94, 96, 192, 197
Rudenko 268
Rüdiger 72

Sauckel, Fritz 242
Saur, Otto von 213, 216–218, 221f., 224f., 227f., 237, 239
Sawinkow, Sergej Timofejewitsch 223
Schemmel, Nikolaus 114–117, 125f., 142, 202–208, 219, 222f., 225, 227, 229, 245
Schermer, Martin 65, 137, 144, 210–218, 220, 222f., 236, 238, 253ff.
Schiedlausky, Gerhard 189
Schimmel, Alfred 146, 215–217, 219, 224f.
Schucht 235
Seeckt, Hans von 201
Shirkow, Wassilij 166
Smolen, Kasimierz 153, 189f.
Speer, Albert 45, 116, 242
Stachanow 82
Stalin, Josef Wissarionowitsch 83, 106
Steffani 258
Steindamm 73
Storoschuk, Iwan 176
Surholt 190

Thiedeke, Franz 46, 70
Todt, Fritz 234
Thomas, Georg 33, 170, 173, 183

Urilow 268

Vogt, Josef 46, 213, 215

Wackernagel, Günther 187
Wagner, Eduard 64
Wagner, Adolf 219
Weichs, Maximilian Frhr. von 201
Westrem, Reinhard von 140–142, 206, 222, 225, 227, 245
Wolkow, Iwan Ch. 126
Wölzl, Robert 214–216
Worobjow, Ilja 195f.

Verzeichnis der Karten und Tabellen

Geplante „Russenlager" Ende April 1941 36
Übersicht über die „Russenlager" vom 16.6.1941 39
Kriegsgefangenenlager im Sommer 1941 (Karte) .... 40f.
Aussonderungen durch das Einsatzkommando Regensburg im WK VII im Herbst 1941 128
Aussonderungen durch das Einsatzkommando Regensburg im WK XIII (Karte) .... 130f.
Möglichkeiten zur Überprüfung der sowjetischen Kriegsgefangenen bis Ende Oktober 1941 .. 143
Auszug aus dem Erkennungsmarkenverzeichnis von Stalag 310 (X D) Wietzendorf 152
Überstellungen von „Arbeitsrussen" in die Konzentrationslager im Herbst 1941 189
Karteikarte eines sowjetischen Kriegsgefangenen aus dem Konzentrationslager Auschwitz ... 191
Liquidierungen sowjetischer Kriegsgefangener im Konzentrationslager Sachsenhausen 265
Zahl der Aussonderungsopfer in den einzelnen Konzentrationslagern 268

www.ingramcontent.com/pod-product-compliance
Lightning Source LLC
Chambersburg PA
CBHW080118020526
44112CB00037B/2777